福岡事件
福岡、中国人闇ブローカー殺し　殺人請負　強盗殺人事件

真相究明書
九千万人のなかの孤独

Tairyu Furukawa
古川泰龍

花伝社

目　次

解　説　　矢澤昇治 …………………………………… *3*

父の思い出 ── 真相究明道　　古川龍衍 …………………………………… *28*

序　文　２人の死刑囚のえん罪を訴える　　塩尻公明 …………………………………… *32*

序　文　お願い　　犬塚　堯 …………………………………… *36*

第１章　本件における７被告人の真実の行動を追及する …………………… *39*

第２章　第二審判決文批判 ……………………………… *115*

第二審判決文批判　その１ …………………………… *115*
　第１節　架空の軍服詐欺 …………………………… *143*
　第２節　強盗殺人計画 …………………………… *160*

第二審判決文批判　その２ …………………………… *209*
　第３節　軍服見本探し …………………………… *209*
　第４節　軍服取引の過程 …………………………… *219*
　第５節　西・黒川と共謀 …………………………… *225*
　第６節　福岡旅館の状況 …………………………… *231*
　第７節　共同謀議の可否 …………………………… *237*

第二審判決文批判　その３ …………………………… *272*
　第８節　西、王等と取引 …………………………… *272*
　第９節　射殺現場の状況 …………………………… *282*
　第10節　事件後の行動 …………………………… *309*
　第11節　西の犯意継続 …………………………… *315*
　第12節　牧田の鉄砲等所持禁止令違反 …………………………… *320*
　第13節　被告人の職業 …………………………… *323*

第３章　警察、検察官証拠捏造の事実 ……………………………… *327*

第４章　裁判ならびに公判調書の不信をそそる事実 ……………………………… *377*

第５章　公判調書上にみたる黒川利明の人間像 ……………………………… *435*

第6章　2人の書翰を通して事件に触れる …………………………………… *467*

第7章　書翰を通じて2人の人間性に触れる ………………………………… *505*

あとがき ……………………………………………………………………… *577*

解説者あとがき ……………………………………………………………… *579*
福岡事件と冤罪事件関係年表 ……………………………………………… *581*

解　説

矢澤昇治

1　福岡事件とは

　敗戦後の混乱の最中、1947（昭和22）年5月20日、福岡市博多駅の近くの路上で、軍服の闇取引にからんで、中国人と日本人のブローカーが殺害される事件が発生した。この事件は、福岡ヤミ商人殺人事件、福岡誤殺事件とも呼ばれる。警察は、事件の翌日「強盗殺人事件」と断定して捜査を開始し、西武雄を主犯、石井健治郎を実行犯、他の5名を共犯として逮捕した。主犯とされた西武雄は、後に石井と共に死刑判決を受け、28年間の獄中生活後に突然処刑されることになる。

事件発生当時の現場（朝日新聞）

　しかし、福岡事件は、西についていえば、拷問などによる違法な取調べと捜査また聴取書や公判調書の捏造、「強盗殺人」の共同謀議のデッチ上げなど、警察と検察そして裁判所が一体となって死刑に至らしめた冤罪事件である。そして、わが国の裁判史でも、この事件捜査と裁判の全体について、恐るべき人権蹂躙が行われたこと、真実性の欠如を随所に確認することができ、司法のあり方を知る上で重大な事件であるということができる。

　事件の概要は、起訴状によれば、以下のようである。

　西武雄（当時32歳）は、旧日本軍の拳銃を所持していた石井健治郎（当時30歳）らと共謀し、夏物の軍服1000着の架空取引を行い、取引相手から大金を騙し取ろうとし、仮にこの架空取引詐欺に失敗したときには、相手を殺害して金銭を強奪しようと計画した。1947年5月に日本人のブローカーである熊本（当時40歳）などの仲介で、中国人衣類商王（当時40歳）らの中国人グループと取引することになった。西は、福岡市内の飲食店（浜利食堂）で熊本と王と交渉し、王側から取引代金70万円のうち10万円を保証金として受領した。残金は商品の受渡し後にということになり、西の仲間が5月20日午後7時過ぎ、鹿児島本線沿いの県立工業試験場付近の「取引現場」に誘い出して、石井が熊本と王に拳銃を発射し、その他の仲間が刃物で斬りつけるなどして殺害した。

　西、石井ら7名は、強盗殺人等の罪で逮捕・起訴された。

2 活字の魔力
（１）マスメディアの任務

福日新聞報道

同志社大学メディア学科の浅野健一教授は、「日本のメディアは冤罪作りの共犯者である」と組合の機関紙に書き、共同通信の編集局を追われたという。また、同教授は、日本のマスメディアには、「ジャーナリズムの権力監視機能がない。独立した、良心に従ったジャーナリズムの仕事が全くない」「マスメディアは冤罪を発見するべきです。私は、刑事事件の最も重要な役割は冤罪を発見する事だというふうに思う。そして、ジャーナリズムは、そういう冤罪があるかどうか、違法・不法捜査がないということを、きちんと司法権力がその手続きでやっているのかということを、市民の立場から、あるいは弱い市民の立場から監督するのが、マスメディアの任務ではないかと思います」という（矢澤『冤罪はいつまでつづくのか』花伝社）。誠に、正鵠を得た理解であると私は思う。

しかし、他のすべての冤罪事件と同様に、福岡事件における報道は、マスメディアとしての任務を逸脱しており、真実を語らず、西武雄を死刑台の露と消えさせることに加担したのである。

（２）新聞報道の一例

ブローカー殺しつかまる

福岡市堅粕のやみブローカー２名を惨殺１０万円強奪した事件は一味の福岡市春吉栄舎事務員押川智栄治（23）が田川市伊田町叔父の家にひそんでいる事がわかり26日夜10時半頃福岡田川両署が逮捕福岡署に護送取調べたところ主犯は小倉市曽根町生れ西武雄（34）は犯行の夜から福岡市大浜町特殊料理屋七福楼に居続けていることを自白したので捜査本部では27日午前1時半頃西を逮捕した。犯行は西他6名共謀で行なわれたもので共犯の福岡市黄金町ブローカー石井健次郎（32）は27日午前9時自宅で、又石井の子分で同市唐人町掘端牧田頼之（24）及び京都市東山区三茶生れ岸田文彦（20）もそれぞれ逮捕された。

（「朝日新聞」昭和22年5月28日）

ブローカー殺し捕る
福岡市堅粕ヤミブローカー２名を惨殺

１０万円を強奪した事件は一味の福岡市春吉共栄舎事務員押川智栄治（23）が田川市伊田町叔父の家にひそんでいる事が判り26日夜10時半頃福岡、田川両署員が逮捕福岡署に護送取調

たところ、主犯は小倉市曽根町生まれブローカー西武雄（34）、西は金につまって軍服1着にからんで殺害者中国人雑貨商王祖金たちが集めた軍服代金70万円に目つけ、これを手に入れるため、ピストルにはくせがあるので他人に使わせるより俺が殺してやろうと引受け一味とともに王ならびに布地ブローカー熊本文造を20日夕刻福岡市南堅粕に誘い出して射殺したもので押川は王が持って来た10万円のつつみを奪い山分けして3,500円もらった。加害者は2人に日本刀をふるって止めをさした。騎手くづれの黒川利明（21）及び藤本（22）は長崎佐賀県下の知人宅にたちまわっていることがわかり指名手配した。

（「朝日新聞」地方版　昭和22年5月28日）

敗戦直後、情報伝達の手段と方法は限定されており、しかも、連合国の占領下にあったわが国において、新聞の活字は絶大な魔性をもっていた。新聞に踊る活字は、それが漠然であるとはいえ、また、たとえ間違った内容であったとしても、読者を信じさせることとなり、各被疑者達にも西主謀の強盗殺人の観念を吹き込んだのである。

例えば藤本清喜は、民事事件の公判調書の中で、以下のように陳述している。

藤　私は、本件事件発生直後、石井宅に事件関係者全部が集合した時、話を聞いて一応事件の概略を掴み、かつ、石井、黒川等より一週間位遅れて逮捕されたので、その間、新聞紙上に大々的に報道された事件記事も読み、結局、西に騙されていたのだと思うようになってしまいました。

このようにして、西武雄が主謀した強盗殺人事件という根も葉もない予断が、社会に醸し出されてゆくのである。

3　予断と偏見に満ちた警察

この事件は、石井健治郎による単純な誤殺事件であった。このことは、誰よりも取調べに当った警察官自身が自覚したに違いないのである。押川智栄治は、取調当時を回想して、「チェッ、この事件は、大した事件ではないじゃないか」といって警察官達が相談していた事をハッキリ覚えていると供述している事からもうかがえるのである（昭和37年10月12日、押川証言録音より）。

取調べが進行するにしたがって、本件が警察の予断していた架空軍服取引に便乗して計画された強盗殺人事件などという大袈裟なものでないことも、被疑者達の態度、供述等より推認されたはずである。犯罪捜査を職業とする警察官にその識別ができるというものである。

ところが、警察はこの事件が強盗殺人事件であるとの予断をもって捜査をなし、被疑者達を逮捕、取調べを始めた。いまさらこの予断をあらためるなどということは警察の威信、沽券にかかわり、引っ込みが付かなくなった。このようにして、また冤罪が創り出され、2人が死刑囚となった。

警察にとって、後日、その犯罪創作が支離滅裂と批判されようが、無知蒙昧と侮られようが何ら問題ではない。検察と裁判所の協力が確保されているので、強盗殺人事件としてでっち上げればよい。その目的を実現するために、手段を選ぶ必要はない。福岡事件でも、彼らにとって必要不可欠とされる自白を得るためには拷問、脅迫、誘導、捏造が当然のように用いられる。

そして、西武雄は死刑台で吊されることとなる。

4　拷問と罠
（1）拷問はなぜ必要となるのか？
　冤罪では、拷問が必ずといってよいほど行なわれる。理由は至極簡単である。被疑者には、被疑事実に全く身に覚えがないから、堪えることができないからである。西は強盗殺人事件にも、誤殺事件にも全く関わりがない。しかし、警察は、西を主犯に仕立て上げなければならない。被疑者7名のうち、5名は20歳前後の若者達であり、警察や検察でも子供扱いされ、拷問の必要などなかった。心にもない供述を強いられたに過ぎない。警察の作成するシナリオに応じて決して供述をしない西と石井が拷問を受けることとなった。

（2）西に対する拷問
　西に対する拷問の一つは、逆さの吊しと水責めであった。
　「ロープでぐるぐる巻きにして逆吊りにされ、鼻からヤカンで水を注がれたことがあります」（『白と黒の間』112頁）。「グルグル巻きにされて吊されたり、うしろ手錠で吊されたりはしましたが、その時の感じはこういうことをするとは聞いていたが、ひでえことをしやがると歯を喰いしばったものです。今でも思うのは、こうした事も話し合いでやっているのですね。吊り下げて5分か10分かすると、係長か主任か知りませんが、あの三角部屋を偶然のぞいたというふりをして、『君々そりゃいかんよ、止めたまえ』といって楽な姿勢にさせて、そしてネチネチと聞かれたのですが、よほどの事でない限り、このような事をやられたり、七つ道具を見せられると警察官の強要に同調しやしないでしょうか？　どうせ裁判で本当のことを言えばいいんだからと自分自身に妥協する弱い面を持っていると思うのです。こうした事を思うにつけても、関係者を責めることに苦悩します。八つざきにしたい位の憤（いきどお）りも消えました」（昭和37年4月18日古川宛、西武雄の書簡）。
　しかし、西は嘘をつくことができず、耐えた。そして、否認のまま送検された。ここでは、新たなる罠が待ちかまえていた。

（3）白紙に拇印をとる検察事務官
　西「他人の記録は、見なくても結構です。兎に角、私としては、この事件には関係ないのです。それで私としては知らなかったというより、他に言いようがないのです」と答えると、重松事務官の態度が一変した。重松「知らなかったで済む位に思うとるんか。そうか、ようし、いうな、その煙草をかえせ」といって、私の煙草をひったくり、これから20、30分間ほど、土手町一杯に響き渡るような大声で怒鳴られたのですが、その間、刑務所の職員が「何ごとですか？」といって2、3人走り込んでくる始末となり、結極は、私の供述通り記載して署名捺印をしたのですが、これから先で、私は重松事務官にだまされてしまいました。
　重松　お前と口論したので思わぬ時間がかかった。ああ気分が悪うなった。お前を助けてやろ

うと思うて、俺は病気を押して来たんだが、どうも体の調子がいかん。兎に角もう一遍作成せにゃならんとじゃが、今はもう書けんから、お前の拇印だけ貰って、気分がよくなってから書いて裁判所に出しといてやる。だから、これに署名と拇印だけしとけ。

西　白紙に拇印だけという訳には、いきません。

重松　こうしてお前のいう通り書いてあるのに、拇印だけといって偽造でもすると思うとるんか、お前は、この俺を何と思うとるんか。お前の云わんことを書いたからといっても、俺は出世せんとぞ、俺はね、まだ我が身が可愛いいから、偽造なんかせんわい。この一通はな、検察庁へ提出する分で、あとの一通は裁判所に出さにゃならんと、分かったか、お前と口論をしたので具合（病気）が悪い、アー、具合が悪うていかん、兎に角、署名と捺印だけしとけ、（中略）というので、私としては、検察事務官、重松長次郎の言葉を全く信用して、署名捺印の白紙を渡したのであります。ところが、この聴取書の写しを今日（判決後）弁護人から見せて貰って驚いた次第であります。以上が、私即ち被告人西武雄の聴取書の出来上った実態なのであります。

（4）石井に対する拷問

石井に対する拷問の有り様は、以下のとおりである。

石井は1人、8帖くらいの部屋に連れて行かれ、6人の警官が調書をとるための下調べの訊問を行った。石井は、終始正直に申し立てた。しかし、それでは、西と余り関係がないことになるし、警察の予断の強盗殺人の線が出ないので、警官は、辛抱強く、あるいは威嚇し、あるいは優しく何時間も取調べを続行した。それでも石井が強盗殺人を自供しないので、石井の足の下に警棒を2本敷いて坐らせ、その上から踏みつけた。また、したたか両頰を殴った。警官が交替した。

警官「俺にまかせておけ、悪いようにはせん。お前は西に騙されているのだ。白状したらどうだ、もうここまで出かかっている。早く言ったほうが楽になるぞ」と、咽喉のところを警棒で、ゴシゴシ、いかにも憎くたらしそうに、なんべんとなく擦った。

これは見た眼以上に苦痛であって、石井は全身から油汗を絞った。しばらくすると、また、別の刑事が来た。

刑事「もう皆が自白した。総ては判明した。お前1人が自供しないだけだ。勿論自供しなければしなくともよい。その代わりお前は死刑になるぞ」と、嚇した。それがすむと、また、別の刑事だ。

刑事「お前が早く自白すれば、飯を食わせてやる。それタバコだ」と、いって、タバコを進めながら、

刑事「俺はお前のためにならんことはしない。強盗を認めろよ」と、やさしく出た。その刑事は、手錠をはずしたが、石井は前と同じことを繰返した。すると、すすめかけていたタバコをひったくった。石井は、自分の服からラッキーストライクを出して吸おうとした。

刑事「コラ、お前闇タバコを持っているな。横着な奴だ。これも罪になるぞ」と、怒鳴り散らした。だがすぐ、刑事「しかし、俺に正直に強盗の自白をすれば許してやる」と、やさしく

態度を一変した。
　石井「私の起した殺傷事件は、突発的なもので、決して、計画的なものではありません」と、断言した。すると、この刑事奮然と起ち挙って、激しく頬を数回平手打にし、タバコをとりあげ、手錠をはめ、荒々しく室外へ立去った。

（5）腕力で拇印をとる警察官
　3人の刑事が石井に馬乗りして、腕力で拇印をとる恐ろしい暴力である。そのために死刑になることを知っていてするのであるから、惨虐である。
　私の聴取書には、11項から先は特にそれがひどく、11項は、全文が捏造文のソウ入（挿入）であることが明らかでありますし、あんな文面は、私に読んで聞かせた事はないのです。私は、法廷で始めて知ったのであります。また、12項以後の文も捏造が多く、間違っているので、私は、松尾利三警部補に「間違っている部分は書き直して下さい」と、たのんだが、「お前達か警察の取調べに協力せんから、日数がかかり占領軍への報告がおくれて、何度も何度もあっちこっち行かんならん事となっているし、今日は千代田ビルの法廷に行かねばならんから、これに早く拇印を押せ」といったが、私が「書直してくれないなら拇印を押さん」といった。
　すると、大きな声でどなったが、その声を聞いて刑事2、3人来て、私に色々いった。そして今から千代田ビルに行くから早くせよといった。松尾は、私に「殺人はお前は認めているんだろうが、少し位の違いは、裁判の時法廷で云えばよいではないか」といって、刑事達がみんなで私の手を握って印肉を指につけようと、カ一パイ手を取った。私も遂に抗しきれず、少し位の違いは裁判の時にいえば、事実は判るだろうと、今から思えば刑事の誘導に騙されて、拇印を押してしまったのです。

5　共犯者の自白（供述）
（1）自白は「証拠の女王」
　西は、取引の手付金として7万円を受領したことは認めている。しかし、殺人現場も知らないと言い、強盗殺人については、逮捕以来確定死刑囚となっても終始一貫してこれを否認してきた。石井も2人の誤殺についてはこれを認めているが、西同様に、強盗殺人を否認してきた。
　2人の強盗殺人を認定した証拠は、共犯者の自白だけである。わが旧刑事訴訟法の採る原則は、「手続の適正」よりも「真相の解明」に重点を置いたことから、真相の解明の基本原理として実体的真実主義と職権審理主義である。その目標は、誤りのない事実の認定であるが、真相の解明のためには苛酷な捜査が行われて、関係者の人権を蹂躙することとなった。福岡事件の被疑者達、とりわけ西と石井はその適例である。
　自白は、被疑者・被告人が犯罪事実を認めることであり、「証拠の女王」と呼ばれた。自白を得るために拷問がしばしば行われ、刑事司法は過酷をきわめることになる。西の逆さ吊りと水責め、石井に対する警棒による拷問は既述のとおりである。

（2）共犯者の供述（自白）の任意性

　ここで、1951年に発生した冤罪、八海事件において虚偽の供述をした単独犯Yが次のように語っていることを想起する。

　「自分ひとりで犯罪を行ったと何度主張しても、警察からまったく相手にされないどころか嘘をつくなと拷問を受け、『共犯の名前を言わないと死刑だ』と脅され、死刑の恐怖と仲間への裏切りに悩み、死刑回避のために仲間の名前を言ってしまった」

　福岡事件でも、事情は同一である。警察と検察の予断に基づく不当な取調べにより、虚偽の内容の供述を強いられた。その一例を見ることにする。

　黒川の訴えんとする自白でなく、警察の予断の線に沿って構成された筋書の自白が、前に掲げた黒川の警察聴取書である。その取調べ状況の一端について、黒川は、第二審第3回公判調書において次のように述べている。

　裁　専売局の裏あたりで、西から取引する場所はこの処だから地形を覚えておけといわれなかったか。

　黒　いいえ、そのようなことはいわれておりません。

　裁　警察で取調べを受けた時には、そのようなことを述べているようだね。

　黒　警察で取調べを受ける際には、お前が何時までも逃げているから西が、何でもお前がやったように述べている、もし、お前が西から命令されたようにいはなければ、西の代りにお前が死刑になるぞ、といわれましたので、嘘だとは分っておりましたが、そのように述べたのです。

　裁　しかし、その点については、かなり詳細に述べているようだがね。

　この時、裁判長は、司法警察官代理の本被告人に対する聴取書該当部分（記録第216丁裏5行ないし217丁裏6行）を読聞かせた。

　黒　それは、自分の罪を逃れたいために申し上げた作りごとであります。警察の方が、お前が今まで逃げ廻っていて逮捕されなかったから、今自分のいった通りしておかないと、お前が勝手に被害者を連出して殺したようになり死刑になるぞ、といわれるので、そうなると大変だと思って、罪を逃れたいばかりに作りごとをいったのです。

　裁　それは、事実であってその現場に買主を引張り込んだ上拳銃で脅して金を捲き上げるという話があったのではないか。

　黒　いいえ、そのようなことは、聞いておりません。

　裁　その点についても、被告人は警察でこのように述べているようだね。

　この時、裁判長は司法警察官代理の本被告人に対する前回聴取書中該当部分（記録第217丁裏6行ないし218丁裏1行）を読聞かせた。

　黒　それも警察で取調べに際して、私に非常に待遇を良くしてくれた時にはお菓子まで食べさしてくれ、親切にして貰いましたし、取調官もお前の悪いようにはせんからといわれますので、結果から考えて、そのような嘘を申し立てたのです（註　傍点筆者）。

　これでもわかるように、警察聴取書には、任意性は全く認められず、黒川の供述とは、いい難

いのである。

　西と石井のみならず、すべての相被告人が、強盗殺人の犯罪事実を否認した。しかし、裁判所は、警察と検察聴取書における相被告人全員の供述が事実であると認め、法廷において自らの面前でなされた尋問に対する陳述の真実性を全面的に否定した。

（3）現在でも、共犯者の供述（自白）があれば有罪となる

　旧刑事訴訟法下で発生した福岡事件における共犯者の自白の証拠価値に関する判断は、現在でも変更されていない。憲法第38条3項によれば、唯一の証拠が自白である場合には、有罪を認めることはできないとされた（刑事訴訟法第319条1項）。

　にもかかわらず、共犯者の自白を唯一の証拠として有罪認定できるかについて、判例は、被告人以外の者である「共犯者又は共同被告人の犯罪事実に関する供述は、憲法38条2項のごとき証拠能力を有しないものでない限り、自由心証に委かさるべき独立、完全な証明力を有するものといわざるを得ない」と述べ、これを認めている（練馬事件：最高裁昭和33年5月28日大法廷判決）。したがって理論上は、黙秘した被告人が有罪、自白した共犯者が無罪となることもありうる。とんでもない判例が、今でも生きているのである。

6　共同謀議のでっち上げ
（1）妄想に基づく共同謀議のでっち上げ

　福岡事件の判決文で最大の虚構は、強盗殺人事件を成立させるための共同謀議である。

　判決文の「罪となるべき真実」には、「かくして被告人西は、拳銃の入手に成功するや、他面前記熊本文造と連絡し、軍服取引の関係者を同市西堅粕東光町309番地浜利飲食店に連行すべきことを打合せておき、その間被告人石井、藤本、押川等に対し、漸次計画の実相を打明け、事の成行によっては、まず被告人黒川が取引の相手方2名を誘い出し、次いで、被告人西が残りの者を連れ出し、遂時相手を殺害して、その所持の金員を奪取すべく、計画の実行に関する大略の構想を表明し、石井また前記の計画に加担し、前記拳銃（証第9号）をみずから使用して、その実行の一部を分担すべきことを引受け」とある。

　この福岡旅館における初対面の2時間より他に共同謀議をなしたとして、福岡旅館を実地検証しながら、判決文の「罪となるべき事実」には、なぜかそのことを具体的が明示されていない。判決文から共同謀議に類する個所といえば、わずかに「漸次計画の実相を打明け」と「計画の実行に関する大略の構想を表明し」の2個所だけである。それもいつ、どこで、だれに打ち明けたのか、全く具体的事実が示されていない。もっとも、共同謀議に関する「証拠」が全く採証されていないのであるから、判決文に共同謀議を明確に示すことは、勿論できないことである。

（2）暗々裏に、強盗殺人の共同謀議があったという裁判官

　しかし、共同謀議をなさずして、強盗殺人という共同犯行が実現することはまず考えられないし、といって共同謀議をなしたという明確な証拠は何ひとつないのである。そこで窮余の策とし

て、「漸次計画の実相を打明け」とか、「大略の構想を表明し」とか、甚だ曖昧な表現をして、共同謀議を暗に匂わせようとしているのではないか。筒井裁判長は存在しない共謀謀議をでっち上げた。無論、検証に耐えうるような代物(しろもの)でないことは火を見るよりは明らかである。

　ここでは、石井が筒井裁判長と交わした会話の内容を紹介すれば、それ以上の説明は不用であろう（「質疑応答書」より）。これが裁判長だというのである。

　私が、裁判長に、あなたは、今私に強盗罪をつけられたが、私が何時強盗をしましたかと訊問すると、筒井裁判長は、「西が強盗を計画して君がそれに加担したから、強盗罪をつけた」といわれるので、私が「どこで加担することを話合いましたか」というと、「旅館で加担したんだろう」といわれた。そこで、私はそれはおかしい、私は加担するなどなにも話していないので、相被告人全員に1人1人、旅館でどんな話をして、どんな話を聞いたか反対訊問して貰ったところ、強盗などの話とは全く違うので、筒井裁判長は、「君、旅館で話をせんでも、道中で話をしたろう」といわれるので、道中は黒川と岸田と私の3人で歩いたのであるから、反対訊問でたずねたら、その事実がないので、筒井さんは、「道中で話をせんでも、現場で話をしたろう」といわれるので、私は、「現場とは殺傷現場のことかと聞くと、そうだといわれるので、その現場には、西は一度も来ていないのに、どうして話をするか」というと、筒井裁判長は、「黒川が話したのではないか」といわれるので、私は黒川にどんな話をしたか、また、押川、藤本、岸田、牧田等にどんな話を聞いたか、また、したかを反対訊問して聞くと、全く強盗の話など、一言半句もないので、筒井裁判長は、「黒川が目で合図でもしたのではないか」といわれたので、私が、「私にだけ判るように目で合図したといわれるのですか、初対面の黒川が、たとい目で合図したとしても、それが強盗殺人をしようというのか、何をいっているのか、判るはずがない。それでは、私が貴方に目で合図しますが、何をいったか判りますか」というと、筒井裁判長は、「暗々裡に、強盗殺人をしようということを知ったんではないか」といわれるので、私は、「考えても見て下さい、初対面の人から何の報酬も聞かず、またどんな事かも聞かずに強盗殺人をしようと、暗々裡に加担する馬鹿がいるでしょうか、裁判長は、そんなことで加担されると思われるのですか」というと、筒井裁判長は、真赤な顔をして、「神様だけが知っているだろう」といわれた。私は、おこって、「そんないい逃れがあってたまるものか、もう、一度はっきりと、いつ、どこで、どうして、強盗殺人というようなことをしたか、そして、その証拠を示して判決をして頂きたい」というと、筒井裁判長は、「君、もう裁判は終ったんだよ、文句があったら、上告しなさい」といって逃げて行こうとされるので、私は、「裁判長、私はこの法廷が不服であり、まだ、正しい納得のゆく言葉を聞いていないから、説明して頂きたい」といったが逃げて行かれるので、私は、怒って「待て逃げるな！」というと、西が、私に「いうな、いうても仕方がない」というので、私は、怒って西とその場で喧嘩となったのであります。

7　限りない証拠の捏造
(1) 聴取書の捏造
　本件は強盗殺人事件でない。西は無実なのである。しかし、判決では、西と石井が死刑、他の

４名が有期刑とされた。では、その証拠は存在したのか。物証が皆無であるので、共犯者の供述（自白）が証拠のすべてとなる。７名の被告人にかかる警察・検察の聴取書の任意性が検討されなければならない。

　結論から言うならば、自白の任意性は全くない。現在でも取調べの全面的な可視化が模索されている状況にあるわが国において、福岡事件は、自白中心主義の旧刑事訴訟法の下で発生した。その取調べでは、犯行事実を否認する西に逆さ吊りと水責めの拷問をなした司直が、それらの聴取書を作成したのである。かれらは、無辜の民を死刑にするために被疑者に虚偽の供述をさせ、また、聴取書を捏造したのである。以下では、飴と鞭を用いて作成した、各被疑者ごとに確認される捏造の有り様を散見することにする。

①黒川利明の陳述

　警察・検察により最も利用されたのは、黒川である。

　警察で取調べを受けた際には、お前がいつまでも逃げているから、西が何でもお前がやったように述べておる、もしお前が西から命令されたように云わなければ、西の代りに、お前が死刑になるぞと云われましたので、嘘だとは分っておりましたが、そのように述べたのです。

　それは、自分の罪を逃れたいために申し上げた作りごとであります。警察の方が、お前が今まで逃げ廻っていて逮捕されなかったから、今自分の言った通りにしておかないと、お前が勝手に被害者を連れ出して殺したようになり、死刑になるぞ、と云われるので、そうなると大変だと思い、罪を逃れたいばっかりに作りごとをいったのです。

　警察で取調べを受けた時は、『お前が２人を連れて行ったようになっているから、俺のいう通りにしたら間違いない。違うところがあれば、裁判所で言え』と云われたので、その通りにして、一審の時に事実を申し上げたのです。ところが、その時に警察でどうして嘘を申したかと叱られましたので、弁解も出来ず、そのままになってしまいました。

　その時、私は、何日もかかって夜おそくまで取調べられ睡眠不足で意識朦朧としておりました。また、私は何もかもぶちまけて罪に服し、真人間になる心算でおりました。そして、取調べに当った係官は他の者の取調べ調書を作った終了後であったので、私が知らないことでも知っていて、誘導的に取調べ調書を作成しましたが、私は、そのような精神状態でしたので、そのままに済ませました。

②石井健治郎の調書

　それは、今聞いていると非常におかしい所があります。例えば、牧田の行動と岸田の行動が入れかわっております。これがもし私が述べたことなら、そのような間違いをするような事はありません。それに司法主任が他の相被告人の供述によって、勝手に記載されたものなのです。しかも、さような勝手な事を記載されて、この聴取書に署名捺印せよといわれるものですから、私は、さようなものには印を押さぬといい張りますと、文句があるなら裁判所でいえとの事でしたから、それなら裁判所でいいますといって印を押し、第一審の公判の際に司法主任を証人として取調べて頂きましたが、この時に私が突込みますと、司法主任は顔を赤くして退任した位なのです。そのような関係で、この聴取書に書かれてあることは、ほとんど嘘でありまして、私が述べたこと

ではなく、したがって、喧嘩を引受けたり、殺人を引受けたりするような馬鹿な真似は全然しておりません。

私も、その時には色々な調書を見せつけられて、頭が混乱して錯覚を起したのです。大体、牧田達も全然強盗殺人にならぬと思います。彼らは、私達が拳銃の代金取りに行ったので、後からその様子を見に来たのであって、私が加勢させた訳でも何でもありません。兎に角、初めからの調書が皆間違っているので、私達は強盗殺人をしたようになってしまったのです。

③岸田文彦の陳述

そのような事実は、ありませんでしたが、警察では、刑事から、西や黒川や藤本達は知らぬ知らぬといって、君達に罪を被せようとしていると云われたので、西、黒川、藤本3人が相談の上、本事件を計画的にやったように思わせるために、そのような事を付け加えていったのですが、検事局では警察で述べた通り述べたのです。

はい、警察では、その通り述べました。というのは、警察で取調べを受けた際には、私と石井、押川、牧田、それに西が逮捕されているだけで、黒川、藤本は逮捕されておりませんので私と押川、牧田の3人を集めてメモを取られた際に、西は知らぬ存ぜぬと否認しているので、総べて石井達がやったようになっていると云われました。それで、私達も西の態度に憤慨して知っていることに憶測を加えて述べたのです。それで、その際に藤本が押川と牧田に倉庫の方で見張りをさせ、「岸田と自分（藤本）は逃げて来る奴を脅すことにする」といったように述べたのも、実は、西一派を悪くいわんがためなのです。

④藤本清喜の陳述

私が申し述べた事と違っております。西が、百何十万円集金に行ったというのは、千切の集金であり、なお、私は、西達がそのような人を殺して金を奪うような計画を立てゝいるということは、夢にも知らなかったのであります。

いいえ、そのような話はありませんでした。大体、喧嘩と取引とは別個のようでありました。

⑤押川智栄治の陳述

そのような事は、全然申し述べておりません。その時は、外の者がいうのにお前が聞いていない筈はないといわれましたので、自分としては、西から話を聞いた憶えがないから、判然判っていなかったと申し述べたのであります。

⑥牧田頼之の陳述

それは違います。私は、最初警察でそのようなことを詰問され仕方なしに認めたのですが、検察事務官の取調べの際にも、私がそのような事はないと申し述べますと、警察でもこのように述べているのではないかといわれました。しかし、私は、そのような事はないと申し上げましたら、他の刑事らしいのが、西は、あくまで否認しており、総べて石井がやったようになっているから、このままでは、西は無罪で出て、石井が主謀者のような形になる石井が可哀想だと思えば、本当の事をいえといわれるので、私は、西の態度に憤慨し西を有罪にするために、嘘と知りながら、警察で述べたと同じ事を述べたのです。

（2）お前の刑は俺の筆先にあると豪語する警察

　強盗殺人事件をデッチ上げるために、各被疑者にはこのような経緯で聴取書が捏造された。締めくくりに、聴取書の作成状況全般を象徴する岸田文彦の上申書を見ることにする。

　岸田、牧田、押川を一緒に集めて、刑事が勝手に書いたと思われる一枚の調書の如き書付を取り出して、それを二度三度ゆっくりと説明を加えて読んで聞かせました。そして、良くおぼえておけ、後ほど係りの部長がお前達１人１人別な部屋で調書を取るだろうから、今読んで聞かせた通りのことをいうんだぞ、そうすれば、皆の者は助かるし、西武雄はこの殺人事件に巻き込まれるからと、そうなんども、いますので、私達も石井が助かり、その上皆の者の刑も軽くなるんだから、そうした方が良かろうと、いうような気持から遂に実際とは違うということを重々知りながら助かりたいために、石井を死刑にさせないために刑事のいう通りに書くことを承知してしまいました。然し、その時、山崎刑事の持って来た書類は、福岡旅館での模様は皆で集って、行く前に手筈を決めて、その上、前祝いまでして出かけたとか、その手筈は２人づつ黒川が呼び出して来て、それを石井と黒川が殺害して、次々と殺してしもう。その時に持って来た金を奪うとか、終ってしまったら、一ヶ所に集まることを約束しておいたとか。10万円の金は、現場で皆の前で西が取ったとか、全く途方もない筋書でありました。

　また、事件後、西、石井、黒川、押川、牧田、藤本、それに私の７名全部が集って、後祝いをしたとかいうような筋でありました。

　上述のような、あんまりな筋書でありましたので、私達もそれはあんまり違う、最後に会ったのは、西、石井、藤本、牧田、私の５名であったこと。それに、私と牧田の２名は旅館におった時間は、ほんのわずかであったため、知らんことを教えますと、それでは旅館のことは押川が詳しく云うように、それから牧田が小金町の下宿のことを、現場でのことを岸田お前がいうように、刑事より指定されました。そして、その下調べというメモを練習のためといってメモを取られました。メモ作製後すぐに各自が別々の部屋に別れました。私の取調べ刑事は、やっぱり山崎刑事であったと思いますが、今泉刑事もそばにひかえておったと記憶いたします。…中略…

　しかしながら、私も刑事のいうことに少々不安な点がないでもないという気が致しましたので、第２回目の書類の筆頭に、一言強調しておきました。それは、"私は強盗の間や、殺人事件について誰からも相談を受けたこともなければ、また、そんなことをしたことをしたような覚えは毛頭ありませんでしたと書いておきましたが、この一言をかくのに大変な粘りが必要でありまして、右のことを書くのには大分時間がかかったのでありました。

　そして、その書類の清書したのが、裁判の時の御覧の書類であります。

　書類作成中、取調刑事が申します事には、今逃亡中の２名の者、黒川、藤本に悪く書くところはかぶせておけ、彼らはもう他に刑事事件を起こさねば捕まるようなことはないのだから、殺人現場で、お前はああせろとかいったのは藤本でありますといっておけ。そして黒川が現場で何もしておらないのに白い物を持っておったということも牧田が見たといっておけと申しますのでそのように申し立てておきました。

　右のようにしてできた書類を見て刑事は、これではあんまり関心できんが、しかし前よりは大

分よい。しかし、まだまだ書かねばならん。とにかくも俺にまかせておけ。後は俺の筆先でお前の刑はどうにでもなるから方事まかせておけ。しかし、西武雄が表面に出て来んが、もっと充分に、西が指揮を取ったということが解る立派なものを書かねばいかん、と申しておりましたが、その後調べようともしませんでした。…中略…。

　兎に角、警察での刑事の取調べの模様は、一審でも多少申しましたが、一笑に付されましたことは、全く残念でありました。

8　冤罪づくりに加担する裁判所
（1）裁判所のとった手法

　福岡事件は、忌まわしい冤罪事件の中でも、裁判所が冤罪を造り上げることに積極的に加担する点で特筆に値する事件である。『真相究明書』の第4章「裁判ならびに公判調書の不信をそそる事実」では、それが具（つぶさ）に、しかも赤裸々に記載されている。その手法は多岐に及ぶ。西も石井も裁判について、山ほど批判したいことがある。

　第1に、被告人に供述することを制限したことである。西と石井はともに、事件の顛末をできる限り陳述しようとしても、裁判長が「私の訊ねる以外の事は答えんでも宜しい」と述べ、真実を申し立てる機会を与えなかったという。

　第2に、相被告人や証人を誘導して嘘の証言をさせたことである。石井がそれに反発すると、裁判長は「お前は嘘はいわないか、だまれ！」と申立てを押さえ、また、端から「この事件は、西の計画したものである」と強く印象づけるための、一方的で押しつけがましい訊問をしたというのである。

　第3に、公判記録の捏造である。裁判所は裁判官、書記官ともども、本件を強盗殺人事件としてでっち上げるために、速記に欠落があるのみならず、改筆、加筆、挿入を繰り返した。枚挙の暇がないので、2例を掲げるにとどめる。

　松（松尾弁護人）　久留米の喧嘩に行く心算だったというが、その行く先は聞いていないのか。
　西　私は、軍服の取引の方がありますので、取引がどうなるか判らぬと思いましたので、私が行かれない場合には、石井に行ってくれと頼んでいた位で、判然行くとは決めておりませんでしたし、黒川は良く知った男ですから行く先等を詳しく聞きませんでした。
　松　久留米の喧嘩には、被告人と黒川が行く予定だったのか。
　西　そのようであります。
　松　他の被告人等は。
　西　連れて行くことにはしていませんでした。但し、ただ今申し上げましたよう、石井は、例外です。……
　松　いつ行く事になっていたか。
　西　今日（本年5月20日）中に行けば良いということでしたので、私は、軍服の商売をして金を作って行く心算でした。

　傍線はすべて加筆であると言うから、開いた口がふさがらない。

次の例は、原審12回の公判調書の末尾の記載であるが、これも裁判長と書記官の偽作だという。

当審における従前の公判調書の各記載を読み聞かせ図面はこれを展示しその都度意見弁明の有無を問うたところ被告人西武雄同様藤本清喜は何れも意見弁明なき旨述べた」と記載してありますが、公判調書の記載を読聞かせられた事は一度もなく、また本趣旨第三点において申立ておりますように図面の展示など受けた記憶は一度もありません。

第4に、被告人らにとって甚だ有利な証拠となる重要な供述や証言が記録として意図的に録取されていないと言うことである。これらも膨大であるので公判調書の一例を紹介するにとどめる。

1、昭和26年1月16日付、原審第11回公判調書中、司法警察官の被告人岸田文彦、被告人牧田頼之、被告人押川智栄治に対する聴取書の任意性に就き、被告人岸田文彦の供述部分

2、昭和26年3月19日付、原審12回公判調書中、被告人西武雄の供述全部

3、前同原審第12回公判調書中、弁護人内田松太の補充訊問に続く、被告人西武雄の供述ならびに、裁判長の訊問、被告人牧田頼之、押川智栄治、同藤本清喜、同石井健治郎の供述全部

第5に、現場検証のあり方に不正がある。強盗殺人の共同謀議をした旅館における被告人全員による検証がなされなかったのである。全員を連れて行くと、西と石井らとの共同謀議がなかったことの記録が残るので、西一人だけでの立会いとした。その他の者による実地検証を却下するという狭猾な手段を弄したのである。

第6に、第2審の筒井裁判長によりなされた判決は、判決文が未作成のまま下されたという異常さである。控訴審において、島村裁判長に代わり裁判長となった筒井裁判長は、事実の審理を行うことなく、第1審判決の丸写しの判決を朗読した。しかも判決時には、判決文が未作成であった。西は、判決後いくら待っても判決書が届かず、上告趣意書を作成する必要から公判記録閲覧を申請したところ、裁判記録は筒井裁判長が自宅に持ち帰っており、記録は閲覧できないという。これは、わが国の裁判所での出来事である。

第7に、第1審の判決言い渡し後、池田裁判長が、傍聴人である支那人の一団を法廷の被告席に入れて、私達を2人死刑にしたことをもって、これで了承してくれといったということである。まさしくこの裁判長は、司法の独立に意も感せず、戦勝国民に迎合する行為であり、このことからも福岡事件の裁判の不正と暗黒性を理解できるというものである。

(2) 裁判長はえんま様に見える

福岡事件の裁判の異常性は、単に裁判官個人の行為に問題があるだけではない。裁判所全体が司法の使命を忘却して、この事件を強盗殺人事件にでっち上げたことである。

西は「質疑応答書」において、公判調書に関して以下のように言及している。これだけでも、裁判官の偏向や偏見が首肯できるであろう。

筒井裁判長などは、自分から「この点は違う、この点は捏造だということの不満は、次回に聴くから」といって、法廷を開きながら、供述、反対弁論を許しながら、その結果のあまりにも重

大であったので、その公判記録を抹消したことが、そのときは判らず、後になって判って遺憾に思っています。

　裁判中（法廷）、いくらネコなで声で訴訟を進めて呉れても、それが空手形であるかどうかは、結果の出てからではないと判らないのですから、困ったものです。

　筒井裁判長は、ただの一回の審理（それは抹消している）だけで判決していますが、勿論、陪席判事はおりますが、筒井裁判長に、『この事件は強盗等謀議したことはないのだから、もう少しでも疑いの点があるようでしたら、納得のいく迄裁判を続行して調べて下さい』と、あれ程上申したのにと思うと、遺憾に堪えません。後になってみると、記録は抹消している、改筆しているので、さんざんですからあきれています。だから、おかしいと思って記録閲覧申請をしたものの、なんだかんだといって見せず、この裁判長は、閻魔さまのように思えたですね。

9　こうして『真相究明書』は執筆された
（1）なぜ『真相究明書』は膨大なのか

　原稿用紙2000枚を超える『真相究明書』は、確かに、一般の人にはとても読みきれないかも知れない。八重樫昊氏が言うとおりであり、400、500枚で1冊の本にまとめる仕事も有意義であろう（「疑惑和讃俗解」29頁）。

　この趣旨で、昭和39年に『白と黒の間で』（河出書房新社）が公刊された。この本とて、原稿用紙（200字）で700から800枚にも上るであろう。しかし、この事件の真相を語るためにはやはり、2000枚でも足りない文量が必要となるのである。その理由は、次のようである。

　福岡事件は、そもそも極めて単純な誤殺事件であった。ところが、警察、検察ならびに裁判所により、予断の下で、この単純誤殺事件が強盗殺人事件という冤罪にでっち上げられた。その結果として、西と石井に対する拷問があり、警察と検察により各被疑者の聴取書が捏造され、公判では、調書の限りない捏造、被告に有利な証言が録取されず、不正な実地検証が画策されるなど、死刑囚を創り出すための奸計（かんけい）が警察と司法により組織的に実行された。事件関係者が7名いるこの事件のこれらの奸計の内容を具に曝露するためには、これだけの文量が不可欠になるということである。否、さらに多くの文量が必要であろう。これほど不正に満ちた捜査、取調、起訴ならびに公判だったからである。

（2）『真相究明書』の復刻の意義

　本書は、わが国の司法がなした忌まわしい不正を記録し、この記録を保存する使命を有する。古川泰龍氏が、ガリ版刷り300部では西を死刑から救済できな

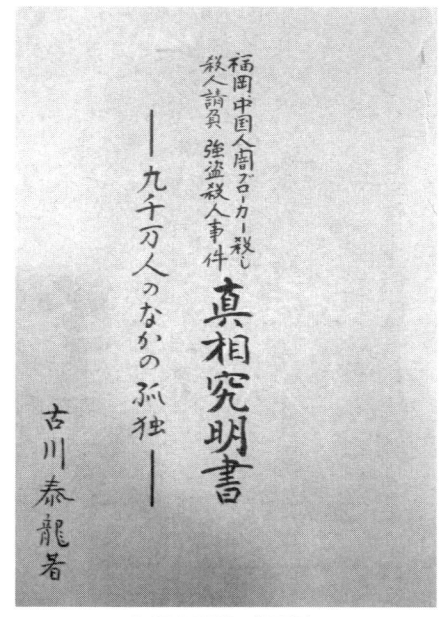

真相究明書（原書）

かった無念を活字に換えて、わが国の司法のあり方を新たに希求せんとするものである。頁数の多寡は問題ではない。この『真相究明書』のどの部分でも読んで頂き、国家が組織的に冤罪を造り上げ、西を死刑台の露に消えさせて、その不正の責任を誰一人も取ろうともしない「国家」とは何か理解していただければ、本書の公刊の本旨は達成されることになろう。

（3）雪冤の悲願に燃えて

　古川泰龍氏によるこの『真相究明書』の執筆の想いは、『白と黒のあいだ』299頁以下に、かなり詳細に記載されており、解説をする者が新たに付け加えるものはない。是非、それらのすべてを紹介したいのであるが、それも適わないので、本書の刊行に際してはその骨子を書き留める。2人の死刑囚の冤罪への確信、恩赦願いの「不詮議」対策としての運動方針の決定、『真相究明書』執筆のための資料収集、石井の妹・西・支援者・友人・知人・そして家族の理解と協力、書斎に籠居しての執筆、原稿の推敲と浄書、印刷費調達のための托鉢行脚、上梓、冤罪問題の『ひとびと』誌特集号、再審請求の実現などである。

　そして、西と石井死刑囚への想いが記載されている、「あとがき」の一部を引用したい。

　獄中生活18年、30歳をようやく越えたばかりで投獄された彼らだったが、もはや、五十路の坂にかかろうとしている。

　西死刑囚には3人の愛児があった。当時は6歳、5歳、2歳の可愛い盛りだったのが、いつしか23、22、19歳の若者となっている。しかも妻子の将来のために、心を鬼にし、涙をのんで事件当時離籍したまま、その後は一度も会ったこともなく、また文通を交わしたこともないという。

　石井死刑囚には80の坂を越えた老婆がいる。いまも、わが子の冤罪をそそがんと刑務所近く

執筆中の古川氏

托鉢鉢行脚

に独居して、老残の身に鞭をふるっている。昨年の２月、石井の訴えた民事訴訟の控訴審が敗訴になったとき、ただ一人法廷に姿をみせていたこの老母が、いつまでもすすり泣いていた姿は余りにも痛ましく、同席していた新聞記者ももらい泣きをしたほどである。

　西は、お念仏のうちに仏面と写経三昧の日々であり、石井は点字翻訳で、盲人に奉仕をつづけるクリスチャンである。

　もし自分が無実の罪で死刑になるとしたら……と思っただけでもゾッとする。それを思うと、西・石井両氏のことも他人ごととは思えない。まことに残酷きわまる話しである。しかもひとたび死刑囚として、すべての人々から不信の烙印をおされると、その訴えはあくまで、死刑から逃れたさの弁解や口実だと曲解されてしまう。そうかといって物証を収集しようにも投

写経三昧の西

獄の身ではそれも許されぬ。たとえ再審請求の道は許されていても、そのための冤罪者自身の行動はまったく鎖されている。世間一般の人々からは不信を買い、身は獄中につながれて自由を許されない者にとって、いまの再審制度は文字どおり有名無実の存在ではないか。

10　残忍極まりない西の処刑
（１）恩赦「不相当」

　1975年６月17日午前10時15分、突然お迎えがきた。その５分前には、毎朝のように運動に出て独房に戻ったのが午前10時。看守がきたので、西は、「あっ、恩赦が決まりましたか」といって喜んで立ち上がった。近くの独房にいた者も大きな喜びの声を聞いたという。西は信じていたのである。1972年５月に開催された参議院予算委員会や法務委員会において、佐々木静子委員が冤罪に泣いているに違いない人々の救済を切実に訴え、その審議の前に西にも会っていたので、西は恩赦に期待を込めていた。しかし、お迎えとは荒縄による絞刑であった。６年前に申請していた恩赦「不相当」の決定と死刑執行が同時に伝えられた。

　かくして、戦後の始めての死刑囚西武雄は、10時30分、福岡拘置支所で処刑された。遺言を書く余裕も与えられなかった。

（２）なぜ西だけが死刑にされたのか

　1968年４月に神近市子参議院議員らが超党派で提案した「死刑の確定判決を受けた再審の臨時特例に関する法律案」は、政府と自民党、最高裁と法務省の反対により廃案となった。報道によれば、自民党法務部会では、「死刑囚が長期間刑を執行されずにいわばタナざらしの状態になっているのは人道問題だ。再審が難しいなら恩赦にしてはどうか」との主張がなされた。この提案

に法務省は、再審ではなく恩赦であれば現行法体系に矛盾しないとの観点から賛同し、1969年7月4日にいたり、西郷吉之助法務大臣は、ＧＨＱ占領下の死刑囚7名に個別恩赦を検討すると表明した（第61回国会衆議院法務委員会議事録第27号、佐久間哲「死刑に処す」『現代死刑囚ファイル』自由国民社）。

福岡事件では西と石井が、免田事件では免田が対象となり、個別恩赦を検討されていた。しかし、なぜか石井だけが無期に減刑された。幸いにも、免田栄は再審無罪となった。西はそもそも現場にもおらず、一貫して殺害事件には関与していないと主張してきた。冤罪を主張し続けることは、改悛の情がないという判断であろうか。なぜ、無実であるはずの西が死刑で、誤殺であるとはいえ石井が減刑となる判断基準は皆目理解できない。西には、生贄説や再審請求阻止説が飛び交っている。

西武雄処刑の報に接したとき、古川は、背筋に悪寒が走るほど戦慄した。西処刑の背後に、日本の司法の古川に対する恐るべき復讐を感じたからである（今井幹雄『誤殺』）。

新聞記事

（３）「無口は、嘘に対する真実の絶叫である」

無辜の民、西武雄が、獄中で28年間無実を叫び続けることを、私は凡そ想像できない。古川泰龍は、西を次のように述べている。

観音様

歯が抜ける。わびしい話である。しかし、33才の時投獄し、50才を迎えようとしているのである。憶えば長い獄中生活である。歯も抜けようというものである。

"房寒し膝を組んでも揃えても"

それも、1年や2年ではない、もう16年にもなるのである。

それも出所するという希望があるのではない、死刑の身である。

それも、罪あってのことではない。全くの無実の身でありながら…。

武内（洞達）師の「ああそうでしょう、そうでしょう」には、万感の同情が罩められている。そういうよりほかにいいようがないのである。

このように万感の同情をこめても、いいようのないほどの、それは言いかえたならばそれほどに言いようもない、訴えようもない怒りと悲しみと苦しみが、彼の揮毫する写経と佛画の中にいみじくも表現されているのではないか。彼が無実であることはなによりも、この佛画が語りかける無言の訴えで充分である。また十数年終始一貫、写経、佛画の揮毫に明け暮れた彼の製作態度は尋常のことではない。この聖なるもの善なるものに対する憧憬と強靭な意志、それは決して強盗殺人を犯すものの仮にも真似ることのできるものではない。

私は、西のこの一文に彼の万感が込められていると思う。

「無口は、嘘に対する真実の絶叫である」

そして、私は西にこの詩を捧げたい。

「君看雙眼色　不語似無憂」（白隠）

11　福岡事件再審運動50年の歩み
（1）運動の経過

1961年春、古川泰龍が妻美智子に「無実を訴えている死刑囚がいるがどうしようか？」と尋ね、「それはあなたが助けるべき」と答えてからこの運動が始まった。総てを投げ打った運動は、今年でもう50年目を迎える。

しかし、半世紀、家族一丸となってすべてを捧げてきたこの運動も、1975年に西の死刑、2000年には、『真相究明書』を執筆し全国を托鉢行脚した古川泰龍が入寂した。それでも、2005年には、死刑を執行された西らの再審請求まで漕ぎ着けた。しかし、1989年仮釈放されて以来、再審運動に助力してきた石井と西のご遺族も、2008年、再審開始の声を聞くこともなく亡くなった。2010年には、この運動を精神的にも財政的にも支えてきた古川美智子も急逝した。

私たちは、この事件の真実の解明と再審の実現、さらにはわが国における冤罪の撲滅を期して、冤罪犠牲者のためにも更なる運動を続けなければれればならない。

（2）支援する学生の会の誕生

2005年の第6次再審請求後、福岡事件の裁判記録は、デジタル化に着手された。しかし、それらの記録は膨大な量であると共に、まさに「ミミズののたくったような」字で書かれたものであり、判読不可能な状態であった。九州大学法学部の内田博文教授（当時）らの研究者は、2006年の夏、九州の大学生（西南学院大学、久留米大学、九州大学）を集め、彼らによるデジタル化作業を開始した。

古い古い記録が彼らの努力によって、一字一字、

古川夫妻

決意新たに　　　　　　　　　　　運動開始より50年

　一枚一枚、パソコンに入力されていき、そして約半年後、延べ100人の協力により裁判記録が現代に甦ったのである。
　また、2007年には、このことで興味を持った学生達を中心に「福岡事件再審運動を支援する学生の会」が誕生する。彼らの活動は、事件に関する勉強会、シンポジウムを呼びかけるビラ配り、再審開始の署名を求め提出することなどから、裁判員による模擬裁判を上演するなど多岐に及ぶ。その後、この運動は、神戸学院大学や関東学院大学に広がりをみせ、今日に至っている。奇跡的ともいえる出来事である。
　本書を公刊するにあたり、ガリ版刷りの『真相究明書』のデジタル化の作業をしたのも彼らであり、その作業無しには、本書は公刊に至らなかったであろう。

（3）私はわらじがぬがれない

　わらじをはいて十年　無実の死刑囚を救うため
　わたしは　ひとり　ひとり　街を　村を　訴え　叫び　歩きつづけた
　一億もの人間がいるのだ　無実の死刑囚を孤立させてはならない
　二十年先か三十年先　いつかみんなが知って救い出してくれる
　私はそれを信じて　今日も明日も　歩く　あるく　生涯　歩く
　たったひとりのいのちすら守れない世の中を　私は信じることができない
　無実で死刑にならない世の中を　私は信じたい、証明したい
　でなければ、わたくしは救われない、生きられない　私はわらじがぬがれない
　（1971年　古川泰龍）
　そして、古川泰龍のご子息の古川龍樹も云う。「いつかみんなが知って救い出してくれる」まで、

私達は「わらじがぬがれない」と。

12　国会に再審臨時特例法案を上程しよう
（1）40年以上前に廃案となった法案

　今、新たな取り組みが始まっている。1968年4月に神近市子参議院議員らにより超党派で提案されたが廃案となった「死刑の確定判決を受けた者に対する再審の臨時特例に関する法律案」を、国会に上程する必要性である（神近市子「領巾ふる人々」『中央公論』83巻10号、神近「死刑確定者再審特例法案について」『法律時報』40巻11号）。

　神近議員は、この法案が保障するのは、「占領下ではあるがため公正で民

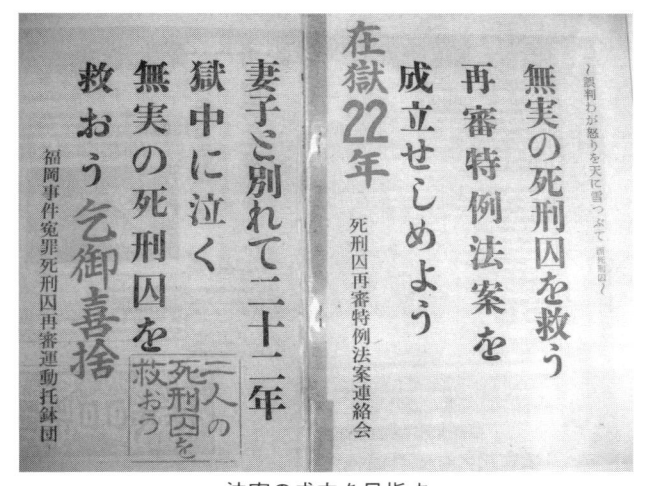

法案の成立を目指す

主的な裁判を心ゆくまで受けることができず、そのため死刑にされるのだと感じている不幸な死刑囚たちに今一度心ゆくまで公平で民主的な審判を受けさせてやることである」と控えめに説明する。なぜ、再審を行う必要性があるのかを、福岡事件をとおして検討してみる。

（2）西に再審を行う必要性

　第1に、GHQ（連合国総司令部）による司法への干渉である。GHQは占領政策の過程で、訴訟事件にも容喙し、強権を発動した。その結果、司法手続きの公正さが保障できなかったということである。

　GHQの司法干渉は、政界を揺るがした平野事件[※]にとどまらない。裁判官弾劾訴追委員会の一行が、GHQの意図の下、執行猶予を付けたとか保釈を許したとの理由だけで、その背後に不正が介在しているのではないかを調査するために、東京から大阪までわざわざ来たというのである。

　そして、大造（大阪陸軍造兵廠）事件でも、めぼしいものについてはGHQから捜査禁止や中止命令がきており、GHQの意向を伺って裁判することへの危惧が語られている（神余正義「若い判事補の目（1）」『判例時報』542号）。

　さらに、「大造事件にGHQの介入があって以来、ことに地方においては、渉外事件と言えば必ず厳罰にしなければ……と保身の路に傾く裁判官が続出していると聞く。まさに裁判所の危機である」（神余「同（5）」550号）。

　GHQの福岡事件への影響について見ることにする。ここでは、厳罰を実現するための唐突な裁判長の交代が見られる。第2審は、納得のいける人柄のいい島村という裁判長であった。判

神近市子

決当日に筒井という裁判長にかわり、1回の尋問もなく、いきなり判決が下された。

　筒井裁判長は代替するや、判決直前に、「本件裁判は、戦勝連合国の国民である中国人民共和国人の王祖金氏等を殺害による強盗殺人事件であるために、連合国指令部に報告していたところ、日本側の裁判所で審理するように命令が来たが、この事件の判決は早急に出せよとのことを達せられたので、結審を急ぎますので被疑者もそうだが関係弁護人各位も協力してほしい」と。

　そのために裁判の進行は急速であり、被告人に対する反対訊問にしても、証人に対する反対訊問等は全く一方的であり、しかも、裁判長の訊問にいたっては、『こうであろうが、嘘をいうな！』と、机をこぶしで叩いての裁判進行でありますために、関係相被告人等の20才位の者は、身心を萎縮してしまって、裁判長の一方的な強要に終始したのでございます。

　ことに、日本の裁判というものは、こんなものだろうかと驚かされたことに、第1審の判決当日の池田裁判長の言動でございます。即ち、法廷に満員の中国人に向って、「中国人の方で、今日の判決について御意見のおありと存じますので、拝聴したいと思いますから、被害を受けられた方の関係のおもだった方だけにしていただくことにして7、8名位はいいですから、こちらに御出席下さい」と、満員の中国人傍聴席にいい、その中から10名位の中国人が、私たち被告人7名列んでいる前に列んでもらってから、裁判長、曰くに、「ただ今お聞きいただきましたように、西、石井は死刑に、その他の者にもそれぞれ最高の判決を言渡しましたので、これでどうぞ御了承下さい」というと、法廷の中国人たちが騒然となり、「2人だけの死刑ではダメだ、なぜ全員死刑にせんのか、判決をやりなおせ、こんなことでは納得できないから、総司令部に訴える」という。それで、裁判長は、「判決をいい渡した以上は、それをまたいい直すということは規定で出来ませんので、今日のところは、これで御了承下さい。というのは、裁判はこれで終了したというのではありませんから、次の高等裁判所になった時は、皆さんの御希望に添うように連絡しておきますから」という、裁判長の平身低頭の姿に、戦争に敗れたものの惨めさに同情は出来ましたけれど、裁判所は、事犯の真実を裁く神聖なところと信じていただけに、この異様な裁判劇には、目を見張って恐怖したものでした。

　第2に、本件では物証が乏しいことから、共犯者の供述（自白）が有罪の証拠として狡猾な手段・方途により入手され、有罪の決め手とされた。誘導・脅迫・強迫は当然であり、飴と鞭の常套手段が用いられた。西と石井には拷問が行われた。それでも否認し続けた両名には、警察と検察の捏造調書と、矢張り捏造された公判調書の陥穽が待っていた。このような捜査機関による人権蹂躙は決して許されるべきではなく、また、輪をかけて行われた裁判所による適正手続に悖る所業は、わが国の裁判所の悪行として名をとどめる程の酷いものである。福岡事件で西らの再審

がなさるべき事は当然であると言わなければならない。

※【平野事件】1947年11月、平野力三農相は片山首相から罷免されたが、中央公職適否委員会の牧野委員長から罷免がＧＨＱの意思であるとされ、その後平野は一切公職から追放される。1948年2月、平野は、東京地裁に公職追放の該当者とする旨指定の執行停止の仮処分を申請し、同地裁はこれを認める決定をした。間接統治の方式を採用してきたＧＨＱのホイットニー将軍はこれに驚き、直ちに、最高裁長官に対して、「総理大臣の決定は最高司令官の承認を経ている限り、日本の裁判所は裁判権を有しない」と指示した（山本裕司『最高裁物語』（上巻）日本評論社、1994）。これが、まさしくＧＨＱである。

（3）再審臨時特例法案

1968年4月の第58回国会において上程された、「死刑の確定判決を受けた者に対する再審の臨時特例に関する法律案」の内容は、以下のとおりである。

死刑の確定判決を受けた者に対する再審の臨時特例に関する法律
（趣旨）
第1条　この法律は、昭和20年9月2日から昭和27年4月28日までに公訴を提起された者でこの法律の施行前に死刑の判決が確定し、この法律の施行の際その刑を執行されていないものに係る再審請求について特例を定めるものとする。
（再審事由の特例）
第2条　前条に規定する者に係る再審の請求については、刑事訴訟法〔昭和23年法律第131号〕第435条第6号中「明らかな証拠」とあるのは「相当な証拠」と、従前の刑事訴訟法（大正11年法律第75号、以下「旧法」という。）第485条第6号中「明確ナル証拠」とあるのは「相当ノ証拠」とそれぞれ読み替えて、これらの規定を適用する。
（再度の再審請求の特例）
第3条　第1条に規定する者は、この法律の施行前に刑事訴訟法第435条第6号又は旧法第485条第6号に規定する事由によって再審の請求をした場合においても、同一の理由によって、更に再審の請求をすることができる。
（再審の請求の期間）
第4条　再審請求は、この法律の施行の日から1年内にしなければならない。
（執行停止の効力）
第5条　再審の請求は、再審の請求についての決定があるまで刑の執行を停止する効力を有する。再審開始の決定があったときも、同様とする。
（管轄）
第6条　再審の請求は、東京高等裁判所にしなければならない。
（再審請求の審判）
第7条　再審の請求に関する審判は、別に法律で定めるところにより参審によって行う。

（弁論）

第8条　再審の請求についての決定をするには、再審の請求の趣意書に基づいて、請求をした者、その相手方又は弁護人に弁論をさせなければならない。

（異議の申立ての禁止）

第9条　再審開始の決定に対しては、異議の申立てをすることができない。

（特別抗告の特例）

第10条　再審の請求を棄却する決定に対する異議の申立てが棄却された揚合においては、当該棄却の決定に対し、重大な事実の誤認があって原決定を取り消さなければ著しく正義に反することを理由として、最高裁判所に特に抗告をすることができる。

（旧法事件に対する不服の申立て）

第11条　刑事訴訟法の施行前に公訴の提起があった事件（以下「旧法事件」という。）に係る再審の請求の棄却する決定に対する不服の申立てについては、刑事訴訟法第428条の異議の申立ての例による。

2　前項の異議の申立てが棄却された揚合においては、当該棄却の決定に対し、刑事訴訟法第405条に規定する事由があること又は重大な事実の誤認があって原決定を取り消さなければ著しく正義に反することを理由として、最高裁判所に特に抗告をすることができる。

3　前項の抗告については、刑事訴訟法第433条第1項の抗告の例による。

（移送）

第12条　再審開始の決定が確定したときは、東京高等裁判所は、決定で事件を原判決をした裁判所に移送しなければならない。

（刑事訴訟法等の適用）

第13条　この法律に定める再審の請求については、この法律の規定によるほか、刑事訴訟法（旧法事件については旧法及び日本国憲法の施行に伴う刑事訴訟法の応急的措置に関する法律（昭和22年法律第76号）の定めるところによる。

附則

1　この法律は、公布の日から起算して6月をこえない範囲内において政令で定める日から施行する。

2　この法律の施行の際現に係属している再審の請求については、なお従前の例による。

3　前項の再審の請求が棄却され、又は取り下げられた揚合における第4条の規定の適用については、同条中「この法律の施行の日から1年内」とあるのは、「附則第2項の再審の請求を棄却する決定が確定」した日又は当該再審の請求の取下げがあった日から1年内」と読み替えるものとする。

理由

昭和20年9月2日から昭和27年4月28日までに公訴提起された者で、死刑のを判決が確定し、まだその刑を執行されていないものに係る再審の請求について、再審事由、管轄、審判等に関し特例を定める必要がある。これが、この法律案を提出する理由である。

（４）法案が有する現代的意義

　この法案の骨子は、今日においても評価されうるものである。なぜなら、敗戦国としてもはや占領下にない現況においても、再審請求の要件を軽減することは、決してその意義を失うものでない。数多くの確定死刑囚について、冤罪の可能性が濃厚であり、現在その再審が求められている。袴田事件、名張ブドウ酒事件などがその一例である。また、長期間刑を執行されずにタナざらし状態になっている死刑囚も相当な数に上る。死刑制度の存否の問題があるとしても、取りあえずは、過去の裁判で誤判の確信が持てる事件、福岡事件、飯塚事件、帝銀事件など死刑囚がたとえ死亡した事件についても、再審を可能としなければならない。そして、死刑囚に限らず、無期刑や有期刑のいかんを問わず、狭山事件や大崎事件についても再審の扉を開く必要がある。

　そして、今ひとつ提案したい。福岡事件のように、西や石井のように遺族が亡くなり再審請求人がいなくなったような場合でも、請求人を用意しておく必要がある。誤判をただし、冤罪を撲滅するすることは、司法の健全化を図るために不可欠であり、それを求めることは、確定死刑囚の遺族に限定されるべきでないと思う。

父の思い出──真相究明道

古川龍衍

　当時、私はまだ7歳、小学1年生であった。
　ある晴れた秋の日、私が友達4、5人とキャーキャー騒ぎながら、自宅の周りで遊んでいたときのこと。突然、父の書斎の窓がガラッと開くや、町中に響き渡るような大声で「うるさーい」と父に怒鳴られた。その瞬間、「わぁー」と言う悲鳴と共に、友の姿は辺りからあっという間に消えてしまった。何が起きたのか、私には全く分からなかった。書斎を見上げると、窓はピシャッと閉められ、何事もなかったかのように静寂が戻っている。「父は今、大事な仕事をしているにちがいない、静かに、静かに」──私は恐る恐る玄関の戸を開け、忍び足で中へ入った。
　昭和37（1962）年11月18日、父は書斎にこもって、『真相究明書』を書き始めたのである。来る日も来る日も朝から晩まで、ひたすらペンを走らせる父、いつもコタツの向こうに、小さな弟を寝かせて書き続けた。何を書いているのか見当もつかないが、大切な仕事をしているのだと幼心に思った。窓辺の灯りは夜遅くまで消えなかった。
　しかし父も一日中座っていては運動不足になるので、夕方から家族全員を引き連れて散歩に出かけた。弟は父が抱いたり、母がおんぶしたりして、みんなで歩いた田舎道、父はこの道を「真相究明道」と命名した。
　時折、自宅の庭に現れるコジュケという鳥がいた。その親鳥は、カルガモのように、雛鳥を何羽も従えて歩くのである。父の歩幅は広く早足なので、父を先頭に私達子供はチョコチョコ走ってついて行かねばならなかった。その姿がちょうどコジュケ親子のようだとよく笑ったものである。
　それは何より楽しい家族団欒の一時であり、最も開放された時間でもあった。父は私達に樹木や草花、野菜の名前などを教えた。「この木の名前は何ですか？」と父が尋ねる。「杉かな〜」私は答える。「いいえ、これは槙（マキ）の木ですよ」。
　その時覚えた木の名前、一生忘れない。それは私達子供にとって、大切な課外授業でもあった。
　空を流れる白雲を眺めながら駆けっこをしたり、詩を詠ったり、好きな童謡や歌謡曲など大きな声で合唱したりもした。「城ヶ島の雨」「椰子の実」「叱られて」「この道」など挙げれば限がない。夕陽が空を真っ赤に染める黄昏時はみんなのお気に入り。降りしきる雪の日も雨の日も傘を差して、「真相究明道」の楽しい散歩は続けられた。どうして傘まで差して散歩するのか不思議な気もしたが、私はみんなと出かけるのが大好きだった。
　いつしか、桜の花吹雪の中を歩く春が訪れた。レンゲ草が畑を美しく彩り始めた頃、父の書いていた本はついに完成した。ずっしりと分厚いこの本がどんなに大事なものであったかを、私が知るのは随分先のことであった。

長い執筆の仕事が終わると、父は墨染めの衣をまとい、托鉢に出かけた。網代笠をかぶり、衣の袖をなびかせて歩く父の姿を美しいと思った。やがて、その分厚い本を各地に郵送する仕事が私達を待っていた。

時々、お風呂上がりの父はちゃぶ台の前に座り、グラスに水を注いだ。そして「これはビールだ、これはビールだ」と自分に言い聞かせるように、おまじないをかけた。それからグラスを持ち上げ、目を閉じてギュッと飲み干し「あぁ、美味しかった」と微笑んだ。そんな父の姿を私は口をぽかんと開けて見ていた。そこには「貧しくてビールが飲めない可哀想な父」はいなかった。悲壮感など微塵も感じさせないのである。ただ、水を「鉄管ビール」と称して実に美味そうに飲む父とその姿をあっけにとられて見つめる私がいるだけだった。私もその「鉄管ビール」とやらを飲んでみたいと思うほどであった。

版画　古川さゆり
「地湧」2巻4号所収

毎晩、夕食が済むと、丸いちゃぶ台の上には再審運動のチラシがどっさり置かれ、そこは家族の仕事場と化した。子供に出来ることといえば、チラシ折りに、ハンコ押し、在獄17年を18年に訂正するくらいの作業だ。単調な仕事の合間に、父は子供達の前で、手品をして見せた。父の手のひらに湯呑みがくっついて、いくら手を振っても湯呑みが落ちないマジックに、私達は目を丸くして見入ったものである。時には両手で台を叩き調子よくリズムをとって、みんなを笑わせてくれた。傍らで私達を優しく見守る母も、タスキ縫いや、草鞋の底に運動靴のゴム底を縫い付ける仕事に励んでいた。もちろん子供の私にも、「困っている人のために、みんなで頑張っているんだ」といった連帯感や張り詰めた空気さえ伝わってきた。しかし、そこには辛い運動の作業場といった暗いイメージは全くなく、笑い声の絶えない明るさが満ちていた。

父に怒鳴られたあの日から、早49年の歳月が流れた。すっかり変形した母の親指を思い出しながら、長い運動の労苦が偲ばれた。父もさぞビールが飲みたかったであろう。母のゴム底縫いは硬くて大変だったにちがいない。そんな苦労を子供にはおくびにも出さず乗り越えてきた二人がいとおしく、涙が溢れた。思えば、今も私は、チラシ折りや垂れ幕の字を書くといった、昔と少しも変わらぬ仕事をしているのである。こうして今日に至るまで運動を続けることができたのは、他ならぬ両親の深い愛情があったからだと、私も漸く二人の苦労が分かる年齢になった。

今年、両親が始めた再審運動は50年を迎えた。家族の散歩道「真相究明道」は今、人家が立ち並び、昔日の面影はない。けれど、一家で歩んできた幾多の思い出が私の心から消えることはない。否、私達の歩みはこれからも続くのである。父の書いた『真相究明書』が学生さんの手により入力され、若い人達がそれを読み、事件の内容を学んでいる。そんな姿を父母が見たら、どんなに喜んだことだろう。

いつか事件の真実が明らかにされるまで、「真相究明への道」がさらに開拓され、今後も多くの人達によって歩み続けられることを私は願っている。そしていつの日か「えん罪のない社会」が実現することを心から祈らずにはいられない。

　　　　　　　　　　　　　　　　　　　　　　　　　　　　　　　　　　合　掌

福岡事件
福岡、中国人闇ブローカー殺し殺人請負　強盗殺人事件

真相究明書

――九千万人のなかの孤独――

古川泰龍

序　文

2人の死刑囚のえん罪を訴える

塩尻公明

　われわれは、強盗殺人の罪名をもって判決確定し、刑の執行の寸前にある死刑囚、西、石井両君のえん罪を訴えたいと思います。

　西君は強盗の意思も計画ももたず、また裁判所も認めているように殺人の現場にもおらず、殺人の意志も計画ももってはおりません。石井君は口論の現場にゆきあわせて、とっさの成り行きで、ピストルを発射しなければ、さきに射殺をされると思いこんで2人の人を射殺しましたが、強盗の意志も計画もなく、たとい完全な正当防衛であるとはいいがたいとしても、過剰防衛あるいは誤想防衛の程度にとどまるものであろうと思います。

　長日月の調査と労苦とののちに、この詳細な『真相究明書』を執筆された古川泰龍氏は、10年近く前からの私の知人であり、また私がひごろ、当代にはめずらしい真摯熱烈な宗教家の1人として、とくにその逞しい求道心とこまやかな良心とに対して、敬意をもちつづけてきた人物であります。一昨年の秋、古川氏は、志を同じくして氏を助けてきている幾人かの人々とともに、私をたずねられて、西、石井両君のえん罪について訴えられ、助力してほしい旨の希望を述べられました。私は古川氏とそれらの人々とが西君のえん罪を確信されている気持ちはよく理解できましたし、またその熱意のほどには感動しましたが、私自身は、すでに最高裁の決定をも完了しているこの事件について、えん罪であることを容易に信ずることはできませんでした。また多忙な公務と自信のもてない健康との重荷を負うている私には、このような事件に関与する余力はとうてい持ちえないことが明瞭でしたので、おことわりする他ありませんでした。しかし余りの熱意に打たれましたので、持参された関係書類の一部を読んでみることだけをお約束しました。時間にも精力にも余裕のない私は、正直のところ、迷惑な仕事であると思いました。

　ところが、その書類を読んでいるうちに、次第に私自身が2人のえん罪であることを信ずるようになりました。信ずるようになってみると、2人の生命に対して、私自身の肩にもその責任の一部がかかっているような気がしてきました。古川氏が家族ぐるみの全生活をあげてこの問題と取組んでいられる場合とは比ぶべくもありませんが、微力の一部をさいてでも、できるだけの事はしなくてはならない、という気になってきました。たまたま私は、自分の職業柄、関係してきたいくつかのカンニング事件のことを思い起しました。四囲の状況や当人の行動からみて、だれもが見てもまさしくカンニングを実行したに相違ないと認められる事件でありながら、よくよく事情を精査し、当人の心情をすじみち正して追求してみると、カンニングではなかったと判明する場合がありました。人生にはときどきあることですが、すべての人々に誤解され易いようにすべての偶然が競合しており、弁解すればするほど怪しまれるようにできているが、しかしその誤

解はやはり正しくなく、解くに術(すべ)なきほどに事情が複雑であるゆえに、いよいよ同情に値する事件である。という場合があると思います。

　西、石井両君の場合はその最も気の毒な場合である、と思われて同情せずにいられませんでした。

　ピストルが出てきたり、やみ取引が出てきたりするので、初めてこの事件に接する人々は、少しうっとうしい気分に打たれるかもしれません。私自身も最初はそうでした。しかし、事件が起ったのは、終戦直後の極度に混乱した世相のなかにおいてであったこと、両君はともに長い間の戦地生活から帰ってきたばかりの軍人あがりであったこと、その他当時の両君をめぐる諸事情を詳しく知れば知るほど、人々の誤解をうけ易い諸条件がたまたま競合していたことについて、当人たちに対して、いよいよ同情をもたざるをえない気持になってくるはずだと思います。

　われわれがこの問題に関与したのは、奇を好む心からではなく、また何らかの政治的意図から出たものでもありません。ただえん罪になやむ２人の生命を救いたいという単純な気持から出ております。

　古川氏の人柄は、私も、氏を知る限りの人々も、前々からよく承知いたしておりますが、勉強心にとみ求道のためにはすべてを擲(なげう)って万進したいという気分の旺盛な人でありますし、私自身も、私の職業では当然のことですが、わずかの時間をも何ものにもかえておしむ、という気分の強いタイプに属しております。たんなる好奇心でこのように厄介な問題に関与する、という困人ではありません。またわれわれは何らかの政治的意図をもって、司法権や警察権への不信をそそり立てることを企てているものでもありません。われわれは、現在のごとき人間性と社会生活とを前提とする限り、政治権力と政治機構とが人間にとって必要であること、したがってまた司法権の独立と神聖とがいやが上にも望ましくあること、また警察権の作用も必要不可欠なものであること、などを十分に承知しているつもりであります。しかし、それらの作用のすべてが、要するに、あやまち易い人間の手によって動かされているものであるからには、あやまちというのは常にありうるのであり、必要に応じてこのあやまちを是正してもらうことによって、却って司法権の神聖も維持せられ、警察権にたいする信頼も維持されうるものであると考えます。

　私は、ある意味で、事件当時の警察官、検察官、および裁判官の人々の立場に同情をもたないものではありません。終戦直後の混乱した世相のなかにおいて、とくに兇悪犯罪の相ついで起った福岡市の状況のなかにおいて、また殺された１人が外国人であったために駐留軍当局による督促の圧力のもとにあったことなどからみて、これらの人々が事件の調査と審理を急ぎ、ひとたび思い描いた件の筋道に一致するような調書の作成を急いだ審理も、人間としてありうることであると思います。さきに私は、多くの人々の誤解をうけやすいような微妙な複雑な事情が２人にまつわりついていた、と申しました。たしかに一応はそういえると思いますが、しかし同時に、関係者のすべてがすなおに、あったまま見聞きしたままを供述し、またそういう供述の可能であった状況を前提としますと、この事件は案外に単純な明瞭な事件であったという感想をもたざるをえません。

　また多くの場合に問題とされる拷問ということについても、私は必ずしも警察官の立場に同情をもたないものではありません。もちろん私は、拷問を是認するものではありませんが、警察官

の当面する人物のうちには、一すじ縄ではゆきかねる相手や、変幻自在の供述をしてつかまえどころに苦しむ相手や、おとなしく調べていてはものを言おうともしない相手など、手こずらせる人物が少なくなく、いきおい人間のつねとして、荒々しい応待や訊問とならざるをえない。という場合もあるであろうことを想像します。

しかし、やはり、その行きすぎは、恐るべき結果をもたらすものであることを痛感せざるをえません。例えば、西、石井両君は、16年前の第一審のときから、拷問にも屈せず一貫してえん罪の主張と供述とを貫いてきております。ところが、石井君の警察調書の中には、事実とちがい、また両君にとって不利となる供述を行ったところがあり、それは裁判所によって、最後まで判決にたいする証拠の1つとして取り上げられています。しかしこの供述は、石井君自身のなした通りのものではなく、また彼は最後までその調書に捺印することを拒んでいるのに、数人の警察官によって手をとってむりやりに捺印させられたものです。どれほど強い意志と肉体とをもっていても、またいかなる拷問にも誘導尋問にも屈しない勇気をもっているとしても、このようにして警察調書がつくられ、またそれが証拠とされて判決が下されるということになると、被疑者にとって救われるみちはないではないかという気がしました。

検察官、裁判官の調書や審理についても不充分のところが少なからずあったように思われます。詳しくは究明書本文にゆずりますが、例えば実地検証のごときも、甚だ粗漏でおざなりにすぎたように思われます。判決文では、西、石井、その他の人々が旅館の一室で強盗殺人の謀議をしたことになっており、これが死刑判決の決定的な理由となっていますが、西と石井とは、偶発事件の起るわずか数時間前にその一室で初めて対面したまったく見ず知らずの仲であり、また両者の対談した時間は短かく、他の数人も互いにそのとき初めての対面であったものが多く、しかも彼らの幾人かはいろいろの用事で外出したり、また帰室したり、その出入りが多く、だれとだれとがいつ顔をつき合わせてどういう相談をなしえたかは極めて疑わしく、常識から考えてみても、「2人を殺し、さらに他の数人をも殺す」というような重大な計画の打合せが、行われうる余裕があったとは思われません。

しかし、警察官や検察官の予め構想した事件の筋書が、その部屋で謀議が行われたということであったとすれば、それを確証するためには、少なくとも関係者の全員をその場所に伴ない、だれがどういう順序でその部屋にはいり、またいつ出ていったか、などの事実について、全員の供述をつき合わせて調べる必要があったと思いますが、そのことは全く行われていません。殺人の現場に関係者全員を伴なって、事件当時の各人の会話や行動をつきあわせて調べてみたということもありません。

この『真相究明書』は、純粋の、また経験ある法律家の手になったものではありません。したがって、純粋法律家の眼からみて、なお不十分なところや、新しい証拠をさらに付加えることが望ましいと思われるところなども、あるであろうと思います。私自身が読んでみても、苦心の労作でありながら、なお望蜀（ぼうしょく）の感じをもつところもないではありません。われわれはこの上とも、努力を続けてこの文章の上にさらに多くのものをつけ加えなくてはならないと考えております。しかしながら、少なくともこの究明書をよくよんで頂くだけでも、両人のえん罪についての

心証を、多くの方々にもって頂けるであろう、と期待いたしております。さらに進んで、両君の実物に接して頂き、彼らの人柄を熟知して頂けるなら、またこの16年間に彼らがいかに生活し、いかに叫び、いかに書いてきたかをよく知って頂けるなら、また彼ら以外の事件関係者に親しく接して事情を聞きただして頂けるなら、そしてまた警察調書や判決文や公判記録やその他関係の記録をくわしく注意深くよんで頂けるなら、えん罪の確信はいよいよ強まる一方であろうと思います。この究明書の志したえん罪の証明をいよいよ完璧なものとするために、かつ2人の生命を現実に救いうる方策を押しすすめるために、専門の法律家の方々、および一般の方々の御関心と御援助とを、心から懇請いたさずにはいられません。

1963．4．27　（神戸大学教育学部教授）

序　文

お願い

犬塚　堯（たかし）

　身に覚えのないことで死刑に処せられようとしている2人の日本人がいます。どうかみなさまのお力の一端でもおかしいただきたくお願い申し上げます。ちょうど日本が敗戦で占領されていたときの事件でありまして、殺された被害者の1人が中国人の有力者であったことが、この事件が無理に「強殺（ごうさつ）」が作り上げられた大きな理由であります。この事件に関与した裁判官の1人も、当時、連合国から警察、検察庁が強い圧力をかけられていたこと、および、裁判長にも圧力をかけようとしたといっております。旧刑訴から新刑訴への過渡期に起ったこの事件には何ら物証はなく、警察、検察庁で強迫、詐術によってつくられた調書だけが唯一の証拠になっています。その調書も白紙捺印（なついん）の上、書かれたもの、供述後、供述調書を読み聞かせるときに故意に違った読み方をして捺印させたものなど、非常に疑問が多いのであります。また刑事達が数人がかりで無理に捺印させたものもあるそうです。とくにこの事件で指摘できるのは7人の被告のうち5人は20歳そこそこの若者で、警察、検察庁に手玉にとられたという事実であります。事実そのものが計画的な強殺ではないために、5人は何ら事情を知らず、刑事達のいうとおりに誘導されております。

　否認すれば「連合国からやかましくいってきているので、いうことをきかねば連合国の裁判に回す」とおどされ、いいたいことがあれば裁判所でいえばよい。警察調書はこれでいいのだといって丸めこんでおります。しかも、裁判所は被告人全員が否認しているのを何一つとり上げておりません。いかに裁判官の心証によるとはいいましても、これは非常識であります。そのことは、この『真相究明書』のどの頁をお読み下さっても明らかになると信じます。しかもこの裁判の進行には疑念を生じさせる、ある暗さがあります。この点もお読みとりいただきたいのであります。私も乏しいながら新聞記者生活の経験をつぎこんで調べてみたのでありますが、書類上も、事件の現場的検証、幾多の証人の話などを綜合しましても、この判決が誤りであり、法の名で、人殺しが行われようとしているのだと考えられずにはおられません。2人はすでに十数年を獄窓に過し、家庭は悲惨の極みであります。

　古川泰龍教誨師（きょうかいし）のご一家はこの事件に全生活を注ぎこまれ、経済的にも非常に苦しい生活をしておられますが、宗教家として高い精神的境地からたたかっています。また、神戸大学の塩尻公明教授も、いそがしい生活をさいて、現地にたびたびきて真相を貫く斗（たたか）いをしておられるのであります。弁護士を頼むために講演会その他の報酬をそっくりそのまま投げ出しておられます。私も個人として、この事件を手がけて以来、2人を殺すことは、同じ時代、同じ社会、同じ国、同じ法律の中に住むものとして、自分も殺すことになるというように感じております。およそ、殺

人の中で最も残酷なのは公権によって犯罪とされて極刑を科されることでありましょう。日本の裁判制度は経験に富む裁判官の審理するものであり法の安定性を確保するため再審事由はかなり厳格にされております。

　しかし、昭和22年当時の事情事件の性質を考えていただければ、裁判官の認定に問題があるのではないかという想像が可能であり、どなたでも、ここに整理いたしました書類をわずかでもお読み下されば、真実がわかっていただけるものと存じます。また死刑囚の2人はよい弁護人に恵まれず、金だけとるとさっさといなくなるような人がおり、この点でも不幸でありました。当時事件を担当した善意の弁護人の1人は「あのころは連合国の圧力がきびしく、弁護団をつくることも、証人との打合せをすることもできなかった。もしそういうことをしたら資格をとり上げられただろう」と申しております。この2人を助け出し、真相を明らかにすることは同じ日本人のつとめだとも考えます。この『真相究明書』は多くの人の協力によりましたが、なお、借金と一部の寄付で作られたものであります。死刑囚の家族らの血の出るような最後の金も投じられております。部数は少ないのですが、ぜひ読んでいただきたい方々にだけお配りいたしたものであります。

　どうか、お力をお貸し下さるよう、つつしんでお願い申し上げます。

第1章　本件における7被告人の真実の行動を追及する

目　次

1　荒廃の中の悲劇……………………………………………………… *41*
2　「酷似」か「同質」か ……………………………………………… *43*
3　西と熊本の出会い…………………………………………………… *45*
4　熊本と拳銃…………………………………………………………… *48*
5　西と黒川の再会……………………………………………………… *49*
6　西と黒川、鹿児島に行く…………………………………………… *51*
7　西、杷木町に帰る…………………………………………………… *52*
8　西、福岡旅館に泊る………………………………………………… *54*
9　西、藤本に拳銃入手を依頼………………………………………… *55*
10　藤本、押川に拳銃入手を依頼……………………………………… *58*
11　藤本と押川・石井を訪ねる………………………………………… *61*
12　石井ら福岡旅館を訪ねる…………………………………………… *65*
13　福岡旅館における状況　その1 …………………………………… *66*
14　福岡旅館における状況　その2 …………………………………… *69*
15　西・押川・牧田、堅粕に行く……………………………………… *72*
16　西、浜利食堂に行く………………………………………………… *75*
17　石井・黒川・岸田、堅粕に向う…………………………………… *77*
18　浜利食堂における取引状況………………………………………… *80*
19　熊本、王の喧嘩……………………………………………………… *84*
20　熊本・王、射殺さる………………………………………………… *86*
21　黒川はなぜ刺したのか……………………………………………… *90*
22　射殺当時の浜利の状況……………………………………………… *92*
23　石井、西に射殺を訴える…………………………………………… *94*
24　石井・西、小金町の石井宅へ行く………………………………… *97*
25　西、拳銃入手を企む………………………………………………… *99*
26　七福楼で拳銃入手を待つ…………………………………………… *101*
27　石井、警官隊の七福楼包囲を目撃す……………………………… *105*
28　警官隊300、400、石井を包囲す …………………………………… *106*
29　石井に対する拷問…………………………………………………… *108*
30　西の拷問、黒川の逮捕……………………………………………… *110*
31　新聞の誤った報道…………………………………………………… *112*

【資料】

図―1　事件関係見取図（福岡市）……………………………………… *40*
図―2　福岡旅館に於ける状況…………………………………………… *68*
図―3　福岡旅館出発後の経路見取図…………………………………… *74*
図―4　現場付近見取図…………………………………………………… *76*
図―5　中島園吉宅に10万円預けた時の関係者配置図、浜利食堂の内部…… *82*
図―6　被告人西武雄外6名に対する強盗殺人被告事件検証調書、第1見取図……… *88*

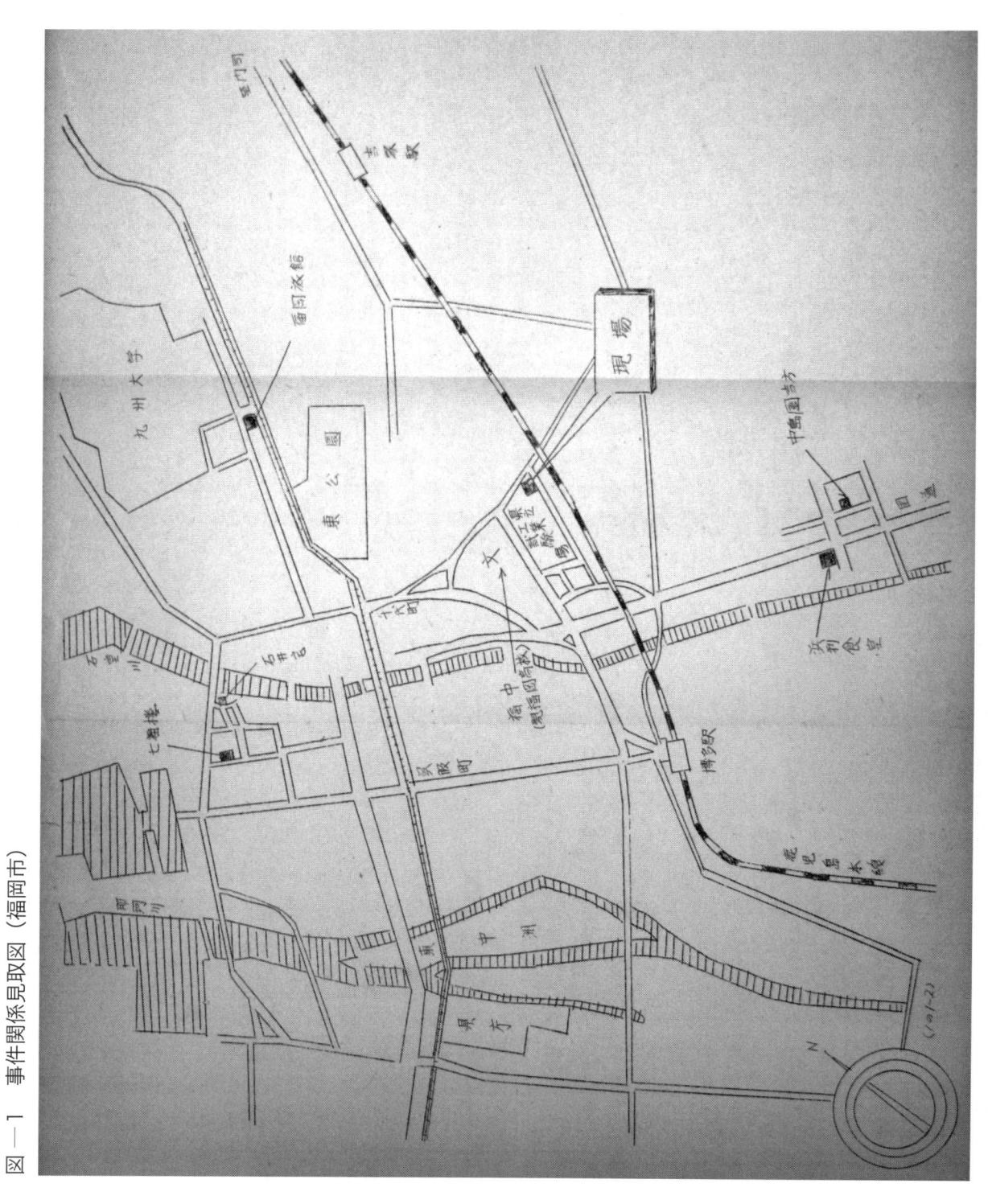

図-1 事件関係見取図（福岡市）

1　荒廃の中の悲劇

　昭和22年5月20日夕7時半頃、福岡市内において、突如、中国人と日本人の2名が拳銃によって射殺された、という事件があった。

　あれから17年、随分旧い話である。

　普通なら、関係者達もボツボツ忘れかけて、記憶の底に畳み込んでしまう頃である。

　だが、17年後の今日、なおも生々しい記憶と共に、寤寐の間も忘れることの出来ない人たちがいる。

　即ち、7名の被告人たちである。

　なかでも、死刑を宣告されて16年、明日なき日々を獄窓に呻吟してきた西武雄死刑囚と石井健治郎死刑囚の脳裏には、今もなお当時のことが強烈に焼き付けられていて、骨を嚙む無念の涙は拭われないである。

　本件は偶発的に勃発した誤殺（正当防衛）事件であったにも関らず、司法官憲側はこれを計画的強盗殺人事件と推断してしまったのである。

　そのため2名は死刑（現在福岡刑務所在監中）、4名は有期刑（既に出所した）、1名のみが無罪の判決を受けた。

　果して、官憲側の主張するように、強盗殺人事件として成立するものか、或いは又被告人側が訴えるように、誤殺事件であったのか。万一被告人の訴えが真実であった場合は一体どうなるのか、裁判は正義の名のもとに、無実と事実誤認の2名の死刑囚を司法殺人に処すると言う、許すべからざる不正を犯す結果となるのではないか。

　2名を誤殺した事件を誤審して2名を死刑に処断するなら、更に2名を新たに誤殺する結果となる。2名誤殺の事件を裁きながら、自らまた2名を誤殺するとしたら、これはまた何と言う皮肉であり、悪循環であろうか。人間の悲劇ここに極まると言っても過言ではあるまい。

　我々は、この悲劇から救われるための、あらゆる努力を惜しんではならないのである。

　このような意味において、本件の真相を究明しようとするものであるが、まず各被告人や証人の供述を検討しつつ、充分信憑性のおける証言を資料として、事件における7被告人の行動を追及して、一応事件の全貌を展望してみたいと思う。

　その為にはまず、事件発生の年である昭和22年と言う時代を、一応念頭に置いておく必要がある。

　総じて言えば、敗戦という未曾有の衝撃を受けた日本の虚脱昏迷のさなかにあって、発生した事件であった、と言うことを忘れてはならないということである。

　国土も、風俗も、人心も、すべてが文字通り「荒廃」の二字に象徴されていた時代であった。だから闇取引も公然の秘密として横行し、拳銃不法所持も巷に氾濫していて、こと更に取り上げるほどの珍しい事件ではなかったはずである。

　然るに、偶々、ここで誤殺事件が勃発した為に、俄然珍しくなかった筈の闇取引も、拳銃不法所持も、必然的にこの射殺事件と因果関係があるものの如く結びつけられて考えられる結果と

なった。すると、「荒廃」している時代だけに、「誤殺」の訴えは被告人の単なる弁解、口実であって、闇取引をし、拳銃不法所持するほどの者の前に2人射殺されたとあれば、強盗殺人も仕兼ねない奴らだと断定される結果となるのも、また止むを得ない趨勢と言うべきであろうか。

　一応の調査をしたら「誤殺」の線はスグ出る程の、事件は単純殺人であって、必ずしも「強殺」と誤断するほど複雑ではないものを、「強殺」と誤断されてしまったと言うことも、考えてみれば、それに類する事件が頻発していた「荒廃」の時代のための、1つの悲劇であったと言えるであろう。

　「荒廃」の時代なるが故に、強盗殺人事件に間違いないと思考が単純に省略され、一律にものが判断されると言う固定化が行われると、いかに努力してみても、努力とは反比例して真相は益々覆い隠されるという、甚だ好ましからぬ結果となってしまうのである。

　「荒廃」の時代だからといって、すべて類似の事件を強盗殺人であると断ずることは出来ない。誤殺事件（単純殺人）の場合も大いにあり得るはずである。しかし、人間の心理として、強盗殺人事件が頻発していると、自然、類似の事件が起っても、これも強盗殺人事件ではないかと予断することの方が有力であって、誤殺ではないかと疑ってかかるということは、極めて少なく、或いは皆無に近い事実かもしれないのである。

　そうした人間の心理傾向を知るならば、「万に一つ」あることを信じて、疑えないことも疑い、信じられないことも信じるということは、決して見逃してはならない、極めて重要な態度であると考えられる。

　「荒廃」の時代であったから、誤殺であったかもしれない。これは逆説である。しかし、この逆説を無視してはならないのである。

　だが、そうした誤断、皮相の見解が生じたと言うのも、また「荒廃」した時代が生み出した「荒廃」の一現象ではないか。

　司法官憲側だけが、この「荒廃」の世相から離れて呼吸していたわけでもないのであるから、彼らもまたどうしてこの「荒廃」を形成する一因子であったかも知れないし、この「荒廃」の影響を受けていたのかも知れないのである。

　取調官は、容疑者に対しては「荒廃」の影響を無意識に認めて、彼らをスグ犯罪者に仕立ててしまうが、自らはあたかもその「荒廃」の圏外にでもいるように錯覚を起すものである。しかし、相手に「荒廃」の影響を認めた以上は、自らも同じ「荒廃」の時代に生きている同じ人間としての、充分なる反省と自覚とを持つべきである。

　強盗殺人事件頻発の中で、「万に一つ」の誤殺を信ずることは、至難のことである。しかしそれは、我もまた「荒廃」の渦中にある取調官であると言う自覚を持った、「万に一つ」の取調官の出現の困難さに源を発しているのではないか。

　しかし、取調官にそうした自覚、反省がないと言うことこそ（換言したら、為に冤罪事件が起ると言うことこそ）、紛れもなく「荒廃」の世相であったことを如実に物語っているのではないであろうか。

　何もかもが「荒廃」していたのだ。

　この現実を見失うことはなく、如実に凝視して、「荒廃」の例外者たるものは絶対にないと言

う事実から出発しなければ、この「荒廃」の中の悲劇は解明せられないのではないかと思う。

2 「酷似」か「同質」か

　さて、これから事件における7被告人の行動を追及しつつ詳述するが、事件の推移を把握しやすくするために、まず事件の簡単な梗概(こうがい)、関係者主要人物等について述べておかねばならない。

　はじめに事件の梗概をかいつまんで説明すると、西武雄(以下では「西」という)は、熊本文造(以下では「熊本」という)の軍服取引を手伝っていた。そこに、旧知の黒川利明(以下では「黒川」という)が現われて、競馬場地割の話合いで護身用の拳銃が入要だというので、西はこれを世話することになった。その仲介に藤本清喜(以下では「藤本」という)、押川智栄治(以下では「押川」という)が立ち、拳銃を売るという石井健治郎(以下では「石井」という)を西に紹介することにした。ところが、2人は石井の住所がわからず、探し廻っているところに、偶然押川が知っているという、石井と同居人の岸田文彦(以下では「岸田」という)と出会い、岸田の案内で石井を訪ねた。石井は拳銃を売ることにし、藤本の案内で押川、岸田も同道し、水茶屋野田方に黒川を訪ねた。しかし、黒川不在のため要領を得ず、石井ら4人は福岡旅館に投宿中の西を訪ねた。西は拳銃をみて買うことにしたが、熊本も欲しがっていたので、2挺入手することにした。石井は撃針(げきしん)が折れて使用できないものであったが、1挺の代金に相当額出しそうな仲介人の口吻(こうふん)だったので、この使用不能品をつけてやることにした。岸田は、早速この使用不能品の拳銃をとりに出かけた。途中同居人の牧田頼之(以下では「牧田」という)に会ったので、家においてある撃針をもって福岡旅館を訪ねるように頼んだ。

　ところで、代金は堅粕で渡すということになったので、押川、牧田は西について堅粕に代金受領に行った。あとの石井、岸田は黒川が久留米に地割の話合いに行くのにハイヤーで行くということで一緒にハイヤーさがしに出かけたが、容易にさがし出せないので、急行電車で行くことに変更した。黒川は出かける前に、西に会って小遣銭を貰い、押川たちが代金受領していることを確かめて石井から拳銃を受け取らねばならぬので、石井、岸田と一緒に堅粕の西のところに向った。

　堅粕では、熊本文造と中国人の王祖金(以下では「王」という)との間で軍服取引の話が成立し、熊本は王祖金を連れて軍服在庫の場所に、現物確認の目的で案内中、途中で取引の話が拗れ(こじれ)て、2人の間は喧嘩になった(西はこの軍服取引の手伝いを熊本に頼まれ、当時は買主側の数名と取引商談をなした食堂に、熊本らの帰りを待っていたところであった)。

　一方、黒川は途中に石井らを待たせて西を訪ねたら、西は丁度現物確認のために出かける熊本と王を前方に指さし、久留米に行くのに時間があるなら、熊本の手伝いについていってやれと頼まれ、2人のあとから付いて行った。ところが途中で喧嘩になったので、黒川は近くにいる石井に仲裁を求めた。王は黒川に連れられてきた石井を見て、熊本の味方と勘違いして、これを撃たんとした時、石井は正当防衛のため王を撃ち、また、熊本をも王の味方と勘違いし射殺した。そのため軍服取引は中断の止むなきに到った。西は手付金10万円を仮りの持主になっている中島方に預けてあるのを、このままでは中島に累を及ぼすと思い受領した。そのために、一層強盗殺人の予断に拍車をかけてしまう結果となった、というのが事件の経緯である。

更に、この事件を成立せしめている要素を分類してみると、以下の4項目となる。
1. 軍服の取引
2. 地割の話合（久留米の喧嘩）
3. 拳銃の売買
4. 石井の誤殺

この4項目は、一応それぞれに独立した事件であるが、偶然または必然的に絡み合うと同時に、直接また間接に交渉し合っている。このことが不幸にも、司法官憲側に、強盗殺人事件だと事実誤認せしめる結果となったのである。

即ち、司法官憲側の推断は、
1. 「軍服の取引」にこと寄せて、相手を誘き出し
2. 「地割の話合」を口実に、拳銃入手を目論み
3. 「拳銃の売買」と言って、石井を呼び出して加担せしめ
4. 「石井の誤殺」だと抗弁しているが、かねての計画の強盗殺人

を遂行したのだ、と断ずるのである。

しかし、それはあくまで酷似しているに過ぎないのである。酷似はいかに酷似するとも、遂に同質たり得ることは永遠にあり得べかざることにも関わらず、現実においては、酷似せるが故に同質なりと断ずる如きことがしばしば行われているのである。本件もまたその最も顕著な実例ではないかと思う。

酷似しているということでは、「最も近い存在」であり、同質でないということでは、「最も遠い存在」である。しかして、酷似して同質でないというのであるから、本件は「近くて遠く、遠くて近い」と言う、この相反し矛盾する2つの要素を内包しているわけで、そこにまた本件解明の至難なる理由も潜んでいるのである。まことに、「誤殺」と「強殺」と「近くて遠く、遠くて近い、似て非なる」ところの、この一線を明確にし、「酷似」か「同質」かの水際を鮮やかに立てることこそ、我々に与えられたる急務である。

しかし、本件をもって酷似を同質なりと誤断せしめた具体的事実が、直接、間接に介在したことは既に前述せる通りであるが、なかでも本件発生の前後に拳銃強盗事件、軍服詐欺事件等が頻発し、その非常警戒中の夜、本件が発生したということは、いよいよ本件を強盗殺人事件と誤断せしめる好個の悪条件であったと、偶発のいたずらを悲しむものである。

◎当時の7被告人の身上について簡単に述べておこう。
1. 西　武雄　　　33才　妻帯　子3人
2. 石井　健治郎　31才　妻帯　子なし
3. 黒川　利明　　21才　独身
4. 藤本　清喜　　24才　妻帯　子1人
5. 押川　智栄治　23才　独身
6. 岸田　文彦　　20才　独身
7. 牧田　頼之　　23才　独身

◎被告人相互の交友関係について。
1．藤本、黒川は西の芸能社時代の使用人で旧知。芸能社は事件発生の半年前に解散し、西はそれ以来はじめて2人に会ったわけだが、黒川とは事件2週間前、藤本とは事件前日の夜会っている。
2．岸田、牧田は石井と同居人で、石井の仕事を手伝っていたもの。
3．西側（藤本、黒川）と石井側（岸田、牧田）は一面識なく、事件当日が初対面である。
4．押川は藤本と海兵時代の戦友、石井とは仕事関係の知合い。
5．西、黒川、岸田、牧田とは事件当日が初対面である。

◎被害者と7被告人の交友関係。
1．中国人王祖金（40才）と7被告人は未知。
2．熊本文造（41才）と西は知人、他は未知。

3　西と熊本の出会い

さて、話を急いで事件の本筋に入るとしよう（以下、文中事件に関係する人は一切敬称を省略する）。

本件の主謀者と目されている西武雄は、福岡県飯塚市立工業学校専修科を卒業したエンジニアで、復員後（昭和16年以来出征し、終戦当時復員、1年余世間にいた）はトラック業、鮮魚卸、劇団芸能社の多角経営に当っていた。のちに、芸能社一本立で九州各地を巡業した。

当時、日本は長年の戦争で、完全に娯楽から遠ざかっていた。

そうした時、西は荒涼たる戦地にあって、たまたまの慰問演芸に殺伐な気分を慰められたことが忘れられず、劇団は当たるに違いないと直感し、芸能社の組織を思い立ったのである。

当時、彼は福岡県杷木町に住んでいた。ここはいわゆる山間僻地の小さな町で、常でさえ娯楽とは縁遠い所であった。彼は芸能社が軌道に乗った時、日頃から娯楽に飢えている町民の渇を癒してやるべく、芸能社の全機能を動員して盛大な無料興業を断行し、町民に喜ばれたこともある。

それから、もうかれこれ20年近くにもなるが、西の義侠心は、今も町民の語り草となっている。

また、トラック業をはじめた時も、業者が鮮魚を特定の人々にのみ横流しして一般町民の手に入らないことを知って、彼は原価と運送料だけで手数料もとらず、しかも当時としては最も入手困難な鮮魚を、惜し気もなく困った町民に配給して感謝されたこともある。

彼は、そう言う男であった。

（註　筆者は昭37.10.18、西武雄の事件当時の現住所である福岡県杷木町に証言録音に行った。会場に当てられた石丸佐太郎宅には、西武雄を知っている佐々木霊尊、江崎三良、石丸マツヨ、樋垣シゲ、具栄城マツエ、稲田チヨカ、浅田ヨシエの諸氏が参集して、交々西武雄の思い出話に、花を咲かせた。

その席上で、石丸佐太郎の妻マツヨ（佐太郎は旅行中にて不在）は、以下のように訴えていた。

当時、石丸佐太郎は旅館と料理屋を営業していたが、西武雄もよくここを利用していた。その頃は、思うように酒も飲めない時代であったが、西は客の応対も済み、石丸家を立ち去る時は、必らずビールビンに酒を詰めて持参するのがならわしになっていたということだ。

そこで、ある日のこと、石丸佐太郎がそのことを西武雄に尋ねたところ、彼は大変な親思いで、たとえ商談止むを得ず飲む酒と雖も、同じく酒好きの父が飲んでいないのに自分1人飲む気がしないというので、父のために持ち帰っていると聞き、感心したということである。

　また、本件が新聞に掲載され、西の氏名が容疑者として発表された時も、石丸佐太郎は、「あの男に限ってそのような悪いことは絶対にしない、なにかの間違いだ」といって、彼が逮捕されるまでの一週間、何時、どこから逃げ込んでも隠くまってやれるようにと、夜も自宅の戸締りをしないで待ったということである。

　しかも、この16年、事件の真相は知らないまま（新聞に発表されたこと以外には知る方法もなく）、西の無実を信じて、差入れ、面会などを続けてきたというのである。勿論、他の人々も交々西の人柄を讃え、無実は当然だといい、町民大会を開いて西の冤罪を訴えたいといっていた。

　次に、石丸佐太郎から西に宛てた書翰を参考に掲げておこう。

　「拝啓　時下寒冷のみぎり長く御無音に打過ぎし暇御用捨被下度、御貴殿には御元気で御過しの御由承り一同は喜びおります。先般来より古川先生御親子様や新聞社の方々が私方に御出の節はいつも不在で誠に申訳有りませんです。私も御面談出来ずに残念に存じます。承ば御貴殿の冤罪の件につき皆々様方非常なる御力を入れ被下て居る御由、当杷木方面の方々も貴殿の冤罪を信じておりますから、公明なる御裁きで一日も早く御出所を御祈り申し上げます。

　この間は、『ホホエミ』誌御送り被下誠に有難くお礼申し上げます。早速に各知人に拝読してもらう様に御廻ししております。追々に極寒に向かいますから御身御自愛の上、御力を落とさずに御過しあらん事を御祈り申し上げます。

　古川先生様には御無礼の段宜敷く御申傳へ被下度。

　　西武雄様

　　　　　　　　　　　　　　　　　　　　　　　　　　　　　　　　　　　　石丸佐太郎」

　西が、射殺された被害者熊本文造（当時41才）を知ったのは、昭和22年3月知事選挙運動の時（事件の2ヶ月前）であった。当時あらゆる物質が欠乏していたことはいうまでもないが、トラック等は特に少なく貴重なものだった。しかし、西はこれを所有していたので、知人の福井直一（知事候補龍野喜一郎の選挙事務長）から、選挙運動に貸してくれと依頼を受けていた。

　だが、あいにくトラックは西の義弟にあたる小倉市の松田哲方で修理中だったので、西はトラック修理中のひまを、龍野候補の選挙事務所（市内春吉三軒屋　川口博美方）で手伝うことにして、その事務所に通っていた。

　一方、熊本文造も、自宅が選挙事務所の近くであるため、よく電話借用にこの事務所に顔を見せていたところから、西の存在を知るようになった。

　熊本は、近く軍服の大きな取引をはじめることにしていた。ところが、彼はその直前に、ワイシャツ類の取引の時、拳銃や日本刀を持ったある親分とその子分たちに嚇されて懲りていたので、誰か屈強な兵隊上がりの青年を手伝いにほしいと物色していた時だっただけに、西の堂々たる恰幅にはすっかり心魅かれてしまった。

それから間もなく、熊本は西に向かって、軍服取引の手伝いを頼んだ。それも一度ならずのことである。しかし、西はその都度、経験のないことだからと断った。熊本は執拗に西のあとを追った。西にかわる適任者が見当らなかったからである。熊本はある日、西を宿泊先の旅館山茶花荘(春吉)に訪ねて懇請した。

熊本「実は先般来、相談している軍服取引の手伝い、是非引受けてくれませんか。君は選挙の方も大して必要な存在でもないようですし、それに福岡で毎日の加勢では、何かと費用も入りましょうし、どうでしょうか、1つ小遣銭取りの意味で私の手伝いをして頂くと有難いのですが——」

西「自動車のことや鮮魚、興業関係のことなら相当知識もありますが、繊維取引は全く経験がないのでダメなんです。やはり御遠慮申し上げましょう」

だが、もともと選挙運動に加勢するといっても、それはトラックの方だったわけで、熊本にいわれてみれば、西としてもさほど選挙運動に必要な自分でもないことに気付き、トラック修理完了までひま潰しの意味で手伝ってみてもよいと心動かされることになった。

熊本「現在営業している仕立業の方は家内に委せ、私は市内同業者同志で物資の闇取引を専門にしています。この方面の資金は同業者組合を動かし、どのような多額の取引でもしている状態です。また、その折の純益は仲間で分配しています。このようなことで、資金の方は心配要りませんが、ただ、このたびの取引は余りに額が大きく、無論利益も多いのですが、こんな多額の取引になると、相手も命懸けで来るので、万一の場合を考慮して、西君のような兵隊あがりの方に手伝いをして頂けたら、私も心強く、安心して取引ができるのですが——」

西「取引で、そのような危険なことがあるのですか？」

熊本「実は4、5日前（3月末頃）ワイシャツ類の取引、約150万円程を引受けているのですが、種々の事情で買主側で金の調達が出来ず、そのため売主側は喧しくいって、直ぐ全額を払えと再三の催促ですが、余りの多額で私達の組合にもそれ程の金はなく、仕方がないので支払の日限りを定め、不履行の時の違約金として5万円出した程です。

　なにしろ、先方はその品物をトラックに満載して熊本市から送って来たのですが、その折の護衛がまた大変なもので、親分2人と若い衆大勢が、タクシー2台で拳銃、日本刀等の武器携行での強行談判という物々しさでした。

　しかし、危険な取引ではあるが、またそれだけ利益も多いのであっているのですが、こんな取引ばかりではありません。でも万一の場合を考えてお手伝いをお願いするわけです」

西「……」

熊本「私の方で、今度取引する品は、ブローカー同志の取引では高く売込めないから、その点は君を一時の荷主として売込めば相当高く捌ける。素人の持主ということにして、素人に売るのです」

しかし、西はそうした経験がないのでいささか不安になって、

西「私を一時の荷主と言っても、私は品物は持たず、また、在庫品の場所も知らぬが、そん

なことでよいのですか？」
　熊本「取引上の話は一切、私が先方と決めるので、その点は絶対に心配かけません。ただ荷主
　　　であるが自分は素人であるので、一切は熊本に一任してあるから、熊本と相談してくれと
　　　いえばよいのです」
　西　「それ位のことでよければ」
　西としても、選挙事務所で手伝っても報酬があるわけではなく、軍服取引のたんなる荷主また
は用人棒として手伝うだけで１割５分も謝礼が貰えるなら大したものだと、段々乗気になってい
た。
　その後熊本は、上述のワイシャツの件でゴタゴタしていたため、２、３回西とも会ったが、軍
服の話には触れなかった。
　（註　熊本もワイシャツ取引で嚇（おど）されていなかったら、西に用人棒になって貰うことや拳銃入手の相談
　　もしなかったであろうし、西もとんだ災難に遭遇せずにすんだわけである）

4　熊本と拳銃

　そのうち、選挙も終った。
　西はいったん杷木の自宅に帰り、小倉に出ることにしたが、熊本文造の件もあったので、福岡
に立寄り熊本に会った。その時、熊本は拳銃の話を待ち出した。
　熊本「先月もお話したように、利益の多いことは分かり切ったことですが、このたびの（熊本
　　　市から来たワイシャツの一件）ようなことで、拳銃や日本刀を携行されての取引では、万一
　　　の場合危険ですから、その場合の護身用の意味で、銃１挺欲しいものですね。
　　　　西さんは、どこか心当たりでもありませんか？」
　熊本は、ワイシャツ取引で散々懲りていたし、当時復員軍人たちが拳銃を所持していたことも
聞いていたので、兵隊あがりの西に話せば、入手してくれるだろうと考えた。
　しかし、西も別に心当たりなかったが、拳銃入手に無関心でもいられなかった。もし、そうし
た危険の伴なう取引に関係して、たかが取引位のことで命まで取られたのでは叶わぬと思ったの
だ。
　西　「一寸（ちょっと）、今のところ確かな心当たりもないが、芸能社時代の楽士にでも当って見ましょう。
　　　ホール辺りで取引していると聞いていましたから」
　と、返事をしておいた。
　西は、熊本が護身用に持つのなら、自分も持っていた方が安全かもしれないと考え、その後、
芸能社当時雇用していた会計掛の藤本清喜を訪ねて劇団の名義を調べ、楽士を訪ねてみることに
した。
　熊本はその後、西に向って、
　「荷主の件で君に頼んでいたが、やはり素人では一寸困るし、第一、福岡市内の地理に明るく
　　ないといけないので、君の知っている人で適当な人でもあったら世話して貰えまいか」
　と、荷主変更の件で相談を持ちかけてきた。そこで西は、以前トラック業をしていた時、引越

荷物の運搬を依頼されたことのある、堅粕に住んでいる同郷の平野義人を思い出して、荷主うんぬんの件を相談に行った。

しかし、平野は、

「自分は市役所の市営住宅建設の現場に材料納入の関係で行っておりますため、指定の日時にお手伝い出来ぬかも知れません。その時は迷惑かけますので、私のかわりに、私よりもそうしたことに明るい人をお世話しましょう」

と言って、近くに住んでいる知人の中島園吉を紹介した。

西は中島を訪ねて荷主の件を相談し、快諾を得たので、再び熊本を同伴して中島を訪れた。熊本は、中島と荷主に関する細部の打合せをした。

西は、隣室で中島夫人と雑談して、2人の取決めの終るのを待った。

（註　西が架空軍服で強盗殺人を計画していたのなら、このように、なんの警戒もなく一面識もない中島を荷主にたてたりするはずはない）

5　西と黒川の再会

ここで話をかえて、西と黒川との関係、邂逅（かいこう）について、述べておかねばならぬ。

黒川が、西の経営していた芸能社に働くようになった経緯については、西は、

「黒川を知るようになりますまでには、そうなる人生の縁があるのですね。敗戦直後のことですが、マキノ正博（東映）監督の一番下の弟の俊三の妻だった宮城千賀子が、「タヌキ御殿」歌劇を全国巡業中、小倉の勝山劇場にかけました時、杉狂児（すぎきょうじ）の一団の文芸部長の瀬川与志が、私のところに来まして、宮城千賀子のところの青年俳優を是非引立ててくれぬかとのことで、福岡の犬丸甚吾の助言もありましたことから、小倉に宮城千賀子を訪れ、その青年俳優の鈴木太郎にも会い、その一座から引取り、杷木町で休養させ、その機会に福岡の公益営団の会計課長井本忠七は友人でしたが、この男が小さい劇団を経営していましたので、この劇団を買取り、それに福岡の花劇団の幹部男女優をごっそり引抜き、それに鈴木太郎を座長として、大博劇場と福岡劇場とに定期公演させ、あとは九州一円を巡業させていました。

その時、藤本清喜は、井本利七のところで会計員だったのを引取ったことで縁が生まれ、黒川利明は、巡業中、柳川市沖の端に公演の時、私は鮮魚の卸扱をも関係していましたので、沖の端公演の機会に、沖の端の貝類の多いところですから、その話の取り決めのことで、関係事務員の是非来てくれとのことで行っておりました時、劇団事務員に、一座の事務員になりたいと申出ている青年があるがとのことで会いましたのが、黒川利明でした」（昭37.4.13付筆者宛て書簡）

と述べている。

その後、芸能社が解散するまで、黒川は衣装係として勤め（黒川は昭和22年5月芸能社入り、同年12月15日芸能社衣装盗難にかかり解散するまで勤めた）、解散後は、福岡市水茶屋の野田発次郎という露天商の家に手伝いながら世話になっていた。

たまたま黒川も、龍野候補の選挙運動を手伝い、久留米方面で働いていたのであるが、偶然、福井直一より西が事務所で働いているということをきき、4月中旬頃のある夕刻（事件発生の

20日位前)、黒川は忙しい事務所に姿を見せた。

　黒川と西との再会は、5ヶ月ぶりだった。西は芸能社当時、特に可愛がっていた黒川だけに、久々の再会を喜んだ。

　黒川「芸能社解散後はこれといって良い職も見つからぬので、現在はある人のお世話で水茶屋の野田発次郎という人の家に寄遇しておりますが、定職がありませんので、私とて何かと小遣銭にも不自由勝ちなので、演説の手伝いをして小遣銭にしているような次第です」

　西　「そんな風ならまた俺のところへ来い、種々事業に失敗ばかりしたが、今度は自分の本職であるトラック業を始めるつもりで、トラックを購入して目下小倉の方で修理中で、近々完成するから。それと同時に宮崎方面から乾物の千切を引いて福岡地区に卸そうと立案している。その千切の方の資金の見通しも大体ついている（熊本からの礼金1割5分を当に）、それでこれを始め出したら、以前いた藤本とお前に来て貰って働いて貰う考えだ」

　黒川「出来ればそうお願いしたいのです。野田発次郎にお世話になっているのでは、両親に対して一銭の仕送りも出来ぬ境遇だから、自分としても一日も早く固い商売の道に這入り、親兄弟を安心させたいので」

　西　「そのうち俺の計画しているトラックと千切の事業が始まるから、それまでは苦しいだろうが、現在の野田さんのところでお世話になっておれ、俺の方に引取ったら、お前の親元へも一度お訪ねして、お前の今後のことも両親に相談して安心させるようにするから。それにしても、そのお前の服装は感心しないね。特にそのズボンはいかんね。町のアンチャン風で格好悪いで、もう少しまじめな服装をせにゃいかんよ」

　黒川「じゃお爺っさん（黒川はいつも西をこのように呼んでいた）、1着買うてくれ」

　西　「よかたい、お前の気に入るような服があったら買うてやろう。ただし、真面目なものでないとダメだぜ」

　西は今後の事業計画や、黒川の身の振り方などについて語り合って別れた。その後2、3日は毎日会っていたが、選挙に忙しく、別段の会話もなかった。

　そのうち選挙も終り、西は熊本の取引を待って日を送ったが、別段用事があるわけではなく、それに黒川が粥腹（かゆばら）だとグチをこぼしていたので、電話をかけて黒川を呼び、映画や食事など奢ったりしていたが、熊本の取引を持ってボンヤリ暮すのも退屈だと思い、鹿児島の戦友でも訪ねてみようと思いたった。西はその時3万円余り持っていたが、その金の出所については、彼自身、以下のように述べている。

　「朝倉郡甘木在住の西鉄バス運転手大楠からトラックの購入方を依頼されていましたので、松田哲がその道のブローカーを存じておりますので、相談に参りましたところ（この間、久留米から福岡地区は勿論のこと、各方面に大楠指定のニッサンかトヨタ探しに奔走を致しました）、小倉市内にニッサン1942年型の新車が1台、土建業藤田組にあるからとのことでしたので、その頃の相場としては安価な方でしたので、どうして新車がかくの如く安く購えるかと哲に尋ねますと、

　　松田『車は新車ではあるが車籍が無いので安いのです』

とのことでした。その旨を大楠へ伝えましたところ、

　大楠『車籍は要らぬ。叔父が甘木署の方では、相当顔も効いているから、その点は大丈夫ですから、その新車を購ってくれ』

といって、私に12万円くれましたので、そのうちの4万円を松田哲に渡して、藤田組からニッサンの新車購入を以来して、出福致しました　…中略…。この当時、私は、甘木の大楠より貰った12万の残り3万円程持って下りました、云々」（註　筆者宛ての「質疑応答書」による）

6　西と黒川、鹿児島に行く

　西は、幸い暇にも金にも恵まれたので、かねてより一度訪ねてみたいと思っていた鹿児島の戦友海江田善哉を訪問することにした。ラバウル時代生死を共にした戦友であるが、終戦以来一度も会っていないし、戦災に遭った鹿児島で極度に不自由していると聞き、久しぶりに見舞いをかねて温泉にでも入湯してこようというのである。しかし、1人旅は面白くないし、たまたま黒川も寄食の身でうらぶれているので、同伴すれば喜ぶだろうし、酒を飲まぬ黒川には費用も大したことはなかろうと思い、西は黒川を誘った。

　西「俺は鹿児島の戦友の所へ慰問方々温泉に行こうと思っている。お前も暇で遊んでいるのなら付いて来んか。良いところだぞ、温泉にでも入って、時には英気でも養え」

　黒川「野田のところでも大して用事もありませんし、鹿児島は一度も行ったことはありませんから、お伴させて下さい」

　西と黒川が鹿児島に着いたのは、5月初旬の夕方だった。凄い豪雨だったので、2人は戦友訪問を断念し、その夜は旅館に一泊した。翌日2人は戦友を訪ね、3人で温泉に行った。午後は一杯飲んで映画を観、夕方戦友と別れて2人は旅館に帰った。

　翌朝、一番列車で帰途に着いた。

（註　その節、黒川は冬服着用のため非常に暑いと洩していたので、西は町を歩く時、黒川好みの将校服か国民服の夏物でもあったら買ってやろうと心当りを探したが、見当らずそのままになった。ところが、このことがのち警察で、軍服取引の見本を探したことにコジつけられてしまったのであるが、普段の軍服ならいずこにも氾濫していたのである。しかし、黒川がほしがっていたのは、国防服または将校服だったので、この日も見当らなかったのである）

　黒川は西と再会した当初から、親に仕送りも出来ぬことを嘆き、かつ一日も早く定職について親達を安心させたいと頻りに訴えていた。また、鹿児島へ行く途中でも、そのことばかりを懸念していたので、西は鹿児島からの帰途、柳川市沖の端の黒川の家に黒川と共に立寄った。黒川の実父は商用で不在だったが、西は母親に会って自分の事業計画（トラック、千切の件）を話し、それに伴い、黒川を一人前の商人に仕立てる決心であるから安心されたい旨を話し、また、今まで仕送りもできなかった黒川の不甲斐なさをも詫びてあった。勿論、母親も涙を流してよろこんだ。

　西「お前のところに行っても何らお土産がないので、初めての面接に心苦しい次第であるが、しかし、今封鎖預金なら少しある。それは俺の妹婿の名義の通帳であるが、新円と交換してあった通帳であるから、自由に処分してよい通帳だ。お前の家庭で、この通帳から毎月払出

して使うならお土産代として半額であってよい。そうすれば、親達の生活費も幾分助かるだろうから、封鎖の件をお母さんに話してみんか」

黒川「今まで大して仕送りもしていないので、親孝行になることですし、半額位で分けて貰えるなら是非そうお願いします」

と、黒川もよろこんで同意したので、早速西は福岡の姫野道博に電話して、封鎖預金通帳を取寄せることにした。

当時、福岡市内に、この種の封鎖預金を1割5分位の口銭で交換しているブローカーがいることを、西は知人の姫野から聞いて知っていたので、封鎖の通帳より現金の方がよいので、姫野へ交換方を頼んでいたのである。

姫野は当日夜9時頃通帳を沖の端まで持参したので、西は黒川の母親へ約束通り半額で手渡した。黒川の母親も大変感激して何度も礼を言った。勿論、黒川もよろこび、

黒川「お爺っさん、ありがとうございました。折角寄って貰ったが、家からは何んにも出来ず申し訳ないが、沖の端は戦時中から相当数の軍服が隠匿してありまして、家にも4、5着位はあると思います。私からはいいだせんが、お爺っさんから話して貰えば、1着位はくれますよ」

と、軍服のことを話すので、西は無償で入手できるならと相談をした。

西「実は今度、トラック業と千切卸商を始めるが、トラックの方は妹婿の松田哲が小倉の方で懸命に修理中ですから、近日中に完成します。完成すると同時に千切の卸売を始めるのですが、そのため車の完成までに宮崎方面へ乗込み、何時でも取引のできるように千切会社へ交渉に参ります。その折、作業服1着持って行きたいのですが、御覧のような背広では、千切の積降しには勿体ないので、着換えとして軍服上下一揃欲しいのですが、余分でもありましたら貰えませんか」

しかし、黒川の家にも1着しか手持がないということで、西も辞退した。

西は沖の端に2泊したが、黒川の家は狭いので旅館に泊った。翌日は、「今後の黒川の一身上のことは、私が引受けた以上、必ず立派な人間に仕立てますから御安心下さい」と挨拶して沖の端を辞去し、黒川を連れて杷木町の西の家に帰った（註　この封鎖預金の件は黒川の叔母を通じて親に詫び入れをして貰った時のことだと、西は述べている）。

7　西、杷木町に帰る

西は、杷木町に帰省した折のことについては、以下のように述べている。

「宮崎方面へ千切交渉の出張に作業服を携行するためと、小倉の方へトラックの修理以来、選挙を通じて家庭へ帰っておりませんので、今後の事業のことをみんなに話して喜んで貰い、以前雇用していた江崎兄弟達に話して協力して貰う考えから、杷木へ帰ったのであります。帰宅して千切の件を話し、作業服の準備を頼み、事業の件（千切交渉）で江崎の家を訪ねた次第ですが（江崎兄弟は鮮魚卸当時、特に手腕を発揮して商売を発展させてくれた人達ですから、千切にもその腕を発揮して頂く心算で協力方を懇請した）、当時肋膜で病もひどく急速の協力は

不可能でしたので、病気癒え次第協力をしてくれるようお願いして、江崎宅を辞した次第であります。次は、矢張り杷木町在の樋垣さん方に立寄り、以上の話を伝えたのであります。樋垣さんは、私がこの前の事業（芸能社、鮮魚、トラック経営）に失敗して苦境の時、今一度家運を盛返せと激励して下され、ただ今修理中のトラックとて、購入資金を無条件で貸して下さった恩人でしたので、修理も着々と完成に近づきつつあって、このたびは、千切卸を始める旨を伝えて喜んで頂くために立寄ったのであります。

　私がこの度、また自動車業を始めることは、修理に行った折から存知のことなので、杷木の知人の皆に逢う度毎、激励の辞辞を浴びた程で、どうしても今一度盛返すぞと言う決心はあれども、軍服をもって詐欺をするとか、人を殺して金を奪う等と考えたことは一度たりとも思うどころか、夢想だにしたこととてありません。いかに窮するとも思いよらざることです。判決の折、西は金に窮してこの強盗殺人を計画したものであろう、とのお言葉でしたが、もっての外の想像です。何の根拠のお言葉であろうかと、判断に苦しむ次第です。私は、その当時金銭的には窮しておりません。金の入用な場合には知人に頼めば無条件で、いくらでも融通してくれていたので、金銭的で心配した事は一度たりともありません。私が杷木でどんな話をしていたのか、また、どんな性質の人間であるか、杷木町在住の方でしたら（事業をしていた関係で誰でも知っております）、誰でも結構です。証人として呼出して御訊問下されば、杷木在住時の模様が判然とすることを断言致しますと共に、是非共お願い致したい条項であります」（第二審提出公訴理由書添付の「事件顛末書」による）

作業服について、西は妻にも相談した。

西　「この背広のままでは勿体ないが、なんとか作業服は入手出来ぬものか、心当りはないのかね」

妻　「作業服といっても、エンカ服（自動車の運転手の着る上下続きの服）は可笑しいから、それに宮崎の方に行くのなら荷物になるような物では、父ちゃんは忘れっぽいから、荷物にならないように、この頃流行の兵隊服（兵隊服の上衣を背広の上から重ねて着る）の方が良かろうと思いますが」

西　「それが良けりゃ、そうしようタイ。その替りなるたけ新しい奴を頼みまっせ」

妻　「兵隊服は内藤さん（私の前の家で酒造場）方にあるかも知れませんね」

内藤酒造場は戦時中、広島陸軍被服支所となり軍服の倉庫だった。

したがって、終戦当時内藤さんは相当数の軍服を貰っていたことを聞いていたので、西の妻は内藤方へ相談に行き、上衣1着と袴下1枚を貰ってきた。

西宅に泊っていた黒川は、

黒川「お爺っさん、作業服の下も入りやしませんか、ズボン丈位なら家から貰ってきます。背広じゃ勿体無いから」

西　「それじゃ、また福岡で会おう、川口博美さん方へ尋ねて来い」

黒川は沖の端に帰り、西はそれから4、5日して福岡に出た。

所用あって川口博美方を訪ねた後、熊本を訪ねてその後の様子を尋ねると、熊本は西の来訪を

待ちあぐんでいた（註　西が軍服を入手したのはこの時だけである。したがって、裁判所が軍服見本を証拠品として押収しているという軍服が西の身辺から押収されたものなら、この杷木で入手したものに違いないと、西は訴えている。また、この軍服なら見おぼえがあるし、ネーム入りであって見本にしていないことは見ればわかるが、裁判所は一度もこの証拠品の展示をしてくれないと訴えている）。

8　西、福岡旅館に泊る

　西　「熊本さん、取引の話はその後どうなりましたか、少しは進みつつありますか。私もそちらの都合では、小倉に行きたいと思いますが」

　熊本「近々取引の段取りになっております。実はそのため、君の来られるのを待っておりました。君も忙しいでしょうが、ここ1週間程は福岡の方に在宿していて下さい。まだ何日にするという日限は決めてはおりませんが、君が来られたので近々にやりますから」

　西は熊本の言葉にしたがって、福岡で待機することにした。今小倉に帰っても、トラックの修理が完了していなければ、当然小倉で待機しなければならぬわけである。そこで彼は、どうせ待機するなら福岡にいて、熊本の手伝いをして、少しでも修理代（部分品購入）を稼ごうと考えたのだ。しかし、熊本の言う1割5分の利益配当は少し話がよすぎるし、西は熊本文造の取巻連中に、それとなく謝礼について尋ねてみたが、大体利益はそれ位あるのが普通だということで、引受けることを決心した。

　西　「大体取引はどこでやるんですか？　また、どんな人が買うんですが？」

　熊本「場所は堅粕方面です。在庫場所は今はいえません。買手は同じブローカーです。実は、品物は堅粕方面ですから、その近所の旅館に泊っていた方が先方と取引上の取決めの場合好都合と思います。私の知人が経営している大学通りの福岡旅館に泊っていてくれませんか」

　ということで、西は熊本の言にしたがって福岡旅館に泊ることになった。

　その時、熊本はことが闇取引だし、あとで君の名に支障があっても困るし、旅館には本名で泊ることもないから適当な名前にしておいてはどうだろうと、西をうながした。

　西　「偽名なんかせんでも、私の名前でよいではありませんか、そうしませんと友人が訪ねて来た時困るから」

　熊本「取引後、ヒョンな事から迷惑のかかるといかんからと思ってね、名前は偽名でもいいじゃありませんか」

　強いて言われてみると、西も無理に本名にする程のこともないし、また闇取引で西が泊っていたと後指をさされても困るので、

　西　「じゃ、赤司徹ということにしておきますかな」

　と、極く軽い気持で同意して宿帳にペンをとった。

　西は福岡旅館に泊ったものの、取引上のことは一切心配かけんと熊本が言明しているし、さればといって他に用件もないし、退屈まぎれに1人映画に出かけたりして取引の日を待った。

　しかし、1人ではすっかり退屈してしまい、西は黒川を電話で呼び映画や昼食に連れて歩いた。その折、

黒川「いつまでも野田のところにおった所で同じだし、お爺っさんが事業の方を始めるまで、何かと用件もあるでしょうから、この際、野田と手を切り、使い走りでもいたしましょうか」

西　「お前の方で、そうしてもよいようであれば来てもよい。寝るのはここでいいサ、食事は大浜の方で食べよう」

西はどうせ手元に引き取る黒川のことでもあり、すぐ承諾した。

黒川「ところでお爺っさんは、なんの用件でこの旅館に泊っているのですか」

西　「ナーニ、別に用件というほどのこともないが、一寸ばかり約束した人もあって待っているのサ」

と、軍服取引の立会人うんぬんの話には触れなかった。

黒川はその後４、５日旅館の方にも姿を見せなかったが、ヒョッコリやってきて、

黒川「実は、お爺っさんから譲り受けた封鎖預金のことで、母から呼ばれて、沖の端の家に帰っていました」

ということであった。

西　「封鎖預金がどうしたというのか」

黒川「その封鎖預金のことですが、名義が違うので、払い込みが大変面倒故お返しして来いとのことでした」

西　「そうだったのか、それはかえって迷惑かけたなァ。しかし、結局俺が待っていたところで同じだから、今一度知人の姫野君にお願いして至急交換して貰ってやろう」

と言う事になったが、結局、黒川が通帳を持参せず、そのままになってしまった。

（註　強盗殺人の計画を遂行しようというのに、一週間も旅館に投宿してことをすすめるであろうか。どこか人目をさけて待機するのではないか。また、熊本の知人の旅館に泊っているということも、強盗殺人の計画者としては、余りに警戒心がなさすぎるように思われる）

9　西、藤本に拳銃入手を依頼

黒川は、ある日（５月18日、事件２日前）西に向って、

黒川「うちの野田発次郎と久留米の原口某とが、福間競馬場の露店を出す地割りのことで少しこじれているので、明日話合いに行くらしいが、自分も一宿一飯の恩義でついていくことになっているのが、もし話合の都合で喧嘩にでもなればと思い、護身用に日本刀を持参するつもりだが」

といって、芸能社時代の舞台用の装飾付きの日本刀（真剣）を旅館に持参してみせた。

西　「そんな所へついて行くのに日本刀じゃ、持ち歩きだって不便だ。それに、万一相手に拳銃でもあれば、みすみすやられるようなものだ」

この時西は、フト熊本に拳銃の購入方を依頼されていた事を思い出し、

西　「黒川、一度藤本のところを訪ねてみないか、俺が芸能社当時雇っていた楽士達の話では、拳銃がホールの中で取引されているような話だったから、藤本に聞いたら、楽士で持ってい

る奴を知っているかも知れん。持っていたら一時借りようや、俺からと言えば、以前からの
　　腐れ縁で楽士達も嫌々ながらでも貸してくれるサ（熊本に買わせる考え）、とにかく、いず
　　れにしてもお前に借りてやるからそれを持って行け。侠義の喧嘩に刀じゃ話にならんぞ」
　ということで、芸能社時代、会計課員をしていた旧知の藤本清喜を訪ねることにした。
　西は藤本に会って一別以来の消息も聞きたかったし、もし困ってでもいるようであれば、千切
の事業に雇用したいと言う考えもあった。
　　西　「藤本とは、是非共一度会って話したい事もあるから、どうだ夕飯時分じゃあるし、飯
　　　も食べて映画見物かたがた久々に訊ねてみようじゃないか」
　ということで、大浜で夕食をすませて西中州アパートに藤本を訪問したが、彼は不在だった。
　　藤本妻「夜には、帰りますから」
　　西　「じゃ、またそのころお伺いしますから、そのようにお伝え下さい。是非、お目にかかり
　　　たいので」
　西と黒川はアパートを出た。2人は映画でも見ようと、電車を歩いて柳町方面に向い、丁度渡
辺通り1丁目の電車停留所まで来た時、藤本が前方白洋喫茶店前に人待ち顔で立っているのを目
撃した。
　　西　「オイ黒川、あれは藤本じゃないか」
　黒川も偶然の再会に驚喜し、「ヤ、ヤ」と声をかけた。
　　藤本「実に久し振りですね、それはそうと今頃2人揃ってどこへ行かれるのですか」
　　西　「実は、君に少々用件があって今君のアパートを訪ねたが、君は不在だし、それじゃ又、
　　　後程伺うとして、映画でも見ようとここまで来たところで、偶然君とあったという次第だ
　　　よ」
　と話しかけ、黒川と野田発次郎の関係、野田対久留米の原口某との地割の件で黒川に拳銃を持
参させたいが、拳銃を持っている楽士を知っているなら借りてやってくれということを、西は黒
川と交々藤本に訴えた。
　　藤本「心当りはあるが、もうおそいし、明日、私の兵隊当時の戦友で押川というのが市内にお
　　　りますから、そこへ行けば問題の拳銃は何とかなると思いますから、明朝でよければ私が御
　　　都合しましょう。まあ、私におまかせ下さい。万一の場合には、外にも2、3心当りもあり
　　　ますから――。今夜は久々の再会ですから一杯やりましょう。丁度、私の家に手持のビール
　　　が少々ありますから、西さんの飲む位の酒なら何とでもなりますから」
　　西　「では、君のところでお世話になろうか」
　　藤本「そうして下さい。一杯呑みながら、一別以来のお話も語り合いましょうや」
　ということで、3人アパートに引き返したが、奥さんの手料理ではまずかろうからというので、
近くの旨い料理を食わせるという、藤本夫妻行きつけの屋台店に手持のビールをさげてはいっ
た。それから3人は大いに懐古談（かいこだん）に花を咲かせながら、相当にメートルをあげた。
　　西　「劇団解散後、ある人から資金を借りてトラックを購入したので、その修理を小倉の方で
　　　やっているが、近々完了するので、それで今度は（鮮魚は県ブロックの為入荷せず駄目だか

　　　　ら）、宮崎方面から乾物の千切を卸そうと思っている。もし、いまだ君が定職なく困っているのなら、手伝いをして貰おうと思っているがどうだろう？」
　藤本「この頃の社会ときたら、働こうにも働く口がないのですから、仕方がないので、ブローカーの真似事をして毎日を過しています。今度は小さいながら商売でもと思っているのですが——。芸能社時代はよかったですね。なつかしいですよ」
　藤本は、非常に真面目な男で定評があった。その真面目さを買われて、井本のところでも芸能社でも会計をまかせられていた。西はそうした藤本を愛していた。それだけに現在の彼に同情し、
　西　「君が是非商売でも始め度いという考えがあるのなら、少し位の融資なら、私が何とか都合してやってもよいよ。しかし、大体は私のところで働いて貰ったらと思ってやって来たが、そこは君のいいようにしたらいいわけだ」
　藤本「実は、ブローカーといっても小さなもので知れているのです。そこで、その他に買出しに行ったりして生活しているのですが、現状では生活に安定性もなく、将来の見透しもつかぬので、自分の希望としては小さな店でも始めたいと思っていたのですが、何と言っても資金が問題ですから」
　西　「その店というのはどういう店で、資金はどれ位あればよいのかな」
　藤本「今の時代ですから、古物商か立ち食いの飲食店か、どちらかがよさそうで、自分としては古物商をやりたいのです。資金は大体５万円もあればいいと思うのです」
　西　「そうか、それはよさそうだ。まあやってみたらいいだろう。大した融資は出来んが、４、５万位の金でよければなんとかしよう」
　藤本「そりゃ、４、５万もあれば、立派に出来ます。ほんのしばらくの間でよいから、是非融通して下さい。お願いします」
　西　「俺は杷木町に住んでいるが、目下知人の取引のことで大学通りの福岡旅館に逗留しているので、明日にでも遊びに来てくれ、融資の方も早く都合つけたいと思っているから」
　黒川は酒が飲めぬ男であるが、今夜は西に拳銃の世話から明日の小遣銭のことまで気にかけて貰って余程嬉しかったのか、珍しく飲んでいた。酔がまわるにつけ、明日の久留米の話合いのことを、「もうこれで当分呑めないだろう」とか、「まかり間違えば生命はないかも知れぬ」とか、「明日の喧嘩のことは新聞に出るだろう」とか、ハッタリ気分で大言壮語していた。藤本は黒川の言葉を聞いて心配していたが、西は、
　西　「なぁに、野田一党も大勢のことだから、黒川のいうほどのこともないよ」
　と聞き流した。
　　３人はすっかり手持のビールも飲み尽して街に出た。西は２人の若い者を連れて威勢よく飲屋に這入って、二次会をはじめた。上々の機嫌である。３人は相当に酩酊し、時の経つのも忘れた。もう、終電車も過ぎていた。
　藤本「大分夜更けたようです。私は一寸駅前の方に用件があるのでまいりますが、よかったら一緒に歩きましょうか」
　と誘った。藤本は妻のために夜食を買いに廻ったのだ。西たちも大学通りの旅館へ帰る道筋だっ

たので、藤本と一緒におでん屋を出て駅前に行き、ここでまた一杯やり食事の後、藤本と別れた。西は別れる時、藤本に、

西「今後、私も一寸した取引のお手伝いをして、その礼金として少しばかり貰えるから、その折必らず融通してあげるから安心していなさい。大体、そのための大学通りの福岡旅館へ泊り込んでるような次第だ。

　ここ２、３日中にはきっと融通してあげるよ、ひょっとしたら、明日にでも取引があるかも知れんが、その時は私に付いて来てもいいよ、そうした方が早く手渡せるから君も都合が良いだろう。どうせ明日拳銃の有無の返事で来るのだろうから、その時、また打ち合せよう」

と、ダメを押して、藤本をよろこばせた。

その夜黒川は、夜半過ぎて野田の家には帰れないというので、西は福岡旅館へ連れて行き同宿した。

以上、西、黒川が藤本を訪ねて、深夜旅館に帰るまでのことを述べたが、これは事件発生の前日、即ち５月19日の夕方から夜にかけての出来事である。

さて、今まで述べてきたことを西を中心にして一通り顧りみると、まず、西の前に現れたのが被害者の熊本文造、次が芸能社時代の雇員だった黒川利明、３人目が同じく芸能社の会計掛だった藤本清喜である。西が３人に会った日取りを調べてみると、熊本とは３月中旬、選挙運動に従事した機会に、黒川とは３月下旬、同じく選挙運動中。そのあと、藤本とは事件発生前日の夕方会ったわけである。

（註　西、黒川は藤本に伴われて一端藤本のアパートに引き返している。もし強盗殺人のために拳銃入手を企んでいるのなら、できるだけ発覚をおそれてアパートで密談し、酒も飲んだであろう。それをわざわざ人目につく繁華街の屋台店で相談したというのは、そのような企みがないからである。また、黒川が酩酊して「まかり間違えればいのちがない」などと豪語したのも、強盗殺人のことでなく、遊人のケンカのことであるから、威勢よく他人に聞こえよがしにいえたのである。遊人気取りでいた黒川としては、あり得ることである）

10　藤本、押川に拳銃入手を依頼

これで一夜明けて、即ち事件発生の当日、５月20日となるわけである。

福岡旅館に深夜帰り着いた西と黒川は、二日酔のため、10時になっても頭が上らぬ。

福岡旅館における当日（事件発生の）の西、黒川のことは、一応ここでお預けとして、これから西、黒川と別れた藤本の行動について詳述しなければならぬ。と言っても、西らと別れてからの藤本の行動というのは、20日朝から夕方２人が殺害されるまでの短い時間の出来事である。勿論このことは、これから登場する押川、石井、岸田、牧田の４名も同じことである。厳密に言うと、藤本が押川を訪ねて以後のことであるから、彼らが本件に関係した時間はもっと短縮され、半日足らずの行動ということになる。

なお、これからの藤本の行動をはじめ、押川、石井、岸田、牧田５人の福岡旅館に来るまでの行動については、西、黒川は全然関知していない。藤本以外の４人については、その存在すら知っ

ていなかった。

　5月20日の朝9時、藤本は同じアパートに在住している石井勇（同姓であるが石井健治郎と関係はない）を訪ね、拳銃の件を相談したところ、中島という楽士から借りてやろうということになった。しかし、確実に入手できるかどうかわからなかったので、藤本は前日西らと会った時、実は押川（藤本と押川は相の浦海兵団当時の戦友）と会う約束を電話で打合わせていたが、そのまま用件もすんでいないし、押川に会う必要もあるので、ついでに押川にも相談してみようと御供所町に押川を訪ねた（押川の家を訪ねた時、遊びに来ていた友人が拳銃を持っているような話をしていたので）。藤本は暫く雑談していたが、「モルヒネを売るから街まで来てくれ」と直接拳銃のことは言い出せず、押川を連れて博多駅付近の戦災の焼跡辺りまで来た。藤本は人影を気にしていたが、ようやく腹を据えて拳銃のことをきり出した。

　藤本「拳銃を持っている人を知らないか」

　押川「知らないことはないが、何のために使用するのか？」

　藤本「実は、自分の知人の西、黒川という人が来て言うには、福岡の野田発次郎と久留米の原口という親分とが、福間の競馬場の地割の問題で、何でも今日久留米に話合いに行くらしい。それに黒川がついてゆくが、万一話がこじれて喧嘩にでもなった時の護身用にいるのだそうだよ。心当たりがあったら借りてくれないか」

押川は、石井のことを思い出した。以前、石井健治郎がかれの家に遊びに来た時、14年式拳銃を出して撃つ真似をするので、「家の中で拳銃など扱っては危険ですよ」と言ったら、「この拳銃は破損していて弾は出ないから大丈夫ですよ」といったことがあった。

　押川「弾の出ない破損しているのでもよいか」

　藤本「嚇しに使用するので、撃つのではないから安心してくれ」

　押川「その拳銃は、何時要るのか」

　藤本「久留米の話合いというのが今日だそうで、今日中にいるのだよ」

　押川「今日中には一寸無理だろう、石井さんの住所もわからないので」

　藤本「じゃ、仕方がない、他に1人頼んでいるのでそちらに当たってみよう。よかったら君も一緒に来いよ」

藤本は朝出かけた石井勇に頼んでいたので、押川を連れて石井を訪ねた。石井勇は、「今から出かけるところですから一緒に行きませんか」と2人を促して、市内万町セントラルキャバレーに勤務しているという中島を訪ねたが、不在だった。そこで3人は、中島の自宅のある福岡市内長浜町へ廻ったが、やはり不在だった。

　石井勇は、大名町電車停留所のところで「私は別に用事があるから帰ります」と言って2人と別れた。

　押川と藤本は暫く立って、どうするかと思案していたら、折よく石井健治郎と同居している武田博光が通りかかった。

　武田「何をしているのですか」

　押川「石井さんを探しているのですが」

武田「今ピンポン屋に、石井さんの弟の隆さんがいましたよ、あの人に聞いたらわかるでしょう」

　押川と藤本は、西公園のピンポン屋に石井の弟を訪ねた。

　石井の弟「兄貴の行き先はわからないが、天神町の梅屋という飲食店によく出入しているので、あちらで尋ねたらわかるでしょう」

と教えてくれた。2人はすぐ引き返して梅屋を訪ねて、石井健治郎の所在を訊いたが、さきほどまでここにいたのだが、どこへ行ったか知らないということだったので、2人はもうなかば諦めて梅屋の門を出て、昨夕2人で約束して行くことにした「薬院」の中村（知人）の家を訪ねようと歩きかけた。丁度その時、石井健治郎と同居している岸田文彦と牧田頼之が梅屋の前で、山田という牧田の友人を待機しているところだった。岸田は押川を一度西公園のピンポン屋で見かけて知っていた。

　岸田「押川さんじゃないですか」

と声をかけた。勿論、押川は岸田を知らないので吃驚した。

　岸田「石井さんと一緒にピンポン屋に行った折お目にかかりましたよ」

　押川「そうですか、実は、一寸急用があって石井さんに会いたいのですが、ところを御存知ありませんか」

　岸田「私が知っておりますから、御案内しましょう」

　岸田は、山田を待機している牧田と別れて藤本、押川を、石井のいる六月田町の小滝寿郎（石井と商取引上の知人）の家に案内した。

　もう、午後2時半を過ぎていた。

　ここで藤本とからんで新たに登場した、押川、岸田、牧田の相互関係と簡単な前歴について述べておかねばならぬ。

　藤本は前述の通り、芸能社の会計掛だったが、解散後は小さなブローカーなどやっていた。月収3,000円、押川は共栄産業KKの事務員、藤本、押川は戦友であり親しい間柄。

　岸田は過去に引揚援護局に勤務していたことあり、当時は石井の仕事を手伝っていた。牧田も岸田と同じく引揚援護局に勤務していた。岸田とは当時からの友人。当時は石井の手伝いをしていた。2人とも石井と同居。

（註　上に述べるように、事件当日拳銃を探して歩いているのである。それも西や黒川ではない。2人は二日酔いのため頭があがらず、黒川もその日は正午近く起床している。これでも強盗殺人を計画しているといえるだろうか。もし万一拳銃が入手できなかったら、強盗殺人はどうなるのであろう。その時は、日本刀でなぐり込むというのであろうか、しかし、先方は5、6人もいるし、王祖金は拳銃を持っているのに、日本刀では間に合わぬ。だから拳銃を探したというのだが、しかし、強盗殺人のために計画的に探したというなら、もっと早く探し、少なくとも遂行する2、3日前位には確保しておくべきではなかろうか）

11　藤本と押川・石井を訪ねる

　これから、岸田が藤本、押川を案内して、六月田町小滝方の石井健治郎のところに連れて行くわけであるが、その前に石井健治郎が、小滝の家でその岸田、藤本、押川に会うまでの石井と問題の拳銃2挺の経緯について述べてみよう。

　石井は、妻帯して熊本市川尻町の妻の家に同居していたが、仕事の関係で福岡に出ることが多く、福岡に出た時の宿泊先は、市内小金町菊池方に定めていた。職業は占領軍関係の北九州復興連盟熊本支部事業部長、当時は八幡製鉄所のトタン取引の交渉中だった。

　14年式の大型（撃針の折れている）拳銃は、22年2月頃、石井の知人の金（朝鮮人）が、破損していて使用不可能なものだといって、石井のところに置いていった拳銃である。実包30発をそえて。

　丁度その頃、同じく石井の知人である菊池繁樹が、家の近所に強盗が入って困ると言っていたので、石井は嚇しになら破損した拳銃でも役に立つからといって、菊池に手渡した。

　その時、仲介した梅屋の主人が、少し金でもとったらと言ったが、石井は菊池に酒肴を奢って貰っていたので無償で渡した。但し、折れた撃針だけは、石井が取り外して家に持ち帰っていた。

　今1つの拳銃（中ザビエル＝ドイツ製＝実包6発付）、すなわち問題の事件に石井が使用したものは、森知義という元陸軍少佐の所有していたものである。

　当時拳銃は占領軍側からも流れ出ていたが、復員軍人らも所持していたものである。森も戦犯に問われ、万一の場合には自決すべく所持していたのであるが、戦犯の方も呼出しがなく、拳銃の必要もなくなったので、阿部（石井の知人）を通じて処分しようとしていたものである。

　石井と森とは、商取引上で知合いになった間柄である。しかし、拳銃は森から直接預かったのではなく、阿部が預かっていて、石井にも買手を頼んでいたのである。

　というのは、石井は占領軍関係の仕事をしていた関係で、二世たちとも親しくしていたが、たまたま某二世が拳銃がほしいので世話してくれ、ということになり、石井も心がけていた矢先だったので、阿部から森の拳銃を預かったものである。

　ところが、事件の前日（5月19日）、石井の留守中に武田らがその拳銃をもてあそんで暴発させたので、これ以上家に預かっておくことは危険だと思い、それに某二世もその後久しく訪ねて来ないので、石井は事件の当日20日12時頃、その拳銃を返品すべく天神町の森の店に出かけたのである（その頃、ちょうど藤本、押川は拳銃を求めてセントラルキャバレーを訪ねていたはずである）。

　森の店には宮本という女店員がいて、森は商用で外出中だということだった。石井は、他の品物なら店員に預けてもよいが、拳銃はそういうわけにも行かず、また持ち帰ることにした。女店員に、森が帰宅したら石井が来た旨伝えてくれと言いのこして出た。

　（註　上述の拳銃入手の経緯等について、石井健治郎は筆者宛ての「質疑応答書」において以下のように供述している）

「問　森はあなたを知っているのに、拳銃売買の依頼は森から直接ではなく、阿部を通じて頼ま

れたというのは、どういう経緯からですか。

　答　森知義は戦時中、東部軍司令部付参謀で陸軍少佐でした。敗戦後、天神町市場内で石鹸並びに雑貨を商いをしておられた人です。敗戦後は、多くの人が色々な仕事をして儲けることを考えていたので、森と私は知り合いになってから、森がこの事件の起きる10日位前に、熊本市川尻町の私の家に、自転車のタイヤとチューブを約210台分、約45万円位の品を神戸から送ってくれたので、私がこれを北九州復興連盟の事務所である市内魚町の田中さんの店へトラックで運び、これを2日間で売りさばき、勿論これにたずさわった人達は田中さん始め、阿部、森、私とその他事務員等と一緒に売却の加勢をしてくれたのでありますが、そういう関係で阿部は森と知ったのであります。森や阿部は先に博多へ帰り、私はあとの用事を済ませている内、阿部がまた川尻の私の家に来たので、私が阿部に小遣い5,000円をやるが、これは静岡のお母さんへ送るようにと阿部のお姉さん（川尻在住）に来て貰って渡した。勿論、阿部の生活費は私が別に出してやっていたし、本人も連盟の仕事をしてくれていたのであるが、阿部が博多に行って森知義と会った時、森が拳銃を売りたいといったそうで、阿部もそれでいくらかコーセン（口銭）が儲かるものと思って、阿部は森に、石井のところに外人が拳銃をほしいといって来たことがあるから、話してあげましょうと、その拳銃を私のところに持って来た。そして、森がこの拳銃を1万円位で売ってくれないかといっておられるので、私に小遣い儲けに1万5千円位で、先日の外人に売ってくれというのです。私は阿部が小遣いをほしがっているなと思ったので、置いておけ、今度外人が来たら話してやろうといってその拳銃をあずかった。ところがその後、二世も来ないし、1週間位預っていたが、武田が事件の前日暴発させたので、危いと思い、事件の当日森に合う用事もあり、本人に返えしておこうと持参したわけでした」

　もしこのとき、森が店にいて無事に拳銃を返却してしまったら、その日の午後の不幸な事件は起きようがなかったのである。

　また、事件前日に武田が拳銃を暴発させたということも、偶然とはいえ余りにも運命的であった。このため次の弾が弾装におくられ、引金を不用意に引いても発射するよう連発装置が整っていたのである。

　この点の詳述は、第1章21「黒川はなぜ刺したのか」の項を参照されたい。

「問　阿部という人とも知り合いですか。また、阿部がほんとうか安部がほんとうか。

　答　阿部か安部かはっきり記憶しませんが、私は阿部と思います。これは探せば、本人のいるところは判ります。お母さんと妹さんが川尻の私の家にしばらくいてから、静岡の駅前に大分県の兄と共に行かれたのですが、私共の事件後、阿部も静岡の母のところへ行っております。阿部のお母さんは、朝鮮の京城駅の近くに大きな旅館をしていられて、阿部は私の部隊におつみき乙幹として陸軍軍曹でおりまして、私が可愛がっておりましたので、終戦後、母親より一足先に私と一緒に内地へ帰ったので、私の家においていたのです。そのために母親も妹も私の家に頼って来たので、私の家に皆おいていたのであります。しかし、お母さん達は何とか生活を自分でやりたいために、静岡に行かれて、阿部だけが残っていたのでありま

す。日本人でしたが朝鮮生れですので、裁判の時は朝鮮人の如くにいって、彼をこの事件から除外したのです。そうしないと拳銃不法所持でやられますと気の毒ですから。もう時効になっていますから、本人を探して状況を聞かれてもよいですが、いかがでしょう。

問　鮮人の金から14年式拳銃を預かったというが、使用不能品を購入したのですか、なぜ購入したのですか、金とはどういう知り合いですか、14年式拳銃入手の経緯を明らかに。

答　これは、また古川先生の誠意のために、何でも本当の事を申し上げます。

　実は金と言っていますが、これも人をかばうための方便だったのです。実は私が押川と知合って、押川がトタンの取引のために市内川端町日本機械商事社長である尾上を私に紹介したため、私は尾上とも商取引をすることとなり、木下照康（市内住吉在住）の知人等と門司市大里町弥生産業の社長頼良が八幡製鉄所より古亜鉛引鉄板約200万円を買わないかというので、私共が一応これを買ってローラー工場で再生して、これを土建事業者に売ることとして、尾上氏がこれに一役はいり、話を進めている内川端町の店に私が行ったら、店員の1人が（二日市方面から来ていた人と思う）ある日私に14式拳銃を見せて、どこからか持って来ていたのでしょう。撃針が折れているので使用は出来ないがよかったらあげましょうというので、子供が玩具を貰う位の気持ちで貰ったのが事実です。その帰途押川に見せたので、押川が、私が拳銃を持っていることを知ったのであります。しかし、私はそれをすぐ梅屋の主人に見せたところ丁度、そこにいた菊池が、自分のところは淋しいところで、強盗が近くにはいって心配だから、破損しているのでも嚇しになるからくれないかというので、私は、梅屋のおやじに渡したのだから、おやじに話して貰ったらよいだろうといったのです。そこで梅屋のおやじが今日の皆の飲み代を菊池が払ってやるなら、やろうというので、菊池がお金を払って拳銃を貰ったそうです。私は、そのことをあとで聞いて知った位で、私が直接菊池に渡したのではありません。しかし、梅屋のおやじに迷惑のかからぬよう、私が直接菊池に渡した如くいっていたのです。だから金うんぬんもすべてが事実でなく、皆をかばうための方便だったわけです」

石井は森の店の帰途、梅屋で昼食をとり、渡辺通り1丁目六月田町の小滝の家に行った。そこへ前述の如く、岸田が藤本、押川を案内してやって来たわけである。

岸田は石井を家の外に呼び出した。石井が出て見るとかねて知り合いの押川と未知の人（藤本）とが立っている。

石井「押川君じゃありませんか」

押川「やー、実は、石井さんを探して西公園方面までゆき、西公園のピンポン屋で弟さんに会い、あなたのところを尋ねますと、兄は天神町の梅屋に聞けばわかるということでしたが、丁度石井さんが出かけられた後で困っていたらこの人が来て、案内してくれたわけです」

石井「何か急用でもあるのですか」

押川「そうです。一寸急ぐのですが」

と言って、横に立っている藤本を指し、

押川「藤本君と言って私の友人です」

と紹介した。
押川「実は、この藤本君の友人が、福岡の野田さんと久留米の原口と言う人が福間の競馬場の地割の一件で話合いに行くのについて行くそうですが、喧嘩にでもなった場合の護身用に拳銃が入用だそうで、藤本君が頼まれて私のところへ来たので、あなたが拳銃を持っていたので貸して頂きたいと思い御相談に来たのですが」

（石井、この時藤本と初対面）

石井「拳銃はあるが、人から売ってくれと頼まれているので、１万５千円か２万円位で売る心算(しんさん)の品だから、貸与というわけにはゆきません」

藤本「それ位の金なら急ぐ場合だから、先方も出すでしょう。親分同士の喧嘩で費用も相当出しているような話でした」

押川「先方から藤本君も５万円位融通して貰うことになっているようですから、２万５千円位は出しますよ」

石井「金が出るなら売っても良いですよ」

石井は、森に返納すべく風呂敷包にしてポケットに入れていた拳銃を取出した。

藤本「今ここには金を貰って来ていないので、すみませんが二葉町（水茶屋）の野田さんの家まで来て下さいませんか、そこに拳銃の欲しい人がいるので――」

石井は、野田という人の名も聞いて知っているし、安心して藤本について行くことにした。押川、岸田も付いて来た。

途中、４人は交々、興味本位の喧嘩の話などに花を咲かせながら歩いた。

野田の家では、藤本１人玄関に這入り、石井ら３人は表で待った。中から女中さんのような人が出て、黒川は４、５日前から不在だと告げていた。

藤本「困ったなあ。不在だそうな、もしかするともう出発してしまったかも知れない」

それを聞くと、石井ら３人もがっかりしてしまった。特に藤本と押川は朝からそのことで歩き廻り、まだ昼食も摂っていない有様で、失望も大きかった。だが、不在で行き先もわからないのでは話にならぬ。「じゃ仕方がない帰ろう」と言うことになった。

しかし、藤本は、石井をわざわざここまで案内して、このまま素もどりさせるのを恐縮しながら思索しているうち、夕べの西の会話を思い出した。

藤本「ひょっとすると、大学通りの旅館にいるかも知れない。迷惑だがそこまで来て貰えませんか」

と言い出した。勿論石井ら３人も、折角ここまできたのだからということで、藤本について大学通りの福岡旅館に行くことになった。

一行は千代町電車停留所まで徒歩でゆき、それから電車に乗って馬出で下車し、旅館を尋ねながら、逆戻りして医学部前の福岡旅館に辿りついた。

（註　計画的な強盗殺人であり、そのための計画的な拳銃売買であったら、事件当日の事件の直前に、このような拳銃に関する頼りないいきさつがあるはずはないこと）

12　石井ら福岡旅館を訪ねる

　話はかわり、当日（5月20日）朝から藤本、石井ら4人が福岡旅館を訪ねる（午後4時頃）までの同旅館における西、黒川の様子を述べておかねばならぬ。

　西は昨夜の飲み過ぎで少々頭痛がして、朝おそくまで寝ていた。しかし、今日午前中に藤本が拳銃有無の返答に来ることを思い出し、折角来るなら資金融資のことも何時融通してやれるか、確実な日取りを知らせて喜ばせたいと思った。そこで、取引のことについては電話で連絡する、と熊本はいっていたが、西は熊本の家を訪ねることにした。

　黒川は二日酔のため頭もあがらず、半病人の状態で朝食どころではないので、

　西「俺は一寸朝食に出て用事をすませて来るが、藤本が今日訪ねて来るかも知れんから──、もし俺が昼過ぎまで帰って来ん時は、堅粕の方へ藤本と一緒に来いよ」

と言って、西は町に出た。彼は散髪をしてから知人川口博美宅を訪ね、その帰り、近くの熊本文造宅を訪れた。

　熊本は不在だった。

　熊本の妻「このごろは出歩いてばかりで、昨日昼頃出たっきりで、まだ帰りませんよ」

　熊本の妻は、クダクダと愚痴をこぼしていた。西は旅館へ帰った。黒川はまだ寝ていた。

　黒川「藤本は、まだ来ませんよ」

　西「ああそうか、俺も少し頭痛がするからまた寝るとしょうか」

　丁度そこへ（11時過ぎ）、熊本から電話が掛かってきた。

　熊本「西君ですか。実は、いよいよ本日取引することになりました。時間は多分4時過ぎになると思います。と言うのは、買主の集金の都合です。そこで4時過ぎには買主と一緒に中島方へ参ります。それまでに、先日お願いしておきました食堂の件よろしくたのんでおきますよ。何しろ私も忙しいので、詳しくは会いました折、お話いたします。取引の話合いは食堂の方でするんですから、お願いしておきます」

　西は、食堂で取引する話合いをすることについては、以下のように述べている。

　「中島さんのような素人の家での取引は、何かと迷惑でしょうから、取引の場所（商談のみ）を食堂か料理屋にして現品の場所で直接取引をいたしますから、その方が後になっても、誰も迷惑がかからんので好都合ですからとのことでしたので、私としても後日迷惑のかからんほうがよいと思っておりますので、そのほうがよいでしょうと、食堂か料理屋での取引打合せ場所としての使用に同意した次第であります。そんな関係から、熊本氏の電話の如く食堂か料理屋を皆の行くまでに探していてくれとの事でしたが、堅粕方面のどこに何があるのかよく知らぬため、また、食堂を探して座敷まで交渉して、万一取引が延期にでもなり皆が来ない場合、私1人じっと食堂で待つのも変なもので、それより熊本氏が来てから探しても遅くはないことだし、と思いそのままにしていった次第であります」（第二審提出　訴訟理由書添付「事件顛末書」による）

　西は電話が終わると、4時まではまだ時間もあるといって、また寝床にもぐった。

さて、ここで話は福岡旅館を訪ねた藤本、石井、押川、岸田4人のことになる。もう3時過ぎである。

　藤本は、旅館の玄関左側にある部屋にいた5、6人の女中さんに、しきりと西らのことを訊ねていた。ところが、そういう人は泊っていないということで、藤本も諦めて帰ろうとする。そこへ他の女中さんが出て来て、「その人は飛行機に乗る人ではありませんか」というので、藤本も案内を乞うて3階に行き、ようやく西であることを確かめて、石井ら3人を招き入れた。

　一方、西の方では、寝ているところに女中がやって来て、

　女中「ただ今玄関に4、5人赤司さんを訪ねて来ておられます。いかが致しましょうか」

というので、西は藤本ならば1人の筈だが、もしかしたら熊本一行かもしれないと思いながら、黒川を玄関にやった。

　黒川「お爺っさん、藤本でした」

　西　「ウンそうか、こっちに入って貰え」

　しかし、藤本は3人も連れてきているので、廊下で一寸モジモジしていると、西が再び声をかけて、

　「なんだ、入れよ」

と言いながら、廊下の方を見た。西は、廊下に面識のない若い人達が3人立っているのを怪訝そうに見廻していたが、

　西　「何か起こったのか」

と睨みつけるようにして問うと、藤本が石井を指さして、

　「こちらが拳銃を持ってきた人です」

と紹介した。

（註　熊本は電話で、商談の場所を中島宅から食堂に変更すると伝えている。もし西に強盗殺人の企みがあるなら、なるべく人目をさけて商談もすすめた方が強盗殺人の遂行も容易である。したがって西は、この時無理にも中島宅で商談を進めたいといっていなければならぬ。しかし事実は、熊本の意見に従い、商談は人目につき易い国道表通りの浜利食堂に変更されている）

13　福岡旅館における状況　その1

　1号室に入った当時の状況に対する石井健治郎の説明によると、

　「部屋の中には2人の人がいて、1人は机の向うに坐り、1人は部屋の左の方に布団が敷いてあるところに坐っていた。藤本はテーブルの左横まで行って西に、皆を連れて来たことを告げていた。その時、机の向うに坐っていた1人の男（西）が立って、机の左横まで行き、何事か藤本と2人で小声で話していた。それから藤本が石井達の方を向き、入るようにと言った。そして、藤本は、西に『品物を持ってきた人は、この人です』と石井を指差した。西は、その時『よく来てくれました』といった。

　石井は『始めまして』というと、西は『ここは散らかっているので、そちらへ行きましょう』と言って襖を1枚開いていた。隣りの部屋の方に入って行った石井は、その方へついて行く時、

もう1枚の襖も開けてその部屋へ入った。部屋の中央にはテーブルが置いてあった。西は床の間を背にして坐り『早速品物を見せて頂きましょう』といった。石井は西と向い合って坐った。この時、藤本、黒川、押川、岸田がぞろぞろと部屋の中へ入って来た。石井は西達に持って来た風呂敷包の拳銃を開いて、中から拳銃を取り出して、弾のケースを抜きテーブルの上に置いて、皆に見せた。その時、西、黒川が拳銃を手に取り、2人で見て、仲々良い品で、小型だし立派なものだといってほめていた」（上告趣意書添付「検証調書」による）
となっている。
ここで自己紹介があり、藤本、石井、押川が交々、西を訪ねた来意を述べた。
藤本「昨夜お話がありました拳銃が、どうにか入手できましたので、水茶屋の野田発次郎方に行ったのですが、女中さんのお話では、黒川さんはいませんとの返事でしたので、ここだろうと思い訪ねてきた次第でした。ところが、西さんの偽名を忘れていたので、女中さんに西さんと尋ねても一寸解らなくて困りました。拳銃は、実はこの人がもっているのでして、黒川から聞きました久留米の話をして、喧嘩になった場合の護身用に探している旨を押川君を通じて石井さんにお願いしたのです。ところが、石井さんのいわれるのには、西さんに一度逢ってお話をよく承り、その上で直接本人へお渡し致しますからとのことでしたから、詳しくは石井さんと直接話してみて下さい」
石井「大体の話は、押川君や藤本君から聞きましたのでわかりましたが、それで久留米の方へ行かれるという人はどなたですか」
西は、黒川を指し、「この男です」。
石井「そうですか、私も復員以来ブローカーのような真似事をして生活している関係で、この人のような（黒川を指しながら）若い者等を4、5人置いて手伝わせておりますが、たとえよかろうが悪かろうが、矢張り自分の若い者は可愛いもので、まして、西さんのように手元においておいた若い者がそんなことで行かれる話を聞いた場合、無理ない話と思います。拳銃はここに持って来ておりますのでお貸し致してもよいのですか、何しろこの拳銃は他人からの預り物で、売ってくれと言われている物でして、お貸しするということは出来ません。御存知の如く、拳銃は弾が生命ですから万一弾を使用されてから私共にお返し頂いても、この種の弾の無い限り無価値となり、何の役にも立たないということになりますから、私としては買取って頂き度いのですが、そうして頂かんと、この持主に対して申し開きができません。実はそんな理由で、押川、藤本両君にお渡しできず、私が直接に伺った次第です。大体の相場（値段）がありますから、それ程でよけりゃ、お譲り致してもよいのですが」
石井は、拳銃を取出し、テーブルの上に置き西に見せた。
石井「このピストルは、1回引金を引けば全弾飛出すようにもなっているが、2段式のようだから1段を引けば1発づつ、2段一緒に引けば全弾が一ぺんに出るように聞いています。貴男（黒川）は拳銃を使ったことありますか。これが安全装置でここから弾を入れるのです」
と言いながら、弾装を引き出したり入れたりして拳銃の使用方法を種々説明した。
石井「弾は、この通りありますよ」

図-2 福岡旅館に於ける状況

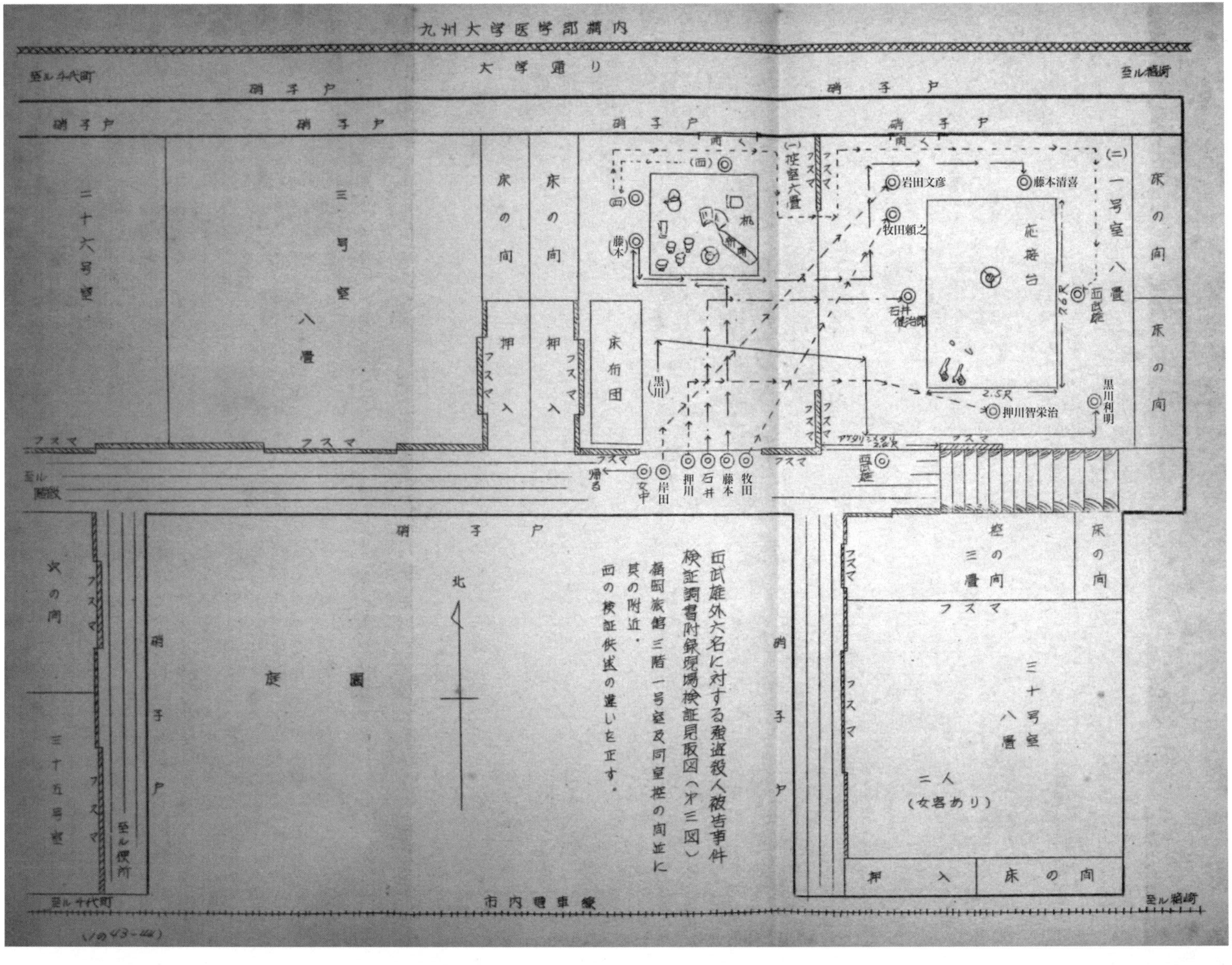

といって、石井は弾装を引抜いて西、黒川に見せた。黒川は一々なずいて聞いていたが、西に向かって「これをお願いします」と頼んだ。西も勿論異存はないので、借りることに決めて、時計をみるともう4時一寸前である。

西はあわてて部屋のものに、

西　「私は急用で出なくてはなりませんので」

といいながら、テーブルの上の拳銃を黒川に借りる話をしたところ、石井・押川・岸田・藤本ら廊下に出て、コソコソ話をはじめ、その後で押川が、

「この拳銃は石井さんの持物ではなく、知人から転売を依頼されているものですから、貸すわけにはいかないのです、だが買うてくれるなら売っていいと言っていますが」

西は貸さない、売るのだということをようやく合点した。

石井「買って下さるなら、今1挺あるから差し上げてもよいのですが、なんだったら、今から取りにいきましょうか」

西　「そうですか、ありましたら、今1挺望んでいたのですが」

西は石井が貸さないというので、買うとすれば2挺買って、代金は1挺代として熊本に支払わせ、1挺は黒川に持たせればよいと考えた。

西　「私は4時に知人宅に行かなくてはならないので、なるだけ早く持って来て下さい。大体どの位かかれば持って来れるのですか」

石井「30分も待ってもらえれば、いいでしょう」

岸田「私もなるだけ早く走って行って来ますから」

石井「型はこれより少し大きいが14年式のでよけりゃ、弾も30発程付いた奴です。大体の目的が威嚇的に携行するのでしょうから」

西　「じゃ、是非共御都合つけて下さい」

石井「それじゃ、岸田、お前は菊池の家にある拳銃を貰って来てくれ。それから小金町の家に行って、棚の上にその拳銃の撃針が置いてあるから廻って取ってきてくれ」

岸田は、石井に書いて貰った菊池の家の地図を持って出かけた。

（註　撃針の折れた拳銃をとりに行ったが、強盗殺人の犯行にわざわざ使用不能品をとりにかえるだろうか。たとえ威嚇用だとしても、わざわざ取り寄せるという行為は、強盗殺人の行為となにかそぐわない感じがする）

14　福岡旅館における状況　その2

西は、熊本と約束の時間が来たので思案していたが、藤本を使いに出すことにした。

西　「先ほど電話で4時までに行ってくれと頼まれているので行かねばならぬが、君も聞いた通りの事情だから、30、40分位はおくれると思うので、堅粕の中島園吉方に行って、これこれの事情で30、40分ほどおくれる旨を伝えに行ってくれないか。君には会計の用事もあるから中島宅でそのまま待っていてくれ」

藤本は、西に中島宅までの道順を書いてもらって出かけた。

西　「黒川、お前は酒と煙草を買って来い」
　黒川も引続き、西の使いで出て行った。
　　押川「中島さん方は堅粕の飛行場の付近ですね、何か取引でもやっているんですか」
　　西　「一寸した用件で」
　西は取引に関しては全然触れようとしなかった。闇取引だからである。
　話題は、いつとはなしにその場限りの世間話の雑談になった。西は芸能社という劇団を経営していた話や、南方で飛行機に乗っていた話、石井は満州での兵隊生活の話、朝鮮引揚の時の話、押川は海軍時代の話等を交わしているところへ、石井と同居している牧田頼之がヒョッコリやってきた。勿論、西、黒川、押川とは初対面である。
　　石井「牧田、お前何しに来たのか？」
　　牧田「天神町で岸田に出会いましたら、小金町の家から撃針を持って福岡旅館に行ってくれ、石井さんがいるからというのでやって来ました。岸田は菊池さんの家に拳銃を取りに行くからと言っていました。なんでも喧嘩があるとかで、とるもとりあえず、助勢するならと思ってこれを持って来ました」
　といって、牧田は懐から、牧田の所持していた両刃の短刀と14年式拳銃の撃針を出して石井に渡した。石井は短刀を見て、
　　石井「そんなものはいらない、出さんでもよい」
　　西　「喧嘩というのではないのです。福間競馬の地割の話し合いがあるのだが、万一の場合の用心の護身用ですから、助勢のなんのというものではありません。私も野田発次郎は知らないし、ただ、私のところで昔働いていた黒川が現在お世話になっている親分の話し合いで付いてゆくというだけで私達に関係がないことですから、私も行きませんし、みなさんもその必要はないのですよ」
　そこへ、黒川が使いから帰って来た。
　　黒川「煙草は買って来たが、酒はなかった」
　　西　「ああそうか」
　部屋の中は、西、石井、押川に新たに牧田が加わり、今黒川が帰り5名となった。はじめからこの部屋を動かなかったのは、西と石井と押川だけである。
　黒川が来て、話題は再び久留米の喧嘩のことに及んだ。小心者のクセに偉丈高(いたけだか)になる黒川は、
　　「私は、大体、野田発次郎の若い者で、今度の喧嘩でまかり間違えば、親分の全責任を持って大阪方面に逃げることにしています」
　などと、いささか大言壮語しながら石井らを煙にまいた。そのためみんな黒川の言う久留米の喧嘩をすっかり信用してしまった。
　やがて、岸田が拳銃を持参して菊池の家から帰ってきた。石井は岸田の持って来た油紙に包まれている拳銃を取出し、一回分解し、すぐ組立てて弾装を引き出して見せた。しかし、折れた撃針を西らに感付かれぬよう素早くはめ込み、使用不能品であることを悟られないようにした。
　　石井「この拳銃です。弾も御覧の通り相当あります。このブローニングより型が太いだけ、威

厳があり威嚇にはこの方が効果があると思います。これでよけりゃ、２挺一緒にお譲りいた
　　　しましょう」
西　「それでは、私はもう行かねばなりませんので、失礼させていただきます。拳銃の代金の
　　　ことは藤本とよく打ち合わせて渡しておきますから後で藤本から貰ってください」
西はさらに黒川に向かって、
西　「黒川、お前は久留米に行くのに、二日酔で体の調子も悪かろうし、それに遅くなるとお
　　　前のメンツもあるだろうから、タクシーに乗って行け、その位の費用は出してやるから、直
　　　ぐ駅前のタクシーに乗って俺の所に来い、小遣いなども準備しておくから」
といって、西は起き上がる時、机上のブローニングの方を手にして部屋を出ようとした。それ
を見て、石井があわてて押川を廊下に呼び出して、
石井「現金引替でないと渡せないと言ってくれ」
というので、押川は西を廊下に呼んで、
押川「実は、先程石井さんが申していましたように、拳銃は人様の物ですから現金引替で御渡
　　　しいたしますが、それでよろしいでしょうか」
西　「拳銃は買う予定をしていなかったので、金の準備がないから、堅粕で藤本に渡しておく
　　　から、藤本から貰って下さい。実は、買主は堅粕にいる熊本氏で、その人に渡さんと金も貰
　　　えんのですが。もしそれで都合が悪いようでしたら、誰でもいいから私と一緒に堅粕まで来
　　　て貰えば、直接お渡ししますから」
石井、押川、牧田、岸田の４人は、誰が西について行くかを打合せた。
結局、仲介人の押川がよかろうということになった。
押川「それじゃ、私が付いて参りますから、代金の件はよろしくお願いします」
と押川は出かける用意をした。
石井はこの時、フト良い方の拳銃を西に持ち逃げされても困ると思い、
石井「その拳銃は癖があって良くない。この方が大きくてよいですよ」
と、とっさの思いつきで嘘を言って、急いでそこにあった大風呂敷に破損している14年式拳
銃を包み込んで押川に渡し、西からブローニングを取り返した。
石井「押川君、代金を貰ったらその拳銃をその人（西）に渡してくれ」
西に向かって、
石井「押川君が代金を貰って帰ってきたら、この拳銃はこの人（黒川）に渡しますから」
といった。
黒川「爺父さん、久留米に行くのに日本刀を持ってきたのですが、もう拳銃が手に入ったので
　　　必要なくなりましたが、どこに捨てましょうか、便所にでも捨てましょうか」
黒川は、野田の家から旅館に持って来ていた日本刀を抜刀してみせたりした。
岸田「立派なものですね。便所に捨てるのは勿体ない。不要なら私が貰いましょう。これから
　　　家に帰りますから」
黒川「そうですか、それでは都合よく処分しておいて下さい」

岸田はその刀を背中に入れてみたりして、大声で冗談をいいながら笑い合った。
　　（註　押川は撃針の折れた不能品の拳銃を持って西に随行した。但し、この拳銃が使用出来ないことを石井は隠しているので、西、黒川、藤本等は事件後までそのことを知らなかった。強盗殺人に加担した石井が、主謀者の西に、拳銃の使用不能品を隠して渡すなどということをするであろうか。1挺の代金に相当額出るというので、おまけにそえようとした事実に不自然はないようである）

15　西・押川・牧田、堅粕に行く
　ここでいま一度、福岡旅館における人員を点呼しておこう。
　現在人員は、西、石井、押川、岸田、黒川、牧田以上6名である。藤本だけが西の使いで堅粕に行って不在である。これから、まず西、押川が出かけるわけである。
　時刻は、5時近くである。あるいは5時過ぎたかもしれない。藤本、石井ら4名がこの旅館を訪ねたのが4時前で、西側と石井側の7名がこの旅館で会談した所要時間は、1時間から1時間半ではなかったと推測される。
　西「それじゃ皆さん、お忙しいところを御迷惑かけました。私は堅粕の方へ行きます。押川
　　君まいりましょう。それから黒川お前はタクシーでも雇って来いよ」
　西は押川と2人で旅館を出て、千代町電車停留所の方向に歩いて行った。
　あとに残った黒川も間もなく、
　黒川「私は、今から自動車雇いに行きますから」
　と起き上がった。
　黒川は、タクシーで西のところに行き、小遣銭を貰い、一応旅館に引き返し、石井から拳銃を受け取ることになっていた。それまで、石井は1人の旅館に待つことになっていた。
　しかし、初めて会った人の部屋に留守中いるのも変なものだと思い、
　石井「私も1人ではなんですから、あなたと一緒に自動車雇いに出ましょう」
　といった。
　石井「牧田、岸田、お前達は小金町に帰って夕食の仕度をしていてくれ。俺もこちらの用件の
　　すみ次第帰るから」
　石井、岸田、牧田3人揃って玄関に出た。
　石井は靴をはいて外に出た。見ると千代町の方向に、西と押川の後姿が見える。200米余先である。石井はフト、押川とは別段親しくしているというわけでもないし、ことが金銭のことだから、同居人の牧田を付けてやる方が心配ないと思って、牧田を追わせることにした。
　石井「牧田、お前も向うに行く押川君に付いていってくれ。拳銃代金を貰ったら押川君と一緒
　　にここに引き返してくれ」
　牧田は、一目散に走って行った。
　黒川は、部屋のあと片付けをして出ようとした時、テーブルの上の短刀の置き忘れてあるのに気付き、牧田に返そうとズボンのポケットに入れて玄関に出たが、牧田は、既に西のあとを追って走ったあとだった。

あとから黒川、石井、岸田の３人も同じく千代町に向かって歩いた。

しかしここでは、この黒川らの足どりの追及は暫く保留しておいて、先に出て行った西らの足どりを追ってみよう。

西と押川が博多駅方面へ通ずる電車道路を歩いているところへ、牧田が走って来た。

西　「あなたはどちらへ」

牧田「石井さんがお前も押川について行けといわれましたので」

西　「ああ、そうですか」

西は、押川、牧田、共に始めて会った人であり、年齢の差もあって、話題もなく無言のまま歩いた。学校の付近まで来た時、押川が、

「西さん、先方の中島さんが学校（飛行場横）の付近でしたら、この道を行かれた方が近道ですよ。貴方も少しでも早く行かれた方がよいでしょう」

西は知らない道で迷って時間を浪費してもいけないと思い、また黒川がタクシーで来るからと思って、

西　「私はこんな道は全然知りませんので、かえってまごついて遅くなるといけませんから、やっぱり国道の広い道を行った方が早くはないでしょうか」

押川「いや、心配は要りません。この付近でしたら私が充分知っていますから、この道を真直ぐ行けば学校の所へ出ます。中島さんが学校の横でしたらこの道が一番近道ですから」

押川は先頭に立って露路に入った。牧田、西と続いた。露路も 20 米程は民家が続いているが、その先は中学校（今の県立福高）と専売局である。その中間あたりまで来た時、後から「オーイ」と呼ぶ者があるので、振り返ると藤本である。

西　「おや、君はどうして……」

藤本「先方の中島さん宅へ参りましたら、まだ熊本さんは来ておりませんので、西さんの伝言は中島さんにお頼みしておきました。実は中島さん宅で、西さんの来るのを待っているつもりでしたが、知らない人の家に待つのも退屈なもので、それよりどうせこの国道（国道を指差しながら）を来ると思ってブラブラ歩いて引き返して来る内、皆さんがこの細道に入るのを見たので、追いかけて来たのです。全く知らない人の家に１人でじっとしてはいられませんよ。それに余りお出でがおそくなったので」

西　「何も遠慮せんでも、待たせて貰えばよかったのに。まァ、いいや。じゃ一緒に行こう。それはそうと拳銃の件だが、代金の方は現金引替でないとダメだそうで、こうして２人について来てもらっているが、熊本さんが来ていないなら来るまで待って貰わないといけないが、君は押川君とは友達といっていたね。その点一寸話しておいてくれ」

藤本は、前方をならんで歩いている押川、牧田のところに行って、旅館での拳銃取引の経緯をきき、西の言葉を伝えた。西は皆より５、６間おくれて歩いた。間もなく踏切に出た。

西　「おや、ナーンだ！　この道は国道の直ぐ横の細道だったのか（この第４号踏切から国道の踏切や道路が見える）、これじゃ、どちらへ行っても結局遠さは同じじゃありませんか。黒川がタクシーででも通った場合、私達が遅れると、どうしたのだろうと心配するから、国

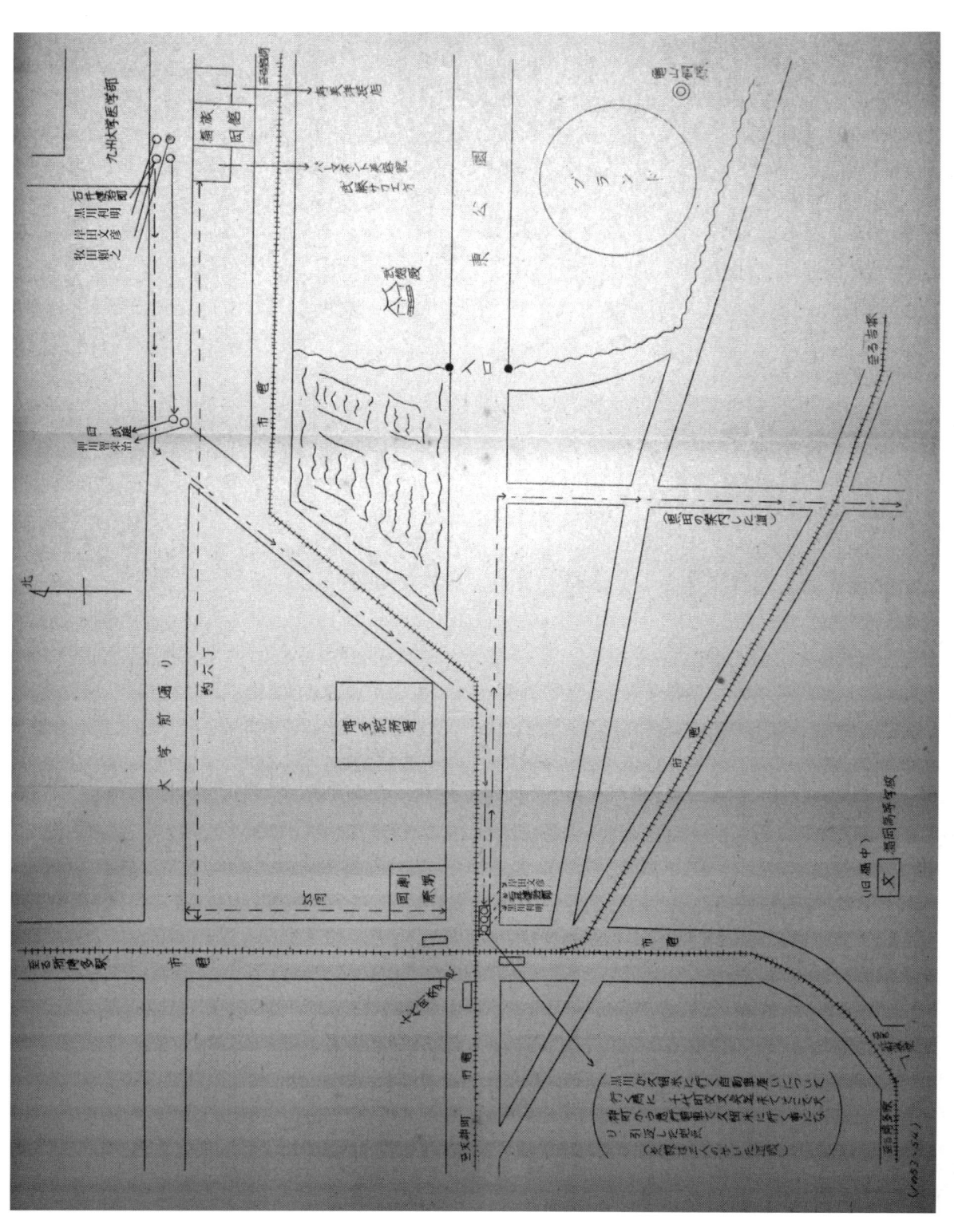

図―3 福岡旅館出発後の経路見取図

道の方へ出ませんか」

　西は二日酔のせいか少し頭痛加減だったし、タクシーが来たら便乗しようと思って、第4号踏切辺りで歩行をゆるめ、前方の同行者たち皆に同意を求めた。

　押川「そんなに早くは来ませんよ。私達の方が早いですよ」

　押川らは、西よりも10間ほど先をサッサと歩いていった。大きな声で歓談しながら。

（註　この道中において、西が強盗殺人についていろいろ打ち明けたと司法当局はいう。しかも、牧田だけは聞いていないので無罪だというのである）

16　西、浜利食堂に行く

　間もなく、中島の家に着いた。

　西　「中島さんの家はそのところです。みんなも御一緒に入るなり、ここでお待ちになるなり、どちらでも……」

　押川「私達はここで（中島園吉方横）待っておりますから、拳銃の代金はなるたけ早くお願いします」

　西は、押川、牧田、藤本の3人を残して中島宅に入った。

　中島「西さんですか、熊本さんがほんの10分程前に来られましたので、西さんが使いによこした方のお話の通りを伝えましたところ、それでは西さんが来た折は知らせて私のところに来るようにとの事でしたよ。それから私のところ（中島宅）で商談があるものと思っておりましたら、別なところでするとの事でした。場所はなんでも食堂とかいっていたようです。（国道を指しながら）国道筋のどこか適当な所を探して取引をするが、食堂の表に目標として熊本さんの自転車を置いておくから、といっていましたよ。国道筋には2、3軒食堂がありますが、自転車を目標に行ってみて下さい」

　西　「そうですか、じゃ、一寸行って来ます」

　西は表で待っている3人にことの次第を伝え、4人で国道へ出た。駅の方へ一町も歩いたところ、西には見覚えのある熊本の自転車が浜利食堂の前においてあった。

　西　「ここらしいから、今度は皆んな一緒に入って下さい。私も出たり入ったり面倒ですから」

　押川「一寸お待ち下さい。実はこのところの主人は知った人で、拳銃の売買なんかをしていることを後でとやかく話をされると困りますから、勝手なようですが西さん1人で入ってください。私達は矢張り表でお待ちしておりますから、すみませんがそうして下さい」

　西　「そうですか、それじゃ一寸の間お待ち下さい。至急、熊本さんに拳銃の話をして代金の方を貰って来ますから、ここで待っていて下さい」

　西は1人食堂へ入って辺りを見廻したが、もう夕方で薄暗いのと、7、8人も人が居たので熊本の姿がわかりかねて、

　「熊本さん！」

と呼んだ。

　熊本「西さん、ここです」

図 —4 現場付近見取図

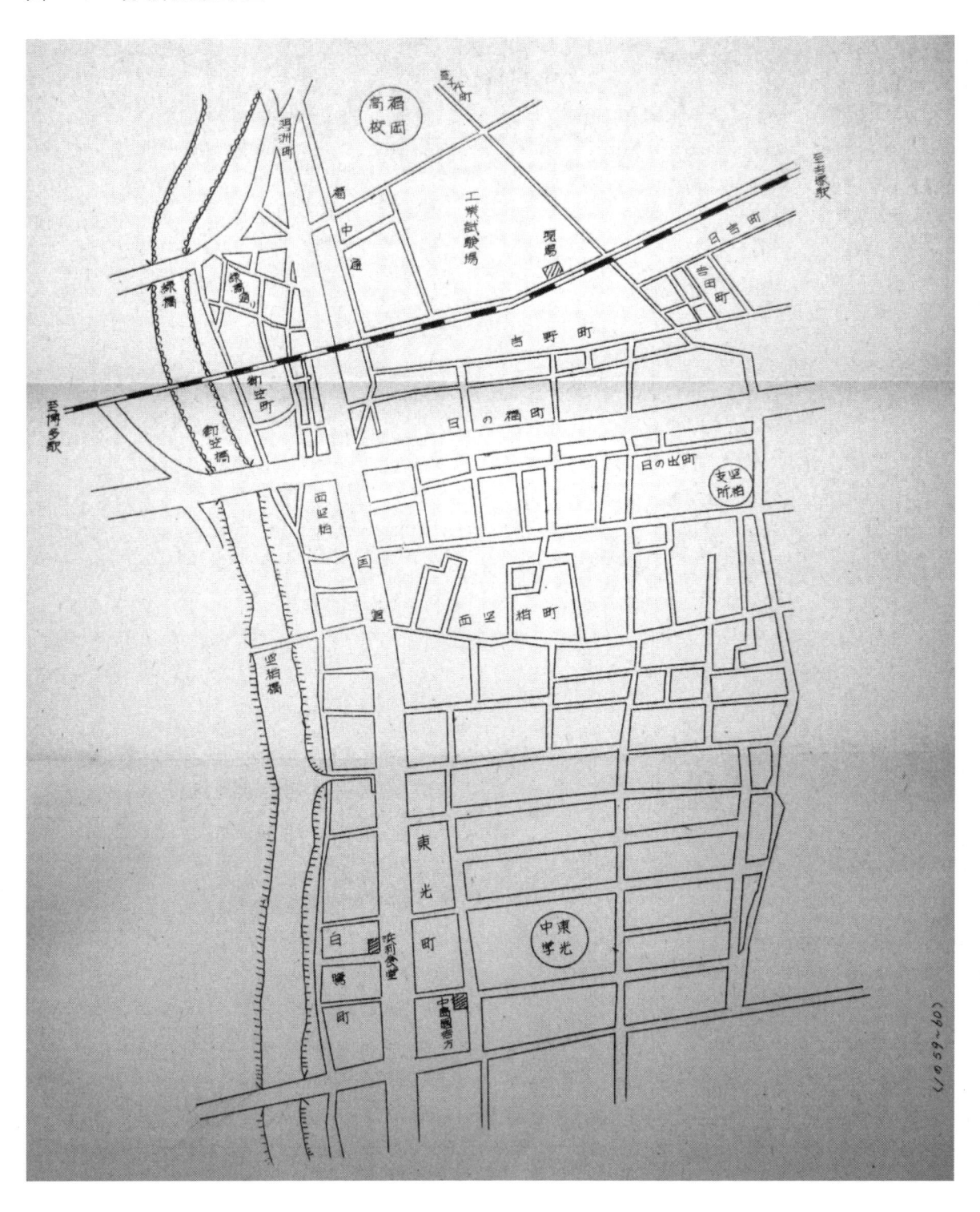

熊本は手を挙げて、西を招いた。

西　「どうも失礼しました。なにしろ友達が、4、5人尋ねて来たものですから、それもあなたから頼まれた一件でしたので話をつけていましたら、つい遅くなりまして」

熊本「いやいや、御苦労さまでした。私達も10分程前に来たばかりでした。今話の最中でした。どうかお上がり下さい。皆さん、さきほどお話しましたようにこの方が西さんですが、西さんと2人で今度の品物の売買は依頼されているのですから、私同様よろしく。それじゃ、先程の続きとして大体の手筈を決めましょう。ここではなんですから、一寸座敷を借りて上でゆっくり決めましょう」

といいながら、店の道路ぞいにある3畳の部屋に上がった。取引相手側は王祖金、劉徳鈿の中国人2名と、日本人4名の都合6名だった。西は座を移す時、熊本を読んで耳打した。

西　「熊本さんが先日申しておりました。拳銃の一件ですが、ただ今持主が持って来ておりますがどういたしますか、勿論現金取引とのことです。品物はなかなか立派な物でした。しかし、値段の方は聞いておりません。その点は相場もあるでしょうから話合って見て下さい。持主は表で待っておりますから」

熊本「そうですか。現今の相場でしたら、マァ、1万円前後でしょうが、こちらの取引を急いでいますので、この取引の後にして下さい。少々位高くとも是非買っておきましょう。取引の方はすぐ終わりますから、一寸の間待たせて置いて下さい」

西は押川達に熊本の意思を伝えようと、食堂の表に出て辺りを見廻したが、3人共に見当たらぬので、他の食堂にでも入って待っているのだろうとそのまま又食堂に入った。

（註　西に強盗殺人の企みがあるなら、西はこの時、なんとしても軍服取引前に拳銃を入手すべく熊本にはたらきかけているはずであり、また入手していなければならぬはずである）

ここで、食堂における西の状況と、外で待っていた押川、藤本、牧田3人の足どりと、違った場所における2つの状況が展開するわけであるが、この2つの状況についてはひとまず伏せておいて、先程西らに遅れて旅館を出た、黒川らのその後の足どりを追うてみなければならない。

17　石井・黒川・岸田、堅粕に向う

牧田に西、押川のあとを追わせた石井は、すぐ後から自動車雇いにゆく黒川について千代町の方へ歩いて行った。

当時はまだ車の数も至極少なく、それに夕方のラッシュで、車雇いも容易ではなかった。黒川は一寸思索していたが、

黒川「自動車はどこがよいだろうか、私は不案内で」

と尋ねた。

岸田「私が駅前のタクシーの運転手を知っているから、話してあげましょう」

ということで、すぐに帰宅するつもりだった岸田（さきほど石井から夕食の準備を命じられていた）も、黒川の自動車雇いについて行くことになった。

岸田「石井さんもどうせまもなく帰るのでしょうから、一緒に帰りましょう」

3人は千代町交叉点のところまで来た。折柄、交通信号は赤で、占領軍の自動車や上陸用舟艇などが何百台と続き、いつはてるともわからない有様である。
　3人は暫く黙って進行中の車に見とれていたが、
　石井「久留米になら、自動車で行くより、天神町から急行電車で行かれた方が早くてよくはありませんか。今頃、自動車雇いに行っても、無いかも知れませんよ」
　黒川「そうですね。しかし、お爺っさんには自動車で行くように言っていましたので、今から堅粕に行ってそのことを言ってきましょう。あなた方はどうしますか」
　石井は旅館に引返すつもりでいたが、押川、牧田が代金を貰っておれば石井は拳銃を黒川に渡さねばならないので、黒川と一緒に行動した方が好都合だと思い直した。
　石井「このまま一緒について行きましょう」
　岸田も別に用事もないので、石井と一緒に帰るつもりで石田と同道することにした。3人は東公園の入口付近まで引き返して、右にまがり、真直ぐに歩いた。そのうち先頭の黒川が道に迷い、通行人に聞き、福岡中学（今の福岡高校）の横の大通りに出た。
　黒川はみちみち石井と岸田とに対して、親分の責任を負うて高飛びするのだということをくり返し自慢そうに訴えた。
　黒川「とにかく、今度は自分が1人で親分の全責任をとることになっているので、大阪辺まで高飛びしようと思っている」
　岸田「だったら、この引揚援護局発行の引揚証明書をもって行くと便利ですよ、よかったら差上げますよ」
　黒川は喜んで受取った。
　石井「もしあなたが関西に行って当てがないようでしたら、赤穂の佐越というところに倭昇一と言う人がいます。この人は、私と取引のことで知っている人ですが、別荘を占領軍の宿舎に貸している位の人で、義侠心のある人だから、喧嘩の責任を負って来たと言って行けば何とかしてくれますよ。私が紹介状をかきましょう」
　黒川「できたら、是非そうして下さい」
　石井は名刺の裏に紹介状をかいて、黒川に渡した。
（註　石井健治郎の上告趣意書添付「事件顛末書」によると、
　「黒川は事件後、急行電車で柳川に帰り、佐賀付近を逍遙し逮捕されたように申し立て、また警察の取調べでもそうなっておりますが、実際はその場から兵庫県赤穂郡佐越町の倭昇一氏の所へ行き神戸、三宮付近まで走って後、佐賀へ帰って来たところを逮捕されているのが事実であります。その倭氏は、当時より半年位前から商取引の関係で、知友の人であります。
　大きな船を持ち、進駐軍の宿舎工場等を有し、土地の有力者だということでありました。私は黒川が旅館でも、道中でも盛んに喧嘩の話をして親分の責任を負って上方へ逃げる話をしますので、私は黒川に対して、あなたは上方に行って当てがありますか、私も若い頃は少し遊んだ方だし、東京にもかなりな親分の知り合いがありますよ。紹介してさし上げましょうか。親分のためなら旅へ出ても巾はきくし、あちらでも大事にしてくれますよ。その位のことでしたら私も役に立ちましょう。（中略）

と申して、紹介状を書いて実印を押して、倭氏の住所を教え、黒川に与えたのであります。すると、その話を聞いていた岸田も丁度そこに持っていた移動証明書（引揚援護局発行）を与え、これを利用すれば六大都市でも大丈夫だといっておりました。これがもし一緒に強盗殺人を遂行すべく打合せをしていたのでしたら、黒川１人の逃げる手筈をするはずはありません。万一の場合には、私も岸田も逃げる必要があります。そのためには、岸田の持っていた引揚の移動証明書は１枚限りの貴重な品であり、人に与えるよりも自分自身のために必要なものであります。強盗殺人をやる程の人間が人のことなどかまったりするものではありません。また、私も相手を紹介するにも、相手の面子や気持を考えます。ルンペン同志のかくまい合いなら、強盗でも人殺しでも平気で依頼するでしょうが、私達のように、当時面子が唯一の信用で商売をしており、相当の社会的地位ある相手の人に強盗殺人をした者をかくまってくれと、頼めるものではなく、また、たとえ相手を騙していてもかかることは早晩暴露すべき性質のものであります。それを承知で、覚悟で、初対面の黒川を助けるでしょうか。そんなにまでして、知己に迷惑をかけたり、自己の面目を失するが如き愚かなことはいたしません。ただ黒川が喧嘩で、その責任をとって逃げるというので、その気になり倭氏を紹介したのであります」）

　それから黒川の案内で裏通りの露路を行き、畠の中の板囲いのしてあるところまで来た時、石井は足元に落ちている５円のアルミ貨を拾った。黒川は立止まり、前方を指しながら、

黒川「向うの火見櫓の下あたりに銀杏の木があるでしょう。あそこ近くの家に皆はいるが、余り大勢行っても先方の家に迷惑かけるので、貴方達は引き返して鉄道線路のところで待っていてください。私が金を貰ったら押川さん達を連れて来ますから」

石井「なるだけ早く、代金を貰って連れて来て下さい」

　黒川は２人を残し、１人で中島宅に急いだ。石井、岸田は約束の如く線路のところで待つことにした。しかし、仲々黒川達が姿を見せないので退屈してぶらぶら辺りを歩いているうち、福中のグランドの辺りまで来てみると、子供達が野球をしているので、２人は草原に坐って見ることにした。

　そのうち陽も落ちて、野球も終った。

　石井と岸田は、黒川や押川たちが探しているかも知れないと心配しながら、線路の方へ急いで引き返した。

（註　強盗殺人をやろうという寸前に、のんきに子供の野球など見る気分になれるであろうか）

　石井、岸田と国道踏切で別れて中島宅に行った黒川は、玄関先に立った時、ちょうど１０万円の手付金を預けに来て話し合っている西や熊本、王の姿を中島宅の奥の間に目撃した。

　黒川は石井からも早く拳銃代金を貰ってくれと頼まれているので、西に声をかけようと思ったが、商談が済まなければ金も入らないし、いずれそれまで待つほかは無いと思って外へ出た。

　外へ出た黒川は、先にここへ来ているはずの藤本らの姿が中島宅に見えなかったので、どこかこの付近に待っているのだろうと明るい国道筋に出てみた。するとちょうど浜利食堂の前辺りで、藤本、押川、牧田の３人が人待ち顔に立話しているのを目撃した。

　黒川は藤本らに、石井、岸田も近くに来ている事を知らせようと思ったが、それよりも１ヶ所に一緒になって待って貰った方が拳銃売買上便利だと思ったので、藤本ら３人を石井らのところ

に案内した。
　（註　石井、岸田を浜利食堂の藤本らの方に案内していたら、本件のような不幸も発生していなかったはずである。ところで、黒川はなぜ石井らを西のいる浜利食堂の方へ案内しなかったのかというと、それはいうまでもなく、さきほど踏切のところで石井らを待たせた時の理由と同じなのである。大事な取引をやっているところに、ぞろぞろ若い者が集まって、取引相手に不審に思われてもならないと思ったのである）
　さて、国道踏切まで押川、藤本、牧田、黒川の順序でやって来た時、野球を見終わった石井、岸田も同じところにやって来た。
　藤本、押川は、石井、岸田の姿を見て、
　押川「いつここに来ていたのですか」
と訊ねた。
　石井は押川ら3人の姿を見るといきなり、
　「押川君、拳銃の代金貰ったかね」
といった。押川は即座に、
　「まだ貰わんので、拳銃も渡さずここに待っていますよ」
と答えて、右手にさげていた14年式拳銃の這入っている風呂敷包みを上下に振ってみせた。石井は黒川に向って、
　「拳銃の代金はまだ貰っとらんというが、早く行ってきてください。腹も空くし、帰らなきゃならん。早くお願いしますよ」
といらただしく言った。
　黒川「じゃ、待っていてください。もう商談も済んでいましょうから、ひとっ走り行って来ますから」
と、今来た道を走って西のところへ引き返した。

18　浜利食堂における取引状況

　ここで話は前後するが、再び浜利食堂における西の状況について述べなければならぬ。
　奥の3畳の間に上った王側6名と熊本、西側の商談はすすめられた（西が拳銃代金のことで、表に待っていた押川ら3人を探した直後のことである）。
　西が新たに座に加わり自己紹介をしたので、
　熊本「この方は西さんといって、福岡で芸能社の社長をしていた方で、こちらの寝泊まりは春吉三番町の犬丸甚吾さんのところにおられる方ですが、この度の取引のことで、私のお手伝いをして下さることになったので来てもらったのです」
と更につけたした。すると中国人劉徳鈿が、
　劉徳鈿「私はこういう者です」
といって、名刺代りに外国人登録証明書をみせた。そして日本人4名を指して、
　劉徳鈿「私達のブローカー友達です」

と紹介した。

西「私はこういう品物の取引は全くの素人で何も知りませんので、どうぞよろしく」

お互の自己紹介が終ると、先ほどから飲んでいたビールを、さあどうぞとみんなが勧め合い酒の座となった。

熊本はコップのビールを干しながら、

熊本「大体取引の様子は皆さんご存知の筈ですから、今までの例として、現金取引でないと現物受渡しは勿論のこと、現物の場所は見せもしませんが、知らせもいたしません。なおまた、今夜の取引は、始めの約束通りの金額を持参されていないようで、それも半分くらいの金額では万一の場合もありますから、何か考えて貰わねばなりません。と言うのも、今までの取引で現金を小額持参して来てさも買うような態度を見せ、現場を確め現品を見たら奥の手を出して、この品物はこれほどに負けておけ、負けねば隠匿物質として通報するぞ、と恐喝すると言う事もしばしばありますし、勿論、皆さんはそんなことは絶対ないと信じていますが、万一の場合を考慮して、その場合の保証金として小額なりとも出していただきたいのですが」

西「熊本さん、横合いから失礼ですが、この取引は一時中止した方がよいと思います。現物代金の半額じゃ、ただ今熊本さんが言われたことになった場合イザコザがおきて面倒でもあり、それよりも後日全額揃った折に取引をされれば、お互い気持よく話合いができると思いますがどうでしょう」

西は商取引の相手が中国人であることを知った時（この食堂に来てそれを知ったのであるが）、日本の不足している物質をこんな奴に売るのかと、余り快く思っていなかった。そこに半額で話をつけようというのであるから、この際取引を中止させて、日本人のブローカーにでも売るように話そうと考えていた。

王「西さん、一寸待ってください。熊本さん、あなたとはそう知らん仲でもないし、また、この人達（王側の日本人を指して）も御存知の仲です。私達を信用して下さい。私の方でお約束の金額を揃えなかったのは、何とも申し訳ありません。しかし、私達はそんな意味で半額持ってきたのではありません。この点はどうか信用して下さい。その代り残額の方は2、3日内にきっと調達致しますから、今夜は是非取引の方をお願い致します。こうやって皆も手伝いに来てくれていますから是非頼みます。なんでしたら、不足金は今夜中かかって集めてもよいから、頼みますよ」

王はくり返し同じ事をいっていた。

熊本「それ程に申されるのでしたら、マァ、折角の事ですから、それじゃこう致しましょう。保証金として10万円出して下さい。あと手持の60万だけを今夜取引いたしまして、残品の約80万円の取引は明日ということにして、明日の取引の保証金として10万円は私の方で預り、明日取引をする場合預かっているこの10万円を差引いて計算いたしましょう。そうすれば、双方好都合じゃないかと思います。どうですか」

西「熊本さんがそれでよけりゃ、私は異存ありません」

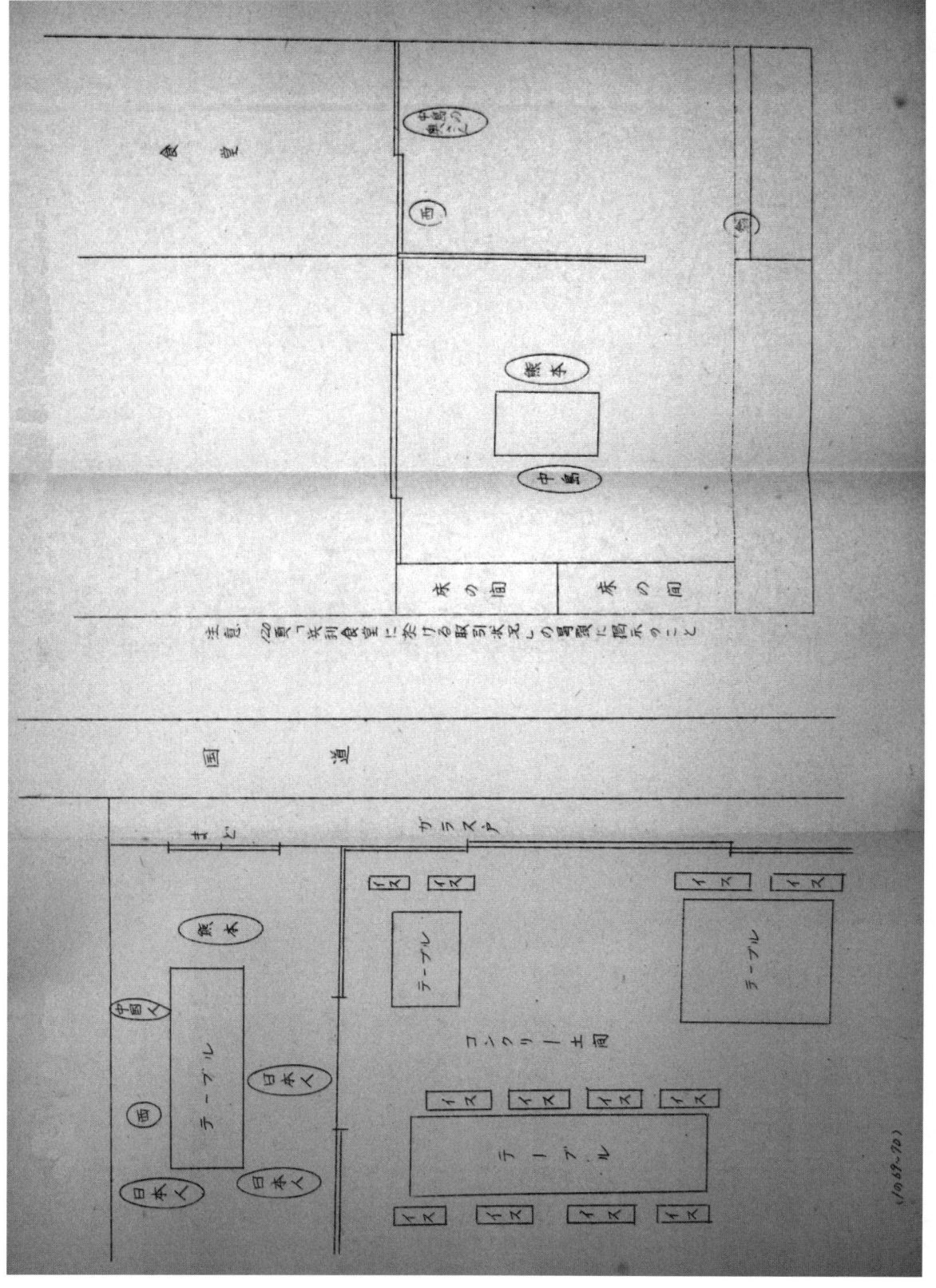

図―5 中島園吉宅に10万円預けた時の関係者配置図（右）、浜利食堂の内部（左）

王　「熊本さんの説、宜しい。お互い信じ合いましょう。それじゃ、10万円だけ保証金としてお渡しいたします（古札千円区切りで重ねた10万円を風呂敷から取出して）。一枚々々調べるのは面倒です。10万円は必ずあります。その点信じてください」

ということで話は決り、後はお開きということになり、ビールがどっと出され、20、30分雑談しながら飲んだ（ビールは出していないと、食堂の城島文子はいっている）。

熊本「それじゃ、私と君（王を指して）2人で一応現品の下調べをして、数量や現物の有無を確め、本日取引の60万だけの取引をすることにいたしましょう。それでは、この10万円は一応保証金として頂いておきます。西君、あんたはここで待っていて下さい。2人で現場へ行って調べて直ぐ引き返して来ますから、その間、この10万円は一時西君保管していてくれませんか」

西　（熊本に小声で）「この金は、私が持ってここにいても万一の場合と言うこともありますから、一時中島さんのほうへ保管を願った方が安全と思います」

熊本「そうですね。それじゃ、そういう風にいたしましょう。その点は、西君のよろしいように」

西　「じゃ、そういたしましょう」

西は10万円を受取り、熊本、王の3人で表の国道に出た。

熊本「私と王さんは倉庫の方へ行って来ますから、西さんは中島さんの方を頼みます」

と言って熊本は博多駅の方向へ行きかけたので、西は、

西　「あァ、一寸待ってください。中島の方には熊本さんも顔を出して下さい。それが順当と思いますから」

と呼び留めて、3人で中島宅に向った。途中、西は熊本に小声で言った。

西　「拳銃の代金はこれで払っておきましょうか。1、2万位のものですから」

熊本「取引はすぐ終わりますから、その後に致しましょう。まさか取引のことで喧嘩になることもありますまいから」

西　「そうですね。それじゃそういうことに致しましょう」

食堂から中島宅まで200米位である。

西　「それでは、この金は中島さんの方に一時保管をして頂きますので、2人共一応上って下さい」

西のあとから、熊本は座敷へ上ったが、王は玄関にいるので、

西　「あなたもどうぞお上がり下さい」

王　「ハイ、私はここで結構です。金は貴方達に渡したのですから、私が上って立会う必要はありません。どうかよろしいようにしていて下さい。私はここでで待っていますから」

中島夫妻も上るように勧めた。

西　「すみませんが、取引が終わるまで、この10万円を保管していて下さい。私が持っていても、万一の場合困りますから」

中島「そうですか、それでは確かに10万円預かります。しかし、この金はいつ頃取りに来ら

れる予定ですか」
西「取引が終り次第、熊本さんと私が取りに参りますので、それまではどんな人が来ても渡さないで下さい」
中島「よろしゅうございます。私は西さん以外の人には絶対に渡しませんから、その点御安心ください」
西「それでは熊本さん、食堂の方は私が引受けます。マァ話でもして待っておりますから、なるべく早いとこ頼みます」

　3人は中島宅を辞去して、熊本と王は第4号踏切の方向へ歩き、西は2人と別れて反対の方向である浜利食堂に引返そうとした時、石井のところから走って来た黒川に会った。

　（註　西は熊本から10万円の手付金を預かってくれと頼まれたが、それをわざわざ中島宅に預けている。もし西に強盗殺人の企みがあるのなら、決してそのようなことはしないはず。かりに、熊本が中島宅に預けるといっても、西は自分が保管するというはずである。

　また、商談が成立した時、現物確認のため在庫場所に案内したのは熊本である。当局は軍服の話は西から出たというが、西から出たのならこの時、西が現物在庫の場所に案内するはずである。

　西はさきほどから拳銃代金を待っている藤本達、それに久留米行きの黒川のことも気になっていた。しかし、熊本が拳銃売買は軍服取引が終ってからにしようというのを素直に受け入れている。もし彼に強盗殺人の企みがあるなら、もっと積極的に拳銃入手しようと働きかけたであろう。また、10万円入手しているのであるから、無理をいうまでもなく、拳銃入手は容易だったはずである。しかし、彼に強盗殺人の企みなども毛頭ないので、入手しようと思えば容易に入手出来た拳銃を、ついに事件発生後まで入手していないのである）

19　熊本、王の喧嘩

西に会った黒川は、
「久留米に行くのは電車にしました。タクシーはぜいたくでもあるし、それに捜しても、なかなか見つかりそうにありませんでしたから。それから、石井さんが……」
と、石井を連れて来たこと、拳銃代金を急いでくれと請求されていることを教えようとしたが、西は黒川の話の終わらぬうちから話しかけた。
「そうか、お前がそれでよけりゃそうせい。それからお前の欲しがっていた拳銃の取引はまだすんでいないから、急ぐこともないなら少し待ってくれ。それから、向うに行く熊本さんについて行ってくれ」
そういって西は、前方50米位のところを歩いている熊本を大声を挙げて呼び戻した。

　西は黒川を見た瞬間、先ほどからの中国人の取引態度（全額持参しなかったことなど）に解しかねものを感じていたし、取引現物確認の時、いざこざが起きた場合、相手は中国人のことだし、熊本文造独りでは心もとないだろうと思い、とっさに思い付いて、熊本に黒川をつけてやることにしたのである。

西「熊本さん、先方に行っても間違いはないはないと思うが、用心のため、この男を付けて

あげます。もと私のところで使っていたものです。万一の場合は、これに知らせてください。
　　黒川、お前急いだこともないのなら、この人（熊本）について行ってやれ。今日は大切な取引があっているのだから。この取引が終わったら小遣銭をやるから、まだ取引が終わらんので、俺も貰っとらんから」
　黒川は、石井に拳銃代金を催促されてとんで来たが、上の状勢から判断して、拳銃代金どころの話ではないことを推察した。
　黒川「あの人達について行けばいいのでしょう」
　黒川は熊本、王の後ろから付いて歩いた。西は再び浜利食堂に入った。
　黒川に拳銃代金を催促して、西のところに走らせた石井と他の4名は、その後30分も待ったであろうか、余りに待たされるのでブツブツ不平をいいながら、それでも大勢になったので、冗談をとばしながら笑ったりして、踏切の辺りをウロウロしているところへ黒川が飛んで来ることになるが、ここで王、熊本について行った黒川のその後の行動と、石井のところに飛んで行った経緯を述べなければはならない。
　しかしこの事件では、この部分が一番資料に乏しいのである。なぜなら、2人（熊本、王）はその場で射殺され、黒川も後年死亡しているために、今までの乏しい証言に頼って述べる外はないからである。
　黒川は熊本、王に付いていくうちに、熊本と王との間がすっきりしたものでないことに感づいた。このことについては、西武雄の書翰に、
　「黒川の供述の中に（記録のどの部分にあるか一寸記憶しませんけれど）、『熊本と中国人のあとからついて行っているうち、熊本と中国人の仲がどうもすっきりしたものでないらしく、中国人が頻りと何か言っていた。そのうち熊本文造が、私（黒川）に支那人は話が解らんで困ると言っていた』という供述があり、それで裁判長が『どのような内容の話をしていたか』と訊いていたが、黒川は、『一寸離れていたので解らなかったが、支那人は話がわからんで困ると言っていたことから際して取引上の金のことと思った』と答弁していたところを見ると、浜利食堂の中ではそんなふうにはなかったのですが、取引上の金高のことで ― 約束は120、130万ですから、その半分の金しか持って来なかったことから、話のむし返しなどからこじれたのかもしれません」（前出、翌日80万円という計算が合わない）
　それで、熊本文造としては少し不安になり、黒川に何かを言ったのではないかと思われるのです。勿論、推理の域を出ませんが。拳銃を持ってくればよかったと思ったかも知れません。それでその事を黒川に話す。黒川にすればやはり不安になり、その気持でいるときに、熊本と中国人との口論となる。黒川はこりゃいかんと思い、石井が近くにいるのを好都合と思い、走っていったのではないでしょうか。そうしたわけで軍服所在地に行く道中と見るべきともいえると思うのです。うんぬん」（昭37.11.22、古川宛書翰）
とあるが、これは誰にも一応うなづける推理である。
　黒川は、高裁第3回公判調書によると、
　黒川「私が熊本に何の取引をするのかと尋ねますと、今日軍服千着ばかり取引をすると申しま

したから、どこでするのかと聞きますと、中華人の方を見て、あれがいるからここで話をするなというので、私も強いて聞きませんでした」

と述べている。既に、話合いが付いて現場を確かめに行く途中のことであるから、取引をするところ（即ち現物のある場所）を王に隠すことはないと思われる。しかるに、王がいるからという理由で、現物のあるところを黒川にいわなかったのは、熊本と王との間で、取引の話がこじれていたと見るべきである。

更に、公判調書によると黒川は、

黒川「しかし、私も石井を待たしてありましたから、その方の話をつけねばいけないと思い、石井が福中の裏で待っているからどうするかと聞きますと、その時はもう専売局の裏の辺りまで来ておりましたが、熊本がこちらから行こうと言って、味噌会社の裏の方に行きましたから、私は石井にそのことを連絡に行きました」

と述べている。熊本は西が拳銃の話をしたときに、「取引後に」と言っていたのに、黒川に言われたときには、直後に石井の方へ拳銃取引に行こうとしたら、やはりみちみち王との間の話が相当にもつれていて、拳銃でも持っていたがよいと直感して、石井に近づいたとも見られる。また、黒川が熊本に、石井が拳銃を持ってきていることを訴えたとしたら、拳銃取引を促進するためよりもむしろ、熊本、王の間の雲ゆきを危ういと見たためではなかろうか。

20　熊本・王、射殺さる

熊本は黒川に教えられて、石井の方へ行こうとした。しかし、王に軍服を見せろと喧（かまびす）しくいわれて、押問答となった。そこで黒川は走って石井の方へ行き、

黒川「今、話合があっているから拳銃の代金は今暫く待って下さい」

といった。石井達は何の話合いかわからぬが、兎に角今まで待ったのだからと、気持を長くして待つことにした。すると、またすぐに黒川が走って来て、

黒川「済まんが、拳銃を一寸貸して頂けないか」

といった（この場合石井に来て貰えば簡単だが、熊本と王との雲行きの悪い時に黒川が人を連れてきたという事になっては、益々ことは面倒になると黒川は直感したに違いない。現金引替だと言って、ここまで来て待っている石井のことだから、貸すとは思われなかった。しかし、それでも連れて行くことはまずいと見てとり、拳銃を貸してくれと頼んだと思われる）。

だが、先方の事情を知らぬ石井は、

「拳銃は、代金引替でなければ渡すことは出来ない」

と突っぱねた。黒川は再び熊本のところに走った。

しかし、2人の間は益々険悪になっていて、黒川の力の及ぶところではないので、彼はまた石井のところに走って、

黒川「喧嘩の相手が来ている、拳銃代金は後で渡すから一寸貸してくれ」

と哀願せんばかりだが、石井は益々持ち逃げされると疑い、

石井「代金引替でないと渡すことは出来ん」

第 1 章　本件における 7 被告人の真実の行動を追及する

と更に強く突っぱねた。黒川はまた走って熊本の方へ行った。その周章狼狽ぶりが余りにも激しいので、岸田、石井は、

「久留米の喧嘩の相手が来たのだろうか」

とささやき、顔を見合せた。

高裁第 2 回公判調書によると、

黒川「私が石井に来るように言って熊本のところに戻りましたが、仲々来ないので、2 度目に呼びに行ったところ、石井はすぐ行くからしばらく待ってくれと申すので戻りました。しかし、熊本の所に戻ってみますと、中華人が倉庫の戸をドンドン叩いて、『初めと話が違うではないか、早く戸をあけろ』と言っており、その後から熊本が抱き止めており、『今会社の者が中にいて都合が悪いからもう少し待ってくれ、大体貴君こそ始めの約束を守らないではないか』とお互いに口論を始め、遂には喧嘩になりましたので、私が仲に入って仲裁しようとしますと、今度はその中華人が、私に向き直ってズボンの方に手をやりましたから、私は、『こいつ拳銃持っているのではないか』と直感しましたので、すぐ石井のところにとんでゆき、『喧嘩しているから早くしてくれ』と言いますと、石井は、『そうか』と言って小走りに現場の方に行きました。以下、略」

と述べている。

黒川は三たび石井のところに走り、息せき切って、

黒川「拳銃が貸せんなら、喧嘩をしているから、誰か一寸来てくれないか」

と言った。その逼迫したただならぬ気配に、岸田は、

「自分が行って、様子をみて来ましょうか？」

といって、背中の日本刀を出そうとした。

石井「相手は拳銃を持っているという話だから、お前ではあぶない。もしものことがあったらいかんから、俺が行ってみよう」

そこへ黒川が四たびとんで来て、

黒川　「責任は持つから来てくれ」

訴える黒川の切迫した様子に、石井らみな、黒川が喧嘩で困っていると直感し、一瞬緊張した。石井は黒川の 4、5 間後から付いて行った。岸田も石井の後から従った。黒川は 2 人のそばに行った。黒川は仲裁しようと 2 人の中に入って、空き地の奥から口論しながら道路へ出て来た。石井は線路側に立ち止まった。熊本・黒川は昂奮した声で話しながら前方に向って歩いた。その時、後方から機関車が大きな轟音をたてて疾走した。石井は、驚いて後を振り向いた。と同時に、前に人影を直感し、もとの姿勢になるや、王と視線がパッタリ会った。王はハッと緊張した態度で一歩片足を後ろに引き、パッと右手をズボンのポケットに突き込み黒い拳銃らしいものをぬかんとした。石井は、殺されると直感した瞬間拳銃を発射した。

王は撃たれたまま、またも拳銃を出そうと左手もそえたが出なかった。

ために、王はそのまま倒れるように全身をもって石井にのしかかり、背広の襟を掴もうとした。石井はすかさず体をひねり、王を足払いにかけた。瞬間、王は後方に 2、3 歩泳いで、崩るる如

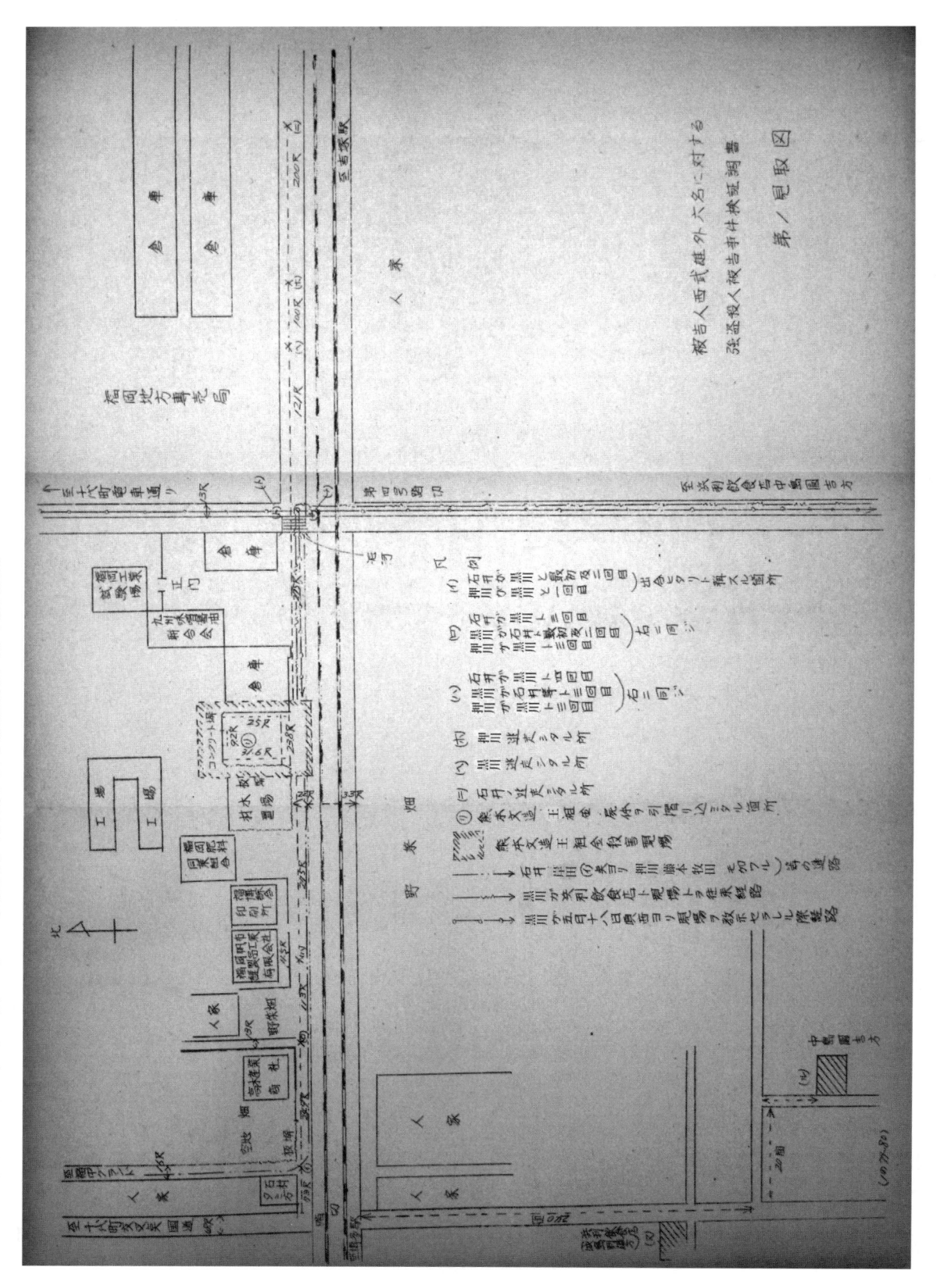

図―6　被告人西武雄外6名に対する強盗殺人被告事件検証調書、第1見取図

く膝をついた。そこへ、拳銃の音を聞いて、黒川と今1人の男が、何か絶叫しながら石井の方へ走って来た（撃ってはならぬ、なぜ撃ったかと怒鳴ったと推量される）。

　丁度その時、2度目の列車が走ったため、石井にはその叫びが聞き取れなかった。そればかりか、逆上した石井はこの男（熊本）にも引金を引いた。喧嘩相手で石井に手向うものと思い込んだのだ。熊本はどっと座り込んだ。とみると、いきなり黒川は短刀を抜いて、熊本の頭部を突いた。熊本は鮮血にまみれてバッタリ路上に倒れた。その間ほとんど同時に苦悶している路上の王を走ってきた岸田が日本刀で刺した。

　汽車は通り過ぎて、辺りはもとの静寂にかえった。

　一瞬の悪夢からさめたように、茫然と突立っていた石井は、前方路上に2、3人の通行人を目撃し、「人が来る！」と逃げた。黒川、岸田も逃げた。牧田がとんで来て黒川を呼んだ。黒川は途端に、自分が逃げるのは卑怯だと直感したのか、スグ引き返した。岸田もついてきた。2人は道路上で苦しんでいる熊本と王を空地の暗がりの方へ引きずり込んで刺した。黒川はその時、鞘を払うはずみに自分の指を切り、ハンカチをポケットから出して血を拭った。

　石井は逃げたまま、専売局裏門のところに隠れて10分余り様子をうかがった。辺りはだんだん暮色が濃くなって、人の気配もない。石井は自ら撃ちながらも、一体どうなったのだろうと再び現場へ出ようとすると、熊本、王の2人は奥の空地のほうに倒れて唸っていた。

　石井は夢中で100米先の国道の踏切の方へ走った。そこで黒川と押川に会った。

　牧田は喧嘩だと聞いたとき、踏切を渡って鉄道官舎付近の麦畑の中に腰かけて様子をみていた。2人が狙撃されたのも目撃した。

　事件発生後、現場に来たが、「人が来た」の声におどろき、畑とは反対側の電柱の方へ行き、藤本に会った。2人は石井らを探したが、見つからないので押川の家を訪ねた。押川は既にかえっていたが、他の者はわからないというので、2人は再び現場付近に探しに行くことにしたが、いつまでも現場にいるはずはないということで、結局、現場に行くことは断念した。

　押川は、石井から預った拳銃を藤本に渡していたので、それを牧田に持参して石井に返却してくれと頼んだ。

　藤本は押川から預った拳銃のほかに、王祖金の死体の横から今ひとつの拳銃を拾っていた。彼は石井のものと思い、石井に手渡すべく持参して逃げたが、途中非常警戒に会ったので石堂川に捨てた。それから御供所町の押川の家に、牧田と訪ねたわけだ。

（註　藤本が拾った王祖金の拳銃について石井健治郎は、筆者宛ての「質疑応答書」のなかで以下のように述べている。

「王が拳銃を持っていたということは、王がパッとポケットに手を突込んだ時から、私は持っていたと思っていたのですが、自分の目でははっきりと見届けてはいないのであります。唯、拳銃ようの品物を出そうとしても、ポケットからすぐ出らずポケットが上に持ち上がったような風に、私は見たのであります。

　ところが、事件後藤本と押川が保釈で出てしまった後、私がもと藤本のいた監房に転房して行ったのです。そうしたら、その房にいた14名の人達が話の中に、藤本がいた時、事件のことを詳しく話してい

たといって、藤本から聞いた話を私にして聞かせたのであります。そのなかに、『藤本が現場で拳銃を拾って持って行ったが、途中非常警戒にあって、石堂川に捨てたが惜しいことをした』と話していたと言うことを私は聞いて、これははじめて聞くことだし、監房の14人にもこのことが法廷に私が持出したとき、その話を聞いたことを証人に言ってくれるかというと、みんな立つというので、私が法廷で藤本に反対質問をさせて貰い、そのような事実があったか、なかったか尋ねたのであります。藤本は保釈で出所しているので、外から出廷していましたが、私の訊問に答えて、そのことが事実であることを法廷で答弁しました。そこで、早速私は家族に話し、人夫を5、6人雇って太田重蔵に頼み、石堂川の川ざらいを3日ないし4日間続けて探して貰いましたが、金ばかりかかって拳銃は出て来ませんでした。運の悪いことには、藤本が捨てたところより2、3間下流に新しいコンクリート橋ができているため、その辺りも掘りかえされて、拳銃ももとの捨てた場所にはなかったのでしょう。

　藤本は、このことは、上申書に書いて最高裁にも高裁にも出していると思います。

　王が拳銃を持っていたことは、江里口欣哉（王の手下）も知っていて、王の命令で博多織の松居工場荒しがうまくいっていたのに、のちに、ばれて刑務所に入れられています。また、吉塚——原田間の列車強盗の首領を王がやっていた時の手下、安の浦も刑務所に来ていますが、王が拳銃をもっていたことは事実です」

　次に警察は、被害者側から10万円、金をとられたと届け出られた時、殺害現場から盗ったものと思い込んでいたようだ。そこで岸田やその他に目撃したようにして、黒川が熊本を刺した時に盗ったようにデッチ上げた。ところが後で、その10万円は手付金で殺害現場で盗ったものでもなく、また殺害された2人のふところには相当額の現金があったが、それも盗まれていないことが判明した。もし、強盗殺人の企みあって殺害したのなら、2人の死体に金を残しておくはずはないし、また10万円が手付金だと判明すれば、それだけでも強盗殺人の嫌疑は晴れそうであるが、どうであろう）

21　黒川はなぜ刺したのか

　石井は、とっさに撃った拳銃から弾が出たことについて、以下のように供述している。

　「私は拳銃というものに全然知識がなく、当時ピストルと言っていたことは警察調書でも明らかですが、どこをどうしてどうすれば、どういう安全装置とか連発装置とかの詳細は良くわからず、唯弾装に弾をつめて置けば、引きさえすれば、そのまま弾が出る位に思っていたのでありますから、全然準備はしなかったのであります。ところが、引金を引いただけで本当に弾が出ているのです。この事はどうした訳かと、色々と思いましたが、今考えますと、事件の前日（19日）武田達がこの拳銃を扱い1発部屋の中で暴発させている事です。私は弾装ケースは抜いて見たが、まさか1発奥の方に弾が入っているとは夢にも思わず、今までそれに気付かずにいたが、森の証言中、発射された弾は3発で現場に2発落ちていたから、1発は小金町の家で射撃してしまい、これは武田が発射した分、2発は現場で私が発射し、2発は落したというなら5発のはずだが、森は6連発だから6発弾は入れてあったと言うために、後の1発はどうなったかと私は考えます時、銃身の薬室に森に戻しに行く時入ったままだったのだ。誰も事件後に拳銃はあずかっていない。翌朝すぐ牧田と誰かが戻しに行っている。森のところから警察が持っ

て来た時、拳銃と弾が4、5発あった。これを考える時、森が安部に渡す時、6発詰った拳銃を渡したというのは事実と思われる。半端の弾を入れるはずはないからである。こう考えて来ると、1発銃身の方に入っていたから偶然引金を引いた時弾が出たのだと言う事が考えられます。世間でも良くあること、冗談に引金を引いて弾が弾装から薬室の方へ入っている事に気付かず、思わぬ事故を起すという事です。どうして準備もせん拳銃から弾が出たのかという点で、武田の暴発後驚いて返納に行く時、すでに1発弾は薬室に送られていたのであったのが、真実であると思います。

こうした理由のために、準備もせん拳銃の引金を引いた時に弾が出たのであります。一間半も二間も離れていて、決してねらった訳でもなく盲撃ちにしたのが、2人とも胸部に命中することは、私にとって、この上もない不幸な運命のめぐり合せだと思うばかりでございます」

さて、黒川は熊本を護るために石井から拳銃を借りようとし、また石井に助勢を求めたのに、なぜ熊本を刺したのか。

おそらく黒川は、熊本狙撃の瞬間、「しまった！」と思ったに違いない。そして次に、この偶然の狙撃事件が自分に責任のあることを直感し、熊本に責任を詰問されることを怖れて、熊本の抹殺によって責任の所在を不明にしようと血を見た逆上の中で素早く計算されたものとみられる。

あるいは、とっさに黒川は、王だけでなく熊本まで撃たれたのであるから、引続き自分も撃たれるかも知れないと怖れ、石井に味方するものの如く媚態を示して、熊本を刺したともみられる（弱者が強者の前に立った時の卑屈さである）。

黒川の供述に、「私が刺さぬと、皆が、私がよそに行ってこの事件をしゃべりはしないかと思ったらいけないと思い、形式的に突刺したのであります」とあるが、注目を要する点である（第一審第1回公判調書）。

岸田は喧嘩だと思い込んでるし、相手が石井に撃たれたのであるから、当然敵だと思って刺したことに間違いはなかろう。

なにぶん黒川、石井は、事件発生2、3時間前にはじめてあった未知の間柄ではあるし、相手の素性もわからないし、また何を考え、何を仕出すかも全くわからない相手である。その相手がいま拳銃で、自分が擁護しようとしている男まで撃ったのであるから、すっかり逆上して前後の分別もなく、まずは自ら石井に撃たれまいと、間髪を入れぬ自我愛の本能発動から出た挙動であると考えられる。

話はもとに戻って、黒川、押川が茫然と立っている国道踏切のところへ石井が走って行った場面の叙述になる。

石井の姿がみえたら、岸田も暗がりから出て来た。みな逆上し昂奮しているので、冷静な分別はつかない。

特に黒川は、1、2時間前に会ったばかりの未知の石井、押川、岸田の3人に取囲まれている。しかも、相手は拳銃を持っている。おまけに黒川は人一倍小心で卑怯者である。

彼は、石井に睨まれることを怖れた（では、なぜ逃げなかったのか。石井が拳銃を持っているからである）ために、黒川は石井の歓心を買うべく、20、30万の金を分け前としてやるような

ことを言ったりした。

　弱者がかえって虚勢を張って大言壮語することがある。黒川には日常かねてからそうした癖があって、堅粕へやって来る時も石井らにハッタリをきかせていた。

　すでに、黒川は旅館でも、石井側の若い者に囲まれた時以来、大見えを切って周囲の者を煙にまき、いっぱしのやくざ、遊人になった気分でいた。何一つ自信の持てるものを内容に持たない黒川の哀れな心情である。

　同じ若い者に負けまいとする気負いもあった。その大見えが、射殺事件後にフッ飛んでは男が立たないという虚栄心から、事件発生後も気張っていたのかもしれない。

　いずれにしても彼は、今までとは違った意味の大言壮語をやった。

　今までは喧嘩だと言っていたが、ここでは金を盗るような話であった。石井の歓心を買い、しかも虚勢を張るためには、もはや喧嘩では通じなくなった。金で石井の歓心を買い、強いということを誇示するためには、強盗ということがまことに条件がよいと考えた。

　「窮すれば通ずる」の名案のつもりであったらしい。

　しかし、その言葉は余りにも飛躍しすぎていた。そのことは逆上している石井にもはっきりわかった。

　石井「そんな馬鹿なことができるか。それより拳銃の代金はどうなっているのだ！」

　黒川「ではお爺っさんのところへ案内しましょう」

　と黒川は、この時始めて思い出したように、西のいる浜利食堂に向った。

　黒川は、浜利食堂の４、５軒手前のところまで来たとき

　黒川「自分が一寸先に１人で行ってくるから、貴方達はここで待っていて下さい」

　といって、浜利食堂の方へ走った。

　暫くすると、食堂に入った黒川が、自動車を持った男と国道を横断して露路に入ったのを石井は目撃した。石井は押川、岸田を待たせて、浜利食堂に様子を見に行った。

　岸田はその隙に逃げた。押川も岸田がいなくなったので逃げた。

　（註　計画的強盗殺人ならば、事後バラバラに逃げるはずはない）

22　射殺当時の浜利の状況

　ここで話は大きく後戻りして、事件発生前、現品確認のため出かけた熊本、王と別れて浜利食堂に入った、その後の西の身近について述べなければならぬ。

　西が食堂に入ると、相手側の日本人Ａが、

　「西さん、さあどうぞおあがり下さい。退屈しのぎに一杯やっとります。さあさあ」

　西　「それじゃ、ご馳走になります。ただ今２人共現品調べに行きました。大体１時間くらいで戻ってくるとの事でしたから暫くお待ち下さい」

　全員「そうですか、じゃ、それまで一杯やりましょう」

　それからひとりしきり、コップにビールを酌み交し、笑いながらの雑談となった。

　西　「私は朝倉郡杷木町に住んでいて、現在は何もしておりませんが、大体、今までトラック

業と鮮魚卸商や芸能社を経営しておりました。この方面のことでしたら少しは知っておりますが、繊維品類の取引は始めてでして、今後は熊本さん同様よろしく御願い致します」
劉「私達こそよろしく」
西「中国人の方は、終戦後はこの方で相当儲けたんでしょう。こんな繊維品類はどちらで捌(さば)いておられるのですか」
劉「大体は阪神方面ですが、時折は中国の方にも持って行きます」
西「繊維品専門ですか？」
劉「繊維品類ばかりではありません。何でもやっております。しかし、こんな取引も近頃は喧しくなってまいりましたので、こうして（証明書のようなものを示し）許可書をマッカーサ司令部のほうから貰って安全な方法で取引をしております。しかし、少々の闇取引でしたら福岡の警察の司法主任以下、その方の係は全部買収しておりますので、挙げられるようなことはありません。そのかわり毎日のようにこれらから小遣銭をせびられます。世の中は金次第ですよ」
Ａ「今の世の中は金次第で、どんな奴でも転びますからね。特に警察なんかはその本家本元ですよ」
西「杷木の方には繊維品類も相当あったんですが、何しろ私はこの方は素人のため１回もやったことはありません。皆さんであちら（杷木）へ来られたら是非お立寄り下さい。何もありませんが、酒の方でしたら私の家の前が酒造場ですから、これだけは腹いっぱい御馳走しますよ」
全員「それは一度行きたいものですね」
等々雑談のうちに、
Ｂ「８時ですね」
と自分の時計をみながらつぶやいた。
西「もう20、30分もしたら帰って来るでしょう」
その時西が食堂の時計をみたら、８時30分であった。それから５分過ぎた頃、黒川が息づかい荒く、汗ばんだ顔で入り口に立ち、
黒川「爺父さん、皆来てくれとのことでした」
西「熊本さん達はどうしたのか」
黒川「向うで待っているのです」
西「品物は取引すんだのか」
黒川「アー」
西「向うで待っているというが、品物は自動車にでも積んだのか」
黒川「アー」
黒川は殺傷事件を知らせようと思ったが、西は相手方５名に囲まれ、一番奥に座っているので、どうすることも出来ない。
西「現金取引はここでするとあれほどまでに言っていたのに、変ではないか」

B　「先方で取引しても同じではないですか、先方へ行きましょう」
　　西　「現金の取引はここでいたします」
　西はここを離れて先方へ行った場合、現品を皆に見られ万一取引でゴタゴタでも起きると熊本に申訳けないと思い、
　　西　「先方へ行かれるのなら、現金の取引をしてからにして下さい」
　　劉　「現金は現品を貰ってからお渡し致します」
　　西　「それじゃ、誰か１人自動車で行って、熊本さん達にここに来るように言って来てくれませんか」
　　A　「私は場所は聞いていないので知りませんが、この男（黒川を指しながら）が付いて行って知っているでしょうから、これと一緒に行って下さい。黒川、お前もそこの自動車で熊本さん達のところへこの人を案内して行ってくれ」
　黒川「……」
　黒川は進退きわまった。
　　A　「兄さん、サァ、行きましょう」
　黒川は自動車に乗れぬと嘘を言って、歩くことにした。
　Aと黒川は、食堂を出た。
　（食堂を出た黒川は、石井と会ってAに事件のことを感付かれては困ると思い、石井をさけて国道を横切り、裏道を通った）。
　　黒川「あなたは自動車に乗ってこの道を真直ぐ行って下さい。踏切ったすぐ近く辺りの所に２人はいます。私は後からすぐ追いつきますから」
　黒川はAを先に走らせ、その隙に逃走した。
　　西　「熊本さんが、現金の取引はここでするからと懇々（こんこん）といっていたことですし、私としても先方へ皆さんを案内する訳には行きません。しかし、今１人呼びに行って貰ったので、間もなくここへ来るでしょう。それまで待っていて下さい。自動車で行ったのですからすぐ取りましょう」（註　当局は、次々に現場におびき出して殺害し金を強盗するのだというが、黒川がAを案内した時には、現場には誰もいないのである）

23　石井、西に射殺を訴える

　石井は、黒川と自動車の男が出てから10分余り待ったが、何の沙汰もないので自ら食堂をのぞいてみた。
　すると、食堂の右手の道路よりの部屋で、６、７人酒を呑んでいるのが見えた。よくみると、その中の一番奥に西が坐っているので、
　　石井「一寸一寸」
　と西を呼んだ（石井、西ともに、このときまだ相手の氏名を知らない）。
　（註　福岡旅館で相互に名乗りあいもしていない。現品と現金の取引はそれでもできるであろうが、重大な強盗殺人事件の打合せが、かかる人々の間になしえようとは思いがたい）

西　「何か用件ですか？」

と西はすぐ起って、入口のところに立っている石井に近づいた。

不吉な予感と、おだやかでない感情とが交錯した。……西は石井という男を全然知らないし、勿論先程旅館で会ったが僅かな面談のみで、それ以上の面識はない。何のためにここに自分を呼び出しに来たのか、そして、またどうして自分の所在を知っているのか？　……

石井は表へ出てくれと促した。

石井「先ほど取引することにしていました拳銃の代金はまだでしょうか」

西　「大変遅くなってすみませんが、こちらの方でも少しばかり取引があっていますから。もうすぐ終りますから。あなたの代理の人達（押川・牧田）も、この近くでお待ち頂いております。拳銃はそのまま押川君が持っていると思います。あなたの御希望通り現金で取引しますから、もう少し待って下さい」

石井「そうすると、あなたはまだ何も知らないのですか？」

西　「何をですか」

石井「実はですね」

と言いにくそうにしていたが、

石井「用件といって別にありませんが、良く考えてみると、貴方達の取引の２人でしょうか？　一寸したはずみで撃ってしまったのですが──」

西　「何、２人を撃った！！」

石井は事情を詳しく話そうとしたが、一瞬驚いた西は、暗がりの方へ一目散に走るので、石井も後から走った。

10間余り走ったところで西は立ち止まったが、茫然としているありさまだった。

石井「実はあなたの方の若い者が走って来て、『拳銃を貸してくれ』、『すぐ来てくれ』、『喧嘩をしているから来てくれ』とのことで、久留米の喧嘩のことを聞いた直後でもあり、久留米の原口と水茶屋の野田発次郎との喧嘩だとばかり合点し、黒川の走った後を行くと、大きい１人の男が私とぶつかり合いそうに相対したが、その時、その男がさっと手をポケット辺りに入れるので、てっきり拳銃だ！　やられると思った。瞬間、私の方が先に撃ちました。どうこうと判断する間のない一瞬のことですが、ところが、その音に驚いたいま１人の男の方が、あなたのところの若い者と何か話をしていたようですが、大きい声で何か言いながら私の方に走り寄って来ましたので、これも喧嘩の相手と思い、アッと思う間もなく撃ってしまっていました。まさか、あなたのお友達とは、取引があっている人達だとは知らないもので、大変なことになってしまいました」

西　「……」

石井は、無言のまま突き立っている西に、

石井「私もあなたが知るまいと思ったので来たのですが、しかし、知らせに来てよかった。だが、こんなことになった以上、今更何を言ったところで取返しは付きませんから、何とか処置を講じなければなりませんが、あなたは今からどうしますか。まさか皆のところに行って

話をするという訳にもいくまいし——もし皆んなに知れたら無事じゃすまないですね」
　西　「そりゃ、無事じゃ済まないですよ。相手が支那人じゃね。戦勝国という頭がありますか
　　　らね。実に困った。もう食堂には行けないですよ」
　西は当面した処置について考えてみた。現場に行ってみるか、食堂の劉らに知らせるか、しかし、現場に行くのも、劉らに知らせるのも危険に思えた。全く手も足も出ない思いに、呆然となるばかりである。
　石井「何時までもここにジッとしていたところでしょうがないでしょう。あなたはこれからどうしますか、とに角、とりあえずどこかに落付いて前後策を講じる必要はありませんか、どこか適当な家でも御存知でしたら」
　西　「そうですね。これといって適当な家も知りませんので」
　西は石井に次々と話かけられるうち、冷静さをとり戻して来た。と同時に、石井に対する疑惑と警戒心もだんだん昂じて来るのを覚えた。
　西は心の中で思った。
　——撃ったのは事実であるようだが、なぜ撃ったのか、私としてはそれを追及したい。しかし、それを追及することで石井と喧嘩になれば、相手は拳銃を持っている。こちらは丸腰どうしても分が悪い。危険である。私が食堂を熊本、王と3人で出た時、押川ら3人の姿が見えなかったこと、私に拳銃を渡さなかったこと、石井が殺人の件を知らせに来たこと、あれやこれや総合してみる時ひょっとしたら、何か企（たくら）みがあって皆で私のところの取引の様子を見に来たのでないのか、それとも黒川の奴、途中で喧嘩でもして？　いや、黒川がそんなことをするとは考えられない。やはり、この奴らが取引を知って殺したのだろう。もしそうだとしたら熊本に対して申訳ない。とにかく、この男を離しては事情がわからなくなる——。
　石井「とりあえず、行くところがないようでしたら私の家に来ませんか。千代町の直ぐ近くですから」
　西　「どうもすみませんが、そうして下さい。少し時間も遅くなりましたので、これと言って訪ねるところもありませんから、ここでは何しろとっさのことで思案もつきませんから」
　石井「アア、いいですとも、しかし、困ったことになりましたね。マア、私の家で相談すれば、また良い考えも浮かびましょう。それでは参りましょうか」
　西は石井の後から従いながら、石井の歩き出した体の動きには特に気を配り、右腕（拳銃）の動きの分るように、彼の右側を半歩ほど後を、余り間隔を開けぬようにして国道の博多駅の方向へ歩いて行った。
　200、300米も歩いた頃、西はフト中島宅の10万円を思い出した。
　さて、この金は一体どうしたらいいのか、事件が事件だけに、その処置に当惑してしまった。しかし、出来れば買主側に返済するのが一番いい方法だと考えた。だがなんといって返済したらいいのか、まさか2人が殺害されたともいえず、その口実をもうけるのに困ってしまった。
　しかし、このまま中島宅に置いておくことは、なにも関係のない中島にまで迷惑がかかるし、いずれにしても、あの10万円は受取っておこう。それに石井の言動にも不審な点があるし、も

し彼が何か陰謀を企んであったとしたら、熊本に対しても甚だ申し訳けないことで、復讐ということも考えられるし、そうなれば拳銃が要る。その拳銃も現金なら売ると石井はいっていたし、事情のいかによっては、拳銃代金に一時流用しても……と考えた。

しかし、はっきりとどうするということは決しかねた。

だが決しかねたまま、中島宅に引返すことにして、

西「実は、都合あって、そこの家に金を10万円程預けておりますので、それを貰って行きたいと思います。直ぐそこですから一緒に来てくれませんか」

石井「どうぞ、どうぞ」

石井は西のいう通り中島宅について行った。

（註　食堂に残っている劉徳鈿らのところには、残金60余万円が保管してある。もし西に強盗殺人の企みがあるなら、石井と打合せてその金を強奪する方法を講ずるはずである。しかし事実は、そのような形跡はさらさらなく、中島宅に向ったのである。金を盗む目的ならば、中島宅の10万円より、食堂の60万円を巧妙に強奪した方がはるかに有利であるし、そのため2人まで殺したというのなら、なんらかの方法で、この60余万円強奪の手段を講じなければならないはずである）

24　石井・西、小金町の石井宅へ行く

西は金を受取る際、中島に殺傷事件のことを打明けようかと思ったが、ほんの一寸手伝いを頼んだ人に何も驚かすこともあるまい。それより黙って預けた金だけ受取った方が中島にも心配かけないでいいだろうし、時間もかからずにすむことだからと思案した。

中島宅には、知人の平野義人も来ていた。

中島夫人「座敷へ上ってください」

西も石井もあがった。

平野・中島「取引はすみましたか。熊本さんはどうなさいました。あちらで手打ちのお酒でしょうね」

2人ともニコニコしていた。西は、ますます今夜の異変を言いそびれてしまった。

西「実はですね。取引は終ることは終ったんですが、先ほどのお金ですね。あれをそのまま渡していただきたいのです。少し都合があるので、皆さんへの謝礼金は明日にでもあらためて参上いたしますので、今夜のところは、そのままでお返し頂きたく、私だけで参ったのですが」

中島らは、西のいう意味がよくわからないので、益々謝礼金に固執した。

中島・平野「先程の熊本さんとの確約にも2分の謝礼をいただけるとのことで、こうして熊本さんや西さん達のお出を待っていたのです。それも今夜120、130万円もの取引の完了でしょう。2、3万円の謝礼は当然いただけると、実は心はずませていたんですよ。それを謝礼は明日だということになれば、この10万円もその時に渡すということにせねばなりませんよ。それに、この金は熊本さんから預かったものですし、2分の謝礼の確約のある金ですからね」

中島、平野は、交々謝礼金を要求した。西は困り果てた。

西 「この金は一応このまま持って行きたいのですけど、止むを得ません。それでは一応2万円だけお渡しして置きます。後の5、6千円だけ明日ということにしましょう」

西は余儀なく8万円受取って中島宅を出た。だが、心は暗かった。

――10万円の手付金を8万円だけ返してやるでは、おかしなものだなァ。

西はいよいよ中国人にこの金の返済ができなくなって、力の抜ける思いがした。

浜利食堂の前に来た時、出来ればこの8万円を中国人達のいる部屋に投げ込んで行きたい気持も動いていたので、食堂の前に立ち留って中の気配をうかがったが、既に立ち去ったあとのようであった。

西は石井について小金町の方へ歩いた。石井の下宿先と言うのは、石堂川沿いの、ゴタゴタと入り込んだところだった。西は不安を覚えながら、石井の案内で家の中に這入った。家の中は何組かの人達が下宿しているらしく、大勢の人がいるのに、西もいくらか安心した。

石井の部屋は表2階の6畳の部屋である。

石井「皆は、まだ戻って来んのか」

A 「皆とは誰達ですか、私も外に出ていて今戻ったばかりなのでよく知りません」

そこへ、石井の妻や若い人が2、3人戻ってきた。賑やかに歓談しながら――。

石井「オイ、皆んな、この人は知人で、一寸取引の用件で遊びに来られたんだが、少し酒が呑みたいので買って来い」

やがて酒が出た。石井は拳銃をポケットより取出し、棚の上にポンと投げ出した。

それを見て、西はよしと心の中で安心すると共に、この拳銃をどうしてわがものにするかと考えた。

石井「皆は何をしているのかな――、大体、皆んな一緒に線路の端にいたのですが、あんなことになりましたので、チリヂリになったので解らなくなってしまいました。私はすぐあなたのところへ行ったもんで」

西 「私が食堂にいることを誰に聞いたのですか」

石井「押川に聞きました」

そこへ、藤本と牧田が帰って来た。

石井「岸田は知らぬか」

牧田「知らない。石井さんとあなたを探しに食堂まで行ったり来たりしていたんですが、2人の姿がみつからんので、多分こちらの方ではないかと思って戻ってきたんです。しかし、今夜はビックリしましたネ。何しろ突然ですから」

A・B共に「石井さん、何かあったんですか」

石井「……」

A・B「牧田、どうしたんだ！」

牧田「どうしてあんなことになったのか、その経緯は知らんが、突然拳銃を撃ったので驚いたよ。アッという間に2人は倒れて、その後は無我夢中で何が何にやらわからなかったよ」

石井「今日の事件の話はするな。最早、出来たことを繰返した所で仕方あるまい。突然、あんなことになってみんなも驚いただろうが、一杯飲んで忘れろ。この処置は、この人（西）と相談して善処するから。それまでは、このことはしゃべるなよ」

岸田も戻って来た。石井の弟隆も別の用件から戻って来た。小さい部屋は大勢の人と酒の酔いとで、次第に緊張がほぐれ和やかになって来た。特に、石井隆と西とは面識があるということで、石井もはじめて西の名前を知り急にわだかまりやへだたりが解けて胸襟（きょうきん）を開き出した。

岸田「今日のあの人達は、何者たちですか」

西 「あの人達は、喧嘩の相手の人ではないですよ。あの話は久留米だといったでしょうが、旅館でもそう話した筈です。今夜の２人は、私達の仲間が取引を交していた人達で、１人は私の友達でね。先ほども石井君から聞いたんだが君は（岸田に向って）日本刀で刺したそうだが、その男は背の高い方か、それとも低い方でしたか」

岸田「どちらか覚えていないのです。石井さんが突然拳銃を撃ったのでビックリしてしまい、あとはもう無我夢中で、何をどうしたか憶えていないんです。そうすると、あの人達は取引をしていた人達だったんですか、そんなら、その120、130万円を持っていたんですか」

西 「取引は私のおった食堂でしたので、殺された２人は金は持っていないよ。もっとも個人としては、ブローカーだから２、３万の金位はもっていたか知らんが──」

岸田、牧田らはそれを聞いて、

「そんな金でも、そのままではおしいから取りに行こうか」

と、なかば冗談らしく言った。

西 「おいおい、そんな強盗みたいなことは止してもらいたい。それでなくとも２人が殺されたことの後始末にどうしたものかと思案に困っているのに、とんでもない事だよ。今夜の取引では、友人側と中国人側とで本件について協議しているはずだから。もしそうなれば睨まれるのはこの私だ。これ以上迷惑のかかることは止してほしいな」

25　西、拳銃入手を企む

大分、酒の酔いも廻ってきた。

石井は、再び当時の事を回想して話し出した。

石井「私達は、拳銃代金を押川が貰って来るのを中学校（いまの福岡高校）付近で待っていたのですが、暫くして押川、藤本、牧田の３人が来たので、代金のことを尋ねるとまだとのことでしたので、黒川に何時もらえるか聞いて来てくれと頼んだところ、黒川は帰って来て、今取引のことで話をしているから暫く待ってくれとの事でしたと言って、私が早く持って来てくれるよう請求したので、黒川君は走って行った。そして、暫くして黒川君が走って来て、『今一寸急ぐから代金はあとで払うから、拳銃を先に貸してくれませんか』と言って来た。私は代金引替でないと渡せんとことわったので、黒川君は走って引かえして行ったが、またすぐ走って来て、『拳銃が貸せんなら誰か来てくれ、いま喧嘩しているから』というので、私としては、旅館であなたや藤本、押川君たちから久留米の喧嘩の話を聞いていたので、

喧嘩の相手がもうここまで来ているのかと早合点して、それでも行こうか、どうしようかと思いながら黒川君のあとを追って行くと、左側の暗がりから黒川君と他に人が争いながら急に出て来たので、私は吃驚して立止まったところ、出て来た1人が私の方を向いて急に驚いたような格好で一歩後ずさり、パッとポケットへ手を突込んで拳銃様の物を出そうとするので、私は、アッ、やられるとあとはもう無我夢中で撃ってしまったのです。その銃音に、今1人のあなたのお友達とかいわれる方が何か言って走り寄って来ましたので、これも敵かと、無意識に撃ってしまいました。

　黒川や岸田もあんな物を持っていたため、無意識にあんな行動に出たものでしょうが、少し冷静に考えてみると、久留米の喧嘩の相手でなく、先程押川君がいっていた、西さんの取引の人達だったのですね。しまったと思ったが、後の祭りですよ。みんなは事の意外さにビックリして逃げてしまいましたが、私はあなたに一言知らせんと大変なことになると思い、あの食堂を訪ねたのです。私も年の取り甲斐もなく、無意識とは言え大変なことをしたものです。大体黒川君が喧嘩といったとき、よろしく考えるべきでした。ブローカーの仲間割れの喧嘩にでもなったのでしょうかね」

西「その点は一寸想像いたし兼ねるが、兎に角、黒川と会ってその場の様子を聞かんことには解りません。黒川は一体どうしたのでしょうね。皆んなは知りませんか。しかし、いずれにしても、黒川がよく事情を君達に話さなかったことから間違いが起ったのだし、責任は黒川が持ちますよ。また、いよいよになれば、私がこの頭に1発打ち込めばいいのですから、まぁ、皆さんは安心して下さい」

西は石井から拳銃を入手して、ことと次第によっては復讐せねばならぬと考えていたので、相手を安心させ、拳銃を入手しようと企んだのである。

西「石井さん、もうこの話はよしましょう。また明日にでも善後策を講ずることにして――、石井さん今1挺の14年式の拳銃はどうしましたか」

石井「牧田、14年式の拳銃はどうした」

牧田「あれは押川から預って来ました」

西「私は是非拳銃が欲しいのですが、先程棚の上においていたブローニングを一時でもよいから貸してくれませんか、貸さねば買ってもよいから、金は持っておりますから」

西は、中島方から持参した8万円を出して見せた。

石井「アー、あれですか、あの拳銃はもう弾はありませんので役立ちませんよ」

石井は棚から拳銃を取り、弾装を引出してみせ、

石井「こんな風です。それで買われるのでしたら、明日、何とかいたしましょう。明日までお待ち下さい」

西「それじゃ、14年式拳銃の方を貰えませんか」

石井は、14年式拳銃は撃針が折れて使用不能であることを隠しているのに、それが分っては都合が悪いので、

石井「お譲りはしますが、兎に角、今夜はこんな不祥事も起りましたし、拳銃のことはまた落

　　　　ち着いてからにでも御願いします。明日でもいいでしょう」
と断った。実際石井は、もう拳銃を見るのも、思い出すのも嫌悪を感じていたし、今更拳銃の売買でもないと顔を背けたい気持だった。
　石井「ところで、これから西さんどうするのですか。よかったらここにいてもいいですよ」
　西　「いやいや、その心配はいりません。私にも少し考えることもありますので、今夜はこれで失礼します。それにつけても、今１挺の１４年式拳銃の方は弾も沢山あったようですし、あれを私に譲ってくれませんか、金なら先ほどの金があるから渡してもいいです」
　西はなおも諦めきれず、８万円の金包のなかから無雑作に掴み出して、風呂敷に包み、棚の上において、
　西　「それでは、明日また拳銃貰いに来ますよ。この金包は預けておきます」
と押付けて、
　西　「藤本君もう遅いから戻ろう」
と起ちあがった。
　石井隆「大変暗いからその辺りまでお送りしましょう」
と夜の街へ出た。
　藤本「これからどこに行くのですか。今日のことはどう処置するのですか。何なら福井さん（註　西の知人）に言って犬丸甚吾さん（註　西の知人）に頼んでもらったらどうでしょうか」
　西　「心配するな、俺にも少しは考えがある」
　電車通りの明るいところに出たので、西はここでもう結構ですといったが、石井隆はそのまま送るというので、西は尾行されているなぁと直感し、もし福井直一宅へ行って、また、どんな迷惑かけるかもわからないと思ったので、途中の七福楼に登楼することにした。

26　七福楼で拳銃入手を待つ

　西　「君は黒川を探して来てくれ、先程からの石井達の話が本当かどうか、黒川に聞いて確かめないとわからない。どう考えてもおかしいところがあるから、黒川を見つけて必ず連れて来てくれ」
　藤本「どこを探したもんでしょうね。一応私のアパートに行ってみます。来てなかったら、妻にもそれとなくいっておいて、福岡旅館に行ってみます。それでもいなかったら、水茶屋の野田発次郎へ廻ってみます」
　藤本は直ぐ黒川を探しに町の方へ、見送った石井隆に気付かれないよう、七福楼のうら口から出た。
　西は独りになって、今一度今夜の事をふり返り、深く反省してみた。しかしいくら考えても、どうしてこんなことになったのか、黒川に会って確かめないことにはわからなかった。
　もう、夜半を過ぎた頃、藤本が戻って来た。黒川の姿は全然判らないということだった。西は思った。
　２人も射殺するという大事件を起こして、石井のいう通りならば、その旨を黒川はなぜ報告し

ないのだろうか？　あの男は特に可愛いがっていたほうで、やかましくいったこともないのに、なんで逃げたのだろう。勿論、今夜私がここにいることは知らないけれど。こうした事件の後だから、当然、藤本のアパートか、旅館の方へ姿を見せなければならないのに、なぜだろうか。石井はああいっていたが、実際は黒川もその後殺したんじゃなかろうか。——とに角、疑惑の思いに包まれてしまった。

西　「黒川は、やられたんじゃないだろうね」

藤本「いや、そんなことはありません」

西　「そうすると、黒川はどうして姿を見せんのだろうね。逃げる必要はないじゃないか。この点のなぞがどうも解せんよ」

藤本「これからどうするか、今のうち福井さんの家に行って来てもらいましょうか。それとも、黒川の来るまで待ってみましょうか」

西　「そんなことより明朝のうちに石井のところに行って、今夜頼んだ拳銃を持って石井1人で来てくれるよう、都合よくいって連れて来てくれ。何としても復讐はするからね。このままではどこにも行けんじゃないか。君達はそう心配せんでもいいよ。今夜はもう遅いから、一杯呑んで寝なさい」

その夜は明けた。21日は、朝から藤本は石井の家へ行ったが、石井は不在だったといって戻って来た。

西は夜になってから、今一度行って来るように藤本に頼んだ。

西は、持って行きようのない感情のはけ口を酒に求めた。藤本も西を相手に、大いにあおった。

西　「とに角、黒川が石井に何と言って頼んだのか、それを知りたい。しかし、いずれにしても、石井には射殺されたのだ！　熊本氏に対しても、その他周囲の関係者に対してもこのままでは、合わす顔もない。要は拳銃だ。そして復讐してやる。私が石井を倒したら、自決して一切をお詫びする。その時は迷惑の及ばぬように遺書をかく。私の遺書を警察へ届けても、あんな場所へ行った等とはいわぬことだ。一切は私が死をもって解決する。ひょっとしたら今日は、石井が拳銃を持って来るかも知れない。そしたら、今日が最後の御別れになるかも知れない。まぁ、私の命日と思って飲んでくれ」

藤本「あなたのその決心の程はよくわかりますが、この度のことは、もはや知っていることと思いますが、福井直一さんだけには連絡して相談をした方が良いことはないでしょうか、自分の知りもせんことで自決までせんでもいいと私は思います。なんでしたら、今すぐ福井直一さんの所へ行って呼んできましょうか」

藤本は、酔っても不安が去らなかった。

翌日の夜11時頃、岸田、牧田、それにAが遊びに来た。

岸田達「ここにいては危ないから、私達の寝ぐらに来んですか、あすこよりまだ安全なところもあるんですが。こんなところに、よく何時までもいられますね」

西　「君達の親切はありがたいが、私にも少し都合もあってね。ここは動かんことにしている。それより君のところの石井君はどうしているんかね。頼んでおいた拳銃はさっぱり持って来

んのだが」

岸田達「兄貴は、どこに行ったのか、明日辺り戻って来るでしょう」

岸田達「西さんは今まで何の商売をしていたのですか、それはそうと、これからどうされるんですか」

西　「戦後は、杷木町でトラック運送業と鮮魚の卸と芸能社の多角経営をやっていたんだ。君達はどこに勤めているのか」

岸田達「航空隊出身で引揚援護局に勤めていたんですが、物質の横流事件にひっかかった者です。その後は定職なく闇ブローカーみたいなことをしています」

西　「石井君は君達の親分かね」

岸田　「それは盃を交した親分子分というのではなく、あの人が年輩だから、立てる意味で兄貴と言っているんです」

　酒を呑みながらの話は、大いにはずんだ。西の魂胆は依然として、拳銃入手である。そのために呼び寄せて呑ませているのである。

　もう、ヘベレケに酔っていた。そのためか３人ともよく喋った。

　勿論、七福楼の女達は、商談があるからと遠ざけていた。

　外はドンタク祭りで、深夜までざわめいていた。雨のシトシトと降る夜半だった。

岸田達「さきほど、ここに来る途中でカッパライをやって見つかったんですよ。大笑いですよ。この牧田の奴が、ソノ自転車ぐるみの荷物を乗り逃げようとしたのはよかったのですが、暗くてわからなかったのですが、自転車には鍵がかかっていたんです。ところが、いったん手を掛けたもんですから、今更そのまま放置するのも業腹（ごうはら）で、奴は荷物を自転車ぐるみ肩に担いだんです。ところが、犬の奴が吠えたので、家の中から人が出て来て見つけられ、泥棒々々とわめかれ、命からがら逃げたんですが、こいつがころげたもんですから捕まりかけましてね」

と面白く、可笑しく話した。

岸田達「しかし、こんなことをいつまでもしているわけにはいきません。西さんどこかいいところはないでしょうか。まともな勤め口が」

西　「ないことはないが、ここの魚市場の方なら顔役を知っているから話してやってもよい。鮮魚も扱ってみたが、これが一番儲かるけれど、統制と割当のため、魚市場相手では駄目だ。だから、私は五島の魚市場の網元と海上取引をして、長崎から貨車で甘木駅につけて自動車で運んでいるんだが、これは儲けさせて貰ったよ。今は鮮魚が一番だろうね。この前は鮮魚の舟一ぱい（魚運搬で４貫500入箱を700、800箱積んでいる）、船長が感ちがいして、魚市場専用の魚場の荷と思って上げてしまったんだ。だから、船長驚いて犬丸甚吾氏のところに泊っていた私のところに知らせて来たので、若い者を２、３人行かせて見たんだが、『魚は統制品であって、勝手にはさせん』といわれた。そして、ひと喧嘩せんことには、おさまらないだろうとの話だったので、喧嘩はいいが、そうなれば結局は魚一箱も取れなくなるから、大損害を受けるのは私の方だから、話を穏便にしたいと思った。そこで、ことの経緯

を犬丸甚吾さんに話したら、同家の番頭の福井直一氏に、『西さんがあのように言っとるから、お前が魚市場の戸崎に会って話してやれ、おれからも電話をしといてやるから』ということになり、私と福井直一と浜の市場へ行ってみた。船の方へ行ってみると、魚は一箱もない。福井直一は魚市場のなかに行って取締役の人達と話していたらしいが、私を呼ぶので重役室に入ると、氏名は失念したが、『先程は犬丸さんからも戸崎さんからも電話があって承知しておりますが、魚は統制のきびしい時ですから、これからは万一間違えてここの船溜りに入っても、魚は市場の中で扱いますからね。今度のところは知らなかったことにしますから』というようなこともあってね、ここの魚市場に顔のつながりもあることだから、君達が望むなら世話してもよい。とにかく、鮮魚は大したものだ。その中でもまあ鮮魚の儲け頭といえば戸崎さんじゃないかね。まだ会ったことはないが、そういう話だな」

　3人は大いに痛飲しながら聞いていたが、この浜には大政、小政というグレン隊のいることや、喧嘩をしたことなど交々に話していた。また、いまのような生活を清算するために事業でも起すような時は使ってくれともいっていた。

　3人は飲むだけ飲んで出て行った。

　藤本「今夜も石井と会えないというのなら長くここにいても却って悪いでしょうから、そろそろ何とかせんといかんですよ。西さんはどうするのですか、なんなら犬丸さんところに行って来ましょうか」

　西　「2人が殺されたことについては、お前が心配することはない。その前後策については、考えているからもう何もいうな。それより、明日はもう一度石井のところに行って、石井がいたら、何としても連れ出してくれよ、そうすれば万事解決さ」

　その翌日の午後、押川が訪ねて来た。西の方には寄りつかない（新聞の記事に西を強盗の主犯としてあったから）。藤本と部屋の隅で、このままでは不安だ。どうしたものかと小声でしきりと話していた。

　その時、藤本は西から預かった金の中から、押川に3、500円煙草銭として渡した（うち300円を、押川は石井隆に渡した）。

　押川が帰ってまもなく、藤本は西のところから姿を消した。西は石井のところにでも行ったのかと、夜半まで待ったが戻らなかった。

　西は独り部屋に座って酒をあおった。だが、ひしひしと襲う孤独感をどうすることも出来なかった。まあ仕方がない。それもいいだろう。しかし困ったなァ、金を藤本に持たせていたのだが——。

　また、何日も会わぬ妻子のことも、親のことも心配されてならず、その夜は仲々寝つかれぬまま夜が明けた。

　結局、藤本は戻ってこなかった——。

　いろいろ考えていたら、初めて、自らの不運に涙がポロポロと落ちた。

　（註　西は逮捕されるまで1週間、この七福楼から動いていない。もし強盗殺人をやっていたのなら、そのようなことはできない。この一事だけをみても、彼に強盗殺人のぬれぎぬを着せるのは、余りにも不自然である）

27　石井、警官隊の七福楼包囲を目撃す

　さて、西や藤本を送り出した石井は、さすがにドッと疲労を覚え、そのまま寝床に入った。

　翌朝石井は（西の拳銃に対する執念をそれとなく直感したのか）、拳銃のことが気にかかり、早く眼が醒めた。家の若い者に持参させ、森と菊池の家にそれぞれ返却した。

　その後石井は、妻と2人で、雁の巣の妹のお産見舞いに出かけることにした。石井は出かけに、少々体が悪いと言って寝ていた武田博光に、西が置いて行った金包をそのまま預け、

　石井「西が来たら拳銃は売らんことにしたと言って、金包はお前が責任もって返しておけ」

　といって、妻と町に出て出産のお祝の品を求め、雁の巣に行った。雁の巣には両親も来ていた。石井は、その日は妹の家に泊り、翌朝は下関に戻る父親を下関まで送って一泊、翌日所用もあって門司に出て弥生産業に寄り（門司の弥生産業と取引をしていて、川端町の日本機械商事社長と共に18万円の手付金を打ち、八幡製鉄から古亜鉛鉄板の取引中だった）、黒崎の港祭りを見物して、夜10時博多に帰着した。

　駅に出ると博多は雨が降っていた。石井は近くの押川の家から傘を借りるため、妻と2人で立寄った。家には押川とおばさんと2人いた。石井と押川は、事件以来4、5日ぶりにあったわけである。浜利食堂の手前で押川が逃げて以来のことである。

　石井は気にかかっているので、押川にその後のことをいろいろ訊ねた。

　押川「今日昼頃、藤本が来て、西は事件後七福で毎日酒ばかり飲んでいる。朝から晩まで無茶苦茶に酔払っているといっていました。それに西の名は新聞に毎日出るし、あのままではすぐ捕まる。それで藤本としても一緒にいると共犯者にされるから、田舎の友人のところへ今から行って、しばらく様子を見ていたいと思うといって立寄りましたよ。その折、煙草銭をおいて行きました」

　といって、机の引出しから札を出して見せた。石井は、西は強盗と新聞に出ているのに、そのような金を貰うと強盗の嫌疑をかけられると注意した（実は、押川は、七福楼に藤本を訪ねたとき3,200円貰っていたのだ）。

　その時石井は、押川から、石井と同居している若い連中が毎日西のところに行って酒をのんでいるということを聞き、おどろいて起きあがった。家のおばさんは、もう遅いしそれに雨も降っているから泊りませんかと、親切に勧めていたが、石井は心配だといって、妻と2人あわてて雨の中を小金町の家に走った。もう12時をすぎていた。家に戻ってみると、石井の弟と小森の2人だけが寝ていた。

　石井「一体、皆はどこへ行っているのだ」
　弟　「七福の西のところだろう」

　石井は早速使いを出して、牧田、岸田、武田らを呼び戻した（石井は使いを出すとき「俺が戻っていることを、西に気付かれないようにして連れて来い」と注意した）。

　石井「毎日、新聞に西のことが大きく出ているのに、どうして西のところなんかに行くのか」
　皆　「西さんが遊びに来いと誘いますので、表を通りかかって立寄りました」

（事実はそうではなく、武田は石井から、西に返してくれと頼まれた金を半分返して、残りは七福楼で使用していたのだ）

　牧田「西さんが、石井さんに是非頼んで拳銃を売って貰ってくれと言って、毎日石井さんの帰りを待っていますよ」

　石井「絶対に西のところへなんか行くことはならぬ。お前達が自分のいうことを聞かんようなら、今日限りで皆とも別れてよい」

　といって、石井は牧田を殴ってしまった。牧田は一番年長者であり、石井は牧田に、西のところに行かぬよう頼んでいたのをきかなかったからである。石井が烈火の如く怒るので、そばにいた石井の妻も心配して、

　妻　「今度までは許してあげて下さい。若いので無理もありませんよ」

　と取りなした。

　その夜も明けて、若い連中はどんたく祭りに出かけた。翌日石井は、所用あって住吉町の木下照康宅を訪ね、弥生産業に関する商談を済ませて帰った。

　翌日（事件発生以来１週間目）、石井は妻や若い連中など８人で、どんたく祭りの見物をすませて天神町の梅屋食堂から帰る時（梅屋の主人から米一斗、食料品等を沢山買ったのをそれぞれ持参して）、昔の松屋デパートの前通りまで来た時、10人位の警官に取り巻かれ調べられた。石井は正直に名刺もみせ家も教えたが、警官は気付かず、「非常警戒中だから早く帰ってくれ」と言った。その後も小金町の家に帰りつくまでに５回ほど訊問され、身体検査をされたが無事通過した。それから石井らが七福楼の裏通りを通りかかった時、背後から走って来たジープ数台が石井らの前で止まり、警官30、40名がどっと飛び降りた。石井は自分が逮捕されるのかと一瞬緊張したが、警官隊が七福楼に向って疾走するのを見て、

　石井「西君を逮捕に行ったようだ」

　と叫んだ。石井は大急ぎで家に戻った。

　石井「おいみんな、今日西君が逮捕されたので明日は俺だよ。西君に関係ない者は、今夜のうちにここを出て行ったほうがよい」

　安部と栄角（石井の同居）たちは、市内に家があるといってすぐ出た。他の者は明朝早く出ることにして、その夜は寝た。

28　警官隊300、400、石井を包囲す

　石井は翌日、警察に出頭することに決めた。その日は誰よりも早く起きた。静寂であるべき朝だというのになんとなく騒々しいので、石井は不審に思って２階の雨戸の隙から外を覗いてみた。──するとどうだ、もう警官が向いの路上に何百人と集まっているではないか。

　石井はみんなを起すと、さわぎが大きくなるので武田だけを起して、

　石井「武田、戸の隙間から外を見ろ、警官隊が家の前にいっぱい来ているだろう。お前は裏から、家と家との間を通って電車道路に出て、通行人のような風をして柳町に行け。そして半田に１万円渡しておいてくれ。俺は警察に直ぐ行くことになるが、あとのことは頼んだぞ」

武田は裏から出た。この町は、家が建ち込んでいて裏路があって迷路となっていた。石井は半田に１万円渡す用事もあって武田を出したが、武田は電車道路で非常警戒中の警官に補って、身体検査された。ところが、石井の名刺を持っていたので、警官側は俄然色めき立ち、武田は近くの交番所で厳重に取調べられた。

警官は西を逮捕したとき、「殺した奴は小金町にとぐろをまいて大勢いる。何でも、拳銃は石灰箱一杯持っており、日本刀はタンスの中に一杯ある」と聞いているので驚き、かつ、おそれをなして、武田をきびしく追及し武器の有無を糺した。

武田「石井はいるが、拳銃や日本刀は１つもない」

と繰り返し弁明するので、警官もやっと信用したが、更に念のため、武田から一札証言をとった。「万一、拳銃や日本刀があった場合は、いかなる重刑にも服するうんぬん」と。

石井は武田を出す時、「電車通りに出られない時は引き返せ」といっておいたが、帰らぬので無事柳町に行き着いたと思っていた。

石井の妻や岸田は朝食の準備を始めてたが、石井が早朝から起きているので、警察に自首するのだなァと合点していた（警官に包囲されていることは、石井がいわぬので知らなかった）。

そこへ、表の戸を突如蹴破って警官が雪崩れ込んだ。まず階下に寝ていたその家の老婆（70幾才）を引きずり起して、裸体のまま後手錠をかけた。次に、朝食の準備をしていた岸田と石井の妻を目撃し、これを足で蹴倒して後手錠をかけた。そして、「石井はいるかいるか」と声を挙げて探していたが、２階の石井の部屋へ、どやどやと拳銃を構え土足のまま乱入した。そして、素早く柱の陰にかくれ銃口を一斉に石井に向けた。

石井はもはや観念して、警察へ出頭すべく洋服を着ていたので、別段驚くこともなく落着いていた。警官はその落ち着き払っているのにかえって気を呑まれ、素早く柱の陰にかくれたようだ。

警官「拳銃を出せ。出せ、出せ」

石井「何も持ってはいない。警察には今から行こうと思っていたのだから、騒がないで下さい」

しかしこの突然の乱入で、２階に寝ていた５、６人がビックリして起き上った。そのため騒ぎは大きくなった。まるで蜂の巣を突いたようだ。

石井は、その騒ぎを利用してとび込んだ10人余りの警察官にねじ伏せられ、８個の手錠をかけられた。寝ていた者も土足で蹴られ、踏まれ、ねじ伏せられて、裸体のまま手錠をかけられ縄で縛られた。石井は叫んだ。

石井「殺傷事件の責任は私１人で、他の者は関係ないのですから、無茶なことはしないで下さい」

だが、警官は馬耳東風である。続々と後から昇ってきた警官が、それぞれ手分けして、タンスを引くり返し、タタミをはぎ、天井を破り、

警官「拳銃や日本刀はどこにかくしているのか」

と激昂して、怒鳴り数人がかりで石井を土足にかけ、殴り突倒した。

石井「そんなものはない！」

とあくまで冷然と構えた。
　家宅捜査を終えた警官隊は、逮捕者をがんじがらめに縛り、その上数珠つなぎにして連れ出そうとした。
　石井「他の者は関係ないから許してくれ」
と再三訴えたが、聞き入れない。
　石井「じゃ、裸だけはやめて下さい」
と、さすがの石井も懇願せずにはいられなかった。警官もいくらか昂奮がさめたのか、拳銃包囲の中で着物をつけさせた。
　そして、再び数珠つなぎにしたが、今度は各人首に縄をかけ、各人の歩行が合わないと首がしまるようにした。
　石井が逮捕されて階下へ降りると、手錠をかけ縄で縛られている老婆が泣いているではないか、石井はその哀れな姿を目撃し余りの警官の仕打ちに、激しい怒りのこみ挙げるのをぐっと噛みしめ、
　石井「そのお婆さんはこの家の家主さんで、私とは何の関係もないのですから許して頂きたい」
と再三訴えた。警官もやっと理性を取りもどしたのか、ようやく老婆から手錠を取りはずした。
　数珠つなぎにされた逮捕者が外へ出ると、スクラムを組んでいた警官が素早く拳銃を両側から脇腹に当て、各人を護衛した。道路上は300、400の警官隊がつづいた。ものものしい辺りの情勢に野次馬が群れをなした。
　一応、電車通りの交番所に連行し、ここで先に逮捕されていた武田も一緒にジープで警察署に送致された。

29　石井に対する拷問

　本署の玄関に着くと、署長は現場出勤の警官隊の労を犒って玄関に出迎え、記者は前後から写真をとった。また署長は、逮捕者に対して訓示をしたが、そのあと1人々々刑事部屋に入れて、会話が出来ぬようにした。また、逃げないように椅子に縛り付けた。石井は1人8帖くらいの部屋に連れて行かれ、6人の警官が調書をとるための下調べの訊問を行った。
　石井は終始正直に申し立てた。
　しかし、それでは西と余り関係がないことになるし、警察の予断の強盗殺人の線が出ないので、警官は辛抱強く、あるいは威嚇し、あるいは優しく何時間も取調べを続行した。それでも石井が強盗殺人を自供しないので、石井の足の下に警棒を2本敷いて坐らせ、その上から踏みつけた。また、したたか両頬を殴った。警官が交替した。
　警官「俺にまかせておけ、悪いようにはせん。お前は西に騙されているのだ。白状したらどうだ、もうここまで出かかっている。早く言ったほうが楽になるぞ」
と、咽喉のところを警棒でゴシゴシ、いかにも憎くたらしそうに、なんべんとなく擦った。
　これは見た眼以上に苦痛であって、石井は全身から油汗を絞った。しばらくすると、また、別

の刑事が来た。

　刑事「もう皆が自白した。総ては判明した。お前１人が自供しないだけだ。勿論自供しなければしなくともよい。その代わりお前は死刑になるぞ」

と、嚇(おど)した。それがすむと、また、別の刑事だ。

　刑事「お前が早く自白すれば飯を食わせてやる。それタバコだ」

といって、タバコを進めながら、

　刑事「俺はお前のためにならんことはしない。強盗を認めろよ」

とやさしく出た。その刑事は手錠をはずしたが、石井は前と同じことを繰返した。すると、すすめかけていたタバコをひったくった。石井は自分の服からラッキーストライクを出して吸おうとした。

　刑事「コラ、お前闇タバコを持っているな。横着な奴だ。これも罪になるぞ」

と怒鳴り散らした。だがすぐ、

　刑事「しかし、俺に正直に強盗の自白をすれば許してやる」

とやさしく態度を一変した。

　石井「私の起した殺傷事件は、突発的なもので、決して、計画的なものではありません」

と断言した。すると、この刑事奮然と起ち挙って、激しく頬を数回平手打にし、タバコをとりあげ手錠をはめ、荒々しく室外へ立去った。

（その頃、刑事部屋には中国人大勢が来ており、大きな酒樽、２尺直径の大皿に山盛りの中華料理を前に、５寸に６寸位のノシ封筒の金一封を刑事達に配っているのを石井は見た）

　その日は終日調べたが、メモを取るだけで、石井は留置所に入れられた。そこで石井は、西、押川、妻の姿を見た。

　翌日、石井の弟、小森、武田、小倉、石井の妻は釈放された。

　石井、岸田、牧田の調べは続いた。

　藤本も逮捕されて来た。引き続き拳銃所有者の森、菊池それに梅屋の主人も連行されて留置所に入れらた。

　逮捕されてないのは黒川１人となった。

　刑事は、石井の取調べ室に押川、藤本、牧田、岸田を連れて来て座らせ、

　刑事「今までの石井やお前たちの話を聞いていると、西は全く殺人事件には無関係になる。しかし、それでは石井１人でやったこととなり、石井は死刑になるぞ、石井を可愛想(かあいそ)だと思わんか。西からお前達が騙されてやったことは俺達には判っているのだ。西は腹黒いしたたか者だ。お前達に罪はみなかぶせて、金は１銭も使っていない、石井やお前達が使ってしまったといっているぞ。それでもお前達はいいのか。なんとか西を罪に落さんと石井が１人で死刑になり、お前達も重い刑になるぞ」

と嚇し、騙し、この５人を警察は強盗殺人の罠にかけてしまった。

　石井は当時のことを、以下のように述べている。

　「『西を何とか罪に落さんと、石井が１人で死刑になり、お前達も重い刑になるぞ』と嚇されて、

またうまく言いくるめられて、私でさえその時は、刑事達は私達を少しでも罪が軽くなるように、親切に言ってくれていると思い込んだ位だったが、これが警察の大きな『罠』であったのだ。西を悪くいうことによって強盗殺人事件を認めさせようとしたことが、今判るからである。しかし、その時は、刑事等のうまい策謀にみんながひっかかったのである。そこで刑事等は、４人に１人１人が受持ちの場所を決めて、押川と藤本は旅館での話を、牧田は道中での話を、岸田は現場での話を、事実と嘘を交えて、西が何か計画でもしていたかのように組み立てさせて、調書を作っていたのを、私は少し離れたところで聞いていた。それでも、皆は自分自身は強盗殺人の共犯は認めない、といっていた様であった。

　西、黒川は計画でもしたような言動をしたように話し合って、詐り話までしていたことを、私は聞いていた。しかしそれが、私の罪が軽くなるように、刑事達が親切に、そうしたことをしているように聞いていたが、事実はそうでなく、強盗殺人事件をどうしても捏造するための、刑事達の策謀であったのである」（筆者宛ての「質疑応答書」による）

30　西の拷問、黒川の逮捕

話は前後するが、西の逮捕に関して述べておかなければならない。西は当時のことを、以下のように供述している。

「結局、拳銃は入手出来ずじまいでしたが、私の考えとしては、外に理由があったのかは、石井の答弁を聞かんとわかりませんが、石井が私の決心を感付いたのか、言を左右にして、使の者の返事では今日中に渡すとか、明日中に渡すからとかの返事で、２日程過ぎその後は不在だとの返事で、一度も姿もみせず、到々１週間目に、七福楼において捕縛されたのであります。日数が過ぎては危険であることは百も承知でしたが、七福を出て知人の家へどうして行けましょう。逮捕でもされたら迷惑が及ぶと思えば、『どうしても復讐をして自決をされるのでしたら拳銃入手まで、どこか場所を変ったほうがよくはないでしょうか』との注意もありましたが、私はここで、結構（迷惑の及ぶのを最小限度にするため）といって取り合わなかったのであります。私がこの事件の首謀者でしたら、なんでこんな料理屋に、しかも１週間も一歩も出らず泊まりましょうか。新聞報道、警察の憶測、検察庁の考えの如き強盗殺人を計画、これを指揮決行したのでしたら、皆と相談して身を潜めていたことでしょう。――中略――
七福において捕縛される時も、警察の来たことは感知しておりましたが、私の決心が表明出来なく捕えられることは残念とも思いましたが、これ以上警察の方々に苦労させても申訳けないと思い部屋にじっとして、皆さんの来るのを瞑目して待機しておりました。七福一帯を包囲して、私の部屋へ来られるまで30分程でしたでしょう。そのうち武装刑事さんが５、６名来られ、その中、長らしい刑事さんが、

刑事『君は西だね』

私は、黙っておりますと、

刑事『押川が自首して何もかも話しているんだから、君も男らしく黙って来るんだね』

西　『アア、そうですか。私は西です。大変お手数かけました』

福岡署に到着いたしましたのは、午前２時頃だったと思います。直ちに取調べにかかりましたので、事実の通り申し述べますと、

刑事『きさまがそんな嘘をいうなら調べん、入っとれ』

と、実に非道なる暴言、その後２回程取調べに出ましたが、結局、同じことを繰り返すのみでした。かかる調べをして、何で国家を守る警察官といえましょうや、なお、また私の横で取調を受けていた皆はあの時はこうでした、ああでした、といっているのにも関らず、刑事は勝手な書類を作製し、

刑事『とにかく拇印をおしとけ、書き直すと言っても検事局へ送るのに時間がないから、違うところは、裁判の折裁判長にいえ』

と赤子を瞞すような手段で拇印をとり、「裁判へ証人として出廷せし折は、本人の申立ての通りすらすらと書きました等、欺瞞も甚しい。うんぬん」（第二審提出の控訴理由書添付「事件顚末書」による）

また、別なところで、西は拷問について以下のように述べている。

「警察では、私をほとんど調べなかったのですが、ただ逮捕当時、私を知っているものがいて、

警察某『こいつを道場に連れて行って、少しもんでやろうや』

とけしかけて、私を後手錠にした者がいたので、

西　『卑怯なことをするな、道場でもどこでも行くから、お前も官服を脱いでこい』

と口喧嘩となりましたが、捜査主任が来て、

主任『うしろ手錠はいかん』

と言うことではずしたことがあります。そのあとで、先ほどの警官のことを聞きますと、以前、私となぐり合いをやったことのある交通巡査だったらしく、私が自動車を運転して博多駅から渡辺通りのほうに左側横断をしますと、一寸来いで、駅前詰所に連行され、免許証を取り上げられたので、その理由を聞くと、信号を無視したというので、私はそこの黒板に、ここは十字路ではなくて三叉路だから、青の場合は左進行はストップの必要はないと図解説明したところ、交通係に向って生意気だといってバーンとなぐられたので、私も頭に来て『なにを』とばかり、その巡査を表まで突き出してけんかをしましたが、結局、詰所にいた巡査が笑って止め、すったもんだの末、握手をして別れたのを。――こうした場合に前のことを、それも交通指導を間違えたことを棚に上げて、皆をそそのかすような言動をみせたので、歯を喰いしばったものです。江戸の仇を長崎で討たれたわけです。ですから取調べは、私の場合は、私１人にわんさわんさとたかり、面白半分です。だから私も口一文字です。

私以外の者をわざと車座にさせて、タバコを吸わせたり、折詰を食わせたりして、俺達のいうことを聞くと、あのように御馳走してやるからとかなんとかいって……、しかし、何を言われても口一文字でした」（筆者宛ての「質疑応答書」による）。

事件当夜、取引相手方Ａ（自動車の男）を取引現場へ案内した黒川は、途中から逃走して西鉄の終電で柳川の実家に帰り、一泊したのち、親戚や知人を転々と訪ねて６月７日夕４時、佐賀市西新野町末富松次方で夕食中を逮捕され、７日福岡警察署に送致された。

事件発生以来13日目に、逮捕されたわけである。

これで、黒川を最後に7人の容疑者すべて逮捕ずみとなった。

31　新聞の誤った報道

以上が本件の事実の梗概(こうがい)であるが、当時の新聞は、以下のように発表している。

朝日新聞の昭和22年5月23日版による。

「非常警戒の夜福岡市内で

　最近福岡市内で強盗殺人事件が多く福岡署では22日夜から全員動員し、市内のさかり場その他非常警戒を行っていた矢先同夜2人殺して10万円奪ったというピストル強盗の事件が起った。

　21日午前6時頃、福岡市東堅粕福岡市工業試験場東門入口に2人の男の惨死体がころがっているのを通行人が発見し届け出た。

　被害者は福岡市春吉三番町中国人雑貨店主熊本文造（41）王さんは背中から首にかけてピストルで1発、熊本さんは左心臓を一つきで殺されており、死体の側にコルト銃の実弾2発と薬きょう2個が落ちており、付近には数人の入乱れた足跡が残っていた（註　前文の一節は重大な脱落ないし誤植があると思われるが、いまは記事の原文のままに載せる）。

　争って殺した後鉄道線路上の道路から3米死体をひきずって門の入口に進んだ後がある。前日20日夕刻王さんはかねて熊本さんから軍服1,000着を世話してもらうことになっていたので、知人の同市春吉三番町華橋連合会理事劉徳鈿氏他4人と現金49万円を持って7人連れで出かけたが、途中堅粕東光町新町飲食店城島俊雄さん方に立ちより商談の結果10万円だけ手付金として渡すことになり、取引の相手方西という男を呼んで来る為熊本さんが出かけた後、西某が城島飲食店にあらわれ同9時頃王さんをさそって10万円ふろしきに包んで持出したものである。

　熊本はすでに其時殺されていたものらしくついでに王さんを殺して金を奪ったものと見られる。容疑者として西某を捜査しているが前記飲食店仲居達の話を聞くと20日午後6時半頃王さんと熊本さんは他の5人の男と来て問題の軍服を売込みに来た。西某はその時まだ居らず熊本は花見町の医者を呼んで来るからと出かけたまま帰らず西だけが30分のちにやって来てビールを各人1本くらいのんで9時近くに軍服を積んだトラックが待っていると若い男が西を呼び出し外で立話をしていたがすぐに引き返し王さんだけを戸外に呼び出した。若い男も共犯とみられ犯行は、2、3人で計画的に行ったものではないかと見られている」。

朝日新聞昭和22年5月28日版による。

「ブローカー殺しつかまる。

　福岡市堅粕のやみブローカー2名を惨殺10万円強奪した事件は一味の福岡市春吉栄舎事務員押川智栄治（23）が田川市伊田町叔父の家にひそんでいる事がわかり26日夜10時半頃福岡田川両署が逮捕福岡署に護送取調べたところ主犯は小倉市曽根町生れ西武雄（34）は犯行の夜から福岡市大浜町特殊料理屋七福楼に居続けていることを自白したので捜査本部では27日午前1

時半頃西を逮捕した。犯行は西他6名共謀で行なわれたもので共犯の福岡市黄金町ブローカ石井健次郎（ママ）（32）は27日午前9時自宅で、又石井の子分で同市唐人町掘端牧田頼之（24）及び京都市東山区三茶生れ岸田文彦（20）もそれぞれ逮捕された」。

昭和22年5月28日朝日新聞地方版による。
「ブローカー殺し捕る
　福岡市堅粕ヤミブローカー2名を惨殺10万円を強奪した事件は一味の福岡市春吉共栄舎事務員押川智栄治（23）が田川市伊田町叔父の家にひそんでいる事が判り26日夜10時半頃福岡、田川両署員が逮捕福岡署に護送取調べたところ、主犯は小倉市曽根町生まれブローカー西武雄（34）、西は金につまって軍服1着にからんで殺害者中国人雑貨商王祖金たちが集めた軍服代金70万円に目をつけ、これを手に入れるため、ピストルにはくせがあるので他人に使わせるより俺が殺してやろうと引受け一味とともに王ならびに布地ブローカー熊本文造を20日夕刻福岡市南堅粕に誘い出して射殺したもので押川は王が持って来た10万円のつつみを奪い山分けして3、500円もらった。加害者は2人に日本刀をふるって止めをさした。騎手くづれの黒川利明（21）及び藤本（22）は長崎佐賀県下の知人宅にたちまわっていることがわかり指名手配した」。

　以上の新聞記事がいかに事実と相違しているか、いずれこの事については詳細に後述するとして、逮捕までにこれらの新聞を読んだ西以外の被疑者たちが、いかに西を悪人として曲解したかは推して想像がつくのであるが、このことが取調官の予断と合流して、真相はいよいよ遠く彼方に押し流されてしまうのである。

第2章　第二審判決文批判

第二審判決文批判　その1

目　次
二審判決文批判　その1 ……………………………………………………………………… 115
　　1　第二審判決文（全文） ………………………………………………………………… 115
　　2　無謀な詐欺師 …………………………………………………………………………… 135
　　3　詐欺と強盗殺人併合可能か …………………………………………………………… 137
　　4　支離滅裂の迷文 ………………………………………………………………………… 139
　第1節　架空の軍服詐欺 …………………………………………………………………… 143
　　1　西・黒川の法廷供述 …………………………………………………………………… 145
　　2　軍服の架空荷主か、架空軍服の荷主か ……………………………………………… 148
　　3　裁判長の強引な押付け詰問 …………………………………………………………… 151
　　4　殺害現場の倉庫と軍服は関係なし …………………………………………………… 153
　　5　熊本シナの証言の曖昧さ ……………………………………………………………… 155
　　6　架空の証言としては疑義がある ……………………………………………………… 158
　第2節　強盗殺人計画 ……………………………………………………………………… 160
　　1　強盗した金で料理屋が開けるか ……………………………………………………… 162
　　2　黒川利明の法廷供述 …………………………………………………………………… 165
　　3　黒川の警察聴取書の虚偽を衝く ……………………………………………………… 173
　　4　同行した岸田・牧田から強盗殺人罪を抜いた矛盾 ………………………………… 177
　　5　黒川の久留米行きの真相 ……………………………………………………………… 181
　　6　藤本の法廷供述 ………………………………………………………………………… 183
　　7　押川の法廷供述 ………………………………………………………………………… 191
　　8　押川は1人合点で強殺に参加 ………………………………………………………… 195
　　9　無罪の牧田が強盗殺人の首謀者と行動 ……………………………………………… 197
　　10　松尾利三刑事の捏造文 ……………………………………………………………… 201
　　11　松尾利三刑事の捏造文を衝く ……………………………………………………… 206

1　第二審判決文（全文）

　これから第二審判決文の判決検討を試みるが、まず冒頭に第二審判決文の全文を掲示して、読者の参考に供しよう。

　福岡高等裁判所　昭和26年11月27日付　判決文
　　　　　　　　　判　　　決

本　籍　小倉市曽根町字沼922番地
住　居　福岡県朝倉郡杷木町大字池田699番地

　　　　　　　　　無　職
　　　　　　　　　　　　西　　　武　雄
　　　　　　　　　　　　　　　大正4年5月1日生

本　籍　福岡県山門郡西宮永村字矢留1012番地
住　居　同　県　同郡柳河町屋町12番地
　　　　　　　　　無　職
　　　　　　　　　　　　黒　川　利　明
　　　　　　　　　　　　　　　昭和2年1月2日生

本　籍　福岡市大名町3丁目50番地
住　居　福岡市小金町48番地　菊地勇次郎方
　　　　　　　　　無　職
　　　　　　　　　　　　石　井　健治郎
　　　　　　　　　　　　　　　大正6年2月27日生

本　籍　京都市東山区三条通白河橋東4丁目中之町187番地
住　居　福岡市小金町48番地　菊池勇次郎方
　　　　　　　　　無　職
　　　　　　　　　　　　岸　田　文　彦
　　　　　　　　　　　　　　　昭和3年7月23日生

本　籍　福岡嘉穂郡鎮西村大字八木山1377番地
住　居　福岡市西中洲本町西中洲アパート18号室
　　　　（当時福岡県嘉穂郡井町平山新通り739番地　藤本近方）
　　　　　　　　　無　職
　　　　　　　　　　　　藤　本　清　喜
　　　　　　　　　　　　　　　大正13年12月3日生

本　籍　福岡県田川市大字捺良1044番地
住　居　同　県　市川新町三井社宅　押川栄太郎
　　　　　　　　　無　職
　　　　　　　　　　　　押　川　智栄治
　　　　　　　　　　　　　　　大正14年3月15日生

本　籍　福岡市東唐人町堀端3番地

住　居　福岡市小金町 48 番地　菊池勇次郎方
　（当時同市弥生町 2 丁目 35 番地　牧田鷹之祐方）
　　　　無　職
　　　　　　牧　田　頼　之
　　　　　　　大正 14 年 6 月 24 日生

　前記被告人 7 名に対する強盗殺人、西武雄に対する横領、黒川利明、石井健治郎、岸田文彦、藤本清喜、押川智栄治に対する銃砲等不法所持禁止令違反各被告事件につき、昭和 23 年 2 月 27 日福岡地方裁判所が言渡した有罪判決に対し、被告人西武雄、同石井健治郎、同押川智栄治、同牧田頼之より、前記判決中被告人黒川利明、同岸田文彦、同藤本清喜、同押川智栄治、同牧田頼之に関する部分に対し、原審検事より、それぞれ控訴の申立があったので、当裁判所は被告人押川智栄治については、検事山田四郎、その余の被告人については、検事納富恒憲各出席の上、更に審理を遂げ、併合して次のとおり判決する。

　　　　　主　　文
　被告人西武雄を死刑に処する。
　被告人石井健治郎を死刑に処する。
　被告人黒川利明を懲役 15 年に処する。
　被告人岸田文彦を懲役 6 年に処する。
　被告人藤本清喜を懲役 5 年に処する。
　被告人押川智栄治を懲役 5 年に処する。
　被告人黒川利明、同岸田文彦、同藤本清喜、同押川智栄治に対し、それぞれ原審における未決拘留日数中 150 日をその本刑に算入する。
　訴訟費用中、原審証人古川稔、同後藤実、同戸渡修、同松尾利三、同馬場初吉（昭和 23 年 1 月 12 日尋問）同魏政雄並びに当審証人中島園吉、同野田発次郎、同熊本シナ、同藤野安三郎、同平野義人に各支給した分は、被告人西武雄、同石井健治郎、同黒川利明、同藤本清喜、同押川智栄治の連帯負担とする。
　被告人牧田頼之は無罪。

　　　　　理　　由
「罪となるべき事実」
　被告人西武雄は、飯塚市立工業学校専修科卒業後、戦時中軍属としてラバウル方面に勤務し、終戦後劇団芸能社を組織して九州各地を巡業していたが、間もなく経営難のために同劇団を解散し、その後一定の職なく、昭和 22 年 3、4 月頃には知事立候補者龍野喜一郎の選挙運動等に携わっていたもの、被告人黒川利明は、上記劇団芸能社に事務員として勤務していたが、同劇団の前記解散後、福岡市東水茶屋二葉町 98 番地露店商野田発次郎方に止宿し同人の手伝をしながら徒食

していたもの、被告人藤本清喜は、昭和19年5月海軍に入り、昭和20年10月復員した後、前記劇団芸能社に会計係とし、同劇団の解散以来定職につかないで遊んでいたもの、被告人石井健治郎は、昭和20年9月復員、朝鮮より帰還した後、一定の職なく、いわゆる闇ブローカーとして生活を維持していたもの、被告人岸田文彦は中学在学海軍を志願して海軍航空隊に入隊中終戦となり、復員後一時博多引揚援護局に勤務していたが、昭和22年2月以来、相被告人牧田頼之と共に福岡市小金町48番地菊池勇次郎方に止宿し、間もなく、被告人石井健治郎を迎えて同居し、生活費を主として同被告人に仰ぎ、徒食していたもの、被告人押川智栄治は、昭和20年9月復員、昭和21年10月頃以来、福岡市内山内製薬株式会社等に事務員として勤務していたが、被告人藤本清喜とは軍務役当時からの知友で、復員後も交際を続け、又被告人石井健治郎と豫て飲食店等で交遊していたもの、であるところ、第1、被告人西武雄は、昭和22年4月末頃以来、軍服架空の品物の取引に籍口して、金員を入手すべく、もしこれに成功しない場合には、取引の相手方を殺害して金員を強奪しようと計画し、同年5月初頃、まず、その見本とすべき夏物軍服上衣、袴下、軍用夏物シャツなどを入手して、これを福岡市住吉新屋173番地ブローカー熊本文造（当時41年）に交はし、同人及び日本人仲介者数名を介し、同月中旬頃、同市春吉3番丁衣類商王祖金（当時40年）始め劉徳鈿、薛勝雄、葉坤林、林華利中国人5名に対し、これが売込方申入れて、その取引の交渉を押進める一方、他面、前記劇団芸能社経営当時の輩下であった被告人黒川利明に前記計画を逐次打ち明け、同被告人もこれに同意し、ここに前記被告人両名は、前記計画の実行を共謀し、その実行に必要な拳銃の入手の方便として、福間競馬のことに関し、福岡の親分野田某と、久留米の親分原口某との間に、喧嘩が行われる旨架空の事実を作為し、同月19日前記劇団芸能社経営当時の会計係であった被告人藤本清喜に対し、こもごも前記喧嘩の野田親分方応援のために入用であると告げて、拳銃の入手斡旋方を依頼し、同被告人は更に被告人押川智栄治に之を依頼し被告人岸田文彦の紹介で前記両人から予て所持する拳銃の貸与方依頼を受けた被告人石井健治郎は、翌20日午後4時頃、拳銃貸与の目的で、前記被告人藤本、押川、岸田と共に、福岡市西大学町1335番地福岡旅館に赴き、被告人西、黒川の両名を面接し、被告人西の求めに応じ、所携の拳銃1挺（証第9号）に実砲4発を添え、更に被告人岸田及相被告人牧田頼之をして同所に持参させた14年式拳銃1挺（証第11号）を合わせて代金5万円で、被告人西に譲渡することを承諾し、かくして被告人西は、拳銃の入手に成功するや、他面前記熊本文造と連絡し、軍服取引の関係者を同市西堅粕元町309番地浜利飲食店に連行すべきことを打合せておき、その間被告人石井、藤本、押川等に対し、暫次計画の実相を打明け、事の成行によっては、まず被告人黒川が取引の相手方2名を誘い出し、次いで、被告人西が残りの者を連出し、逐次相手を殺害して、その所持の金員を奪取すべく、計画の実行に関する大略の構想を表明し被告人石井また前記計画に加担し、前記拳銃（証第9号）を自ら使用して、その実行の一部を分担すべきことを引受け、被告人西は、同日夕刻被告人藤本を、前以て取引物件の仮装の売主となることにつき承諾を得ていた同市西堅粕5丁目中島園吉方につかわして、やがて被告人西等が出向くべきことを申し伝えさせ、間もなく、同日午後7時頃、被告人西、黒川、押川、石井、岸田は相被告人牧田と共に相前後して、福岡旅館を出発し、被告人西は、押川、牧田の両名を伴い、他の被告

人等と一旦行を別にして、前記浜利飲食店付近に赴き、被告人押川、藤本等を同所に待たせておき、来合わせた熊本文造と共に同飲食店に入り、同店で前記王祖金、劉徳鈿等、中国人両名が軍服買受代金70余万円を準備し、吉田綱吉、古川稔等日本人仲介人と共に、待ち合わせているのに面接し、熊本と共に、王祖金に対し、取引の保証金として10万円の交付方を申出で、同人をして前記70余万円のうちから現金10万円を熊本に手交させた上、熊本よりこれを受取り、王、熊本を近隣の前記中島園吉方に同道して、前記中島に該10万円を渡し、一時保管方を依頼したが、残金60余万円については、王等の方で、現品と引き換えでなくては容易にこれを交付すべくもない模様であったので、被告人西は、ここに愈々予ての計画どおり、取引の相手方を順次誘い出し、これを殺害して前記残金を強奪する外はないと考え、王等がしきりに現品の受渡を要望している心情をとらえてこれに乗じ、現品積込現場への案内に藉口し、王、熊本の両名を前記浜利飲食店前で、被告人黒川に引渡し、被告人黒川は、被告人西の前記意を受け、両名を誘導して、予定現場の同市堅粕東新町福岡工業試験場付近に到り、倉庫を開く準備をすると称して、前記両名を一時同所付近に待たせておき、同所と被告人、石井、藤本、押川等の待機場所との間を数回往復して、機の熟するのを待ち、この間被告人藤本は、被告人西、黒川等の意図が金員強奪の目的をもって人を殺すことにあると知りながら、これを援助する意図を以て、被告人押川より拳銃（証第11号）を受取りしも王等が逃げ出す場合にはこれを脅して被告人西、黒川等の計画遂行を容易ならしめるべく、付近路端ポプラの下に潜んでひそかに王等の動静を見守り、被告人押川もまた同様、黒川等の意図が金員強奪の目的をもって人を殺すことにあることを知りながら、これを援助する意図を以て、付近の麦畑の中に身をひそめて、事の成行を注視し、被告人石井は、前記の如く、被告人西、黒川等の計画に荷担し、その実行々為の一部を分担遂行する意図を以て、前記福岡工業試験場横門前路上に臨み、同所において被告人黒川が誘導してきた王、熊本の両名に出会い、被告人黒川と熊本を一時同所から退避させ、王と約1間半を隔てて相対峙する姿勢となるや、所携の前記拳銃（証第9号）を以て、いきなり、王目がけて発射し、胸部に命中させてその場に昏倒せしめ、次いで熊本が事の意外に驚いて周章、王の身辺に立ち現れるや、更に同人に対し、前記拳銃を以て第2弾を発射し、その左胸部に命中させて同じくその場に昏倒せしめ、被告人岸田は、予て被告人藤本より被告人西、黒川等の前記拳銃入手の目的が喧嘩にあるものと聞知し、時宜によっては、同被告人等に助勢する意思を以て、被告人黒川より前以て受取っていた日本刀を携えて、被告人に追随し、前記現場付近の路上を往来しているうち、王及び熊本の両名が前記のように被告人石井に撃たれて路上に昏倒せしめられるや、直ちにその場に駆せつけ、被告人黒川もまた現場に参会し、死線期にある王、熊本の両名に対し、被告人黒川は、所携の匕首を以て、その各頸部を順次に斬りつけ、王に対しては頸部諸筋を損傷する左右頸部切創、熊本に対しては、内外頸動脈を完全に横切る左頸部切創をそれぞれ蒙らしめ、被告人岸田は、殺害の意図を以て、前記日本刀で2回にわたり、何れも熊本の背部より胸部を貫き、刃先が地面に達する程度に強く突きとおし、かくして被告人黒川は、直ちに前述浜利飲食店に引き返し、被告人西及び架空取引の相手方劉徳鈿等に対し、現品のトラック積込終了の旨を報告し、被告人西は、同所で前記劉等に対し、残金60余万円の交付方を強要したが、劉等において、あくまで現品引換

を主張峻拒(しゅんきょ)したため、その目的を達せず、被告人石井と共に、前記中島園吉方に赴き、先の現金10万円の交付を受けた上直ちに他の被告人等と逃走し、ここに被告人西、黒川、石井の3名は金員強奪の目的を以ってする王、及び熊本の、被告人岸田は殺意を以ってする熊本の殺害行為を遂行し、因って王に対してはその胸部より左肺、心臓を貫通する盲貫拳銃創に基く、失血により、熊本に対しては、その胸部より左肺、心臓、肝臓を貫通する盲貫拳銃創等に基く失血により、いずれもその受傷間もなく、その場で絶命させて、前記両名順次に殺害し、被告人藤本、押川両名は、被告人西、黒川、石井等の前記犯行援助の意思を以って、その実行について、それぞれ前記のような支援を与え、前記犯行を容易ならしめて、これを幇助し、

第2、被告人石井健治郎、同黒川利明、同岸田文彦、同藤本清喜、同押川智栄治は、いずれも銃器、刀剣類を所持するについて法定の除外事由がないのに、

(1) 被告人石井健治郎は、昭和22年5月20日福岡市堅粕東新町福岡工業試験場付近で、拳銃1挺（証第9号）を携帯所持し、

(2) 被告人岸田文彦は、同日同試験場付近で刃渡り約1尺2寸の日本刀1振を携帯所持し、

(3) 被告人藤本清喜は、同日同試験場付近で拳銃1挺（証第11号）を携帯所持し、

(4) 被告人押川智栄治は、同日福岡市西大学前町1035番地福岡旅館から前記福岡工業試験場付近まで、拳銃1挺（証第11号）を所持携帯し、

(5) 被告人黒川利明は、昭和20年12月頃から昭和22年5月30日までの間、福岡市水茶屋町二葉町98番地野田発次郎方及び前記福岡旅館で、刃渡り約1尺2寸の日本刀1振を隠匿または携帯して所持し、

第3、被告人西武雄は、

(1) 昭和21年3月14日頃、福岡朝倉郡朝倉村収入役桜木嘉平から鮮魚の購入を依頼され、その代金としてその頃現金3万5,500円を預り保管占有中、同年4月5日頃までの間に数回に亘り、福岡市内等で、被告人の経営する劇団の俳優の給料等自己の用途に、勝手にこれを費消横領し、

(2) 同年5月16日頃新納清造を通じて福岡市浜田町富士商事株式会社々長増崎要から封鎖預金の新円化を依頼され、新納より受取った前記増崎名義の封鎖小切手24万円を被告人名義で福岡銀行及び三和銀行福岡支店にてそれぞれ換金し、そのうち14万1,487円12銭の新円現金を引出し、前記増崎のための保管占有中、同月20日頃から同年6月21日頃までの間数回にわたり、福岡市内等で、被告人の経営する劇団の経費、衣裳料俳優の給料等自己の用途に、勝手にこれを費消横領し、

(3) 昭和22年2月25日頃福岡県朝倉郡宮野村岩下新吾から貨物自動車一台の購入方を依頼され、その代金としてその頃現金12万を預り保管占有中、同年3月頃から4月末頃までの間数回にわたり、福岡市内等で、自動車の修繕費、生活費、遊興費等自己の用途に、勝手にこれを費消横領したものであって、

以上、被告人西武雄、同石井健治郎、同黒川利明の強盗殺人、被告人藤本清喜、同押川智栄治の強盗殺人幇助並びに被告人西武雄の横領の各所為は、それぞれ犯意継続にかかるものである。

「証拠」

判示冒頭及び第1の事実は、

1．判示各被告人の当公廷における、各自の身上関係につき、判示同様の供述
1．被告人黒川利明に対する司法警察官代理の昭和22年6月7日付聴取書（記録第205丁以下）中、私は昭和20年4月23日頃から、野田俊作の選挙応援として、福岡市春吉三軒屋川口博美方選挙事務所に行っていたが、西は、同月26日頃同事務所で、私に対し「軍服が千着あるので、これを春吉の熊本というものに売り付ければ、大分儲かる」という話をし、同席していた姫野という人が席を立った後、「実は今度軍服で詐欺をやるのであるが、その見本にする軍服の新品はないだろうか」と私に尋ねた。その後5月2日頃西と2人で鹿児島に赴き、軍服の見本を探したが、見当らず、その帰途、私の実家立ち寄った際、西のため、叔母から3,000円借りてやった。それから5月6日頃杷木町の西方に寄り、翌朝西は奥さんに「軍服を見つけて来い」と命じ、前の家から夏物軍服上衣と昭和16年製袴下とを入手したが、夏のズボンがなく、西は私にその入手を命じたので、私は自宅にあった軍服の夏シャツ1枚を西の許に持参した。それから私は福岡に戻り、5月11日頃、西からの連絡で、同人の泊まっていた福岡旅館に同人を訪ね、叔母から借りた金を請求すると、西は「軍服の話が進んでいるからちょっと待て」と申し、2人で更に大浜の市場に見本の軍服を探しに行ったが、見当たらなかった。その翌日同旅館に行くと、西は「熊本の方は取引を急いでいるので、この詐欺はきっと成功する。安心せよ」と申していた。翌13日頃更に西を訪ねたところ、西は「熊本の方では、来る18日頃取引をするといっている」と申し、私と2人で外出したが、その後午後1時頃西は「取引の現場を教える」といって、堅粕の大通りを通って小道に入り、専売局の裏辺りに行き、「この辺が現場になるから、地形をよく覚えておけ、ここにお前が買主を連れて来てごまかせ」と申し、付近一帯を見て廻り、「取引の話をする家はこの家だ」と言って中島の家も教えてくれた。同日午後5時頃旅館に戻り、そこで西は私に「今お前を連れて行った現場に買主を連れ出すと、自分が拳銃でやっつける」と申すので、私が「脅やかして金を取ったらいいだろう」と言うと、西は「拳銃でやらねば成功しない」と申し、私も前に西に貸した金が欲しいばかりに、遂に賛成した。それから5月18日私はいよいよ取引があるだろうと思い、前に西から命ぜられていた刃渡り1尺2寸の日本刀を用意して、福岡旅館に赴いたところ、西は「今日は取引が出来ないから、明日にする」と申し、「今度の仕事をしたら大阪に逃げ、取った金で料理屋をする」等話していた。翌19日西は、「熊本と中島の家に行く」と言って出かけ、午後5時頃帰って来て「いよいよ明日決行する、拳銃が要るから、お前探せ」と申したが、「知らぬ」と断ると、西は午後7時頃私を連れて外出し、渡辺通り1丁目の喫茶店付近で、藤本と出会うたところ、西は、小声で何か藤本と話しており、それから私と3人で東中洲の屋台店に行き、ビールを飲んだが、西は藤本に対し、「黒川が明日喧嘩をするので、是非拳銃を世話してくれ」と申し、私も西がでたらめを言っていると思ったが、仕方がないので、「福岡の野田と久留米の原口との間に福間の競馬のことで、明日久留米で喧嘩があるので、是非拳銃が欲しい」と嘘を言い、藤本が「できるだけしてやろう」というので、旅館に引き返した。

翌20日午後3時頃藤本が石井、押川外1名を福岡旅館に連れて来たり、私が西の使いで一寸外出して帰ってくると、石井が拳銃を出して、「この拳銃は癖があるから、他人には撃てない、自分がやっつけてやる」と申していた。それから私が西の命令で、また外出して帰ってくると、西、石井、藤本の3人が何やら話しており、石井が連れて来た若い者を使いに出して暫らくして、若い者が2人に油紙に包んだ大型の拳銃と刃渡り6寸位の匕首(あいくち)を持参して、石井に渡した。午後6時頃西は、「時間が来たから行こう」と言って、皆表に出たが、そのとき、石井は私に匕首を渡し「これを持って来なさい」と申し、それから皆で東公園入り口の電車通りまで同行し、私と石井と若い者等は西と別れて、専売局の横道に入り、私は石井に「あそこが現場だ」と工業試験場の前を教え、時間が早かったので、20分許(ばか)り歩いて、中島園吉方付近まで行ってから、私は中島方に西を訪ねて行き、石井は現場に行った。途中、西と支那人、熊本の3名に出会い、4人で中島方前まで行き、私と支那人は表で待ち、西、熊本は家の中に入り、間もなく出て来た。それから4人で堅粕大通りの飲食店の前に来たとき、西は「熊本支那人を現場に連れて行け」と申し、また、「なるだけ暇取らせよ」と耳打ちしたので、私は2人を連れて現場に行った。そのときは午後7時15分頃であったようで、辺りは薄暗かったが、見透しは利いており、私は石井がいるのを見て、2人を待たせ、石井のところに行き、「今連れてきた」と言うと、「まだ早いから、も少し待たせておけ」との事なので、引き返して「会社の人が用意しているから、今少し待って下さい」と申し、10分位経ったが、石井が来ないので、また同人のところへ行った。すると石井は「よし」と言って、腹の辺りから拳銃を出して撃つ用意をした。私が引返すと、石井がやって来て、「どうも待たせてすみません」と申し、熊本とわたくしに「一寸向こうで待っていてくれ」と言うので、現場から50米余離れた味噌会社の外に行った。5分位しても、何のこともないので、熊本と現場まで行こうとしたとき、博多駅の方から汽車がごうと音をたてて通り過ぎたので、石井の方を見ると、同人は立っており、支那人が呻いているのを石井の若いもの2人で抱いて原のほうへ引きずっていたので、石井がピストルでやったなと直感した。それから熊本が「どうしたのか」と石井の方に行き、私も行くと、石井は「今の汽車に刎ねられたのではないか」と白ばくれていた。石井と熊本との距離が2米位になった頃、石井は、右のズボンのポケットに手を突こんで、突然ピストルを出し、ドンと放ち熊本の胸がピカッと光った途端、倒れたので、私は驚いて吉塚駅の方へ走ったところ、「待て」と呼び止められ、ふりかえると、石井、押川等がおり、誰かが「匕首で止めを刺せ」と申したので、私は仕方なく、倒れていた熊本の咽喉(のど)を刺そうとすると、石井が「体を探して金を取れ」というので、熊本の上衣やポケットから紙片を出し、石井に見せて「金はない」と言って一刺しにした。その際、私の横で誰かが日本刀のようなものをどうかしているようであったが、何をしているのか判らなかった。それから、石井と2人で堅粕の飲食店の方に行くとそこには西と支那人、日本人5人余りがおり、西が私に「品物はトラックに積んだか」と聞くので、「積んで向こうで待っている」と答えると、西は買主に「品物は積んでいるそうですから、そこで現金取引をしましょう」と何度も申しましたが、買主は「誰か見て来い」と言い、1人の日本人が行こうとすると、西は私に「この人を連れて行ってくれ」と申し、私はその人と現場付近

まで行ったが、現場に行けば、殺しているのがばれると思い、その人に、「一足先に行って下さい」と言って、飲食店まで引き返したところ、西と石井、藤本、押川が何やら話しており、西は「飲食店にいる全部を専売局の裏まで連れて行け」と申したが、私は黙って、そのまま、その場を立ち去った旨の供述記載、

1．原審第1回公判調書中被告人黒川利明の供述として（記録第876丁）、5月20日午後7時頃私は、西、石井と相前後して福岡旅館を出た後、石井、岸田と共に最初西から教えられた現場付近に行き、「ここが現場だ」と教えた上、判示中島園吉方付近まで行き、石井、岸田には「現場に行ってくれ」と申して別れ、私1人で中島方の方へ行き、判示浜利飲食店付近で、西から王、熊本の2人を福岡県立工業試験場の方へ案内するように指示され、2人を同伴して、同試験場横門前まで行き、横手の方にいた石井に連絡し、石井の指図で、私と熊本は、九州味噌醤油連合会の表玄関で待っていた。間もなく、博多駅から吉塚駅のほうに機関車が通り過ぎ、私が石井のところに行くと、王が倒れて呻いており、熊本も来て、「どうしたのか」と聞いたところ、石井は「今機関車が通ったから、刎ねられたのではないか」と申し、その途端、石井が拳銃を発射し、熊本が倒れたので、私は驚いて逃げたが、皆に「待て」といわれて引返すと、誰かが私に「切れ」と申したので、持っていた匕首で熊本の頸の辺りを突き刺した旨及び私は左肩に紅葉の入墨をしている旨の記載、

1．原審第10回公判調書中、被告人黒川利明の供述として（記録第1227丁以下）、久留米の喧嘩の話を持ち出したのは、拳銃を手に入れたかったからのことで、実際そのような喧嘩があることになっていたわけではなかった旨及び、福岡旅館を出る時、私は西が予ての計画を実行に移していると思った。私は西から軍服を売りつけることにして、相手に金を持って来させ、それを騙して取るということを聞いており、拳銃は、軍服を種にして、上手く金を巻き上げることが出来なければ、それを使って相手を脅かし、金を取るか、射殺して金を取る計画であった。なお、同旅館を出るとき、私は西から「石井に現場を教えろ」といわれたので、西と石井の間に、具体的な話があったものと思い、石井に現場を教えたが、前記現場と言うのは、ここに相手を連れて来るという意味である旨の記載、

1．原審第1回公判調書中、被告人石井健治郎の供述として（記録第908丁裏以下）判示5月20日晩判示工業試験場横門前で私が、王祖金、熊本文造の2人を拳銃で射殺したのは相違ない。その以前私は森知義から売却処分方を頼まれ、拳銃1挺（証第9号）を預かっていたが、5月20日朝森方にそれを戻しに行き、同人が留守であったので、渡辺通1丁目の友人の家に行っていたところ、押川と藤本が私を訪ねて来て、「相当な借賃を払うから、拳銃を貸してくれ、久留米の喧嘩の応援に入用である。二葉町の野田方に行くと、借主がいるから、金を受取ってくれ」と申したので、同道して出かけると、途中前記両名は「福間の競馬に関する権利の争いがあって、福岡の野田と久留米の原口とが久留米で喧嘩するので、福岡から既に3、4人行っているが、後援隊が拳銃を借りて出発することになっている」などと話した。野田方には借主が居らず、福岡旅館にいるとの事であったので、私は押川、藤本、岸田等と同旅館にいくと西、黒川がおり、西が「拳銃を見せてくれ」というので、弾を抜いて見せると、西は、

「借賃として５万円やるから、貸してくれ」と申し、私は喜んで承諾した。すると西は、「１つでは足りないから、もう１挺何とかならないか」と言い出したので、私は前に撃針の折れた14年式拳銃を菊池繁樹の家に預けていたのを思い出し、岸田に取らせにやったところ、岸田は途中牧田に会い、私方においてある折れた撃針を持参するように命じたそうで、やがて岸田は拳銃を、牧田は撃針を持って福岡旅館にやって来ました。拳銃の話は始め貸借ということで、後には譲渡することになったが、私は現金を受取る前に持逃げされては困ると思い、よい方の拳銃は癖があるから渡せぬと言って手放さずに持っていた旨及び、同日夕方一同は相前後して同旅館を出たが私と、黒川、岸田は黒川の案内で本件現場付近に行き、一時黒川と別れて付近をうろうろしていると、やがて黒川が男２人を工業試験場横門に連れて来て、１人の男を外したので、私はズボンのポケットから拳銃を出すと同時に、その男から１間半位のところで発射した。その時は、汽車が通りかかったが、相手の男は横の方に数歩走ったかと思うと、道の中程で坐ったようになり、その内もう１人の男がやって来て、何とか言ったが、来たのと同時に私は撃った。するとその男は、その場に崩れ折れるようになった。私が相手を撃殺するとき、岸田か誰かが私の後からついて来ていたように思う。撃った時刻は、午後７時半頃と思うが、もう薄暗くなっていた旨の記載、

1. 石井健治郎に対する司法警察官の聴取書（記録第351丁以下）中、私は５月20日拳銃で２人の男を殺したが、実は黒川を通じて西から「男と見込んで頼むから、人を殺すのに加勢してくれ」と頼まれたので、殺した次第である。西、黒川の両名は、その２、３日前から、商取引の相手を殺す計画で拳銃を探していた模様で、その計画を初めから私に話すと断られると思ったのでしょう、初めは「競馬のことで、久留米で喧嘩をやるについて、拳銃が入用だから、貸してくれ、相当の現金をやる」という話であったが、５月20日福岡旅館に行ってから、同日午後４時か５時頃、西、黒川は、「久留米に行くというのは嘘で、実は自分達の取引先の者が100万円位持っている、相手は今４人程来ているから、これを殺す計画をしてる」ということを話した旨、及び福岡旅館を出て判示犯行現場に赴いたとき国道踏切の付近で、黒川は相手を殺す場所は味噌屋付近の倉庫の横であることを前以(まえもっ)て指示し、相手の４名を自分が１人宛連れ出して来て、１人宛殺す、最後の１人が金を持っているので西が殺して金を持ってくることになっているから、是非加勢を頼む、その代わり拳銃代として君達に５万円やる」などと話した。それから、前記踏切のところで、押川、藤本、牧田と出会い、黒川が堅粕にいる相手を連れ出すことになり、その間同人は西のいるところと私達のいるところとを何回も往復しており、私達も判示現場を中心に、その付近を往復して、黒川が相手を連れてくるのを待っていた旨の記載、

1. 原審第３回公判調書中、被告人岸田文彦の述述として（記録第1014丁以下）、５月20日私は藤本を石井に紹介したが、そのとき、藤本は、石井に「久留米と福岡の親分が競馬のことで争いを起こしており、久留米に行かねばならぬから、拳銃を貸してくれ」と申し、藤本、押川、石井、私の４名は福岡旅館に行って、西、黒川に会い、石井が５万円で拳銃２挺を売ることになった。それから、石井、黒川、私は、西等より遅れて同旅館を出たが、その際、黒川が日本

刀、匕首を持っていて、「これで殴り込みをかけるつもりだったが、拳銃が手に入ったから心強い、日本刀は要らぬから、持って帰ってくれ」と日本刀を私に渡し、黒川を先頭に、福岡工業試験場の方に行くと、黒川は「西のところに行って来るから、君達は味噌会社のところで待て」と言って別れ、暗くなってから、押川、藤本、牧田も来て、私は試験場の横門辺りで待っていると、黒川が来て、１、２回往復して、石井に「喧嘩の相手が２人来た」と申し、石井を連れて行った。私は石井が拳銃を持っているし、黒川も匕首を持っているので、喧嘩しても負けぬとは思ったが、負けたら加勢するつもりで通行人のふりをして、その辺をうろうろしていた。すると、上りの貨物列車が横を通り、暫くして機関車だけが通ったが、そのとき、拳銃の音がし、誰か吉塚駅の方へ走り出したので、私は相手の男が逃げたら、具合が悪いと思い、追いかけると、黒川であったので、安心して現場の方へ戻ったところ、１人の大きな男が横門前の道路の上に倒れていたので、黒川がその男を横門の方に引張りこみ、それから道路から横門の方へ引き込んだところに小さい男が倒れて、手で土をかきむしりながら、ばたばたしており、丁度そのとき、誰かが「人が来た」と言うので私は持っていた日本刀で、その男の背中を２回余り突き刺した。大きい方の男も誰かが刺したように思う。それから現場を逃げるとき、黒川は「自分が浜利飲食店に行き、２、３人連れて来るから、ここに待っていてくれ、前に殺した男を連れて来るとき軍服は倉庫に入っており、もう倉庫も開けてあるし、自動車も来ているといって連れて来たが、倉庫が開いてなかったので、ブリブリ怒っていた。それで自分が最初君達のところに引き返し、今、倉庫を用意させているからと言ったらニコニコ笑っていた、今度外の者も連れて来たら、怒らぬように直ぐ殺してくれ」などと申していた。なお、その際黒川は「今後あと２人を呼びにやっている、あと２人が金を持っているから、殺して金を取る今度の計画は、１ヶ月位前から、西が計画していたのであるから、絶対ばれる心配はない」とも話していた。その晩西からも「今度のことは、１ヶ月位前から計画していた、絶対間違いないと思っていたが、失敗した。百何十万か取る計画であった」との話を聞いたことがある旨の記述、

1．岸田文彦に対する司法警察官代理の聴取書（記録第381丁以下）中、判示現場で、私は通行人のような風をして、通ってみたところ、石井、藤本は、大きい方の男（王）と３人で何か笑っており、黒川は15米程離れたところで、小さい方の男（熊本）と話していた。間もなく、パンと音がしたので、やったなと思ったが、撃たれた２人のところに皆が集まった際、黒川は２人のポケットを探して、何か取り出して自分のポケットに入れ、短刀で小さい男の頸の辺りを突いた。そのとき、藤本が「まだ生きているようだ」と申し、黒川が私に「お前刺せ」と言うので私は日本刀で、大きい男に跨り、俯伏せに倒れている背中を２、３回刺した旨（前後及び後段引用の証拠に照し、岸田が刺したのは、小さい方の男即ち熊本の誤と認められる）及び、石井はその２人の男を殺した後、「弾丸がなくなったから、もうあとの２人を殺すのは止めた」と吐き出すように申していた旨の記述記載、

1．岸田文彦に対する強制処分における判示の詰問調書（記録第129丁以下）中、私は西武雄や藤本某から、相手と喧嘩することを聞いていたのであるが、現場で石井健治郎が相手の王と熊本を拳銃で撃ったところ、相手の両名はまだ死んでいなかったので、私はその息の根を止め

る気持で、持っていた日本刀で王（熊本の間違いであることは前段のとおり）を何回か突いた。私は、喧嘩の相手として、殺す気で突いたのである旨の供述記載、

1．被告人藤本清喜の当公廷における、事件前日の５月19日夜渡辺通１丁目の道路上で、西、黒川と会った際、私は黒川より、「同人の下宿先の野田発次郎と久留米の原口との間に、福間の競馬のことから、出入りがあって、久留米に話に行くが、都合によっては、もめるかも知れないから、護身用に拳銃が欲しい、もし持っている人を知っていたら、世話してくれ」と頼まれたので、以前押川の友人が拳銃を持っているような話をしていたことのあるのを思い出し、「心当たりがあるから、当たってみよう」と言って、両名と別れた。そのときの話では、西から世話料として、５万円許か都合するとのことであったので、私は世話料欲しさに、翌20日押川のところに行き、黒川や西から聞いた話をして、拳銃の入手方を依頼し、押川と共に、同日午後４時頃押川の友人石井に会い、黒川から言われたとおりのことを話すと、石井は「金で引替えでなければ渡せぬ」というので、石井を西の泊まっていた福岡旅館に案内し、西に紹介した。西は石井に「拳銃を見せてくれ」と言い、石井は背広の内ポケットから拳銃を出して、実包４発も一緒に見せていた。西はそれを見て「手持の金はないが、堅粕の方に金を預けており、誰かついてくるなら渡すから、貸してくれ」と申したが、石井は「金と引替えでなければ渡さぬ」と言って渡さなかった。なおそのとき、西は「もう１挺拳銃が欲しい」と言うと、石井は、押川から聞いたものと思われるが、「５万円は余り値がよすぎるから、もう１挺手に入る」ようなことを申しており、その後の２人の間の話では、貸すではなく、売却するようなことになっていた。それから、私は西から「堅粕の中島園吉方に行くことになっており、約束の時間が来たが、用事のため、１時間許か遅れる旨中島に伝えてくれ」と頼まれ、午後５時半頃、旅館を出て中島方へ行き、西の話を伝え、「金をここで貰うことになっている」というと、「暫く待っていてくれ」とのことであったので、中島方前の道路で１時間許か待ったが、西等が来ないので、帰りかけた。すると、途中で西、押川、牧田の３人が来るのに会い、一緒に中島方に引き返し、それから浜利飲食店に行き、西１人が同店に入り、私共は同店の前の路上で待っていた。間もなく、西と本件被害者２人が出て来て、中島方の方に行き、また戻ってきて、飲食店に入った。それから黒川が来て、私共を犯行現場の方に案内し、そこで石井、岸田等と一緒になり、押川が私に風呂敷包入の拳銃を渡したので、私は殺人現場付近のポプラのところに坐って待っていた旨の供述、

1．藤本清喜に対する検察事務官の第２回聴取書（記録第297丁以下）中、５月19日夜、西、黒川と会った際、西は、「今日は百何十万かの集金に行ったが、取れなかった。明日は持ってくることになっている。その取引の相手は、久留米の者である。万一その話に間違いでも起きるようなことがあれば、相手を殺して、その金を奪い、黒川には10万円与えて逃がしてやる。その話には、黒川が野田さんと一緒に久留米まで行き、料理屋で話してみて、もしうまく行かなければ、黒川がまず拳銃で脅かして金を巻き上げ、そして親分を殺す。このようにして、相手の親分をペチャンコにしておけば、福間の競馬のかすりも皆野田さんの方にとれることになる、そうなれば、お前達にもそれで商売のもとでがやれることになる、そんなわけだから、拳

銃を世話してくれ、世話をしてくれれば、世話料として5万円やる」という趣旨の話をしたので、私も本気で拳銃を世話する気になった。それから東中洲のおでんやで飲酒した際、黒川は、「これで当分飲めぬだろう、明日はまかり間違えば命はないだろう」などと申していたので、私も西、黒川が本気でやる決心だなと思った。福岡旅館で、西、黒川や、石井、押川等と拳銃を見ていたとき、「相手は少なくとも50、60万円は持っているだろう」との話があり、大体西は、喧嘩のために拳銃がいると申していたが、その目的は、相当まとまった金を奪うという決心であることは判っていた。なお、その際、西は、「相手は今晩久留米から堅粕に来ているから、初め黒川が2人誘い出して殺し、残りの者を西が連れ出し、殺して金を捲き上げよう」と大体の手筈を話し合っていた旨及び工業試験場のところに行ってから、私は押川から14年式拳銃（証第11号）を貰って待っていたが、石井は私に「自分がやる（殺す）もし他の1人が逃げるようなことがあれば、拳銃で逃がさぬように脅かしてくれ」と申したので、私は路上のポプラの木の下にしゃがんで待っていた旨の供述記載、

1．藤本清喜に対する検察事務官の第1回聴取書（記録第293丁以下）中、福岡旅館で、西は「相手は堅粕まで来ているから、久留米には行かなくてもよい、相手は4、5名来ている、今晩は、堅粕の料理屋で会うことになっているが、話がひっくり返ったときには、先方をやっつけるかも知れぬ」と場合によっては、先方を殺してしまうという決心があることを話しており、石井は「自分もあちこち遊び廻っているから、大概のことは引受けてやる」と相づちを打っていた旨の供述記載、

1．押川智栄治に対する検察事務官の第1回聴取書（記録第303丁以下）中、5月20日藤本が、「実は福岡の犬丸と久留米の親分とが福間の競馬のことで、今夜久留米の料理屋で話合うことになっており、西と黒川も行くのであるが、どうせ話はもつれるだろうから、初め拳銃をぶっ放して度肝を抜いて、その後日本刀でやれば、200万円位儲かることになっている、そうなれば、黒川は10万円位貰うことになっており、世話料として5万円程貰えるから拳銃を世話してくれ」と申すので、私は前に石井が一度私方に遊びに来て、拳銃を掃除していたのを見たことがあるのを思い出し、5万円の世話料に目がくらんで、石井に相談して拳銃を貸して貰うことになり、同日午後4時頃私は藤本、石井、岸田と共に福岡旅館に行き、西、黒川に会った。それから午後6時過ぎた頃一同は相前後して、旅館を出て、私は西、牧田と一緒に中島方に行き、それから工業試験場のところに行って石井等に会ったが、石井は岸田に「お前はここで相手の来た時合図してくれ」と言い、私と藤本には「もし相手が逃げたときは、拳銃を突き付け、撃つぞと脅してくれ」と申しましたので、私はそれまで持っていた拳銃を藤本に渡した。それから黒川が2人の男を連れて来たところ、石井は拳銃で、その2人を撃ち、黒川は、後に倒れた男のポケットから何か取り出していた旨の供述記載、

1．押川智栄治に対する検察事務官の第2回聴取書（記録310丁以下）中、西や黒川が、相手は誰かよく判らなかったが、とにかく相当まとまった金を持った人を、どこかに誘い出し、それをやっつけて金を奪う計画で、拳銃を欲しがっていることを気付いたその日（5月20日）福岡旅館で同人達の話を聞いたときであった。その話というのは、西が私や黒川、石井、藤本

等の前で、まず黒川に対し、「お前が初め2人を連れ出してやれ、そうすれば、後で自分が残りのものを誘い出す、大体相手は多くて4、5人だろうから」と申したことをいうのでなお、西は「初めは棒か何かで後方から殴りつけてやるか、もしそれで抵抗するようであれば、仕方がないから、拳銃でやっつけてしまえ」とか「拳銃を身体に突きつけて脅せば、参ってしまう」など、色々打合せをしていたので、私は今までの親分同志の喧嘩というような話は嘘で、それは結局拳銃を手に入れるための策略であり、西、黒川等は、全く人をやっつけて相当の金を奪うのだなと、初めて彼等のたくらみを知ることができた。私は部屋に少し遅れて入ったため、このようなことをどこでやるのか、また相手の者がどの位金を持っているのかという話は聞いていなかったが、しかし彼等について行けば、場所も判るし、また金の点は聞かなくても、今までの話しぶりや、拳銃の借貸を4、5万も出すというのであるから、相当の金が取れるのだろうと思った。私はそのような事情は判っていたが、拳銃の世話料に4、5万やるとのことであったので、つい欲にひかれて西、黒川のたくらみに加わるに至った次第である旨の供述記載、

1．押川智栄治に対する強制処分の詰問調書中、本件後の5月23日市内大浜の特殊飲食店や七福で、私は西武雄より「今度のことは1ヶ月も前から計画していたのだが、失敗した」との言葉を聞いた旨の供述記載、

1．牧田頼之に対する司法警察官代理の聴取書（記録第403丁以下）中、福岡旅館を出たとき、私は岸田と共に自宅に帰ろうと思い、一応石井に訪ねると、石井は「一足先に行っている2人の男（西と押川）の後について行き、金を貰ってから帰れ」と申すので、その2人の男について行ったが、途中前記両名がハイヤーで逃げるとか、相手が2、3名いるから、先に1名が2名を呼び出して殺し、後で金を持って来たのを脅かして金を取るかまたは相手が聞かねば殺そうかなどと話しており、私は久留米で喧嘩して金を取って帰るのであろうと思っていた。それから堅粕の方に通ずる道路の鉄道踏切に行く途中、藤本が追い付いたが、踏切付近で、西が「この付近がよかろう」と申すと、押川か藤本かが「ここの付近は人通りが多いから」と言い、西は「いや、大丈夫だが、とかしまだ時刻が早い」と申していた旨、及び現場付近で、石井と藤本とが、殺す相手は2人であるとか、何も武器を持たぬ者は、離れて見張りをし、もし逃げられたら捕まえろなどと申していた。それから黒川が2人の男を連れて来たので、私と押川とは鉄道を越え、向うの麦畑の中に隠れていたところ、上り列車が通過したとき、かすかに爆発音らしい音が聞こえ、更に間もなくパンという音がした。そこで現場に行って見ると、事務所らしいと所の横の門前に2人の男が倒れて荒い息づかいの音が聞こえていた。そのとき誰かが「止めを刺せ」と申し、黒川と岸田が日本刀等で前記両名を刺した旨の供述記載、

1．被告人牧田頼之の当公廷における、犯行直後の夜、西から新しい事件の内容を話して貰ったが、同人は「実際にない物品をあるようにいって、金を持って来させた上、殺してしまい、その金を奪うつもりであったが、こんなことなら、殺さなくてもよかった」と申していた。なお、その後、西は「今度は浜の戸崎のところに相当まとまった金があるから、それを奪いとろう、それには拳銃が欲しいのだが」と申し、24日のどんたくの晩に決行するから、一緒に手

伝ってくれとのことであったが、石井にそのことを話すと、「そんなことは2度とするものではない」といって叱られた旨の供述、

1. 原審第16回公判調書中、証人後藤実の供述として（記録第1426丁）私は福岡県巡査部長として、福岡警察署勤務を命ぜられており、西武雄等6名の強盗殺人事件に関し、同人等の取調べを担当したことがある。私が事件の発生を知ったのは、翌日即ち昭和22年5月21日朝で、私は西武雄、黒川利明、藤本清喜、押川智栄治等を取り調べた。黒川を初めて調べたのは、同年6月7日であるが、同人は同日付近の聴取書にある如く最初から素直に西と共謀して強盗殺人を犯した供述をしたのである。その取り調べのとき、私は松尾刑事を立合わせ、私がまず下調べをしてメモを取った上調書を作成したのであるが、黒川は他の共犯者より大分遅れて佐賀で検挙され、永く検挙の手を逃れていて相済まないという気持が一杯で、非常に後悔して、自ら進んで調書にある通りの供述をしたのであって、他の者がこのように述べているなどと言って誘導したり、無理をしたりしたことは絶対にない。私も同人が永く検挙の手を逃れて済まないと口に出すし、その気持が態度にも現れており、また西との関係の新事実を述べたので、判然心証を得た次第である。黒川の外、西、藤本、押川等の取り調べについても、誘導や無理をして供述をさせたことはない。西と黒川の通謀関係については、黒川が「西と野田俊作の選挙事務所で会った際、西が熊本と軍服の取引をして、騙して金を取るというので、そのときまでは詐欺をするものと思っていたところ、5月16日西が今度の事件の現場に連れていき、この辺が現場だから、よく見ておけと言い、福岡旅館に帰ってから、あそこに取引する奴を連れ出し拳銃でやっつけると言ったので、相手を殺して金を取ることが始めて判った」ということで述べてから判然したが、それから拳銃入手と言うことになり、5月19日久留米に出入りがあるということで藤本に相談したということであった。そこで私は藤本や押川について調べたところ、同人等は、始めは久留米の喧嘩と言うことを信じていたらしいが、現場に行って見て、久留米で喧嘩があるというのに相手がこちらまで来たということやその場のふんいき等から、強盗殺人をやるのだと言うことが判ったと述べたようで、同人等も初めは相談を受けなかったかも知れないが、現場に行ったときには、事情を知っていたもののように思われた旨の記載、

1. 石井健治郎に対する司法警察官の聴取書（記録540丁以下）中、5月19日午後5時頃藤本がただ今横で取調べを受けている男（西武雄）と、入墨をした男22、23才の若い男と共に、東中洲にある私の飲食店に来て、ビールを飲んでいたが、女中が名前を尋ねると、その若い男は「名前が知りたかったら、2、3日すれば、自分の名前が新聞に出るから、聞く必要はないのではないか」と申し、私方を立去る際「もう再びここに来ることはなかろう」等と申していた旨の供述記載、

1. 熊本シナに対する司法警察官の聴取書（記録第460以下）中、私は熊本文造の妻であるが、主人文造が殺されたことは、昨日（5月21日）知人の知らせで初めて知った。私は仕立職で月収約5,000円あり、生活に困ることはないが、いつも主人は外出勝で、何か仕事をしているらしかったが、何の仕事か、またどれだけ収入があったかは、よく判らなかった。主人の交際関係は、飲食店や、料理屋、宿屋の主人が多く、私は余り相手にしなかったが、西という人

とは、昭和22年4月知事選挙の頃から知合になったらしく、同人はそれ以来5、6回私方に来たことがあり、5月20日午後2、3時頃にも私方へ来て、2階6畳の間で主人と2人で何か話していたが、午後4時頃私が市場に買い物に出かけ、帰宅した際には、2人共私方には居らず、主人はそのまま帰って来なかった旨の記述記載、

1．当審第7回公判調書中、証人熊本シナの供述として、私の夫熊本文造と西武雄が知合になったのは、昭和22年4月の選挙の頃で、当時主人は衣類とか、その外色々の者を扱っていたようであったが、事件の1週間位前西からといって、使の者が風呂敷包を私方に持参し、主人が受取ったが、それには軍服の上下が入っていた。何のために届けて来たか、よく判らないが、見本であったろうと思われる。それを受取ってから2、3日後藤野洋服店の者が来たとき、同人に前記軍服を渡した。西は事件当日の5月20日午後、私方に来て、主人と2階で話しておりその際、午後2時頃氏名不詳のブローカーと思われる人が2、3人来て「早くせよ」と言うようなことを言っていたと思う。その当時主人は「西が品物があるというので、今日取引をすることになったが、今度儲かったら、こんな商売は止める」と申していた。なお、主人は決して他人を騙すような人ではなかった旨の記載、

1．原審第16回公判調書中証人藤野安三郎の供述として（記録1402丁以下）、私は今度の事件の4、5日前知合の熊本文造から「軍服、袴下、シャツがある。軍服は千着位であるが、どこか売込先はなかろうか」とその売渡の斡旋方を頼まれ、見本を渡されたので、その翌日頃吉田綱吉にその見本を渡し、買主を探すことを頼んだが、その話は、吉田から転々として、結局中国人の王祖金、劉徳鈿等が品物を買受けることになった。熊本の話では、その品は確実な筋から出るもので、間違いはないとのことであり、品物の実在することは、何人も信じていた模様であった旨の記載、

1．同上公判調書中山口忠治の供述として（記録第1410丁以下）、私は懇意の間柄である藤野安三郎から、「自分は熊本文造のところから出た服の見本を吉田綱吉に渡しているが、自分と熊本との間の連絡を頼む」と、その連絡方を依頼され、熊本にも数回会った。私が「軍服は一体本当にあるのか」と尋ねると、熊本は「自分は実際にない品物を売りつけたりなど、そんなへまなことはしないから、安心せよ、それよりも藤野は本当に売込んでいるのか、先方は本当に金を持っているのか」などと申し、却って相手方を疑っており、従前の熊本のやり口から判断して、同人は決して架空な品物を売込むような男とは考えられないので、私としては、熊本は実際に品物があると信じていたものと思う。尤も熊本は5月20日の幾日か前、春吉橋の付近で、軍服を積んだトラックが通りかかったのを指して私に「あれじゃ、本当だろうが、今知合の倉庫に品物を移しているところだ」と申したことがあり、今から考えると、同人のその話は嘘であったが、しかしそれは、私達を信用させるために言ったまでのことで、同人は、軍服がどこにあるということは固く信じていたものとしか思われない旨の記載、

1．原審第15回公判調書中、証人吉田綱吉の供述として（記録第1386丁以下）、私は昭和22年5月16日頃藤野から「軍服の買手を探してくれ」と頼まれ、そのことを武末清一に話していたところ、結局中国人王祖金、劉徳鈿等が買い受けることになった旨の記載、

1．同上公判調書中証人武末清一の供述として（記録第1350丁以下）、私はこんどの事件の1週間前、吉田綱吉から「夏軍服の買手を探してくれ」と頼まれ、古川稔にその話をしたところ、古川は、林種夫に話し、林は劉德鈿等に話したところ、結局劉等中国人がそれを買うことになった旨の記載、

1．同上公判調書中証人劉德鈿の供述として（記録第1325丁以下）、本件の起った5月20日の4日前頃、私は日本人林より軍服の話を聞き、王祖金と共に古川稔方に行き、結局夏物軍服千着1着当たり730円、計70余万円で買受けることになり私達2人では金が足りないので、薜勝雄、葉坤林、林華利の3名を加え、中国人5名で金を出し合せ、70余万を準備して5月20日午後7時頃、その金を携え、私と王祖金とが日本人林、武末、古川、吉田等と共に、熊本文造の案内で浜利飲食店に行った。熊本の話では、西が軍服の持ち主だということで、間もなく、熊本が西を連れて参り、熊本、西、王の3名は何か話合っていたが、やがて、「これから品物をとりに行く」と言って王は70余万円の内から10万円を取り出し残りの金を私に預け、熊本、西、王の3名で同飲食店を出て行った。すると30分位して西が1人戻って来て、「軍服はもう多分トラックに積み込んでしまった頃であろう、あと10分もすれば、ここに来るだろう」と申し、その後20分位して、若い男が来て「軍服はもう積み込んでしまった」と申したところ、西は私に「残りの代金を渡してくれ」と要求し、私が「現品を見なければ、代金を渡すわけにはいかない、とにかく軍服を積んだトラックをここに廻してくれ」と申すと、西は「困った」と申していた。そこで、私はその若い男に吉田を付けてトラックを廻すことを頼んだが、間もなく別の若い男が西を呼出し、西は出て行った。その後10時頃になっても、トラックは来ないし、吉田も帰らないので、私の自宅にトラックを廻したのではないかと思い自宅に帰ったところ、軍服は来ておらず、王も戻らなかったので、怪しいと思い、王が行方不明になったことを交番に届けた旨の記載、

1．同上公判調書中証人古川稔の供述として（記録第1338丁以下）、昭和22年5月中、私は軍服を王祖金、劉德鈿等の中国人に売り込んだことがある。その話は武末清一が藤野から頼まれて私方に持ち込んだもので私は林種夫に買主を探して貰い、同月日に取引することになり、福岡市春吉福州園に行ったところ、王、劉の外、武末、林、熊本等がおり、私は同所で、今度の軍服の見本は熊本から出ていることを、武末から聞いた。当初現品は劉方に運び、そこで代金引換に売渡しをするという話であったが、中国人同志の間で軍服の奪い合いが始まり、王がぐずぐずすると、他に取られてしまうから、現品のおいてあるという堅粕の工場に早く取りに行こうと言い出し、熊本はどこかに電話していたが、「トラックの用意もできている。現品を工場でトラックに積んで引渡す。これから工場に行く」というので、王、その他私たち判示の者がついて行ったところ熊本は判示浜利飲食店の前付近で「今社長が不在だから、暫くここでもいいだろう」と申して、同飲食店に入り、同所に軍服をトラックで運んで来て、それと引替に代金を支払うことになった。間もなく熊本は社長だという1人の男を連れて来たが、その男が西武雄であったことは、後になって判った。それから西と熊本とが「軍服をトラックに積み込む証拠金として10万円出してくれ」というので、王は用意して来た70余万円の内から10

万円を出して、風呂敷に包み「残額はこちらに軍服を積んで来るから、そのとき渡してくれ」と言い残して、その10万円を携え、西、熊本と共に同飲食店を出て行った。その後30分位して、西が1人戻って来て、「品物が品物であり、工具もまだ退社していないので、目立たぬように積み込まねばならないから、あと30分位待って貰えばいいでしょう」と申しており、一時間程して若い男（後に、黒川利明と判った）が来て「品物は積んでしまった」と申したところ、西は「積み込みが終ったのなら、代金を頂きましょう」と請求したが、王は「現場を見ないうちは、金を渡すわけにはいかぬ」と断った旨の記載。

1．原審第16回公判調書中、証人中島園吉の供述として（記録第1417丁以下）私は今度の事件の10日か15日前頃近所の知人平野義人から、私の事を通じ「品物を売るのに買主の顔を知っていて、値切られるおそれがあるから、売主ということになってくれ」と頼まれ、詳しいことは聞かないまま、それを引受けたが、後にその話は西から出ていることが判った。今思えば私は全く西が相手の人に品物が実際にあり、持主もちゃんといるということで、信用させるのに利用されたわけである。その後、5月20日午後6時頃西が1人の男（後に、熊本文造と判った）と来て「今日取引します」と申し、その10分か20分程度後「今から取引に行く、これは手付金だから預かっていてくれ」と言って、小さな風呂敷包を預けて行ったが、西がこのようなことをしたのは、私が持主ということになっているので、私を熊本に持主だと信用させるためだったと思われる。そのとき、王祖金が同道していたかどうか気付かなかったが、暫くしてまた、西が今度は別の男（後で、石井と判った）を連れて来て「今取引を済ませたが、先程預けていたのをくれ」と申すので、居合わせた平野も立会の上で、返したところ、西はそのうちから2万円だけ私に渡して出て行った旨の記載。

1．強制処分による判事の検証調書（記録第12丁以下）中、熊本文造の死体上衣背部左右2箇所に各長さ約1寸の刺創がある。前記刺創の各下部相当位置の地面に刃物の突き刺さった跡があり日本刀の如き相当長く且つ鋭利な刃物で、俯伏した同人の背部より強く突き刺したため、胸部を貫通し、なお、余って地面にまで突き刺さったものと認められる旨、及び本件犯行現場は国道堅粕鉄道踏切より鉄路に沿い、妙見に通ずる幅19尺の道路を約1丁東に入った福岡県立工業試験場（福岡市堅粕新町）横門前付近で、現場付近には街灯等の照明設備なく、最も近い人家は植物油脂協同組合及び九州味噌醤油連合会であるが、いずれもその表側は事務室になっており、宿直室は裏側にあって且つ現場との間には材木置場、倉庫等がある。道路の南側は鉄道線路を隔てて麦畑になっており、夜間現場付近は暗黒で、人馬の往来も稀であると思料される旨の記載、

1．鑑定人医師井島良雄作成に係る王祖金、熊本文造の各死体解剖鑑定書（記録第804丁以下）中、各自の受傷状態並びに死因の点につき、それぞれ判示と同旨及び熊本の左頸部における創傷は幅20糎内外又先40糎或はそれ以上の鋭利な刀器の刺入れによるもの、王の右頸部の創傷は、いずれも熊本の胸部におけるのと同様の凶器によるものと推定する旨、及びに熊本の死体は、身長163糎、体重50挺で、王の死体は、身長167糎体重61挺である旨の記載、

1．司法警察官代理作成による係る昭和22年5月21日付（記録第447丁）及び同月28日付

（記録第455丁）各領置目録中、拳銃1挺（証第9号）及び14年式拳銃1挺（証第11号）をそれぞれ領置した旨の記載を総合してこれを認め、

判示第2の各事実は、当公廷における当該各被告人の判示各関係部分と同旨の記述により、これを認め、

判示第3の事実、

（1）の事実は、

1．被告人西武雄の当公廷における判示同旨の供述

1．桜木嘉平に対し司法警察代理の聴取書（記録第644丁以下）中、判示に照応する被害顛末（しょうおう）の供述記載を総合して、これを認め、

（2）の事実は、

1．被告人西武雄の当公廷における、費消について増崎要の誤解があったと弁解する外、判示同旨（費消の期間を除く）の記述、

1．被告人西武雄に対する検察事務官の昭和22年6月24聴取書中（記録第799丁裏以下）私は判示増崎要名義の封鎖預金の割引方を同人の代理新納清造から依頼され、24万の増崎要名義の小切手を私名義で銀行預金にした上、昭和20年5月20日頃より同年6月21日頃までの間に事業資金名目で新円の払出しを受けたが、そのうち合計14万1,487円12銭を増崎に無断で、判示のように費消した旨の供述記載、

1．芦塚又作に対する司法検察官の聴取書（記録第722丁以下）中、私は判示富士商事株式会社の副社長であるが、判示の頃会社の取引上新円が必要であったので、新納清造に封鎖を切って貰うことを頼み、三和銀行預けの社長増崎要の通帳と印鑑を預けた。封鎖を切って貰うことは社長も予め承知していたのである。新納は3、4ヶ月位して通帳と印鑑を返してきたので、通帳を見ると、24万円引出してあり、同人は一週間位の間に新円を持参するといいながら、一週間過ぎても持参しなかった。そこで銀行を調べると、既に西武雄の名義になっており、その後西より2万円の新円を受領したが、残金は、そのままになっている旨の供述記載を総合して、これを認め、

（3）の事実は、

1．被告人西武雄に対する検察事務官の前掲聴取書（記録第798丁以下）判示同旨の供述記載、

1．大楠広美に対する司法警察官代理の聴取書（記録第637丁）中、岩下新吾の判示に照応する被害顛末の供述記載（但し金額の点を除く）を総合して、これを認め、判示犯意継続の点は、判示各被告人が短期間内にそれぞれ同種の行為を繰返して行った事跡（じせき）に徴してこれを認める。

「法令の適用」

被告人西武雄の判示所為中、強盗殺人の点は、刑法第240条後段、第60条、第55条（昭和22年法律第124号による改正前）に、横領の点は、同法第252条1項、第55条（前記改正前）に各該当し、以上は同法第45条前後の併合罪であるが、強盗殺人の所定刑中死刑を選択するを相当と認めるので、同法第46条第1項本文に従い、他の刑を科せず同被告人を死刑に処し、被告人石井健治郎の判示所為中、強盗殺人の点は、刑法第240条後段、第60条、第55条（前記

改正前)に、拳銃不法所持の点は、銃砲刀剣類等所持取締令附則第3項、旧銃砲等所持禁止令第1条、第2条に各該当し、以上は刑法第45条前段の併合罪であるが、強盗殺人罪の所定刑中死刑を選択するを相当と認めるので、同法46条第1項本文に従い、他の刑を科せず、同被告人を死刑に処し、被告人黒川利明の判示所為中、強盗殺人の点は、刑法第240条後段、第60条、第55条(前記改正前)に、日本刀不法所持の点は、旧銃砲等所持禁止令第1条、第2条に各該当し、以上刑法第45条前段の併合罪であるが、強盗殺人の所定刑中無期懲役刑を選択するを相当と認めるので、同法第46条第2項本文に従い、他の刑を科せず、なお、犯情憫諒(びんりょう)すべきものがあるので同法第66条、第71条、第68条第2号により酌量減軽とした刑期範囲内で、同被告人を懲役15年に処し、被告人岸田文彦の判示所為中、殺人の点は、刑法第199条、第38条第2項に、日本刀不法所持の点は、旧銃砲等所持禁止令第1条、第2条に各該当し、以上は刑法第45条前段の併合罪であるから、所定刑中前者につき、有期懲役刑、後者につき懲役刑を選択した上、刑法第47条、第10条に則り重い殺人罪の刑に法定の加重をした刑期範囲内で、同被告人を懲役6年に処し、被告人藤本清喜、同押川智栄治の各判示所為中、強盗殺人幇助の点は、刑法第240条後段、第55条(前記改正前)第62条第1項に、拳銃不法所持の点は、旧銃砲等所持禁止令第1条第2条にそれぞれ該当し、以上は刑法第45条前段の併合罪であるから、前者につき、所定刑中無期懲役を選択し、同法第63条、第68条第2号に従い、法律上の減軽をなし、後者につき、所定刑中無期懲役を選択した上、同法第47条、第10条に則り重い強盗殺人幇助罪の刑に法定の加重をなし、なお、犯情いずれも憫諒すべきものがあるので、同法第67条第71条、第68条第3号に依り酌量減軽をした刑期範囲で、同被告人等をそれぞれ懲役5年に処し、被告人黒川利明、同岸田文彦、同藤本清喜、同押川智栄治に対しては、刑法第21条により、それぞれ原審における未決拘留日数中150日をその本刑に算入し、原審並びに当審における訴訟費用については、刑事訴訟施行法第2条、旧刑事訴訟法第237条、第238条を適用して、その負担を主文のとおり定むべきものとする。

　なお、被告人牧田頼之に対する本件控訴事実の要旨は、同被告人は、被告人西武雄の首謀による判示強盗殺人の犯行に共同加担し、判示現場において見張りをなしたものである、というのであって、被告人牧田が被告人西等の拳銃その他凶器の入手につき斡旋をした事実及び本件犯行当時判示各被告人に追随して現場付近に居合わせた事実は、被告人牧田の当公廷における供述その他の証拠によって明らかであるが、同被告人が被告人西等の本件犯行に関する意図を認識し、同人等と犯意を通じてその実行に際し見張りの役目をつとめたとの点について、これを認むべき的確な資料がなく、結局前記控訴事実は犯罪の証明がないので、刑事訴訟施行法第2条、旧刑事訴訟法第407条、第362条に則り、同被告人に対し、無罪の言渡しをなすべきものとする。

　よって主文のとおり判決する。

昭和26年4月30日
福岡高等裁判所第3刑事部

　　　　　裁判長　判事　　筒　井　義　彦

　　　　　　　判事　　後　藤　師　朗
　　　　　　　判事　　川　井　立　夫
右は謄本である。
昭和 26 年 11 月 27 日
　　福岡高等裁判所
　　　　　　　裁判所書記官　　武　田　　徳

2　無謀な詐欺師

　第二審判決文を以下の要領で批判検討し、真実を追求して、本件が冤罪であることを明確にしたい。
　はじめに、判決文の主要なる項目である「罪となるべき事実　第 1」の項を通読して文面上から考察しただけでも、一見疑義の持てる点を検討してみよう。
　上記判決文「罪となるべき事実　第 1」の冒頭の「被告人西武雄は、昭和 22 年 4 月末頃以来、軍服等架空の品物の取引に籍口して、金員を入手すべく、もしこれに成功しない場合には、取引の相手方を殺害して金員を強奪しようと計画しうんぬん」なる文中の、「軍服等架空の品物の取引に籍口して金員を入手すべく」の一節は、明らかに「詐欺」を指しているものであり、「もしこれに成功しない場合には、取引の相手方を殺害して金員を強奪しようと計画し」は、まさに「強盗殺人」をうんぬんするものである。しかして、中間の「もし、これに成功しない場合には」の文句は、「詐欺」から「強盗殺人」への二段構えの架橋ということになる。また、「計画しうんぬん」とあるから「詐欺」と「強盗殺人」を併合して計画したというのが、第二審判決文の主張するところのようである。これをよく検討するに、まず、第 1 次計画は、架空の軍服で「詐欺」を計画「もしこれに成功しない場合には」、第 2 次計画の「強盗殺人」に切り替えるというのであるが、第 1 次計画の架空の軍服で果たして「詐欺」の目的が達せられるや否やを、まず考察してみるのが順序であろう。

（1）背景としての時代

　「昭和 22 年から 23 年の初めといえば、進駐軍の威力が最も発揮されていたころである」と松本清張氏（『日本の黒い霧』）もいっているが、そうした時代に、極度に卑屈になっている敗戦国民が、肩で風を切って大道闊歩（だいどうかっぽ）している戦勝国民に対して、果たして本件のような百数十万円にものぼる大きな「詐欺」や「強盗殺人」を計画できるであろうか。
　国家権力をかさにきた裁判長ですら、前述の如く平身低頭、中国人の傍聴者に裁判の弁明これ大いに勤めるという、卑屈極まる醜態を演じた当時の日本人である。いわんや、一介の無力無名の庶民が、戦勝国民であるばかりか、華僑の会長という要職にあるものを、架空の軍服で百数十万円（現在の金高に換算すれば、数千万にのぼるという）もの「大詐欺」を、果たして計画できたであろうか、まずこれが問題である。仮に「詐欺」可能としても、それは逆に中国人が日本人を騙すことなら、当時のあらゆる事情から推して、あり得ることである。そしてこのことは、日

本人が中国人を騙すことの、いかに困難不可能なことであるかを物語るものとも言えるであろう。

（2）職業、前科の面から

西武雄は、過去に芸能社という興行関係の事業に手を出したことはあるが、もともと工業学校出身のエンジニアであって、当時もトラック運送業をやっていたのである。繊維品のブローカーに関係したのは本件がはじめで、過去にはその経験はない。しかるに、相手方の王、熊本両氏はもともと衣類、仕立業者で、繊維品ブローカーには通暁している連中である。

王らについては、江里口欣哉証人の法廷証言として、

「王祖金に関して一言事実を申し上げます。私は、昭和22年頃王や陳等の手先におどらされて窃盗団の一員として働かせられて、箕島松居工場等に集団窃盗に行き、その盗った品物は、王や陳等のところへ手先を通じて持って行き、処分して、私達に金を分配してくれましたが、そのとき王は護身用として自慢のように拳銃を常に持っておりました。その後私達は窃盗がばれて刑務所へ入れられました。その当時は全く王等は、金を見せて買うような顔をして、闇物資等をおどして取り上げ、それが出来ないときは、私達に窃盗させておりました。以上参考のために事実を申し上げます」

と言う言質があり、また前科としては、熊本は6犯、王らは列車強盗団主犯等がある。その点、西武雄はじめ石井健治郎等7被告人共、前科皆無である。次に職業等の面から推して、西武雄に「詐欺」の計画があったとはどうしても考えられない。仮に西武雄に「詐欺」の魂胆があったとしても、わざわざ未経験の世界で、その道のベテラン相手に計画するとは考えられない。

（3）関係者が多すぎる

関係者を多数動員することは、「詐欺」にしろ「強盗殺人」にしろ、計画遂行に多大の支障を来たすので、これは当然避けるものと考えられる。しかるに、「同人及び日本人仲介者数名を介し、同月中旬頃、同市春吉3番丁衣類商王祖金（当時40年）始め劉徳鈿、薛勝雄、葉坤林、林華利等中国人5名に対し、これが売込方を申入れて、その取引の交渉を押し進めるうんぬん」で多数の人を動員し、更に取引相手当日の相手方は6名、被告側は7名という人数である。喧嘩の場合なら考えられるが、「詐欺」や「強盗殺人」の計画にしては、余りに無神経に多数の人が動員されすぎていて、「詐欺」や「強盗殺人」の計画ということは考えられない。

（4）事後の計画がない

仮に架空の軍服で「詐欺」または「強盗殺人」が成功した場合を想定してみる。しかし、茲で成功であるというのは、目的の百数十万円の金を、西が王等から強奪することにある。だが成功後が問題である。その後の状況がそのように展開するか、想像してみよう。

まず、王等取引相手の中国人5人は、架空の軍服で百数十万円の大金を強奪されたことに驚き、緊急西らを警察に訴えると共に、自らも烈火の如く怒り、あらゆる手段を弄して西らの所在を追求し、場合によっては殺害せんとも限らないのである。

一方、西らもまたこのことを敏感に察知し、深く地下に潜るか国外逃亡を企てなければ、逮捕は必至である。しかし、西らだけは巧みに逃走し得たとしても、親兄弟、妻子等の肉親はどうするつもりか。「詐欺」の成功は、それが計画だというなら、事後の行動、家庭の処置まで計画なさるべきが当然である。しかるに、事実としては事後の逃走計画皆無であり、西武雄は逮捕まで七福楼に宿泊して、行動をくらます等の怪しい挙動はひとつも見られなかった。
　「詐欺」、「強盗殺人」の計画者に事後の計画がないということは、どうしても考えられない。

（5）余りに非現実的
　架空の軍服で「詐欺」を計画していたということは、「詐欺」の性質上ありうる事だと、一応は思い込ませるに充分である。しかし、よく考えてみると、現物あっての「詐欺」は、計画も立てられるしその成功も考えられる。だが、架空で「詐欺」は容易ではないし、第一、計画が立てられるであろうか。架空の軍服で「詐欺」を計画したというのは、現実に則さない机上の空論で、これはあくまで第三者が考えたことで、当事者としては考えられない、非現実的な「詐欺」の空想としか受取られない。以上の5点から考察しても、「詐欺」の計画も遂行も到底不可能で、そのような無謀な計画を立てる詐欺師が果たして存在するのかどうか、一考を要する問題である。

3　詐欺と強盗殺人併合可能か
　そこで、「もしこれに成功しない場合には、取引の相手方を殺害して金員を強奪しようと計画し」たと言うのである。即ち、第2次計画への移行である。
1．しかし、ここで注意を要すべきは、「もしこれに成功しない場合」を考慮して、「詐欺」の計画遂行に当たるということがあるかということである。「詐欺」を実行に移すのは、成功に自信が得られたからで、成功に自信のないまま「詐欺」の計画が推し進められるや否や。第三者から見れば、その「詐欺」は成功しないとみえても、当事者としては成功を確信すればこそ「詐欺」は成立し、遂行されるわけである。また結果としては不成功に終わるとしても、当事者としてはあくまで「詐欺」を計画する以上は、不成功を予想するはずがない。
　もし、不成功が予想されるなら、成功するように構想を練り、それでも不成功の見透しが強くなったら、「詐欺」を断念することはあっても、「強盗殺人」と併合して実行すべく予め計画をたてるということは考えられない。
　したがって、「もしこれに成功しない場合には」ということは、当事者として事前には考えられないことで、これはあくまで第三者が事後に設定したものであって、単なる説明としてはそういうこともいえるが、現実としてはあり得ないことである。
2．次に、同一人格によって、この異質的な「詐欺」と「強盗殺人」とが併合して計画されるや否やが問題である。
　「詐欺」は「権謀術策」を弄するとことの、あくまで知能犯であり、一方「強盗殺人」は「無謀」の極と思われる低能犯であって、この相反する2つの犯罪が、1人の人格において、しかも同時に計画されるということは考えられない。この点について松本清張氏は、「帝銀事件」

において、

「しかし考えてみると、日本堂の事件は単なる小切手詐欺事件である。詐欺事件と大量虐殺事件とは自ら質が別だ。だが、一般にはそのような悪いことをするから大量の毒殺もやりかねない、という印象となる。しかし、詐欺を働く者には殺人が出来ないという信念は、誰よりも捜査に携わる捜査員が知っている筈だ。詐欺と殺人とは根本的に犯人の人格が違うのである。しかし、世間ではそう見えない。ここに、平沢に対する巧妙な状況設定のすり替えがあった」

と言っているように、「詐欺」と「強盗殺人」とは、心理的発想において、自ら別であると思われる。

3．次に、「もしこれが成功しない場合には」というのが、成功の可否と言うことは、前述の如く、論ずるまでもなく不成功必至である。しかし一歩譲って、仮に「もしこれに成功しない場合」を認めるとしても、それはあくまで事前の計画としてではなく、遂行途上における、突発の事態としてである。

しかし、かりに、事前に「もしこれに成功しない場合」が予想されるとても、成功すると信じて実行しようとする場合の、その成功を信ずる信念に較べたら、「もしこれが成功しない場合」の不安というものは甚だ微弱で、ハッキリと意識できるものではないであろう。でなければ、実行に移すはずがない。もし成功の信念と不成功の不安とが六分四分にでもなれば、「詐欺」は断念されるに違いない。

したがって、「若しこれが成功しない場合」がハッキリ意識されることがあるとしても、それは遂行途上のことであって、事前の計画としては考えられない。

4．そこで次に、計画と実際との間に齟齬を生じ、咄嗟に「詐欺」が「強盗殺人」に居直った場合を想定してみよう。

主謀者の西に何の連絡もせず、かつ指示も待たず、石井と黒川とで勝手に強盗殺人に居直ることができるものか、まして強奪しようという現金60余万円は西武雄側にあって、ことの進行状況は応答の距離があるため、黒川側には判明しない。たとえ判明しても、「詐欺」を「強盗殺人」に切り替えるという重大なことを主謀者の西がやらずに、黒川が自らの意志で実行するとは考えられない。しかも、ことの遂行は予め計画されたもので、簡単に破棄されるものではあるまい。

5．したがって、咄嗟の「強盗殺人」も、当時の状況から推して不可能だとして、仮に最初から「強盗殺人」だけを計画していたとしても、

(イ) 西、黒川で計画したというのに、当日2時間前（事件発生）に、未知の石井ら4名と藤本を合わせて計5名を臨時増員したということも、かねて計画したということに疑念をもたせるに充分である。かりに、5名の増員を計画の中に入れていたとしても、未知の人を当日予測も出来ないのに、突然参加させるようなことができるものかどうか。計画としては、余りに突飛に過ぎると思われる。

(ロ) 強盗殺人にしては、余りにも関係者を動員し過ぎているし、被告人側の7名も多すぎ

る。たとえば、7人強盗殺人団というものが、過去にも存在したかどうか。しかも、山奥の出来事ならいざ知らず、都会の真中での出来事としては考えられない。また、当日取引に出席した中国人側は6名、「強盗殺人」を計画していたとして、熊本文造まで入れて7名を殺害せねばならぬが、そのような大がかりな大量殺害の計画ができたり、実行できたりするものか、到底我々の常識では考えられない。
- (ハ) 以上のような、大がかりの「強盗殺人」を、白昼公然と、大衆の出入りする食堂を集合場所として遂行するということも考えられない。
- (ニ) 岸田、牧田には、強盗の意志はないとなっているが、意志のないものを、なぜ「強盗殺人」の現場にわざわざ連行したのか。これも考えられない。
- (ホ) 首謀者の西武雄が、この大がかりの「強盗殺人」を遂行しようというのに、武器を始終所持しないということも考えられない。

以上、主として判決文面の上から批判してみても、「強盗殺人」の理由付けには種々疑問と矛盾があるのである。

4　支離滅裂の迷文

1．「同年5月初頃、まず、その見本とすべき夏物軍服上衣、袴下、軍用夏物シャツなどを入手して、これを福岡市住吉新屋173番地ブローカー熊本文造（当時41年）に交はし、同人及び日本人仲介者数名を介し、同月中旬頃、同市春吉3番丁衣類商王祖金（当時40年）始め劉徳鈿、薛勝雄、葉坤林、林華利等中国人5名に対し、これが売込方を申入れて、その取引の交渉を押進めるうんぬん」とあるが、この判決文は、見本の軍服だけで取引（詐欺）しようとしていることを、ある程度具体的に述べている。

しかし、百数十万円にのぼる大がかりの取引であることは、その明示が避けられている。これは、そのような高額の取引が一着の軍服見本だけで成立しない。即ち、架空軍服による詐欺の不可能を看破されることを恐れてあえて取引金額の明示を避けているのではあるまいか。

2．「被告人西武雄は、昭和22年4月末頃以来、軍服架空の品物の取引に籍口して、金員を入手べくうんぬん」とあるが、昭和22年4月末頃は、西が選挙事務所ではじめて熊本を知った時であって、この判決文でいうと、西は熊本を知ると同時に、本件を計画したことになる。未経験の繊維品物闇ブローカーの世界で知人を得たからとて、すぐ「百数十万円」にのぼる取引にことよせての「詐欺、強盗殺人」が計画できるであろうか、これも容易に考えられないことである。

3．「黒川に前記計画を逐次打明け」というのが、黒川は当時20才の青年で、学歴もなく、知能も至極低く、度胸も腕もない。それにまた人一倍小心ものである。このような所謂チンピラを相手に、西がこの大がかりな「詐欺、強盗殺人」の計画を立てたとは、どうしても考えられない。また「芸能社経営当時の輩下であった」とあるが、この「当時」は勿論事件当時ではなく、半年前解散した芸能社当時であって、以来、事件発生一週間位前に再開するま

で会っていない間柄で、そう易々と、このような大がかりの犯罪を打明けられるとも考えられない。

4．「予て所持する拳銃をうんぬん」とあるが、石井は、森知義に売買の依頼を受けて所持していたもので、所有していたものではない。が、事実を省略して、被告が如何にも「殺し屋」らしく印象づけようとしている。

5．「その実行に必要な拳銃の入手の方便として、福間競馬のことに関し、福岡の親分野田某と、久留米の親分原口某との間に、喧嘩が行われる旨架空の事実を作為し」といっているが、野田証人の「架空でない」との証言がある。拳銃入手を「強盗殺人」に必要なためとみせるため、架空のものとしたものとみられる。

6．「更に被告人岸田及相被告人牧田頼之をして同所に持参させた14年式拳銃1挺（証第11号）うんぬん」の拳銃は、撃針が折れて使用不能であるのにその明記を避け、あたかも使用可能の拳銃であるかの如く匂わせている。

　また、「被告人押川より拳銃（証第11号）を受取りしも王等が逃げ出す場合にはこれを脅して被告人西、黒川等の計画遂行を容易ならしめるべく、付近路端ポプラの下に潜んでひそかに王等の動静を見守りうんぬん」とあるが、証11号の拳銃は使用不能品であって、拳銃を所持せる王祖金に対しては、脅しも不可能である。しかも、事件後も油紙に包んだままで、脅しに使用した形跡もない。

7．石井の拳銃は「予て所持する拳銃の貸与方依頼を受けた」はずであるが、のち、「被告人に譲渡すること」になり、更には「みずから使用して、その実行の一部を分担すべきことを引受け」たことになっている。

　しかし、西は初対面の石井に対して「計画の実行に関する大略の構想を表明」したに過ぎないのに、石井が前記判決文に言う如く、そう易々と西の表明にしたがって、自己の言動を次々に飛躍させるとは考えられない。

　西はまた、このような大がかりな計画を、初対面の石井に「大略の構想を表明」するだけでことに当たるような、無謀なことを為すとは考えられない。

8．「被告人西に譲渡することを承諾し、かくて被告人西は、拳銃の入手に成功するや」とあるが、「譲渡することを承諾し」たまでで、譲渡したのではないから「拳銃の入手に成功」してはいないわけである。

9．「暫次計画を打明け」というが、初対面の西、黒川と石井が会って、事件発生まで僅かに3時間足らずの短時間である。漸次などという悠長な、そして曖昧な計画の打明方法で、ことの遂行が達せられるような小事件ではない。ここの文章としては、相当緊迫した具体的な叙述があって然るべきだと思うが、それがないのは、そうした事実がないので叙しえないのであろう。

10．「罪となるべき事実、第1」項の短文章の中に、「計画うんぬん」が9ヶ所もある。以下に抜粋すると、

1）「取引の相手方を殺害して金員を強奪しようと計画し」

2）「被告人黒川利明に前記計画を逐次打明け」
3）「前記計画の実行方を共謀し」
4）「漸次計画の実相を打明け」
5）「計画の実行に関する大略の構想を表明し」
6）「被告人石井また前記計画に加担し」
7）「ここに愈々予ての計画どおり」
8）「これを脅して被告人西、黒川等の計画遂行を容易ならしむべく」
9）「被告人西、黒川等の計画に加担し」

となっている。ところで、このように「計画」的犯行であることを強調しながら、その計画が何時、どこで、誰が、どのように計画したかの具体的事実には触れていない。それは、事実そのような「計画」も謀議もなかったので、全く触れようにも触れられなかったものと見られる。

11．次に、「かくして、被告人黒川は、直ちに前述浜利飲食店に引き返し、被告人西及び架空取引の相手方劉徳鈿等に対し、現品のトラック積込終了の旨を報告し、被告人西には、同所で前記劉等に対し、残金60余万円の交付方を強要したが、劉等において、あくまで現品引換を主張峻拒したため、その目的を達せず、うんぬん」というが「残金60余万円については、王等の方で、現品と引き換えでなくては容易にこれを交付すべくもない模様であったので、被告人西は、ここに愈々予ての計画通り取引の相手方を順次誘い出し、これを殺害して前記残金を強奪する外は無いと考え」（傍点筆者）たのなら、「あくまで現品引換を主張峻拒した」と言うことは、「ここに愈々予ての計画」を実行に移す絶好の機会に当面したわけで、「その目的を達せず」ということはどうしても考えられない。

しかし事実は、残金60余万円を強奪しようとした形跡もなく、また、「取引の相手方を順次誘い出しこれを殺害し」ようとした形跡もないのであるから、如何に「強盗殺人」と銘打っても、事実ないことをあるとはさすがに明記できず、「その目的を達せず」と本音を吐いてしまったのではないか。だが、それでは「強盗殺人」は未遂になる。そこで、「被告人石井と共に、前記中島園吉方に赴き、さきの現金10万円の交付を受けた」ことを、強盗とせねばならぬことになる。しかしこの10万円は、殺人の行われる前に、取引上の手付金として既に受領していたもので、殺害後に強奪したものではないので、この10万円をもって強盗呼ばわりは筋が通らぬ。

更に、「ここに、被告人西、黒川、石井の3名は、金員強奪の目的を以て王、及び熊本の、被告人岸田は、殺害を以てする熊本の各殺害行為を遂行し、うんぬん」と。ここでは、結局「その目的を達せず」という、己の主張を自ら覆して、「強盗殺人」を遂行したように断じている。全く三転四転している迷文である。嘘のある文章の証拠である。

しかし、今一度、「ここに、被告人西、黒川、石井の3名は、金員強奪の目的を以て王、及び熊本の、被告人岸田は、殺害を以てする熊本の各殺害行為を遂行し、うんぬん」を考察してみよう。この文章は、「強盗殺人」を遂行したともとれるが、また「殺害行為を遂行し」

たともとれる。

　即ち、「金員強奪の目的を以て……殺害行為を遂行し」たといえば、「強盗殺人」を遂行したように聞こえる。しかし、「金員強奪の目的を以て」いても、必ずしもそれは目的を達したということにはならぬ。とすれば、「殺害行為を遂行」しても「強盗殺人」を遂行したことにはならぬ。

　したがって、「その目的を達せず」「殺害行為を遂行し」た場合、それは「強盗未遂、殺人事件」であっても、「強盗殺人事件」ではあるまい。しかし、殺害しておいて、「その目的を達せず」強盗を放棄するのはおかしい。殺害した以上、「その目的を達せず」にはおかれぬのが人間の心理ではないのか。また反対に、「その目的を達せず」に殺害を遂行するということは、尚更考えられないことである。

12. 次に、「被告人西は、同日夕刻被告人藤本を、前以て取引物件の仮装の売主となることにつき承諾を得ていた同市西堅粕5丁目中島園吉方につかわして、やがて被告人西等が出向くべきことを申し伝えさせ、間もなく、同日午後7時頃、被告人西、黒川、押川、石井、岸田は相被告人牧田と共に相前後して、福岡旅館を出発し」て、殺害現場周辺に集っている。ただし、西だけは浜利食堂から一歩も動かず、殺害現場も知らぬ。

　しかるに、殺害発生までの殺害現場における各人の状況供述の中に、岸田、牧田の状況供述は除外してある。しかも、殺害後に「被告人岸田は、予て被告人藤本より西、黒川等の前記拳銃入手の目的が喧嘩にあるものと聞知し」て、「殺害の意志を以て、前記日本刀で2回にわたり、何れも熊本の背部より胸部を貫き、刃先が地面に達する程度に強く突きとおし」ている。

　殺害発生まで現場にいない者が、殺害と同時に突然出現して「日本刀で二回にわたり……刃先が地面に達する程度に強く突きとお」すとは、考えられない。

　強盗殺人の現場に「強盗殺人罪」の抜けている岸田や牧田をおくことは、辻褄の合わぬ結果となるので、わざと殺害発生までの殺害現場における岸田、牧田の行動の供述を伏せたのであろうが、しかし、「拳銃入手の目的が喧嘩にある」ことを岸田に知らせたのは藤本である。その藤本に「強盗」の意思を認めて、岸田に認めないという矛盾を暴露している。

　また、「その間被告人石井、藤本、押川等に対し、漸次計画の実相を打明けうんぬん」とあるが、この「等」の中には、岸田、牧田を入れているのであろうが、何故このような重大な事柄を「等」でごま化したのか。岸田、牧田を強盗殺人罪から除外しようとしている意志がハッキリ読み取れる。しかも、「被告人石井、藤本、押川に対しうんぬん」と断定できないのは、事実上、岸田、牧田も同席、同道しているからで、「等」として伏せるほかなかったのだろう。

　しかし、さらに奇怪なのは牧田である。彼は出発したまま行方不明である。「無罪」にとする為には、そうするほかなかったのであろう。しかし、計画を聞きそのために出発した以上、殺害現場に現れていることは事実である。もし現れていないのならその旨明記すべきであって、無罪だから彼の行動を記載しないでよいということはあるまい。

第1節　架空の軍服詐欺

次に、以下の方法で仔細に判決文を批判検討し、真実を追究したい。

第1に、判決文にあらわれた「罪となるべき事実」を明示し、第2に、判決文に示された「証拠」を明示し、第3に、これに対する「反論」を展開することとする。

さて、「罪となるべき事実」を便宜上、以下の10項に区分し、各項それぞれについて示された証拠を列挙して、これに対する「反論」を述べることとしよう。

1）架空軍服詐欺、2）強盗殺人計画、3）軍服見本探し、4）軍服取引交渉、5）西、黒川と共謀、6）福岡旅館の状況、7）共同謀議の可否、8）西、王らと取引、9）射殺現場の状況、10）事件直後の行動、11）西の犯意継続、12）銃砲等禁止令、13）被告人の転業

第1　判決文「罪となるべき事実」

「被告人西武雄は、昭和22年4月末頃以来、軍服等架空の品物の取引に藉口して金員を入手すべく」

第2　判決文に示された「証拠」

1．黒川利明に対する司法警察官代理の昭和22年2月6日付聴取書（記録第205丁以下）中より、

「私は昭和20年4月23日頃から、野田俊作の選挙応援として、福岡市春吉三軒家川口博美方選挙事務所に行っていたが、西は、同月26日頃同事務所で、私に対し『軍服が千着あるので、これを春吉の熊本というものに売り付ければ、大分儲かる』という話をし、同席していた姫野という人が席を立った後、『実は今度軍服で詐欺をやるのであるが、その見本にする軍服の新品はないだろうか』と私に尋ねた」。

第3　上記証拠に対する「反論」　その1

まず、証拠の第1に挙げられた、黒川利明に対する司法警察官代理の昭和22年2月6日付聴取書から順を追って詳細に検討してゆく。

司法当局は、黒川の警察における供述をはじめ、この判決文に掲げられた証言は任意性のあるものとして、これを証拠としている。

任意性のある供述だという裏付け証拠としては、同判決文の「証拠」の項に、警察取調官後藤実の以下のような証言を明示している。

「1．原審第16回公判調書中、証人後藤実の供述として（記録第1426丁）私は福岡県巡査部長として、福岡警察署勤務を命ぜられており、西武雄等6名の強盗殺人事件に関し、同人等の取調べを担当したことがある。私が事件の発生を知ったのは、翌日即ち昭和22年5月21日朝で、私は西武雄、黒川利明、藤本清喜、押川智栄治等を取調べた。黒川を初めて調べたのは、同年6月7日であるが、同人は同日付近の聴取書にある如く最初から素直に西と共謀して強盗殺人を犯した供述をしたのである。その取り調べのとき、私は松尾刑事を立

合せ、私がまず下調べをしてメモを取った上調書を作成したのであるが、黒川は他の共犯者より大分遅れて佐賀で検挙され、永く検挙の手を逃れていて相済まないという気持が一杯で、非常に後悔して、自ら進んで調書にある通りの供述をしたのであって、他の者がこのように述べているなどと言って誘導したり、無理をしたりしたことは絶対にない。私も同人が永く検挙の手を逃れて済まないと口に出すし、その気持が態度にも現れており、また西との関係の新事実を述べたので、判然心証を得た次第である。黒川の外、西、藤本、押川等の取り調べについても、誘導や無理をして供述をさせたことはない」

といった証言を取り上げている。しかし、黒川利明は民事公判調書において、以下のように供述している。

「裁　警察では、誰の取調べを受けましたか。

　黒　確か、後藤という人でした。

　裁　その時、あなたは事実本当のことを述べましたか。

　黒　その時、私は何日もかかって夜遅くまで調べられ、睡眠不足で意識朦朧としておりました。また、私は何もかもぶちまけて罪に服し、真人間になる心算でおりました。そして、取調べに当たった係官は、他の者の取調べ調書を作った終了後であったので、私の知らないことでも知っていて、誘導的に取調べ、調書を作成しましたが、私は、以上のような精神状態でしたので、そのままに済ませました。

　裁　それで、その調書中には、あなたが知らぬことも記載している訳ですか。

　黒　相違ありません。

　裁　甲第15証を示す

この調書の署名捺印は、あなたのものですか。

　黒　相違ありません。

　裁　この調書は、読聞かされましたか。

　黒　読聞かされました。しかし、その時は取調べがながくなって、既に夜明け頃になっており、私は眠くてたまらず居眠りしていて、どうでもよい気持になっていました」

その他、聴取書作成当時の取調べ状況の詳細については、別項「警察、検察官の証拠捏造の事実」を参照されたい。また、この項において後述する各被告人の第二審公判調書においても、そのことは判然とすることである。

しかし、7名の被告人の警察における取調官は後藤だけではない。松尾利三、馬場初吉、戸渡修その他今泉、尾保、井手、山崎刑事（岸田文彦第二審上申書による）等数名が取調べに当たっているのである。したがって、これらの取調官全部の法廷証言が必要である。しかるに、被告人がこれら警察の取調べに当った取調官の法廷証人を申請しているが、第二審裁判長はこれを拒否している。この点では検察官取調官についても、同じく法廷証人を申請しているが、取り上げられたことがない（押川智栄治証言録音による）。なぜ裁判長は取調官の法廷証人を拒否したのか。また、たまたま証人として法廷に立たせても、その証言を録取していないという事実がある。この点について、石井健治郎は「質疑応答書」（筆者宛て）の中で、以下のように供述している。

「私と松尾利三が争って、私が勝っても、やはりその捏造の供述なる書類を頬かぶりして、証拠としているのである。

　その証拠に、裁判長は私からいい込めたので、松尾刑事に「いま被告人がいうことが事実ならば、君は偽証罪になるよ」といった言葉が私の聞いた耳に残っている。しかし、書記は記録していない。書記は私と裁判長のやりとり、松尾や各被告人のやりとりは、一つも速記していないことは全くおかしい事であります」

　なぜ裁判長は、証拠捏造の真偽を確かめる、取調官の法廷証言を録取しないのか。

　次に、西武雄は「質疑応答書（筆者宛て）」の中で、以下のように供述している。

「警察聴取書の改筆捏造は、島村裁判長にはわかっていたらしく、その真偽の詰問は全然なく、私達の方で余りの好意に疑心を抱いて、警察証人申請を口頭で申し出た時『警察官が本当のことをいうものか、まぁ、裁判所にまかせときなさい。判っている、判っている』ということでしたから安心していたのに……」

　とこれによれば、警察官というものは法廷に立っても偽証をするということは、裁判長自身認めていることになる。しかるに、いまここに後藤実の法廷証言を取り上げて、聴取書の証拠能力の裏付証言としているのは、明らかに矛盾ではなかろうか（島村裁判長の「警察官が本当のことをいうものか、まぁ、裁判所にまかせときなさい。うんぬん」の言は、西が島村裁判長に宛てた上申書中にも取り上げている。これに依っても、この言が真実であることは立証される。ちなみに上申書の先の件に関する個所の一節を挙げると、「ついては去る2月22日公判時において、裁判長殿より警察の調書とか、一審の書類等は、当審は問題にしたり、そんなものにこだわってはいない。一応破棄して、当審で、こと新しく調べなおしているのだからよいだろうとの力強い有難いお言葉を賜りましたので、今更事件の真相をこと新しくクドクドと述べる必要もないと思います。うんぬん」とある）。

　なぜ裁判長は、このように聴取書捏造の真偽、詰問の審理を回避して、しかも、それを証拠として採証したのであろうか、不可解である。

1　西・黒川の法廷供述

上記証拠に対する「反論」　その2

　さて、前出の黒川の警察聴取書に対して黒川利三は、第二審第3回公判調書（昭和24年5月10日）において、以下のように供述している。

「裁　なお、西が軍服を千着ばかり売る事になっていたという話は聞かなかったか。
　黒　それは、熊本という人が事務所の電話を借りた時に西とそのような話をしておりましたので知りました。
　裁　それは、被告人が初めて西と選挙事務所で会った時の事か。
　黒　はい。当時、熊本は事務所の電話を始終使用しておりましたので、事務所によくやって来ていたのです。
　裁　熊本は、何をしている者なのか。

黒　その時までは一面識もない人でしたが、その軍服の話を聞いて恐らく服のブローカーをしている人とおもいました。
　　裁　軍服の売買の話というのは、西が熊本に売るということだったのか（…）。
　　黒　いいえ、熊本が他人に売ることにしているのでその手伝いをしてくれということでした。
　　裁　軍服は、何着位あるということだったのか。
　　黒　千何百着ばかりあるという話でした。
　　裁　西は、その話を承諾したのか。
　　黒　その時は、別に決定的なことは言わなかったと思います。
　　裁　そのことで、被告人の方にも手伝ってくれという話はなかったか。
　　黒　西は、私に対しては、自分が近く料理屋をする積りだから、それができれば人も要る事だし、また大根の千切りの取引も忙しくなることだから、その時は自分がお前を使ってやる、と申しただけで、別に軍服の話を直接には、私に持出しませんでした。
　　裁　西から軍服を売ると称して相手をだまして金を手に入れるから、それを資本にして料理屋を開くのだ、という趣旨のことを聞かなかったか。
　　黒　いいえ、そのようなことは聞きません。料理屋を開く資本金は、大根の千切りの取引の利益金やトラック業による収益を当てると申しておりました。
　　裁　軍服は、実際には無いのだが、持っているように見せかけて相手を騙して金を取り、それで料理屋を開くのだ、と言わなかったか。
　　黒　その時は、聞いておりません。
　　裁　警察の取り調べに際しては、そのような話があったように述べているようだね。
　　黒　警察では、取調べに際して、お前が西や熊本の話を聞いたときに相談があったのではないかと訪ねられますので、私も事件後新聞を見て大体の事情を知っておりましたので、創造的なことを述べたのです」（傍点筆者）

と述べて、聴取書にある、いかにも西が軍服詐欺を計画しているように述べた黒川の供述を、黒川自身が否定している。その理由は、新聞に発表された、西強殺主犯説をいいことにして、自ら罪を逃れるため、虚偽の供述をなして、西を強殺主犯に祭上げたことは、黒川の後の供述で解る。

即ち、黒川は、証拠とされている聴取書においては、西を架空軍服の詐欺を計画し熊本に売らせようとしているものとして証言しているのであるが、第二審公判調書では、熊本が軍服を売るのに、西はその手伝いを熊本に依頼されたのだと、西の架空軍服詐欺計画を完全に否定している。

この点に関して西武雄は、司法警察官代理巡査部長後藤実の聴取書（昭和22年5月29日）において、

「本年3月龍野さんのために知事選挙応援に福岡市に出て来ました。それでほとんど福岡におりましたが、5月10日頃であると思います。龍野選挙事務所で知合いになりました、熊本という人から、話があるので来てくれ、との使いがありましたが、用事があって直ぐ行かれず、5月15日頃市内住吉橋の近くの熊本さん宅を訪ねましたが、ここにおいて熊本から軍服の売買がしたいが、ブローカー仲間では値が安いので、あんたが持ち主になってはくれないかとい

う話があっておりました」

と、熊本の取引の手伝いを依頼されたことを述べている。

また、西武雄は第二審第5回公判調書（昭和24年8月16日）において、以下のように供述している。

「裁　熊本文造とは、何時知合いになったのか。

西　それは、前回の知事公選の選挙があった頃で、昭和22年1月頃選挙事務所で顔を合わせたとき知合いになりました。

裁　熊本文造方へ行った事もあるか。

西　熊本は福岡市住吉新屋173番地に居住しておりましたが、2回余り同人方へ行ったこともあります。

裁　熊本文造と繊維品の取引について交渉があったか。

西　選挙事務所で度々会っている内、ワイシャツがトラックで一台分あるが、取引方法はあるまいかということで、熊本と話がありました。

裁　軍服の話は、何時出たのか。

西　それも昭和22年3月のことですが、矢張り選挙事務所でも話が出ていたのでありました。当時私は春吉の山茶花という旅館に宿泊していたのですが、その頃ある日、熊本が山茶花旅館の私を訪ねて来て、ワイシャツの取引についてはゴタゴタしたが、今度の軍服については直接売買したいと思うので加勢してくれないか、という話がありました。しかし、私は繊維品の取引については経験がないので、加勢はできないといって断ったのであります。ところが、その後の4月初め頃になって、重ねて加勢を頼まれ、迷惑はかけないというので、わたしも小遣銭とりの考えで、熊本の申出を承知したのであります。

裁　その軍服は、どこに、どの位あるという話であったか。

西　熊本の話では、品物は佐世保の引揚援護局より出たもので、現品は堅粕の個人の家に分散して保管してある。所有者は熊本等ブローカー達のものだと申しておりました。ワイシャツの時も具体的なことを訪ねたのですが、取引をする前には具体的なことは話さないから、聞いてくれるなと申しておりましたので、軍服の時もそれ以上突込んで尋ねませんでした。

裁　熊本文造は、当事何をしていたのか。

西　熊本の妻君が仕立屋をしている、熊本自身は、仕立業組合の金を資本にして物資を動かしている、と申しておりました。

裁　軍服の数量は、言わなかったか。

西　それは千何着とか、端数の細かいことを言っておりました。そしてブローカーに売れば安く踏まれるので、自分で素人の買手を探して売込むのだ、と申しておりました。

裁　被告人に加勢してくれというのは、どういうことをしてくれというのか。

西　それは、私に架空上の持ち主になってくれというのです。取引をする時にその場所に出て、一切は熊本に委せてあるから、といって貰えばよいというので引受けた訳であります。

裁　軍服の現品は、見たか。

西　それは、熊本方で見本を見ました。夏の軍服上下でありました。
裁　1着幾らで売るというのか。
西　単価は幾らかと申しておりましたが、記憶しておりません。ただ総額は140、50万になり、利益が50万円位ある、その利益の内3割を私に分配するという話でありました。
裁　実際には、そのような軍服はないのであるが、買主から金を騙し取る方法として、熊本と被告人が相談してそのような軍服があるようにいっておったのではないか。
西　決して、そのようなことはありません」
　このように西は、甚だ具体的に、熊本の軍服取引の手伝いに関する一件を供述している。

2　軍服の架空荷主か、架空軍服の荷主か
上記証拠に対する「反論」　その3

　本件を架空軍服詐欺ならびに強盗殺人事件と予断した警察当局の見解は、結局最高裁まで通り、この予断が真実とされ、2人は死刑を宣告されたわけである。
　それではなぜ、この突発的に発生した正当防衛の誤殺事件が、事実無根の架空軍服詐欺ならびに強盗殺人事件と予断されたかという結論については、拙稿を通読した読者には、自ら得られる回答であろうと思うから触れないことにする。
　ただここでは、警察が単に殺人が行われたというこの事実に対して、どうして架空軍服詐欺とか、強盗殺人とかの見込みをつけたかということに触れてみたい。
　まず、西武雄が熊本文造に頼まれて、軍服の架空の荷主になったと自供したことを、警察当局は、架空の軍服の荷主だと、故意か無意識か、いずれにしても事実を曲解して受け取ったのである。
　このように、架空の荷主ということにヒントを得て、架空の軍服の荷主だと捏造している。そこには詐欺という罪名がつけられた理由があるわけである。しかし、詐欺で殺害するということはあり得ないので、詐欺から強盗殺人へ、これは余りにも飛躍しすぎているが、そこは適当にゴマ化し、強引に結論づけてしまったというわけである。
　ところで、軍服取引の主人公は一体誰であるか。西武雄は熊本文造だといい、警察当局は西武雄だというのである。いずれかが真であり、嘘であるわけであるが、その鍵を握っている筈の熊本文造が死亡しているので、その真実を掴むことは容易ではない。
　しかし、熊本文造だけがこのことを知っていたのではない。買主の王祖金もよく知っていた筈である。だが彼も一緒に殺害された。
　すると、次に知っているものといえば、それは西武雄であろう。それと買主の用心棒、仲介者たちである。
　その西武雄が、いろいろ論証をあげて、軍服取引の主人公は熊本だと供述しているのに、警察当局はこれを検証しない。しかし、この場合事件関係者では西武雄が一番真実を知っているわけで、その証言はもっとも有力な筈である。
　一方、警察当局のいう西武雄説は一体何を根拠としていうのか、甚だ曖昧である。勿論物的証拠もないし、論証もチグハグである。

佐世保引揚援護局から横流しされた大量取引であったため（摘発の重要な時期であったため）、全てが極秘のうちに進められ、詳細はその主人公だけしか知らなかったのである。しかも、その主人公が死亡しているためにこの事件が、冤罪の問題をはらむ結果ともなったのである。

おそらく警察当局は西武雄に対して、熊本文造の死をよいことにして、架空軍服詐欺の主人公を熊本に転嫁しようとしているのだという嫌疑をかけているのであろう。

しかし、西武雄側に立てば、熊本文造の死をいいことにしているのは警察当局ではないか。もし熊本文造が生きていたら、軍服の実在を証明できたのに……と歯ギシリしているのである。

警察当局は、共犯者の供述は認めても（勿論それも捏造を強制したのであるが）、本人の供述は認めようとしない。それは本人は偽証を立てるという前提に立っているのだろう。しかし、本人が偽証を立てる可能性があるということは、本人が事犯の真相を知っているという前提に立っているからのことではなかろうか。したがって、彼に偽証を立てる可能性を認める以上は、当然彼に事犯の真相を知っているという事実も認めなければ、甚だしい矛盾をきたすことになるのである。

しかるに警察当局は（勿論警察だけで司法官憲側は）、西武雄に偽証を立てる可能性だけを認めて、事犯の真相を知るのもかれだという可能性は全然無視している。

しかし、そのことはここではしばらく不問に付すとして、西武雄を除いて、次に軍服取引の主人公について取引に関係した仲介人や、買主側に関係していた者は、誰が主人公であったかということについて、一応の知識は持っていたはずである（証人藤野安三郎の証言については、「第3節、軍服見本探し」の項を参照のこと）。

取引に関係した魏政雄は、第一審第17回公判調書において、以下のように供述している。（全文引用することは、少し冗長に過ぎる嫌いもあるが、全体の供述から推して熊本文造が取引の主人公であること、軍服が架空でないことが察知できると思うので掲示することにした）

「裁　本件被害者の熊本文造を知っているか。

　魏　知っております。

　裁　何時から、どんな事情で知り合ったのか。

　魏　約2年前に、私がワイシャツの仕立を熊本に依頼したことから知合いになりました。

　裁　当時、熊本文造は何をしていたか。

　魏　職人を置いて、ワイシャツ等の仕立をしており、自分も註文を取って歩いておりました。

　裁　熊本から軍服を買わぬかという話を持ちかけられたことがあるか。

　魏　あります。

　裁　それは、何時頃であったか。

　魏　昭和22年5月中で、熊本が殺される10日位前に同人が私方に来て軍服を買わぬかと申しました。

　裁　軍服は、どの位あるといっていたか。

　魏　数量は言いませんでしたが、金高として150、160万円位のものがあると申しました。

　裁　軍服は、どういう種類のものということであったか。

魏　見本を持ってこなかったし、また、私も買う決心をしませんでしたから詳しいことは聞いておりませんが、軍服の上下と軍服の下着類があるということでした。

裁　その軍服は、どこにあるということであったか。

魏　熊本市内の倉庫から送ってくるのだといって、品物等を書いた手紙のようなものを熊本が持っておりましたが、その会社の名前は判りません。

裁　熊本は証人に対して独りでない、王祖金にもその軍服の話をしたのではないか。

魏　それは判りません。

裁　証人もその軍服を買おうとするし、他の中国人も買おうとしたので中国人同志で喧嘩になったのではないか。

魏　喧嘩をした訳ではありません。私に服を買えといって置きながら、春吉3番丁の劉徳鈿にもその話をしたらしく、劉徳鈿の方で3、4人で共同してそれを買おうとしているということを聞きましたから、私は買わぬことにしました。それを薛勝雄が劉徳鈿のところに行って、私が邪魔をしてそのようにいったとの事を聞きましたから、私が劉徳鈿、王祖金、薛勝雄等のいる前で、自分は邪魔はしていないと事情を話しますと、王祖金が、私も一口入らないかといいましたが、私は準備もしていないからと断りました。

裁　熊本は、証人の方に先に軍服の話をしたのか、それ共、王祖金の方に先にしたのか。

魏　私の方が先であったと思います。

裁　その取引をしようとした軍服は、結局なかったのではないか。

魏　ありませんでした。

裁　現品がないのもかかわらず、熊本がいろいろ奔走した点から考えると王祖金に早々軍服を買わせるため王祖金の方に証人も軍服を買わせるように言って競争させるのではないか。

魏　熊本には、そのような気持は無かったものと思います。私は、同人とは以前から交際していましたから、服は本当にあるものと思っていて私に儲けさせる心算であったのではないかと思われます。また当時私が同人に7,500円貸しておりましたから、私に軍服を世話して儲けさせて、手数料を貰って棒引して貰おうと思っていたのではないかと思います。

裁　熊本は、本当に軍服があると思っていたようであったか。

魏　熊本は、本当に軍服があると思っていたようでありました。

裁　軍服の話は本件被告人西武雄から出るのであるが、すると、熊本は西から偽されて軍服は本当にあるものと思って世話しようとしていたのか。

魏　そのようではないかと思われます。

裁　熊本が証人を騙す気はなかったと思われるというが、どういう点からそのように考えられるか。

魏　熊本とは以前から交際して同人の気持は良く判っておりますが、熊本は私を騙すような人ではありません。また私のところに来る時に、誰から誰に宛てて来る手紙か判りませんが、服の種類を書いた手紙を私に見せてくれ、重い現物を受取ってから支払ってくれるようにと申した点から考えても私達を騙そうとしているものとは思われません（原文は、ここまで傍

点)。

裁　熊本は、当時ブローカーをしていたのか。
魏　そうです。主に繊維系のブローカーをしていました。
裁　熊本は、これまでに仲買をして人を騙した事があるのではないか。
魏　そのような話は、聞いておりません。
裁　証人は、熊本を悪い人間だと思っていないのか。
魏　そうです。
裁　証人が熊本に貸しているという 7,500 円はどうか。
魏　私が持っている服地を熊本の世話で売って貰い、現金の代わりに先方から品物を貰う事になっておりましたが、相手がその現物を持って来ない為に借金した事になっておりました。
裁　共同して軍服を買おうとしている王祖金や劉徳鈿は、それからも闇の繊維品を取引した事があったのか。
魏　判然したことは判りませんが、そのような取引をしていると思います」(傍点筆者)

3　裁判長の強引な押付け詰問

　以上の魏政雄の証言から察するに、熊本文造のこれだけの積極的な売込みやまた中国人側買手の動きなど、とても架空軍服詐欺で動員できるものではないと思われる。まして相手は、熊本はじめ中国人側もみな繊維品闇ブローカーとしてはその道のベテランである。西などのような門外漢に騙されるとも思えない。
　この点は、第二審判決文の「証拠」に採証されている藤野安三郎、山口忠治、吉田綱吉、武末清一、劉徳鈿等の取引関係者の証言も全く同様で、とても架空の軍服に踊らされていると思われるような不審な点や雰囲気はない。
　ところで、池田裁判長は、「その取引をしようとした軍服は結局なかったのではないか」と、半ばなかったことを押しつけるような詰問の仕方であるが、これは憶測を逞しくすれば、あったと言わせまいとしている心意、語調さえ感じさせる詰問である。
　これに対して魏は、「ありませんでした」と答弁しているが、この答弁は怪しい。なぜなら魏は、結局買わぬことにしたからであるから、魏自身供述しているように、「私も買う決心をしませんでしたから詳しいことは聞いておりません」というのが本当であって、「ありませんでした」と答弁できるはずがないし、また、そのような答弁をなすはずもない。軍服架空をデッチ上げるための加筆の匂いがする個所である。
　池田裁判長は、なおも架空を肯定させようとして、「現品もないに拘らず熊本がいろいろと奔走した点から考えると、王祖金に早々に軍服を買わせるため王祖金方に証人も買おうとしているようにいって競争させるのではないか」と詰問している。これでは池田裁判長は、熊本の軍服架空について証人に問い質そうとしている詰問とは全く受取られない。この詰問に対して魏は、「熊本には、そのような気持は無かったものと思います。私は、同人とは以前から交際していましたから、服は本当にあるものと思っていて、私に儲けさせる心算であったのではないかと思われま

す。また、当時、私が同人に7,500円貸しておりましたから、私に軍服を世話して儲けさせて手数料を貰って棒引して貰おうと思っていたのではないかと思います」と、架空は信じられないことを供述している。そこで池田裁判長は、また念を押して、「熊本は軍服が本当にあると思っていたようであったか」と詰問している。これに対して魏は、「熊本は軍服が本当にあると思っていたようでした」と、あくまで架空を否認している。

　これには、さすがの池田裁判長の追い討ちも窮してしまい、「軍服の話は、本件被告人西武雄から出るのであるが、すると熊本は西から偽されて軍服は本当にあるものと思って世話しようとしていたのか」と、到々自ら架空と決めて、しかも、西にその責任を負わせて、熊本が騙されていたものとして答弁を求めている。これでは、魏はなにも知らないはずであるから、そのように力説されれば、「そうではないかと思います」と答弁するほかなかったであろう。

　第一、池田裁判長は、「軍服の話は、本件被告人西から出たのであるが」といっているが、熊本に軍服の話を持出したのは西だというのであろう。しかし、西が熊本に持出したのか、熊本が西に持出したのかは、熊本、西よりほかに知るものはないはずである。しかし、熊本は死亡し、あとは西1人しか知らぬわけで、その西は熊本から持出された話だといっているのを、池田裁判長は西から出たと断言している。しかし、どうして池田裁判長にそのような断言ができるのか、西から出たということをどうして知ったというのか、知る筈もないのに、おかしな詰問である。池田裁判長は、「熊本は西から偽されて軍服は本当にあるものと思って世話しようとしていたのか」と詰問しているが、魏は西から騙されたとも、なんともいっていない。全く西から騙されたうんぬんは、池田裁判長が勝手に持出して勝手に決めていることで、魏の全く関知しないことである。それに池田裁判長は、「軍服の話は本件被告人西武雄から出るのである」といっているが、魏は「熊本市内の倉庫から送ってくるのだといって、品物等を書いた手紙のようなものを熊本が持っておりましたうんぬん」といって、西武雄の氏名は一度も出したことはない。このことは、ほかの取引関係者一同も全く同じことで、西を知るものはいなかったのである。これによっても、軍服の話が西から出たものでないことはハッキリしている。

　この点について西武雄は、恩赦願の中で、「熊本文造氏と軍服売買の交渉のあった藤野安三郎氏及び中国人側は、西武雄即ち私の名前は、軍服取引上の交渉では全然聞かなかったと証言している。中国人側並に軍服取引交渉のあった人たちは、軍服の出所は引揚援護局からの横流の品であって現物を見たと証言しています」と訴えている。

　池田裁判長は、熊本は西に騙されたのだと魏に教えてやったが、恐らく魏にはピンとこなかったに違いない。そこで池田裁判長は、西と熊本は共謀してあったものにして、架空軍服詐欺を成立せしめたかったのではないか。しかし、魏の証言では、それは成立しそうもなかった。そのことは、以下の公判調書をみてそのようなことが感じられる。

「魏　熊本とは、以前から交際して同人の気持は良く判っておりますが、熊本は私を騙すような人ではありません。また、私のところに来る時に、誰から誰に宛てて来る手紙か判りませんが、服の種類を書いた手紙を私に見せてくれ、重い現物を受取ってから支払ってくれるようにと申した点から考えても、私達を騙そうとしているものとは思われません。

裁　熊本は、当時ブローカーをしていたのか。
　魏　そうです。主に繊維系のブローカーをしていました。
　裁　熊本は、これまでに仲買をして人を騙した事があるのではないか。
　魏　そのような話は聞いておりません。
　裁　証人は、熊本を悪い人間だと思っていないのか。
　魏　そうです」
　池田裁判長は、繊維品闇ブローカーの専門である熊本が西のような素人に騙されるという話の筋には少し無理を感じていたのかも知れない。そこで熊本、西共謀の線に持って行きたかったが、以上のように手掛かりはなかったようである。
　以上の供述によっても、架空軍服詐欺ということも、西武雄に熊本が使われていたということも考えられないのである。

4　殺害現場の倉庫と軍服は関係なし

　ところが司法官憲は、架空でないなら現物を出せという。そして、出せないのは架空の証拠だという。そういうよりほかに架空であるという証拠を警察は持合せていないのであろう。
　極秘に進められている軍服の闇取引の進行中、当事者の２人が殺害されてしまったのであるから、軍服取引に関する限り、詳細を知るものは最早いなくなったわけである。勿論、軍服を所有していたものはいたであろうが、摘発のきびしい、軍需品の不正横流しを自ら名乗って出るはずもないことはいうまでもないことである。それに、２人が味噌醤油会社付近の倉庫らしいところで殺害されたため、その倉庫を調べて軍服がないので架空だと警察はいっている。しかし、軍服保管の場所がその倉庫だとは誰も言っていないし、いずこに隠匿してあるかは死亡した熊本文造だけしか知らぬわけである。
　それをたまたま２人が殺害されたところに倉庫があったため、その倉庫を調べて軍服がなかったからといって、スグ架空だと結論づけたわけであろうが、それは警察の独断でありコジツケにしか過ぎないのである。
　当時、殺害された２人について行った黒川の第二審公判調書では、２人は途中から取引のことで口論していると証言している。そして、その仲裁を頼むため石井を呼んだのである。したがって熊本としては、話合いのつかぬ王祖金を現物の保管所に案内するわけはなく、当然、口論の場所は現物保管の場所に到る途中とみなければならぬ。しかも、その場所に倉庫があったために疑い深い警察はスグこれをもって架空と断じたが、引揚援護局の横流し、摘発のきびしい軍服、そうしたことを考えるとき、堅粕方面の熊本の知人の民家に分散してあったという西武雄の証言が実情に即していると思われる。
　この点に関して、西武雄は筆者宛ての「質疑応答書」のなかで、以下のように供述している。
　「軍服のことについて、少し書いてみたいです。裁判所や権力者の一般の考えが、軍服の所在場所を事犯発生場所と限定しているようですが、この限定した推理はやめてもらいたいと思っています。そんならどこだと問われると私にも解りませんので困るんですが。

黒川の供述の中に（記録のどの部分にあるか一寸記憶しませんけど）、熊本と中国人のあとからついて行っているうちに、熊本と中国人の仲がどうもすっきりしたものではないらしく、中国人が頻りに何かいっていた。そのうち、熊本文造が私（黒川）に、支那人は話がわからんで困るといっていた。という供述があり、それで裁判長がどのような内容の話をしていたか訊いていたが、黒川は一寸離れていたので解らなかったが、支那人は話がわからんで困るといってたことからして、取引上の金のことと思ったと、答弁していたところをみると、浜利食堂の中ではそんな風にはなかったのですが、取引上の金高のことで、約束は120、130万円ですから、その半分の金しか持って来なかったことから、話しのむし返しなどからこじれたかも知れません。

　それで、熊本文造としては少し不安になり、黒川に何かいったのではないかとも思われるのです。勿論、推理の域を出ませんが、熊本は拳銃を持ってくればよかったと思ったのかも知れません。そこで、そのことを黒川に話す。黒川にすればやはり不安になり、その気持でいる時に、熊本と中国人とで口論となる。黒川は、こりゃいかんと思い、石井が近くにいるのを好都合と思い、走っていったのではないでしょうか。そうしたわけで、軍服所在地に行く道中とみるべきです。

　黒川が石井のところに走ったことを考えますと、丁度その近くを通るうちにこりゃいかんと思って、とっさに走ったのだろうと思います。

　当局は、強盗殺人の計画的であったとするためには、こうした偶然性にそっぽを向いて、ここまでの関係者の行動を、無理を承知でこじつけて、石井たちが待機したかのようにしているのです。この場所には牧田、岸田もおるのですが、この2人だけは知らなかったのだと、変えてこんな釈明をして罪名を変えるなどしているのですが、石井たちが学校で野球を見ていたことなどから考えても、この近くを道中しているうちの偶発的なものだといえるのです。私も、もう少し気を配っておくべきでしたが、まさか石井達がそうした事故を起こすなど全く思いがけないことでしたので、でも私もうっかりしていたものです。

　堅粕近郊は、私はよく存じません。国道や県道をどう行けば他県に出られるということでしたら、車に乗っていました関係で、九州一円はほとんど知っていますけれども、堅粕は平野、中島両家以外は一歩裏通りに入りますと、何があるのか、どうなっているのかも知りませんので、どの辺りにそうした物資を隠匿しているのか、見当がつきません。それに中国人側の日本人が証言したことを思い返してみますと、2、3日前に熊本方の横のトラックの軍服を指して、今移動しているのだといっていること等から、軍服場所は熊本文造の知人と見るべきですから、そうした知人関係が堅粕の近くにいるやも知れませんし、ブローカー仲間もおるかも知れませんから、こうしたことも参考にして、探訪していただきたいと思います。

　今一つは、トラックの軍服を見た者は多いのですから、トラックの軍服がどこから運び出されていたかと思いますが、軍服は架空うんぬんという当局にしても、その点を調査せずして架空呼ばわりは不可解です。そのトラック軍服がどこから出たのかでも確かめ得たら、堅粕の軍服所在地もたやすく解けるといえましょう。当局こそそうしたことの探求をやらずして、ただ

事犯発生した場所の近くに倉庫があったため、そこだけを探して軍服の架空をうんぬんするのはおかしなものではないでしょうか。

　熊本文造から手伝いを依頼されました時、軍服の所在のことを聞いたのですが、当時の社会情勢が物を確かめて買うという現代と異なりますため、まして一家を構えた男のやることに、そんな出鱈目のあろうとは思いもよらず、それに熊本文造の取引上のことを当時の人たちに聞いてみても、人を疑っては物資など入手できる時代でもありませんでしたから」

熊本と王は途中取引上のことでケンカになったため、熊本は当然、軍服在庫場所に行くことを避けたはずである。しかし、王にはそれを隠して、在庫場所らしく見える味噌会社付近の倉庫を指してココだと嘘をいったため、この倉庫前で熊本、王の押問答が激しくなったとみられる。

そこで黒川は、石井のところに走ったわけである。このような経緯のため、この倉庫前での射殺事件が起こったのである。そのため、当局からこの倉庫が問題とせられ、遂に軍服架空説も生じたのであるが、軍服は民家に分散してあったというし、そうした倉庫に保管していたとは考えられない。また、王の態度が一転して話がコジレテいるのに在庫場所に案内するはずはないので、この倉庫前はあくまで途中だとみるのが前後の経緯からして至当だと思われるのである。

なお、警察当局は、軍服については余り深く取調べていない。このことは、昭和38年3月に早川市雄氏（当事の捜査主任）を訪問した際に聞いたことである。

5　熊本シナの証言の曖昧さ

判決文に示された「証拠」　その2

　黒川利明警察聴取書より、

　「その翌日同旅館に行くと、西は、『熊本の方は取引を急いでいるので、この詐欺はきっと成功する、安心せよ』と申していた。翌13日頃更に西を訪ねたところ、西は、『熊本の方では、18日頃取引するといっている』と申し」。

上記証拠に対する「反論」　その1

　この点に関して黒川利明は、第二審第3回公判調書において、以下のような供述をしている。

「裁　熊本が福岡旅館に出入りしていたことは、知らぬか。

　黒　熊本が直接には来ませんでしたが、電話がかかって来ました。

　裁　電話では、どんな話があったか。

　黒　取引が延びたような事を電話口で話しておりましたが、後で私達に今日するようになっていた取引が都合が悪いので延びたが、何時にしようかと申しておりました。

　裁　熊本と西が話合いの上、軍服を千着許（ばか）り売込みにかかっているという事は聞かなかったか。

　黒　それは、最初に選挙事務所で聞きました。

　裁　その後、取引は何時頃やると言っていたか。

　黒　その後、私が尋ねてみましたら、近い内にやるとは申しておりましたが、はっきりした日取りは聞きませんでした。

　裁　西は現物は無いのだが千着ばかりあるとして、相手を騙して金を巻き上げるのだといって

いなかったか。
黒　いいえ。軍服は復員局の幹部の人から分けて貰うともうしておりました。
裁　中華人に対して、軍服を売るという話はなかったか。
黒　その話は、事件前日か当日、つまり5月19日か20日になって初めて聞いたのであって、当時は、まだ聞いておりません。
裁　品物があるという話をして、中国人を誘い出して脅して金を取り上げる、という話は聞かなかったか。
黒　聞いておりません。
裁　福岡旅館に、5月17、18日頃行ってから被告人は、何をしたのか。
黒　私は、叔母から借りていた3,000円の事が心配でしたので、封鎖預金通帳のことを姫野という人に頼んで現金に換えて貰うようにしましたが、通帳の判が違うとかいう事でダメだろうという事でしたから、西から取引がすめば返して貰おうと思って、同人と一緒に旅館に泊まっていたのです」（傍点筆者）
と詐欺でなく、取引で泊まっていることを言明している。架空軍服で詐欺ができないことは、前述の通りである。

判決文に示された「証拠」　その3
　熊本シナに対する司法警察官の聴取書（記録第460丁以下）より、
「私は熊本文造の妻であるが、主人文造が殺されたことは、昨日（5月21日）知人の知らせで初めて知った。私は仕立職で月収約5,000円あり、生活に困ることはないが、いつも主人は外出勝で、何か仕事をしているらしかったが、何の仕事か、またどれだけ収入があったかは、よく判らなかった。主人の交際関係は、飲食店や、料理屋、宿屋の主人が多く、私は余りあいてにしなかったが、西という人とは、昭和22年4月知事選挙の頃から知り合いになったらしく、同人は、それ以来5、6回私方に来たことがあり、5月20日午後2、3時頃にも私方へ来て、2階6畳の間で主人と2人で何か話していたが、午後4時頃、私が市場に買い物に出かけ、帰宅した際には、2人共私方にはおらず、主人はそのまま帰って来なかった」

判決文に示された「証拠」　その4
　熊本シナに対する当審第7回公判調書より、
「私の夫熊本文造と西武雄が知合になったのは、昭和22年4月の選挙の頃で、当時主人は衣類とか、その外色々の者を扱っていたようであったが、事件の1週間位前西からといって、使の者が風呂敷包を私方に持参し、主人が受取ったが、それには軍服の上下が入っていた。何のために届けて来たか、よく判らないが、見本であったろうと思われる。それを受取ってから2、3日後、藤野洋服店の者が来たとき、同人に前記軍服を渡した。西は事件当日の5月20日午後、私方に来て、主人と2階で話しておりその際、午後2時頃氏名不詳のブローカーと思われる人が2、3人来て『早くせよ』と言うようなことを言っていたと思う。その当時主人は『西が品物があるというので、今日取引をすることになったが、今度儲かったら、こんな商売は止める』と申していた。なお、主人は決して他人を騙すような人ではなかった」

上記証拠に対する「反論」

熊本シナに対する司法警察官の聴取書中、

「私は仕立職で月収約5,000円あり、生活に困ることはないが、いつも主人は外出がちで、何か仕事をしているらしかったが、何の仕事か、またどれだけ収入があったかは、よく判らなかった。主人の交際関係は、飲食店や、料理屋、宿屋の主人が多く、私は余りあいてにしなかったが」

と自ら供述しているように、熊本シナは主人のことすらほとんど関知していないようである。したがって、主人の仕事に関しても、「何か仕事をしているらしかったが、何の仕事か、また、どれだけ収入があったかは、よく判らなかった」と甚だ曖昧な供述であるが、これでは完全に知らないと言っても言い過ぎではない。その熊本シナの証言が果たして信憑性のある証拠となりうるであろうか。主人の交際関係も「私は余り相手にしなかった」と自ら述べているように、西のこともほとんど知っていない。たとえば、西は熊本宅を訪ねたのは2回だといっているのに、熊本シナは、5、6回といっている。主人の交際関係について余り相手にしない熊本シナで、主人との知合いについても「知合いになったらしく」と甚だ曖昧である同人が、西の来訪を5、6回というのは信用されない。第一、熊本シナが主人文造と西との関係について全然関知しなかった何よりの証拠は、前記の聴取書そのものに明瞭に打出されている。

たとえば、
1）何か仕事をしているらしかったが
2）何の仕事か
3）またどれだけ収入があったか
4）よく判らなかった
5）余り相手にしなかったが
6）知合いになったらしく
7）主人と2人で何か話していたが、
8）その他色々の物を扱っていたようであったが
9）何のために届けてきたか
10）よく判らないが
11）見本であったろうと思われる
12）「早くせよ」と言うようなことを言っていたと思う

とごく短い供述の中で、以上12回も曖昧な、雲を把むようなことを述べている。これは具体的事実は何一つ知らないのに、無理して供述したための不自然さが暴露したものと思われる。

しかもこの曖昧な、要するに、なにも関知しないといっていることの結論が、「西が品物があるというので、今日は取引をすることになったうんぬん」と、ここだけはハッキリと断言している。この熊本シナの供述には、嘘が感じられる。実際に品物があるかないかは別として、取引をする以上はある事を信じているわけである。その信じている人がそれを今更の如く、「西が品物があるというので」と言うはずがない。これは、西が架空の軍服を売付けようとしている人の如く

匂わせようとしている作為がよくよみとられる。

なお、熊本シナは、「5月20日午後2、3時頃にも私方へ来て」といっているが、その時刻には、西は福岡旅館で石井らの訪問を受けていることは、数々の供述の一致しているところである。

また、「西は事件当日の5月20日の午後、私方に来て、主人と2人で話しており、その際、午後2時頃氏名不詳のブローカーと思われる人が2、3人来て、『早くせよ』というようなことを言っていたと思う」と言っている。

しかし、ここで取引相手と会って顔知りになっているのなら、その後浜利食堂で熊本がわざわざ西の紹介を取引相手にするはずがない。嘘の供述だから辻褄が合わないのである。事実は、当日午前中に、西は熊本宅を訪問している。その時熊本シナは、「主人は昨日から出かけて帰らぬままだ」と言っている。

すなわち、熊本は不在で西は会っていない。だから、当日午後2時頃熊本は、わざわざ取引の成立を知らせるため、福岡旅館の西に電話したのだ。熊本宅で2人が会ったのなら、熊本は福岡旅館に電話をかけて知らせる必要はない。西は、その電話ではじめて当日の夕方取引のあることを知ったのである。

また、「早くせよ、ということを言っていた」という場合と、「言っていたと思う」という場合とでは、全然違うはずである。前者は証拠性があっても、後者には証拠性はない。

以上のような熊本シナ証言を、有力な「証拠」としなければならぬほど架空取引と、それにつながる強殺の証拠には乏しいと言わざるをえない。

6　架空の証言としては疑義がある

判決文に示された「証拠」　その5

原審第16回公判調書中証人山口忠治の供述（記録第1410丁以下）より、

「私は懇意の間柄である藤野安三郎から、『自分は熊本文造のところから出た服の見本を吉田綱吉に渡しているが、自分と熊本との間の連絡を頼む』と、その連絡方を依頼され、熊本にも数回会った。私が『軍服は一体本当にあるのか』と尋ねると、熊本は、『自分は実際にない品物を売りつけたりなど、そんなへまなことはしないから、安心せよ、それよりも藤野は本当に売込んでいるのか、先方は本当に金を持っているのか』などと申し、却って相手方を疑っており、従前の熊本のやり口から判断して、同人は決して架空な品物を売込むような男とは考えられないので、私としては、熊本は、実際に品物があると信じていたものと思う。もっとも熊本は5月20日の幾日か前、春吉橋の付近で、軍服を積んだトラックが通りかかったのを指して、私に、あれじゃ、本当だろうが、今知り合いの倉庫に品物を移しているところだ」と申したことがあり、今から考えると、同人のその話は嘘であったが、しかしそれは、私達を信用させるために言ったまでのことで、同人は、軍服がどこにあるということは固く信じていたものとしか思われない」

上記証拠に対する「反論」　その1

上記山口忠治の証言は、軍服が架空であるという証言としてよりも、架空でないという有力な

証言として受取れる。たとえば熊本は、「自分は実際にない品物を売りつけたりなど、そんなへまなことはしないから安心せよ、それよりも藤野は本当に売込んでいるのか、先方は本当に金を持っているのか」と、軍服の実在に対する自信を持っているが、これがインチキでない証拠には、山口の「従来の熊本のやり口から判断して、同人は決して架空の品物を売込むような男とは考えられないので、私としては、熊本は実際に品物があると信じていたものと思う」という証言がある。
　更に山口は、「熊本は5月20日の幾日か前、春吉橋の付近で、軍服を積んだトラックが通りかかったのを指して私に『あれじゃ、本当だろうが、今知合の倉庫に品物を移しているところだ』と申したことがあり」と、実際に軍服を目撃したことを証言している。
　ところが、前記山口証言の末尾の文は、いささかちぐはぐの感じがするのはどうしたことであろう。たとえば、「『あれじゃ、本当だろうが、今知合の倉庫に品物を移しているところだ』と申したことがあり、今から考えると、同人のその話は嘘であったが、しかし、それは、私達を信用させるために言ったまでのことで、同人は、軍服がどこにあるということは固く信じていたものとしか思われない」という一節は、一体どう受取ったらよいのか。架空でないというのか、どちらともつかぬ迷文となっている。「『あれじゃ、本当だろうが、今知合の倉庫に品物を移しているところだ』と申したことがあり」といっている山口は、熊本の言葉をきいたその当時には、前記の事実を肯定していたはずである。しかし、そのあとに、「今から考えると、同人のその話は嘘であったが」とあるのは、「当時は信じていたのに、今（警察または裁判等において）架空といわれてみると、『同人のその話は嘘であった』といわねばならないことになる」という口吻であろう。すると、「なぜ熊本は『あれじゃ、本当だろうが、今知合の倉庫に品物を移しているところだ』といったのだろうか、それは『私達を信用させるために言った』ということになるのであろうか。しかし、どうもそれは腑に落ちない」という山口の心境が現れて、「私達を信用させるために言ったまでのことで、同人は、軍服がどこにあるということは固く信じていたものとしか思われない」という、妙な発言になったのではないか。「どうも警察では架空といわれるけれど、私としては、やはり同人は軍服がどこかにあるということは固く信じていたものとしか思われない」と、結論としては、軍服は架空ではないということを証言しようとしているとみられるのである。
　熊本は繊維ブローカーの専門家である。その熊本が、「その品は確実な筋から出るもので、間違いはない」と藤野にいったという自信は、素人の西が見せた一着の軍服見本などによって成立するものではない。今日の金に換算して数千万円の取引である。如何に熊本が金に目がくらみ、軽率に盲動するとしても、到底考えられない設定である。
　熊本シナの言うように、「主人は決して他人を騙すような人ではなかった」として、その熊本が山口の証言のように、「従前の熊本のやり口から判断して、同人は決して架空な品物を売込むような男とは考えられないので、私としては、熊本は実際に品物があると信じていたものと思う」というからには、熊本のいう軍服の実在はインチキではないことになる。
　しかし、専門家である熊本が、素人の西の一枚岩の軍服見本だけで数千万（今日の金に換算して）の取引を成立せしめようとしているというなら、藤野の「品物の実在することは、同人も信

じていた模様であった」という証言も、山口の「熊本は実際に品物があると信じていたものと思う」とか、「軍服がどこかにあるということは固く信じていたものとしか思われない」という証言は、虚偽の申立てとなる。

繰返し断言すると、熊本ほどの繊維品ブローカーのベテランが、「その品物は確実な筋から出るもので、間違いはない」と断言したということは、素人の西から出た話でないということを立証して余りあるというべきである。

第2節　強盗殺人計画

判決文「罪となるべき事実」
　「もしこれに成功しない場合には、取引の相手方を殺害して金員を強奪しようと計画し」
判決文に示された「証拠」　その1
　黒川利明の警察聴取書から、
　「私と2人で外出したが、その後午後1時頃、西は、取引の現場を教える』といって、堅粕の大通りを通って小道に入り、専売局の裏通りに行き、『この辺が現場になるから、地形をよく覚えておけ、ここにお前が買主を連れて来てごまかせ』と申し、付近一帯を見て廻り、『取引の話をする家はこの家だ』と言って、中島の家も教えてくれた。同日午後5時頃、旅館に戻り、そこで、西は私に『今お前を連れて行った現場に買主を連れ出すと、自分が拳銃でやっつける』と申すので、私が『脅かして金を取ったらいいだろう』と言うと、西は、『拳銃でやらねば成功しない』と申し、私も前に西に貸した金が欲しいばかりに、遂に賛成した」。
上記証拠に対する「反論」　その1
　上記の点に関して、黒川利明は第二審第3回公判調書において、以下のように供述している。
「裁　その前に被告人は、西と一緒に福岡の吉塚の専売局の裏へ行ったことがあるのではないか。
　黒　はい、福岡旅館に私が泊まり込むようになった日あたりではなかったかと思いますが、兎に角、5月17、18日頃西が堅粕に用事があるので一緒に外出しましたが、その帰りに専売局の裏を通って福岡中学校に出て大浜に行ったことがあります。
　裁　堅粕から大浜に行くのに、専売局の裏を通る必要があるのか。
　黒　それは、中島園吉方へ寄っての帰りなので、そのところを通ったのです。
　裁　中島方へは、何の用事で行ったのか。
　黒　中島に用事があったのは西なので、私は全然何の用で行ったのかわかりません。
　裁　専売局の裏あたりで、西から取引する場所はここだから地形を覚えておけといわれなかったか。
　黒　いいえ。そのような事はいわれておりません。
　裁　警察で取調べを受ける際には、そのような事を述べているようだね。
　黒　警察で取調べを受ける際には、お前が何時までも逃げているから、西が何でもお前がやったように述べている。もしお前が西から命令されたようにいわなければ、西の代わりにお前

が死刑になるぞ、といわれましたので、嘘だと分かっておりましたがそのように述べたのです。

裁　しかし、その点については、かなり詳細に述べているよう様だね。

この時、裁判長は、司法警察代理の本被告人に対する聴取書中該当部分（記録第216丁裏5行ないし217丁裏6行）を読聞かせた。

黒　それは、自分の罪を逃れたいために申し上げた作り事であります。警察の方が、お前が今まで逃げ廻っていて逮捕されなかったから、今自分のいった通りにしておかないと、お前が勝手に被害者を連れ出して殺したようになり死刑になるぞ、といわれるので、そうなると大変だと思って罪を逃れたいばかりに作り事をいったのです。

裁　それは事実であって、その現場に買主を引っ張り込んだ上、拳銃で脅して金を捲き上げるという話があったのではないか。

黒　いいえ。そのようなことは聞いておりません。

裁　その点についても、被告人は、警察でこのように述べているようだね。

この時、裁判長は、司法警察官代理の本件被告人に対する前同聴取書中該当部分（記録第217丁裏6行ないし217裏1行）を読聞かせた。

黒　それも警察で取調べに際して、私に非常に待遇を良くしてくれ、親切にして貰いましたし、取調官もお前の悪いようにはせんからと言われますので、結果から考えて、そのような嘘を申し立てたのです」（傍点筆者）

次に、西武雄の「証拠の反論」（筆者宛て）から引こう。

「警察が黒川にそのような供述を強要したであろうことは、他の被告人の供述なり上申書なりにも証明されていることですし、若い者の心の動揺、転倒を巧みに利用しての偽言を強要したであろう事が、歴然だといえましょう。事実の無いことをさもあったかのように強要していることは、両方の同人の供述を見くらべるまでもなく、司法警察官代理の強要であり、偽作の聴取書であろう」

と、上記「証拠」の信憑性を否定している。西、石井の２人の他には拷問の事実はない。しかし、他の被告人は、予断のプログラムに従い、西に結びつけるようにした、また占領軍の脅しの言葉により（藤本証言）誘導された事実がある（詳細は、第３章「警察、検察官の証拠捏造の事実」参照）。

この「証拠」とされている聴取書によると、西は黒川に向かって、「今お前を連れて行った現場に買主を連れ出すと、自分が拳銃でやっつける」といったことになっている。しかし、事実は西は現場にも行っていないし、また拳銃も所持していない。しかも、本件西がかねて計画した犯行だと判決文はうたっているが、もしそうだとしたら、「自分が拳銃でやっつける」ということも計画したことになる。しかし、事実は現場に行かなかったし、拳銃も所持していないので、この計画は自ら当日になって放棄したことになる。だが計画を立てたものが、当日そのように簡単に計画を放棄できるものかどうか。ましてや、計画に参加しているものが西以外に数名もいるというのに、計画を放棄した場合その横のつながりは一体どうなるのか。

また、「自分が拳銃でやっつける」という計画を立てていたなら、旅館で拳銃を入手できるように代金もあらかじめ計画して用意しておくはずである。ところが、事実は拳銃入手を取引に間に合わせようという計画がないので代金の用意もしていなかったのである。そのため拳銃入手も出来なかったわけであるが、この事実は「自分が拳銃でやっつける」という計画がなかったということを、充分に証明して余りあると思う。

1　強盗した金で料理屋が開けるか

判決文に示された「証拠」　その2

　黒川利明警察聴取書より、

　「それから5月18日私はいよいよ取引があるだろうと思い、前に西から命ぜられていた刃渡り約1尺2寸の日本刀を用意して、福岡旅館に赴いたところ、西は、『今日は取引が出来ないから明日にする』と申し」。

上記証拠に対する「反論」　その1

　上記の点について、黒川利明は第二審第3回公判調書において、以下のように供述している。

「裁　結局、取引は、何時に決まったのか。

　黒　西の話では熊本から電話がかかって、5月18日に決まったという事でした。

　裁　ところが、その日即ち5月18日に、被告人は、自宅から刃渡り1尺2寸位の日本刀一振りを持出したのではないのか。

　黒　はい。

　裁　それは、誰の刀か。

　黒　私のもので、野田発次郎方に預けていたものです。

　裁　どうして、そのようなものを手に入れたのか。

　黒　それは昭和21年末頃と思いますが、劇団の小林某という者が、劇団の鬘を持出して逃げたのですが、同人が逃げる際にその日本刀を置いて行ったのです。

　　　ところが、その日本刀は真物でありましたが、飾りが付いていて綺麗でしたので、その後舞台用に使用しておりましたところが、12月に劇団解散になりましたので、残務整理をする内に、日本刀だけが持って行き場ありませんでしたから、私が野田発次郎方に持って行き同家の押入れの中に入れていたのです。

　裁　その日本刀には、所持許可証は付いていたのか。

　黒　いいえ、付いておりません。

　裁　また、被告人自身、所持の許可を受けたのか。

　黒　いいえ、受けておりません。

　裁　また、そのようなものを所持すべき職務に就いていた訳でもないのだな。

　黒　はい。

　裁　どうして、その日本刀を5月18日に持出したのか。

　黒　それは、私がほとんど毎日のように福岡旅館に行って野田方には寄りつきませんので、野

田発次郎が怒って、『家に一つもおらんなら出て行け、お前も親父に大分迷惑かけているから、親許に帰ったらどうか』と言われましたので、私も意地になってそんなら帰るといって出ようとすると、日本刀を家に置いたままにしては困るから持っていってくれ、といわれますので、自宅に持って帰ろうとしましたが、途中が危険だと思いましたので、その侭福岡旅館に持って行きました。

裁　そうではなく、西から専売局裏に買主を引張り出してぶち殺し、金を奪うのだという事を聞いて持出したのではないか。

黒　いいえ、違います。

裁　警察でも、そのような趣旨のことを述べているようだね。

黒　いいえ、違います。

裁　しかし、旅館に日本刀を持込むのは危険ではないかね。

黒　野田から持って帰れといわれたので、止む得ず持って行ったのです。

裁　それなら、野田方を出る時に他の品物も持って出たのか。

裁　荷物は、全部親許に置いてありましたから、野田方からは、洗面道具等を持って出ただけです。

裁　西に18日に取引するかどうか聞いてみたか。

黒　はい、聞いてみました。

裁　その事について、熊本の方から連絡が無かったか。

黒　よくわかりません。

裁　翌日には延期になったという話は聞かなかったか。

黒　延期になったという事は聞きましたが、何時やるということは聞いておりません。私も叔母が腹を立てておりますし、家からも帰って来いといわれておりましたので、早く取引をすませてもらって金を返して貰おうと思って、何度も取引の日取りを尋ねましたが、まだ、わからぬということだったのです」

判決文に示された「証拠」　その3

黒川利明警察聴取書より、

「『今度の仕事をしたら大阪に逃げ、取った金で料理屋をする』など話していた」

上記証拠に対する「反論」

上記の点について、黒川利明は第二審第3回公判調書において、以下のように供述している。

「裁　18日頃から、熊本と一緒に軍服の取引がすめば、金を持って大阪に高飛びするという話を聞かなかったか。

黒　いいえ、聞いておりません。

裁　警察では、西がそのように言ったように述べているがどうか。

黒　それは、私が宮崎方面から大根の千切りを買付けて大阪方面に売るようにしましたが、当時それは統制品でしたから輸送については西と相談したのでありまして、高飛びするという事を相談したのではありません。しかし、私も他の共犯がそのようなことを述べていると警

察の方が言われますので、弁解しても駄目だろうと思って述べたのです。

裁　しかし、その点については、被告人は、かなり詳しい陳述をしているようだね。

　この時、裁判長は、本被告人に対する前同聴取書該当部分（記録第218丁裏2行ないし219丁裏7行）を読聞かせた。

黒　それは大根の千切りが統制品なので、輸送が困難ですから分からぬようにして運ぶ必要があるということで、裏日本の方を通っては同じだろうかと相談したのであって、何もそのような話をしていた訳ではないのです。

　しかし、私が警察で取調べられた時には、私が事実を申し上げようとしますと、西は何も知らんといっているから、お前も、西に命令されたように言わぬと、お前が首謀者のようになって仕舞うぞといわれましたし、また、菓子をたべさせてくれたりして親切にもしてくれましたので、その通り述べた方が都合よかろうと思い、今読み聞かせられたそのような供述をしたのであります」

　なお、西武雄「証拠の反論」（筆者宛て）には、つぎのように述べている。

「当局の無神経にはあきれてしまいました。強盗殺人の金で、料理屋をするという。言うべき言葉がないというのが私の偽らざる実感です。そうではないでしょうか。私が孤児とか、ルンペンとかいうのなら、そうした仮説もいいでしょうが、私は一家を構えた戸主で、父と妻と子供3人をかかえて独立して生計を営んでいる男ですよ。そういう立場の者が、父、妻、子を捨てて、強盗殺人の金で料理屋を開く、そんなことを思うすら、不快ですが、そんな事が考えられましょうか。考え及ばざる仮説を立てる司法警察官代理という人の、人となりの教養を疑います」

判決文に示された「証拠」　その4

黒川利明警察聴取書より、

「翌20日午後3時頃、藤本が石井、押川他1名を福岡旅館に連れて来て、私が西の使いで一寸外出して帰ってくると、石井が拳銃を出して、『この拳銃は癖があるから、他人には撃てない、自分がやっつけてやる』と申していた。それから私が西の命令で、また外出して帰ってくると、西、石井、藤本の3人が何やら話しており、石井が連れて来た若い者を使いに出し、暫らくして、若い者が2人に油紙に包んだ大型の拳銃と刃渡り6寸位の匕首を持参して、石井に渡した。午後6時頃西は、『時間が来たから行こう』と言って、皆表に出たが、そのとき、石井は私に匕首を渡し『これを持って来なさい』と申し、それから皆で東公園入り口の電車通りまで同行し、私と石井と若い者等は西と別れて、専売局の横道に入り、私は石井に『あそこが現場だ』と工業試験場の前を教え、時間が早かったので、20分許り歩いて、中島園吉方付近まで行ってから、私は中島方に西を訪ねに行き、石井は現場に行った。途中、西と支那人、熊本の3名に出会い、4人で中島方前まで行き、私と支那人は表で待ち、西、熊本は家の中に入り、間もなく出て来た。それから4人で堅粕大通りの飲食店の前に来たとき、西は『熊本、支那人を現場に連れて行け』と申し、また、『なるだけ暇取らせよ』と耳打ちしたので、私は2人を連れて現場に行った。そのときは午後7時15分頃であったようで、辺りは薄暗かったが、見

透しは利いており、私は石井がいるのを見て、2人を待たせ、石井のところに行き、『今連れて来た』と言うと、『まだ早いから、も少し待たせておけ』との事なので、引き返して『会社の人が用意しているから、今少し待って下さい』と申し、10分位経ったが、石井が来ないので、また同人のところへ行った。すると、石井は『よし』と言って、腹の辺りから拳銃を出して撃つ用意をした。私が引返すと、石井がやって来て、『どうも待たせて済みません』と申し、熊本と私に『一寸向こうで待っていてくれ』と言うので、現場から50米余離れた味噌会社の外に行った。5分位しても、何のこともないので、熊本と現場まで行こうとしたとき、博多駅の方から汽車がごうと音をたてて通り過ぎたので、石井の方を見ると、同人は立っており、支那人が呻いているのを石井の若いもの2人で抱いて原のほうへ引きずっていたので、石井がピストルでやったなと直感した。それから熊本が『どうしたのか』と石井の方に行き、私も行くと、石井は『今の汽車に撥ねられたのではないか』と白ぱくれていた。石井と熊本との距離が2米位になった頃、石井は、右のズボンのポケットに手を突っこんで、突然ピストルを出し、ドンと放ち熊本の胸がピカッと光った途端、倒れたので、私は驚いて吉塚駅の方へ走ったところ、『待て』と呼び止められ、ふりかえると、石井、押川等がおり、誰かが『匕首で止めを刺せ』と申したので、私は仕方なく、倒れていた熊本の咽喉を刺そうとすると、石井が『体を探して金を取れ』というので、熊本の上衣やポケットから紙片を出し、石井に見せて『金はない』と言って一刺しした。その際、私の横で誰かが日本刀のようなものをどうかしているようであったが、何をしているのか判らなかった。それから、石井を2人で堅粕の飲食店の方に行くとそこには西と支那人、日本人5人余りがおり、西が私に『品物はトラックに積んだか』と聞くので、『積んで向こうで待っている』と答えると、西は買主に『品物は積んでいるそうですから、そこで現金取引をしましょう』と何度も申したが、買主は『誰か見て来い』と言い、1人の日本人が行こうとすると、西は私に『この人を連れて行ってくれ』と申し、私はその人と現場付近まで行ったが、現場に行けば、殺しているのがばれると思い、その人に、『一足先に行って下さい』と言って、飲食店まで引き返したところ、西と石井、藤本、押川が何やら話しており、西は『飲食店にいる全部を専売局の裏まで連れて行け』と申したが、私は黙って、そのまま、その場を立ち去った旨の供述記載」。

2　黒川利明の法廷供述

判決文に示された「証拠」　その5

原審第1回公判調書中被告人黒川利明の供述として（記録第876丁）

「5月20日午後7時頃私は、西、石井と相前後して福岡旅館を出た後、石井、岸田と共に最初西から教えられた現場付近に行き、『ここが現場だ』と教えた上、判示中島園吉方付近まで行き、石井、岸田には『現場に行ってくれ』と申して別れ、私1人で中島方の方へ行き、判示浜利飲食店付近で、西から王、熊本の2人を福岡県立工業試験場の方へ案内するように指示され、2人を同伴して、同試験場横門前まで行き、横手の方にいた石井に連絡し、石井の指図で、私と熊本は、九州味噌醤油連合会の表玄関で待っていた。間もなく、博多駅から吉塚駅のほう

に機関車が通り過ぎ、私が石井のところに行くと、王が倒れて呻いており、熊本も来て、『どうしたのか』と聞いたところ、石井は『今機関車が通ったから、刎ねられたのではないか』と申し、その途端、石井が拳銃を発射し、熊本が倒れたので、私は驚いて逃げたが、皆に『待て』といわれて引返すと、誰かが私に『切れ』と申したので、持っていた匕首で熊本の頸の辺りを突き刺した旨及び私は左肩に紅葉の入墨をしている旨の記載」

上記記録に対する「反論」その1

　上記の点につき黒川利明は、第二審第3回公判調書において、以下のように供述している。

「裁　藤本が福岡旅館にやって来たのは、何時頃だったか。

　黒　20日の午後3時頃と思いますが、藤本が石井、岸田、押川の3人を連れてやって来ました。

　裁　それまでに、その3人と会った事はあるか。

　黒　いいえ、3人とは全然面識もありません。

　裁　その時、どんな話があったのか。

　黒　私は、その時期からずっと寝ておりましたので、3人を西のところに案内してすぐ洗面所に顔を洗いに行きましたから、最初の間、どんな話があったのか分かりません。

　裁　藤本は、石井を西に紹介する時に、岸田、押川の両名を石井の若い者だといったのか。

　黒　それは後で、私が洗面所から戻って聞きました。

　裁　当時、石井は、何をしているとの事だったか。

　黒　ブローカーをしているとの事で、以前は東京で相当顔を売っていたような話でした。

　裁　それは、誰の口から出たのか。

　黒　石井が話しているようでした。

　裁　拳銃は、誰が持っているとのことだったのか。

　黒　藤本の話では、石井が持っているとのことでした。

　裁　その時、石井は実包と拳銃を見せなかったのか。

　黒　私もその時西にいわれて酒と煙草を買いに行き、大分時間を取りましたので、よく知りません。なお、私が戻った時は、また、別な1人が来ておりました。

　裁　別の人とは、誰のことか。

　黒　今、考えてみれば、牧田でした。

　裁　石井が拳銃を出して、これは癖があるから人には撃てぬ、自分が撃ってやるとはいわなかったのか。

　黒　私は、その場では聞いておりません。

　裁　実際には、そのように聞いているから警察でこのように述べたのでないか。

　黒　いいえ、違います。私は事件後そのような記事を新聞で読みましたので、警察では聞いたように申し上げたのです。

　裁　なぜ、警察では本当の事を述べなかったのか。

　黒　新聞で読んで知っておりましたので、恐らくこのようにいったのだろうと思って述べまし

た。
裁　石井は、1挺ではいけないから、もう1挺持ってくるといって使いをやったそうだね。
黒　私は、その時その場におりませんでしたので、その点よく知りません。
裁　間もなく、使に出た若い者が油紙に包んだ大型の拳銃を持って来たのは知らぬか。
黒　その時、私はおりませんでした。
裁　若い者の1人が刃渡り6寸位の匕首を持っていた事は、知っているか。
黒　はい、それは、私も知っておりました。
裁　福岡旅館では、食事をしなかったか。
黒　いいえ、食事はしませんでした。
裁　被告人は、酒を買って来たのか。
黒　いいえ、あちらこちらを探しましたが見付かりませんでしたから、買わずに帰りました。
裁　それから、どうしたのか。
黒　午後5時頃になって、皆と一緒に旅館を出ました。
裁　その時、皆が一緒に出ては都合が悪いので、分かれて出たのではないか。
黒　いいえ、皆が一緒に出ました。
　　なお、私は、部屋の後片付けをしましたが、その時はテーブルの上に匕首が忘れてありましたので、それを石井の若いのに渡すつもりで持って出ました。
裁　被告人は、その時日本刀を岸田に渡さなかったのか。
黒　はい、渡しました。
裁　なぜ、そのようなことをしたのか。
黒　私は、その日、金を西から受取れば、そのまま自宅に帰るつもりでしたから、日本刀を持っていくわけにはいかず、処分に困りましたので岸田に渡しました。
裁　拳銃が手に入り、日本刀が不要になったので渡したのではないのか。
黒　いいえ、前から処分困っておりましたので、その際に渡しましたのです。
裁　その時には、既に西の計画を知っていたのではないか。
黒　いいえ、知りませんでした。
裁　買主を引張りだして拳銃で打ち殺し、金を奪い取るという話があったのではないか。
黒　いいえ、そのようなことは、聞いておりません。
裁　すると、何のために拳銃が要るとの事だったのか。
黒　熊本が大きな取引をするので、護身用として要るのだと聞いておりました。
裁　なんのために、そんな大勢で出かけたのか。
黒　私は、取引には西が1人で行くように思っておりました。
裁　石井は、結局、拳銃を渡したのか。
黒　いいえ、現金と引換でなければ渡さぬといって渡しませんでした。
裁　岸田は、日本刀を持って、どうしたのか。
黒　石井が岸田に、もう用事が無いから帰れといっておりました。

裁　石井は、自分が持っている拳銃は、わけがあって人には使えないので自分自身で撃つために一緒について行ったのではないか。
黒　いいえ、石井は、拳銃の代金を受取るためについていたのです。
裁　被告人は、何のために西についていったのか。
黒　私は、西から封鎖預金の金を貰うためについて行ったのです。
裁　それでは、旅館に待っていればよさそうなものだがね。
黒　私は、金を受取るとすぐ家に帰るつもりでしたし、また、西と一緒に行かねば、西がその金を他に使って仕舞うと思って付いて行ったのです。
裁　その晩、金を受取れば大阪に高飛びするために、日本刀を処分して準備したのではないか。
黒　いいえ、違います。
裁　被告人は、かねがね福井直一から、西は悪い男だと聞いていたのではないか。
黒　あまり西と一緒に金を扱うと危険だと注意されておりました。
裁　それにもかかわらず、西と一緒に鹿児島や八幡に行ったりしたのは、西から事情を打ち明けられて、金欲しさに行ったのではないか。
黒　いいえ、違います。その時まで、私は西の言う事を信用していたのです。
裁　福岡旅館を出てから、どうしたか。
黒　西は、熊本から早く来てくれという電話があったので、皆より一まず先に出ましたから、私が石井達のところへ（註　西の間違いであろう）案内しました。
裁　どこを、通って行ったのか。
黒　東公園の入口から専売局の方に抜け、真直に堅粕に行きました。
裁　被告人は、石井に本件犯行現場を教えたのではないか。
黒　いいえ、現場を通ることは通りましたが、教えませんでした。また、私はその現場というのも後で分かった事で、当時は知りませんでしたから、私は、石井を西の所に案内する事だけしか考えていませんでした。しかし、石井が、西はどこにいるかと尋ねますので、あそこにいるといって中島方を教えてはおりました。
裁　それから、どうしたのか。
黒　私が中島園吉方を指して、西がそこにいると教えますと、石井が、『自分は、福中で子供達の野球の試合を見ているから話を決めてきてくれ』といいますので、私は西の所へ出かけました。すると、途中で、西と熊本と中華人達が行くのが見えましたので、追いかけて行きました。
裁　西達は、どこに行こうとしていたのか。
黒　飲食店の方へ歩いておりました。
裁　中島園吉方へ行く途中ではなかったか。
黒　いいえ、違います。
裁　熊本と中島方に入っている間に、被告人と中華人は表に待っていたのではないか。
黒　それは、浜利という飲食店の前の事です。

裁　しかし、警察では中島方の前で待っていたように述べているがどうか。

黒　それは、私が間違って述べたものと思います。

裁　皆と一緒に飲食店の前まで来た時、西からあの中華人と熊本を現場に連れて行ってくれ、といわれたように述べているがどうか。

黒　警察で取調べを受けた時は、『お前が２人を連れていったようになっているから俺の言う通りにしたら間違いない。違う所があれば、裁判所でいえ』といわれたので、その通りにして、一審の時に事実を申し上げたのです。ところが、その時に警察でどうして嘘を申し立てたかを叱られましたので、弁解も出来ず、そのままになってしまいました。

裁　西から２人を現場に連れていってくれといわれた際に、なお小声でなるだけ暇をとれ、といわれたのではないか。

黒　いいえ、違います。

裁　すると、熊本と中華人を連れて行ったのは、誰か。

黒　熊本が現場を知っているようでした。また、石井の方も熊本が直接話してくれるものと思い、一緒に付いて行ったのです。

裁　熊本から現場はどこかと尋ねられた時、味噌会社のところだと教えたのではないか。

黒　いいえ、違います。私は、熊本に何の取引をするのかと尋ねますと、今日は軍服千着ばかりを取引すると申しましたから、何でするのかと尋ねますと、中華人の方を見て、あれがいるからここで話をするなと言うので、私も強いて聞きただしませんでした。しかし、私も石井を待たしてありましたから、その方の話をつけねばならないと思い、石井が福中の裏で待っているからどうするかと聞きますと、その時にはもう専売局の裏の辺りまで来ておりましたが、熊本が、こちらから行こうといって味噌会社の裏の方へ行きましたから私は、石井にそのことを連絡に行きました。

裁　被告人が、そこまで案内しなのではないのか。

黒　違います。

裁　被告人は、当時、熊本の取引相手の男は、その中華人だという事は知っていたのか。

黒　その時には分かっておりましたが、その前には知りませんでした。

裁　最初から、あちらへ連れて行けといわれたのは、石井のいるところに中華人を連れて行って、これを殺して金を奪おうということではないか。

黒　いいえ、違います。石井は、拳銃を売るために来ていたものと思っておりました。

裁　その付近に軍服の倉庫でもあるのか。

黒　私もよく解りませんでしたから、熊本に聞くと、中華人がいるから止せというので強いて聞かなかったのです。

裁　瞞して中華人を連れていくのだとは、いわなかったか。

黒　いいえ、聞いておりません。

裁　いわれなくても大体このようなことに、気付いていたのではないか。

黒　いいえ、全然知りませんでした。

裁　知っていたから、熊本から現場はどこかと聞かれた時は、味噌会社のところだと教えたのではないか。
黒　いいえ、違います。味噌会社の方には、熊本が勝手に行ったのです。
裁　被告人は、石井の所に行ってどうしたのか。
黒　石井の所に行き、拳銃を買う人が来ているから来てくれと申しました。
裁　その意味は、殺す相手の中華人を連れて来ているという意味ではないか。
黒　いいえ、そのようなことは聞きません。
裁　すると、石井がまだ早いからもう少し待っておれといったのではないか。
黒　いいえ、そのような事は聞きません。
裁　それでは、また引き返して熊本の所に行き、支那人に聞こえるように、今用意しているから待ってくれといったのではないか。
黒　はい、石井がすぐ行くからもう少し待ってくれというので、そのことを熊本に話しました。しかし、中華人に聞こえるようにいったわけではありません。
裁　しかし、熊本は中華人に倉庫を見せるのが目的ならば何も、石井の来るのを待つ必要はないではないか。
黒　兎に角、中華人は軍服を見せろとやかましく言っておりましたので、熊本は拳銃の取引を片付けてから、自分の用事である軍服の取引をするのではないかと思っていました。
裁　しかし、軍服が主たる目的ではなかったのか。
黒　はい。
裁　しかも、取引せねば、金が手に入らないのではないか。
黒　いいえ、それ位の金は、熊本が持っていると思いました。
裁　しかし、取引する間際に拳銃を買うといのは、おかしいではないか。
黒　石井を待たしているので、その方も急いでいたのではないかと思います。
裁　その点について、被告人は、警察で全然反対のことを述べているようだね。
　この時、裁判長は、本被告人に対する前回警察聴取書中該当部分（記録第226丁裏8行ないし229丁表1行）を読聞かせた。
黒　警察では、取調べを受けた際の係の方が、『お前は西から命令されてやった事と思うから、その通りに述べとけば、大した事はない』といわれるので、警察の方には悪く取計らうことはあるまいと思い、西や石井が私に対して命令したように述べたのです。
裁　それから、どうしたのか。
黒　私が石井に来るように言って熊本のところに戻りましたが、仲々来ないので、二度目に呼びに行ったところ、石井は、すぐ行くからしばらく待ってくれと申していました。しかし、熊本の所に戻ってみますと中華人が倉庫の戸をドンドン叩いて、『初めと話が違うではないか、早く戸を開けろ』といっており、その後から熊本が抱き止めており、『今会社の者が中にいて都合が悪いから、もう少し待ってくれ、大体君こそ初めの約束を守らないではないか』とお互いに口論を始め、遂には、喧嘩になりましたので、私が仲に入って仲裁しよ

うとしますと、今度はその中華人が私に向き直ってズボンの方に手をやりましたから、私は、『こいつ拳銃を持っているのではないか』と直感しましたので、すぐ、石井の所に飛んで行き、『喧嘩してるから早くしてくれ』と言いますと、石井は『そうか』といって小走りに現場の方へ行きました。その時には、熊本は、道路端まで出て来て私に手招きして「来い」といいますのでそのところまでいきますと、熊本は、『何か往生した』と申しておりました。するとその時機関車が通り、その後から、また汽車が来たので、後を振り返ってみますと中華人が走りながら倒れかかって来たので私と熊本はおどろいてそのところへ走ろうとしますと、拳銃の発射音が聞こえました。ところが、私と熊本はすれすれの所におりましたので、私は自分が撃たれような気がして驚いてその場から逃走してしまいました。その時、私と石井と距離はほんの5、6歩で、中華人の倒れた所から地面にしゃがみ込み、更にひっくり返って仕舞いました。

裁　それを、石井の若い者が抱き起こさなかったのか。

黒　私は、中華人の方へ近寄ろうとすると、いきなり拳銃を発射されましたので、その場から逃げ出しましたから、その点よく分かりません。

裁　最初、中華人が射たれた時には、その発射音は聞こえなかったか。

黒　聞こえませんでした。

裁　石井が最初熊本達のところにいった時、石井は、拳銃を出していたか。

黒　その時には、そこまで注意しておりませんでしたから気付きませんでした。

裁　石井から拳銃を発射され、その場を逃げ出してからどうしたか。

黒　現場から300米も逃げ出した頃に、後から待て待てという声がするので、通行人かと思い、逃げれば愈々変な具合になると思い立ち止まりますと、それは牧田たちでしたので、同人と一緒に現場の方に戻りました。ところが、現場では2人共道路より少し引込んだところに倒れており、どちらか知りませんが、片方の男がウンウン呻っておりました。それを見て、私はこれは殺されたようだなと直感し、あまりの事に驚いて、後先も分からぬようになてしまいました、誰かが突け突けと叫ぶのを聞いて手前の方にいた男を匕首で刺しました。その匕首というのは旅館のテーブルの上に忘れてあったものを返す積りで私が持っていたのです。

裁　被告人がその匕首を持っている事は、石井は知っていたのか。

黒　はい。旅館で後片付けをした際に匕首が置いてありましたから、石井に貴方のところの若い者がこの匕首を忘れている。どうしようかと聞きますと、後から返せばよかろうと言いますので、私は後で返す積りで、そのままズボンのポケットに入れて旅館を出ました。

裁　匕首で倒れている男のどこを突いたのか。

黒　ハッキリと記憶いたしませんが、足の方を刺したように思います。それもほとんど無意識にあった事で、鞘を抜いた時に匕首で指を切り痛みましたので、初めて突いたことを知り、しまったことをしたと思ったのです。

裁　誰かに止めを刺せと言われて、突いたのではないか。

黒　いいえ、ただ突け突けと言われて、無意識に突いてしまったのです。

裁　被告人が刺した方の男は、まだ、呻っていたのではないか。

黒　いいえ、違います。私が匕首を鞘に入れてハンカチで血を拭こうとする時に、そのハンカチを落としたので、それを取る時死体に触れましたが、その時には、もう冷たくなっておりました。

裁　匕首で刺そうとする時に、石井から体を探して金を取れといわれ体を探したのではないか。

黒　いいえ、恐ろしくてとてもそんな事はできませんでした。

裁　上衣のポケットの中から、紙切れを取り出したのではないか。

黒　いいえ、違います。そんなことはいたしておりません。

裁　その点についても、警察ではこのようなことを述べているがどうか。

　この時、裁判長は、司法警察官代理の本被告人に対する前回聴取書中該当部分（記録第231丁表1行ないし232丁表4行）を読聞かせた。

黒　それは、私が述べたのではなく、警察で勝手に書かれたのです。

裁　それからどうしたのか。

黒　兎に角、西のところに行って話をしなければならぬと思い、石井と一緒に西のいる飲食店に行きました。すると、そのところには西や中華人が大勢おりましたが、西は、熊本はどうしたかと聞くので、他の連中に聞かれたら困ると思い、都合よく話を合わせるために、「熊本は品物をトラックに載せて待っている」と嘘をいいました。

裁　大体、西との間に最初品物を見せると称して中華人を現場に連れて行き、さらに引き返して、今品物をトラックに積んでいるという事を報告するように打合せができていたのではないか。

黒　いいえ、違います。

裁　それで、西から尋ねられた時に品物は、すでに積込んでいるといったのではないか。

黒　いいえ、違います。西から品物はどうしたかと聞かれましたので、話を合わせぬと大変なことになると思い嘘を言ったのです。

裁　それから、どうしたか。

黒　西は、私の話を聞いて、今度は中華人の方に向って品物は積んであるから、現金の取引はここでやろうといっていましたが、相手が現金はここでは渡せぬ、品物と引換でやろうというので、西は、「最初の話と決め方が違うではないか、それなら兎に角、熊本を呼んでみよう」と申しておりました。すると中華人がこちらから1人様子を見にやらせようと言って1人の日本人に行かせようとしましたから、西は、私に「黒川すまんけど、この人を連れていってくれ」といって現場に案内させようとしました。私は、これは大変なことになったと思いましたが、ここで変な様子をすれば一大事になると思い途中で逃走する積りでしたから、自転車を断り、連れの男だけは自転車に乗り、私は歩いて行きました。ところが、私も当時思いがけない出来事にすっかり昂奮していてその途中も夢中でしたから、ふと気がついた時には、もう専売局の裏の辺まで来ておりましたから、愈々逃げねばならぬと思い、連れの男に一寸先に行ってくれといって先に行かせ、私はそのまま逃げました。

裁　連れの男を先に行かせて被告人は、一応西のところに戻ったのではないか。
黒　いいえ、そのまま逃げました。
裁　飲食店の道路のところで、西や石井、藤本の３人に会ったのではないか。
黒　いいえ、違います。
裁　そして、その時に、西から「飲食店にいる奴を全部専売局の裏まで引張り出せ」と言われたのではないか。
黒　いいえ、そんな事はありません。
裁　その点について、被告人は、警察でそのように述べているかどうか。
　この時、裁判長は、司法警官代理の本被告人に対する前回聴取書中該当部分（記録第233丁表２行ないし234丁裏７行）を読聞かせた。
黒　いいえ、それは違います。
裁　それからどうしたか。
黒　駅の裏の方に行き、後から中華人に追いかけられるといけないと思い、歩いて平尾に行き、急行電車に乗って柳川に行きました。
裁　その行動については、警察でそのように述べているが、この通り間違ないか。
　この時、裁判長は、司法警察官代理の本被告人に対する前回聴取書中該当部分（記録第234丁裏６行ないし236丁裏１行）を読みきかせた。
黒　その通りです」

３　黒川の警察聴取書の虚偽を衝く

つぎに、黒川利明の警察聴取書に対する石井健治郎の反論（筆者宛て）には、以下のように述べている。

「これを読んでいますと、黒川が何かの目的で創作的な供述をしている事がわかるのであります。それは、他にも供述している同人の供述とくらべる時に明らかであります。いやしくも拳銃で強盗殺人を計画していたというのならば、まず拳銃入手こそ先決問題でしょう。明日取引（いや黒川のいう強盗）をするという時になって手に入るかどうかも判らん拳銃を探しに行ったり、酒の場所で藤本に頼んだり、一方では明日決行『取引か？強盗か？』すると決めて金の準備をさせてそれから拳銃をさがす、こんな子供みたいな計画で成功するというのでしょうか。

黒川の供述は全くおかしいです。たとえば、前にも述べた如く、石井らが旅館に来ていきなり拳銃を出しながら、この拳銃はくせがあるから他人では撃てぬから自分がやってやるなどといったと、とても常識では考えられない事を供述するのであり、裁判官またその供述を証拠とするのであるから驚きよりもあきれてしまっているのである。全く一面識もない石井が、黒川や西に、いきなりそんな事をいうでしょうか。しかも、喧嘩？または、強盗殺人？か、何も判らん人間が、そんな事をいう筈がありませんし、拳銃の売買には仲介人の藤本、押川が、西と石井の間にいるのであるから、黒川のいうこれらの言葉を信用される裁判官はよほど頭のおかしい判断力の弱い人であるに違いない。岸田がお使いに行く前の話というのだから、石井達が

旅館に着いて15分以内の話と言う訳であるから、旅館に行ってすぐの話という事になります。そうするとその後1時間以上も一緒にいて何も話をしなかったというのであろうか、いなです。岸田が拳銃取りに行ってる間にこそ、黒川は喧嘩の話もし、雑談もしているのであります。黒川は別の供述では、自分は使いに行ってたからどんな話があったか知らんといっていることです。15分の間の事は知らんが、1時間以上の話は知っている筈である。そして、西が『時間が来たから行こう』といったと嘘を言っていることであります。これは石井、押川、岸田、牧田の供述を見られさえすれば、旅館を出たいきさつは、はっきりしております。

　また、牧田が持って来た匕首を石井がこれを持って来なさいなどといっているが、この匕首は牧田の品物であり、牧田が黒川に渡したのであり、それには理由があるのである。それは、黒川が隣りの部屋から綿の袋に入った日本刀を持って来て『これでなぐり込みをかけるつもりだったが拳銃が手に入る事になったので、これはいらなくなった。第一昼中こんな長い物持って歩けんから旅館の裏に捨てて行く』というので、そこに居た岸田がみて『勿体無いから私に下さい』といったので、黒川が『そんなら貴方に上げましょう、都合よく処分しておいて下さい』といったので、岸田が貰ったところ、牧田がそれを見て『日本刀のかわりにこれを上げよう』といって、その短刀をやったのが事実である。

　また、旅館を出て西らと同行を東公園迄したなどと全くの嘘を申し立てていることである。西と押川は黒川と牧田、岸田が旅館の表に出た時はすでに、300米位前方を行っていって、牧田を追かけさせた時は、すぐ横道へ曲ったために姿は見えなかったのが事実で、同行は決してしていないのでありますし、また、旅館を出た目的が全然違うのであります。これは、岸田も石井と同行しているのであるから、黒川の供述が嘘であることは明らかである。

　<u>また、黒川はなぜか久留米行の自動車雇いのために旅館を出た事実を供述していない事であります。また、千代町の交差点の出来事や、そこで待たされたことや、久留米行を天神町から急行電車でいく事に決めた経緯を供述していない</u>（傍線筆者）。これは千代町の交差点で往断をさまたげられて十分近く安全地帯に待っている時夕方ではあるし、自動車より急行電車で行った方が良くはないかという話が出て、黒川もそうするといって旅館に引返す事になった経緯であることを話さないと、石井や黒川が堅粕に行くために旅館を出たが如く間違われることである。

　ところが、東公園の入口まで来た時、黒川がこの道を堅粕の方へ行こう、そうすれば、金を貰って帰る人達に出合うからと申すので、石井もそうすることになり、岸田も石井と共に用事を済まして一緒に帰へろうといってついて来たのであります。また、専売局の横道に入り石井に、『あそこが現場だと教えた』というのであるが、法廷供述は『ここが現場だ』と教えたといっているところが、地図を見て石井と黒川と岸田の通った道から現場は見えないのである。これは、何を意味するかということであります。工業試験場の前をはっきり教えたと供述している。この黒川の供述は石井に対する悪意か？または、警察官に智恵をつけられたためか、または、自分の犯意を従的な立場にするための作為か？

　とにかく、事実は地図がこの嘘を明らかにしてくれる。それは石井と共に通った道は実地

検証で明らかな通り現場より300米も博多駅よりの道を通っており、そこからは、わん曲した道のために現場は見えないのでありますから、法廷でいう『ここが現場だ』という筈もなし。見えないところをここというのは、あり得ないこと。また、あそこが現場だという位なら黒川の供述の中に『時間が早かったので、そこらをのろのろしてから、西等のいるところへ行った』という供述がある。『これも嘘だ』が、それ程時間があるのなら現場まで連れて行って、それこそ、『このところでどうする』と打合せをしても良い筈である。30分も歩いて、のろのろする時間を無駄に過す筈もない。実は、両方とも嘘である。押川達が帰ってくるのを探しながら、押川等の行っている家に向っていたのが事実であるから、時間が早いというような言葉が如何に実情に合わないかということであります。

　また、岸田が一緒であること、岸田は殺人罪だけであること、黒川の供述中、『私は使いに行っていたから何も知らないが多分西が石井に強盗殺人の話をしている事だろうと思った』、または、『喧嘩とうまく石井を騙していたと思った』というのである。これがいかにこっけいな話であるかは明らかであります。いやしくも、人を4人（事実は10人近くいた）も殺して大金を盗ろうとする人間、あるいは喧嘩としても、人の命を奪うというのに良く話しもせず、初めての見ず知らずの人間同志がいきさつも話さず、話もわからず、たとえば、強盗殺人をするならば、まず第一に、『どうして殺すか』、『どうして金を盗るか』、『どうして金を分配するか』、『いくら位盗るのか』、『何人位殺すのか』、『どこでやるのか』、『誰がどんな役割りをするのか』、『どのような話合に成っているのか』等、つまり『何時、どこで、誰々が、何でどうする、時間、場所』等の話から事件後の集り場所等を話合わなければ、どうして強盗殺人等が出来ましょうか、それをせずに強盗殺人の計画をしたというのでしょうか。裁判長の判決文でいう如く、『漸次計画の実相を打明け』というのでしょうか。

　この裁判長の考え方がいかに常識外れの判断であるかを指摘せずには居られません。黒川のこの出鱈目の供述を証拠とされるところに、この裁判の誤認の原因があるのです。そして、続く供述内容に『熊本、王を現場に連れて行け、なるだけひまをとらせよ』と西が耳打ちしたというのであるから、全くこっけいな供述といわねばなりません。日が暮れて何のために、『暇をとらせよ』といわねばならぬのか、おそくなせということでありますから事実にあわない事であります。7時15分頃という言葉が全く何でそのような細かい事をいって真実らしく見せている事が、裏をかえせば総べてが嘘であるという事である。第一、西は石井が堅粕に来ている事を全く知らないのである。拳銃入手もまだできていないのであるから。

　次に、黒川は、『石井のいるのを見て今連れて来た』といったというのである。しかし、石井のそばには押川、藤本、牧田、岸田がいるのである。これらの全員が黒川の言葉を聞いているのである。黒川は、1回目は、『今話合があっているから拳銃の金はもう暫く待ってくれ』といって来たのである。2回目に、来た時は『拳銃の金はあとでやるから拳銃を貸してくれ』といったのである。藤本は、石井にあの人（西）は大丈夫だから拳銃を渡してやってくれないかといったのであるが、石井があくまで代金引替でないと駄目だといったので、黒川は仕方なくまた引き返しているのである。この引き返したところは西のいるところでなく王等のい

る、つまり『現場』に帰っていたのである。3回目に来た時始めて、喧嘩の相手が来た拳銃を先に貸してくれといったが、石井があくまでまで代金引替を主張したので、黒川は走って引き返したが、すぐに走って来て、拳銃が貸せんなら誰か来てくれ、今喧嘩していると、切羽詰ったような態度で言うので、5人は顔を見合せて、喧嘩の相手というのが、先程より話題になっていたので、岸田が日本刀を背中より出しながら、俺が行ってみようといって行こうとするので、石井が止めたのである。そして、石井が様子を見てくるからといって、黒川について行ったのであるから、『まだ、早いから待たせておけ』などと石井が言う筈もなく、日が暮れて辺りが暗くなっているのであるから事実に合わないのである。

　また、『どうもお待たせいたしました』と、石井が王と熊本にいったというに至っては、お話にもならないことであります。熊本は世話人である、王は買手というではないか。その上、石井が熊本に『一寸向うで待っていてくれ』といってその場をはずさせたとか、または、10分近く50米も向うに行って待っていたとか、別の供述では、15米位はなれた試験場の玄関で待っていたとか、または、倉庫を曲がろうとしたとか、向うへ行こうとした時とか、同じ本人の行動の供述がこれほど違っていることでも判る通り、これが嘘の供述であることは、熊本が世話人であることである。なぜなら、買手をはずさせたのなら話はわかる事です。なぜなら、世話人と、たとえば石井が売主『または持主』とが、品物を出すのに、買手をはずさせたというのなら話が判りますが、世話人をはずさせた売主と買手が直接話をするなど考えられないことであります。まして50米から14、5米位になり、終いには2、3歩、1米位とだんだん供述が変って来ている事であります。そして、50米の方を判決文の証拠としているのである。これが強盗殺人に対するのに都合がよいからであろうが、『事実と道理にかなわねば』何の証拠の価値もないといいたいのであります。

　また、次の、『石井の若い者が2人で、原の上に引きずっていた』、これがまた黒川の嘘の供述を証明するものであります。『50米、14米、1米』というその場にいた黒川が『石井がピストルでやったと直感した』とか、『熊本さんがどうしたのか』と石井の方へ寄って行こうとした時、石井が『汽車にはねられたのではないかと白っぱくれていた』とか、『行こうとした時石井が王を撃った』とか、『石井がピストルで撃ったと直感した』とか、色々といっているのでありますが、第1、溝の向うの線路を走っている汽車にどうしてはねられるのでしょうか、笑止(しょうし)な事であります。そばにいてピストルで撃ったと『直感した』というに至ってはお話になりませんが、また、別に『石井の撃った拳銃の光りが熊本の胸のところでピカッと光った』というからには、熊本より石井に近い方にいたという事でありますが、何をいっているのか、次々と出鱈目な作り話をするのであるが、裁判官がその黒川の供述を信用するのであるから全くお話になりません。また、吉塚に向って走ったといいながら、反対側の博多駅よりで、牧田に呼びとめられた、という牧田の供述と反対になっているのもおかしいし、また、300米の向うの線路を越えた麦畑の中にいたと判決謄本に押川の供述が証拠に取り上げてあるのに、黒川の供述の証拠に取り上げてある分には、押川はその時現場にいたとなっているが、ここにも間違いがある。また、岸田の供述では岸田が黒川を呼び止めたとなっている。また、藤本の見張り

うんぬんの場所が王や熊本の撃たれたところより１、２米うしろにあるポプラの木の下に座っていたという事になっている。その上、拳銃の音も聞いていないことになっている事、しかも、そこは現場の入口であること、また藤本は拳銃は風呂敷に包んだままだったという事、これらのことがいかに事実でないかという事は経験則にもあわない事で明らかであるから、これは作られたものである事がわかります。

　次に、石井が『身体を探して金を盗れ』といったと供述しているが、これは、警察の甘言で石井を共犯にするためのデッチあげである事が判ります。これは、岸田の供述に、『黒川が死体を探して何か盗ってポケットに入れていた』という供述があるので、警察官が黒川をしめあげたので、黒川は苦しまぎれに、『石井が命令したので体を探してみたが金は無く、紙切れがあったので紙切れを石井に見せて金はない』といって一刺したと申し立てているようで、法廷でこの事について弁明している事は、『自分の罪をまぬがれたいばかりに嘘をいった』と申し立てている事、また、その時は自分の手を切ったので、自分のポケットからハンカチを出したのを岸田が死体から何か盗ったと悪く言っているのであると、申し立てていた事などを合せ、また、その探した筈のポケットから６千数百円の百円札が２つ折になって入っていた事実が記録書類に出ている事でも、嘘ということが明らかである。２つに折れば136枚になるから、相当の部厚いカサでありますから、黒川が探して紙切れを出してみせたということは、全く出鱈目である事が判ります。これは、石井を強盗殺人罪に落すための罠に、黒川が落されているのであるとしか思われないのである。だから、矛盾を無視して、この黒川の嘘を証拠にしている事でも判るのである。

　また、黒川が、事件後、浜利食堂に行き、西に殺傷事件の起きた事を知らせていない事であります。唯、『品物を積んで向うで待っている』と巧みな嘘をいっていることは、どうしたことか、にもかかわらず、黒川は『何も知らなかったのに、石井が勝手に殺した』とは、少し本当の事がこの言葉の中にある。それは、突発的に起きた殺傷事件であるからである。次の西と石井と藤本と押川が何か話していたという供述も、これは警察の策動である。なぜならば、事件後、藤本は牧田と逃げていてすでにそこにいないのであり、押川は岸田と、どこかへ行って、西に会っていないのであるから、これは、一つの事件をデッチ上げるための警察の策動である事は、事実と照らし合わせて行くと判るのでありますから、この警察調書を証拠とされた裁判官は、審理不尽といわねばなりません」

4　同行した岸田・牧田から強盗殺人罪を抜いた矛盾

さらに、西武雄の「証拠の反論」には、次のようにいう。

「原審第１回公判調書中、黒川利明の供述として『石井、岸田と共に、最初西から教えられた現場付近に行き、ここが現場だ、と教えた上、判示中島園吉方付近まで行き、石井、岸田には、現場に行っていてくれ、と申して別れ』たというのである。

　これを証拠として採用するのなら、岸田の罪名がなぜ違うのかと申し上げたい。岸田は、石井の若い者と称する男だし、当局のいう強盗殺人の謀議の上の、『現場をここだ』と教えたと

いうのが事実ならば、岸田は当然聞いている筈でありましょう。その岸田は聞いてはいない、関係はないというなら、そんな『現場はここだ』とか『現場に行ってくれ』といったということは、事実あり得ないであろう。3人同一の行動をして1人だけは、全然知らない、関係ない、という事は、納得のいく判断ではないし、事実に反すると思うが如何でしょう。

それと第1回公判調書中、黒川利明の供述として、『旅館を出る時、現場を教えろといわれていたので石井に教えた』ということを、黒川利明の警察聴取書を証拠採用するとともに、補足証拠としたのでありましょうけれども、そうしたことが事実ならば、牧田の無罪は有り得ないし、岸田の殺人罪のみということも有り得ましょうか。そういう話が全然なかったからこそ、2人は知らなかったとして責任なしとなったのでなくては、不可解といえましょう。

なお、第1回の公判調書中の供述として、『久留米の喧嘩を持出したのは拳銃入手が目的で、そのような喧嘩があることになっていたのではなかった』というが、その事を黒川がいったことは事実と認めているようですね。

そのような、喧嘩というけれど、野田発次郎氏の証人証言では、『そのような噂はしきりとあったらしく、兄弟分も心配して尋ねてきたことがある』といっていた位だから、そういう雰囲気のあったことは、事実のようだ。だから、それを信じたから、その目的で拳銃を入手したというのなら反対はしないつもりでいる。一審の時の供述は、敗戦下の異常な時の裁判のためと、被告人等の若年と、小心とを衝かれたことと、裁判長の訊問がテーブルを叩いてのことであったがために、警察で強要されたことが再現されたにしか過ぎないことで、事実と全く反していることを叫びたい。何をするにしても、それには、そうなるべき筋道があると思うのです。強盗殺人を計画したというのならば、同一の行動をした牧田、岸田の関係なしと見做す当局のやり方こそ、不自然であります。この2人の事をいっているのは、刑が軽いからというのではありません。刑の軽いのは喜んでいます。

私のいいたい事は、否、叫びたいことは、こじつけの判決であることをいいたいために、その矛盾の点を指摘するために、2人のことを申し上げているのです。別の機会にも申し上げますけれど、石井健治郎の供述として、『強盗殺人の加勢を男と見込んで頼むからと、黒川を通じて西から頼まれた』ということにしてもです。旅館で謀議をしたというのなら、ことさらに、『黒川を通じて西から頼まれた』という必要がどこにありましょう。西からこれこれの話があったというべきでしょう。

この『黒川を通じて頼まれた』というのなら、それは、一体どこでしょうか。それを聞きたいと思う。黒川と石井は、全くの面識はない者たちですから、旅館でならば私が言う筈だから、旅館でないとするならば、旅館を出てからでしょうか。そうなりますと、石井には岸田がついているのですから、岸田がそれを聞いているはずでありましょう。岸田は聞いていないとなりますと（聞いてないから罪名が変ったのであって、聞き知ってのことなら不可解だ）、黒川、石井はどこで語らったというのだろうか。岸田の話では、石井の傍から離れたことはないといっているし、牧田、押川、藤本も一緒であって、そうした話を聞いていないといっているし、石井本人が警察でそんなことをいった事は絶対にない、事実でないことをいう筈がないと喰って

かかっている位であって──、そうなりますと、一体誰の仕業でしょうか。おそろしいことである」

なお、また、黒川利明原審第1回公判調書に対する石井健治郎の反論（筆者宛ての）は、同じ点にふれている。

「この黒川の供述くらい出鱈目なものはない。全くこの供述は、黒川1人の意志で供述したものではない。これは、裁判官の誘導訊問と警察官に供述した事となっている同人の供述とに合せるためのものであるために、全く事実と違っている事を始めに申しておきます。

まず、第1に、黒川が久留米行の自動車雇いのために旅館を出ていながら、その事実をかくしていることであります。第2に、石井、岸田に『ここが現場だ』と教えたといっていえるが、何も話さず、何も知らん人間（判決謄本は、岸田は、何も知らんだったと認めている）にいきなり、ここが現場だと教えたら、教えられたその人はどう思うであろうか。

たずねないだろうか。これを想う時、この供述を取り上げた裁判官は、岸田だけは知らんだったが、石井は知っていたと判断しているということになります。しかも、黒川は、西が石井に『強盗殺人の計画を話したのではないかと思った』、つまり想像した、というのであるから、黒川自身は話合いはしなかったという事を認めているわけでありますね。こんな馬鹿げた共謀の共犯があると判断するのであろうか。黒川は想像だけで、現場を教えたというのでありますが、地図で見ますと、前にも説明した如く黒川、石井、岸田の通った道は現場より300米も離れていて、現場は全く見えないのであります。見えないところをここが現場だと教えられる筈でもなく、また、現場に行っていて待っていてくれと本当に黒川がいったのなら、何も石井、岸田が300米も離れたところにいる筈もなく、福中のグランドはそれよりまだ遠いところにあったのである。しかも、石井と岸田は野球を見ていたのである。また、黒川は西らのところへ行ったら工業試験場のところへ（つまり現場）の方へ案内するよう頼まれた、法廷では、『熊本さんについて行け』といわれた、と申し立てているが、事実は、その前に、黒川は、西に会う前に、藤本、押川、牧田に出合っているのである。そして、その3人に拳銃の金は線路のところに2人（石井と岸田）を連れて来ているからそのところで渡すから来てくれと申して、藤本と押川と牧田を、石井達を待たせている現場より国道よりの300米位の地点、つまり、福中前を出て来た道に連れて来たのである。そこからは現場は見えない。黒川は、法廷でも『現場で待っていてくれ』と石井達に言ったと嘘をいっているが、この3人を連れて来た事を西が知らないことは、黒川の行動と喧嘩のために久留米に行くと、石井達にいっていた黒川の行動とに不審がある。

西の供述には、黒川が久留米行きがまだ時間があるというので、黒川を熊本につけてやったというのである。しかし、黒川は勝手に押川達が拳銃代金を貰うために待っているのに、西にも言わず押川等3人を、石井を待たせているところに連れて来て、ここで拳銃の金はやるというのである。石井が押川に、その時、拳銃の代金は貰ったかと尋ねると、押川は、『まだ、貰わんので拳銃も渡さずここで持っている』といった。そこで、石井は、黒川に『早く拳銃の金を貰って来てくれ』といったところ、黒川は待っている私達に、『すぐ貰ってくるから』といって走り去ったのである。これは他の4人の前での事であるから、黒川のいうような『2人を連

れてくるから』などというような事は絶対にいっていないのであります。しかし、黒川のこの嘘の言葉は強盗殺人事件を認定しようとしている人達には、都合のよい言葉であります。

　黒川は、そして、しばらくして、走って来て今話合があっているから、もうしばらく拳銃の金は待ってくれといって走り去ったのであるが、思えば、その時すでに王等と現場に来ていたのであります。しかし、黒川はまた走って来て、『金はあとでやるから拳銃を先に貸してくれ』といって来たのであります。石井は、それに対して、『代金引替でないと駄目だ』とことわったところ、そばにいた藤本が、『あの人（西）は大丈夫だから拳銃を貸してやってくれ』といったが、石井があくまで代金引替を主張したので、黒川は、仕方なく、また走り去ったのである。そして、今度走って来た黒川が、『今喧嘩の相手が来て喧嘩をしている、拳銃が貸せんなら誰か来てくれ』とせっぱ詰ったような態度でいうので、そばにいた岸田が『私が行って見ましょう』と言いながら日本刀を背中から出そうとするので、石井が『待てお前が行っても危い、相手は拳銃を持っているという話ではないか、俺が行って様子を見てこう』といったのである。その時、石井は万一の時は自分は拳銃を持っているから大丈夫と思って行ったのである。

　これを黒川が色々と石井が疑われるような嘘を言って裁判官に誤審をまねかせるような事をいうのである。たとえば、『お待たせしました』と言って、その場をはずさせたというのです。これは前にも述べた如く、世話人の熊本をはずさせたという事がすでに黒川の嘘を証明しています。買手をはずさせたのなら話はわかりますが、熊本では、熊本が承知する筈がない。世話人をのけて取引は無いからである。その嘘は、前に述べた如く黒川は苦しまぎれに、始めは50米向うへ行って待っていたと述べ、次は14、5米の味噌醤油連合会の玄関のところといい直し、倉庫は現場にある倉庫だから、石井の立っていたところより3、4間位である。そして、段段と間詰められて黒川は2、3歩あるこうとした時と申し立てている。これは前から申し立てている事が全部嘘であるという事である。これだけなら問題ないが、それに付随する供述が証拠とされているところに問題があるのである。私は、黒川がどうしてこのような嘘をいわねばならぬかという点でも、疑問を持っているのであります。考えても判る如く、熊本が世話人であることははっきりしているのだから、売主または持主と交渉せねばならぬ立場の人間でありますから、そんなところで待っていたという事自体がすでに嘘であることが分ります。

　また、5分して石井のいる道路に来て見ると、王がたおれていたので、熊本が『どうしたのですか』と尋ねると、石井が『汽車にはねられたのでしょう』と白っぱくれていたというのです。汽車は溝の向うを走っているのに、どうしてはねられるのでしょうか。これは50米向うへ行って待っていたという時の続きの供述であるが、法廷供述の2、3歩向うへ行こうとした時、王が射たれたという供述の方では、この供述の内容は通用しないのである。黒川は、口からでまかせに嘘をいい、裁判長に間違いを指摘されると、西が可哀想だから嘘を言ったというのである。ところが、西を悪くいう。それが嘘であるから驚くのである。つくり話で西を悪く言ったという事は馬鹿な話であります。西に都合の良い事をいってばれて問いつめられたのなら、西が可哀想だったからという話も通りますが、黒川の申立ては一事が万事であるから、黒川の供述を、良く事実を調べず証拠とされては、他の者はたまったものではありません。黒川

は、2、3歩向うへ行こうとした時、石井が来て王を撃ったので、熊本がいて石井の方へ大声あげて走り寄ったところ、石井が熊本も撃った。黒川のその時の位置は、熊本と石井の間だったので、石井の撃った拳銃の光が熊本の胸のところでピカッと光ったので、自分が撃たれたのかと思って逃げ出したと供述しているのであるから、黒川の申立ては良く調べねば証拠としての価値はうすいといわねばなりません。

　黒川は、熊本が撃たれた後現場に戻り、誰かが刺せというので、一刺ししたといっているところもありますが、警察の供述書には、『石井が刺せと命令したので刺した』と申し立てており、その他、『体を探して金を盗れ、というので体を探したが金はなく、紙切れを取出して見せ、金はないといって一刺しした』と申しているのである。法廷では、『自分のポケットからハンカチを出して怪我した指を拭いたのを、岸田が見て、金を盗ってでもいた如く、黒川がポケットを探して何か盗って自分のポケットに入れた、と供述しているのを見せられたので、苦しまぎれに、石井が命令したと嘘をいって、何も盗っていないというためと、紙切れを盗り出して見せて一刺ししたと嘘をいった、と申し立てていたのであります。ところが、黒川の嘘の供述の方が証拠となって、とり上げられている事であります」

5　黒川の久留米行きの真相

　上記「証拠」に挙げられた黒川の警察聴取書のなかに、「午後6時頃、西は『時間がきたから行こう』といって、皆表に出たが、その時、石井は私に匕首を渡し『これを持って来なさい』と申し、それから皆で東公園入口の電車通りまで同行し、私と石井と若い者等は西らと別れて、専売局の横道に入り、うんぬん」とあるが、一考察を要する問題点である。

　なぜならば、堅粕における2人の殺害事件を、西、石井、黒川、藤本、押川の共同謀議による共犯事件だと断定するためには、黒川の久留米行きを架空としなければならぬ。そこで事実をまげて、旅館出発の目標を殺害現場の堅粕に直結せしめているのである。もし黒川に久留米行きの意志があり、そのために行動したとなると、旅館における共同謀議の線は崩れるし、計画的強盗殺人事件という司法官憲側の断定は成立しないことになるからである。

　そこで聴取書には、西を先頭に黒川、石井らみな旅館を出発して堅粕に向ったとしているが、事実は各人の出発時間も目的も、各々違うことは、各被告人の証言によって証明されているところである。

　まず、第一に出発したのは藤本である。そして、彼は西の堅粕行きのおくれることを連絡に行ったのである。次に、西は取引交渉のために堅粕に出かけた。その時、押川、牧田が拳銃代金を西から受取るために、西に同道した。そのあと、黒川は久留米行きの自動車雇いに出かけることになった。岸田は家に帰り、石井は代金を待って旅館にいることになっていたが、1人で他人の部屋にいるのも変なものだと思い、黒川の自動車雇いにお伴したわけである。また、岸田も運転手を知っているからと同道したのである。しかし自動車雇いは容易ではないから、急行電車で行くことに変更したため、黒川は徒歩で堅粕へ廻ったのである（西から小遣銭を貰うために）。石井は押川が代金受取ったことを確認して、久留米行きに携帯するという黒川に、所持している拳銃

を渡さねばならぬので、黒川について堅粕へ向ったわけである。

　したがって、黒川が腹中まではわからぬが、旅館出発の時に、久留米行きの目的で行動していることは事実である。また、黒川が久留米行きのことを打明けて拳銃の相談をした事実があるからこそ、藤本は石井らを案内して、久留米の原口と話合いをするという水茶屋の野田方を訪ねているのである。もし拳銃を久留米行きの黒川が必要としないで、西が堅粕行きに必要とするものなら、相談を受けた藤本が、水茶屋の野田方に黒川を訪ねたりする筈はないのである。直接福岡旅館の西のところに案内すればよいわけである。

　これをもってみても、黒川の久留米行きは事実である。しかし、これを認めたら共同謀議も計画的強盗殺人事件も成立しないので、当局はこれを架空にデッチ上げようとしている形跡があることは、前述の通りである。しかし、また一方黒川もこの久留米行きを隠して事実を申立てようとしない形跡がある。あるいは久留米行きは、黒川の西に対して餞別ほしさからの口実だったかも知れない。しかし、それはあくまで黒川1人の腹の中のことであって、西その他の被告人は、彼の久留米行きを認めていた事は事実が証明している。

　この点に関して、西武雄は「質疑応答書」（筆者宛ての）において、以下のように供述している。

「1．黒川は一審でも二審でも、餞別ほしさに、久留米行きをいったようにいっていたのは事実ですが、どの記録に載っているのか、一寸記憶しません。黒川の供述は、大体、次のように記憶しています。

黒　叔母から借りた金を返すのに窮したので、久留米に福間の競馬のことで野田発次郎が話し合いに行くのでついて行くことになったと話すと、西はどう感違いしたのか、何を持って行くかというので、劇団用の日本刀だと話したら、今どきの喧嘩は刀では駄目だから拳銃を入手してくれるというので、どうせ売ればよいし、その代金だけでも充分あると思ったので、久留米のことは嘘だということもいいそびれた。

　それで、裁判長が、私に久留米に行くというのを本当と思ったかと訊かれたようです。それで、私は、本当と思った。日本刀を見せて、これですといわれてみると本当と思いますし、久留米行きが嘘なら、藤本と会った時、なぜあれ程真剣に話していたかです。

　このような答弁になり、そのことを黒川に問うと、

黒　久留米に行くといえば、西が小遣銭をくれると思ったからいったのだが、西が感違いして、拳銃を入手してくれるという話にまでなったのです。だから、小遣銭の少ない時は拳銃はどうせ要らないのだし、自分にくれるのならそれを売って叔母に返す金をつくりたかったので、そういったのです。

　大体、以上のような質疑応答があったようですが。

2．黒川が久留米行きを否定していても、それは、こういう事情でしたという説明がされてなくてはおかしいと思います。裁判所もそれを見逃す筈はありませんですよ。お前は否定するが、皆は久留米うんぬんといっているが、では、なぜ嘘をいったのだと質問がある筈です。それが無い方がおかしいです。記録上に載ってないとすれば、故意に抹消しているといっても、過言ではないでしょう。

3．野田関係人の傍聴していることは当然ですし、黒川が特に気にしていたのは、久留米の原口対野田発次郎の内紛を訊問されることを心配していたようです。野田の若い者から家族の者に変なことをされやしないか、黒川の身の廻りの世話をしてくれていた野田が怒って後々になってやられるぞという心配は、特にしていたようです。

　久留米行きのことは、黒川の独り舞台にしろ、それをいったことは事実ですから、石井、藤本、押川、牧田、岸田までそれをいうので野田が証人として喚問された位です。

　4．喧嘩という表現は慎重にしていただかないと、喧嘩を固定しますと、当事者に向う場合、それが『遊び人』たちのことですから、おかしな具合になりかねません。前にも申し上げたように、福間競馬の地割り（露店の指定のこと）のことで、久留米の原口と仲が悪い野田発次郎が、その話合いをつけることで、久留米に行くので、自分も（黒川）一宿一飯の恩義でついて行くというので、……結局は拳銃をということになったわけですが、この原口との仲たがいのことで、という真偽は福岡高裁だったと思いますが、野田発次郎を証人として喚問したところ、野田発次郎のいうには

　（イ）自分としては、その意志はないが、我等の仲間ではそのような噂がされていたらしく、そのことを心配して聞きにきた者もある。

　（ロ）「仲たがい」というほどではないが、お互いにないことはない。

　（ハ）兄弟分が原口とのことを心配して、こんな噂があるがと聞きにきたことがある。

というような証言をしていました。

　5．黒川の作り話か？　この点は、第二審でも論じられたのですが、結局のところは野田発次郎に原口との関係を聞く程度しか方法がないのです。その上で、黒川の心の中を読みとる以外、道はありません。この場面だけの判断でしたら、どちらにでもとれます。野田氏の話を聞いてみると、そうした気配のあることは否定できないと思いますが、原口との話合いの問題となるし首をかしげられもします。法廷の黒川の供述を聞いていますと、この男1人に振り廻されているみたいで、答弁に苦慮します」

6　藤本の法廷供述

判決文に示された「証拠」　その6

　原審第1回公判調書中、被告人黒川利明の供述として（記録第876丁）のうち、

　「5月20日午後7時頃私は西、石井等と相前後して福岡旅館を出た後、石井、岸田と共に最初西から教えられた現場付近に行き、『ここが現場だ』と教えた上、判示中島園吉方付近まで行き、石井、岸田には『現場に行ってくれ』と申して別れ、うんぬん」。

上記証拠に対する「反論」

　上記の黒川の証言を強殺計画の証拠として肯定し、しかも、岸田から強盗殺人罪を抜いたのはいかなる理由によるのか、判断に苦しむ。

　岸田の強盗殺人罪を否定するのは、自らこの証拠を否定しているのではないか。

判決文に示された「証拠」　その7
　原審第3回公判調書中、被告人岸田文彦の供述として（記録第1014丁以下）、
「なお、その際、黒川は、『今あと2人を呼びにやっている、あと2人が金を持って来ているから、殺して金を盗る今度の計画は、1ヶ月位前から、西が計画していたのであるから、絶対ばれる心配はない』とも話していた。その晩、西からも『今度のことは、1ヶ月位前から計画していた、絶対間違いないと思っていたが失敗した。百何十万円か取る計画であった』との話を聞いたことがある旨の記載」。
上記証拠に対する「反論」
　上記証拠によると、岸田は、西の強殺計画を黒川に聞いて知っていた事になる。しかるに、その岸田は強盗殺人罪が抜けている。これは明らかに、裁判官自身が証拠として認めていないことを示すものではないか。

判決文に示された「証拠」　その8
藤本清喜に対する検察事務官の第2回聴取書（記録第297丁以下）
「5月19日夜、西、黒川と会った際、西は『今日は百何十万円かの集金に行ったが、取れなかった。明日は持ってくることになっている。その取引の相手は、久留米の者である。万一その話に間違いでも起きるようなことがあれば、相手を殺して、その金を奪い、黒川には10万円与えて逃がしてやる。その話には、黒川が野田さんと一緒に久留米迄行き、料理屋で話してみて、もし話がうまく行かなければ、黒川がまず拳銃で脅して金を捲き上げ、そして親分を殺す、このようにして、相手の親分をペチャンコにしておけば、福間の競馬のかすりも皆野田さんの方に取れることになる。そうなれば、お前達にも、それぞれ商売のもとでがやられることになる。そんなわけだから、拳銃を世話してくれ、世話をしてくれれば、世話料として5万円やれる』という趣旨の話をしたので、私も本気で拳銃の世話をする気になった。それから東中洲のおでん屋で飲酒した際、黒川は『これで当分飲めぬだろう、明日はまかり間違えば、命は無いだろう』などと申していたので、私も西、黒川が本気でやる決心だなアと思った。福岡旅館で、西、黒川や、石井、押川等と拳銃を見ていた時、『相手は少なくとも50、60万円は持って来るだろう』との話があり、大体、西は、喧嘩のために拳銃がいると申していたが、その目的は、相当まとまった金を奪うという決心であることは判っていた。なお、その際西は『相手は今晩久留米から堅粕に来ているから、初め黒川が2人を誘き出して殺し、残りの者を西が連れ出し、殺して金を捲きあげよう』と大体の手はずを話し合っていた旨、及工業試験場のところに行ってから、私は押川から14年式拳銃（証第11号）を貰って待っていたが、石井は私に『自分がやる（殺す）、もし、他の1人が逃げるようなことがあれば拳銃で逃がさぬように脅してくれ』と申したので、私は路傍のポプラの木の下にしゃがんで待っていた旨の供述記載」（傍点筆者）

上記証拠に対する「反論」　その1
　上記の点に関して、藤本清喜は第二審第1回公判調書において、以下のように供述している。
「裁　何か、その晩に相手と取引をして金の入るようなことを、西から聞かされていたのではな

いか。
藤　事件の前日に金が入るという事は、聞いておりましたが、取引については、聞いておりません。
裁　その晩に、堅粕で取引があって、金が入るという事を聞いていたのではないか。
藤　いいえ、そのようなことは聞いておりません。その点については、私が西に何か取引でもあるのですかという事を、福岡旅館にいる時に聞いてみたのですが、一寸したことがあるというだけで、何も具体的な話はなかったのです。もっとも19日に西と会うた時は、『百数十万円位の取引をするようになっている。明日、その金を持って来る』という事は、聞きました。
裁　相手の名前は、聞かなかったか。
藤　喧嘩の相手は、久留米の者と聞きましたが、取引については、何とも相手のことは聞いておりません。
裁　それは表面のことで、実際は、相手は久留米の者で、万一取引がうまく行かなかった場合には、相手をやっつけて仕舞わねばならぬので、拳銃がほしいといったのではないかね。
藤　いいえ、違います。
裁　それで、もし事が面倒になったら手に入った金の中、10万円位を黒川に持たして逃がしてやるという事ではなかったか。
藤　はい、金を持たして黒川を逃がしてやるとは申しておりましたが、取引と喧嘩とは、全然別個のものであるような話でした。
裁　そのような関係からして、西が飲食店から2人を連れて出る時には、今晩金の取引でもあるのではないかと感じたのではないか。
藤　はい、喧嘩は、久留米でやるとの事でありましたし、3人の様子も非常に和やかでしたから、金の取引のために人を連れて出たのだなァと思いました。
裁　19日に西と会った際に、西は、『明日堅粕の料理屋で話をつけるのだが、そのに拳銃にものをいわせて金を手に入れる』ということをいわなかったか。
藤　いいえ、そのような話はありませんでした。大体、喧嘩と取引とは別個のようでありました。
裁　その点については、被告人は、検察事務官の取調べに際して、このように述べているのだがどうかね。
　この時、裁判長は、昭和22年6月7日付検察事務官の本被告人に対する聴取書中該当部分（記録第297丁表10行ないし298丁裏10行）を読み聞かせた。
藤　それでは、喧嘩と取引とが一緒になっている点が、事実と相違します。
裁　19日に西、黒川両名と出合った時に渡辺通りで、直ぐ別れずにまた西中洲のオデン屋に行ったのではないか。
藤　はい、その通りです。
裁　その時に、黒川は喧嘩について、何かいわなかったか。

藤　黒川は、『もうこれで当分飲めないだろう、まかり間違えば、明日にも生命はないかも知れぬ』というような、捨鉢的な事を申しておりました。

裁　それらの事を思い合せて、これは喧嘩ではなくて、取引のために拳銃を使うのだと思わなかったか。

藤　私は、喧嘩と取引とは、別個のものと思っておりました。

裁　結局、その晩、飲食店浜利から西が2人の男を連れて出て来たのを見た時、西が拳銃を使って2人から金を捲き上げようとしているのだと思わなかったか。

藤　その時は、そのような気がつきませんでした。

裁　黒川は、その日いつ頃来たのか。

藤　西と本件被害者3人が浜利を出て中島方に行ってから再び浜利に戻るまでの間に、やって来ました。

裁　黒川がやって来た時、被告人はどうしたのか。

藤　私は、すぐ拳銃代金を請求しましたら、あちらの方で待ってくれというので、私達を事件犯行現場の方に案内しました。

裁　黒川の事を、通称、登山帽というのか。

藤　いいえ、そのようなことは知りません。

裁　西達が中島方から戻って来る時の様子は、どうだったか。

藤　傍らにおりませんので良く分りませんが、様子が穏かで別に喧嘩と思われるふしもありませんでした。

裁　犯行現場まで来て、どうしたのか。

藤　現場までに行くと、そのところに、石井ともう1人若い者がおりましたので一緒になり、私から石井に、『西がここに金を持ってくる』という事を話して皆と一緒に待っておりました。なお、その現場というのは、味噌会社の裏で、通行人も少なく夜ともなれば暗くて人通りの余り無いところです。

裁　何のために、西がそのような所に待たせておくと思ったのか（註　西が待たせたのではない。黒川が石井たちの待っているところと、藤本たちの待っているところと2ヶ所に分かれていては、拳銃取引上不便だと思って、藤本たちを石井たちのいるところにつれてきたのだ。このことは、西は知らなかったのである。筆者）。

藤　何か、大金の取引でもあるものと思っておりました。

裁　そのところに金を持って来た者を連れて来て何かするのだとは、思わなかったか。

藤　私は、その時も拳銃を使うことと、取引とは別個のもの、と思っておりました。

裁　その時、その場に一緒にいたのは、誰々か。

藤　黒川、押川、岸田、牧田、それに、私でした。

裁　どうして、そのような人達を人通りの少ない場所に集めたと思ったかね。

藤　人通りはない、といっても、全然人が通らないという程の事でもなかったのです。

裁　大体、その付近は人家は、少ないのではないか。

藤　人の出入りするような話は、ありませんでしたが、住宅はありました。
裁　その時は、金を持っているという取引相手を連れ出して石井の持っている拳銃で相手を殺して、金を捲上げる考えではなかったか。
藤　いいえ、違います。そのような事はありません。
裁　しかし、被告人は、検察事務官の取調べに際して、そのように述べているがどうか。
　この時、裁判長は、昭和22年6月7日付検察事務官の本被告人に対する聴取書中該当部分(記録第299丁表2行ないし同丁裏7行) を読み聞かせた。
藤　それは、取調べに際して、「そんな風に思ったのではないか」といわれるので、その時は、取引と喧嘩が一緒になっていたような気がして、そのように述べたのです。しかし、現在では記憶はありません。
裁　その日、そのような時間に西達が大勢の者を集めたのは、何のためと思ったかね。
藤　私達は、唯、拳銃の代金を貰うために待っていたのです。
裁　しかし、どんな目的で待たしていると思ったのか。
藤　金を渡すために、私を待たしているものと思いました。
裁　しかし、それなら何も皆が集まる必要はないではないか。
藤　私は、ただ代金を受取らねばならぬということばかり考えておりましたので、その点は深く考えませんでした。
裁　しかし、何か考えそうなものだね。
藤　別に深く考えておりませんでした。石井は、拳銃の代金を受取るために一緒にいたのであり、岸田と牧田は、用は無いから帰ろうとしたのですが、もう少しすれば取引がすむだろうから、拳銃の代金を貰って一緒に帰ろうといわれて、その場にいたのであり、黒川は、西の来るのを待っていたのです。
裁　大体、久留米の喧嘩には、何時、行くとのことであったか。
藤　その点については、何も聞いておりません。
裁　石井が喧嘩の加勢をするという話が出た時、どこで加勢するという事だったか。
藤　私は、その点については、何も聞いておりません。
裁　堅粕で喧嘩をやる、ということではなかったのか。
藤　私は、喧嘩の方は黒川が久留米に行くのであり、西は、別に取引するものと思いました。
裁　西が取引するなら、わざわざ味噌会社の裏まで行かなくてもよいではないか。
藤　黒川がそこで支払ってくれるというので、一緒についていっただけであります。
裁　結局、支払うというのは、相手を連れ出して金を取り上げその金で支払うということではなかったのか。
藤　結局、私も取調べの当時そのようにいわれると、なるほど、そうだろうという気持になって、そのような供述をしたのですが、事件の当日はそのようには思わなかったのです。
裁　そこには、誰々が待っていたのか。
藤　黒川、石井、押川、牧田（註　岸田もいた）それに、私です。なお、黒川は10分か20分

裁　して、西を呼んでくるといって1人でどこかへ行きました。
裁　その頃は、もうあたりは薄暗かったのではないか。
藤　いいえ、まだその付近は明るく、周囲もハッキリ見えました。
裁　黒川は、それからどうしたか。
藤　私達は、黒川と西がやってくるのを待っておりましたら20分位して、黒川が1人で戻ってきて、石井に一寸来てくれといって、拳銃を一寸借してくれと頼んでいたようですが、石井が金がなければ渡さぬというので、やがて、2人、殺人現場の方に行きました。私は、その時、西が踏切の方からやって来るから金を受取ってくれといわれましたので、その方に行きますと、そこに、押川がいて風呂敷包の拳銃を渡してくれました。そして、私は、殺人現場から5、6間位離れた所に待っていたのです。
裁　その拳銃は、どうしたものか。
藤　それは、石井が使用した拳銃ではありませんが、西と現金引換えにするために私が受取ったものです。
裁　黒川は、石井と一緒に行ってから、どうしたか。
藤　石井と黒川は、殺人現場で何か話をしておりました。
裁　その前に石井が、その2人を見て、1人は自分がやるから、もう1人は逃げ出さないように見張ってくれといったのではないか。
藤　いいえ、そのような事は、いいませんでした。
裁　被告人が預った拳銃は、引金がこわれて弾が出ないのだとはいわなかったか。
藤　調子が悪いとは聞いておりましたが、そのようなことは、聞いておりません。
裁　その拳銃では脅かすだけでよいから、逃がさぬようにしてくれとはいわなかったか。
藤　いいえ、そのような事は、聞きませんでした。
裁　被告人は、そこで拳銃を持って、2人を見張ったのではないか。
藤　いいえ、違います。私は、ポプラの木が現場の付近にありましたので、そこに坐っていたのです。
裁　黒川が1人の男を連れてきて倉庫を見せますから、というようなことをいってはいなかったかね。
藤　黒川が1人の男を連れて行って何か話をしていたようですが、その内容は、気付きませんでした。
裁　被告人は、検察事務官の取調べに際してそのように述べているがどうか。
　　この時、裁判長は、前同調書記録第300丁裏2行ないし301丁表3行を読み聞かせた。
藤　黒川が、その時話したことについては、全然記憶にありません。また、石井からもそのようなことはいわれた記憶は、ありません。私としても、現場付近で見張りをしていたわけではありませんが、拳銃を持ってその付近をブラブラしていれば見張りをしている事になると思い、取調べに際してもそのような供述をしたのです。実際は、石井からはそのようなことは、聞いていないのです。

裁　しかし、調書に間違ったことを記載されて、なぜ不服を申し立てなかったか。
　藤　その時には、聞いたように思われたので、そのように述べたのですが、後で冷静に考えて見ると、聞いてはいない事が判ったのです」。

上記証拠に対する「反論」　その2

　藤本清喜検察事務官第2回聴取書に、

「福岡旅館でも、西と黒川は、石井や押川や私が拳銃を見ました時に、相手は少なくとも5、6万円は持って来ているだろうと話しておりました」

とあるのを、判決文中「証拠」の項に挙げられた「前同検察聴取書」には、「50、60万円」と改筆されている。強盗殺人事件とされている本件における、被害者の所有金額は重要な問題をはらんでいるものであって、簡単に当局の手落ち、過失であったとして軽視することは許されない。強殺を成立せしめようとする「故意」によるものと疑われてもしかたがないであろう。

　上記に関して、石井健治郎は筆者宛ての「質疑応答書」の中で、以下のように訴えている。

「『相手は少なくとも50、60万円は持って来ているだろう』となっているが、同聴取書の原本の方を見ると、これが『5、6万円は持って来ているだろう』である。それを判決謄本には、わざと、50、60万円と大きくしている事であります。5、6万円では、大の男が7人も共謀で警察のいう4人も殺して強殺をやるのはおかしいので、裁判長が50、60万円と変造しておられるのであります。

　最高裁判所は、この重大な変造を『裁判官も人間だから間違はある』と簡単にいっているが、5、6万円では強盗殺人事件を認定するのに話が変って来ると思われます」

　また、藤本の検察聴取書によると、殺して金をとる相手は、久留米の親分ということになっているが、黒川の警察聴取書では、堅粕の軍服取引の相手ということになっている。この相違する聴取書を双方取り上げて証拠としていることは、矛盾ではないか。

　また、聴取書に「相手を殺して、その金を奪い、黒川には10万円与えて逃がしてやる。その話には、黒川が野田さんと一緒に久留米まで行き、料理屋で話してみて、もし、話がうまく行かなければ、黒川がまず拳銃で脅して金を捲き上げ、そして親分を殺す、このようにして、相手の親分をペチャンコにしておけば、福間の競馬のかすりも皆野田さんの方に取れることになる。うんぬん」とあるが、これでは野田発次郎も共犯者となるはずである。しかるに、彼にはその嫌疑さえかけられなかったのは、この聴取書の証拠力を当局自ら否認していた証拠ではないのか。

判決文に示された強盗殺人計画「証拠」　その9

　藤本清喜に対する検察事務官の第1回聴取書（記録第293丁以下）中より、

「福岡旅館で、西は、『相手は堅粕まで来ているから、久留米には行かなくてもよい、相手は4、5名来ている。今晩は、堅粕の料理屋で会うことになっているが、話がひっくり返った時には、先方をやっつけるかも知れぬ』と場合によっては、先方を殺してしまうという決心があることを話しており、石井は、『自分もあちらこちら遊び廻っているから、大概のことは引き受けてやる』と相槌を打っていた旨の供述記載」。

上記証拠に対する「反論」　その1

　上記の点に関して、藤本清喜は第二審第1回公判調書において、以下のように述べている。
「裁　被告人が旅館を出る前に、西、黒川、押川被告人等の間に拳銃を何に使うかという事について、話が出なかったかね。
　藤　私がいる時には、久留米の喧嘩の話しか出ませんでした。
　裁　石井が福岡旅館で、西が拳銃を見せた時に、石井は、喧嘩なら加勢してもよいとは言わなかったか。
　藤　加勢がいるならば、手伝ってもよいという話が石井から出ておりましたが、西は、大して加勢して貰う程でもないといって断っておりました。
　裁　加勢してもらいたいという話は、なかったか。
　藤　西から、そのような話はありませんでした。
　裁　石井は、西に対して、自分は東京方面でも相当顔が売れているのだといわなかったか。
　藤　石井は、自分の経歴は話しておりましたが、東京方面でも顔が売れている等ということは申しませんでした。
　裁　その話の際に、石井に『加勢してくれたら、お礼に5万円やる』とはいわなかったか。
　藤　いいえ、そのような話はありません。5万円は、拳銃代金として話があったのです。
　裁　兎に角、加勢してくれたら、お礼はするとの事ではないか。
　藤　私がいる時には、そのような話は、ありませんでした。
　裁　その際、西が別に自分も拳銃が1挺ほしいので、石井が岸田を使いにやって拳銃をとりにやらせたのではないか。
　藤　私と岸田とはどちらが先に出たのか、よく憶えておりませんから、その点は分りません。兎に角、私のいる時には、そのような話は無かったと思います。
　裁　被告人は、検察事務官の取調べに際して、そのように述べているがどうか。
　　この時、裁判長は、昭和22年6月6日付検察事務官の本被告人に対する聴取書中該当部分（記録第293丁裏9行ないし294丁裏2行を読み聞かせた。
　藤　私は、そのような事を述べた記憶は、ありません。
　裁　相被告人がいて、言い難ければ退廷させてもよいが、どうか。
　藤　いいえ、その必要はありません。
　裁　大体、その時、そのような事があったのではないか。
　藤　その時は、色々な話がありましたのでよく覚えません。しかし、その時の話の結果では、結局、久留米の喧嘩ということに落着いていたようです。
　裁　喧嘩の場所も決ったのか。
　藤　場所は、久留米と聞きました。
　裁　その際、福岡に相手が来ているから久留米まで行かなくてもよいという話ではなかったか。
　藤　いいえ、そのような話は、ありませんでした。もっとも、西は、堅粕に取引があるので、その金で拳銃代金を支払うから、堅粕に行かねばならぬということは、申しておりました。

裁　堅粕に相手が来ているので、今晩堅粕の料理屋で話をつけるといわなかったか。
藤　私としては、喧嘩の話と取引の話を一緒にしていたように記憶しております。
裁　都合によっては、相手をピストルで射殺することになるかも知れないとはいわなかったか。
藤　ことによっては、喧嘩になるかも知れぬとは申しましたが、殺すというような事は申しませんでした。
裁　石井も自分も方々を遊び廻っているから、喧嘩の加勢なら引受けるとはいわなかったか。
藤　そのようなことは、言わなかったと思います。
裁　しかし、被告人は、検察事務官の取調べに対してそのように述べているがどうか。
　　この時、裁判長は、前同調取中（記録第294丁裏21行ないし295丁表3行）を読み聞かせた。
藤　検察庁では、事務官の取調べに際して、検察事務官が、『殺すという話があったのではないか、押川も岸田もそのように述べているのだが』といわれるので、そういわれてみるとそのような話を聞いたような気もしましたので、聞いたように記憶しておりますと述べたのです。しかし、今は、記憶がありません」

上記証拠に対する「反論」その2
　聴取書によると、「西は、『相手は堅粕まで来ているから、久留米には行かなくてもよい』うんぬん」といっている。しかし、そうだとすると、久留米の原口某という親分が殺されていなければならぬが、事実は軍服取引の相手の王らが殺されている。このような辻褄の合わぬ聴取書を証拠とされてはたまらない。
　また、「石井は、『自分もあちらこちら遊び廻っているから、大概のことは引受けてやる』と相槌を打っていた」とあるが、初対面の西に向って、そのように簡単に強盗殺人に加担することを承諾できるものであろうか。
　仮りに、石井が西に恩義ある身であるとしても、強盗殺人をそう簡単に請負うとは考えられない。全く常識論以下である。しかも、それが証拠とされているのであるから、驚くほかはない。

7　押川の法廷供述

判決文に示された「証拠」その10
　押川智栄治に対する検察事務官の第1回聴取書（記録第303丁以下）中より、
「5月20日、藤本が『実は、福岡の犬丸と久留米の親分とが福間の競馬のことで、今夜久留米の料理屋で話し合うことになっており、西と黒川も行くのであるが、どうせ、話はもつれるだろうから、始め拳銃をぶっ放して度胆を抜いて、その後日本刀でやれば、200万円儲かることになっている。そうなれば、黒川は10万円位貰うことになっており、世話料として5万円程貰えるから、拳銃を世話してくれ』と申すので、私は、前に石井が一度私方に遊びにきて、拳銃を掃除していたのを見たことがあるのを思い出し、5万円の世話料に目がくらんで、石井に相談して拳銃を貸してもらうことになり、同日午後4時頃、私は藤本、石井、岸田と共に福岡旅館に行き、西、黒川に会った。それから午後6時過ぎた頃、一同は相前後して、旅館を出て、私は西、牧田と一緒に中島方に行き、それから工業試験場のところに行って石井等に会っ

たが、石井は、岸田に『お前はここで相手の来た時合図してくれ』といい、私と藤本には、『もし相手が逃げた時は拳銃を突きつけ、撃つぞと脅してくれ』と申しましたので、私は、それまで持っていた拳銃を藤本に渡した。それから、黒川が２人の男を連れて来たところ、石井は拳銃で、その２人を撃ち、黒川は後に倒れた男のポケットから何か取出していた」の供述記載。

判決文に示された「証拠」その11

押川智栄治に対する検察事務官の第２回聴取書（記録第30丁以下）中より、

「西や黒川等が、相手は誰かよく判らなかったが、兎に角、相当まとまった金を持った人を、どこかに誘い出し、それをやっつけて金を奪う計画で、拳銃を欲しがっていることを、感付いたのは、その日（５月20日）福岡旅館で同人等の話を聞いた時であった。その話というのは、西が、私や黒川、石井、藤本等の前で、まず、黒川に対し、『お前が初め２人を連れ出してやれ、そうすれば後で自分が残りの者を誘い出す。大体相手は多くて４、５人だろうから』と申したことをいうので、なお、西は『始め棍棒か何かで後方から殴りつけてやるか、もしそれで抵抗するようであれば、仕方がないから拳銃でやっつけてしまえ』とか、『拳銃を身体に突きつけて脅せば、参ってしまう』など、色々打合せをしていたので、私は、今までの親分同志の喧嘩というような話は嘘で、それは拳銃を手に入れるための策略であり、西、黒川等は全く人をやっつけて相当の金を奪うのだなと、初めて彼らのたくらみを知ることが出来た。私は、部屋に少し遅れて入ったため、このような事をどこでやるのか、また相手の者がどのくらい金を持っているのかという話は聞いていなかったが、しかし彼らについて行けば、場所も判るしまた金の点は聞かなくとも、今までの話しぶりや、拳銃の借り賃を、４、５万円も出すというのであるから相当の金が取れるであろうと思った。私は、そのような事情は判っていたが、拳銃の世話料に４、５万円やるとのことであったので、つい欲にひかれて西、黒川のたくらみに加わるに至った次第である」旨の供述記載（傍点筆者）。

上記の証拠に対する「反論」その１

上記の点に関して、押川智栄治は第二審第２回公判調書において、以下のように供述している。

「裁　どういう事から拳銃の話が出たのか。

押　当時、私は、御供所町に住んでいたのですが、当日友達の藤本清喜が私の家にやって来て、最初は、拳銃の事はいわずにモルヒネを売るから一寸町に出ようというので一緒に町に出て歩く内に、博多駅付近の焼跡に来たのですが、その時に初めて拳銃を持っている者を知らぬかと聞かれました。それで、私は、一体拳銃を何に使用するかと尋ねたところ、福岡の犬丸という人と久留米の原口という人の間に縄張り争いから喧嘩が起ったので、西という人が犬丸の代理に久留米に行く事になったのだが、それに拳銃があると都合がよいので、何とか世話してくれないかという事でした。

裁　その際に、西がその拳銃を持って行けば金が儲かるのだという事は、聞かなかったか。

押　いいえ、そんな事は聞きません。

裁　黒川という者も一緒に行く事になっているとは、いわなかったか。

押　黒川の名前は、聞きませんでした。

裁　しかし、その点については、被告人は、検察事務官の取調べに対して、そのように述べているが、どうかね。

　　この時、裁判長は、昭和22年6月8日付検察事務官の本被告人に対する聴取書中該当部分（記録第203丁表7行ないし同丁裏末行）を読み聞かせた。

押　いいえ、違います。それは、一度町に出てから、更に藤本の自宅に帰った時に、藤本か石井（註　別の石井勇のこと）に話しているのを聞いたのです。

裁　なぜ、そのような事を検察事務官に述べたのかね。

押　私は、検察事務官の取調べに際しても、事実を述べようとしましたが、黒川や藤本は、このように述べているのだが、お前は、まだ事実を隠して嘘をいっているのだろうといって、黒川や藤本の聴取書を読み聞かせられ、また、お前はその晩現場にも行っているし、石井のところで酒も飲んでいるではないか、と詰問され、私の言う事も全然信用してくれませんので、仕方なしに訊ねられた通り認めたのです。

　　もっとも、5万円の礼をするという事は、事実聞いておりましたので、藤本に対しては一応承諾するという事をいいました。

裁　被告人には、何か心当りでもあったのか。

押　はい、事件の20日位前に、石井が若い者を1人連れて私の家にやって来て、昼食を食べた時に、鞄の中から14年式拳銃を1挺出して掃除をして壁の方に向けて発射する真似をしておりましたので、私がそんな危い真似はよせというと、この拳銃には弾が入ってないし、撃針も折れているから大丈夫だというようなことをいっておりましたので、そのような事から石井が拳銃を持っている事を知っておりましたので、5万円の世話料欲しさに石井から借りてやろうといったのです。また、私としても結果がこんな大きな事件になるとは夢にも思わなかったものですから、簡単に引受けた訳なのです。

……

裁　大体、その頃福岡旅館で西や黒川の話を聞いて、その晩、堅粕に行きまとまった金を持った人間に会い、それを殺して金を奪うのではないかという事が頭に浮んだのではないか。

押　いいえ、福岡旅館では喧嘩の話だけで、取引の話は全然なかったので、私もそんな事は考えも及びませんでした。

裁　西がそれとなく匂わしたのではないかね。

押　いいえ、そんな事はありません。

裁　しかし、被告人は検察事務官の取調べに対しては、その点について、そのように述べているが、どうかね。

　　この時、裁判長は、昭和22年6月8日付検察事務官の本被告人に対する第2回聴取書中、該当部分（記録第310丁表7行ないし同丁裏4行）を読み聞かせた。

押　それも検察事務官の取調べに際して、福岡旅館でそのような話があったのだろう、藤本もそのように述べているのだから、お前が知らぬ筈はない。白っぱくれても駄目だと詰問され、藤本の聴取書を読み聞かせられましたし、また、後で新聞で見た事や、牧田、岸田と3人一

緒に取り調べられた時の皆の話も藤本の供述と一致しておりましたので、間違いなかろうと
　　　思って、そのように述べたのです。
裁　ところが、福岡旅館で西が石井、藤本達の前で黒川に対して、『最初お前が２人を引張り
　　　出せ、そうすれば、残りは俺が２人引張り出すから』と話していたのを、被告人は聞いてい
　　　なかったのか。
押　いいえ、そのような話は聞いておりません。
裁　その時、何か具体的な話でもあったのではないのか。
押　いいえ、ありませんでした。
裁　しかし、検察事務官の取調べに対して、そのように述べているけれども、どうかね。
　　　この時、裁判長は、本被告人に対する同調書中該当部分（記録第310丁裏５行ないし311
　　丁表末行）を読み聞かせた。
押　それは、私が刑務所に入ってから大分、事件の詳細を知ったのですが、取調べに当って
　　　『こうではないか』と強く詰問されると、事後に知った事までもそうだったかも知れぬとい
　　　う気持になり、訊ねられる通りの事を認めたのです。
裁　しかし、なぜその時不服を申し立てなかったか。
押　幾ら、私がいっても最初から聞き入れてくれませんでした。
　　　　……
裁　その時、黒川か石井かが岸田に対して、『相手が来たら合図しろ』といい、被告人と牧田
　　　に対して、『この付近で見張りをしていて相手が来たら脅して逃がさぬようにしろ』と言っ
　　　たのではないか。
押　いいえ、そのような事は、いいませんでした。
裁　検察事務官の取調べに際しては、被告人は、そのように述べているが、どうかね。
　　　この時、裁判長は、昭和22年６月付検察事務官の本被告人に対する聴取書中該当部分（記
　　　録第306丁表７行ないし同丁裏８行）を読み聞かせた。
押　いいえ、それも私が自分から述べた事でなく、検察事務官から『こうだろう』といわれて
　　　仕方なしに認めたのです。
　　　　……
裁　黒川は、その時何をしていたのか。
押　何をしているのか、分りませんでした。
裁　黒川は、倒れている男のポケットから何か探してはいなかったか。
押　いいえ、それは、私は見ておりません。
裁　牧田が倒れている男を引張っているのを、見なかったか。
押　誰かが引張っていた事は確かですが、それが誰か分りませんでした。
裁　岸田が１人の男に馬乗りになって、日本刀で突いているのを見なかったか。
押　石井が拳銃を撃って、私が一度現場から逃げて再び戻って来た時に、岸田が日本刀を下げ
　　　て道路上に立っているのは見ましたが、刺したのは見ておりません。現場が道路から少し引

込んでおりますので、見えなかったのです。
裁　その点についても、被告人は、検察事務官の取調べに対して、そのように述べているが、どうか。
　この時、裁判長は、昭和22年6月8日付検察事務官の本被告人に対する聴取書中該当部分（記録第307丁裏8行ないし308丁裏7行）を読み聞かせた。
押　それも、私が自分から述べたのではなく、最初警察署で牧田、岸田と一緒に調べられた時、黒川が探しているのを見なかったかと言われましたので、岸田がそういえば、ポケットから何か探し出しているようだったと述べましたし、私も、黒川が倒れている男を突いたため自分の手を切って何か白いもので手を拭いていたようでしたから、その通りの事を述べました。ところが、調書には、いかにも私が目撃したようになってしまったのです」

8　押川は1人合点で強殺に参加
上記証拠に対する「反論」その2

　前述の藤本聴取書では、久留米の相手は堅粕まで来ることになっているが、押川の聴取書では、「久留米の料理屋で話合うことになって」いる。1人1人の供述の喰違うのをそのまま証拠に挙げているが、いずれかが真であり偽であって、いずれも真であることはあり得ないわけである。採証方法に大いに疑義が持てるのも、本件の特色である。
　また、上記証拠に対して、石井健治郎は筆者宛の「質疑応答書」において、以下のように供述している。
　「この押川の供述は、押川自身の堅粕へ行った理由は供述せず、犯罪の構成のための供述になっているところをみると、これも検事の思い通りに捏造されている。『石井は、岸田に、お前はここで相手の来た時合図してくれ、といい』とあるが、岸田らがいたところは現場から300米も離れたところにいたのであり、その間を黒川が走り廻っているのに、岸田に何の合図の必要がありましょうか。
　また、『私と藤本には、もし相手が逃げた時は拳銃を突き付け、撃つぞと脅してくれ、と申しましたので』とあるが、拳銃は、終始風呂敷に包んだままで、出していないし、脅しに使用した形跡はない。
　また、『黒川は、後に倒れた男のポケットから何か取出していた』とあるが、熊本文造の死体にあった金はそのまま（80数枚の紙幣）発覚されている」
　押川の第2回検察聴取書を読むと、「相手は誰かよく判らなかったが、兎に角、相当まとまった金を持った人を、どこかに誘い出し、それをやっつけて金を奪う計画で、拳銃を欲しがっていることを感付いたのは、その日（5月20日）福岡旅館で同人等の話を聞いた時であった」と、あるが、これでは、問題の共同謀議は成立しない。なぜなら、かねて計画された強盗殺人というからには、相手は誰かよく判っていなければならないし、共同謀議をやったということであれば、押川もそのことをよく承知していなければならないのに、「相手は、誰かよく判らなかったが」といっていること。

また、「兎に角、相当まとまった金を持った人を、どこかに誘い出し」といっているが、計画的犯行というのに奪取する金額も漠然としておかしいが、それを初対面の押川がそのまま承知するという事も考えられないこと。さらに、「どこかに誘い出し」というに到っては全くお話にならない。

　以上の点を考えても、共同謀議の成立は不可能であるが、そのことはこの聴取書そのものに明白に告白されている。即ち、同書に「感付いたのは」とあって、謀議したとはいずこにも明記されていない。

　しかし、この「感付いたのは」、果して押川であったか、または取調官であったか、その点については、第3章「警察、検察官証拠捏造の事実」を参照されたい。

　また、「私は部屋に少し遅れて入ったため、このようなことをどこでやるのか、また相手の者が、どの位の金を持っているかという話は、聞いていなかったが」といっているが、この点について、石井健治郎は筆者宛の「質疑応答書」の中で「押川が部屋に入るのを、遅れたというが、これは遅れたというほどの遅れ方ではない。一歩や二歩遅れて入った遅れを、なにも知らなかった理由にしているのがおかしい。押川は、拳銃の世話人であるから、一緒に部屋に入ったのが事実である」と訴えている。

　ところで、これは筆者の憶測であるが、取調官は強引に強盗殺人を計画し犯行したようにいうが、押川は何も知らないので、「このようなことをどこでやるのか、また、相手の者が、どの位の金を持っているのかという話は聞いていない」といったであろう。

　そこで取調官は、「それはお前が、部屋に少しおくれて入ったため聞かなかったのだ、ほかの者はみな聞いたといっているから間違いない。それに、お前は、第一、殺人現場に行っているではないか、それは、話はきいていなくとも、彼らに付いて行けば、場所も判るし、また金の点は聞かなくとも、今までの話しぶりや、拳銃の貸し賃を4、5万円も出すというのであるから相当の金が取れるのでないかと思ったのではないか」といった。しかし、押川は事実と違うので「違います」といった。すると取調官は、「お前はまだ強情張るのか、現に殺人現場に拳銃持って出かけているではないか、それが何よりの証拠だ。そうだろう、そう思えるだろう、どうだ！」と、きびしく怒鳴りつけながら追及する。とにかく、「否」とは言わせないのだ。そこで押川も万止むなく「その当時は、知りませんでしたし、また、そのようには思えませんでしたが、いまそういわれてみたら、そのように思えます」といった。そこで、取調官はわが意を得たりとばかり、「このような事をどこでやるのか、また、相手の者がどの位の金を持っているかという話は聞いていなかったが、しかし、彼等について行けば、場所も判るし、また、金の点は聞かなくても、今までの話しぶりや、拳銃の借貸を4、5万も出すというのであるから相当の金が取れるのだろうと思った」と、事後に思ったことを事前に思ったようにデッチ上げてしまったと受取っても、余り不自然ではないようである。

　しかし、初対面の人が強盗殺人をやるというのに、その「話はきいて」いない人が、ただ自分の主観で強盗殺人をすると「思った」だけで、共犯者となることができるであろうか。

9　無罪の牧田が強盗殺人の首謀者と行動

判決文に示された「証拠」　その12

　牧田頼之に対する司法警察官代理の聴取書（記録第403丁以下）中、

　「福岡旅館を出た時、私は、岸田と共に自宅に帰ろうと思い、一応石井に尋ねると、石井は、『一足先に行っている２人の男（西と押川）の後について行き、金を貰ってから帰れ』と申すので、その２人の男について行ったが、途中右両名は、ハイヤーで逃げるとか、相手が２、３名いるから、先に１名か２名呼び出して殺し、後で金を持って来たのを脅して金を取るか、または、相手が聞かねば殺そうか、などと話しており、私は、久留米で喧嘩して金を取って帰るのであろうと思っていた。それから、堅粕の方に通ずる連絡の鉄道踏切に行く途中、藤本が追い付いたが、踏切付近で、西が『この付近がよかろう』と申すと、押川か藤本かが、『ここの付近は人通りが多いから』といい、西は、『いや大丈夫だが、しかしまだ時刻が早い』と申していた旨、及び、現場付近で、石井と藤本とが、殺す相手は２人であるとか、何も武器を持たぬ者は、離れて見張りをし、もし逃げたら捕えろ、などと申していた。それから、黒川が２人の男を連れて来たので、私と押川とは鉄道を越え、向うの麦畑の中に隠れていたところ、上り列車が通過したとき、かすかに爆発音らしい音が聞こえ、更に間もなく、ドンという音がした。そこで、現場に行ってみると、事務所らしい所の横の門の前に２人の男が倒れて荒い息づかいの音が聞えていた。その時誰かが『止めを刺せ』と申し、黒川と岸田が日本刀等で右両名を刺した」旨の供述記載。

上記証拠に対する「反論」　その１

　上記の点に関して、牧田頼之は第二審第２回公判調書において、以下のように供述している。

「裁　被告人は、福岡旅館を出て真直ぐに小金町に帰ったか。

　牧　いいえ、石井が先に行く男２人（西、押川）が皆より一足先に行くから一緒について行って、拳銃の代金を貰って家に帰り、夕食の用意をしておけ、というものですから、西について行って、ずっと福中の裏門付近まで行きました。

　裁　旅館を出る時には、自動車を使うという話ではなかったか。

　牧　久留米までハイヤーで行くという事でしたが、私達は、全然無関心でしたから、何のためにハイヤーで行くか尋ねませんでした。

　裁　途中、西か黒川かが現場付近を指して、あの辺が丁度よいではないかといったのではないか。

　牧　そのような事は、聞きませんでした。

　裁　しかし、被告人は、検察事務官の取調べに対して、その点について、そのように述べているがどうか。

　この時、裁判長は、昭和22年6月8日付検察事務官の本被告人に対する聴取書中該当部分（記録第320丁裏6行ないし321丁裏2行）を読聞かせた。

　牧　それは違います。私は、最初警察で、そのようなことを詰問され、仕方なしに認めたの

ですが、検察事務官の取調べの際にも、私がそのような事はないと申し述べますと、警察
　でもこのように述べているのではないかといわれました。しかし、私は、そのようなことは
　ないと申し上げましたら、他の刑事らしいのが、西は、あくまで否認しており、総べて石井
　がやったようになっているから、このままでは、西は無罪で出て石井が主謀者のような形に
　なる。石井が可哀想だと思えば、本当の事をいえといわれるので、私は、西の態度に憤慨し、
　西を有罪にするために、嘘と知りながら警察で述べた事と同じようなことを述べたのです。
裁　被告人は、検察事務官に対する取調べの際の供述と警察で述べた事とを一致させたという
　けれども、実際は、一致していないようだがどうだね。
　　この時、裁判長は、昭和22年6月8日付検察事務官の本被告人に対する聴取書中該当部分(記
　録第320丁裏2行ないし321丁裏2行)と昭和22年5月29日付司法警察官代理の本被告人
　に対する被疑者聴取書中第11項中(記録第409丁表末行ないし410丁裏1行)を読み聞かせた。
牧　検察事務官の取調べに際しては、私が共犯者と見られるのが恐ろしかったので、少しでも
　事件に関係のないように供述したので、そのような事となったものと思います。
　　……
裁　黒川は、被告人らに2人の男を連れて来るから見張りをしていてくれとはいわなかったか。
牧　そのような事は聞きませんでした。
裁　被告人は、麦畑の中にかくれろとは言われなかったか。
牧　いいえ、そんな事は、いわれませんでした。
裁　しかし、被告人は、検察事務官の取調べに際しては、『相手は2人いるから逃げられると
　困るから、武器を持っていない者は麦畑にでも隠れていて逃げて来たら捕えろとか申してお
　りました』と述べているがどうかね。
牧　警察で調べられた時に、そのように述べたものですから、検察事務官の取調べの際にも仕
　方なしに、その通りのべたのです。
裁　被告人は、先程共犯者と見られるのが恐ろしさに、事件にはなるべく関係のないように述
　べたと申し立てていたようだが、今の供述では、共犯者と思われるのが当然ではないかね。
牧　私としては、石井が幾らいっても、私にその意志がなければよかろうと思って、そのよう
　に供述したのです。
裁　検察事務官に対し警察の通りを述べれば、共犯関係と見られるのが恐ろしかったというな
　ら、なぜそのような事を述べたのか。
牧　見張をしても加勢しなければよかろうと、思っておりました。
裁　黒川は、2人の男を連れて来たか。
牧　いいえ、見ておりません。現場が少し道路より入り込んでいるものですから、よく分らな
　いのです。また、黒川は、そんな事は何一つ申しませんでした。
裁　しかし、その点についても、被告人は、検察事務官に対して、『黒川は、間もなく2人の
　男を連れて来た』と申して、『私達の待機している所に来て背の高い方は支那人で、背の低
　い方が金を持っている。大体2、3万円位確かに持っている等と話しておりました』と述べ

ているが、どうだね。

　牧　それは、事件後、西からそのような話がありましたので、そのような先入感のあるところに、尋ねられたものですから、私が直接聞いたように述べてしまったのです」

上記証拠に対する「反論」　その2

　前記牧田の聴取書に、「その2人の男について行ったが、途中前記両名は、ハイヤーで逃げるとか、相手が2、3名いるから、先に1名か2名呼び出して殺し、後で金を持って来たのを脅して金を取るか、または、相手が聞かねば殺そうか、などと話しており、私は、久留米で喧嘩して金を盗って帰るのであろうと思っていた」と供述しているが、これが事実なら、この時同道している押川も聞いていなければならぬ。だが押川は、このようなことを聞いたと一度も供述していない。

　第二審第2回の押川智栄治公判調書の前述に該当する個所を読んでみよう。

「裁　旅館を出る時に石井から渡された風呂敷の中には、何が入っていたのか。

　押　風呂敷の中には、拳銃と実包が入っておりました。

　裁　それからどうしたか。

　押　最初、後で名前を知ったのですが、中島園吉方に行き、西が一寸家に入りすぐまた出て来て、更に浜利という飲食店に入りました。中島方にも浜利にも何れも、西1人だけ入りましたので、話の模様は、全然分りませんでした。……」

と押川は、途中の会話については触れていない。牧田聴取書にあるような重大な発言があっているなら、押川と雖もそのことに自ら言及するであろうし、第一、裁判長がその点を鋭く追求するはずである。しかるに裁判長は、牧田証言を、押川の裏付証言によって立証することを避けて、これを平然と「証拠」に挙げている。これは、押川の当時の状況供述によって、牧田聴取書の証言が偽証であることの暴露を怖れたのではないか。

　次に、「それから堅粕の方に通ずる道路の鉄道踏切に行く途中、藤本が追い付いたが、踏切付近で、西が、『この付近がよかろう』と申すと、押川か藤本かが、『ここの付近は人通りが多いから』といい、西は、『いや大丈夫だが、しかしまだ時刻が早い』と申していた」とあるが、この点についても藤本、押川共に全然、法廷における供述がない。また、裁判長もそれを黙認し、審理を故意にさけて一挙に証拠としてしまっている。このように重大な証言を充分審理せず「証拠」として採証しているところに、本件裁判の不明朗さが伺われる。

　また次に、「現場付近で、石井と藤本とが、殺す相手は2人であるとか、何も武器を持たぬ者は、離れて見張りをし、もし逃げたら捕えろ、などと申していた」とあるが、これらの牧田聴取書に対して、石井健治郎は筆者宛の「質疑応答書」の中で、以下のように訴えている。

「この牧田の供述は、到底考えられないことを申し立てているので、説明に困るが、第1、牧田は西が旅館を出る直前に来たのであり、岸田から唯久留米で喧嘩があるので、拳銃の撃針を家から取って福岡旅館にいる石井に渡してくれと頼まれただけで、何一つ話はきいていないのである。その初対面の牧田に、いくら西が馬鹿でもこのようなことを道々話すはずがない。また、石井と藤本が、殺す相手が2人などというはずもなく、これは警察官がいわせたか、とにかく

199

『捏造』である。第２、藤本は拳銃を風呂敷から出していない。また、見張うんぬんというが、コッケイである。見張りとは目的があって見張りというので、牧田のいう畠の中とは、現場より３００米近く離れている線路の向う側である。そんなところにいて、なにを見張りしているというのか。全く実際の状況と合わないので、とるに足りない供述である。

　警察で取調べを受けている時、石井の調べられている横の方で、押川、藤本、牧田、岸田の４人が、数名の刑事から取調べを受けていた時、刑事の１人がこの４人に対して『お前達の今申立ていることは、西には関係のないことではないか。今のような供述では、西は一つも罪にならんぞ。石井が１人で事件を起し、お前達が加勢したことになる。それでは石井やお前達だけが死刑になるぞ。お前たちは西にだまされているんだ。西をかばったって仕方ないぞ。西はお前たちや石井が勝手に殺人事件を起したといって、お前たちのことをすごく悪くいっている。石井が可哀想と思わんか』というような、巧みな言葉に皆がひっかかって、西を悪くいわねば石井や自分達だけが重い刑に落されるという脅迫に怖れて、皆で話合って西を悪くいって、造り話をし、また話に尾ヒレを付けて話したりしたのを、刑事がうまく誘導してまかせておけといって調書の下書を造っていたのである。その時、石井自身は刑事等が自分を少しでも軽い刑にしてやるために、親切にいって嘘まで造って調書を造ってくれているのだと思い、感謝していたのであったが、裁判になってみると、こんな出鱈目な、罪が軽くなるどころか、重くなるようにデッチ上げられていたのである。この時の話合は藤本と押川は旅館で西の悪企みをうすうすに聞いたこととし、牧田は道中で聞いたこととし、岸田は現場で色々なことを見聞きしたように供述することを話合っていたのであります。この事実は岸田の上申書にも述べてあることですし、これらの各人を訊問されると判る事実であります。私たちも刑事のうまい話にひっかかって、西が本当に自分等を喧嘩とだまして強盗殺人の共犯として仕舞ったのだと思い込んで、必要以上に皆が西を悪者である如く尾ヒレをつけて申立てている事は、全く事実であります。ですから、この牧田の供述は出鱈目なものであることがわかります。

　牧田は、石井が拳銃の代金を貰いに行く押川につけてあったのであり、西の関知するところではない。だから仮りに西に何か不穏当な企みがあっても、全然関知しない３０分前に会った初対面の牧田に、そんなことを話すはずがない。これは、全くの造り話であって、法廷でも西や弁護人に、牧田は追求されて、返事に困っていた事実もあって、真偽は確められたはずであるにもかかわらず、『証拠』とされている。

　また、この牧田は市内の人間であるにもかかわらず、家にも帰らず悪いことばかりして、石井から度々注意されていた人間で、嘘つきであったことは、私がよく知っておりますが、この嘘つきを巧みに警察官が利用したことは間違いないことであります。

　彼は無罪となったが、これも一寸おかしいのである。それは、藤本が現場で風呂敷包の拳銃を一寸預って持っていたというだけで、拳銃不法所持罪と強盗殺人幇助罪が付いて体刑を受けたのに対し、牧田は拳銃を持って廻り、短刀を持って来、また死体を運んだ、そして見張りをしたと供述しているのに、無罪である。そして、その無罪の人間の虚偽の申立ての供述で、他の者が重刑に落されているということは全く不可解なことであります。聞けば、牧田の父親

と裁判長と弁護士の3人は同級生とか、友人とかいう話である。牧田を無罪として刑事補償金20数万円を本人の牧田にはやらずに、父親と弁護士と話合ってどうにかしていることもおかしい。裁判中は、父親は牧田を相手にせず、金も出していなかったのである。父親が大学の教授であるから無罪で、他の者はその牧田の嘘の供述で重い刑に落されたとしたら、これは大変なことであります」

牧田は前述のように、無罪となっている。即ち彼は、強盗殺人の主謀者である西や石井と行動を共にし、殺人現場に居たにも関わらず、強盗殺人には加担しなかったというわけである。そのようなことがあり得るであろうか。しかも加担しないものに、あるいは加担しないものの前で、前述のように殺すとか、この付近がよかろうとか、種々強殺についての打合せをなすものがいるであろうか、全く常識では考えられないことである。

しかも牧田は、この聴取書の供述については、前述のように第二審第2回公判調書において否認しているにも関らず、これを「証拠」として採証している。

これは、それほど強盗殺人としての証拠資料に乏しいことを証明しているのではなかろうか。また、事実ありもしない強盗殺人を捏造するのであるから、これ位の強引さは、また、止むを得ないことであろうか。

10　松尾利三刑事の捏造文

判決文に示された「証拠」　その13

石井徳次郎に対する司法警察官の聴取書（記録第540丁以下）中、
「5月19日午後5時頃藤本がただ今横で取調べを受けている男（西武雄）と、入墨をした22、3才の若い男と共に、東中洲にある私の飲食店に来て、ビールを飲んでいたが、女中が名前を尋ねると、その若い男は『名前が知りたかったら、2、3日すれば、自分の名前が新聞に出るから、聞く必要はないではないか』と申し、私方を立去る際、『もう再びここに来ることはなかろう、恐らく今度行くところは冥土だろう』などと申していた」旨の供述記載。

上記証拠に対する「反論」

前出の証言をもって、ただちに強盗殺人を計画していたものと断じようというのであるが、「証拠」項中に挙げられている藤本の第二審供述には、「私は黒川より『同人の下宿先の野田発次郎と久留米の原口との間に、福間の競馬のことから、出入りがあって、久留米に話に行くが、都合によってはもめるかも知れないから、護身用に拳銃が欲しい、もし持っている人を知っていたら世話してくれ』と頼まれたので」と証言しているのでも明らかなように、西、黒川は久留米の一件で拳銃入手に藤本を訪ねているのである。

上記の石井徳次郎の証言は、その折の黒川の即興にまかせた放言であることは、他のいくつかの証言から当然に推知しうる事実である。

それにしても、同じく「証拠」として採証されている一方の「証拠」が、片一方の「証拠」を否定する結果になるとは、全く皮肉なものである。このような杜撰な採証方法による「証拠」を「証拠」としているが、これは、あきらかに問題である。

それは「証拠」の問題でなく、その以前に遡って採証ということが大いに問題とされなければならないということである。

判決文に示された「証拠」　その14

　石井健治郎に対する司法警察官の聴取書（記録351丁以下）中より、

　「私は、5月20日拳銃で2人の男を殺したが、実は、私は黒川を通じて西から『男と見込んで頼むから、人を殺すのに加勢してくれ』と頼まれたので、殺した次第である。西、黒川の両名は、その2、3日前から、商取引の相手を殺す計画で拳銃を探していた模様で、その計画を初めから私に話すと断わられると思ったのでしょう。初めは、『競馬のことで、久留米で喧嘩をやるのについて、拳銃が入用だから、貸してくれ、相当の現金をやる』という話であったが、5月20日福岡旅館に行ってから、同日午後4時か5時頃、西、黒川は、『久留米に行くというのは嘘で、実は、自分等の取引先の者を殺す計画をしている』ということを話した」旨。

上記証拠に対する「反論」　その1

　上記の点に関して、石井健治郎は第二審第3回公判調書において、そのように供述している。

「裁　その晩の喧嘩は、自分が引受けるという話はしなかったか。

　石　人の喧嘩を引受けるというような事は、絶対に申しておりません。

　裁　拳銃の代金は、いつ、渡すという事だったか。

　石　金は、西が友人から受取って渡すという事でした。

　裁　その晩、堅粕で軍服の取引をするから、それで渡すといわなかったか。

　石　いいえ、そのような事は、全然聞いておりません。しかし、喧嘩には黒川が行くのに、西も一緒について行くような事は申しておりました。

　裁　大体の話の模様では、なお取引に事よせて買主を引張り出し、それを殺して金を取るという事ではなかったか。

　石　いいえ、取引の話は、全然ありませんでした。

　裁　それで買主を殺すについて、俺がやると言ったのではないか。

　石　絶対にそのような事は、申しておりません。

　裁　実は、久留米に行くというのは嘘で、今晩100万円位の取引があるのだとはいわなかったか。

　石　いいえ、そんな話はありませんでした。

　裁　その点については、警察でこのように述べているがどうかね。

　　この時、裁判長は、昭和22年5月28日付司法警察官の本被告人に対する聴取書中該当部分（記録第362表2行ないし356丁裏4行）を読み聞かせた。

　石　それは、今聞いていると非常におかしいところがあります。

　　例えば、牧田の行動と岸田の行動が入れ替っております。これが、もし私が述べた事なら、そのような間違いをするような事はありません。それに、司法主任が、他の相被告人の供述によって、勝手に記載されたものなのです。

　　しかも、そのような勝手なことを記載されて、この聴取書に署名捺印せよといわれるもの

ですから、私は、そのようなものには印を押さぬといい張りますと、文句があるなら裁判所でいえ、との事でしたから、それなら裁判所でいいますといって、印を押し、第一審の公判の際に、司法主任を証人として取調べて頂きましたが、この時に私が突込みますと、司法主任は顔を赤くして退廷した位なのです。そのような関係でこの聴取書に書かれてあることは、ほとんど嘘でありまして、私が述べた事ではなく、したがって喧嘩を引受けたり、殺人を引受けたりするような馬鹿な真似は、全然しておりません」

また、石井健治郎の司法警察聴取書（記録第351丁以下）に対する同人の筆者宛の証拠の反論には、

「この証拠となっている記録は、完全に、この調書作製者松尾利三の捏造によるもので、石井の供述でない事は、明らかである。たとえば、原文上に登場する人物の名前が、5ヶ所も完全に間違っている事と、この間違っている牧田、岸田の名と行動と反対でなければならない事であります。そして、これを前の頁の末行に、はっきり、『牧田はあとで、岸田が連れて来ました』と申し立てている事実がありますから、石井がその供述のあとすぐ、そこに来ていない牧田の名を出す筈もなく、牧田を使いに出したという筈もなく、このところだけが強盗殺人を打明けられたようになり、そして、次の頁になるとまた強盗などとは関係のない話となり、牧田も向うから来ている事になっている。完全に、この頁だけが後から挟んだとしか思われないものであります。

そこで、この黒川を通じて頼まれたということが問題であります。この判決文は、旅館で話しあったと認定しながら、黒川を通じて男と見込んで頼まれたとは、一体どこで頼まれたのでしょうか。黒川が頼んだ場所がぼかしてあることです。道中か？　現場か？　それとも旅館か？

この文面では、旅館では拳銃を貸してくれといいながら、強盗殺人の話を打明けたというだけで、『相当の現金をやる』というだけ、そして黒川が道中で現場を教えたとか、踏切のところで味噌会社のところといったとか（踏切からは味噌会社つまり現場は見えない）、そこで黒川が頼んだというのである。ところが岸田もいるのである（岸田は殺人罪だけである）。また、無罪となった牧田も、押川も藤本もいるのである。まして、黒川が拳銃代金5万円やるといったなど、全くの作り話であるから、これらの供述というこの調書は、完全な捏造である事が判ります。

第1、黒川の供述のどこを探しても石井にそんな話をした場所が無いのであるから、まして、これでは100万円を殺して盗るというのに、拳銃代金としてたった5万円やるというのである。たとえ、5万円が全部石井の手に入るとしても、100万円と話が出た以上、5万円位で人殺しを引受ける馬鹿はいないでしょう。まして、5万円など石井の手に這入るのではないのである。これは4人を殺すという言葉がすでに警察の先入感の現場にあった2発の弾と、発射した別の2発の弾を証拠に4発の弾があったとして、4発で4人殺す計画だったのだと想像してデッチ上げてしまって、これがいつの間にか4人殺すのを引受けたかということになっているのである。先方は8人からいたのだから、4人殺すうんぬんは理屈に合わない話である事が判ります。また、検察官の調書の中に、藤本の供述として、『石井がいたために100万円の

話は出さなかった』と供述している。この100万円も、実は、その日の取引の話の事ではなく、藤本の別の供述によれば、宮崎県からの千切大根の取引の話であるという事であります。しかして、なお、これだけの裁判官のいうような強盗殺人事件を起すのに、場所もはっきりせず、相手の事も話さず、また初対面の西、黒川と石井、押川、岸田、牧田が何の報酬もなく、そんな大事件を犯すというのでしょうか。まして、何人かは強盗罪が付いていないのでありますから、同じ行動をしながら話合わなかったということでありましょうから、こんな曖昧な事で成功すると思うのでしょうか。

　第2に、黒川は旅館を出る時、石井、岸田、牧田に久留米に行く自動車を雇いに行くといって出たのであり、堅粕に行くために旅館を出たのではない。しかし、自動車雇いが容易でないことがわかり、急行電車で行くことになった。そこで黒川は徒歩で堅粕の西のところに行き、小遣銭を貰い、押川が拳銃代金を受取っていたら、石井から拳銃を受取って久留米に行くことにしていた。したがって、石井も一旦は旅館に引き返して、押川たちが代金もって来るのを待つつもりであったが、どうせ拳銃は黒川に渡さねばならぬし、黒川について行けば押川にも会えるだろうし、拳銃はスグ黒川に渡せると考えて、堅粕に行ったのであります。

　これを見ましても、黒川と石井がいきなり堅粕へ行ったのではない事は、久留米行の自動車を雇いに行っている事が事実を証明するものであります。これは岸田がよく知っている事実であります。第3回公判調書に、岸田自身が供述しているのであります」。

上記証拠に対する「反論」　その2

　上記の点に関して、西武雄は筆者に宛てた証拠の反論において、以下のように供述している。「石井健治郎に対する司法警察官の聴取書（記録351丁以下）中に、『私は、5月20日拳銃で2人の男を殺したが、実は、私は黒川を通じて西から、男と見込んで頼むから、人を殺すのに加勢してくれ、と頼まれたので殺した次第である』といわせ、勝手に捏造して、それに合せるように、……『西、黒川は、久留米に行くというのは偽りで、実は自分等の取引先の者が100万円位持っている。相手は4人程来ているから、これを殺す計画をしている。という事を話した』とだけに留めていることを心にとめて頂いて、次を読んでみて下さい。

　それには、『福岡旅館を出て判示現場に赴むいた時、……黒川は、相手を殺す場所を……前もって指示し、相手の4名を自分が1人宛連れ出して来て、1人宛殺す。最後の1人が金を持ってくるので、西が殺して金を持ってくることになっているから、是非加勢を頼む、その代り、拳銃代として君達に5万円やる、などと話した』と、まことしやかに録取されている。

　私は、この聴取書を読んだ時すぐ思ったことは、捏造はやっぱり抜けたところがあるわいと。考えてもみて下さい。旅館で、西、黒川は、久留米に行くのは偽りで、取引の者の100万円の金を奪う計画であることを話した、というものなら、何も現場に行って黒川が5万円やるから殺してくれとか、頼まれたので殺した等という必要があるでしょうか。旅館で久留米に行くのは嘘で、これこれの人間を殺して金を奪うのだという話をしたというのならば（石井が判示現場に行っていないというのならば別だが、黒川の指示で行ったとなっている以上）、現場とやらで、黒川が頼むこと自体おかしい事でありましょう。それは、どうしても『旅館で西、黒

川から頼まれたから判示現場に行った』というべきはずだし、そういえるはずであります。それを殊更に、判示現場で『殺してくれと頼まれ、5万円やるといっていた』といった事にした自体、捏造を暴露していることの証拠でありましょう。それもですね、旅館では何の話もなかったが、判示現場に行ってから、『これこれの事をするから殺すのを手伝ってくれ、5万円やる』といったから殺した次第であるというのなら、嘘でも一応はそういうことも有り得るといえましょうけれど、『旅館で久留米に行くというのは嘘だ、取引の相手を殺して100万円奪うから、拳銃が欲しい、よし拳銃はこれだ』となって現場に行ったのならば、ことさらに、『現場で5万円やるから殺してくれと頼まれたから殺した次第である』は、何としても、肯けないことであります。

　こうした事実は全くないのですから、こんなことを言う筈もないし、しかし、もしあったとするならば、岸田、牧田は石井と同一の行動をしているのだが、無罪というのは、どうした理由からなのだろう。そうした怪しい行動が無かったからではないでしょうか。そうした話の交わされた事実がないから、石井の突発的殺人だから、石井と同一行動をした石井と同宿人の、しかも、若い者という牧田、岸田の無罪が成立したのではないだろうか。その他に何の理由がつけられましょうや、お聞きしたいと思う。

　当局は、殊更に、西、黒川が計画したことだとすることも、いうこともまあいいですけれど、こじつけの、矛盾だらけの、自然に反した判決理由だけはしてもらいたくないと思うのです。私達の事犯は、再三申し上げるように、拳銃は久留米に行く黒川の希望で話を進めているうち、その添えものとして出て来た今1挺の拳銃を、かねて話のあっていた熊本文造にと思ったまでであって、殺人そのものは極端に申すなら石井が勝手に犯した突発殺人であって、私の責任は露ほどもありません。それなのに当局者は、殊更にこれを強殺にしようとしていることに不可解の念を抱いてやまない次第であります。強殺の線に帰納さすために自供を強要し、死刑にするぞとおどしてみたり、すぐ出してやるからと、おだててみたり、食料難時代だから美食で吊ってみたり、その努力はわかるが、司法者のやるべきことにしては余りというより鬼畜に等しいやり方でありましょう。事件の内容はこれこれです、といっているのを、いやそうじゃない、強殺だと力んで、事実を無視する、その根拠は何なのであろうかと、その判断に苦しんでいます。

　事件関係者は7名ですが、各々皆若く、ほとんどの者が各々面識のないのに、たった30分かそこらで、強殺をやろう、よかろう、という筋書になっており、まあ、そこまではよいでしょうが、こわれた使用不能の拳銃を30分もそれ以上もかかって取りに行ったり、無罪だという2人を連れたり、相手は6名来ていることは電話で判っているのに、4発の弾だけで出かけたり、相手は、中国人だから武器を持っているということは当時の社会常識なのに、こわれた拳銃を持っていくんですから、客観的に見て何ら証拠となるべき、強殺となるべき、強殺をやろうと動いていると見るべきところがありましょうか。

　石井健治郎も、この聴取書の作成況状を真向いから否定して、司法警察官の捏造である事を力説していたが、当然でありましょう。そういう事実は無いのですから、当り前であります。

司法警察官の作成したものは、何が何でも正しい、お前らのいう事は正しくない、という偏見だけは訂正して貰いたいものであります。真相はあくまで中庸的見地から、被告人の言も衿(えり)を正して聞く位の神聖さがほしいです。それでなくては真相の究明は、不可能でありましょう」

11　松尾利三刑事の捏造文を衝く
上記証拠に対する「反論」その3
　上記証拠に挙げられている石井健治郎の警察聴取書は、勿論全文ではない。その犯罪を構成する顕著な部分だけを抜粋して証拠としているのである。勿論、それが事実であり、石井の任意の供述であるならば、今更問題とすることもない。
　しかし、この「証拠」に挙げられた条項は、第三者が読んでも、甚だ不審な点が多いのである。
　第1に、この「証拠」に挙げられている第11項の（1）の文と、その前項である第10項の（3）の文とは甚だ内容が違い、樹に竹を継いだようなチグハグの供述となっている。しかも、第11項（1）の冒頭に「今まで申し上げました事に少し異るところをただ今から申し上げます」という、妙な断り文句のはいっていることも、殊更の感が深く、不審に思われる点である。同一の事件を同1人が喋るのに、今更断り文句をはさんで、今までの話と辻褄の合わぬ話をするものであろうか、なんのためにそのようなことをするのか、全く意味が通じないのである。それに、「少し異なる処」とあるが、事実は、全然異る筋であって、同1人の供述とは思えない程である。この点石井健治郎は、前述の如く、この第11項は完全に捏造されたもので、自分の供述でないと終始主張しつづけている。しかし、第10項（3）は、本人の任意の供述だと認めている。
　では以下に、聴取書の問題の個所を掲げてみよう。
　「第10項（3）この犯罪の計画は殺人とは全然関係なく、今月20日の昼頃、12時から午後2時頃市内渡辺通り1丁目の白洋喫茶店先の路地で、押川、藤本に逢いました。藤本とはすでに申しました通り、初対面でありました。その時に、押川が私に対しこの藤本という人が拳銃が要るから、礼はやるから貸してくれと相談しました。藤本のその時の話では競馬の事件で久留米に行くことになって、他の者は先に行っている。自分も直ぐ行かねばならぬから直ぐ渡してくれといましたので、その時に、私は拳銃を持っておりましたので、金と拳銃と交換する考えで、金はというと、金は向うの人が持っているといましたので、私は品物は渡さずに市内二葉町京楽亭前に行き、私は道で待って、藤本だけが野田という家に這入りました。藤本は、しばらくして相手はおらぬといって、私のところに来ていました。次に、またそれでは大学前にいるだろうといましたので、私も一緒に行って大学通りの福岡旅館に行きました。そして、同旅館の3階に私と藤本押川の3名は上がりました。そして、拳銃を借りるという相手に藤本から紹介されました。その男が、名前は知りませんが、西という男であることを後で知りました。また、そのところに同じく名前は後で知った黒川でありました。
　その時、西が私に対して良く来てくれた、今から久留米に行くが時間の都合も良いので拳銃を直ぐ借してくれといました。また、西は私を隣りの室に呼んで拳銃を見せてくれといますので、私は、その場で持っていた銃を見せました。西は、今から久留米に行くから借してくれと

言いますので、私は金を受け取って貸す考えでいると、金を渡さぬので、私は押川を呼んで話が違ったから、金の方を先に貰いたいと話しました。それから、西と押川が話合い、今ここに金が無いから堅粕で自分が貰う金があるから渡すから一緒について来てくれといいましたので、私は、拳銃を押川に渡して、私は旅館に待っておりました。その時に私の弟分牧田をつけてやり、西、押川、牧田の3人は出て行き、後は私と黒川、私の弟文岸田の3人でありました。申し忘れておりましたが、弟分の岸田は渡辺通りで初め話をする時から一緒におりましたので、一緒に連れて来ておりました。また、牧田はあとで岸田がつれてきておりました。3人の者が堅粕の方に出て行った時間は、午後5時半か6時頃と思います」（傍点筆者）

次に、第11項（1）を掲げてみよう。

「今まで申し上げました事に少し異なるところをただいまから申し上げます。

　1．実は、私は黒川を通じて西から男と見込んで頼むから人を殺すから加勢をしてくれと頼まれたので、殺したような次第であります。

　西と黒川の2人は、2、3日前から商取引の相手を殺す計画があったらしく、拳銃を探していた模様であります。西や黒川は、初めから、私にその計画を話したら断ると思ったでしょう。初めは、競馬の事、久留米に喧嘩をやるについて拳銃が入用だから貸してくれ、相当の礼金はやるといって私を引き入れたのでありますが、20日の日、福岡旅館内で西と黒川の2人が午後の4時頃から5時頃でありました。実は久留米に行くという事はうそである。実は自分等の取引先の者が100万円位持っている相手は4人、今4人程来ているから、これを殺すように計画をしている。拳銃代として金は5万円程君達にやるからと申しますので、私は牧田を使いにやって別に14年式の拳銃を自分のところに行き持って来るよう頼みましたので、牧田は旅館を出てその拳銃と匕首とを持って来ました。その時に、岸田も一緒に連れて来ました。そして、その14年式も持って来ました。私の持っていた小さい方の拳銃は、まだ金を貰っておらぬので、この拳銃は『クセ』があるから、他人では使えぬというて渡さず、私が持っておりました。

　西と押川の両人と岸田は堅粕の方に金を取りにいこうといって先に出ておりました。午後の5時か6時頃に、私と黒川と牧田の3名は旅館を出て福岡中学の横の路地を町名は知らぬ道を通って踏切りのところから鉄道線路横の通って千代町から堅粕方面に行く国道踏切付近を通りました。その道中で、黒川が私に対して、相手を殺す場所は、犯罪現場付近にある味噌会社付近の倉庫の横である事を前もって知らせ、相手の4人を自分が1人宛連れ出して来る。そして、1人1人殺すから加勢してくれ。最後の1人は金を持っているから西がバラ（殺）して金を持って来る事になっているから是非加勢を頼む、その代り拳銃代として5万円を君達にやるから、全責任は自分達があうから、決して君達に迷惑は掛けぬ、と道中で話をさきに申しました。以下省略」（傍点筆者）

以上を読みくらべてみたら分ることであるが、第10項は、あくまで拳銃の取引で行動している。それに対して第11項では、強盗殺人の目的をもって行動している。しかも、第10項では被告人の行動叙述に間違いはないが、第11項では、すっかり間違ってしまっている。同一人の供述であるなら、このように間違うはずはない。また、いずれが石井の供述で、いずれが取調官の捏

造であるかは勿論言うまでもなく、間違って被告人の行動を叙述している第11項が取調官の捏造であることは、疑えない事実である。なぜならば、石井が自分の身辺に関する事実を間違うはずはないからである。

　この一事をもってしても、この「証拠」とされている聴取書は、証拠力皆無であることがわかる。では以下で、第10項と第11項の同一個所の叙述を較べて検討してみよう。

　第10項では、「その時に私の弟分牧田をつけてやり、西、押川、牧田の3人は出て行き」とあるところを、第11項では、「西と押川の両人と岸田は堅粕の方に金を取りに行こうといって先に出て」となって、牧田と岸田を間違っている。事実は、西、押川について行ったのは、牧田である。

　次に、同じく第10項に、「後は私と黒川と私の弟分の岸田と3人でありました」とあるところを、第11項では、「私と黒川と牧田の3名は旅館を出て」となって、ここでも、岸田と牧田を間違えている。事実は、石井、黒川と行動したのは、岸田である。

　同じく第10項に、「弟分の岸田は渡辺通りで初め話をする時から一緒におりましたので、一緒に連れて来ておりました。また、牧田は後で岸田が連れて来ておりました」とあるところを、第11項では「私は牧田を使いにやって、別に14年式の拳銃を自分のところに行き、持って来るように頼みましたので、牧田は旅館を出てその拳銃と匕首とを持ってきました。その時に、岸田も一緒に連れて来ました」となっている。しかし、使いに出したのは、はじめから石井と一緒に居た岸田である。その岸田が牧田を連れてきたのである。

　このように、第10項では間違っていない被告人の行動叙述が、第11項では手のひらを返すように間違ってしまったということは、同一人の供述でできることではない。これは、明らかに捏造されたものであることは歴然としている。それをなおも承知で（石井は、公判廷で強くこの点を訴えている）、証拠として採証している。余程、証拠資料に乏しいのであろう。

　次に、「私は黒川を通じて西から『男と見込んで頼むから、人を殺すのに加勢してくれ』と頼まれたので殺した次第である」とあるが、これは重大発言である。なぜならば、当局は、福岡旅館において強盗殺人の共同謀議をやったと主張しているからである。もし、共同謀議をやっているのなら、今更、石井が黒川を通じて西の意志をきく必要もあるまい。西もまたチンピラの黒川の介入など必要でなく、共同謀議の席上で、直接堂々と石井に依頼しているはずである。したがって、前記の供述は当局自ら言い出した共同謀議を、自ら否認した結果になっているのである。これでもなお、共同謀議を認定しようというのであろうか。

　また、一面識もない人から直接強盗殺人を頼まれても、そう簡単に引受けられるものではない。いわんや、人を介して間接に頼んだというのであるから、なおのことである。しかも、その仲介人というのも面識のない初対面の人物である。いかに悪党同志と雖も、山中でもない、大昔のことでもない、昭和の今日、福岡市内でそのようなことがあり得るであろうか。もしあるとしたら、それは単なる荒唐無稽のお伽噺としか信じられないのである。

　次に、「商取引の相手を殺す計画で拳銃を探していた模様で、その計画を初めから私に話すと断られると思ったのでしょう」といっているが、初めから打明けたら断られる話を、嘘をいって

騙して、あとで強殺するのだと打明けたら、のっぴきならず引受けるというのであろうか。初めから打明けたら断られるような話を、嘘をいって騙して、あとで打明けたら一層憤慨して断るに決っている。第一、強盗殺人などという凶悪犯罪を、犯行2時間位前に、未知の人を加担せしめて遂行しようというのであるが、そのような計画や加担が、そう簡単にできるものであろうか。上記判決文に示された「証拠」は、全く人間の経験を無視したものというべきではなかろうか。

結果からみたら、軍服探しになる。

第二審判決文批判　その2

目　次
第二審判決文批判　その2……………………………………………………………… 209
　第3節　軍服見本探し……………………………………………………………… 209
　　1　軍服見本見直し……………………………………………………………… 209
　　2　黒川利明の法廷における反論……………………………………………… 210
　　3　西武雄の法廷における反論………………………………………………… 212
　　4　軍服は福岡市内に氾濫していた…………………………………………… 213
　　5　証拠品の軍服を被告人に展示しない……………………………………… 214
　　6　軍服の見本はないのに取引の話が進行しているという………………… 217
　第4節　軍服取引の過程…………………………………………………………… 219
　　1　軍服取引交渉………………………………………………………………… 219
　　2　久留米行きは拳銃入手の方便というが…………………………………… 222
　第5節　西・黒川の共謀…………………………………………………………… 225
　　1　久留米行きをいった黒川の胸中…………………………………………… 225
　　2　久留米行き架空説は当局の遠謀術策……………………………………… 228
　第6節　福岡旅館の状況…………………………………………………………… 231
　　1　強盗共謀当事者間で拳銃代金云々はおかしい…………………………… 231
　　2　強盗殺人と拳銃売買同時成立するか……………………………………… 234
　第7節　共同謀議の可否…………………………………………………………… 237
　　1　共同謀議の可否……………………………………………………………… 237
　　2　共同謀議に関する証拠は判決文に採証されていない…………………… 240
　　3　共同謀議に関する法廷供述………………………………………………… 243
　　4　共同謀議に関する石井・黒川の供述……………………………………… 247
　　5　共同謀議に関する藤本・岸田・牧田の供述……………………………… 250
　　6　共同謀議に関する押川の供述……………………………………………… 253
　　7　共同謀議に対する西武雄の反論…………………………………………… 256
　　8　西武雄の説明による旅館における7名の動静…………………………… 259
　　9　共同謀議は暗々裡にあったという裁判長………………………………… 262

第3節　軍服見本探し

1　軍服見本見直し

判決文「罪となるべき事実」

「同年5月初頃、まず、その見本とすべき夏物軍服上衣、袴下、軍用シャツ等を入手して」
判決文に示された「証拠」　その1

被告人黒川利明に対する司法警察官代理の昭和22年6月7日付聴取書（記録第205丁以下）より、

「『実は今度軍服で詐欺をやるのであるが、その見本にする軍服の新品はないだろうか』と私に尋ねた。その後、5月2日頃西と2人で鹿児島に赴き、軍服の見本を探したが、見当らず、その帰途、私の実家に立ち寄った際、西のため、叔母から3千円借りてあった。それから、5月6日頃把木町の西方に寄り、翌朝、西は奥さんに『軍服を見付けて来い』と命じ、前の家から夏物の軍服上衣と昭和16年製袴下とを入手したが、夏のズボンがなく、西は私にその入手方を命じたので、私は自宅にあった軍服の夏シャツ一枚を西の許(もと)に持参した」。

2　黒川利明の法廷における反論

上記の点に関して、黒川利明は第二審第3回公判調書において、以下のように供述している。

裁　軍服見本にする新品が無いからというので、2人で大浜方面に探しに行った事はないか。

黒　いいえ、それは違います。見本を探しに行ったのではなく、昼食を食べに行ったのです。ところが、その時に背広ではどうにもならんから作業服を買おうといいますので、作業服を買うために、店を覗いて廻ったのです。

黒　大浜の闇市場に行けばあるだろうといったことは、間違いありません。
　　　しかし、大浜に行った目的というのは、軍服の見本を探しに行ったのではなく、昼食に行ったのであり、その序(つい)でに作業服を探して歩いたのであります。しかも、結局は、大浜では軍服を買いませんでした。

黒　西と一緒に鹿児島に行ったことは、間違いありません。しかし、それは軍服の見本を探しに行ったのではなく、西の話では、自分の戦友が鹿児島で戦災にあって現在も不自由な生活をしているので、1週間ばかりの暇を見て温泉に入り傍々戦友の見舞いに行くから、お前も暇なら一緒に来いといわれ、私も鹿児島には1度も行ったことはなく、行ってみたいと思っていた矢先でしたので、一緒に行くことにしたのです。それは、大体4月の末頃ではなかったかと思います。

裁　警察では、鹿児島に見本を探しに行ったように述べているがどうか。

黒　警察では、鹿児島に行ってどうしたのかと尋ねられるので、鹿児島についた翌日には雨が降っていたので、料理屋で遊び、2日目戦友を訪ね、その帰りに温泉に行き、更に闇市場を歩き廻ったが、その際、私は冬服を着ていて、非常に暑かったので、軍服の夏物があれば、買って貰う積もりで探し廻ったと述べました。
　　　ところが、取調べに際しては、結果から見れば、見本を買いに行ったようになるのではないかといわれるので、私は、何度も事実の通りを弁解しましたが、西が何でも知らぬ存ぜぬといい張っているから、自分のいう通りにしないと、全部、お前がやったようになって死刑になるぞといわれましたので、怖くなって、いわれる通りのことを述べたのです。

裁　被告人は、鹿児島から帰りに、山内郡沖の端村の叔母の所に行き、西に金を借りてあったそうだね。

黒　はい。西が金がなくなってしまったというので、西から銀行預金通帳を受取り、それを叔母に渡し 3000 円許(ばか)り貸してやりました。

裁　それは、西名義の通帳なのか

黒　いいえ、違います。しかも、その通帳は叔母が沖の島の福岡銀行支店に行き自分の預金に振替えようとしましたら、封鎖預金だから駄目だといわれたので、叔母の方から金を返してくれといってみました。しかし、私もそれまでには色々世話になっておりますので、西にはそのことをいい出し切れず、叔母の方には誰かに頼んで現金にかえて貰うからと断っておりました。

裁　その後、西の家に遊びに行った時、西が同人に家内に対して、軍服を見付けて来いといって探させた事があるそうだね。

黒　はい、5月5日頃から同月10日頃までのことと思いますが、西の家に行った時、そのようなことがあり、奥さんは、最初自分の家を探しておられたようですが、適当な作業服が見当たらないので、前の酒屋に軍隊の服が沢山あることを知っておりましたから、そこに夏物の上衣を借りて来られました。

裁　夏物の上衣と昭和16年製の軍袴を持って来たのではないか。

黒　いいえ、上衣だけと思います。

裁　その時、西は、上下が揃わないと都合が悪いから下を探してくれと、被告人に頼んだのではないか。

黒　それは、西から言われたのではなく、私の方からズボンが要るなら自分の家に私の物があるから持って来てやろうといって、丁度、私が家に帰る用事がありましたから、そのついでに取りに帰りました。しかし、家に帰ったところが、ズボンは父親が穿いておりましたので、西の家には持って行きませんでした。なお、私は叔母から借りてあった3,000円のことが気に掛っておりましたので、父親に相談しましたら、沖の端の銀行で小切手にして貰えば、現金にすることができると申しましたので、小切手にして貰う方法を教えてもらうために通帳を持ってレインコートと夏シャツを着て、再び西方に行きました。

裁　夏シャツを見本にするために持って行ったのではないか。

黒　いいえ、暑かったので、私が着ていたのです。

裁　西は、家内が探して来た軍服を何にするといっていたか。

黒　作業服にする、と申しておりました。

裁　よそに出す見本だとはいわなかったか。

黒　そのような話は、ありませんでした。

裁　被告人は、それまでに藤本と会ったことはないか。

黒　全然、存じません。

裁　西が、熊本に軍服の見本を渡し、熊本がそれで買手を探しているという話は、聞かなかっ

たか。
　黒　聞いておりません。しかし、話は別ですが、私が鹿児島に行く前に、西の泊っていた山茶花荘に行った際に西の机の上に新品のシャツが置いてありましたので、これは、誰のものですかと尋ねると、取引の見本にする物だけど、熊本から譲って貰ったと申しておりましたから、取引のあるように思いました。しかし、軍服の見本というのは見ておりません」

　この黒川の供述によると、軍服を探しても、見本にするために探したのではないことになっている。

3　西武雄の法廷における反論

上記証拠に対する「反論」　その2
　次に、西武雄は第二審第5回公判調書の中において、以下のよう供述している。
「裁　しかも、被告人は、軍服の見本を探しているね。
　西　軍服の見本を探したことはありませんが、妻に軍服を見付けて来いといったことはあります。それは、私がトラックを一度買受け修理中であったが、その修理ができたら宮崎方面から千切を入れる予定でありました。それで、トラックに乗るにはエンカン服は持っていたが、作業衣が他に無かったし、また、当時背広の上から軍服を着ることが流行していた時でありましたので、近所に軍服が出ていたら貰って来いと申した訳であります。
　裁　その以前、被告人は、黒川利明と2人で鹿児島に軍服を探しに行ったね。
　西　それは、軍服を探しに行ったのではありません。選挙も終わって、金もあったので鹿児島にラバウルにいた当時の部下がおり、以前より一度行ってみたいと思っていたから、黒川に鹿児島に行くなら連れて行こうと申しました。黒川は、行きたいが、冬服だけで着て行く服がないからといいましたから、鹿児島に行けば、服は、沢山あるということだから適当なものを買ってやるといって行きました。そして、大浜の闇市場を通りかかった時、そこに、服が沢山出ていたので、よいのがあったら買ったらどうかと黒川に申しましたのです。かようなわけで軍服を探しに行ったのではありません。
　裁　被告人は、黒川に対して軍服が千着ばかりあるので、それを熊本に売れば金が儲かるという意味のことを話したことはないか。
　西　そのようなことは、話しておりません。
　裁　また、軍服を種にして金を騙し取り、それを資本金にして料理屋を始めるという意味のことを話したこともないか。
　西　さような話は、しておりません。
　裁　しかし、黒川は、警察で被告人がそのようにいってた旨述べているよ。
　西　それは、黒川が創りごとを申したのでしょう。
　裁　鹿児島に行ったのも、軍服を見つけるためではなかったというのか。
　西　さようです」
　この西の供述も黒川と同じく、軍服は探したが見本を探したのではないと、軍服見本探しを否

認している。軍服を探したということと軍服見本を探したということは、非常に酷似してまぎらわしいので充分留意する必要があるし、事件全体を展望し、その関連性において軍服を探したのか、見本としての軍服を探したのかを検討しなければ、真実の把握はむずかしいと思われる。

4　軍服は福岡市内に氾濫していた
上記証拠に対する「反論」　その3

　次に、西武雄の筆者に宛てた証拠の反論には、以下のように述べている。
　「軍服の新品が欲しいのならば、なにも黒川などに、こと更『ないだろうか』と案じ顔に尋ねる必要はないでありましょう。当時の敗戦下では、大浜その他の露店、通称闇市には、そうした品物の氾濫していた時代であり、同じ市内であり、夜食に出たついでに、いつでも買い求められる品だからです。
　それを、尚、鹿児島にまで探しに行ったというのですから、いったというより、それをいわせた司法の魔手にあきれます。
　軍服を探すのに鹿児島に行ったが無かったという。こんなことをいわせて録取している無神経に、その人の教養の無さにあきれています。日本の安寧と人権を守る人らしくないといえましょう。大福岡市に軍服の新品が一つもなくて鹿児島に探しに行くでしょうか。戦時下ならばいざ知らず、あの惨ましい敗戦下に、食うためにあらゆる物を投げ売り同様に並べていた闇市に、今は不要となった軍服が無いというのでしょうか」
　なお、黒川が鹿児島で探した軍服について、西武雄は筆者宛書簡の中で、以下のように述べている。
　「黒川の服装が国民服に上衣はよいとして、ズボンが変わったものを着用していました。ズボンの名称はなんというのか矢念しましたが、乗馬ズボンに似た形ですが、どれも私の好みには合わず、ですから、私のところに（選挙事務所）2、3度来るうちに、『そのズボンはいかんね、街のアンチャン風でいかんぞ、その国民服のズボンはどうしたんか』と聞いてみますと、それも変てこな形に改造したそうですから、『もう少し真面目な服装をせにゃいかんね』ということから、『1着買ってくれ』ということから、『いや、1着買ってくれ』ということになり、『よかたい、お前の気に入るような服があったら買ってやろう。ただし、真面目な形であること』と話したことがあります。だから、本人としては、5月といえばもう暖かいし、いつまでも冬服ということも暑いということから、自分のものを探したことがあるかも知れませんが、仲々気に入るものを探すとなると、私の好みに合わないという気兼ねもあって、買ってくれとはいわなかったようです。そうしたことから、街に出た場合は、それとなく物色していたかも知れません。その話をしたのが、軍服の見本を探したということに脚色されているのでありましょう。
　軍服こそ軍の解体で、俗な言葉でいうならば、くさる程街に氾濫していました。それも新品が。その反面、国民服の新品となりますとスフのような繊維でした。国民の生活が苦しい時の、なかば強制的に買わされた服ですから好い服のあろう筈がありません。勿論、例外はありましょうけれど、そういう一族のものは、その服を町に売る筈もありません。

ところが、軍服となると内地復員者はほとんどが１着なり２着の持帰りがあった関係で、ばら売りなどで街に氾濫していた時代であります」
　次に、西武雄の筆者宛の証拠の反論に、以下のように供述している。
　「言葉の表現『ニュアンス』によって、少し不満な点はあるが、内容は、大体そのようです。さて、当局の軍服の見本でありますが、私のいる杷木町は、軍の被害が厖大に分散され、私の町内だけでも、一軒一軒割当て制で無理に陰匿を命じられたほど、物資が隠されていたのです。だから、軍服の見本が本当に必要なら、『黒川に探して来い』、『鹿児島に探しに行った』、『福岡の闇市を探した』等は、一切不要でありましょう。私の家の前は、内藤友三郎氏で杷木町では有志でもあり、酒造場でもあり、当時は、酒の製造も少なく、大きい倉庫は酒ダルの代わりに軍の被服が隠されていたのです。内藤氏宅だけではなく、町全体が倉庫代わりといってもいい時代でした。
　そのような時ということを頭に入れておいて頂いて、私は、貨物自動車を１台持っており、他の１台を小倉で組立中であり、新車は割当て制で入手出来ず、だから、中古車を分解組立をして（オーバオール）、新車のようにして貰いましたので、それの出来上がり次第、その試運転を兼ねて宮崎に行き、宮崎県特産？というほどか存知ませんが、千切大根の入手をしようかと、かねてからの思いもありましたので、私の選挙運動の手伝いも終わりましたから、これから小倉の方へ行って修理を急ぐために手伝いを軍服を着て（上衣だけ）行こうと思い手荷物とするのでしたら、上下続きの（通称、エンカン服）運転手の着る服は何着も持っていましたが、そうした服は、背広の上から着ては背広が汚れますので、それより有り余っている軍服を着た方がいいと思い、そうした服装が流行していたことにも依りますが、私は、妻に『これから小倉に行きトラックの修理を急いで、帰りは物資を入手して帰るが、エンカン服を着て行くより背広で行くから、この上から着る軍服は家にあるか、無いのなら内藤さんところにはいくらでもあるだろうから一着持って来んか』と話すと、エンカン服を持っていけばいいものを、おしゃれやなァと笑って内藤さんに話したらしく上衣を持って来た。他の袴下のことは一寸思い出せない。それでその軍服上衣を背広の上から着てみた。丁度よいようだから、それを貰ったのです。そのとき、黒川が『なんならズボンのほうは自分のところにあるから持って来ましょうか』というので、荷物になるからといったのですが『自動車の修理の時に必要だろうから作業ズボンの代りに持っていきなさい』といって持って来ますといい帰ったが、結局は、夏シャツを一枚だけ持って来ていたが、それは受取っていない。以上のこと、調査すれば判ることですから御調査願いたい」

5　証拠品の軍服を被告人に展示しない
上記証拠に対する「反論」　その４
　１．裁判所は、西が見本に使用したという軍服を証拠品として押収しているということである。しかも、公判調書の上では、被告人に展示して認めたと記録されているが、西ら被告人は一度も見ていないといっている。

西武雄はこの点について、筆者宛の「質疑応答書」の中で、「裁判所は、証拠品として持っているというから見せてくれといったが、言を左右にして見せない。架空を作る裁判所だから見せるわけにはいかんのだろう。それにしても、この証拠品を一度見せて貰いたいものだ」と訴えている。

　2．司法当局は、軍服の見本だけで百数十万円の商取引を成立せしめようとしたと見ているが、今日の金に換算して数千万円だといわれている。そのような大金の取引を見本だけで進行せしめることが可能であろうか。しかも、相手はその道のベテランであり、戦勝国の中国人である。たとい現物は見せないとしても、それにかわるなにかをもって、現物の実在することが確認されなければ、取引は成立しないであろう。まして、素人の西が見本を1つ見せて、スグ相手が信用して商取引が成立するであろうか。その見本も容易に入手し難い品物であれば、あるいは見本だけで相手も信用するかもしれない。しかし、軍服は終戦になって巷間に溢れていたのであり、誰でも、いつでも入手できる時であっただけに、見本だけで、しかも素人の言をスグ信用して取引交渉に入ったとは、どうしても考えられない。

　3．見本を探しに、まず鹿児島に行き、それから福岡県杷木町に行き、そのあとで市内大浜町の闇市場を探している。かりに、鹿児島まで軍服見本を探しに行くとしても、それはまず近くを探してからのことではなかろうか。市内を探してなかった時鹿児島に行く、ということなら考えられるが、逆に一番遠方に探しに行き、それから段々近くに探して歩くというのは、合点がゆかぬ。

　4．架空の軍服で詐欺をする。それも戦勝国である中国人を相手に、百数十万円の莫大な大金目当ての大がかりな詐欺だというのに、西が元使用人の、しかも少々脳の弱い若輩を相手に相談したということは、どうしても考えられない。

　以上、見本うんぬんについても、コジツケ論法によるデッチ上げとしか考えられないのである。

判決文に示された「証拠」　その2

　原審第16回公判調書中証人藤野安三郎の供述として（記録第1402丁以下）、

　「私は、今度の事件の4、5日前、知人の熊本文造から『軍服、袴下、シャツがある。軍服は、千着位であるが、どこか、売込先はなかろうか』と、その売渡しの幹施方を頼まれ、見本を渡されたので、その翌日頃、吉田綱吉にその見本を渡し、買主を探すことを頼んだが、その話は吉田から転々として、結局、中国人の王祖金、劉徳鈿等が品物を買受けることになった。熊本の話では、その品は確実な筋から出るもので、間違いはないとのことであり、品物の実在することは、同人も信じていた模様であった旨の記載」（傍点筆者）。

上記証拠に対する「反論」

　1．上記藤野の証言は、いかなる意味で証拠となるのか、また、判決文のいずこの頃の裏付け証拠となるのか、判然としない。ただ、上記証言中、「見本を渡されたので、その翌日頃、吉田綱吉にその見本を渡し」にいった場合の見本を、西が妻から入手した軍服だと断じようとしている事は解る。しかし、果して、西が妻より入手した軍服がここでいう見本であるのか、それは断言できない。なぜならば、西より熊本、熊本より藤野と、入手された経略が詳細に明示されていないからである。しかし、それよりもこの見本が西から出したものとして証拠品として裁判所に

あるというから、その実物を同保証人に展示して、真偽を明らかにするのが最も確実な方法と思われるのに、見本だという軍服の証拠品を展示しないのは、なぜであろうか。

2．「熊本の話では、その品は確実な筋から出るもの、間違いはないとのことであり」と、藤野は証言している。勿論、確実な筋から出たのでなければ、熊本もそう簡単に行動できるものではない。かりに、熊本に腹に一物あったとしても、いい加減の話で躍るはずがない。次に、この軍服の話が西から出たとしよう。それを熊本が確実な筋というであろうか、西は繊維品に関しては素人である。たとえ、西が引揚援護局から横流しのものだといっても、その道の専門家が安易にそれを信用し、「その品は確実な筋から出るもの」などというはずはない。

また、「品物の実在することは同人も信じていた模様であった」と藤野は証言しているが、勿論、熊本は品物の実在を信じていたから積極的に奔走していたわけである。しかしそれは、西が見本1着であやつっていたというのであろうか。熊本は専門家であり、西はズブの素人である。その素人の西が熊本をあやつることは、現実には不可能であろう。熊本はその道ではしばしば違反もやり、前科6犯のしたたか者である。西などに躍らされるはずはない。

次に、判決文に示された「証拠」その1の項で、黒川は「その帰途私の家に立寄った際、西のため叔母から3千円借りてあった」（警察聴取書）と供述している。

この点に関して、黒川利明は、第二審第2回公判調書おいて、以下のように供述している。

「裁　被告人は、鹿児島から帰りに、山内郡沖の端村の叔母の所に行き、西に金を借りてあったそうだね。

黒　はい。西が金が無くなって仕舞ったというので、西から銀行預金通帳を受取り、それを叔母に渡し、3,000円借りてやりました。

裁　それは、西名義の通帳なのか。

黒　いいえ、違います。しかも、その通帳は叔母が沖の端の福岡銀行支店に行き、自分の預金に振替えようとしましたら、封鎖預金だからダメだといわれたので、叔母の方から金を返してくれといって来ました。しかし、私もそれまで西には色々世話になっておりますし、いい出し切れず叔母の方には、誰かに頼んで現金にかえて貰うからと断っておりました。

　　この叔母から借りた3000円うんぬんは、些細なことであるが、黒川は警察の聴取書には、「西が私を欺して金を2,500円取り上げておりますので、その金の欲しさばかりに西から、うっかり欺されて、抜きさしもならないような破目になって、このような大それた事をいたしたのであります」

と供述しているし、警察の聴取書にも、「本件犯罪は、私が西に貸していた約3,300円及び私の夜具等を西に売らせて、同人から貰うべき金、千数百円合計5,000円程欲しかったので今回の犯行をいたしましたのであります」と申し立て、さながら、この3,000円うんぬんが黒川の犯罪動機でもあるかの如く匂わせているので、一応、西の言明するところも述べておかねばならぬ。この点について、西は筆者宛の「質疑応答書」の中で、

「『叔母から3,000円借りてあった』ということでありますが、少し意味が違うようです。私がその預金通帳で金を借りたものなら、黒川の高裁供述に、『その通帳は、叔母が、沖の端の

福岡銀行支店に行き、自分の預金に振替えようとしましたら……』とあるのはどうしたことでしょう。私に金を貸した、その担保の預金通帳の金を振替えようとするでしょうか。この時の事実はですね、鹿児島からの帰りの汽車の中で、黒川が『自分の家に寄ってくれぬか、今まで野田発次郎のような遊び人のところにいることを両親が心配して沖の端に帰って来いと再三のことだったが、西さんのトラックの助手なら、千切買付け等のまともな商人の手伝いをさせて貰うからというから、西さんからも口を利いてくれ、あんまり親不孝をしているので帰りにくい』というので、私は、『行ってあって、その位の口なら利いてもよいが、初めてのことだから手土産がないが、なんならここに封鎖預金だが（金高は失念）あるから、これを全部というわけにはいかぬが、2、3,000位でよければお前にあってもよいから土産替りにするか』と申しますと、『是非そうしてくれ』との事で、その通帳を渡した（これは、後日金を渡して取り戻してある）。黒川の当日の話では、この通帳を叔母に持って行ったらしく、叔母が大変よろこんで、3,000円でよいかといったとも聞いているし、封鎖の点も心配要らないから、叔母が買いたいようだったから、叔母に渡して両親への詫び入りは叔母の口利きで上出来でした。両親も大変よろこんでくれて、西さんに会いたいといっているから来てくれと、私の泊まっていた旅館に呼びに来たので、私は黒川方へ行き両親に会い、懇談したことでした。

　このようであって、3,000円借りたうんぬんは、事実に反することでありましょう。

　金高は忘れましたが、5、6,000円以上は今と違って少ない金ではないのですから、叔母という人も、黒川の手土産を喜んで受け入れて、銀行に持って行っているのであって、3,000円貸した担保なら振替えようとする筈がありません。思うに、黒川の法廷供述のとき、叔母という人や両親も来ていることから、叔母のことを思う余りの供述であろうと思います（黒川のいう3,000円という金高も一寸思い出せないことですが、それは、事実としていいでしょう）」と訴えている。

6　軍服の見本はないのに取引の話が進行しているという

更に、西武雄は筆者宛の証拠の反論の中において、

「叔母から金のうんぬんということは、前項で説明した通りであるから、金を返してくれと請求されたこともない。そのことで思い出されることは、封鎖預金の振替を事業資金名目にして、小切手を切っての振り込みをして貰えないものだろうか、というようなことを聞いていたような記憶もありますが、その叔母というのが事業をしている人でもないし、そうしたことは不可能だから、そのまま、封鎖でよければと念を押して渡したと記憶しますから、黒川のいう請求されたことの事実はない。また、『軍服の話は進んでいるから一寸待て』ということは後にゆずって、と申しますのは、熊本文造の取引手伝いによる謝礼金のことで、金の入ることを後日耳にしたことを、その先入感でいったのかも知れないからです。それよりも、『2人で更に大浜の市場に見本を探しに行ったが見当たらなかった』ということについて申し上げたい。

　捜査当局は、大浜の闇市に氾濫していた軍服をご存知ないはずはなく、黒川のいうことが事実なら、入手は簡単でありましょう。軍服は、杷木町でも簡単に入手可能でありますから、ま

して、大浜の朝鮮市場に、それこそ無いものなしという程物資の氾濫は捜査当局者こそ一番よく知っているはずです。

　それから、全く見落してならないことは、軍服の見本というものを熊本が持ち歩き、それは裁判所に証拠品としてあるそうですが、それをなぜ明示して、内藤氏、私の妻、黒川、西、熊本の妻、証人等にこれに相違ないかと、展示しないのでしょうか。ただやたらに、西が架空の軍服を種にとか、見本を探したとか、見本を熊本に渡したというのならば、その証拠品の軍服の見本を、内藤氏に展示するならば一目瞭然に、その事実は判明するであろう。そうした事実の調査を上申しても、そしらぬ振りをしたり、記録上にはそうした質疑応答のあったことを隠しているのは、どうしたことでしょう。当局こそ不可解な仕打ちをしているのではないかと叫びたいです。西が見本を持って熊本文造を誘ったというのなら、その見本という軍服を展示して調査尋問すべきでありましょう」

と訴えている。なお、裁判所にある証拠品の軍服については、西は、自分の着用したもので、ネーム入りのものではないかといっている。

次に、「西は、『軍服の話が進んでいるから一寸待て』と申し」とあり、その後引き続き、「2人で更に大浜の市場に見本の軍服を探しに行ったが見当らなかった」とあるが、これはまたおかしなことである。なぜならば、見本の軍服を大浜の市場に探して見当らなかったのならば、軍服の話は進めようもないはずである。それとも、見本なしですすめていたというのであろうか。もし、見本なしですすめるのならばなぜ、見本を探さねばならないのか。軍服の見本も入手できずにいながら、一方では、軍服の話が進んでいるから一寸待てないなどとまったく矛盾極まる、しかも、誰がよんでも一目瞭然の辻褄の合わぬ聴取書を平然と証拠として採証しているのだから、驚くほかはない。

　このような粗雑極まる「証拠」でもって死刑にされては、全く被告人は浮かぶ瀬もなかろう。

　しかも、この供述が被告人の虚偽の申し立てから、このように辻褄が合わなくなっているというのならまだ話はわかる。ところが、黒川利明第二審第3回公判調書でも、この点に関しては、黒川は以下のように充分答弁している。

「裁　大浜に行けば、軍服があると被告人が教えたのではないか。
　黒　大浜の闇市場に行けばあるだろうといったことは、間違いありません。しかし、大浜に行った目的というのは、軍服の見本を探しにいったのではなく、昼食に行ったのであり、そのついでに作業服を探して歩いたのです。しかも、結局は大浜では軍服を買いませんでした」

と、これならば軍服の話は進んでいても、別に矛盾はしないのである。

この弁明が法廷においてなされているにもかかわらず、なおも、大浜行きを軍服見本探しだと断定し、判決文の「証拠」に採証してしまったのである。それは、西の架空軍服詐欺ひいては強盗殺人遂行ということを成立せしめたいためからの強引さである。しかし、結果としては、このような矛盾を暴露してしまったのである。

　西には、架空軍服で詐欺を計画したという証拠も、また、軍服取引者を強盗殺人したという証

拠もないのである。したがって、ここで、西を軍服詐欺と結びつけるための唯一の手がかりとなるものは、詐欺のために見本を探して歩いたということにしなければならぬのである。

そういう意味では、少々矛盾があっても、西が見本を探して歩いたということにしなければ、詐欺も強盗殺人も成立しないし、西と殺人事件とが結びつかないのである。その窮余の策から、軍服見本探しにははるばる鹿児島まで行ったとか、見本入手前だというのに、軍服取引の話がすすんでいるなどと、辻褄の合わぬことを言わねばならぬのである。

それにしても、警察も検察も裁判官も、なぜこのような眼に見えるデッチ上げまでして、この2人を死刑に処断しなければならないのであろうか。その意図がいずこにあるのか、まことに判断に苦しむところである。

かりにこのことが、裁判官の不明によってこのような結果が生じたとしても、それは許されないのである。それは、2人の生命を処断し、4名の被告人の生涯を不幸に突落すという、あまりにも大きな犠牲を強いているからである。

第4節　軍服取引の過程

1　軍服取引交渉

判決文「罪となるべき事実」

「これを、福岡市住吉新屋173番地ブローカー熊本文造（当時41歳）に交付し、同人および日本人仲介者数名を介し、同月中旬頃、同市春吉3番丁衣類商王祖金（当時40歳）始め劉徳鈿、蒋勝雄、葉坤林、林華利等中国人5名に対し、これが売込方を申入れて、その取引の交渉を押し進める一方」

判決文に示された「証拠」

原審第15回公判調書中、証人吉田綱吉の供述として（記録第1386丁以下）、

「私は、昭和22年5月16日頃、藤野から『軍服の買手を探してくれ』と頼まれ、武末清一に話していたところ、結局中国人王祖金、劉徳鈿等が買受けることになった旨の記載」。

同上公判調書中証人武末清一の供述として（記録第1350丁以下）、

「私は、今度の事件の1週間位前、吉田綱吉から『夏軍服の買手を探してくれ』と頼まれ、古川稔にその話をしたところ、古川は、林種夫に話し、林は劉徳鈿等に話したところ、結局劉等中国人がそれを買うことになった旨の記載」。

上記証拠に対する「反論」

1．軍服取引の話は誰から出たのか、判決文に挙げられた「証拠」の上では熊本文造となっている。しかし、その熊本を動かしていたのは西だと、判決文の「罪となるべき真実」の項では主張している。そこで、まず「証拠」によって軍服取引交渉の経過をみると、原審第16回公判調書中証人藤野安三郎の供述として（記録第1402丁以下）、

「私は、今度の事件の4、5日前、知り合いの熊本文造から、『軍服、袴下、シャツがある。軍服は、千着位であるが、どこか売込先はなかろうか』と、その売渡の斡旋方を頼まれ、見本を渡され

たので、その翌日頃、吉田綱吉にその見本を渡し、買主を探すことを頼んだが、その話は、吉田から転々して、結局、中国人の王祖金、劉徳鈿等が品物を買受けることになった。熊本の話では、その品は確実な筋から出るもので、間違いはないとのことであり、品物の実在することは、同人も信じていた模様であった」
とあるが、これによると、熊本から藤野に話が持ちかけられている。

その藤野は吉田綱吉に話し、その中間の連絡を山口忠治が担当している。同上公判調書中証人山口忠治の供述として（記録第1410丁以下）、

「私は、懇意の間柄である藤野安三郎から、『自分は、熊本文造のところから出た服の見本を吉田綱吉に渡しているが、自分と熊本との間の連絡を頼む』と、その連絡方を依頼され、熊本とも数回会った。うんぬん」
とある。

その山口は同上公判調書中において、

「熊本は5月20日の幾日か前、春吉橋の付近で、軍服を積んだトラックが通りかかったのを指して私に、『あれじゃ、本当だろうが、今知合いの倉庫に品物を移しているところだ』と申したことがあり」
と供述して、更に、

「同人は、軍服がどこかにあるということは固く信じていたものとしか思われない」と、熊本の軍服の話が、決して警察で言うような架空とか詐欺とかというものではないことを証言している（傍点筆者）。

さて、藤野から依頼された吉田綱吉は武末清一に相談している。原審第15回公判調書中、証人吉田綱吉の供述として（記録第1386丁以下）「私は、昭和22年5月16日頃、藤野から『軍服の買手を探してくれ』と頼まれ、そのことを武末清一に話していたところ、うんぬん」とあり。武末清一は、同上公判調書中（記録第1350丁以下）において、「私は、今度の事件の1週間位前、吉田綱吉から、『夏物軍服の買手を探してくれ』と頼まれ、古川稔にその話をしたところ、古川は、林種夫に話し、林は劉徳鈿等に話したところ、結局、劉等中国人がそれを買うことになった」と供述している。

その古川は、同上公判調書中（記録第1338丁以下）において、

「昭和22年5月中、私は、軍服を王祖金、劉徳鈿等に売り込んだことがある。その話は、武末清一が藤野から頼まれて私方に持ち込んだもので、私は、林種夫に買主を探して貰い、同月23日に取引することになり、福岡市春吉福州園に行ったところ、王、劉の外、武末、林、熊本等がおり、私は同所で、今度の軍服見本は、熊本から出ていることを武末から聞いた。当初、現品は劉方に運び、そこで代金引換に売買をするという話があったが、うんぬん」
と供述している。

更に、古川から劉徳鈿に持ちかけられたわけであるが、その劉の供述には（同上公判調書記録第1325丁以下）、

「本件の起こった5月20日の4日前頃、私は、日本人林より軍服の話を聞き、王祖金と共に

古川稔方に行き、結局、夏物軍服千着を一着当り730円計710余万円で買受けることになり、私等2人では金が足りないので、蔣勝雄、葉坤林、林華利の3名を加え、中国人5名で金を出し合わせ、70余万円を準備して、5月20日午後7時頃、その金を携え、私と王祖金とが日本人林、武末、古川、吉田等と共に、熊本文造の案内で判示浜利飲食店に行った。うんぬん」とある。

以上が、軍服取引交渉の経過であるが、この間において、熊本が積極的に交渉し、熊本の名が買主側や仲介人の間でしばしば取り上げられている事実をもっても、この交渉の主役は熊本であることは、充分証明されると思う。

2．上記の点に関し、西武雄は、第二審裁判長に宛てた上申書において、以下のように供述している。

「軍服取引当初から陳述させていただきます。平野義人の証言にありました如く、『西から、軍服取引のことで、ある知人から頼まれたのだが荷主になってくれ。うんぬん』のこれの『ある知人から頼まれた』の証言であります。私は、平野に対しては、住吉で仕立業をしている熊本文造なる名前は達してあるのですが、この名前の点は、記憶にないといって証言いたしませんでしたが、平野の証言で、私が当時熊本文造より頼まれて平野方を訪ね、その旨を話した事態は幾分かなりともお分りと思います。かりに、私が架空物資をもって、この度の事件を計画いたしたものでしたならば、無理に平野が知りもしない熊本文造等の名前を出さなくとも、私の名前だけで充分信用してくれるのであります。終戦後、杷木でトラック屋をいたしておりましたが、他人に対して嘘偽り等を申したり迷惑を及ぼした事はただの一度たりともないのであります（この点は、杷木町を甘木署を通じて御調べ済のことと思います）から、平野もこの点充分知っており、そのために、この度の荷主の件でも中島を引合せてくれた程であります。

第二に挙げたいのは、私が平野義人に頼みに行った折、熊本が荷主であるということを伝えている証拠の一端として、3月22日公判の折出頭せし証人藤野安三郎氏が証言いたしました事項であります。この人は、熊本文造より軍服の見本を受取り商談をいたし藤野安三郎氏であります。この藤野安三郎氏の証言の如く（藤野安三郎氏は、一面識もない人で、法廷で初めて知った程です）、『軍服の見本は、熊本文造より受取りました』と述べ、裁判長殿よりの御訊問に、『軍服の荷主は、西といってやしなかったか。西という名前を聞いたことはないか。軍服の出ところはうんぬん』の2、3度繰り返しての御訊問に対しても、『西という名前は絶対に、全然聞いていない』旨を述べており、かつまた、軍服は軍の払下げ品だと熊本はいっていた旨の証言がありました如く、私が荷主等とはもっての外の空想です。もしも、この軍服が私の物とか、私が関係している物でしたならば、熊本文造がこの見本を藤野安三郎氏に渡した折とか、商談中に必ず私の名前も告げなければならないのであります。なぜならば、軍服は軍の払下げ品だと述べた上は、誰々の手を経て、どうした位は必ず話すはずであります。その大切な商談中にも私の名前が全然出ていないというのは、私という者はこの軍服に関して全然関係していないと断言できるところであります。ひいては、ただ単に荷主に事を熊本に依頼されて、その荷主のことで平野方を訪ね、しかる後、中島園吉を知り、話合いの上、中島を一時の荷主とす

べき話が成立いたした次第であります。それで、このことは、私が熊本文造より依頼されたものであるという断言ができる立派な証拠であります。うんぬん」（傍点筆者）

3．以上の西の供述によってもうなづけるように、この軍服取引の交渉には、西は全然関係していないばかりか、西の名前さえ関係者の話題にのぼっていないのである。しかも、見落としてはならぬ重要な問題点は、浜利食堂で一応取引の話が成立し、手付金まで打って、いよいよこれから買主に現物を見せるということになった。その時、西が買主の王をつれて現物在庫の場所に案内したとしたら、これは、当然に西が主役で西から軍服の話は出ていたと断言できるのである。しかし、事実はさに非らず、熊本が案内し、西は浜利食堂で待機していたのである。現物のところに熊本が案内したということは、明らかに、熊本がこの軍服取引の主役であり、熊本の口から出ている話であることを如実に示す唯一の証拠である。

西は現物の在庫場所を知らないし、当然、知っている熊本が案内することになったということは、誰が考えてもうなづけることである。

2　久留米行きは拳銃入手の方便というが

判決文「罪となるべき事実」

「他面、前記劇団芸能社経営当時の輩下であった被告人黒川利明に右計画を遂次打明け、同被告人も亦これに同意し、ここに右被告人両名は、前記計画の実行方を共謀し、その実行に必要な拳銃入手の方便として、福間競馬のことに関し、福岡の親分野田某と、久留米の親分原口某との間に、喧嘩が行われる旨架空の事実を作為し、同月十九日前記劇団芸能社経営当時の会計係であった被告人藤本清喜に対し、こもごも右喧嘩の野田親分応援のため入用であると告げて、拳銃の入手斡旋方を依頼し」

判決文に示された「証拠」

被告人黒川利明に対する司法警察官代理の昭和22年6月7日付聴取書中、

「西は、午後7時頃私を連れて外出し、渡辺通り1丁目の喫茶店付近で、藤本と出会ったところ、西は、小声で何か藤本と話しており、それから私と3人で東中洲の屋台店に行き、ビールを飲んだが、西は、藤本に対し、『黒川が明日喧嘩をするので、是非拳銃を世話してくれ』と申し、私も西が出鱈目をいっているのだと思ったが、仕方がないので、『福岡の野田と久留米の原口との間に福間の競馬のことで、明日久留米で喧嘩があるので、是非拳銃が欲しい』と嘘をいい、藤本が『できるだけしてやろう』というので、旅館に引き返した」。

上記証拠に対する「反論」　その1

この項の判決文の「罪となるべき事実」において主張しようとしていることは、「福岡の親分野田某と、久留米の親分原口某との間に、喧嘩が行われる旨の架空の事実を作為し」て、「前記計画の実行方を共謀し、その実行に必要な拳銃入手の方便と」しようとしたのだというのである。したがって、その架空の証拠として、黒川の聴取書を取り上げているのである。果して、久留米の喧嘩うんぬんが架空の物語で、拳銃入手の方便であったかどうかは、大いに検討を要するところである。

その点については、まず西、黒川から直接相談を受けた藤本清喜のいい分を聞いてみよう。

藤本清喜は第二審第1回公判調書において、以下のように供述している。

「裁　芸能社をやめてから本件の発生するまでに、西武雄と会ったことがあるか。

藤　事件の前日5月19日の夜に渡辺通り1丁目の道路上で、押川を待ち合わせている時に、西と黒川に出会いました。それが芸能社をやめて最初のことです。

裁　その時、2人から何か話があったか。

藤　両名から拳銃を買ってくれと頼まれました。

裁　主として、どちらが先に言い出したのか。

藤　黒川が久留米に行くために欲しいということを、特に申しておりました。

裁　黒川は、何のために久留米に行くといったのか。

藤　黒川が下宿しているところ野田発次郎という人と久留米の原口という人との間に福間の競馬のことから出入りがあって、久留米に話し合いに行くのだと申しておりました。それで、都合によっては、もめるかも知れないから護身用に拳銃が欲しい、もし持っている者を知っていたら世話してくれないかという話だったのです。

裁　野田発次郎は、何をしているのか。

藤　よく知りません。

裁　黒川が話したという福間競馬の経営については、知らぬか。

藤　その点については、黒川から、何も聞いてはおりません。

裁　黒川がどのような要件で、久留米に行くとのことだったか。

藤　その事についても、黒川は、何もいいませんでした。その時は、ただ野田と一緒に久留米の原口という者のところに話合いに行くという事だけしか聞いておりません。

裁　その際、西からその後の消息を聞いたか。

藤　はい、久しぶりの再会なのでお互いに消息を語り合いましたが、西は、その後、杷木でトラック運送店を経営していて、宮崎方面から乾燥野菜を運んで商売をしているというようなことを申しておりました」

上記藤本の供述によると、黒川から出た話であることに間違いはない。

この点に関し、西武雄は警察聴取書において、

「渡辺通り1丁目に来たとき通路で、もと私の劇団の会計をしていた藤本と出合いましたので、私は、拳銃が手に入らぬかと相談しますと、藤本は何にするのですかと尋ねますので、私からいおうとした時に、黒川は、私の先に出て野田発次郎の喧嘩の一件を話しかけましたので、私は、道路ではいけないのでといって、西中洲に来て、ミカド食堂の前の屋台に行って話をしました。そして、黒川は、明日の昼迄に拳銃を何とかしてくれと言いますと、藤本は、大体心当りがあるとの事で別れて、私と黒川は宿に帰りました。うんぬん」

と供述している。

以下、この点に関する相被告人の供述を聞いてみると、まず押川智栄治は第二審第2回公判調書に、次のように供述している。

「裁　どういう事から、拳銃の話が出たのか。
　押　当時、私は御供所町に住んでいたのですが、当日、友達の藤本清喜が私の家にあって来て、最初は、拳銃のことを言わず、モルヒネを売るから一寸町に出ようというので、一緒に町に出て歩く内に、博多駅付近の焼け跡に来たのですが、その時に初めて拳銃を持っている者を知らぬかと聞かれました。それで、私は、一体拳銃を何に使用するのかと尋ねたところ、福岡の犬丸という人と久留米の原口という人との間に縄張り争いから喧嘩が起ったので、西という人が犬丸の代理に久留米に行くことになったのだが、それに拳銃があると都合がいいので何とか世話してくれないかということでした」（傍点筆者）

　ここで、押川は福岡の犬丸といっているが、これは野田の間違い、また、久留米に行くのを西だといっているが、これも勘違いで黒川のことである。しかし、名は間違っても縄張り争いで久留米に行くということは、間違いなく聞いているのである。

　次に、岸田文彦は、第二審第2回公判調書に、次のように供述している。

「裁　その際に拳銃を何に使うかという点について話がなかったか。
　岸　福間の競馬の縄張り争いから、福岡の野田発次郎という人と久留米の原口という人との間に出入りがあるのでそれに使うのだということでした。
　裁　その際に、西或は黒川という者から頼まれたのだとはいわなかったか。
　岸　いいえ、ただ拳銃を欲しがっている人は、久留米に行く人で共楽亭の前に住んでいるといっただけで、名前は別に申しませんでした」（傍点筆者）

　共楽亭の前というのは野田発次郎方で、黒川を指している。
　次に、石井健治郎は第二審第3回公判調書において、次のように供述している。

「裁　藤本から拳銃をゆずってくれという話は、いつ頃あったか。
　石　事件当日の正午から1時頃までの間に、押川から貸してくれという話がありました。
　裁　大体、拳銃と実砲は、どこに置いていたのか。
　石　菊池方の棚の上に置いておりました。
　裁　どこで、押川と拳銃の話をしたのか。
　石　私が当日用があって渡辺通り1丁目の六月田の知人の家に行ったところが、岸田が私を叫び出しに来ましたので、道路に出ますと、押川が一緒に来ていて、なお、その傍らにいた藤本を私に紹介して、実は、貴君が拳銃を持っているだろうと思ってやって来たのだが、それを貸してはくれんかというので、私は、あるにはあるが、これは売却方を頼まれているから貸すことはできないと申しますと、藤本が、『福間の競馬のことで、福岡の野田と久留米の原口という親分が喧嘩をしたので、その先発隊は既に出発したが、後発隊が行くのに拳銃が欲しいから何とかしてくれ』というので、私も『1万円位で売るように頼まれているから、それより少し高いなら売ってもよい』と申しますと、藤本は、それ位の金なら出そうといいますので、私も売ろうということで話がまとまりました」（傍点筆者）。

　次に、牧田頼之は第二審第3回公判調書において、次のように供述している。

「裁　今晩、堅粕に行くというような話は、なかったか。

牧　久留来に行くという話は聞いておりましたが、堅粕のことは、聞きませんでした」（傍点筆者）

第5節　西・黒川と共謀

1　久留米行きをいった黒川の胸中

上記証拠に対する「反論」その2

「黒　その通り間違いありませんが、屋台店を出ていったことは、私は、その時酔払っておりましたから意識しておりませんでしたが、警察で藤本がそのようにいったといわれましたので、そのようにいったことにしたのです。

裁　西が、『仕事がすんだら、大阪に高とびする』といったことは間違いないか。

黒　間違いありません。

裁　酔払ったというが、どの位のんだか。

黒　3人で、ビールを5本位飲みました。

裁　それ位で酔払って意識不明になるはずはないではないか。

黒　その外に、藤本が自宅から酒を持ってきたり、屋台店からも酒を出させたりして相当飲んだのです。

裁　藤本に、西が『拳銃を貸してくれ』といった事は、間違いないか。

黒　間違いありません。

裁　それをおぼえていて、自分のいったことだけをおぼえていないはずはないではないか。

この時、被告人黙して答えず。

裁　福岡の野田と久留米の原口が福間の競馬のことで喧嘩をするので拳銃が要る等と、どうしていったか。

黒　全然、そのような事実はないのですが、西のいったことに合わせて出鱈目を言ったのです。

裁　野田とか原口とかいう名前も出鱈目か。

黒　そうです」

これによってもわかるように、酒を飲んで酔うていたということで、事実の発言をこばみ、のっぴきならぬと、西に罪を着せ、追求されると黙して答えないのである。

また、第二審第三回公判調書において、黒川利明は次のように供述している。

「裁　被告人が西から拳銃を世話してくれと頼まれたのは、いつ頃か。

黒　5月17、8日頃のことと思います。それも頼まれたという程のことではなく、私が西に佐賀の競馬があった際にカスリのことで喧嘩して往生した。今度、福岡での競馬の時にも喧嘩になるかも知れぬと申しますと、西が、『そんな時には拳銃を持っていなくては危い、自分も熊本から拳銃を手に入れてくれと頼まれているから気を付けていてくれんか』といわれたのです。

裁　事件の前日の19日に、西から、またその話があったのではないか。

黒　はい、それで19日には、藤本の所に拳銃の話をしに行ったのです。

裁　その時、西は、拳銃が急に要るような話をしなかったか。

黒　いいえ、熊本から頼まれているし、お前もそんな所に出入りするなら拳銃がいるだろうといっただけです。

裁　それは、取引に必要なのだとは言わなかったか。

黒　はい、熊本が、取引をするのに護身用にどうしても要ると申しておりました。

　　……

裁　19日に、被告人は、西と一緒に渡辺通りに行かなかったか。

黒　はい、最初、拳銃を世話してもらう積りで、藤本の家に行きましたが、同人が留守でしたから柳橋の方に散歩に行こうといって行きかかると、丁度、藤本に出会いました。私は、それまでに藤本とは時々会っておりましたから、別に話はありませんでしたが、西とは久しぶりなのでいろいろその後の身の上話をしておりました。

裁　そのついでに、拳銃を持っている人がいれば、世話してくれないかという話があったのではないか。

黒　私は、2人が話をしている間に、一寸煙草の火を借りにその場を離れた所が一度知合いの者がいたため、その者と話しておりました。したがって、その間西と藤本との間に、どんな話があったのかわかりませんでした。

裁　それからどうしたか。

黒　藤本が自宅からビールを持ってきましたので、それを持って、東中洲の喫茶店に行きビールを飲みました。

裁　そこで、西から藤本に対してピストルを貸してくれという話があったのではないか。

黒　はい。『黒川が明日喧嘩に行くから拳銃を探してくれんか』と、藤本に話しておりましたので、私は、西が拳銃を借りる口実にそのようなことをいうものと思い藤本からいろいろな話を聞かされた時にも、話を合わせるために都合よく嘘をつきました。なお、私は、その時酔うておりましたので、その時、言ったことは覚えておりませんが、第1回公判の際に、藤本が申し述べたことは、大体、私にも記憶があります。

裁　そんなに酔う程に飲んだのか。

黒　私は、大体酒をのみきらないのに飲んだものですから、すっかり酔ってしまい、帰りには、皆から助けられて帰った位でした。

裁　大体、どんな話があったのか。

黒　私が喧嘩に行くという話を聞いて、藤本が、『怪我せんように注意しなさい。なるべく話合いで済むことなら喧嘩はしないで、おだやかにけりをつけたらどうか』と申しておりましたが、私も酔ったまぎれに色々なことをいったと思いますが、よく記憶いたしておりません。

裁　福岡の野田発次郎と久留米の原口という親分が福間の競馬のことで睨み合っているので、これから話合いに行くがことによったらもめるかも知れないなどとは言わなかったか。

黒　それは、私が西に対して、佐賀の競馬の時、カスリの問題で喧嘩をして往生したといった

のを、西が勘違いしてお訊ねのようなことをいったと思います。
　私としては、そのようなことを申した記憶はありません。
　裁　被告人は、久留米の原口という者を知らぬか。
　黒　全然、面識ありません」（傍点筆者）
　この供述においても、黒川は、言を左右にしている。ただし、傍点の個所は真実である。黒川には、今までしばしば虚偽の申立てがあった。しかし、第二審第3回公判調書においては、今までのような、虚偽の申立てがなく、素直に真実を訴えているのである。ただ、この久留米の一件だけは、やや曖昧である。
　では、なぜ黒川は久留米の一件だけはハッキリと供述できなかったのか。
　その点に関して、西武雄は筆者宛の「質疑応答書」の中で、以下のように供述している。
　「黒川は、一審でも二審でも、久留米に行くといえば、西が餞別でもくれるのではないかと、言っていたのは事実ですが、どの記憶に載っているのか一寸記憶しません。
　　黒川の供述は、大体、次のように記憶します。
『叔母から借りた金を返すのに窮したので、久留米に、福間の競馬のことで野田発次郎が話合いに行くのでついて行くことになったと話すと、西は、どう勘違いしたのか、何を持って行くかというので、劇団用の日本刀だと話したら、今どきの喧嘩は刀ではダメだから、拳銃を入手してくれるというので、どうせ売ればよいし、その代金だけでも充分あると思ったので、久留米のことはウソだともいいそびれた』。
　　それで、裁判長が、私に、久留米に行くというのを本当と思ったかと訊かれたようです。
　　それで、私は、
『本当と思った。日本刀を見せてこれです、と言われてみると本当と思いますし、久留米行きがウソなら藤本に会ったとき、なぜあれほど真剣に話していたかです』。
　　このような答弁になり、そのことを黒川に問うと、
『久留米に行くといえば、西が小遣銭をくれると思ったからいったのだが、西が勘違いして、拳銃を入手してくれるという話にまでなったのです。だから、小遣銭の少ない時は、拳銃はどうせ要らないのだし、自分にくれるのなら、それを売って叔母に返す金をつくりたかったので、そういったのです』。
　　大体、以上のような質疑応答があったのですが。
　　また、野田関係人の傍聴していることは当然ですし、黒川が特に気にしていたのは、久留米の原口対野田発次郎の内紛を尋問されることを心配していたようです。野田の若い者から家族のものに変なことをされやしないか、黒川の身の回りの世話をしてくれていた野田が怒って後々になってやられるぞという心配は、特にしていたようです。
　　また、久留米行きのことは、黒川の独り舞台にしろ、それをいったことは事実ですから石井、藤本、押川、牧田、岸田までそれを言うので、野田が証人として喚問された位です」
　以上の供述をもって、黒川が久留米の喧嘩について曖昧な供述をしている理由は、うなずけるのである。

なお、久留米の喧嘩が架空の物語であったかということについては、西武雄は筆者宛の「質疑応答書」の中で、以下のように、供述している。
「喧嘩という表現は、慎重にしていただかないと、喧嘩を固定しますと、当事者に問う場合、それが遊び人たちのことですから、おかしな具合になりかねません。前にも申し上げましたように、福間の競馬場の地割り（露店の指定のこと）のことで久留米の原口と仲が悪い野田発次郎が、その話合いをつけることで、久留米に行くので自分も（黒川）一宿一飯の恩義でついて行くというので、……結局は、拳銃をということになったわけですが、この原口と仲たがいのことで、という真意は福岡高裁だったと思いますが、野田発次郎を証人として喚問したところ、野田の言うには、
（イ）自分としては、その意志はないが、我等の仲間ではそのような噂がされていたらしく、そのことを心配して聞きに来た者もある。
（ロ）仲たがいというほどではないが、お互いにないことはない、というような証言をしていました。
（ハ）野田の証言中、兄弟分が原口とのことを心配してこんな噂があると聞きに来たといっていましたから、この男が誰か知りませんが、探せたら聞きだす必要があります。
　次に、黒川の作り話かということについて、
「この点は、高裁でも論じられたんですが、結局のところは、野田発次郎に原口との関係を聞く程度しか方法がないのです。その上で、黒川の心の中を読み取る以外道がありません。この場面だけの判断でしたら、どちらにでも取れます。野田の話を聞いてみると、そうした気配のあることは否定できないと思いますが、原口との話合いの問題となると首を傾げられもします。法廷の黒川の供述を聞いていますと、この男１人に振り回されているみたいで、答弁に苦慮します」
　この供述によると、架空でないと思われる。しかも、この久留米うんぬんが黒川の発言で、西の方便工作でないことは、以上の事実で充分納得できることである。

2　久留米行き架空説は当局の遠謀術策

　なお、ここで憶測をいうならば、黒川は叔母の金を使い込んでいたようである。その穴埋めを急いでいたと見られるのである。ところで、黒川はかねてから太っ腹で、金銭的にもよく融通してくれる西から、何とかせしめてやろうと企んだのである。幸い西は、近々何か大きな取引をするらしいし（西が藤本に融通してやるという話を聞いた時）、彼は一層「よし俺も是非せしめてやろう」という気を固めたに違いない。
　この際、是非と思い付いたのが、久留米の喧嘩うんぬんの話だったわけだ。
　勿論黒川は、久留米うんぬんの雰囲気を野田方で感じていたので持ち出したのだが、事実彼は、それほど野田発次郎に認められていたわけではない。しかし、彼には一種やくざに対する憧れのようなものがあった（刺青や石井らの前で大見得を切ったことなどで想像できる）。だから、野田に認められて、いざという時は若い衆として喧嘩の場にでもやってもらいたいという秘かな願

いはあったであろう。

　その果たされぬ夢を、彼は西の前で、さながら現実であるかのごとく語ったのだ。その心底には前途の如く、金をせしめたいという計算があったのである。というのは、西は親から受けた血で、甚だ義侠心の強い男である（詳しくは、<u>別項「荒廃の悲劇」参照のこと</u>）。それを黒川は知っていたのだ。だから、恩義のある親分のことで話合いに行く、しかし、まさか間違えば命を張ることも考えられると、日本刀を撫でていえば西がなんというか、どうしてくれるかということは、黒川には充分読みとれていたのである。

　しかも、事実は黒川の思うツボであった。餞別はくれるというし、おまけに、拳銃からハイヤーまで世話してくれるというので、彼はすっかりいい気になって、藤本と会った時も、飲めぬ酒もしたたかのんで気焰をあげた程である。

　ところが、思いがけぬ殺害事件で、彼の目的は坐折してしまったわけである。しかも、彼はこの事件の微妙な立場に立たせられているし、警察は本件を強盗殺人だというし、彼としては、金ほしさに久留米行きうんぬんの話を持出しているだけに、このことの事実は容易に打明けられない破目に追い込まれてしまったのである。このようにみるのが一番妥当のようである。だから、もし本件が強盗殺人という嫌疑をかけられていなかったら、黒川としても、西に餞別ほしさに久留米の話を持出したと素直にいえたであろう。しかし、強盗殺人といわれたのでは、金ほしさの作り話は到底打明けられるものではない。しかも事実久留米に行くことになっていなかったとしたら、野田発次郎に対してもいよいよ立場が悪くなるし、彼がこの久留米の一件だけを終始曖昧に供述せざるを得なかったであろう内外の事情も推して察することができるのである。

　それにしても、司法当局のいう拳銃入手のための方便で、架空の物語だという見解は余りにも人間性を無視した、底の知れたデッチ上げというべきである。しかし、またそうしなければ、黒川を強盗殺人罪から除外しなければならなくなるし、黒川を除外すれば、石井の強盗殺人罪も成立しなくなってしまうのである。久留米行きを架空と断定した当局の遠謀術策には、全く驚きである。

上記証拠に対する「反論」　その3

　最後に、西武雄の筆者宛ての「質疑応答書」によって、彼自身の見解を聞いてみよう。

　「この供述などは、黒川の供述を、司法警察官代理が黒川に都合よくしてやるような振りをして捏造していることがハッキリしています。それは、藤本の供述調書を見ると判りますが、黒川の『明日久留米で喧嘩があるといったのは西で、それも東中洲のオデン屋』のようになっていますが、事実はそうではない。話が少し逆もどりしますが、この久留米の喧嘩という話の出た最初から申し上げてみます。

　私は、福岡旅館に泊っていましたが、黒川は野田発次郎方の徒食人であり、たまたま総選挙のとき、久し振りに会い、その後２、３度顔を合せたが、19日の午後（午前かもしれない）、私の泊っている福岡旅館を訪ねて来てこの度うちのおやじ（野田発次郎）と犬猿の仲の原口との間で、以前からゴタゴタしていた福間の競馬場のことで、明日久留米で話合いがあるので、自分も付いて行くことになった。もう１人おる若い奴より自分の方が可愛いがられていたので、

自分としては万一の場合を考えて日本刀を持って行くという。この話はまことのようであった。そうした話をしんみりと話されると、やはり信じてしまう。だから、私は『そうか、そりゃ、大変やなァ、だがね、黒川、義侠の喧嘩は、刀では間に合わんぞ、この敗戦のどさくさに、想像以上拳銃が流れているから、相手もそれを持っていると見なけりゃならんぞ、野田にはその準備はしとるのか、その位の準備がなくては危い。まして、この日中そんな日本刀を持って久留米までどうして行くのだ。それより拳銃があったらいいな、ウンそうだ、楽士達がホールの手伝いのとき、駐留軍たちが小遣銭欲しさに拳銃を横流ししているとか、誰々は持っているとかいっていたから、事務員の藤本に聞いてみると拳銃が手に入るやもしれん、藤本のところに行ってみるか』と、黒川を連れて東中洲の藤本清喜宅に行きました。藤本は不在で奥さんの話では夕方には帰ってくるとのことであったので、また出直してくる旨伝えて辞した。5時頃であったと思う。

　それで、東中州まで来たついでだから、久しぶりに、知人の福岡劇場に遊びに行くつもりで、天神―渡辺通商の電車通りに出て、渡辺通りまで行くと、バッタリ藤本と会う。やァやァと久しぶりの邂逅を喜び合う。その時、藤本が『2人でどちらへ』と聞く、それで黒川が『実は、君のうちに行った。それは明日、自分の世話になっている野田発次郎が、久留米の原口と福間の競馬場のことで、かねてからもめているがその話し合いに行く事になって、自分も付いて行くが、万一の用心に劇団当時の舞台衣装に日本刀があるので、それを持って行くつもりだったが、そのことを西さんにいったら、日本刀じゃ心許ないから拳銃がよかろう、劇団員の誰かが持っているかも知れんから藤本に聞いてみようということで訪ねたのだが、不在だったので、西さんが夕方まで劇場のかわごえさんのところで遊んどくかというので福劇に行く途中だった』と話す。藤本が私の顔を見て『そうか？』というので、『そうだよ、だから黒川に万一の事があってはいかんから、拳銃でもあれば日本刀より安心だし、それにこの日中に日本刀を持って急行電車で行けるもんか。だから劇団の楽士たちがよく話していた拳銃を団員のうちで誰か持ったものでもあれば借りてやろうと思ってね』というと、藤本は『心当たりあるにはあるが、今すぐといってもなんだから、明日にでも当たって見ましょう、それより久しぶりだし、家には配給のビールがだいぶんたまっていますから、一杯やりましょう。皆さんの大好物のビール、そう1ダースあるから、福劇のカワゴエさんに会うのはまたの機会でいいでしょう。一応私の家に引き返してください』と心温まる招待のことばに、好物のビール飲みたさもあって、藤本宅へ引き返す。

　奥さんがうちでは、お口にあう料理もないから、前の何とかさんとこで料理を差し上げなさいよ、藤本にいっていたようで、それで藤本が『うちでは料理がまずいから前に行きましょう。懇意な店だから、うまい物も作ってくれますからと、私たちをうながして連れて行く、そして酒盛りとなる。屋台式のこじんまりとした店で、丸イスに腰かけての酒盛りであって店の女中さん、おかみさんや主人たちも差し向かいといった店構えだから、話の内容はつつ抜けであります。このおでん屋での話は、私が『藤本、今何をしている。闇ブローカー、そうか。劇団を止めてずっと困ったのか、そりゃ気の毒したな、これから何をする目的だ、古物商をやりたい、

うーん。資金は、５万円もあればよいのか、そうか、その位なら何とかなるだろうからまかせておけ。２、３日中に少し金も入る予定があるから何とかしてやろう』この位のもので、藤本は、『せこせこした闇取引では先が思いやられるから、古物商をやりたい。今、目を付けている良い場所があるのだが、だいたい５万円位の資金があればと思う。劇団を止めてからずーと困った』そうした話のはずんでいるうち黒川が酔いにまかせて『もうこれで当分飲めないだろう』とか、『まかり間違えば、生命はないかもしれぬ』とか、『あすの喧嘩のことは新聞にでるだろう』とか、大変なご機嫌だった。藤本は心配していたが、私は『なァに、野田の１発も大勢のことだろうから黒川ほどのいうこともなかろう』と聞き流して、『藤本、今度自動車ができあがったら宮崎方面から切干を入手することにしているが、良かったら扱ってみんか』、『前のように気の合った者を揃えて盛り返すか』、『やりましょう』と手を取り合って一夜の酒宴を終わり分かれました。

　以上述べたことが、拳銃入手の話の動機と藤本に会った時の実情と、久留米のケンカという話の出た時の実際なのであります。以上のことはおでん屋の夫婦、藤本夫婦の供述で明白でありますし、詳細な調査も現在とて可能であります。

　だから、黒川の供述という内容は、全く偽りの供述であり、さもなくば、司法警察代理の強要による捏造でありましょう。考えてみてください。久留米の原口だの、福間の競馬だのということを、私とは全く無関係のことを（西は、原口のことも競馬場のことも知らず（註、筆者））、どうしていいましょうか。福岡の野田のことは黒川と会ったとき名前位は聞きましたから知っていましたが、久留米の原口某など全く知らない名であり、ましてや福間の競馬のことでケンカということなど寝耳に水とはこのことでしょう。黒川がいわずして、私のいい得ないことだからであります。

　黒川はそんなことはいったことはない、といったようですが、黒川はいわずして誰がいい得ましょうぞ。如何でございましょうか。

　私にもし拳銃が必要ならば、そんなことをいう必要がありません。楽士の誰々が拳銃を持っていたが、あれの住所はどこか、用件があって拳銃が必要だから、でいいはずです。この点、御勘考下さい」

第６節　福岡旅館の状況

１　強盗共謀当事者間で拳銃代金云々はおかしい

判決文「罪となるべき事実」

「同被告人（註記　藤本のこと、筆者）は更に被告人押川智栄治に之を依頼し、被告人岸田文彦の紹介で前記両人から予め所持する拳銃の貸与依頼を受けた被告人石井健治郎は、翌20日午後４時頃、拳銃貸与の目的で、前記被告人藤本、押川、岸田と共に、福岡市西大学前町1135番地福岡旅館に赴き、被告人西、黒川の両名と面接し、被告人西の求めに応じ、所携の拳銃１挺（証第９号）に実包４発を添え、更に被告人岸田及び相被告人牧田頼之をして同所に

持参させた14年式拳銃1挺（証第11号）を合わせて代金5万円で、被告人西に譲渡することを承諾し」

判決文に示された「証拠」　その1

1．原審第1回公判調書中、被告人石井健治郎の供述として（記録第908丁裏以下）、
「判示5月20日晩、判示工業試験場横門前で私が、王祖金、熊本文造の2人を拳銃で射殺したことは相違ない。その以前私は森知義から売却処分方を頼まれ、拳銃1挺（証第9号）を預かっていたが、5月20日朝森方にそれを戻しに行き、同人が留守であったので、渡辺通り1丁目の友人の家に行っていたところ、押川と藤本が私を訪ねて来て、『相当な借賃を払うから拳銃を貸してくれ、久留米の応援に入用である。二葉町の野田方に行くと、借主がいるから、金を受取ってくれ』と申したので、同道して出かけると、途中前記両名は『福間の競馬に関する権利の争いがあって、福岡の野田と久留米の原口とが久留米で喧嘩をするので、福岡からは既に3、4人行っているが、後援隊が拳銃を借りて出発することになっている』などと話した。野田方には借主が居らず、福岡旅館にいるとのことであったので、私は押川、藤本、岸田等と同旅館に行くと、西、黒川がおり、西が『拳銃を見せてくれ』というので、弾を抜いてみせると、西は『借賃として5万円やるから貸してくれ』と申し、私は喜んで承諾した。すると、西は『1つでは足りないから、もう1挺何とかならないか』といい出したので、私は前に撃針の折れた14年式拳銃を菊池繁樹の家に預けていたのを思い出し、岸田に取らせにやったところ、岸田は途中牧田に会い、私方に置いてある折れた撃針を持参するよう命じたそうで、やがて岸田は拳銃を、牧田は撃針を持って福岡旅館にやって来た。拳銃の話は初め賃借ということで、後には譲渡することとなったが、私は現金を受取る前に持逃げされては困ると思い、よい方の拳銃は癖があるから渡せぬといって手放さずに持っていた旨」

判決文に示された「証拠」　その2

「1．被告人藤本清喜の当公判廷における、事件前日の5月19日夜渡辺通1丁目の道路上で、西と、黒川と会った際、私は黒川より、同人の下宿先の野田発次郎と久留米の原口との間に、福間の競馬のことから、出入りがあって、久留米に話に行くが、都合によっては、もめるかも知れないから、護身用に拳銃がほしい、もし持っている人を知っていたら、世話してくれと頼まれたので、以前押川の友人が拳銃を持っているような話をしていたことのあるのを思い出し、『心当たりがあるから、当たってみよう』といって、両名と別れた。その時の話では、西から世話料として、5万円ばかり都合するとのことであったので、私は世話料欲しさに、翌20日押川のところに行き、黒川や西から聞いた話をして、拳銃の入手方を依頼し、押川と共に、同日午後4時頃押川の友人石井に会い、黒川からいわれたとおりのことを話すと、石井は『金と引替でなければ渡せぬ』というので、石井を西の泊まっていた福岡旅館に案内し、西に紹介した。西は石井に『拳銃を見せてくれ』といい、石井は背広の内ポケットから拳銃を出して、実包4発も一緒に見せていた。西はそれをみて『手持の金はないが、堅粕の方に金を預けており、誰かついてくるなら渡すから、貸してくれ』と申したが、石井は『金と引替でなければ渡さぬ』といって渡さなかった。なおその時、西は『もう1挺拳銃が欲しい』というと、石井は、押川

から聞いたものと思われるが、『5万円は余り値がよすぎるから、もう1挺手に入る』ようなことを申しており、その後の2人の間の話では、貸すのでなく、売却するようなことになっていた。以下、略」

上記証拠に対するする「反論」その1

　上記石井健治郎原審第1回公判調書に対する、石井健治郎の筆者宛ての「質疑応答書」には、「この書記の速記は、随分抜けていたり、間違っていたりしているが、要点を説明してみますと、西が『借賃を5万円やるから貸してくれ』と申したとなっていますが、この事実は絶対にない事であります。西は5万円とか、金額の話は一言もしていない。金のことは、藤本と西との間で話があったものと思われる。

　そして、藤本と押川との間であり、そして押川と石井の間でされたのであって、西と石井の間で、直接に金銭の話はなかったのである。それをどうしてこのような供述になっているかという事でありますが、どうもおかしい。たいした事ではないが、事実なかった事を話をした如くなっている処に疑問が起こるのであります。

　また、供述の中から罪になりそうな個所だけをひろい集めている事である。しかし、間の言葉とのつながりで意味が全く変わってくる事であります。唯ならべて真実を明らかにしようとしない処に裁判官のからくりを発見するのであります。供述の仕方が悪い処もありますので、第三者に悪くとられたり、錯覚を起こさせるようなことになっているのである。だから、一方では拳銃の売買の話であり、一方では強盗殺人の話のようになっていたりしているのである。売買の現金を貰う前に、持逃げされては困ると思って好い方の拳銃を『癖がある』などといって渡さなかったことなどが、強盗殺人の証拠の中に証拠としてあげてあるのであるが、これはよく内容を読んで頂くと判ることですが、強盗殺人の認定には、反対の証拠であるのであります。

　次に、被告人藤本清喜の当公廷における供述に対して、藤本はここで西から拳銃の世話料として5万円ばかり都合して貰うようになっていたといっているが、証言書などには、商売のもとでに5万円を都合して貰うように話をして、そうしたことなどのために、拳銃を誰かから借りてやる約束をしていたのが、本当だと申している。石井と初めて会った時も、拳銃を売ってくれとはいわなかった。お礼はするから貸してくれないかといったのである。それに対して石井は、『売るのなら拳銃は有るが、貸すわけに行かない。代金引替なら』ということをいったので、『拳銃売却依頼者は1万5千円で売ってくれといっている』というと、押川達が話合って『その位の金なら出るから』というので、石井はその買主に会うことになったが、その時、金を藤本らが払っていたら、石井は旅館にも行かなかったはずであった。買主のところへ行く道中、押川が石井に対し、藤本君が相手の人から5万円都合して貰うような話をしていたから、2万5千円位貰ってやろうといったので、石井は喜んで押川にまかせたのが事実であります。次に、藤本等の案内で、福岡旅館で西と黒川に会った時の次の供述は、藤本の嘘である。『西が手持の金はないが、堅粕の方に金を預けてあるから、誰かついてくるなら渡すから貸してくれ』といったということである。藤本は、西がこれに良く似た言葉を語った時は、すでに旅館にいなかったのであるから、藤本がこの言葉を直接聞くはずがないのであります。されば聞か

ないことを聞いた如く供述するのは、他の石井、押川、岸田、牧田が聞いたこれによく似た言葉を、西が旅館を出る時いっていることを、警察、検察庁が法廷でいうのを聞いている藤本が、自分も聞いた如くいっているのに違いない。そうせねば事実と合わないのであります。金と引替でないとダメだといったのは、西が旅館を出る直前の話で、西君が拳銃を持って旅館を出て行こうとした時、押川に石井が拳銃の金はいつくれるのかとたずねたので、押川が西のあとを追いかけて、他の部屋で金の話をしたところ、西は『金は藤本から貰ってくれ』といったが、藤本はそこにおらず、石井が拳銃は代金引替でないと人の品物だから渡せんといっているからといったので、部屋に西が戻って来て、『金は藤本に話してあるから』とまたいったが、石井が代金引替を主張したので、西が『それでは、私が今から用事で堅粕に行くが、そこに友人がいるから貰ってやりましょう。誰か私について来て下さい』といったので、押川が付いて行って貰って来ることになったのでありますから、この藤本の供述は、嘘であります。また、『もう1挺ほしいといった』のは、旅館に着いて15分以内の話であることは、岸田がそのために拳銃取りに行っているので、明らかでありますから、この供述は、時間的にも間違っていることが判ります。また、石井が『5万円では値が良すぎる』などというはずはない。第一、5万円は石井の貰う金ではないからであります。石井は押川から2万5千円貰うことになっていたし、その中から1万5千円を拳銃依頼者安部君に渡さねばならぬのであるから、そんな5万円うんぬんというはずがありませんから、この藤本の供述は、間違いである」

2　強盗殺人と拳銃売買同時成立するか

上記の点に関して、西武雄は筆者宛ての証拠の反論において、以下のように述べている。
石井健治郎第一審第1回公判調書について（記録908丁以下）、
「『西が、拳銃を見せてくれ、というので弾を抜いて見せると、西は、借賃として5万円やるから貸してくれ、と申し、私も喜んで承諾した。すると、西は1つでは足りないから、もう1挺何とかならないか、といい出したので、私は前に撃針の折れた14年式拳銃を菊池の家に預けていたのを思い出し、岸田に取らせにやらせた』とあるが、これは、随分手前勝手な供述になっていて、全くの虚言である。この反論をする前に、同人石井健治郎の高裁の法廷記録を見てみると、

『裁　拳銃を見せた時に、これは癖があるから自分が使ってやろうということをいわなかったか。
　石　いいえ、そのようなことは申しません。もっとも、それに似たようなことは申しました。それというのは、最初の拳銃を見せた時西が、2万5千円出そうといいましたので、これは少し儲け過ぎるなと思いおりますと、西がもう1挺ほしいといいましたから、私は2万5千円をもらうなら、もう1挺つけて2挺やろうと思い……』

取らせにやったといっています。同人の話にしても5万円といってみたり、2万5千円といってみたりしていることに注目したいと思うのです。拳銃の売買だけで来た石井が、実際に私から何万円と聞いたのならば、内容において利害関係のないことですから、『拳銃はこれこれの

話で何万円と決まりました』と一貫した供述をしなければならないし、またそうあるべきでしょう。

　このことを石井本人に確かめてみますと、そんなことをいったことはないという。事実でないことを、２万５千円だの、５万円だのというはずがないというのです。勿論そうでしょう、私は、石井たちに金額のことは唯の１度もいったことがないのですから。しかし、記録には、こうして答弁したように録取されているのは、何故でしょうか、と全くのところ首をかしげています。この２万５千円だの５万円ということは、石井の外の者もいっているのですが、実に不思議なことだと思っています。それらの者たちに確かめてみても、聞きもしないことをいうはずがない、といっています。

　そうすると、裁判所が勝手に改筆加筆、それも悪意のものといえるようですが、いかがでしょう。権力者の馬鹿の１つおぼえのようにいわれ、聞かされたことに、『お前らのことを悪く書いて何の利益があるか』とか、『役人を何と思うとるか』といわれたものですが、事実は、全く信の置けないことばかりではないだろうか。

　考えてもみて下さい。売りたいといっている拳銃、それも当時の相場で５、６千円、１万円も出せば右から左というほどたやすく入手できていた時代に、『借賃に５万円出すから貸してくれ』とか、『２万５千円で買おう』とかいうわけがありません。道理にかなわない取引をしなければ入手出来ないという時代ではありませんもの。

　思うに、裁判所が勝手に記入したであろうことは、一審の記録では５万円としたが、これでは少し道理にかなわないと思って、二審では２万５千円として、２挺で５万円になるぞといいたいのでしょうけれど、裁判所は、この拳銃の売買を強く出そうとしているようですね。岸田にも５万円で拳銃２挺売ることになったと、改筆加筆していることをみても、それがいえるのですが、ここで大きな見落としをしているようです。否、タヌキが尾を出しているともいえます。それは、裁判所は強盗殺人の謀議を、それも旅館でしているというのではなかったでしょうか。謀議をして強殺を犯したとしているのでしょうか。西、石井は強殺を犯したというのでしょうが、そんならこの拳銃の売買の２万５千円だの５万円というのはおかしなものですよ。そうではないでしょうか。強殺を謀議した、強殺を共同でやろうというのに、拳銃の代金がどうのこうのということ自体矛盾していますよ。

　たとえばですね、共同出資で事業を始めたとします。その場合、この土地は自分のものだから、その代金をくれろというでしょうか。それは共同出資になりません。一緒にやろう、よかろう、で投資して事業を始めるのが共同出資ではないでしょうか。今少し上手な表現をすれば、なお判ってもらえるでしょうが、それと同じで、裁判所のいう否、権力者が、謀議のあったものならば、拳銃を売ってくれ、売ろう、代価はいくらだ、いや現金取引でなくては困るなどと、話のスムーズに運ばなかったのを、どう考えていられるのでしょうか。謀議の後であるならば、拳銃の代価だの、２万だの５万だの、現金でなくては取引しない等ともめるはずがないし、そんな話すら出ないでありましょう。また、使用不能の１４年式拳銃をわざわざ取りに行ったりする必要がありましょうか。裁判所は、当局者は、何でもかんでも列挙して、目を心を錯覚さ

せようとしたのかも知れませんが、それが却って矛盾の羅列となっているようでもあります」
上記証拠に対する「反論」　その2
　上記の点に関して、藤本清喜は石井健治郎に対して、以下のような謝罪文をかいている。
「昭和22年5月頃、福岡市土手町未決留で私が検察事務官に聴取書を取られましたが、大変真実と違い、貴男(あなた)にお詫び申すと共に如何なる訳で可様な調書が出来ましたか申し上げます。

　私は、昭和22年5月19日偶然福岡市渡辺通り1丁目で西と黒川に逢いましたが、その時福岡の野田一家と久留米の原口一家が福間の競馬場内の取締りの利権争いのことで喧嘩があるかもわからんが、野田さんと黒川が同行するのに拳銃を探しているので世話してくれんか、と頼まれ、西を信頼していた私は、御世話することを引受けました。是に対する御礼並に私がその時失業して居た(ブローカーをしていました)ので、物資購入の運転資金として5万円都合してくれる事を西が約束したので喜んで、私は引受け、20日に貴男をつれて西達と逢いました。そんな訳で世話をいたしましたが、結果的に思わぬ事態となり、私は西、黒川にだまされたと思い込んでおりましたので、色々と結果を結び合わせたり、想像したりしたことを、事実の如くいって、大変貴男や西に迷惑をかける調書となり、深くお詫び申し上げる次第です。

　警察や検察事務官の調書につきまして申し上げますが、私が福岡署に行きました時は、事件数日後たってからでしたが、警察では既に事件の構成と申しますか、強盗殺人事件として取扱いができて居りました。押川、岸田、牧田等と一緒に並んで色々と聞かれましたが、1人が発言するとそれに従って皆が知っていたり、聞いていたりした如く書かれ『そうかなァー』と不信げに返事したことが、総て『そうでした』『聞いていた』こととなっておわっております。私は、福岡旅館で金の話など聞いておりません。百何十万円という貴男の知らぬ前の日(5月19日)西から、私だけが聞いた話で、其の時西は、目下宮崎県から千切大根を大量に取引している旨、話し、今日もちょうど今集金の帰りだと私に話しましたが、それが事件と結び合わされて、皆が大変不利になり済まないことだと思います。

　私は西から、百何十万円と聞いても別に不思議とは思いませんでした。以前私は、西の金を70万円預かって貰ったことがあります。西と知り合う前に、私は関係した劇団が資金難から経営不振となり、ある人の紹介で西を知り、西の金で友達が助けて貰って、新しく西を社長とし、私は会計兼マネジャーの様な仕事をしておりましたので、西と約1年程付合い、お互いに気心も知れて、西がどんな人物かは一応私としては知って居りました。

　当時西は無口ではありましたが、真面目な紳士でした。人からも大変好かれて店員達(36名)から親父さん、親父さんと非常にしたわれて、始終ニコニコと応答して色んな相談ごとにもよく理解ある判断を下して居たものです。そんな訳で西と私の立場はお解りと存じます。以上のような知り合う仲の西と私でしたので、私としては、西に対して絶対の信頼を依せておりましただけに、だまされたと思った私はとてもくやしくて残念だったのです。色々と西を怨んで、私は有ること無いことをいったことは間違いありません(この点、西にもお詫びせねばなりませんが)。以下、省略」
以上の各被告人の供述によって、拳銃取引の上において代金5万円または借賃5万円などとい

う話が出ていないことは事実である。

　それを無理に借賃５万円などという不当な金額を拳銃の代金にデッチ上げたのは（当時拳銃の相場は１万円前後）、その不当な借賃の中には、殺賃もはいっているとしたいのである。そうしてこの拳銃売買と強盗殺人を強引に結び付けようとしているのである。しかし、殺賃５万円としたら、相手から百万円も盗るというのに安過ぎることになる。それより、強盗殺人を共謀してやろうという西と石井の間で、その犯行に使用するという拳銃を売買するということが、すでにあり得ないことである。判決文はハッキリ拳銃売買を認定しているが、拳銃売買を認定することは、強盗殺人を否認することでなければならぬ。もし強盗殺人を認定するならば、拳銃売買は成立しないことになるのである。それを強盗殺人を認定しながら、なおも拳銃売買を否認しきれないで、敢えてこの矛盾に頬かむりしているのは、この拳銃売買という一事が如何に牢固として抜き難い事実であるかということを、如実に物語っているのである。

第７節　共同謀議の可否

1　共同謀議の可否

判決文「罪となるべき真実」

　「かくして被告人西は、拳銃の入手に成功するや、他面前記熊本文造と連絡し、軍服取引の関係者を同市西堅粕東光町309番地浜利飲食店に連行すべきことを打合せておき、その間被告人石井、藤本、押川等に対し、漸次計画の実相を打明け、事の成行によっては、まず被告人黒川が取引の相手方２名を誘い出し、次いで、被告人西が残りの者を連れ出し、遂次（ママ）相手を殺害して、その所持の金員を奪取すべく、計画の実行に関する大略の構想を表明し、石井また前記の計画に加担し、前記拳銃（証第９号）をみずから使用して、その実行の一部を分担すべきことを引受け」（傍点、筆者）

上記判決文に示された「証拠」並びにその「反論」

　まず、厳密な意味において、共同謀議に関する限り、判決文に示された「証拠」の項にその該当事項はない。

　本件の強盗殺人が成立するためには、必ず共同謀議がなされていなければならぬ。７名の被告人（２名は、強盗罪から除外されているが、事実は同じく行動している）が、各自思い思いの意味で、しかも同一に強盗殺人を遂行したとは、考えられないからである。

　西が黒川と会ったのは、事件発生の10数日前、藤本とは前夜会っている。他の石井、押川、岸田、牧田とは一面識もなく、事件発生の日の２、３時間位前、福岡旅館ではじめて会っているのである。

　また、この事件発生前後を通じて、７名が一堂に会したのも、この福岡旅館においてはじめて会ったとき１回だけである。

　従って、７名が共同謀議をなしたと断言できる時は、この福岡旅館における初対面の２時間より他には考えられないのである。そこで当局が、この福岡旅館における初対面の２時間を、共同謀議をなした時間断定したのも、一応もっともなことである。

ところが当局は、共同謀議をなしたとして福岡旅館を実地検証をしながら、判決文の「罪となるべき事実」の上には、なぜかそのことを具体的に明示していないのである。判決文から共同謀議に類する個所を拾えば、僅かに「漸次計画の実相を打明け」と「計画の実行に関する大略の構想を表明し」の２個所だけである。それも何時、何処で、誰々に打ち明け表明したのか、全く具体的事実には皆目触れていないのである。もっとも前述のように、共同謀議に関する「証拠」が採証されていないのであるから、判決文に共同謀議を明確に示すことは、勿論出来ないわけである。

　しかし、共同謀議をなさずして、強盗殺人という共同犯行が実現することはまず考えられないし、といって共同謀議をなしたという明確な証拠は何１つないのである。そこで窮余の策として、「漸次計画の実相を打明け」とか、「大略の構想を表明し」とか、甚だ曖昧な表現をして、共同謀議を暗に匂わせようとしているのではないか。

　また、証拠の項にも明確に共同謀議だと打出した証拠はないが、しかし、漠然と共同謀議を匂わせたようなものは、挙げればいくつかある。

　いまそれと福岡旅館における各被告人の証言とを列挙して、共同謀議について検討を加えてみたい。

　しかし、これから列挙する証拠は、すべて当「判決文批判」の各節の「上記証拠の対する『反論』」の項において、仔細に検討ずみであるので、ここでは主として、共同謀議可否を論ずる観点に立脚して論じたい。

　まず、黒川利明警察聴取書に

「翌20日午後３時頃藤本が石井、押川外１名を福岡旅館に連れて来て、私が西の使いで一寸外出して帰って来ると、石井が拳銃を出して『この拳銃は癖があるから、他人には撃てない、自分がやってやる』と申していた。それから私が、西の命令で、また外出して帰って来ると、西、石井、藤本の３名が何やら話しており、石井が連れて来た若い者を使いに出し、暫くして、若い者が２人、油紙に包んだ大型の拳銃と刃渡り６寸位の匕首を持参して、石井に渡した。午後６時頃、西は『時間が来たから行こう』といって、皆表に出たが、その時石井は匕首を私に渡し『これを持って来なさい』と申し、それから皆で東公園入口の電車通りまで同行し、私と石井と若い者等は西等と別れて専売局の横道に入り、私は石井に『あそこが現場だ』と工業試験場の前を教え、時間が早かったので、20分ばかり歩いて、うんぬん」

とあるが、これによると、黒川は２回にわたって買物のために外出している。特に、当時としては余り入手出来にくい酒を探して歩いているので、相当の時間をつぶしているようである。ところで、７名が一堂に会した所要時間は、大体１時間半から２時間位とみられる。即ち、３時半から４時頃、石井らは旅館を訪ねている。そして、それぞれ旅館を出かけたのが５時半ごろである。その間僅かに２時間足らずである。その短い時間のうちで、初対面の人と強盗殺人の共同謀議ができるかということを考えに入れて、その上で黒川の外出を考えてみる。おそらく黒川は落着いて共同謀議の席上に列なることは出来なかったであろう。従って、「西、石井、藤本の３名が何やら話しており」といっているように、どのように話が進行しているかわからなかったであろう。

　ところが黒川は、殺害した石井と共に殺害の行われるまで一緒に行動しているのである（岸田

も一緒である)。

　仮に黒川は、西からかねて計画を聞いているとしても、直接射殺の役に当たるという石井と、それと行動を共にするという黒川とが慎重に打合せをするということは、共同謀議の中でも重要な事項であろう。しかるに、その黒川が2度も外出して、石井らが何やら話しておりといった態度では、事の遂行は困難ではなかろうか。特に殺害現場における殺害前後の被告人の行動中、最も重要な役割を演じ、石井、押川、藤本、岸田、牧田としばしば接触しているのも黒川である。西は押川、牧田を伴って中島宅に行っただけで、あとは買主側と浜利食道で酒を飲んでいたのであって、黒川ほどに石井ら相被告人とは接触していないのである。従って、これが計画された筋書だというなら、当然主要人物である黒川が、この共同謀議の席を離れてはならないのである。

　次に、藤本が旅館を訪ねることは予想できたとしても、未知の人である石井、押川、岸田、牧田が旅館を訪ねることは、西、黒川ともに夢想だにしなかったはずである。これは全くもっての珍客闖入である。しかも、この闖入の未知の人に射殺を依頼し、かつ相手もこれを引受けたというのであるが、それではかねての計画はどうなるのであろうか。予測もできない人が事件発生2時間前にやって来たというのに、簡単にその人に射殺を依頼できるというなら、かねてから計画する必要もあるまい。第一、現実にそのようなことがあり得るであろうか。余りにも人間の経験則を無視した見解というべきである。また、「この拳銃は癖があるから、他人には撃てない、自分がやってやる」と石井がいったというが、事実癖があるわけでもないのに、上記のようなことをいって、自らすすんで殺人を請負うものが果たしているであろうか、まして、強盗のための殺人を、未知の人に頼まれて。

　次に、「西は『時間が来たから行こう』といって」いるが、同文の少し先の方では、「時間が早かったので」といっている。なにをもって、時間が来たといい、かつ、早いといっているのかもわからぬが、時間が来たといって出かけて、途中で早いからというのも合点がゆかぬ。また、時間が早いのなら、「専売局の横道に入り私は石井に『あそこが現場だ』と工業試験場の前を教え」たりせず、直接現場に連れて行って、具体的に指示してしかるべきである。しかるに、なぜ現場に行かなかったのか疑義のもてる点である。

　また、西はみんなと一緒に旅館を出たようになっているが、なぜ同じ方向へ行くのに、「それから皆で東公園入口の電車通りまで同行し、私(黒川)と石井と若い者等は西達と別れ」たのであろうか。西も、別れたという黒川も中島宅に向かっているのであるから、途中で別れる必要はない。むしろ一緒に歩いて、西は現場で一々指示してもよいはずである。

　ところが、事実は、一緒に旅館を出ていないし、出かけた各自の目的は違っていたのである。
　次に、黒川利明は原審第10回公判調書中、以下のように供述している。
　「福岡旅館を出る時、私は西が予ての計画を実行に移していると思った」
とある。しかし、これは「思った」とういのであるから、黒川の1人合点であるが、このことは明らかに共同謀議がなされなかったことを物語るものである。もし共同謀議がなされたなら、「思った」は無用であり、この場合不自然である。
　また、黒川利明の前同公判調書に、

「なお、同旅館を出るとき、私は西から『石井に現場を教えろ』といわれていたので、西と石井の間に、具体的な話があったものと思い、石井に現場を教えたが」

とあるが、なぜ「具体的な話があったものと思」わねばならないのか。事実であったのなら、思う必要はないわけで、ここでも、共同謀議の事実は否認される証言となっている。

2　共同謀議に関する証拠は判決文に採証されていない

次に、石井健治郎原審第1回公判調書には、

「私は押川、岸田、藤本等と同旅館に行くと、西、黒川がおり、西が『拳銃を見せてくれ』というので、弾を抜いてみせると、西は『借賃として5万円やるから貸してくれ』と申し、私は喜んで承諾した。すると、西は『1つでは足りないから、もう1挺何とかならないか』といい出したので、私は、前に撃針の折れた14年式拳銃を菊地繁樹の家に預けていたのを思い出し、岸田に取らせにやったところ、岸田は、途中牧田に会い、私方に置いてある折れた撃針をもって福岡旅館にやってきた。拳銃の話ははじめ賃借ということで、後には譲渡することになったが、私は現金を受取る前に持逃げされては困ると思い、よい方の拳銃は癖があるから渡せぬ、といって手放さずに持っていた旨および同日夕方一同は相前後して同旅館を出たが、うんぬん」

と供述している。しかし、この供述の中には、共同謀議のことは出てこないばかりか、拳銃売買の筋書きとなっている。しかも、前述の黒川の聴取書にあった「この拳銃は癖があるから、他人には撃てない、自分がやってやる」というのが、「私は現金を受取る前に持逃げされては困ると思い、良い方の拳銃は癖があるから渡せぬ」といったようになっている。前者は強盗殺人を意味し、後者は拳銃売買のこととなっている。同一の出来事を2つ別個の意味にとって供述している。しかも、この矛盾する双方の供述をそのまま証拠の項に挙げているが、いずれかが真であり偽であらねばならぬのに、裁判長は、双方を採証しているのは、いずれも真としているのであろうか。

次に、石井健治郎の警察調書に

「私は5月20日、拳銃で2人の男を殺したが、実は私は黒川を通じて西から『男と見込んで頼むから人を殺すのに加勢してくれ』と頼まれたので、殺した次第である」

とあるが、共同謀議がなされていたなら、このように西は黒川を通じて石井に頼むなどということをする必要はなかったであろう。これはかえって共同謀議をしていないことの証拠となるのではないか。

同じく上記聴取書に、

「5月20日福岡旅館に行ってから、同日午後4時か5時ごろ、西、黒川は『久留米に行くというのは嘘で、実は自分らの取引先の者が百万円位持っている。相手は今4人程来ているから、これを殺す計画をしている』ということを話した」

とある。これによると、西は、石井にたいして強盗殺人を打明けているのである。その西がなぜ「男と見込んで頼むから、人を殺すのに加勢してくれ」ということだけを黒川にいわせたのであろうか。もし黒川が西から上記のようなことを頼まれたとしたら、それを黒川が石井に伝え

るのは、当然西と別れた道中ということになるだろう。なぜなら、西の前でいえることなら、西が直接いえばよいし、また、いうはずだからである。しかしその伝言を黒川が石井に伝えるまで、石井は何のため堅粕の現場の方向に向かって歩いたのかという疑問が残るのである。

　第一、強盗殺人の計画だけ西が打明けて、その依頼は黒川が道中でなしたというが、もし万一石井が承諾しなかったらそうなるのか、ことは目前に迫っているというのに、拳銃の入手もできていないという状態では、まず、遂行は不可能ということになるのではなかろうか。だから、そのような迂闊（うかつ）なことを、かねて計画しているという西がするはずはないのである。

　話が事実でなくデッチ上げであるため、このような現実に即さない話となっているのである。

　次に、岸田文彦の原審第3回公判調書中に、

「藤本、押川、石井、私の4人は福岡旅館に行って、西、黒川に会い、石井が5万円で拳銃2挺を売ることになった。それから、石井、黒川、私は、西等より遅れて同旅館を出たが、その際、黒川が日本刀、匕首を持っていて、『これで殴り込みをかけるつもりだったが、拳銃が手に入ったから、心強い、日本刀は要らぬから、持って帰ってくれ』と日本刀を私に渡し、黒川を先頭に、福岡工業試験場の方に行くと」

とあるが、これは前文を読むとわかるように、「久留米と福岡の親分が競馬のことで争をしており、久留米に行かねばならぬから、拳銃を貸してくれ」ということで、黒川が心強いといったのである。勿論、共同謀議をなしたとは、一言半句も出てこない。

　次に、藤本清喜の第二審における供述に、

「石井を西の泊まっていた福岡旅館に案内し、西に紹介した。西は石井に『拳銃を見せてくれ』といい、石井は背広の内ポケットから拳銃を出して、実包4発も一緒に見せていた。西はそれを見て『手持の金はないが、堅粕の方に金を預けており、誰か付いてくるなら渡すから、貸してくれ』と申したが、石井は『金と引替でなければ渡さぬ』といって渡さなかった。なおそのとき、西は『もう1挺拳銃が欲しい』というと、石井は、押川から聞いたものと思われるが、『5万円は余り値がよすぎるから、もう1挺手に入る』ようなことを申しており、その後の2人の間の話では貸すのではなく、売却するようなことになっていた。それから、私は西から『堅粕の中島園吉方に行くことになっており、約束の時間が来たが、用事のため、1時間ばかり遅れる旨を中島に伝えてくれ』と頼まれ、午後5時半頃、旅館を出て中島方に行き」

とあるが、ここでも共同謀議に関しては、その片鱗もうかがえない。

　藤本が5時半頃、旅館を出たというのは間違いである。4時頃来てくれという熊本の求めに応じられなかったので、西は、1時間位遅れることを伝えるために藤本を使いに出したのであるから、3時半から4時ごろ旅館を出ているはずである。

　また、藤本清喜の検察聴取書によると、

「福岡旅館で、西は『相手は堅粕まで来ているから、久留米には行かなくてもよい。相手は4、5名来ている。今晩は、堅粕に料理屋で会うことになっているが、話がひっくり返った時には、先方をやっつけるかもしれぬ』と場合によっては、先方を殺してしまうという決心があることを話しており、石井は『自分もあちらこちら遊び廻っているから、大概のことは引き受けてや

る』と相槌を打っていた」

とある。しかし、藤本は旅館にきて20分もいないで、中島宅に出かけている。そのような短時間に上記のようなことを西が、一面識もない者達にいうであろうか。また、石井がはじめて会った西に、会っていきなり「大概のことは引き受けてやる」などと、強盗殺人を引受けるようなことをいえるものであろうか。

この点に関して、藤本清喜は民事訴訟の添付書の中で、以下のように訴えている。

「被告人石井健治郎は、事前に知っていない事は（福岡旅館で計画した如く事務官の証書に成っておりますが）明白であります。私にも打明けなかったことを西が初対面の石井に対して、込み入った話をするような考えのない西ではないのであります。『福岡旅館では絶対に計画した様な話は誰もしたものはありません』。以上の理由で、石井が事前に知っていない事は明白であります」

次に、押川智栄治に対する検察聴取書には、

「西や黒川らが、相手は誰かよく判らなかったが、とにかく相当まとまった金を持った人を、どこかに誘い出し、それをやっつけて金を奪う計画で、拳銃を欲しがっていることを感付いたのは、その日（5月20日）福岡旅館で、同人等の話を聞いたときであった。その話というのは、西が、私や黒川、石井、藤本等の前で、まず黒川に対し『お前が初め2人を連れ出してやれ。そうすれば、後で自分が残りの者を誘い出す。大体相手は多くて4、5人だろうから』と申したことをいうので、なお、西は、『初め棍棒か何かで後方から殴りつけてやるか、もしそれで抵抗するようであれば、仕方がないから、拳銃でやっつけてしまえ』とか『拳銃を体につきつけて脅せば、参ってしまう』など、色々打合せをしていたので、私は今迄の親分同志の喧嘩というような話は嘘で、それは結局拳銃を手に入れるための策略であり、西、黒川等は、全く人をやっつけて相当の金を奪うのだなと、初めて彼等のたくらみを知ることができた。私は部屋に少し遅れて入ったため、このようなことを何処でやるのか、また、相手の者がどの位の金を持っているかという話は聞いていなかったが、しかし、彼等について行けば、場所も判るし、また金の点は聞かなくても、今までの話しぶりや、拳銃の借賃を4、5万円も出すというのであるから、相当の金が取れるのだろうと思った。私はそのような事情は判っていたが、拳銃の世話料に4、5万円やるとのことだったので、ついに懇にひかれて、西、黒川のたくらみに加わるに至った次第である」

とある。これが事実であれば、他の相被告人も聞いていなければならぬし、判決文の証拠の項にも採証されていなければならぬはずである。

また「金を奪う計画で、拳銃を欲しがっていることを感付いたのは、その日（5月20日）福岡旅館で同人等の話を聞いた時であった」とあるが、事実聞いているなら、「相手は誰かよく判らなかったが、とにかく相当まとまった金を持った人を、どこかに誘い出し、それをやっつけて金を奪う計画」などと、漠然とした、曖昧な話をするはずがない。共同謀議がなされていないからこそ、相手が誰かよく判らないのだし、どれ程の金を盗るのか、また、どこに誘い出すのか、皆目わかっていなかったわけである。

それに共同謀議がなされているなら「金を奪う計画で、拳銃を欲しがっていることを感付いたのは」などと、いうはずはない。感付かねばならないのは、共同謀議がなされていない証拠である。
　また、「私は部屋に少し遅れて入ったため、このようなことをどこでやるのか、また相手の者がどの位の金を持っているかという話は聞いていなかったが、しかし彼等についていけば場所も判るし、また金の点は聞かなくてもうんぬん」といっているが、要するに、弁解はなんであろうと、強盗殺人についての具体的な点については何も知らないといっているわけである。即ち、共同謀議の点は存在しなかったといっているわけである。しかも、「彼らについて行けば場所も判るし」と、共同謀議がなされずとも、強盗殺人をやることが感付かれて、共同犯行が可能であるように供述されている。
　仮に、勘や直感でもって強盗殺人をやることを感知したとしても、ただそれだけでスグ加担するわけにはゆかない。やはり加担する、してくれということは打合せたり、相談したりしなければ決定するものではない。即ち、共同謀議ということがなければ、成立しないわけである。しかし、上記押川の聴取書では「感付いた」という1人合点で行動したことになっているのである。要するに、共同謀議はなされなかったということである。しかし、当局は「感付いた」という勘だけで加担できるといっているわけである。
　次に、「その話というのは、西が、私や黒川、石井、藤本等の前で、まず黒川に対し、『お前が初め2人を連れだしてやれ。そうすれば、後で自分が残りの者を誘い出す。大体相手は多くて4、5人だろうから』と申したことをいうので、なお、西は『初め棍棒か何かで後方から殴りつけてやるか、もしそれで抵抗するようであれば、仕方がないから、拳銃でやっつけてしまえ』とか、『拳銃を体に突きつけて脅せば、参ってしまう』などと、色々打合せをしていた」というが、それほど具体的な話が事実であったのならば、「相手は誰かよく判らなかったが、とにかく相当まとまった金を持った人を、どこかに誘い出し、それをやっつけて金を奪う計画」などと、重要なことを曖昧にボカしておくはずはないのである。
　話がデッチ上げられているため、このように辻褄が合わなくなったり、現実に即さない供述になったりしているのである。
　以上をもって、判決文の「証拠」の項に採証された、福岡旅館における証言、共同謀議を匂わせる証言を列挙して検討したのであるが、どれ1つを選んでも、共同謀議を確認せしめるような「証拠」は、ないのである。

3　共同謀議に関する法廷供述

　次に、公判廷において、共同謀議に関する審理が行われたかということを検討したい。
　ところが、第一審第1回公判以来、共同謀議としての明確な意思表示のもとに審理されたという公判調書はないようである。勿論、判決文に共同謀議ということが打出されていないのであるから、公判廷において共同謀議うんぬんということを堂々と審理していないことも、一連の意志によることであることはうなずける。
　しかし、それでは共同謀議ということを当局は全然問題にしていなかったのかというと、勿論

そうではなく、問題にしていたようである。そして、それでもって被告人等の死命を制しようとしているようである。事実また本件における被告人の死命を制するものは、この共同謀議よりほかにないのである。

しかし、この問題を明確に打出して論ずるとなると、どうも共同謀議の線は崩れるおそれがある。そこで当局は、公然と表面に共同謀議という題目を打出して審理することを避けている。そして共同謀議に関する限りは、あたかも、今更論ずるまでもなく、当然やっているものとキメつけて、最早問題にするまでもないという前提のもとに、或いはそのような偽装のもとに、共同謀議追及の鉾先をにぶらしているとみられるのである。

そこで、第二審公判調書によって、共同謀議をなしたと目されている福岡旅館における状況を、7被告人の供述によって検討してみよう。

但し、この公判調書の中には、極く僅かであるが加筆されたと思われる個所がある。その点は、第4章「裁判並びに公判調書の不信をそそる事実」に詳説しているので、ここでは主として、共同謀議の可否を論ずる観点に立って読んでゆきたい。

なお、当局は福岡旅館の実地検証を行っているが、勿論これは共同謀議の可否を確認するために行われたであろうことはいうまでもない。ところが、その立会には、被告人側からは西武雄1人を選んでいる。もし共同謀議の可否を確認するために実地検証を行ったならば、共同謀議に参画したとみられる被告人全7名を立会させて、検討すべきではなかろうか。

しかし、全員を実地の立会させて検討を行うことは、当局としては甚だ立場が苦しくなるのである。なぜならば、福岡旅館において一緒に会談した岸田、牧田の2人から強盗殺人を抜いているからである。

実地を検証するまでもなく、同じ部屋にいて、2人だけが共同謀議に参画していなかったとは考えられないのである。しかし、そのことを法廷において論ずる場合には、如何ように論難されても、また色々の口実を設けて反対意見を主張することもできるのである。しかし、実地検証となるとそうはゆかない。否応なしに認めざるを得ない場合が出てくるはずである。また、そのためにこそ、実地検証はなされるのであろう。だから当局が真実、共同謀議の真相を究明しようとしているのなら、どうしても7人の被告人を立会させざるを得ないはずである。

しかし、事実は、だからこそ全員の立会を拒否したのであろう。もし立会させたら、2名を共同謀議から除外し、残る5名を共同謀議に参画したとする事犯が成立しないことになるからである。

また当局は、2名を避けて共同謀議を可能ならしめるために、あえて被告人のいわない隣室とか別室等の用語をもって、如何にも隔絶した部屋で、密議を凝らしたようにキメつけている。しかしこれらのことも、論を待つまでもなく、実地に検証すれば、万事は明白にいずれであるかが証明されるのである。

しかるに、その重大な検証に被告人全員を立会させなかったというところに、共同謀議を明確に打出して法廷審理をしようとしなかったことや、判決文に、共同謀議の「証拠」を挙げず、また共同謀議と明確に断定することを避けて、しかも強盗殺人を共犯したと推断しようとしたこと

などと繋がる一連の意図するものの存在を看取することができるのである。

では、前置きが少し長くなったが、7被告人の公判調書を検討してみよう。

西武雄は第二審第5回公判調書において、以下のように供述している。

「裁　20日に、藤本の案内によって、石井健治郎、押川智栄治、岸田文彦と共に福岡旅館に来たね。

西　そのようであります。

裁　その前に、熊本から電話があったというが、どういう打合せをしたか。

西　午後5時頃、中島園吉方に行っているから来てくれということでした。

裁　その前に、藤本より明日拳銃が入るからという連絡はあったか。

西　20日に、拳銃を持って行くということは、藤本より聞いておりました。

裁　石井が来てから、どのような話をしたか。

西　私の部屋には、その時、黒川が一寸体が弱ったといって寝ておりましたので、隣の6畳の部屋で話をしたのですが、藤本がこの人が拳銃を持っているから直接話をしてくれというので、私は、石井と直接話をしました。拳銃が必要な事情というのは、デンスケの事で久留米から喧嘩を売られているということを申しました。そして、黒川に酒を買いにやらせて、一杯飲みました（註　筆者、傍点加筆）。

裁　拳銃は、どのようなものであったか。

西　ブローニング1挺と実包4発を持って来ておりました。

裁　被告人は、もう1挺ほしいといったか。

西　さようあれば、もう1挺欲しいと申しましたところ、石井が岸田に取ってこいといって、岸田がとりに帰り、14年式の拳銃1挺を持って来ました。

裁　幾らで売るといったか。

西　売値の話は、しておりません。

裁　5万円の借賃のことは、石井は知っていたか。

西　そのようなことは、何も話しておりません。

裁　では、どんなことを話したか。

西　石井は売却するが貸すわけにはいかないとももうしておりました。
　私は、自分が必要ないので一寸借りておいてよいかといったら、石井はそのように申しました。それで、私は買受けることにしましたが、金は堅粕にあずけてあるから、堅粕まで行かねば、金はないと申しました。石井は、それでは誰か堅粕まで付いて行けといって、結局、押川が私に付いて堅粕に行くことになったのです。

裁　2挺共買うことにしたのか。

西　そうです。

裁　その時、石井は1挺は癖があるというようなことは、申したか。

西　それはどうであったか、記憶しておりません。

裁　代金等は、話をしなかったか。

西　それは熊本に会って見なければ、何ともいうことが出来ませんので、ただ金は、堅粕にあるからといって、出かけたのであります。
裁　熊本から、買手の支那人王、劉を連れ出してあるからという連絡があったので、石井等拳銃を持った者を連れて行ったのではないか。
西　そのようなことは、ありません。
裁　黒川の喧嘩相手が堅粕に来ているという話をしたか。
西　私は、そのようなことは、申しておりません。
裁　石井が喧嘩なら東京で顔を売ってたから加勢をするといったか。
西　そのようなことは、知りません。
裁　拳銃代金として、石井に対し２万５千円を出すように話したことはないか。
西　申しておりません。
裁　しかし、石井は前回法廷でそのように申しているね。
西　私は、いった覚えはありません。
裁　堅粕に行くのは、何のために石井を連れて行ったのか。
西　私は、石井を連れて行きません。石井が誰か私に付いて行けといったので、押川が私について来ることになりましたので、押川を連れて出かけておりましたところ、後から牧田も来ていたので、君も来るのかといったら、『そうだ』というので、来い来い、といって堅粕に行った訳であります。
裁　軍服の取引をする場所へ拳銃を持って行くということは、おかしいではないか。
西　私は、おかしいとは思いません。熊本に見てもらわねば、代金等も決めることが出来ませんから。
裁　黒川は、いつ久留米に行くことになっていたか。
西　早く行かねばならぬが、遅くなったといっていたので自動車で行ったらよいと、私は申しておきました。
裁　黒川は、日本刀を持っていたのか。
西　劇団で使用していたものを劇団を解散いたした時、黒川が取っておいたものと思います。
裁　石井は、当時何をしていたか。
西　やみ物資を動かしていると申しておりました。
裁　いつ頃、福岡旅館を出たか。
西　私と押川が千代町まで来た時、牧田があとから来ていたので先ほど述べたように君も行くのかといったら、そうだというので３人で行きましたが、中島園吉の位置は、福岡旅館で話してありましたので、同人達の方で近道を知っているからというので、博多駅の方に出ないで専売局と学校との間を通って堅粕へ出ました。福岡旅館を出たのは、午後５時頃でありました」

以上のように、拳銃売買の話は出ているが、共同謀議が全然なされた形跡はない。また、裁判長も共同謀議について訊問もしていない。

4　共同謀議に関する石井・黒川の供述

次に、石井健治郎は第二審第3回公判調書において、以下のように供述している。

「石井　藤本たちと一緒に野田の家に行きましたが、中から女が出てきて藤本が尋ねている人は（黒川）いないといいましたから、私は時間も遅れるし、外に用があるから帰ろうと申しますと、藤本がヒョットしたら福岡旅館にいるかも知れぬといいますので、皆と一緒に、福岡旅館に行きました。私達は、福岡旅館を知りませんでしたので、大分無駄道を踏んでやっと着きましたが、旅館では女中に藤本が案内を乞うておりましたが、同人の尋ねる人がいないということでしたので、10分位問答があり、先方が南方から帰った飛行機乗りの人ではないかといいますから、藤本が自分が見てくるといって入って行きましたが、間もなく、いたいたといって、私達を呼びました。

裁　その時、西と黒川の名前は、出なかったか。

石　いいえ、出ませんでした。

裁　それから、どうしたか。

石　藤本が先に部屋に入りましたので、私は入り口から見ますと、見知らぬ男が2人いましたから、私も藤本の紹介で2人と挨拶をして部屋の内に入りました。

裁　その時、お互いの名前を出したのか。

石　いいえ、藤本はこの人達が拳銃を持っている。こちらが拳銃を買う人だと簡単な引き合わせをしただけで、私達は、お互に名も聞かず早速拳銃を見せて貰うということになり、その部屋が散らかっておりましたので、隣室に、私と西の2人が入り、他の者は、全部最初の部屋に残りました。そして、私は西に拳銃を出して見せたのですが、この時に、黒川、押川、藤本、岸田達が私達のいる部屋に入って来ました。

裁　隣室に行くまでに、その拳銃を見せなかったのか。

石　いいえ、それまでは出しておりません。

裁　部屋の中に入ってきた連中は、どうしましたか。

石　彼等も別にじっといた訳ではなく、部屋の中でうろうろしており、ある者は坐に立ったり、ある者は煙草買いに出かけておりました。

裁　拳銃の話の方は、きまったのか。

石　大体代金として、私のいい通りの値は出そうということで話は決まり、私は金を出して貰うのをまちました。

裁　西は、その拳銃を何に使うということだったのか。

石　私もその目的について尋ねませんでしたし、西も拳銃の取引以外には別に話はいたしませんでしたが、同人の口振りには喧嘩にでも使うようでした。

裁　拳銃を見せた時に、これは癖があるから自分で使ってやろうということは言わなかった。

石　いいえ、そのようなことは申しません。もっとも、それに似たようなことは申しました。それというのは、最初の拳銃を見せたとき、西が2万5千円を出そうといいましたので、こ

れは少し儲け過ぎるなと思いおりますと、西がもう1挺欲しいといいましたから、私は、2万5千円をもらうなら、もう1挺つけて2挺やろうと思い、菊池に渡したこわれた拳銃を思い出し、岸田に命じて菊池の家に取りにやらせました。岸田は、菊池方に行く途中に、牧田と出合い牧田に私方にある撃針を入れて、兎も角も、2挺の拳銃をそろえました。この時、西は下に降りておりましたので、同人がやって来たら現金の取引をして貰う積りでおりましたから、西はやってきて、自分は一寸用事ができて堅粕の方に行かねばならぬといって、そこに2挺揃えてあった拳銃のうち最初に持ってきて良い方の拳銃を黙って取って、そのまま出て行きますので、私は部屋に残っていた連中に、金はいつ払うのかと聞きますと、押川が西の後を追いかけて何やら話をしましたが、直ぐ西は戻ってきて、藤本が金を持っているから同人受取ってくれといいますから、私は、これは持逃されるぞと思い、その拳銃は癖があるからこれが良いですよといって、良い方の拳銃を受取り、悪い方の拳銃を押川に渡したのです。今まで述べたような訳で、この拳銃には癖があると申しましたが、自分が使うとかいうことは決して申しておりません。

　裁　それからどうしたか。
　石　西が金は友人の所に預けてあるから、一緒にそこまで行きましょうというので、私は、牧田に『一緒について行き、押川がその代金を払うから金を受取ったら小金町に帰れ』というと、同人は2人の後について行きました。なお、彼等が部屋を出る前に、藤本は、西の命令で先に旅館を出ておりました。私達は、最初はそのまま旅館にいる積りでしたが、黒川は、今から自動車をやといに行ってくると申しますので、それなら、私も知らぬ旅館にいるよりも一緒に行こうといって、同人と一緒に出ることにしました。この時に、黒川は持っていた日本刀を岸田に渡してどこかに捨ててくれと申しておりましたが、岸田は、私が家に持って帰ろうというと、黒川もそれでは都合よくしてくれと申しておりました。なお、岸田はそれを手に提げて行く訳にもいかず、腹のところにかくしておりました。

　それから、私が一番最初に靴を履き表に出て、岸田や黒川の出て来るのを待ちましたが、その時に、西や押川、牧田達が第一番目の三岐路のところを歩いて行くところがチラッと見えました。3人は旅館を出て歩いて行く内に、黒川が自動車は、どこがよかろうといいますので、私は、博多駅前と勉強タクシーの二つしかないが、どちらがよいか分らぬと申しますと、一緒について来た岸田が自分の知っている所があるから世話しようといい出し、そのために、小金町に帰るはずになっていた同人も我々と一緒になり、そのまま千代町の電停の所まで来ました。すると、丁度その時交通信号が赤でしたから立止まって青になるのを待っておりましたが、この間に私が今頃自動車を雇うよりも急行電車で行った方がよくはないですかというと、黒川はしばらく考えて、そうしようといって、それでは、堅粕に行った連中のところに行くからということになり、東公園の入口まで行き、更に右に折れて歩きましたが、途中で道に迷い通行人等に聞いて、やっと福中の横の大通りに出ました」

　石井の供述でも拳銃売買の話だけであって、強盗殺人に関する共同謀議については、裁判長の訊問すらあっていない。

次に、黒川利明は第二審第3回公判調書において、以下のように供述している。
「裁　藤本が福岡旅館にあってきたのは、何時頃だったか。
　黒　20日の午後3時頃と思いますが、藤本が、石井、岸田、押川の3人を連れてあって来ました。
　裁　それまでに、その3人と会ったことはあるか。
　黒　いいえ、3人とは全然面識もありません。
　裁　その時、どんな話があったのか。
　黒　私は、その時朝からずーっと寝ておりましたので、3人を西の所に案内してすぐ洗面所に顔を洗いに行きましたから、最初の間、どんな話があったのか分かりません。
　裁　藤本は、石井を西に紹介する時に、岸田、押川の両名を石井の若い者だとは、いわなかったか。
　黒　それは、後で私が洗面所から戻って聞きました。
　裁　当時、石井は、何をしているとのことだったか。
　黒　ブローカーをしているとのことで、以前は、東京で相当顔を洗っていたような話でした。
　裁　それは、誰の口から出たのか。
　黒　石井が話しているようでした。
　裁　拳銃は、誰が持っているとのことだったか。
　黒　藤本の話では、石井が持っているとの事でした。
　裁　その時、石井は実包と拳銃を出して見せなかったか。
　黒　私もその間西にいわれて酒と煙草を買いにゆき、大分時間をとりましたのでよく知りません。なお、私が戻った時には、また別な人が1人来ておりました。
　裁　別の人というのは、誰のことか。
　黒　いま考えてみれば、牧田でした。
　裁　石井が拳銃を出して、これは癖があるから人には撃てぬ自分が撃ってやるといわなかったか。
　黒　私は、その場では聞いておりません。
　裁　実際には、そのように聞いているから警察でそのように述べたのではないか。
　黒　いいえ、違います。私は、事件後そのような記事を新聞で読みましたので、警察では、聞いたように申し上げたのです。
　裁　なぜ、警察で本当の事を述べなかったか。
　黒　新聞で読んで知っておりましたので、恐らくそのようにいったのだろうと思って述べたのです。
　裁　石井は、1挺では行けないから、もう1挺持ってくるといって使いをやったそうだね。
　黒　私は、その時その場におりませんでしたので、その点よく知りません。
　裁　間もなく、使いに出た若い者が油紙に包んだ大型の拳銃を持って来たのは、知らぬか。
　黒　その時、私はおりませんでした。

裁　若い者の1人が刃渡り6寸位の匕首を持っていた事は知っていたか。
黒　はい、それは、私も知っておりました。
裁　福岡旅館では、食事はしなかったか。
黒　いいえ、食事はしませんでした。
裁　被告人は、酒を買って来たのか。
黒　いいえ、あちらこちらを探しましたが、見つかりませんでしたから、買わずに帰りました。
裁　それからどうしたか。
黒　午後5時頃になって、皆と一緒に旅館を出ました」
黒川の場合も同じで、共同謀議らしい口吻は見当らない。

5　共同謀議に関する藤本・岸田・牧田の供述

次に、藤本清喜は第二審第1回公判調書において、以下のように供述している。
「裁　福岡旅館に着いたのは、何時頃だったか。
藤　午後5時頃でした。
裁　その時、一緒に行ったのは誰々か。
藤　石井、押川、岸田、それに私も入れて4人です。
裁　それから、どうしたか。
藤　福岡旅館に行ったところが、西も黒川もおりましたから、私が西に拳銃を持って来たことを話し、石井を西に紹介したところ、西が石井に拳銃を見せてくれというので、石井が背広の内ポケットから出してみせておりました。
裁　石井は、六月田町から福岡旅館に来るまでの間、最初からずっと拳銃を持っていたようだったのか。
藤　よく、わかりませんでした。
裁　別に、取寄せる様子は見えなかったか。
藤　よく、覚えません。
裁　途中、どこかに寄らなかったか。
藤　いいえ、話をして、すぐそのまま福岡旅館に行きました。それで、私も石井が最初から拳銃を持っていったものと思います。
裁　石井は、拳銃を西に見せる時に、実包4発も一緒に出さなかったか。
藤　はい、それも一緒に見せました。
裁　何か、その際貸賃の話でも出たのか。
藤　石井には、具体的に貸賃の話はしておりませんでしたから、石井は黙っておりましたが、西がそれを見て手持の金はないけれど、堅粕の方に金を預けているから、誰かついて来るなら渡すことにするから貸してくれといいました。
裁　なおその際、西からもう1挺拳銃がほしいといわなかったか。
藤　はい、西がそのように申しますと、石井は、5万円は余り値が良過ぎるからもう1挺買い

なさいといって、もう1挺手に入るような事を申しておりました。
裁　今の供述では、石井は、既に5万円の貸賃のことは知っているようだがどうか。
藤　私は、石井に全然そのようなことは申しておりませんが、恐らく押川が六月田町から来る途中に、石井に話したものと思います。なお、その後の2人の間の話では貸すのではなくて、売却するような事になっておりました。
裁　それから、どうしたか。
藤　西が拳銃をとりにやらせたのですが、丁度、私はその際その場に居合せませんでしたから、はっきり分りませんが、岸田が取りに行ったと思います。
裁　どちらが、先に出たのか。
藤　私も使に出ておりましたので、よく分りません。
裁　被告人は、何のために福岡旅館を出たのか。
藤　その日、西は堅粕の中島園吉方に行くことになっており、約束の時間はきておるので、一時間ばかり用事があって遅れるという事を中島に伝えてくれと、西から頼まれたので、福岡旅館を出たのです。
裁　中島園吉の家は、知っていたのか。
藤　私は知りませんでしたが、西が図面を書いて教えてくれましたので、すぐ家は分りました。
裁　中島方に行ってどうしたのか。
藤　中島に会って西の話を伝え、金をここで貰うことになっているというと、中島は、暫くここで待ってくれというので待っておりました。
裁　福岡旅館は、何時頃出たのか。
藤　午後5時半頃でした」
次に、岸田文彦は第二審第2回公判調書において、以下のように供述している。
「岸　石井が拳銃を現金と引換えようというので、石井、押川、藤本の3人と一緒に共楽亭前の野田という黒川の下宿先に行きましたが、黒川は生憎不在でしたので、今度は福岡市大学通りの福岡旅館を訪れました。すると、同所に西と黒川の両名がおりましたが、私は、両名と初対面なので三階に案内されてから一通りの挨拶をすませました。
裁　福岡旅館についたのは、何時頃か。
岸　はっきり記憶しませんが、もう4時すぎだったと思います。
裁　そこで、どんな話があったのか。
岸　石井が久留米に行く人は誰ですかと尋ねると、西は、黒川を指してこの男が行くと申しておりました。それから、最初は、拳銃は貸すという話でしたが、福岡旅館に行ってからは急に話が変り、貸してくれというのが、売ってくれということになり、代金が仲介料を入れて5万円ということになりました。石井は、その代金は承諾しましたが、ピストルの値段は2万円位だから後は余分だと申しておりました。すると、西がもう1挺もつけて2挺で5万円ということにしよう、1挺で5万円は余り値が良過ぎるから』と申しておりました。そして、その際に、石井が拳銃1挺と実包4発とを見せておりましたが、現金と引換でなければ渡さ

れぬといってその場では渡しませんでした。
裁　それから、どうしたか。
岸　西がもう1挺の拳銃を持ってきてくれというので、私が大豪町の菊池繁樹方に取りに行きました。
　　　……
岸　私は、それから受取って福岡旅館に持ちましたが、既に、牧田は帰って来ており、皆私の帰ってくるのを待っておりましたので、私が拳銃を出すと石井がその拳銃に牧田が持って来た撃針をはめ込み、その拳銃を風呂敷に包み、それを押川に渡しました。
裁　藤本に渡したのではないか。
岸　いいえ、押川に渡しました。
裁　最初、被告人が拳銃に撃針をはめ込んでいたのではないか。
岸　その点、よく記憶しません。
裁　その時に、誰か日本刀をその場に持って来なかったか。
岸　はい、黒川がどこからか2尺余りの日本刀を持って来ました。
裁　その日本刀は、何のために持って来たのか。
岸　黒川は、その日本刀を綿の袋に包んで持って来て、それを小金町に帰る途中どこかに捨ててくれと申しておりました。なお、私と牧田は、その場で石井から小金町の方に帰ってくれといわれておりました。
裁　被告人は、その場でその日本刀を抜いたのではないか。
岸　はい、抜いてみましたが、錆もなくいい刀でしたので、捨てるのは勿体ない、後で小金町の方に取りに来てくださいと申しましたが、黒川は捨てても構わないと申しておりました。
裁　それから、どうしたか。
岸　私と牧田が2人で先に部屋を出て帰りかけましたが、玄関で靴を履くのに時間がかかり、旅館を出るのは皆、と一緒になりました。
裁　2度目に旅館に帰ってから、更に皆と一緒に出るまでは、どの位の時間だったのか。
岸　5分間位の間でした」
次に、牧田頼之は第二審第2回公判調書において、以下のように供述している。
「牧　撃針と匕首とを持って、5時頃福岡旅館に行き、最初女中に尋ねると一時して後で名前を知って黒川が降りて来て、私を石井のいる部屋に案内してくれました。その部屋には、石井の外に西、藤本、それに、私を案内した黒川と何れも初対面の人がおりました。
裁　そこでは、どんな話があったのか。
牧　話をしていたのは、西と石井だけでしたが、私はその内容は良く聞きませんでした。しかし、喧嘩の話はなかったと思います。
裁　それからどうしたか。
牧　私が石井に岸田から頼まれた撃針を持って来たといって、財布の中から出そうとすると、石井がまだ出さなくともよいというので、そのまま出さず坐っておりました。勿論、匕首も

その時は出しませんでした。
裁　今晩、堅粕に行くというような話はなかったか。
牧　久留米に行くという話は聞いておりましたが、堅粕のことは聞きませんでした。
裁　誰かを誘き出してやっつけるのだという話は、なかったか。
牧　いいえ、聞きません。
裁　相手が相当金を持っているということは、聞かなかったか。
牧　その話は、福岡旅館を出るまではありませんでした。
裁　黒川は、その時日本刀を持って来なかったか。
牧　はい、隣室から1尺8寸位の日本刀を綿の袋に入れて持って来ました。しかし、それは抜いておりません。
裁　その日本刀は、何に使うという事だったか。
牧　別に何に使うということはいわず、岸田に、倉町に持って帰ってくれといって渡しました。
裁　被告人が持って来た匕首は、どうしたのか。
牧　私が福岡旅館に来てからしばらくして、岸田がやって来て拳銃を出し、撃針をはめ込んでおりましたので、私が使えない拳銃では仕方がないから、ドスならここにありますよといって、匕首を出し石井に渡しました。
裁　その時、一度匕首を抜いてみなかったか。
牧　記憶にありません。
裁　これまでに、被告人は石井が抜いたといっているし、他の者は被告人が抜いたと述べているのだが、記憶はないか。
牧　よく記憶しておりません。
裁　石井は、その匕首をどうしたのか。
牧　それから誰に渡したのか、記憶ありません。
裁　岸田が持って来た拳銃には、誰が撃針をはめ込んだのか。
牧　石井だったか、岸田だったか、よく記憶いたしておりません。
裁　皆の話では、その晩どこかに行く様子ではなかったか。
牧　喧嘩のことは聞いておりましたが、その晩なのかどうか知りませんでした。また、皆は、それ程緊張していなかったと思います。
裁　被告人は、何時頃、福岡旅館を出たのか。
牧　6時半頃、岸田と一緒に帰る積りで旅館を出ました。部屋を出る時は、皆と一緒になりました」

6　共同謀議に関する押川の供述

次に、押川智栄治は第二審第2回公判調書において、以下のように供述している。
「裁　福岡旅館には、誰がいたか。
押　最初は、西1人しかおりませんでしたが、後から黒川もやって来ました。兎に角、旅館に

つくと石井を連れて来たことを、すぐ藤本が西に話したので、しばらくして、藤本が石井を別室に案内しました。そして、何か話をしていたのでしようが、私には全然判りませんでした。なお、石井が部屋を出て行って、私と岸田２人がいる時に黒川がやって来たのです。黒川とは初対面でしたから、別に話はいたしませんでしたが、ただ久留米に喧嘩があるそうですが、貴方達は行かねばならぬのですかと聞きますと、どうしても行かなくてはならぬと申しておりました。

裁　その際に、今晩どうしても拳銃がいるのですかと尋ねなかったか。
押　いいえ、そのようなことは聞いておりません。
裁　それから、別室の話があまり長いので被告人と黒川が別室に入っていったのではないか。
押　いいえ、石井が別室から出て来て、岸田ちょっと来いといいましたので、私達も岸田について入ったのです。
裁　被告人が部屋の中に入った時には、どんな話があったのか。
押　別に、話はなかったようですが、岸田が石井から何やらいわれて部屋を出て行ったようでした。
裁　岸田が出て行く前に、喧嘩の話はなかったか。
押　別に、そんな話はありませんでした。
裁　相手は、堅粕に来ていることではなかったか。
押　いいえ、そのように聞きませんでした。
裁　被告人は、この点について、検察事務官に対してそのように述べているがどうか。
　この時、裁判長は、昭和22年6月8日付検察事務官の本被告人に対する聴取書中該当部分（記録第304丁裏7行ないし305丁表6行）を読聞かせた。
押　それは、私が自分から進んで述べたのではなく、取調べに当って、西は、そのようにいっているのだがどうかといって、西の聴取書を読聞かされまして、現実に、相手も死んでいるし、その気持だったのだろうと思って、いわれた通りのことを認めたのです。
裁　そのような関係で、皆は相当殺気立っていたのではないか。
押　いいえ、そんなことはありませんでした。石井等は、朗かで何もそのような空気はありませんでした。
裁　その時、牧田が匕首を抜いて見せなかったか。
押　それは、私が石井から呼ばれて一寸席を立って外の部屋に行き更に、また、戻って来た時に、牧田が来ていて匕首を抜いていたのです。
裁　それは、皆が殺気立っている時にあったのではないか。
押　いいえ、別にそんな事はないと思います。
裁　石井にちょっと呼ばれたというのは、何事か話でもあったのか。
押　石井が私を別の部屋に呼んで、先方は拳銃を買う話をしているけれども、どうも金を持っていないようだから、どっちにしても渡されぬといい、更に、西も部屋に呼んで、金を幾らか出してくれねば困ると申しておりましたが、西は、堅粕の方に友達がいるから、その方に

金を取りにやるからと申しておりました。話というのはこれ位のもので、私は、また皆の所に戻ったのです。

裁　石井が最初西に拳銃を出してみせるのを、被告人は見たかね。

押　いいえ、最初は見ておりません。岸田が14年式拳銃を持って来たのは見ました。

裁　その際に、西は、相手が相当金を持っているとはいわなかったか。

押　私は、拳銃の取引関係以外には、全然口を開いておりませんので、分りません。

裁　牧田は、懐から匕首を出して石井に渡したのではないか。

押　それは、私は見ておりません。

裁　検察事務官の取調べに際しては、被告人は、『牧田は懐から匕首を出して鞘を払って見た後、石井に渡しておりました』と、はっきり述べているがどうか。

押　よく記憶しておりません。

裁　大体、その頃、福岡旅館で西や黒川の話を聞いて、その晩、堅粕に行き纏った金を持った人間に会い、それを殺して金を奪うのではないかともいうことが、頭に浮んだのではないか。

押　いいえ、福岡旅館では、喧嘩の話だけで取引の話は全然なかったので、私もそんなことは考えも及びませんでした。

裁　西がそれとなく匂わしたのではないかね。

押　いいえ、そんなことはありません。

裁　しかし、被告人は、検察事務官の取調べに対しては、その点について、そのように述べているがどうかね。

　この時、裁判長は、昭和22年6月8日付検察事務官の本被告人に対する第2回聴取書中該当部分（記録第310丁表7行ないし同丁裏4行）を読聞かせた。

押　それも、検察事務官の取調べに際して、福岡旅館でそのような話があったのだろう。藤本もそのように述べているのだから、お前が知らないはずはない、白っぱくれても駄目だと詰問され、藤本の聴取書を読聞かせられましたし、また、後で新聞で見たことや牧田、岸田と3人一緒に取調べられた時の皆の話も藤本の供述と一致しておりましたので間違いなかろうと思って、そのように述べたのです。

裁　ところが、福岡旅館で西が石井、藤本達の前で黒川に対して、『最初お前が2人を引張り出せ、そうすれば、残りは俺が2人引張り出すから』と話していたのを、被告人は、聞いていなかったのか。

押　いいえ、そのような話は聞いておりません。

裁　その時、何か具体的な話でもあったのではないか。

押　いいえ、ありませんでした。

裁　しかし、検察事務官の取調べに対して、そのように述べているけれどもどうかね。

　この時、裁判長は、本被告人に対する前同聴取書中該当部分（記録第310丁裏5行ないし311丁末行）を読聞かせた。

押　それは、私が刑務所に入ってから、大分、事件の詳細を知ったのですが、取調べに当って

『こうではないか』と、強く詰問されると、事後に知ったことまでもそうだったかも知れぬという気持になり、訊ねられる通りのことを認めたのです。
裁　しかし、なぜその時不服を申し立てなかったか。
押　幾ら私がいっても、最初から聞き入れてくれませんでした。
裁　それから、どうしたか。
押　西が堅粕で拳銃の代金を支払うということでしたから、皆と一緒に旅館を出ましたが、その時に石井からこれを持っていてくれといわれて、風呂敷包みを預りました。そして、日産自動車会社の付近まで来た時に、西がこの男を（牧田）一緒に連れて行くから拳銃代金を受取ってくれというので、代金を貰うためにそこで他の者と別れ、西、牧田の両名について行きました。
裁　旅館を出る時に、石井から渡された風呂敷の中には、何が入っていたのか。
押　風呂敷の中には、拳銃と実包が入っておりました」
　以上、7名の被告人の供述を読んでみると、福岡旅館でどのような会話がなされたかハッキリするのである。そして、旅館の会話が主として拳銃売買のことだということもハッキリするし、また、7名の供述に喰い違いもなく、一貫性のあることもよくうなづけるのである。
　更に、共同謀議ということを念頭において読んでみるが、それらしき疑惑を起させるような供述は、全然見当らないのである。
　もし、そのような疑惑が持てるなら、裁判長は当然鋭くその点について追及したであろうが、勿論そうした傾向もない。
　以上をもっても、共同謀議の線は崩れざるを得ないのであるが、さらに西、石井の見解を併せて聞いてみよう。

7　共同謀議に対する西武雄の反論
判決文の「罪となるべき事実」に対する「反論」　その2
　次に、西武雄は筆者宛ての「質疑応答書」のなかで、以下のように述べている。
　「黒川利明の警察聴取書のなかに、『20日午後3時頃、藤本が石井、押川他一名を福岡旅館に連れて来た』とあるが、それは事実だが、私のところに来るまでの実情を説明しておく必要があるようです。でないと、それらの者を私が呼んだのだろうと、誤解されるからである。拳銃を待ってそれらの者の来るのを待っていたかのように、思われるからである。
　藤本、石井、押川、岸田の4名が、旅館の私を訪ねて来たには、次のような理由からである。
　19日即ち事件発生の前日だが、藤本に、黒川の久留米行きのこと、拳銃入手のことを話しておいたことから、藤本は、同じ釜の飯をたべた黒川の身を案じて20日の朝からかけずり廻ったらしく、始めに、藤本自身の戦友でもある押川に相談した、ところが、押川は石井とは顔見知りらしく、そして、その拳銃を持っていることも知っていたことから、藤本と押川は、石井を訪ねたとのことであります。西君は、石井に大体の話をしたところ、そのような事情なら、その人に直接会って拳銃は渡したいということで、石井、藤本、押川、それに石井の若い者と

いう岸田の4名は、水茶屋の野田発次郎方に行ったそうです。ところが、野田方には女中1人しかおらず、話の意味が通ぜず、4名はがっかりして、『もう出発した後だろう』と野田方を辞したそうです。そのとき、藤本が、昨夜の私の泊り先の福岡旅館のことを思い出して、『西さんに聞いてみよう』ということで、福岡旅館の私を訪ねたというのです。

　以上は、石井、藤本、押川、岸田の供述記録でも聴取書の内容からも、それが伺い知れるし、調査をしていただくと明確になることでもあります。

　そこで、ここでも見逃してならないことは、藤本、石井、押川、岸田たちが、私のところより先に水茶屋の野田発次郎方へ行っていることであります。これが私の方で拳銃を予定していたのならば、福岡旅館に来いと伝えているはずでありましょう。ただ黒川の久留米行きの件だけで、藤本を訪ねたということが判っていただけると思うがいかがでしょうか。私たちが、何らかの計りごとがあったり、当局のいう計画的なものならば、水茶屋の野田方を訪ねる必要がありましょうや。全く久留米行きのことであるということが歴然です。

　この時の実際を明確に知っていただくためにも、石井、藤本、押川、岸田を調査していただきとう存じます。

　次に、黒川利明の警察聴取書には、『西、石井、藤本の3名が何やら話しており、石井が連れてきた若い者を使いに出し、暫くして若い者が2人油紙に包んだ大型の拳銃と刃渡り6寸位の匕首を持参して石井に渡した』とありますが、ここで誤解のないようにしてもらいたいことは、『西、石井、藤本の3名が何やら話しており』ということです。3人だけが別に離れていたということではないのですから。座には石井、藤本、押川、岸田、黒川の6名がテーブルを囲んでいて、拳銃の取引話をしているという意味と解すべきであります。

　では、当時の模様を今一度述べてみたいと思います。

　藤本の紹介で石井が、『久留米に行かれる人はどなたでしょうか』ということから、黒川を引合せた。手助けが要れば行ってもいいとか、そういう親分の喧嘩なら見たいとか、話していた。黒川は手助けは要らぬといっていた。私も、その点『自分も野田という人を知らないから行きません。もっとも他に用件もありますから』と話した。他は敗戦の残念会といった話であり、これといった話はしていない。それで時間も4時に間近かだし、私は、取引の用件で堅粕（註　堅粕＝殺人事件の起きた現場や、中島園吉宅や、浜利食堂などを含んでいる地域）に行かねばならぬので、私は中座することにして、その前に黒川に、『それでよけりゃ借りとくか、お前もあんまり遅くなってもなるまいから、なんなら車で行け、駅の前で車を借りて俺の所に廻ってくれば、小遣銭位はやるから車を借りて来いよ』と話した。そうした話の交わされている中に、石井が『拳銃ならまだあるが見てみますか』という、『みせて下さい』、『では岸田取って来い』で、岸田が立ちかけましたので、私は、『私は別に用件もあってあまり時間がないのだが、どの位の時間で見せてもらえるか』、『そうですね20、30分もあれば、兎に角一走りしてすぐ持って来ますから』という。ではなるべく早くしてくれと話して、藤本に『4時までに、堅粕のこれこれの所の中島園吉方に行くことになっているので、西は直ぐ来るからと伝えといてくれ』と、中島方への地図を書いて渡す。岸田と同時に藤本も旅館を出て行く、あとは、西、石

井、押川、黒川となるが、お互いのホラ話に20、30分はすぐだったようです。そうした雑談中、牧田頼之が匕首持参で石井を訪ねてくる。『久留米で喧嘩だそうで、手伝に行くつもりで匕首を持って来た』といって、私たちに見せたので、私は『先ほども石井君に話したのですが、久留米に行くというのはこの男（黒川を指して）の親分であって、それにこれが付いて行くのであって、見ず知らずの者では迷惑でしょうから私も行きません。そうしたわけですから、お手伝いはいりませんよ』と断る。そして、牧田も雑談の中に入る。『海軍兵曹長で、現役は上等兵曹、水偵の搭乗員、復員後は引揚援護局で働いていたが遊びをおぼえて、今はブラブラしてブローカーのまねごとをしている』等と各人、ホラの吹き合いをしていた。

　そうして、10分か20分した頃、岸田が戻って来た。問題の拳銃を持って来る。石井がそれを受取り、ごそごそしていたが、それをテーブルに乗せて『これなら使いやすいからこの方がよいかも知れませんね』とかいっていたようですが、私は、堅粕のことがやはり心配ですから、『では私は用件もありますから行きますが、拳銃の代金は後でよければ先方に藤本が行ってますから藤本に渡しておきますから、後で貰って下さい』というと、石井、押川、岸田、牧田たちで話していたが、押川が「私が世話をした関係もありますから、自分がその代金を貰いに行きたい」という。『では随いて来て下さい』と席を立つ。私と押川は皆を残して旅館を出たが、その時私は黒川に『そんなわけで拳銃は堅粕の方で買取ってやるから、車に乗って来い。今から駅前に行って車で来るまでには買取っておいてやるから』と伝えて、私、押川だけ旅館を離れました。

　当局者は、私たちの間で旅館で謀議をしたというけれど、以上、述べましたように、謀議などできる面識の者ではなく、そんな話の内容でもなく、そんなフンイキでもなかったことは以上の点でも解っていただけるのではないでしょうか。謀議をしたというのならば、岸田、牧田の2人は事犯外というのですから、この2人のいらない時となると、私、石井、押川の3人の時、それも20、30分の間だけとなるわけですが、たった30分の間で、しかも、全然面識のない私対石井、押川なのに、石井と押川も友達ということではなく、1、2度の顔見知りというだけの仲だということですから、西、石井、押川3名は各々面識がないのに、そのような面識のない3人が、たった30分位の間に強盗殺人というこの大罪が、その相手は戦勝国人と肩で風を切る中国人で、それも6、7人も来るというのに、私達3名の者がどんな話ができるというのでしょう。3人の面識のない者の間のため、拳銃の取引さへ相手を信じ合えずにいるのに、強盗殺人ということが謀議されましょうか。できるというのでしょうか。何という非常識な判断でしょうか。

　だが百歩譲って、そういうこともあり得るとしましても、では、次のことはどうなりましょうか。

　西、石井、押川の3人だけでも20、30分位で、牧田が来訪する。それから20分位もすると岸田が戻って来る。この2人は石井の若い者という仲です。しかも、同宿人でもあります。この2人と石井が事犯発生まで行動が同じなんですが、この2人は関係なしと見るのは、どういう判断なのでしょうか。まあ、聞いて下さい。私と石井、押川の3人で謀議をしたとします

ならば、当然、この2人にもそれを打明ける筈ではないでしょうか。石井の若い者と自称する2人ですから、石井からその話が出るはずでありましょう。それも、牧田、岸田が旅館のこの場面から離れて自宅に帰ったというのならば、石井から聞いてないであろう、西からも聞いてないであろう、ということもいえますが、私と押川と堅粕に行った後は(藤本は、先刻堅粕に行ったまま)、石井、岸田、牧田、黒川の4名だし、当局のいう強盗殺人の謀議が事実ならば、この石井、岸田、牧田、黒川の4人のときに、その話が出ないと見るべきでしょうか、出ると見るべきでしょうか。でも当局は、牧田、岸田は関係ないというのですから、この4人のその後の事犯発生までの同行にも話のなかったというのでしょうから、結局は、西、押川、石井の面識のない3人の者の間で計画実行されたということになりますね。では、藤本は堅粕に行ったままだが、何故強殺罪をつけたのだろうかと聞きたい位です。石井、牧田、岸田ら3人は同宿者の間だけの行動にもそれが交されてないということは、どういうことになりましょう。強盗殺人とかいう話は、全然交されたことのないという証拠ではないでしょうか。

　私、石井、押川のときだけ交されて、その後は私、押川は石井と別れているのに、石井は牧田、岸田という身内の者と行動が同じだから、私、石井たちの間で、強盗殺人の話が交されていたのならば、石井、牧田、岸田の行動のとき石井からその話の出ないはずはなく、私、石井、押川のたった3人で実行できるはずがないから、石井、牧田、岸田に話の出るはずでありましょう。それが当然でありましょう。私の意見は、いかがでしょう。偏見でしょうか。当局のお答えを聞きたいと思います。

　石井、牧田、岸田は最後まで行動が同じでありながら、しかも、岸田は日本刀でトドメを差したほどの行動をしていても無関係だというのは、全くそうした話が、私から出ていないという証拠でありましょう。この時の全員の行動を慎重に調査訊問して頂きたいと思います。死刑囚の泣きごとという前に、当局者も今一度の精査を懇請したいと思います」

8　西武雄の説明による旅館における7名の動静

同じく、西武雄は筆者宛の「質疑応答書」の中で、福岡旅館における被告人7名の状況について、以下のように図解しながら説明している。

「福岡旅館における状況
第1場面(来客直前)の現在人員
　西、黒川……2名
第2場面(来客当時)の現在人員
　西、黒川、藤本、石井、押川、岸田……6名
第3場面(岸田14年式拳銃取りに出る)
　西、黒川、藤本、石井、押川……5名
第4場面(黒川買物、藤本中島宅に行く、岸田帰らず)
　西、石井、押川……3名
第5場面(黒川買物2回目、藤本出たまま岸田帰る、新たに牧田来る)

西、石井、押川、岸田、牧田……5名
第6場面（黒川帰る、藤本出たまま）
　　西、黒川、石井、押川、岸田、牧田……6名
　　備考、この間7名揃った時なし。

第2場面の所要時間推定
　午後3時30分頃到着して、20分間位、3時50分頃まで。
第3場面の所要時間推定（牧田が来るまで）
　午後3時50分から、30分間位、4時20分頃まで。
第4場面の所要時間推定（牧田が来て5分か10分位して岸田帰ってくる）
　午後4時20分から、35分間ないし40分間位、5時頃まで。
第5場面の所要時間推定
　午後5時から、5分間ないし10分間位、5時10分頃まで。

　次に、福岡旅館出発当時の状況
第1場面
　　西、押川2名出発
　　旅館残留者、石井、黒川、岸田、牧田4名
第2場面
　　残留組出発、石井、黒川、岸田、牧田4名
第3場面
　　牧田、先発の西、押川のあとを追い合流する。　以上

　石井らが旅館を訪ねて、出発するまでの旅館における全所要時間は、推定一時間半足らずと見るのが妥当。長く見積っても2時間にはならぬようです。
　各場面の時間は、大体の見当です。
　各場面での各自の位置ですけれど、これは座を立ったり移ったりしていましたから、その点は御一考に入れておいて下さい。釘付けのように坐り切りで話をしたというのではないのです。旅館が広いので、美しい部屋を見て廻ったりもしましたしなどで、話も一貫して話したわけではないのです。
　午後3時半頃ではないでしょうか、藤本が石井、押川、岸田を連れて来る。
　初めは、何ごとだろうと思ったが、拳銃のことだというので、部屋に入って貰ったが、私の部屋は取り散らしていて、4名も入るのに少し狭い感じがしたので、隣りとの区切りのフスマを開放ち、床の間にあったテーブルを出して、図面のように坐った。
　それから拳銃を見せてもらう。借りることが、買うことになり、今1挺の14年式の拳銃を見るなら見せようということだったので見ることになり、岸田がそれを取りに出る。来てから

岸田が出て行くまでの間20分も経っただろうか。岸田が14年式の拳銃を取りに行くというから、私はあまり時間がかかると熊本文造からの電話で4時頃（だったと思います）までには中島宅に行ってやらねばなりませんから困るので、あまり時間がかかるなら、14年式は見なくてよいといったのですが、岸田、石井たちの曰くに『30分も待ってもらえるなら、走って行けばすぐです』とのことでしたから、20、30分位ならよいが、今日は少し用件もあるからと話ながら、藤本に俺の行かねばならぬところがあるのだが、20、30分遅くなるので、その旨を堅粕の中島園吉という人のところに行って伝えてくれと、堅粕の中島宅までの図面を書いて渡して、岸田、藤本一緒（相前後したかもしれませんが、差はありません）に旅館を出て行きました。

　旅館での西、石井、押川、黒川、藤本、岸田の6名の話の要点は、拳銃は黒川が久留米に行くのに護身用としてのものだという話。

　福間の競馬場の露店のことの日頃のウッセキの話合いがあるのだが、話のもつれるとケンカになるかも知れないという話。

　西――芸能社をしていた、トラックを持っている。鮮魚を扱う。海軍であった等の話。

　石井――ブローカーをしている。陸軍であった。熊本市からこちらに来たが、本来はこちらの者だ、若い者もおる。拳銃は森という者の物だから貸せない、買うてくれ、14年式の拳銃がある等の話。

　押川――藤本の戦友だった、市内某所（失念）に働いている、両親などは田川の炭坑の職員、独身などの話。

　岸田――海軍上飛曹（海軍航空隊の一等飛行下士官だったが満期上飛曹といっていた）引揚局で働いていた。カッパライ等をしている。

　こうした話を交互にしながら、戦争に敗れた悲哀を歓じ合ったものでした。

　大体20分位だったでしょうか。岸田、藤本の抜けましたあとは、西、石井、黒川、押川、の4名です。30分もしたら岸田が帰ってくるとのことでしたから、あとの4名は6名でいた時の雑談のつづきをやりながら、便所に立ったり、大きな旅館ですから部屋を見て廻ったりしているうち牧田が部屋に入って来ました。岸田、藤本が出てから20分か、もっと短かったかも知れません。入れ替りのような感じがするのですが……。20分以上かも知れません。

　黒川は、私の使いでタバコ買いに出たり入ったりであったようです。押川も石井も便所に立ったり、坐ったりしていたようです。

　牧田は、『岸田から聞いたのだが、クルメの喧嘩の助っ人で行くとのことだったからと匕首を持って来た』といって、それをテーブルに置いて、俺では不服かというような顔をしていましたので、私は、『先ほどもそのような話も出ましたが、野田さんは私たちも知らない人だから、よかろう（助っ人はいらない）』と断る。

　また、雑談になり、牧田は海軍上等下士官だったが、敗戦兵曹長だといい、この匕首は短剣を短かくして作った匕首だと自慢のようであった。偵察（水偵）上飛曹、今はカッパライの盗人。引揚局で働いたこともある等の話。

牧田が来て、5分か10分位もしたでしょうか、岸田が帰って来ました。岸田はフロシキ（紙づつみだったかしら）の拳銃を石井に渡す。石井はそれをゴソゴソ分解していました（撃針の折れを私に知らせぬようにごまかしたと供述していましたが、その時は知らなかった）。そして、この拳銃なら弾も20発位あるといって、見せていました（ブローニングの方は4発しかない）。それから、岸田が、使いに行った時の様子などを話したり、牧田が来ているので、そのことを話したりしているうち、話の相手が2組にも3組にもなって、勝手に話していたようです。自慢話といった方がよいでしょうか。5分か10分位の間の話でした。
　それから、私は、『もう、私は用件があるのでこれで失礼します。拳銃の代金の方は藤本に渡しとくから、あとから貰ってくれ』と座を立ちますと、押川が、石井となにかゴソゴソ話していましたが、私を呼びますので、廊下に出てみますと、押川が『あの拳銃は人の預り物だし、少し手付金を先にもらえないかといっているのですが』といいますから、『買うなどの予定がなかったので準備をしていないから、なんなら俺に誰かついて来んか、堅粕までくれば、そこで渡そう』と伝えますと、押川、石井、牧田、岸田の4名で何か話していたようですが、押川が、『私が行きます』ということになりましたから、それじゃ、私は行きますからお出でなさいと、押川をつれて出ました。
　その時、黒川が日本刀を出してモゾモゾしていたようでしたから、そんなものを持って街の中を歩けるものか、と話すと、岸田が、『私は家に帰るから、私が持って帰ってもよい』等と話していたようです」

9　共同謀議は暗々裡にあったという裁判長

判決文に対する「反論」　その3

　次に、石井健治郎は判決謄本の説明書において、以下のように供述している。

「3．（判決文）『その間被告人石井、藤本、押川等に対し漸次計画の実相を打明け、事の成行きによっては、まず被告人黒川が取引の相手を誘い出し、次いで被告人西が残りの者を連れ出し、遂次相手を殺害して、その所持の金員を奪取すべく計画の実行に関する大略の構想を表明し、被告人石井健治郎亦右計画に加担し、前記拳銃（証第9号）を自ら使用してその実行の一部を分担すべき事を引受け、被告人西は同日夕刻被告人藤本を前もって取引物件の仮装売主と成る事につき承諾を得ていた同市西堅粕中島方につかわしやがて被告人西等が出向く事を申伝えうんぬん』

　（イ）この部分に示された事が被告人及び藤本、押川の犯罪を決定すべき事でありまして、原判決は、福岡旅館で被告人等が西より計画を打ち明けられて、被告人もそれに加担したものと認定されていることであります。しかし、事実は、全く違っているのであります。

　顛末書で申述べましたように、ここで行われたのは、西、黒川の喧嘩の話で、お互いに無責任な相槌またそれ以外の商売の話（堅粕行われる軍服取引などの話は一言も出ていない事実）、また、経歴などの話、経験した戦争の物語りでしかありません。それも、なぜこのような無駄話をして一時間半以上の間同所にいたかと申しますと、岸田に拳銃（証第11号）を取りにあっ

たので、その間の所在なさのためで、そのために、西もすぐ行かねばならぬ時間まで約束していた取引場所へ行けず、わざわざ藤本を使いにやり、中島方に『今客が来ているので、おそくなるが必らず行くから』ということづけをいわせている事実であります（藤本の原審公廷供述、判決謄本34頁5行以下）。もし、西が判示の如く計画を打明けて被告人等が加担を承知したものでしたら、西は、時間に遅れず取引相手の心証を害するような事はせず、後は1ヶ月も前から計画を共謀したという黒川にまかせて出て行けば良い筈です。また、それが当然の処置です。だが、西は、あくまで拳銃の入手とその売買の取引のため、岸田の帰りを待ち、被告人等と一緒に岸田の拳銃を持って来るのを待っていたのであります。

お互いに強盗でも計画したものが、同志の間で拳銃を売るとか、買うとかグズグズしたり、拳銃の代金を請求したりする必要がありましょうか。

（ロ）岸田が拳銃を持って、再び福岡旅館に来た時、即ち、皆が福岡旅館を出る時、黒川が岸田に対して、黒川『これで殴り込みをかける心積りだったが拳銃が手に這入る事になったので心強い、日本刀は要らぬから持って帰ってくれ』といって、日本刀を渡した（判決謄本30頁1頁以下）、という事が、岸田の供述として証拠としてかかげてあります。

この言葉がまた岸田の殺人罪のみと定める証拠の一つでありましょうが、被告人等が、西、黒川とすべてを語り合い、相談が出来上っているものでしたら、このような言葉を黒川が岸田にいわねばならぬでしょうか。岸田は、被告人の腹心ともいうべき者です。初対面の被告人に黒川が打明けたのならば、被告人は、すぐ岸田に打明けるでしょう。黒川が私の目の前でそれを岸田にいったという事は、被告人らとの間に喧嘩の話以外、軍服取引のような話は、一言も無かった事を証明するものであります。黒川は、被告人等に喧嘩に行くと瞞しているので、岸田にも嘘をいったものです。岸田1人だけをだます必要はないのです。また、そこで、被告人が黒川と同腹でいて岸田をだましたのなら、後岸田が用事が済んだら一緒に帰ろうと同行を申し出た時、無理にでも追いかえすか、犯行前に必ず打明けねばならないのです。計画を知らないものが介入する事は、ことの遂行上危険をまねくからであります。ただ、被告人等も皆知らなかったから、また自然別の話であり、知らぬのが事実なのであります。

（ハ）岸田の指示で撃針を持って来た牧田が、押川と西が連れ立ったまま、旅館を出て拳銃代金を貰いに堅粕へ行った後、岸田と2人で自宅に帰えろうと思い一応、被告人に尋ねた時、被告人が牧田に、『お前も済まんが一足先に行っている2人の男（西、押川）の後を追いかけ金を貰って小金町へ帰れ。そして、夕食の仕度をしておいてくれと申すので、その2人の男について行った旨申述べております（判決謄本42頁後5行以下、『警察聴取書』中）。

結局、西が、現金は今持っていない堅粕の友人の家に預けてあるから誰か来て下さい、そうすれば渡します、というので事のなりゆき上、仲介者の押川が受取りに行ったのですが、フト、押川は他人だから心もとなく思い、同居人である牧田を後からつけてやったのであります。強盗を今からやりに行こうとするのに、代金も何も問題ではありますまい。以下省略

（ニ）判示の如く大略の構想を表示し、とありますが、強盗計画を合議するのに大略を聞いただけでお互い他人の計画に加わるが如きことがありましょうか。

また、西武雄にしても立てた計画を打ち明け、加担をうながすとするならば、彼自身の計画が稠密(ちゅうみつ)であればある程、細かい部分までの合議をなさねばなりません。どこで何時、どんな方法でと、1人として聞きはずす者のない各1人1人の役割分担まで決めて実行にかからねば、折角1ヶ月も苦心したのがフイになってしまうでしょう。そして、牧田が旅館にあってきたときは、岸田に先立つこと20分位でしたから（まだ、藤本もこの時分までいた）、全員いた事は牧田自身の警察供述以下で明らかで、いまだ雑談の最中でした。もし、この時、西と計画の合議をしていたのなら、初めから約1時間位の時ですから、続けてなければなりません。そうすれば、牧田が聞かぬはずはありません。まして、後では被告人が牧田に命じて西の後を追わせた位ですから、話合いがあっていれば、牧田にも聞かせてやるだけの時間も、岸田の来るまでにあったのであります。ここで、牧田に故意に話をしなかったならば、後現場に牧田をやるようなことはしなかったでありましょう。ただ、売買のみの話合いがあった後ですから、代金受領ということで躊躇することなく、押川の後を追わせたのであります。牧田が旅館に来てから聞いたという主なものは、『行くのにハイヤーを利用する』とか、『電車で行く時間に間に合うようにせねば』等々、黒川自身の久留米に行くということの話でしかありません。なぜならば、堅粕へは電車はありません。そして、西がいう久留米の話は、牧田が来た後までしていたわけですから。以下省略」

次に、同じく石井健治郎は、「質疑応答書」において、以下のように供述している。

「第5は、筒井裁判長が被告人の最後の陳述を聞かず、被告人らをだまして、後で聞くからといいながら、判決文を読み出したことであります。そこで、私が、裁判長に、あなたは、今私に強盗罪をつけられたが、私が何時強盗をしましたかと訊問すると、筒井裁判長は、『西が強盗を計画して君がそれに加担したから、強盗罪をつけた』といわれるので、私が『どこで加担することを話合いましたか』というと、『旅館で加担したんだろう』といわれた。そこで、私はそれはおかしい、私は加担するなどなにも話していないので、相被告人全員に1人1人、旅館でどんな話をして、どんな話を聞いたか反対訊問して貰ったところ、強盗などの話とは全く違うので、筒井裁判長は、『君、旅館で話をせんでも、道中で話をしたろう』といわれるので、道中は黒川と岸田と私の3人で歩いたのであるから、反対訊問でたずねたら、その事実がないので、筒井さんは、『道中で話をせんでも、現場で話をしたろう』といわれるので、私は、『現場とは殺傷現場のことかと聞くと、そうだといわれるので、その現場には、西は一度も来ていないのに、どうして話をするか』というと、筒井裁判長は、『黒川が話したのではないか』といわれるので、私は黒川にどんな話をしたか、また、押川、藤本、岸田、牧田等にどんな話を聞いたか、また、したかを反対訊問して聞くと、全く強盗の話など、一言半句もないので、筒井裁判長は、『黒川が目で合図でもしたのではないか』といわれたので、私が、『私にだけ判るように目で合図したといわれるのですか、初対面の黒川が、たとい目で合図したとしても、それが強盗殺人をしようというのか、何をいっているのか、判るはずがない。それでは、私が貴方に目で合図しますが、何をいったか判りますか』というと、筒井裁判長は、『暗々裡に、強盗殺人をしようということを知ったんではないか』といわれるので、私は、『考えても見て下

さい、初対面の人から何の報酬も聞かず、またどんな事かも聞かずに強盗殺人をしようと、暗々裡に加担する馬鹿がいるでしょうか、裁判長は、そんなことで加担されると思われるのですか』というと、筒井裁判長は、真赤な顔をして、『神様だけが知っているだろう』といわれた。私は、おこって、『そんないい逃れがあってたまるものか、もう、一度はっきりと、いつ、どこで、どうして、強盗殺人というようなことをしたか、そして、その証拠を示して判決をして頂きたい』というと、筒井裁判長は、『君、もう裁判は終ったんだよ、文句があったら、上告しなさい』といって逃げて行こうとされるので、私は、『裁判長、私はこの法廷が不服であり、まだ、正しい納得のゆく言葉を聞いていないから、説明して頂きたい』といったが逃げて行かれるので、私は、怒って『待て逃げるな！』というと、西が、私に『いうな、いうても仕方がない』というので、私は、怒って西とその場で喧嘩となったのであります。以下省略」

上記判決文に対する「反論」その４

次に、石井健治郎は筆者に宛てた「質疑応答書」中の判決謄本解説において、以下のように供述している。

「（四）判決文　続く『かくして被告人西武雄は拳銃の入手に成功するや他面前記熊本文造と連絡し軍服取引の関係者を同市西堅粕東光町300番地、浜利飲食店に連行すべき事を打合せおき』

（イ）この部分くらい、裁判官の悪意の臆測のはなはだしいものはないと存じます。軍服取引関係者の証言を調べて下されば判りますが、いくら当時金が動いていたからとて、拳銃が入手できたから電話で軍服の関係者をすぐ呼んだとはこの取引の金額を無視した裁判官の世情にうとい判断で、実に笑いたくなります。百数十万円の取引をするのに、そんな事が、そう簡単にできるものではありませんし、また、浜利飲食店に取引場所を決めたのは、熊本文造と王祖金であることは、中島園吉の証言で明らかであるから、西の知らないことであり、証言記録を裁判長が良く見ていないということを、自らばくろしているのである。なお、西が電話をかけたのでなく、熊本の方から西の方に電話をかけているので、これは、当判決文引用証拠中古川稔の供述記録第1338丁以下に、はっきり証言している。まして、証人や西君の供述では、この取引は、熊本文造氏が１ヶ月も前から進めているものであり、石井の拳銃とは別個のものでありました。西や黒川は私（石井）から最後迄拳銃の入手に成功はしていないのが事実であります。

（五）判決文、『その間被告人石井、藤本、押川等に対し漸次計画の実相を打明け事の成り行きによってはまず被告人黒川が取引の相手を誘い出し次いで被告人西が残りの者を連れ出して遂次相手を殺害してその所持の金員を奪取すべく計画の実行に関する大略の構想を表明し被告人石井亦右計画に加担し前記拳銃（証拠第９号）を自ら使用してその実行の一部を分担すべきことを引受け被告人西は同日夕刻被告人藤本を前もって取引物件の仮装の売主となることに付承諾を得ていた同市西堅粕中島方につかわしやがて被告人西等が出向く事を申し伝へうんぬん』

（イ）この文面が、裁判長の強盗殺人事件を創作している事実が表われているものであることを、痛切に感じられるところであります。大体に、常識で考えても判る如く、これだけの大事

件をやろうというのに、良く話もせず、大略の構想を表明したとは恐れ入りますね。取引の相手を遂次誘い出して殺すというが、相手方は10人から来ていたというのが、事実でありますが、これだけの事件を起したと認定するのに、石井は拳銃代金少々のもうけで知りもせん。西君等に大略の話だけで拳銃を使用し、自ら加担するというような事があり得るというのでしょうか。裁判長がその時の立場で、やはりそんな事で加担すると思っているのでしょうか。

また、大略の構想をどこで表明したのでしょうか。石井がどこで引受けたというのでしょうか。これくらい、あいまいな事をもっともらしく造り立てている文面はありませんね。また、石井、藤本、押川に誰がどんな計画を打ち明けたというのでしょうか。西か黒川か？ とにかく、曖昧にしているが、小説ならばフィクションで済むかも知れませんが、裁判とは、そんな曖昧なことで、人を罪に落すものではない、と思います。

藤本君が中島方に行った理由は、判決謄本の34頁5行以下を見ても判る如く、西等がやがておもむく事を知らせたのではなく、『ただ今客人（石井）が来ているので、少し遅くなるが必ず行きますから』と伝えさせたのが事実であるならば、この判決文は、事実をまげて悪意に綴りかえているのであるとしか思われませんね。なぜならば、もし被告人(石井)が西に「認定」の事実を加担を承諾したのならば、何もわざわざ藤本に客人が来て少し遅れる、必ず行くなんて伝言の必要がないでしょう。ただちに、西君と藤本、そして石井も行けば良いではないかといいたくなりますね。また、強盗を計画し殺人もやろうと話合って加担している者の間で、拳銃代金の話を現場に行ってまでするはずがありませんね。また、黒川が岸田に対し（判決謄本30頁初行以下）、「之で殴り込みをかける積りだったが拳銃が手に入ったから心強い、日本刀はいらぬから持って帰ってくれ」と旅館を出る時いったと、証拠に載っているがこれが証拠になっている以上は、強盗殺人を遂次うちあけられて加担したという言葉は、全くこっけいなものとなりますね。

また、牧田にしても、判決謄本42頁後5行以下に証拠となっている警察官聴取書中、『一足先に行ってる2人の男（西と押川）の後について行って金（拳銃代金）を貰って帰えれ』といわれたので、ついて行ったという事実が証拠として載っています。それならば、牧田は、この事件で無罪となっているから、何も知らず石井の命令で西君と押川君について行き拳銃の金を貰って来いといわれて行ったというのでしょうから、常識で考えても判る如く、今から強盗殺人に行こうという人等が、何も知らない人間を、わざわざつけてやるような馬鹿なことをすると、裁判官は思うのでしょうか。しかも、拳銃代金を貰いにやるなどと全く滑稽な話でありますね。強盗殺人をやるのならば、金を盗るのですから、強盗をしてからお互に始めて金が入るのでしょう。考えても判る事であります。また、押川の警察第1回供述中（記録第420丁以下）を見ますと、『それから石井は私を廊下に呼び、拳銃を貸すについて「前金」として金を1万円位貰ってくれと申しますので（註 これは、西君が旅館を出る直前の話）、私は、西を別間に呼んで西に金の要求をしますと、西は、ただ今金がないが、私についてくれば5万円をやるといいますので、午後の6時頃、西と出かけた。うんぬん』とありますが、この押川の供述にも、少し事実と違ったところもありますが、西君と押川らが旅館を出る直前の話に間違いは

ありません。されば、福岡旅館を出る時まで拳銃の売買の話でありますから、強盗殺人の話合はなかったということであり、漸次打明けた等と、裁判官は勝手にいっていますが、事実は旅館を出る直前に、石井と押川そして、押川と西、そして、石井と西と押川の間で交わされた言葉は、拳銃の売買の話であったことでもお判りの通り、旅館で漸次打明けられたとか、そんな計画が謀議されたとかいう事実は、絶対にないことを証明するものであります。同日、共同謀議をして強盗殺人をやろうと話し合ったものならば、拳銃の代金等問題は出ないはずであります。

（ロ）黒川利明の行動ならびに供述を調べる必要がありますから、次に集録してみましょう。

なぜならば、彼の供述が証拠とされているところが多いからであります。しかして、黒川の供述がいかに事実と合わず出鱈目なものであるかが判ります。

（1）黒川供述、『私は西の使いで一寸外出して帰って来ると、石井が拳銃を出して「この拳銃は癖があるから他人には撃てない、自分がやってやる」と申していた。私が西の命令でまた外出して帰って来ると、西、石井、藤本の3名が何やら話しており、石井が連れてきた若い者を使いに出し暫くして若い者が2人拳銃と匕首を持参した旨（判決謄本16頁11行以下、司法警察官聴取書中、記録第205丁以下）、

（2）第一審公判中、黒川の供述

　問　裁判長

　　拳銃は貸したか

　答　黒川利明

　　貸しませんでした。

　問　裁判長

　　なぜ、貸さなかったか。

　答　黒川利明

　　私は、その時使いに行っていてその場におりませんでした。

　問　裁判長

　　西は、被告人に打明けた計画を石井に打明けたのではないか——中略——石井がこの拳銃は癖があるから俺が撃つといっていたのは間違いないか。

　答　黒川利明

　　間違いありません。

　問　裁判長

　　石井も、西の計画を知っていたのではないか。

　答　黒川利明

　　石井は、西から喧嘩があるといって騙されていたと思います。

（3）第一審第10回公判中、辻丸弁護人の訊問に対し、

　問　辻丸弁護士

　　被告人は、これまでの公判で、西から石井は、だまされていたのだ、切端つまって、石井

は拳銃の発射したのだといっているが、この通りか。
　答　黒川利明
　　間違いありません。
（４）以上の供述に対照をなす供述として、前記公判調書中、石井健治郎の供述（辻丸弁護人訊問）
　問　辻丸弁護士
　　被告人は、本当にこの拳銃は癖がある等といったのか。
　答　石井健治郎
　　私は、持逃げされては困ると思って渡せんといった事は、判然憶えておりますが、癖があるといったことはないように思います。しかし、もし皆がそのようにいったというのでしたら、それは、ただ渡されぬといった意味であったのです。なぜならば、私は、その拳銃をそれまで使ったことはありませんので、そのようなことをいうはずがないと思います。

　以上、列挙した供述の一つ一つ見ましても判りますごとく、黒川が使いに出た一寸の間に西、石井、藤本、押川、岸田の間で何か話合いがあったか判らんといっていますが、事実は、岸田が拳銃を取りに行く時は、すでに黒川は帰っているのですから（２回目も）、岸田が旅館に石井等と共に来て拳銃取りに行までの時間は15分位てからのことであります。その間に、黒川は２回外出したというのであります。第１回に帰った時、石井が拳銃を出しながら、この拳銃は癖があるから、俺が撃つといったことになっているわけですが、このわずかな時間の時、石井がいきなりそんな事をいったとしたら、おかしなものですね。拳銃を売りに来ているのですから、まして、黒川は、岸田が拳銃とりに行ってから、ずーっと、西、石井、押川、藤本と共に同じ部屋にいて皆と話をしていたのでありますから、皆の話の内容が判らぬはずもありません。その上、西君よりも長い時間石井等と一つ部屋にいたのであります。だから、皆の話が判らんことは絶対にないのであります。まして、強盗殺人の謀議があったならば、黒川始め関係者が話し合わないはずがありません。この出鱈目な黒川の供述を証拠としている、裁判官の事実を判断する頭の程度を知らされる想いがしますと共に、これは、わざと強盗殺人事件を作り上げるための裁判官の悪意のためであるとしか思われません。同席していて知らなかったとは、おかしい話ですね。そのくせ、裁判長の訊問には、はっきりと、『石井は西に喧嘩とだまされていたと想います』と述べています。西が喧嘩といったのではなく、黒川が言ったのが事実であり、黒川が、喧嘩に行くために拳銃がほしいと私達にいったのであることは、皆の知っている事実であります。初対面の私共が行くなり、すぐ西君等に拳銃を見せながら、俺が撃つなどというはずもなく、また、喧嘩のために撃つというのか強盗殺人のために撃つといったというのか何の話合いもしないで、いきなりこの拳銃はくせがあるから俺が撃つというようなことを、石井がいうはずがないことは明らかであります。まして、黒川は、その黒川の言葉のあと、１時間以上一緒にいたのであるから、これは全くの無根のことでありますね。裁判長は、このような黒川の嘘をそのまま信用されるとしたら、これは裁判長が西と石井等に強盗罪を何とか付けんとしたための悪意のためであるとしか思われません。
　先入感の想像が、裁判長に多分にあるためと思われます。

（5）裁判長の原判決文（以下、判示中）

　石井は、右計画に加担し、拳銃を自ら使用して、その実行の一部を引受けてうんぬん……とあるは、黒川の嘘を信用していっているものか、これ幸いに、デッチ上げているので、これではあまりに出鱈目な不審理な認定裁判であるといわねばなりません。

　なぜならば、この論法で行くならば、私が初対面の西君等に逢った当初からいきなり、『私が殺してやりましょう』といって、拳銃を売りに行っている事になりますね。そして、事情はどうですかと聞き、西君等が、後からこうこうですと話をしたというのですね。そんな馬鹿な話は、誰が考えてもあり得ることではありません。黒川の供述を唯調べもせずに罪になりそうなことを供述していると、これ幸いに証拠として取り上げているだけの話である。

　そこで、拳銃に癖があるうんぬんを、よく考えてみると、これは、西君が旅館を出る直前の話の中に出した言葉であることを想い出したのであります。黒川のいうような言葉と意味が違っているので、言葉も違っている。それは、西君が階下に行っていたのが上ってきて部屋に戻ったとき、石井が、2挺共拳銃がそろいましたよというと、西は、ああそうですか、私は、一寸用事ができて行かねばなりませんので、それでは1挺だけ借りて行きましょうといいながら好い方の拳銃を持って部屋を出て行くので、石井は、押川に拳銃の金は何時くれるのかと訊ねたところ、押川は、西の後を追って部屋を出て行ったが、暫くして、西を連れて部屋に帰って来た。押川は、西を追い掛けて行った時、西に『石井さんが拳銃は人の持物だから代金と引替でないと渡せん』と、いっているから1万円でも先に渡してくれないかといったら、西は、拳銃は借りることにしていたので、お礼の方は藤本に話してあるから、藤本から貰って下さいといったそうだが、あくまで、押川が代金を請求したので、西君は部屋に戻ってきて、石井に『拳銃の代金は、藤本に渡しますから藤本に貰って下さい』といった。しかし、石井は、西に、拳銃は人の物だから代金引替でないと渡すことは出来ないというと、西は、『それなら今から私は用事で堅粕の方に行きますが、誰か私について来て下さい、友人から貰って差上げましょう』というので、石井は、押川にお前が売買の世話人だから、お前行って貰って来てくれといって、この時、西の持って行こうとする好い方の拳銃を西の手から取るために、石井が『その拳銃は癖があって好くない、こちらの拳銃の方が好いですよ』といいながら、西君から拳銃を取り戻して14年式の方をす早く風呂敷に包んで、押川に私お金を貰ってから渡してくれ、金を持ってくれば、この拳銃はこの人（黒川）に渡しますといった。西君は、その時、黒川、久留米行きは自動車で行った方が良いから自動車雇ったら堅粕へ廻って行くようにいって、押川と共に出て行った。この時の言葉を黒川がいっているのであると思われる。

　しかし、俺が撃つ等とは決していってはいないし、また、そのようなことをいう立場でないことは、話のなり行きで明らかであります。石井は、押川が拳銃の金を貰って帰ってくれば、今1挺の拳銃は黒川に渡すことになっていたのであるから、黒川の供述は時間と内容が違っていることは、明らかな事実であります。また、このようにして、旅館を出た西と石井等が強盗殺人の共謀をして旅館を出たと認定していることは、大きな間違いであることは申すまでもありません。謀議という言葉はおかしいし、また、強盗殺人の謀議をして加担したという認定は、

絶対の間違いであることを強調し、いかに、原判決の認定が出鱈目であるかを申し上げたいのであります。黒川のもっともらしい嘘を取り上げ、それが事実の行動と違っているのに、良く調べず証拠とされていることは、大きな間違いの元でこの事件の誤審は、そこから出ているのであります。また、拳銃代金５万円ということがいかにも多額のように思われて、殺人でも石井が引受けたのではないかというような誤りをおこさせていることは事実を調べず、警察や検察事務官の捏造しているところの『100万円を強盗するから加勢してくれるならば、拳銃代金５万円やる』といったようにデッチ上げているのを証拠にしているためである。

　そのような話は、絶対にない話であり、全然違うのである。藤本が押川に拳銃を頼んだ時、５万円貰うようになっていると、藤本が言ったことを、押川は、拳銃代金にそれが出るのかと早合点して、石井にもそれを話したのである。拳銃入手のために出ると思い込んでいたのである。そこで、石井と拳銃の話合をする時、その話を、押川が石井に５万円位金が出るそうだからという話をしたので、石井は、その時、森智義から安部君が拳銃１挺売却方を頼まれているのがあるが、１万５千円位で売ることになっている。だが、それ以上金が出れば売ってよい、といったところ、押川は、石井に２万５千円貰ってやろうというので売却を承諾して藤本、押川について、拳銃がほしいという人に会いに行ったので、それが二葉町の野田発次郎方であったが、そこに訪ねる黒川利明がいなかったので福岡旅館に訪ねて行ったのであるから、５万円で拳銃を売るとかいうのではなく、２万５千円で売ることを石井は押川に承知したのであり、押川は、それを藤本にどう話したかは石井は知らないのである。石井は、その２万５千円の内から１万５千円を安部に渡す積りでいたのであります。そして、旅館に行ってから、話が拳銃２挺ほしいと西、黒川がいうので、石井は菊池のところへ岸田に14年式拳銃を取りにあったのであります。しかし、代金は１挺の時のままで、金の話は西、黒川と石井の間ではしていないのでありますから、結局、２挺の拳銃で２万５千円で売却するつもりでいたのであります。しかし、石井は、菊池に拳銃代金４千円渡さねばなりませんでした。それは、その拳銃は菊池に４千円で売ったことになっていたもの（事実は、梅屋食堂の主人が酒代として４千円払わせていたのである）ですから、石井と岸田と牧田に入る金は６千円であったのが、事実であります。これは、警察が何とか事件を大きくするために、いかにも殺人でも引受けた如くみせ、調書を造ったことがいつの間にか５万円という言葉になっているのであります。

　まして、100万円を強盗殺人で盗ると打明けられて、その謝礼金がたったの５万円（？）いや、６千円のお礼で４人を殺すことを引受けたという供述調書がいかに滑稽なものであるかは、良く考えなくても判ることでありましょう。

　判決謄本を見ますと、旅館で強盗殺人を打ち明けられたと認定する引用証拠として、判決謄本第35頁第一審第10回公判調書中、黒川利明の供述（記録第1227丁以下）、判決謄本第28頁第８行以下、石井健治郎に対する司法警察官の聴取書（記録第351丁以下）、判決謄本第36頁第３行以下、藤本清喜に対する検察事務官の聴取書（記録第297丁以下）中、後半該当部分。

　判決謄本第４頁以下、押川智栄治に対する検察事務官の聴取書（記録第310丁以下）。

以上の各部分であると思われます。
　これらに対する各人の供述なるものが、第一に黒川の供述なるものは一寸席をはずしていたために、いかにも内容を聞かなかったごとくにし、第三者をわざと迷わせて、疑いを増加させるための巧みな工作がなされているのであります。
　また、押川にも、同様な工作をされていることが判ります。この2人の人間が石井や西と共に同席していた時間の方が長かったことは事実が証明し、本人達の供述の言葉の中にも明らかで、黒川の方は、岸田が拳銃を取りに旅館を出る前に一寸席を外しているので、岸田は旅館に来て出るまで、わずかな時間しかいなかったことでも判ります。それから、拳銃を持って来るまでの1時間近い間、皆と共にいたのでありますから、話が出たのなら、この時にこそ話が出なければなりません。押川もまた同様であります。押川は、石井の拳銃売買の世話人でありますから、まっさきに部屋にいなければなりませんし、また、その後の話も聞いていなければなりません。まして、藤本、押川、石井、西、黒川の5人は1時間近く一緒に居たのであります。話を聞かなかったということは、そこにおらず、聞かなかったというのではなく、そこにいて、そんな話が無かったということであります。警察検事のいう共犯者が誰も聞かず強盗殺人をするというのでしょうか。また、黒川が計画を話し合ったと『思った』といっている事は、黒川自身は話し合いはせなかったといっていることになります。
　しかしながら、黒川は、強盗殺人の計画を詳細に認めているのに、いよいよ実行に移すという時、このような曖昧な供述の必要はないと思います。強盗殺人を話し合ったのなら話し合ったで好いはずであります。それを知らなかったということは、石井等の前でそのような話はなかったということであります。喧嘩の話を強調したのはむしろ黒川でありましたから、黒川は自分の不利をかくすために、西に自分自身がしゃべったことを西がしゃべった如く、カモフラージして自分をかばいながら警察官の観心を買うために、警察官の思いのままの西を主犯とする事件の如く供述しているのである事が判ります。そして、石井や藤本や押川の供述という調書を、デッチ上げ供述書なる物の中に、捏造を加えているのであります。しかし、捏造の証拠をデッチ上げていることは、それ等の証拠書類を見れば、明らかでありますので、これは、別に詳しく説明いたします」
　最後に、判決文において、「被告人石井、藤本、押川等に対し、『漸次計画の実相を打明け』とあるが、この等の字は、一体誰を指すのか。既に、岸田は強盗殺人罪から除外され、牧田は無罪であり、残る黒川は、「共謀しうんぬん」と判決文に明示してある。ところが、同じ行動をなした岸田、牧田から強盗殺人罪を抜いたが、もともと無理な作為であるため、無意識に押川等とせざるを得なかったのではなかろうか。

第二審判決文批判　その3

目　次
第二審判決文批判　その3 ··· 272
　　第8節　西、王等と取引 ··· 272
　　　1　西、王等と取引 ··· 272
　　　2　牧田の警察調取書の出鱈目 ··· 279
　　第9節　射殺現場の状況 ··· 282
　　　1　現場に関する藤本、押川の法廷供述 ··· 286
　　　2　射殺現場に関する石井の法廷供述 ··· 289
　　　3　射殺現場に関する岸田の法廷供述 ··· 293
　　　4　射殺現場に関する黒川の法廷供述 ··· 297
　　第10節　事件後の行動 ··· 309
　　第11節　西の犯意継続 ··· 315
　　第12節　牧田の銃砲等所持禁止違反 ··· 320
　　第13節　被告人の職業 ··· 323

第8節　西、王等と取引

1　西、王等と取引

判決文「罪となるべき事実」

「被告人西は、同日夕刻被告人藤本を、前以て取引物件の仮装の売主となることにつき承諾を得ていた同市西堅粕5丁目中島園吉方につかわして、やがて被告人西等が出向くべきことを申し伝えさせ、間もなく、同日午後7時頃、被告人西、黒川、押川、石井、岸田は相被告人牧田と共に相前後して、福岡旅館を出発し、被告人西は、押川、牧田の両名を伴い、他の被告人等と一旦行を別にして、前記浜利飲食店附近に赴き、被告人押川、藤本等を同所に待たせておき、来合せた熊本文造と共に同飲食店に入り、同店で前記王祖金、劉徳鈿等中国人両名が軍服買受代金77余万円を準備し、吉田綱吉、吉川稔等日本人数名の仲介人と共に待合わせしているのに面接し、熊本と共に、王祖金に対し、取引の保証金として10万円の交付方を申出で、同人をして右70余万円のうちから現金10円を熊本に手交させた上、熊本よりこれを受取り王、熊本を近隣の前記中島園吉に同道して、右中島に該10万円を渡し、一時保管方を依頼したが、残金60万円については、王等の方で、現品引換でなくては、容易にこれを交付すべくもない模様であったので、被告人西は、ここにいよいよ予ての計画どおり、取引の相手方を順次誘い出し、これを殺害して右残金を強奪する外はないと考え、王等がしきりに現品の受渡しを要望している心情をとらえてこれに乗じ現品積込現場への案内に籍口し、王、熊本の両名を前記浜利飲食店前で被告人黒川に引渡し」

判決文に示された「証拠」　その1
　藤本清喜の第二審公判調書

「私は、西から『堅粕の中島園吉方に行くことになっており、約束の時間が来たが、用事のため、一時間許り遅れる旨を中島に伝えてくれ』と頼まれ、午後5時半頃、旅館を出て中島方に行き、西の話を伝え、『金をここで貰うことになっている』というと、『暫く待っていてくれ』とのことであったので、中島方前の道路で1時間許り待ったが西等が来ないので、帰りかけた。すると、途中で西、押川、牧田の3人が来るのに会い、一緒に中島方に引き返し、それから、浜利飲食店に行き、西1人が同店に入り、私共は同店の前の路上で待っていた。間もなく、西と本件被害者2人が出て来て、中島方の方に行き、また戻って来て、飲食店に入った。それから、黒川が来て、私共を犯行現場の方に案内し、そこで、石井、岸田等と一緒になり、押川が私に風呂敷包入の拳銃を渡したので、私は、殺人現場附近のポプラの木のところに坐って待っていた旨の供述」

判決文に示された「証拠」　その2

牧田頼之に対する司法警察官代理の聴取書（記録弟403丁以下）中、

「福岡旅館を出た時、私は、岸田と共に自宅に帰ろうと思い、一応石井に尋ねると、石井は『一足先に行っている2人の男（西と押川）の後について行き、金を貰ってから帰れ』と申すので、その2人の男について行ったが、途中右両名は、ハイヤーで逃げるとか、相手が2、3人いるから、先に1名か2名呼び出して殺し、後で金を持って来たのを脅して金を取るか、また、相手が聞かねば殺そうかなどと話しており、私は、久留米で喧嘩して金を取って帰るのであろうと思っていた。それから、堅粕の方に通ずる道路の鉄道踏切に行く途中、藤本が追い付いたが、踏切附近で、西が『この附近がよかろう』と申すと、押川か藤本かが、『ここの附近は人通りが多いから』といい、西は、『いや大丈夫だが、しかしまだ時刻が早い』と申していた旨及び現場附近で、石井と藤本とが、殺す相手は2人であるとか、何も武器を持たぬ者は、離れて見張りをし、もし、逃げたら捕まえろなどと申していた。それから、黒川が2人の男を連れて来たので、私と押川とは鉄道を超え、向うの麦畑の中に隠れていたところ、上り列車が通過した時かすかに爆発音らしい音が聞こえ、更に間もなく、パンという音がした。そこで現場に行ってみると、事務所らしいところの横の門の前に2人の男が倒れて荒い息ずかいの音が聞えていた。そのとき誰かが『止めを刺せ』と申し、黒川と岸田が日本刀等で右両名を刺した旨の供述記載」

上記証拠に対する「反論」　その1

この第8節において、問題となる点は、第1、判決文「罪となるべき事実」の中の、

「残金60余万円については、王等の方で、現品引換でなくては、容易にこれを交付すべくもない模様であったので、被告人西は、ここにいよいよ予ての計画通り、取引の相手方を順次誘い出し、これを殺害して右残金を強奪する外はないと考え、王等がしきりに現品の受渡しを要望している心情をとらえてこれに乗じ、現品積込現場への案内に籍口し、王、熊本の両名を前記浜利飲食店前で、被告人黒川に引渡し」

の一節と、第2には、「証拠」として判示されている牧田供述の警察聴取書の2点であろう。

そこで、まず第1の問題について検討を加えてみたい。

上記判決文によると、西が残金60余万円を騙取しようとしたのは、「王、熊本の両名を前記

浜利飲食店前で、被告人黒川に引渡」す前だと断じている。

　すなわち、残金60余万円については、王等の方で、現品引換でなくては、容易にこれを交付すべくもない模様であったので、被告人西は、ここにいよいよ予ての計画通り、取引の相手方を順次誘い出し、これを殺害して右残金を強奪する外はないと考え、王等がしきりに現品の受渡しを要望している心情をとらえて、これに乗じ、現品積込現場への案内に籍口し、王、熊本の両名を前記浜利飲食店前で、被告人黒川に引渡し」たというのである。

　したがって、この判決文の言う通りであれば、西は残金60余万円を請求（騙取しようとした）したあとで、王、熊本を「現品積込現場への案内に籍口し」て殺害したということになっている。このことは、判示判決文の続きを見れば、このあとで殺害したと詳説されていることでもわかることである。

　しかし、事実は、殺害後（勿論、西はこのことを知らずに）、西は残金60余万円の請求をなしているのである。すなわち、残金60余万円を、判決文は殺害前に請求したといい、事実は殺害後に請求したというのである。勿論、強盗殺人罪を主張する判決文であるから、請求したが取れないので殺してうんぬんという筋書になるのは当然である。すなわち、「容易にこれを交付すべくもない模様であったので、被告人西は、ここにいよいよ予ての計画どおり、取引の相手方を順次誘い出し、これを殺害して右残金を強奪する」ことになったというわけである。

　ところが、判決文の「証拠」に判示された　１．被告人黒川利明に対する司法警察官代理の昭和22年６月７日附聴取書（記録第205丁以下）中には、

　「……石井は、右のズボンのポケットに手を突こんで、突然ピストルを出し、ドンと放ち熊本の咽の辺がピカッと光った途端、倒れたので、私は驚いて吉塚駅の方へ走ったところ『待て』と呼びとめられ、振りかえると、石井、押川等がおり、誰かが『匕首で止めを刺せ』と申したので、私は仕方なく、倒れていた熊本の咽を刺そうとすると、石井が『体を探して金を取れ』というので、熊本の上衣のポケットから紙片を取り出し、石井に見せて、『金はない』といって一刺しした。その際、私の横で誰かが日本刀のようなものをどうかしているようであったが、何をしているのやら判らなかった。

　それから石井と２人で堅粕の飲食店の方に行くとそこには西と支那人、日本人５人余りがおり西が私に『品物はトラックに積んだ』と聞くので、積んで向こうで待っている』と答えると、西は買主に『品物は積んでいるそうですからそこで現金取引をしましょう』と何度も申しましたが、買主は『誰か見て来い』といい、１人の日本人が行こうとすると、西は私に『この人を連れて行ってくれ』と申し、私はその人と現場附近まで行ったが、現場に行けば、殺しているのがばれると思いその人に一足先の行って下さい』と行ってうんぬん」（註　傍点、傍線筆者）

とあるように、明らかに殺害後、「現金取引をしましょう」と、残金60余万円を請求しているのである。

　この点に関し、浜利飲食店において直接取引に加わった中国人劉徳鈿は、これも判決文の「証拠」に判示されている第二審第16回公判調書において、そのように供述している。

　「……その後20分位して、若い男が来て,軍服はもう積込んでしまった』と申したところ、

第２章　第二審判決文批判

　　西は私に『残りの代金を渡してくれ』と要求し、私が現品を見なければ』、代金を返すわけに
　　はいかない、とにかく軍服を積んだトラックをココに廻してくれ』と申すと、西は困ったな』
　　と申していた」（註　傍点、傍線筆者）

　上記証言における、「若い男が来て『軍服はもう積み込んでしまった』と申した」という、若
い男というのは、いうまでもなく黒川のことである。黒川が浜利飲食店を覗いたのは、この殺
害後の一度だけである。前掲の黒川の聴取書とこの劉の証言は、全く一致するものである。また、
劉と西との間に現品交換で残金を渡すうんぬんと言うことがいわれたのも、黒川が、「軍服はも
う積み込んでしまった」といったからであり、また、このほかに前述のような言葉をかわしたこ
とはない。

　ところで、判決文の「残金60余万円については、現品引換でなくては、容易にこれを交付す
べくもない模様であったので、うんぬん」の個所は、要するに、黒川の聴取書と劉の公判調書の
殺害後の状況証言を当て嵌めていることは、一目瞭然である。以下に、殺害後の状況証言をいま
一度掲示しておこう。

黒川の警察聴取書
　　「西は買主に『品物は積んでいるそうですからそこで現金取引をしましょう』と何度も申した
　　が、買主は、『誰か見てこい』といい、１人の日本人が行こうとする」

劉の公判調書
　　「西は私に『残りの代金を渡してくれ』と要求し、私が現品を見なければ、代金を渡すわけに
　　はいかない」といったという個所を当て嵌めているのである。

　ところで、このように、殺害後の状況を殺害前の状況として巧みに摩り替えているが、このす
り替えによって、被告人らは、誤殺から大きく強盗殺人の犯人に仕立てられる。これは極めて重
大な問題点である。

　しかし、それにしても「証拠」の項には、殺害後に残金を請求したという証言を採証しておき
ながら、「罪となるべき事実」の項においては、殺害前に残金を請求し、それを強奪の目的で殺
害したと断じている。この矛盾撞着は一体なにを物語っているのか。司法当局が如何に抗弁しよ
うとも、被告人を強引に強盗殺人犯に仕立てようとしているとしかとれないのである。怖るべき
陰謀というべきである。

　しかし、司法当局は抗弁するであろう。すなわち判決文の「残金60余万円については、王等
の方で、現品引換でなくては、容易にこれを交付すべくもない模様であったので」というこの個
所は、あくまで殺害前の状況であって、「証拠」の「西は私に『残りの代金を渡してくれ』と要求し、
私が現品を見なければ代金を渡すわけにはいかない」といった劉や黒川の証言とは、別個の状況
だと。

　なるほど、判決文「罪となるべき事実」を繰返し精読しているうちに意外なことに気付いたの
である。というのは、同じく残金60余万円を請求したうんぬんの事犯が、殺害後にもなされた
と記載されてあることである。

　いま、その殺害後の残金請求の条りを、以下に掲げてみよう。

275

「かくして被告人黒川は、直ちに前記浜利飲食店に引き返し、被告人西及び架空取引の相手方劉徳細等に対し、現品のトラック積込み終了の旨を報告し、被告人西は、同所で右劉等に対し、残金60余万円の交付方を強要したが、劉等において、あくまで現品引換を主張峻拒したため、その目的を達せず」

ということである。それでは、残金請求は2回なされたかというと、事実は殺害後一回だけであるということは、前述の通りである。したがって、判決文に示された「証拠」の中の黒川、劉の証言もこの殺害後の状況を供述していることは、間違いない事実である。

したがって前述の、黒川、劉の証言は別個の状況（殺害後）だという抗弁は成立するわけである。しかし、別個の状況すなわち殺害後の状況だということは、むしろ、こちらでこそ大いに強調していることである。しかし、それによって、殺害前に残金請求したという事犯が肯定されるという理由は成立たず、むしろ、一層殺害前の残金請求ということに対する疑念は深まるのである。

また、判決文に示された「証拠」の項をみても、殺害前に残金を請求したという証言は皆目見当たらないし、結局は、黒川、劉の殺害後に残金請求したというこの証言をもって、殺害後の2回に当て嵌めたとみるべきである。

いまここに、この殺害前の残金請求と殺害後の残金請求の状況を記載した判決文を抜粋して、列挙してみよう。非常に酷似している状況であり文章であって、同一事犯の証言を、すなわち同一の資料を、2つの異なった場面に適当に案配して、当て嵌めた形跡が歴然としていることに注目されたい。

1．殺害前
「王、熊本を近隣の前記中島園吉方に同道して、右中島に該10万円を渡し、一時保管方を依頼したが、残金60余万円については、王等の方で、現品引換でなくては、容易にこれを交付すべくもない模様であったので、被告人西は、ここにいよいよ予ての計画通り、取引の相手方を順次誘い出し、これを殺害して右残金を強奪する外はないと考え、王等がしきりに現品の受渡を要望している心情をとらえてこれに乗じ、現品積込現場への案内に藉口し、王、熊本の両名を前記浜利飲食店前で、被告人黒川に引渡し」

2．殺害後
「かくして被告人黒川は、直ちに前記浜利飲食店に引き返し、被告人西及び架空取引の相手方劉徳細等に対し、現品のトラック積込終了の旨を報告し、被告人西は、同所で右劉等に対し、残金60余万円の交付方を要求したが、劉等において、あくまで現品引換を主張峻拒したため、その目的を達せず、被告人石井と共に前記中島園吉方に赴き」

ところで、殺害前の残金請求は、前述の如くいろいろの面からその捏造による筋書であることを暴露したのであるが、いま一つ、手付金と残金の関係についても、検討しておく必要があると思う。

すなわち、取引の保証金（手付金）として10万円を受取ったということは、何を意味するのであろうか。それは、一応商談（取引交渉）があったということではなかろうか。そこで、10万円の手付金を受取った熊本は、王を連れて隠匿してある軍服在庫場所に案内し、ここで王に現

品を確めさせ、王が納得すれば、もとの浜利飲食店にもどって、現品と交換で残金60余万円を受取る、ということになっていたのであるし、それがまた当時の話の筋でもある。そのようなわけで、西は王、熊本の帰りを待っていたのである。ところが、その途中において思いがけぬ事故が起きた。

そこで黒川は、この突発の殺人事件を西に知らせに来たが、西が買主側大勢の中にいるし、殺害を知らせることも出来ず、その場の空気を見て、「現品はトラックに積んだから来てくれ」と、西を呼び出す手段として嘘を言った訳である。ところが、西にしてみれば、王、熊本が殺されているなど、夢にもおもわぬことだし、黒川から「現品はトラックに積んだ」と報告を受ければ、当然、「そこで残金60余万円は頂きましょう」ということになるわけである（この間の詳細な経緯については、別項「荒廃の中の悲劇」を参照されたい）。

それを、10万円の手付金を受領しておいて、引続き残金60余万円を請求するということは、話の筋としても成立しないのである。それでは、何のために手付金10万円を受領したかということになるのである。したがって、この残金60余万円を請求したというのは、手付金10万円を受領した直後、すなわち殺害前というのでなく、当然現品を確かめた後ということになるので、殺害後ということになるのである。もし商談のはじめに残金60余万円を請求するなら、保証金の10万円など受取るはずもないし、残金うんぬんというからしておかしなことになるのである（なお、殺害直後の残金請求と殺害との関係等について、ならびに、この点に関する西武雄の第二審法廷供述については、次の「第9節　射殺現場の状況」の項に詳述している。また、殺害後の残金請求の実際の状況については、「第10節　事件後の行動」を参照されたい）。

上記証拠に対する「反論」　その2

なお、いま一度この間の消息について、黒川利明の第二審第3回の公判調書によって、事実はどうであるかを確かめておこう。

「裁　匕首で倒れている男の、どこを突いたのか。

　黒　ハッキリ記憶しませんが、足のあたりを刺したように思います。それもほとんど無意識にあったことで、鞘を抜いた時に匕首で指を切り、痛み出しましたので、初めて突いたことを知り、『しまった』ことをしたと覚えたのです。

　裁　誰かに止めを刺せ、といわれて突いたのではないか。

　黒　いいえ、ただ突け突け、といわれて無意識に突いてしまったのです。

　裁　被告人が刺した方の男は、まだ呻っていたのではないか。

　黒　いいえ、違います。私が合口を鞘に入れてハンカチで血を拭こうとするときに、そのハンカチを落としましたので、それを取る時に死体に触れましたが、その時にはもう冷たくなっておりました。

　裁　匕首で刺そうとする時に、石井から体を探して金を取れといわれ、体を探したのではないか。

　黒　いいえ、恐ろしくて、とてもそんなことは出来ませんでした。

　裁　上衣のポケットの中から、紙切れを取り出したのではないか。

黒　いいえ、違います。そんなことはいたしておりません。

裁　その点についても、警察では、そのようなことを述べているがどうか。

　　この時、裁判長は、司法警察官代理の本被告人に対する前回聴取書中該当部分（記録第231丁表1行ないし232丁表四行を読みきかせた。

黒　それは、私が述べたのではなく、警察で勝手に書かれたのです。

裁　それから、どうしたか。

黒　兎に角、西の所に行って話をしなければならぬと思い、石井と一緒に王のいる飲食店に行きました。するとそこには、西や中華人や日本人が大勢いましたが西は熊本はどうしたかとく聞くので、他の連中に聞かれたら困ると思い都合よく話を合わせるために、熊本は品物をトラックに乗せて待っていると嘘を言いました。

裁　大体、西との間に最初に品物を見せると称して、中華人を現場に連れて行き、更に引き返して、今品物をトラックに積んでいるということを報告するように、打合わせができていたのではないか。

黒　いいえ、違います。

裁　それで、西から尋ねられた時に品物は、すでに積込んでいるといったのではないか。

黒　いいえ、違います。西から品物はどうしたかと聞かれましたので、話を合わせぬと大変なことになると思い、嘘をいったのです。

裁　それからどうしたか。

黒　西は、私の話を聞いて、今度は中華人の方に向って品物は積んであるから、現金の取引はここでは渡せぬ、品物と引換えでやろうというので、西は、『最初の話と決め方が違うではないか。兎に角、熊本を呼んで見よう』と申しておりました。すると、中華人がこちらから1人様子を見にやらせようといって、1人の日本人に行かせようとしましたから、西は、私に『黒川すまんけど、この人を連れて行ってくれ』といって、現場に案内させようとしました。私は、これは大変なことになったと思い、途中で逃走する積りでしたから自転車を断り、連れの男だけは自転車に乗り、私は、歩いて行きました。ところが、私も当時思いがけない出来ごとにすっかり昂奮していて、その途中も夢中でしたから、フト気が付いた時には、もう専売局の裏の辺まで来ておりましたから、愈々逃げねばならぬと思い、連れの男に一寸先に行っていてくれといって先に行かせ、私は、そのまま逃げました。

裁　連れの男を先に行かせて、被告人は、一応西の所に戻ったのではないか。

黒　いいえ、そのまま逃げました。

裁　飲食店の道路の所で、西や石井、藤本の3人に会ったのではないか。

黒　いいえ、違います。

裁　そして、その時に、西から『飲食店にいる奴を全部専売局の裏まで引張り出せ』といわれたのではないか。

黒　いいえ、そんなことはありません。

裁　その点については、被告人は、警察でこのように述べているがどうか。

この時、裁判長は、司法警察官代理の本被告人に対する前同聴取書中該当部分（記録第233丁裏2行ないし234丁裏7行）を読聞かせた。
　黒　いいえ、それは違います」

2　牧田の警察調取書の出鱈目

上記証拠に対する「反論」　その3

　次に、牧田頼之の警察聴取書が問題となるのである。まず第1に、彼は他の被告人と同じく行動しながら無罪となっているが、この点を十分に考慮に入れて、上記聴取書を検討すべきだと思う。

　牧田は、「その2人の男（西と押川、註筆者）について行ったが、途中右両名は、ハイヤーで逃げるとか、相手が2、3名いるから、先に1名か2名呼び出して殺し、後で金を持って来たのを脅して金を取るか、また相手が聞かなければ殺そうかなどと話しており、……それから堅粕の方に通ずる道路の鉄道踏切に行く途中、藤本が追付いたが、踏切附近で、西が『この附近がよかろう』と申すと、押川か藤本かが、『ここの附近は人通りが多いから』といい、西は、『いや大丈夫だが、しかしまだ時刻が早い』と申していた」と供述して、いかにも西が強盗殺人を計画して、その目的地に行く道中の如く供述している。

　しかし、この牧田供述が事実ならば、この時一緒に歩いていた押川もまた、追い付いた藤本も、上述の牧田の供述したような西の話を聞いていなければならぬ。

　その点について、まず押川、藤本の警察、検察聴取書を検討してみよう。

押川の検察聴取書

　「大学通りの日産の前辺りで、石井、黒川、岸田の3人と別れ、私と西と牧田の3人は歩いて堅粕の専売局の方へ行きました。そこで藤本が来ました。それから中島方へ行き、西はチョット（寸刻）中島宅に這入り、すぐ出て来て、浜利にまいりました。西は黒川がハイヤー（自働車）で来るから外に待っていてくれと申して外に待たせました」

押川の警察聴取書

　「私は先に西と石井の若い者1人が行きまして、専売局の横を通って行く時、藤本は追かけて来まして、4名になり専売局近くの長屋に行って家中に西は入りましたが、すぐ出て来て、この後は堅粕の料理屋に行きましたが、私と藤本と石井の若い者との3人横の道路に待っていました」

　次に、藤本の警察聴取書。

　「堅粕の中島という家に行って、少しおくれるので、この事を話して置いてくれといいますので、午後5時頃堅粕の中島さんの宅を訪ねて行きました。すると中島さんは、外の畑に居られますので、このことを話して本通りに出、西を待っておりました。午後6時半頃に福中の所辺りで西と押川と石井の若者が来るのと出会いました」

藤本の検察聴取書

　「私は本通りにで西達の来るのを待っておりました。1時間位待っても来ませんので、引返す積りで、福中東通りに来た時に、西、押川、牧田3人が来るのに会いました。一緒に再び中島

方まで行きました。中島方へは西１人這入り、すぐ出て１人で本通りの浜利食堂に入りました」
　以上の供述でもわかるように、牧田の供述したような、西の強盗殺人の話についての証言は、全然なされていないのである。
　次に、押川、藤本の第二審の公判調書によって、その点を検討してみよう。
押川の第二審第２回公判調書
「裁　それからどうしたか。
　押　西が堅粕で拳銃の代金を支払うということでしたから、皆と一緒に旅館を出ましたが、その時に石井からこれを持ってくれといわれて風呂敷包を預かりました。そして、日産自動車会社の附近まで来た時に、西がこの男（牧田）を一緒に連れて行くから拳銃代金受取ってくれというので、代金を貰うためにそこで他の者と別れ、西、牧田の両名について行きました。
　裁　旅館を出る時に、石井から渡された風呂敷の中には何が入っていたのか。
　押　風呂敷の中には、拳銃と実包が入っておりました。
　裁　それからどうしたか。
　押　最初、後で名前を知ったのですが、中島園吉方に行き、西が一寸家に入り、すぐまた出て来て、更に浜利という飲食店に入りました。中島方にも浜利にも何れも、西１人だけで入りましたので、話の模様は、全然分りませんでした。……」
藤本の第二審第１回公判調書
「裁　中島方に行ってどうしたか。
　藤　中島方に行って話をしましたところ、しばらく待っていてくれとのことでしたから、私は中島を知らぬので、同人の家に入らず、家の前の道路上で１時間ばかり待っておりました。しかし、何とも返事がなく、西や黒川たちも来ないので福岡旅館に戻る積りで帰りかけたら、千代町の附近で西、押川、牧田の３人が来るのに出会いましたので、また一緒に中島方に引き返し、西だけが中島方に入りましたが、しばらくして、また出て来て一緒に本通りに出て、浜利という飲食店に行き、そこには矢張り西１人が入り、私達は飲食店の前の道路上で待っておりました。尚、その飲食店には、６人位の客らしき者がいるようでした」
　以上のように供述している。牧田の供述にあるようなことは、全然供述していないのである。ところで、裁判長は、牧田の上記警察聴取書を判決文の証拠として採証しているが、果して、牧田の供述が事実であるか、同道した押川、藤本にも訊向して十分審理すべきではなかったろうか。
　しかし、その必要はなかったのである。なぜならば、牧田自身の法廷供述において、彼の警察聴取書は否認されたからである。
牧田の第二審第２回公判調書
「裁　被告人は、福岡旅館を出て真直ぐに小金町に帰ったのか。
　牧　いいえ、石井が先に行く男２人（西、押川）が皆より一足先に行くから一緒について行って、拳銃の代金を貰って家に帰り、夕食の仕度をしておけというものですから、西について行ってずっと福中の裏門附近まで行きました。
　裁　旅館を出る時には、自動車を使うという話では、なかったか。

牧　久留米までハイヤーで行くという事でしたが、私達は全然無関心でしたから、何のために、ハイヤーで行くのか尋ねませんでした。

裁　途中、西か黒川かが現場附近を指して、あの辺が丁度よいではないかといったのではないか。

牧　そのようなことは、ききませんでした。

裁　しかし、被告人は検察事務官の取調べに対して、その点についてそのように述べているがどうか。

　　この時、裁判長は、昭和32年6月8日検察事務官の本被告人に対する聴取書中該当部分（記録第320丁裏6ないし321丁裏2行）を読聞かせた。

牧　それは違います。私は最初警察でそのようなことを詰問され、仕方なしに認めたのですが、検察事務官の取調べの際にも、私がそのようなことは無いと申し述べますと、警察でもこのように述べているのではないかといわれました。しかし、私はそのようなことは無いと、申し上げました。他の刑事らしいのが、西はあくまで否認しており、総て石井がやったようになっているから、このままでは、西は無罪で出て石井が主謀者のような形になる。石井が可哀想だと思えば、本当のことをいえと言われるので、私は、西の態度に憤慨し西を有罪にするために、嘘と知りながら、警察で述べたことと同じようなことを述べたのです。

裁　被告人は、検察事務官に対する取調べの際の供述と警察で述べたことを一致させたというけれども、実際には、一致していないようだがどうだね。

　　この時、裁判官は、昭和22年6月8日付検察事務官の本被告人に対する聴取書中該当部分（記録第320丁裏2行ないし321丁裏2行）と昭和22年5月29日附司法警察官代理の本被告人に対する被疑者聴取書中第11項中（記録409丁表末行ないし410丁裏1行）を読聞かせた。

牧　検察事務官の取調べに際しては、私が共犯者と見られるのが恐ろしかったので、少しでも事件に関係ないようにと供述したので、そのようなこととなったものと思います。

裁　西と一緒にどの辺まで行ったか。

牧　踏切を渡って、小さい川の袂まで行きました。

裁　浜利という飲食店には、行かなかったか。

牧　いいえ、最初は行きませんでした。

裁　その場所から、浜利は見えないか。

牧　いいえ、見えません。

裁　それからどうしたか。

牧　後から分かったことですが、中島園吉方に西だけが入り、私と藤本と押川は表で待っておりましたが、間もなく出て来ましたので、私達も一緒について行きましたが、西が間もなく、黒川がハイヤーをここに乗りつけて来るから待っていてくれというものですから、私達は表で待っておりました」

牧田は以上のように、警察、検察の聴取書の供述を否認している。

それにもかかわらず、彼の警察聴取書の証言を「証拠」として採証している。もし、牧田の聴

取書否認の供述に疑義がもてるならば、当然同道した押川、藤本にもこの点を訊問して、真偽を確かめるべきである。

しかるに、それだけの審理をなさずして、この警察聴取書を採証したというのは如何なる理由によるものか、筋の通らない話である。

次に、牧田は右聴取書の中で、「私は久留米で喧嘩して金を取って帰るのであろうと思っていた。それから堅粕の方に通ずる道路の鉄道踏切に行く途中、藤本が追い付いたが、踏切附近で、西が『この附近がよかろう』と申すと、押川か藤本かが『ここの附近は人通りが多いから』といい、西は、『いや大丈夫だが、しかし、まだ時刻が早い』と申していた旨」と供述している。ところで、久留米だと思っていたといいながら、堅粕の踏切附近で「この附近がよかろう」といった供述をしているが、矛盾しているのではなかろうか。もし、久留米だと思っていたが、堅粕だったのかというのならば、そのようにハッキリ供述しそうなものである。

しかも、西の強盗殺人を知って一緒に牧田は行動しているのに、無罪になったのは一体どうしたというのか。また、「石井と藤本かが、殺す相手は2人であるとか、何も武器を持たぬ者は、離れを見張りをし、もし逃げたら捕えろなどと申していた」と如何にも具体的に強盗殺人を知っているように供述している牧田だけがなぜ無罪なのか、裁判長は、この聴取書の捏造の事実を知って、その証拠力を認めていないのであろうか。しかし、それならこの聴取書を採証して相被告人の強盗殺人を認定するのは矛盾であるが、これまた一体どうしたというのであろうか。

次に、判決文「罪となるべき事実」の中に、「前記浜利飲食店附近に赴き、被告人押川、藤本等を同所に待たせておき」とあるが、等という字は誰を指しているのか。勿論、一緒に居合わせた牧田を指しているのであろう。それにしても、このような重要な個所で人名を等という字で伏せているのは、どうしたことであろうか。勿論、無罪にした牧田を有罪の相被告人と同じく行動させては具合が悪いからであろう。

牧田聴取書の射殺現場の供述については、次の「第9節　射殺現場の状況」の項で詳述しよう。また、藤本の聴取書は、あの供述内容を強盗殺人の目的で行動したとしない限り、事実の行動であることは間違いないので、今更論することもないようである。

第9節　射殺現場の状況

判決文「罪となるべき事実」

「被告人黒川は、被告人西の右意向をうけ、両名を誘導して、予定現場の同市堅粕東新町福岡工業試験場附近に到り、倉庫を開く準備をすると称して、右両名を一時同所附近に待たせておき、同所と被告人、石井、藤本、押川等の待機場所との間を数回往復して、機の熟するのを待ち、この間被告人藤本は、被告人西、黒川等の意図が金員強奪の目的を以て人を殺すにあると知りながら、これを援助する意志を以て、被告人押川より拳銃（証第11号）を受取り、もし王等が逃げ出す場合には、これを脅して被告人西、黒川等の計画遂行を容易ならしむべく、附近路傍ポプラの下に蹲んで、ひそかに王等の動静を見守り、被告人押川も亦同様、被告人西、黒川

等の意図が金員強奪の目的を以て人を殺すにあることを知りながら、これを援助する意志を以て、附近の麦畑の中に身をひそめて、事の成行を注視し、被告人石井は、前記の如く被告人西、黒川等の計画に加担し、その実行行為の一部を分担遂行する意志を以て、前記福岡工業試験場横門前路上に臨み、同所において、被告人黒川が誘導して来た王、熊本の両名に出会い、被告人黒川と熊本一時、同所から待機させ、王を約１間半を隔てて相待峙する姿勢となるや、所携の前記拳銃（証第９号）を以て、いきなり、王を目がけて発射し、胸部に命中させてその場に昏倒せしめ、次いで熊本が事の意外に驚いて間違い、王の身辺に立ち現われるや、更に同人に対し、右拳銃を以て第２弾を発射し、その左胸部に命中させて同じくその場に昏倒せしめ、被告人岸田は、豫て被告人藤本より被告人西、黒川等の前記拳銃の入手の目的が喧嘩にあるものと聞知し、時宜によっては、同被告人等に助勢する意志を以て、被告人黒川より前以て受取っていた日本刀を携えて、被告人石井に追随し〔原本に記載なし〕前記現場附近の路上を往来しているうち、王及び熊本の両名が右のように被告人石井に撃たれて路上に昏倒せしめられるや、直ちにその場に馳せつけ、被告人黒川も亦現場に参会し、死戦期にある王、熊本の両名に対し、被告人黒川もまた現場に参会し、死戦期にある王、熊本の両名に対し、被告人黒川は、所携の匕首を以て、その各頸部を順次に斬りつけ、王に対しては、頸部諸筋を損傷する左右頸部切創、熊本に対しては、内外頸動脈を完全に横切りする左頸部切創をそれぞれ蒙らしめ、被告人岸田は、殺害の意志を以て、前記日本刀で２回にわたり、いずれもその背部より胸部を貫き、刃先が地面に達する程度に強く突きとおし、かくして被告人黒川は直ちに前記浜利飲食店に引き返し、被告人西及び架空取引の相手方劉徳鈿等に対し、現品のトラック積込終了の旨を報告し」

上記判決文に示された「証拠」　その１

１．原審第一回公判調書中、被告人石井健治郎の供述として（記録第908丁裏以下）

「私と黒川、岸田は黒川の案内で、本件現場附近に行き、一時黒川と別れて附近をうろうろしているとやがて黒川が男２人を工業試験場横門に連れて来て、１人の男を外したので、私はズボンのポケットから拳銃を出すと同時に、その男から１間半位のところで発射した。その時汽車が通りかかったが、相手の男は、横の方に数歩走ったかと思うと、道の中程で坐ったようになり、その内もう１人の男がやって来て、何とか言ったが、来たのと同時にわたしはまた撃った。するとその男は、その場に崩れ折るようになった。私が相手を撃殺するとき、岸田か誰かが、私の後ろからついて来ていたように思う。撃った時刻は午後７時半頃かと思うが、もううす暗くなっていた旨の記載」

上記証言に対する反論　その１

ここではまず、証拠に対する反論の前に、判決文「罪となるべき事実」に対して一々検討を加え、反論を述べることにする。

まず、「罪となるべき事実」に「被告人黒川は、被告人西の右意向をうけ、両名を誘導して、予定現場の同市堅粕東新町福岡工業試験場附近に到り」とあるが、この点について、西武雄は第二審第５回公判調書において、以下のように供述している。

「裁　それから、どうしたか。

西　押川は、その飲食店の人を知っていると申しておりましたが、私がその店に入ると、熊本が座敷に上がろうといって、3畳許(ばか)りの部屋に上がりました。それから、熊本が私を中華人に紹介して軍服取引の話を始めましたが、中華人は70万円を持って来ているといっておりました。熊本は、全額持って来なければあとでゴタゴタが起るかも知れないので、それまで売るのは止めたいと思うから反対してくれるなと、私に申しました。すると、中華人は、そのようなことを言わないで信用してくれと、そのそうなことを申しておりましたが、結局、70万円の内10万円を手付金にして、差当り60万円相当の軍服を渡し、残りは代金を持ってきた時、手付金もその代金中に入れて計算するということに、話が決まりました。中華人は、手付金の10万円を出しました。熊本はそれを受取ってから、私に渡し預かってくれというので、私が受取り軍服売渡しのため出ましたが、私は、10万円は一応中島園吉に預けるのが当たり前だと思いましたので、熊本にそのことを話して了解を求め、私が中島方へ行って、その事情を話して、10万円を渡しました。そのとき、中華人の1人が私について中島方まで来ましたが、中華人は、上にあがりませんでした。それから、食堂前まで戻って来ましたとき、黒川が来ておりましたので、お前は久留米に行くといっていたが、どうして行かなかったかと申しましたところ、おそくなりついでに電車で行きましょうと申していたから、『それでは、一寸そこまで熊本さんについて行って上げんな』といって、黒川を熊本に付けたやったのであります。熊本や中華人等は駅の方に歩いて行っておりましたが、私はそのまま食堂に入っていったのであります」

これに対して、黒川利明は第二審第3回後半調書において、以下のように供述している。

「裁　皆と一緒に飲食店の前まで来た時、西からあの中華人と熊本を現場まで連れていけよいわれたのでないか。ただ、熊本について行けと言われたのです。

黒　いいえ、聞いてはおりません。

裁　警察では、西から熊本と中華人を現場に連れて行ってくれといわれたように述べているがどうか。

黒　警察で取調べを受けた時は、『お前が2人を連れて行ったようになっているから俺のいう通りにしたら間違いない。違う所があれば裁判所でいえ』といわれたのでその通りにして、一審の時に事実を申し上げたのです。ところが、その時に、警察でどうして嘘を申立てたかを叱られまして弁解も出来ず、そのままになってしまいました。

裁　西から2人を現場に連れて行ってくれといわれた際に、なお小声でなるたけ暇をとれと、言われたのではないか。

黒　いいえ、そんなことは聞いておりません。

裁　それで、熊本と中華人を現場に連れて行ったのではないか。

黒　いいえ、違います。

裁　すると、熊本と中華人を連れて行ったのは誰か。

黒　熊本が現場を知っているようでした。また、石井の方も熊本が直接話してくれるものと思い、一緒について行ったのです。

裁　熊本から現場はどこかと尋ねられた時、味噌会社のところだと教えたのではないか。
黒　いいえ、違います。……」（註　傍点筆者）
この西、黒川の供述は、一致している。
次に、判決文「罪となるべき事実」に、「倉庫を開く準備をすると称して、右両名を一時同所附近に待たせておき、同所と被告人、石井、藤本、押川等の待機場所との間を数回往復して、機の熟するを待ち」について、黒川は前同公判調書において、以下のように供述している。
「裁　熊本から現場はどこかと尋ねられた時、味噌会社のところだ、と教えたのではないか。
黒　いいえ、違います。私が熊本に何の取引をするのかと尋ねますと、今日軍服千着ばかり取引すると申しましたから、どこでするのかと聞きますと、中華人の方をみて、あれがいるからここで話をするなというので、私も強いて聞きだしませんでした。しかも、私も石井を待たしてありましたから、その方の話をつけねばいけないと思い、石井が福中の裏で待っているからどうするかとききますと、その時には、もう専売局の裏の辺まで来ておりましたが、熊本がこちらから行こうといって、味噌会社の裏の方に行きましたから、私は、石井にの事を連絡に行きました。
裁　被告人が、そこまで案内したのではないか。
黒　違います。
　　……
裁　最初、西からあちらに連れて行けといわれたのは、石井のいるところに中華人を連れて行って、これを殺して金を奪おうという事ではないか。
黒　いいえ、違います。石井は、拳銃を売るために来ていたものと思っておりました。
裁　すると、何のために中華人を一緒に連れて来たのか。
黒　中華人は、軍服の取引をするためについて来たものと思っておりました。
裁　その附近に、軍服の倉庫でもあるのか。
黒　私もよく分りませんでしたから、熊本に聞くと、中華人がいるから出せというので、強いて聞かなかったのです。
裁　騙して中華人を連れて行くのだ、と言わなかったか。
黒　いいえ、聞いていません。
裁　言われなくても、大体そのようなことに気付いていたのではないか。
黒　いいえ、全然知りませんでした。
裁　知っていたから、熊本から現場はどこかと聞かれた時は、味噌会社のところだと教えたのではないか。
黒　いいえ、違います。味噌会社の方には、熊本が勝手に行ったのです。
裁　被告人は、石井のところに行ってどうしたのか。
黒　石井のところに行き、拳銃を買う人が来ているから来てくれと申しました。
裁　その意味は、殺す相手の中華人を連れて来ているという意味ではないか。
黒　いいえ、違います。

裁　すると、石井がまだ早いからもう少し待ってれといったのではないか。

黒　いいえ、そのようなことは聞きません。

裁　それで、また引き返して熊本の所に行き、支那人に聞えるようにいま用意しているから、待ってくれといったのではないか。

黒　はい、石井がすぐ行くからもう少し待ってくれというので、そのことを熊本に話しました。しかし、何も中華人に聞えるように言ったわけではありません。

裁　しかし、熊本は、中華人に倉庫を見せるのが目的ならば何も石井の来るのを待つ必要はないではないか。

黒　兎に角、中華人は、軍服を見せろとやかましくいっておりましたので、熊本は、拳銃の取引を片付けて、自分の用事である軍服の取引をするのではないかと思っておりました。

裁　しかし、軍服の取引が主たる目的ではなかったか。

黒　はい。

裁　しかも、取引をしなければ、金が手に入らないのではないか。

黒　いいえ、それ位の金は熊本が持っていると思いました。

裁　しかし、取引する間際に、拳銃を買うというのはおかしいではないか。

黒　石井を待たしているので、その方も急いでいたのではないかと思います。

裁　その点については、被告人は、警察で全然反対のことを述べているようだね。

　この時、裁判長は、本被告人に対する前同聴取書中該当部分（記録第226丁表8行ないし229丁表1行）を読聞かせた。

黒　警察では取調べを受けた際に、係の方が『お前は西から命令されてやったことと思うから、その通り述べとけば大したことはない』といわれるので、警察の方も、私には悪く取り計らう事はあるまいと思い、西や石井に対して命令したように述べたのです。

裁　それからどうしたか。

黒　私が石井に来るようにいって、熊本の所に戻りましたが、仲々来ないので二度目に呼びに行ったところ、石井は、すぐ行くからしばらく待ってくれと申しておりました。しかし、熊本の所に戻って見ますと中華人が倉庫の戸をドンドン叩いて、『初めと話が違うではないか、早く戸を開けろ』といっており、その後から熊本が抱き止めて居り、『いま会社の者が中に居て都合が悪いからもう少し待ってくれ、大体貴君こそ初めの約束を守らないではないか』とお互いに口論をはじめ、遂には喧嘩になりましたので、私が仲に入って仲裁しようとしますと、今度は、その中華人が私に向き直ってズボンの方に手をやりましたから、私は『こいつ拳銃持っているのではないか』と直感しましたので、すぐ、石井のところにとんで行き。『喧嘩しているから早くしてくれ』といいますと、石井は『そうか』といって、小走りに現場の方に行きました。……」

1　現場に関する藤本、押川の法廷供述

次に、判決文「罪となるべき事実」には、「この間被告人藤本は被告人西、黒川等の意図が金

品強奪の目的を以て人を殺すにあることを知りながら、これを援助する意志を以て、被告人押川より拳銃（証第11号）を受取り、もし王等が逃げ出す場合には、これを脅して被告人西、黒川らの計画遂行を容易ならしむべく、附近路傍ポプラの下に蹲んで、ひそかに王等の動静を見守り、被告人押川も亦同様、被告人西、黒川等の意図が金員強奪の目的を以て人を殺すにあることを知りながら、これを援助する意志を以て、附近の麦畑の中に身をひそめて、ことの成行を注視し」とある。

　ここでは、殺人現場における藤本、押川の共犯状況を述べているようであるが、この点につき、藤本清喜は第二審第1回公判調書において、以下のように供述している。

「裁　黒川は、それからどうしたか。
　藤　私達は、黒川と西がやって来るのを待っておりましたら、20分位して黒川が1人で戻って来て、石井に一寸来てくれといって拳銃も一寸貸してくれと頼んでいたようですが、石井が金がなければ渡さぬというので、やがて2人殺人現場の方に行きました。私はその時、西が踏切りの方からやって来るから金を受取ってくれといわれましたので、その方に行きますと、そのところに押川がいて、風呂敷包みの拳銃を渡してくれました。そして、私は殺人現場から5、6間位離れた所に待っていたのです。
　裁　その拳銃は、どうしたものか。
　藤　それは、石井が使用した拳銃ではありませんが、西と現金引替えするために、私が取ったものです。
　裁　黒川は、石井と一緒に行ってから、どうしたか。
　藤　石井と黒川は、殺人現場で何か話をしておりました。
　裁　その前に石井がその2人を見て、1人は自分がやるからもう1人は逃げ出さないように見張ってくれといったのではないか。
　藤　いいえ、そのようなことはいいませんでした。
　裁　被告人が預った拳銃は、引金がこわれて弾が出ないのだとはいわなかったか。
　藤　調子が悪いとは、聞いておりましたが、そのようなことは聞いておりません。
　裁　その拳銃では、脅かすだけで良いから逃がさぬようにしてくれといわれなかったか。
　藤　いいえ、そのようなことは聞きませんでした。
　裁　被告人は、そこで拳銃を持って2人を見張っていたのではないか。
　藤　いいえ、違います。私は、ポプラの木が現場の附近にありましたのでそこに坐っていたのです。
　裁　黒川が1人の男を連れて来て、倉庫をみせますからというようなことをいってはおらなかったかね。
　藤　黒川が1人の男を連れて行って何か話をしていたようですが、その内容は、気付きませんでした。
　裁　被告人は、検察事務官の取調べに際して、このように述べているがどうか。
　　この時、裁判長は、前同調書中記録第300丁裏2行ないし301丁表3行を読聞かせた。

藤　黒川がその時話したことについては、全然記憶にありません。また、石井からもそのようなことを言われた、記憶はありません。私としても、現場附近で見張りをしていた訳ではありませんが、拳銃を持ってその附近をブラブラしていれば見張りをしていたことになると思い、取調べに際しても、そのような供述をしたのです。実際は、石井からは、そのようなことは聞いてないのです。

裁　しかし、調書に間違ったことを記載されて、なぜ不服を申し立てなかったか。

藤　その時には聞いたように思われたので、そのように述べたのですが、後で冷静に考えてみると、聞いてはいない事がわかったのです。

裁　それから、被告人はどうした。

藤　私がポプラの木の下で坐っておりますと、博多駅から上り貨物列車が通り、わずかの間を置いて機関車だけが矢張り、上り方面に通過しました」

判決文には、「金員強奪の目的を以て人を殺すにあると知りながら、これを援助」したとあるが、以上の法廷供述では、これを否認している。

次に、押川智栄治は第二審第2回公判調書において、以下のように供述している。

「裁　試験場の附近には、誰がいたか。

押　石井と岸田の2人がそこで待っておりました。結局、黒川、西を除いた残りの5人がそこに集ったわけなのです。

裁　何のために、皆そのようなな所で待っていたのか。

押　それは知りません。

裁　その時、黒川か石井かが岸田に対して、『相手が来たら合図しろ』といい、被告人と牧田に対して、『この附近で見張りをしていて相手が来たら脅して逃がさぬようにしろ』といったのではないか。

押　いいえ、そのようなことは言いませんでした。

裁　検察事務官の取調べに際しては、被告人は、このように述べているがどうかね。

　　この時、裁判長は、昭和22年6月日附検察事務官の本被告人に対する聴取書中該当部分（記録第306丁表7行ないし同丁裏8行）を読聞かせた。

押　いいえ、それも、私が自分から述べたことでなく、検察事務官から『こうだろう』といわれて、仕方なしに認めたのです。

裁　間もなく、黒川が2人の男を連れて被告人達の所にやって来なかったか。

押　いいえ、やって来たのは、黒川1人だけでした。

裁　被告人達の所に来て、何をしていたのか。

押　石井と何か話をしていたようでしたが、皆がガヤガヤ話しておりましたので、何の話かよく分りませんでした。兎に角、黒川は2度位やって来て、石井と何か話しておりましたが間もなく石井と一緒にどこかに行きました。

　　なお、私はその時まで福岡旅館から持って来た拳銃を藤本が見せるというので藤本に渡しました。また、その時、岸田か藤本かが一緒かどうか覚えませんが、現場の方に行ったこと

は覚えております。
裁　黒川が石井を呼びに来た時に、黒川は、『２人を倉庫の所に待たしてあるのだが、これ以上待たされないから』といって連れて行ったのではないか。
押　いいえ、そのようなことは聞いておりません。
裁　その点についても、被告人は、検察事務官の取調べに対して、このように述べているがどうかね。
　　この時、裁判長は、本被告人に対する同聴取書中該当部分（記録第306丁裏行ないし307丁表末行）を読聞かせた。
押　それも先程と同じ弁解であります。私も、最初は事実の通りを述べようとしたのですが、私の知らないことまでも知っていることのように調書に書かれましたので、弁解する気力もなくなったのであります。
裁　それから、被告人はどうしたか。
押　私と牧田は、現場から90米位離れたところにおりましたが、皆が仲々戻って来ないので様子を見ようと思い、２人で踏切の近所まで行きましたが、もう附近は薄暗く人影も見えませんので、また、殺人現場を通り過ぎて前にいたところに戻りました。
　　すると、何か変な音がしましたので、その附近で何事かあったなと思い、その足で殺人現場に来たところが、皆がそこでがやがやしておりましたのですぐ、皆と一緒に逃げました」
　押川も藤本と同じく、拳銃売買以外は周知していないと法廷供述しているが、判決文は、これを強殺幇助と認定している。

2　射殺現場に関する石井の法廷供述

　次に、判決文「罪となるべき事実」には、「被告人石井は、前記の如く、被告人西、黒川等の計画に加担しその実行行為の一部を分担遂行する意志を以て、前記福岡工業試験場横門前路上に臨み同所において、被告人黒川が誘導してきた王、熊本の両名に出会い、被告人黒川を一時同時から待避させ、王を目がけて発射し、胸部に命中させ、その場に昏倒せしめ、次いで熊本がことの意外に驚いて周章、王の身辺に立ち現れるや、更に同人に対し、右拳銃を以て第二弾を発射し、その左胸部に命中させて同じくその場に昏倒せし」とある。
　ここでは石井の射殺当時の状況を述べているが、この点に関して石井健治郎は、第二審３回公判調書において、以下のように供述している。
「裁　途中で、黒川からこの辺が取引の場所といって現場を教えられなかったか。
石　いいえ、そのようなことは言われません。また、そんなことは言うはずが無いと思います。
裁　それからどうしたか。
石　黒川達と一緒に西の後を追って、今から考えると、中島園吉方の一町位裏に当るところで、畑の囲いの近所まで来ると、黒川が立止り、『西達の行ったのは、あの銀杏の木の立っている近くの家だが、そこは他の連中もいることだし、今行っても無駄だから、ここで待っていてくれ』というので、私は、福岡中学の運動場で子供達が野球をやっているのを見ながら、

待つことにして、黒川達の戻って来るのを待ちました。
　それを警察でも計画的にあったように書かれましたので、第一審の公判の時にハッキリ申し上げますと、裁判長から、こちらから訊ねること以外は、答えるなといわれますので、充分な弁解はできなかったのです。
　それから先程の話の続きですが、私がしばらく待っておりますと、押川を先頭に藤本、牧田、黒川の順序にやって来ましたので、押川に拳銃の代金は貰ったかと尋ねますと、まだ貰ってないとのことでしたから、どうしたのかと思って、一番最後に来た黒川に早く拳銃の金を払ってくれと申しますと、黒川は走って引き返しましたが、しばらくして戻って来て、先方に大勢の人が待っているとのことでしたから、私達4名は喧嘩がここであるのではないかと話合い、相手が拳銃を持って来ているのではないかという懸念もありましたので、牧田か岸田かが様子を見てくるといって、黒川の後について行きました。今から考えますと、黒川は現場で中華人と熊本とが言争っているのを見て、喧嘩をしているものと勘違いしたらしく、私のところに2番目に来た時には、かなりあわてた様子で、拳銃を借してくれといいましたが、私は代金引換えでなくては渡されぬといって渡さずに、黒川と一緒に様子を見に行ったのです。

裁　被告人が現金と引換でなくては渡されぬといったので、それなら1つ加勢してくれといわれたのではないか。

石　いいえ、相手が争っているから、全責任は自分達が負うから、仲裁に行ってくれと言われたのです。

裁　仲裁をするのに全責任を負うということは、少しおかしいではないか。

石　仲裁に行っても、話の都合ではどんなことになるかも知れないので、そのように申したものと思います。

裁　ところが、被告人は検事の取調べに際しては、この点について、このように述べているがね。

　この時、裁判長は、昭和22年6月6日付検事の本被告人に対する聴取書中該当部分（記録第243丁表2行ないし同丁裏3行）を読聞かせた。

石　それは、警察の調書を基本として、私の述べる所を少しづつ書入れながらできたたものです。

裁　しかし、それなら警察の調書と大分違うようだね。警察では、100万円の取引をするとかいうことを述べているが、検事の調べでは全然述べていないではないか。

石　私もその時には、色々の調書を見せつけられて、頭が混乱して錯覚を起したのです。大体、牧田達も全然強盗殺人にはならぬと思います。彼等は、私達が拳銃の代金取りに行ったのであって、私が加勢させた訳でも何でもありません。
　兎に角、初めからの調書が皆間違っているので、私達は強盗殺人をしたようになってしまったのです。

裁　それからどうしたか。

石　私と黒川は、現場の方に様子を見に行きましたが、私が黒川より５、６歩おくれてブラブラしながら行くと黒川が１人の男と何やら言い争っておりました。

　私は、その時道路の端の方に居たのですが、何気なしにヒョイと後を振向いたところ、黒川と言い争っていた人、今から考えて見れば、中華人の王でしたが、その人が急に私の方を向いてポケットに手を入れたのとハット思って、私が発射するのが一緒で、なおその時に機関車が私の横を通って行ったのです。すると、王は、４、５歩位私の方によろよろと倒れかかりましたので、私がそれをよけながら振り向くと、その時、黒川が熊本と一緒にその傍に来ておりましたので、私は、熊本をも喧嘩の相手と思い、振り向きざまに、また一発発射しました。そのために、黒川はおどろいてその場を逃げ出しました。

　ところが、４、５００米も逃げたところ、岸田が走って来て、私を呼んだので様子を見に行ったところ、岸田が日本刀で王を突いており、黒川も頸動脈を匕首で突いておりました。

裁　黒川が被告人の所に戻って来て、ピストルを貸せといった時に貸さずに、同人と一緒について行ったのは何のためか。

石　喧嘩でもやるのなら止めてやるのがお互いの人情ですから、できるなら仲裁してやろうと思って様子を見に行ったのです。しかし、話がつかずに喧嘩になれば、都合によっては、黒川の味方をしてもよいと思っておりましたが、相手を殺すということなどは、全然考えてもおりませんでした。

裁　黒川と一緒に現場に様子を見に行ってからの経過を述べて見なさい。

石　私が現場に立止って様子を見ると、王が４、５間位先に立っていて私を見ると、上衣の右腰ポケットに手をやりました。

　私は、その前に喧嘩の相手がピストルを持っているということを聞いておりましたから、王がポケットに手を入れたのを見て、相手がピストルで私を射つ気だなと直感し、すぐさま私もズボンの右ポケットから拳銃を出して発射しました。

裁　どういう風にして発射したのか。

石　ズボンの右ポケットから出すと同時に、拳銃を右腰に当て、銃口を先方に向け発射しました。

裁　どこを狙ったか。

石　別に狙いは定めずに、トッサに引金を引きました。

裁　心臓を貫いているようだが、それまでに発射練習をしたことはないのか。

石　全然ありません。軍にいる時も小銃は持ちましたが、拳銃は持たされませんでした。全然練習いたしておりません。

裁　その拳銃には、安全装置はなかったか。

石　よく記憶いたしません。

裁　何発位装填してあったのか。

石　４、５発位と思います。

裁　２度目に、熊本を撃った時の模様はどうか。

石　私が王を撃ったところが、同人は私に倒れかかりましたので、私が体をかしましたところが、4間のところに熊本が立っておりましたので、喧嘩の相手と勘違いして振り向くと同時に、もとの姿勢で更に一発射しました。すると黒川は驚いて逃げ出しましたので、皆の内誰か記憶いたしませんが、呼び戻していたようでした。

裁　その時、黒川が匕首を持っているということは知っていたか。

石　旅館を出る時にテーブルの上に牧田の匕首が置き忘れてありましたので、それを黒川が預って持っておりましたから、現場にも持って来ていることは知っておりました。

裁　それで、被告人は、黒川に『止めを刺せ』といわなかったか。

石　いいえ、申してはおりません。他にもそのようなことをいった者はいないと思います。

裁　被告人から射たれた2人は、ウンウン呻（うめ）いていたのではないか。

石　はい、私が現場を逃げ出してから10分間位してから戻って来た時にも、2人の内俯せになっていた男は、呻（うな）っておりました。

裁　牧田や岸田達は、倒れていた男を暗がりの方に引張り込んだのではないか。

石　いいえ、その時は、まだ倒れながら暴れておりましたので、引張ったのです。

裁　被告人が命令したのではないか。

石　いいえ、違います。

裁　何のために、引張り込んだのか。

石　何のためにかよく分りませんが、兎に角、その時にはまだ暴れておりました。

裁　岸田が持っていた日本刀というのは、どうしたものか。

石　それは先程も申しましたように、旅館で黒川から受取ったもので、懐ろに突込んで持って歩いていたのです。

裁　被告人は、黒川に止めを刺せといったのではないか。

石　いいえ、決して申しておりません。黒川は、私が発射するとスグその場を逃げ出しましたが、間もなく引き返して来て、矢張り逆上していたものらしく呻いている男を刺したのであって、何も、私から命令した訳ではありません。しかも、黒川は岸田よりも先に刺しているのです。先程、黒川は自分が刺した男はもう冷たくなっていたと述べておりましたが、そのようなことは絶対にありません。その時は、まだウンウン呻いていたのです。

裁　黒川に対して、身体を探して金を盗れと言わなかったか。

石　いいえ、決して申しておりません。

裁　それで、黒川は倒れている男のポケットから紙片を出して見せて金はないといったのではないか。

石　絶対に、そのようなことはありません。大体、私達は強盗をする積りではありませんでしたから、皆チリヂリになってしまい、誰がどこ行ったか分らぬようになった程ですから、ただ今御訊問のようなことは、絶対ありません。

裁　最初の1発を発射した時に、機関車が一台横を通った相だね。

石　はい、私が2発発射する間に通り過ぎました。尚他の者は、その後でも貨物列車が通った

ように申しておりましたが、私には貨物列車の通過した記憶はありません。
　裁　黒川が熊本や王に軍服の倉庫を見せるために連れて、来たことは知らなかったか。
　石　いいえ、全然知りませんでした」
　判決文には、「被告人西、黒川等の計画に加担し、その実行行為の一部を分担遂行する意志を以て」とあるが、法廷供述ではケンカと思って撃ったと詳細に当時の状況を述べているのである。

3　射殺現場に関する岸田の法廷供述

　次に、判決文「罪となるべき事実」には、「被告人岸田は、豫て被告人藤本より被告人西、黒川等の前記拳銃入手の目的が喧嘩にあるものと聞知し、時宜によっては、同被告人等に助勢する意志を以て、被告人黒川より前以て受取っていた日本刀を携えて、被告人石井に追随し、前記現場附近の路上を往来しているうち、王及び熊本の両名が右のように被告人石井に撃たれて路上に昏倒せしめられるや、直ちにその場に馳せつけ、被告人黒川も亦現場に会合し、死戦期にある王、熊本の両名に対し、被告人黒川は、所携の匕首を以て、その各頚部を順次に斬りつけ、王に対しては、頚部諸筋を損傷する左右頚部切創、熊本に対しては、内外頚動脈を完全に横切する左頚部切創をそれぞれ蒙らしめ、被告人岸田は、殺害の意志を以て、前記日本刀で二回にわたり、いずれもその背部より胸部を貫き、刃先が地面に達する程度に強く突き通し」とあるが、ここで１つ、不可解なことがある。

　それは牧田の行動である。彼は、判決文によると「福岡旅館を出発し、被告人西は、押川、藤本等を同所に待たせておき」とあるので、浜利飲食店前まで西と行動しているのである。ところが、その後の行動については、判決文は明示していない。牧田は少なくとも、判決文の上では浜利飲食店まで来て、爾後行方不明である。第一、上記判決文に、「押川、藤本等を同所に待たせておき」とある、等の字は誰を指すのか、勿論同道した牧田であろう。では、どうして牧田とハッキリ明示しないで等という字でゴマ化すのか。勿論、牧田は無罪であるから、有罪となった者と一緒に行動しては困るので伏せたのであろう。

　したがって、射殺現場にも、牧田は皆と一緒に来ていたのは、証拠にも挙げられている通り事実であるが、無罪の牧田が射殺現場に居合せたと記述することが出来ず、行方不明にしてしまったのであろう。あるいは、射殺現場の状況を述べた判決文の条りに等という字がしばしば出て来るが、ここでも、等という字の中に、牧田の氏名は伏せてあるのかも知れない。しかし、伏せてあるとしたら、彼も当然有罪とならねばならぬはずである。それにしても、このような重大な判決文において、被告人の氏名を等という字で省略することは、不明朗な記述だと思う。また、牧田が無罪であるため、牧田の行動が叙述されてないのかもしれないが、しかし、彼も他の相被告人と全く同じく行動したことは事実であるし、たとえ無罪であっても、無罪となるべき牧田の行動とはどんなものであったか、明示すべきではなかろうか。まして、彼も、第一審では有罪であったのであるから、なぜ有罪から無罪になったかの緯緯上からも牧田の行動と、その無罪の根拠、理由等なお一層明示すべき性質のものではなかろうか。

　さて、上記判決文では、黒川、岸田の射殺当時の共犯状況が述べられているが、この点に関し

岸田文彦は、第二審第２回公判調書において、以下のように供述している。
「裁　それからどうしたか。
　岸　３人で歩いて行くうちに、黒川が途中で西を呼びに行って来るから、一寸この辺で待って
　　くれといいますので、大分暗くはなるし、どこに行くのかと尋ねますと、丁度その先に半鐘
　　がみえ、木の繁ったところが見えましたから、黒川は、その木の下で待っていてくれ、と申
　　しますので、私と石井は、そこで押川、牧田、藤本達の帰って来るのを待っておりました。
　裁　最初から、堅粕に行くことになっていたのではないかね。
　岸　いいえ、違います。
　裁　それからどうしたか。
　岸　黒川が仲々戻って来ないので附近で、子供達がやっていた野球を見ておりましたが、しば
　　らくすると附近が暗くなって野球も見えなくなりましたから、また、しばらく２人で待って
　　いるところに、押川、藤本、牧田の３人が戻って来て、拳銃の代金はまだ貰ってないから、
　　しばらくここで待っていてくれと申しますので、引続き、その場で待っておりました。
　裁　そこに、誰かを連れて来るという話ではなかったか。
　岸　いいえ、そのような話はありませんでした。
　裁　２人ばかり連れて来るから待っていてくれ、という話ではなかったか。
　岸　いいえ、そのようなことは聞きません。
　裁　黒川が２人連れて来るから見張りをしていてくれ、ということではなかったか。
　岸　いいえ、違います。
　裁　警察では、被告人は、藤本が被告人に対して、『黒川が２人を連れて来るから見張りをし
　　ておけ』といったように述べているがどうか。
　岸　はい、そのように警察では述べました。しかし、見張りをしていてくれと言われたのでは
　　なく『見ていてくれ』と言われたのです。
　裁　その前に、黒川が２人連れてくるというのは、どういう意味なのか。
　岸　その時までは、知りませんでした。
　裁　しかし、警察でなぜそのようなことを述べたか。
　岸　警察では、私と押川と牧田の３人を集めてメモをとられたのですが、私としては、後の結
　　果からしてそのように述べたので、結局調書にはそのようになったのです。
　裁　実際にそうだったから、そのように述べたのではないのか。
　岸　いいえ、違います。
　裁　なお。その際に、藤本から『見えたら手を叩いて合図せよ』といわれたのではないか。
　岸　警察ではその通り述べましたが、これも先程と同じ弁解です。
　裁　黒川は、２人を連れて来たか。
　岸　はい、もう日はとっぷり暮れて附近が暗くなってから、２人を連れてやってきました。
　裁　それで、被告人は藤本からいわれた通り、２人が来たぞと合図したのではないか。
　岸　私は、よく指を鳴らす癖があるので、その時も、何の気なしに指を鳴らしたのを、皆が合

裁　石井が被告人と藤本に見張りをさせ、藤本には菊池の家から持って来た拳銃を持たせて、自分が1人をやるから、君は1人が逃げて来たらその拳銃で脅して逃げぬようにしてくれと、言ったのではないか。

岸　いいえ、そのようなことは聞きません。なお、その拳銃もまだ風呂敷につつんだままになっていたのです。

裁　2人が来た時には、どう思ったか。

岸　喧嘩の相手のような気がしました。

裁　3人は争っているように見えたかね。

岸　離れておりましたので、よく分りませんでした。

裁　見張りをしているなら、3人の様子は分りそうなものだが。

岸　もう、附近は暗くて分りませんでした。

裁　黒川が人を連れて来た時には、そこで、何かして金でも取るという事を考えたのではないか。

岸　いいえ、そのようなことはありません。

裁　どういうことが起ると思ったか。

岸　全然、考えも及びませんでした。私と藤本、牧田、押川の4人、唯拳銃の代金を貰うことだけに気をとられていて、全然他のことには考えが及びませんでした。

裁　黒川は、2人を連れて来た時に、倉庫の前に行き、倉庫を開ける準備をしているから、すぐ倉庫を見せるのだとは言ってはいなかったか。

岸　何度か、石井の所にも来て話をしていたようでしたが、倉庫を見せるとかいうことは言いませんでした。

裁　あの2人に倉庫を見せるようにしているが、大きい方が力があるから大きい方からやろう、とは言わなかったか。

岸　黒川は、そんなことは申しませんでした。

裁　しかし、警察では被告人は、その点について、このように述べているがどうかね。

　この時、裁判長は、昭和22年5月29日付司法警察官代理の岸田文彦に対する被疑者聴取書中該当部分（記録第396丁表2行ないし397丁裏7行）を読聞かせた。

岸　はい、警察では、その通り述べました。というのは、警察で取調べを受けた際には、私と石井、押川、牧田それに西が逮捕されているだけで、黒川、藤本は、逮捕されておりませんので、警察で取調べに当った人にも事件の真相がはっきりせず、私と押川、牧田の3人を集めてメモをとられた際に、西は知らぬ存ぜぬと否認しているので、すべて石井達がやったようになっていると言われました。それでは、私達も西の態度に憤慨して、知っていることに憶測を加えて述べたのです。それで、その際に、藤本が押川と牧田に倉庫の方で見張りをさせ、『岸田と自分（藤本）は逃げて来る奴を脅すことにする』といったように述べたのも、実は、西一派を悪く言わんがためなのです。

裁　その際に、石井が黒川に拳銃を渡そうとすると、黒川は、まだ渡さんでもよいと言って受け取らなかったそうだね。

岸　いいえ、それは、私が警察や第一審の時に感違いをしておりましたので、そのように申したのでありまして、一審の際にも、裁判長から5万円もする拳銃をどうして受取らなかったか、と訊ねられた位ですが、実際は、黒川がやって来て、石井から拳銃を借りようとしたのですが、石井が金を持って来なければ渡されぬ、と言って渡さなかったのです。
　　すると、黒川は是非頼むといって、石井をどこかに連れて行こうとしましたので、石井は、私達に金を持って来たらすぐ渡せといって2人で、どこかに行きました。なお、それは、黒川が2人の男を連れて来てから後のことであります。

裁　その間、2人の男はどうしていたのか。

岸　後で、味噌会社の倉庫だということがわかりましたが、兎に角、その倉庫の前に立っておりました。

裁　それからどうしたか。

岸　しばらくすると、何か変な音がしましたので、おやと思って感付かれないに、吉塚の方に歩いて日本刀を胸にしたまま、附近の電信柱によりかかって待っておりました。すると、すぐ機関車だけが上り方面に通り過ぎ、更に5分位して、貨物列車が矢張り上りの方向に行きましたが、その2度目の貨物列車が通過した際に、拳銃の発射音を聞きました。すると、すぐ黒川が走って来ましたので、これは拳銃の音はしたが、黒川が石井を置き放しにしてあって来たところを見ると、今の発射音はこちらが撃ったのではなく、石井がやられたのだなアと思い、黒川に石井はどうしたかと尋ねると、石井はいるとのことでしたから、黒川と一緒に戻ったところが、石井はおりましたが、2人の男がその場に倒れており、白いズボンを穿いていた方の男はまだ呻っておりました。それで、私は無我無中でその男に馬乗りになり、柄を両手に逆手に持って、背中の辺を数回突き刺しました。

裁　刺す前に誰からか、まだ、生きているということをいわれて、それで刺したのではないか。

岸　その時は、もう何も考えませんでした。

裁　黒川から、刺せといわれて刺したのではないか。

岸　よく覚えません。

裁　何のために、わざわざ刺したのかね。

岸　その時の気持は、よく分りません。

裁　倒れている男が拳銃で撃たれたのだということは、知っていたのか。

岸　はい。

裁　相手が少し息をしていたので。息の根を止めるために刺したのではないか。

裁　何回位、刺したか。

岸　よく、覚えません。

裁　相手は刺したために、息が絶えたか。

岸　その時は、わかりませんでした。

裁　被告人が刺す前に、黒川が倒れている人間のポケットを探っていたのではないか。

岸　警察の取調べを受けた際に、被害者のポケットから何か失せているといわれましたので、そういえば、あの時黒川が何か白い物を持っていたようだと思い出し、黒川が取ったのだろうと申し上げましたが、実際は、はっきりしておりません。

裁　警察では、黒川が２人の男のポケットを捜して何か取り出していたとはっきり断定しているがどうか。

岸　はい、警察では、はっきりそのように申しました。

裁　もう１人の男も、誰かが刺したのではないか。

岸　残りの１人も、私が刺したと思います。
　　私が中国人を刺して血刀を拭いたように記憶しております。それで、中国人の来ている服に血刀を拭いた跡があれば、私が刺したのに間違いありません。

裁　片方は、黒川が刺したのではないか。

岸　私は、黒川が刺したのは見ておりません。私が大きい方も小さい方も刺したように思います。

裁　それからどうしたか。

岸　牧田が人が来たというので、すぐその場を逃げ出しましたが、その途中で、黒川、石井、押川の３名に出合いました。その際、石井は、『もう弾は１発もないのだが、一体、西はどうしたのか』と言っておりましたが、黒川は、西は何とかという食堂にいるといいましたので、石井は、『それなら、すぐ西を助けねば相手の中国人が沢山いるから殺される』といって、黒川と石井は出かけました。

裁　その際、黒川は、後から西がもう２人連れて来るから、それもやらねばならぬというと、石井がもう弾がないから２人を殺すことが出来ぬといったのではないか。

岸　いいえ、そのようようなことは話しませんでした。

裁　どういうわけで警察では、そのように述べたのかね。

岸　警察で取調べられた際には、私達が余りに簡単に２人を殺したことについて、その理由について訊ねられましたので、私達の憶測も加えて、皆が計画的にあったように述べましたので、その話を合せるためにそのようなことを述べたのです」

次に、判決文によると、「被告人岸田は、予て被告人藤本より被告人西、黒川等の前記拳銃入手の目的が喧嘩にあるものと聞知し、時宜によっては、同被告人等に助勢する意志を以て、被告人黒川より前もって受取っていた日本刀を携えて、被告人石井に追随し、前記現場附近の路上を往来して」いると、相被告人との関係を断じているが、それら相被告人を強盗殺人罪とし、１人岸田だけをケンカによる単純殺人と断じたのは、余りに話が飛躍しすぎて作為と不自然さが見え透いている感じである。

4　射殺現場に関する黒川の法廷供述

次に、黒川利明は第二審第３回公判調書において、以下のように供述している。

「裁　それからどうしたか。
　黒　私が石井に来るようにいって熊本のところに戻りましたが、仲々来ないので、2度目に呼びに行ったところ、石井はすぐ行くからしばらく待ってくれと申しておりました。しかし、熊本のところに戻ってみますと、中華人が倉庫の戸をドンドン叩いて、『初めと話が違うではないか早く戸をあけろ』と言っており、その後から熊本が抱き止めており、『今会社の者が中にいて都合が悪いから少し待ってくれ、大体貴君こそ初めの約束を守らないではないか』とお互いに口論をはじめ、遂には、喧嘩になりましたので、私が仲に入って仲裁しようとしますと、今度は、その中華人が私に向き直ってズボンの方に手をやりましたから、私は、『こいつ拳銃持っているのではないか』と直感しましたので、すぐ、石井のところに飛んで行き、『喧嘩しているから早くしてくれ』といいますと、石井は、『そうか』といって小走りに現場の方に行きました。その時には、熊本は道路端まで出て来て私に手招きして来いと言いますので、そのところまで行きますと、熊本は、『何か往生した』と申しておりました。すると、その時、機関車が通り、その後からまた汽車が来たので後を振返って見ますと、中華人が走りながら倒れかかって来たので、私と熊本は、おどろいてそこへ走ろうとしますと、拳銃の発射音が聞えました。ところが、私と熊本とはすれすれの所におりましたので、私は、自分が撃たれたような気がしましたので、驚いて、その場から逃走してしまいました。その時の石井との距離は、ほんの5、6歩で中華人の倒れた所から地面にしゃがみ込み更にひっくり返って仕舞いました。
　裁　それを、石井の若い者が抱き起さなかったか。
　黒　私は、中華人の方に近寄ろうとすると、いきなり拳銃を発射されましたので、その場から逃げ出しましたから、その点よく分りません。
　裁　最初、中華人が射たれた時には、その発射音は聞えなかったか。
　黒　聞えませんでした。
　裁　石井が最初熊本達の所に行った時、石井は、拳銃を出していたか。
　黒　その時には、そこまでは注意しておりませんでしたから、気付きませんでした。
　裁　石井から拳銃を発射され、その場を逃げ出してからどうしたか。
　黒　現場から300米位も逃げ出した頃に、後から待て待てという声がするので、通行人かと思い、逃げればいよいよ変な具合いになると思い止りますと、それは、牧田でしたので、同人と一緒に現場の方に戻りました。ところが、現場では、2人共道路より少し引込んだ所に倒れており、どちらか知りませんが、片方の男がウンウン呻っておりました。それを見て、私はこれは殺されたようだなと直感し、あまりのことに驚いて、後先も分らぬようになってしまい、誰かが、突け突けと呼ぶのを聞いて手前の方にいた男を匕首で刺しました。その匕首というのは、旅館のテーブルの上に忘れてあったものを返す積りで私が持っていたのです。
　裁　被告人がその匕首を持っていたことは、石井は知っていたのか。
　黒　はい、旅館で後片付をした際にテーブルの上に匕首が置いてありましたから、石井に貴方の所の若い人が匕首を忘れているがどうしようと聞きますと、後から返せばよかろうと言

いますので、私は、後で返す積りでそのままズボンのポケットに入れて旅館を出みました。
裁　匕首で倒れている男の、どこを突いたのか。
黒　ハッキリ記憶しませんが、足の辺を刺したように思います。それもほとんど無意識に突いてしまったのです。
裁　被告人が刺した方の男は、まだ、呻っていたのではないか。
黒　いいえ、違います。私が匕首を鞘に入れてハンカチで血を拭こうとする時に、そのハンカチを落しましたので、それを取る時に死体に触れましたが、その時には、もう冷たくなっておりました。
裁　匕首で刺そうとする時に、石井から体を探して金を取れといわれ、体を探したのではないか。
黒　いいえ、恐ろしくてとても、そんなことはできませんでした。
裁　上衣のポケットの中から、紙切れを取り出したのではないか。
黒　いいえ、違います。そんなことはいたしておりません。
裁　その点について、警察では、そのようなことを述べているがどうか。
　この時、裁判長は、司法警察官代理の本被告人に対する前同聴取書中該当部分（記録第231丁表1行ないし232丁表4行）を読聞かせた。
黒　それは、私が述べたのではなく、警察で勝手に書かれたのです」

以上の供述でもわかるように、黒川は石井に対し、ケンカの仲裁を頼んでいるのであって、強盗殺人を頼んだのではないのである。

次に、判決文「罪となるべき事実」には、「かくして被告人黒川は、直ちに前記浜利飲食店に引き返し、被告人西及び架空取引の相手方劉德鈿等に対し、現品のトラック積込終了の旨を報告」とあるが、これは、「第8節　西、王らと取引」において述べてきた殺害後の残金請求の折の状況記載の文面である。ところが、上記判決文のつづきを読むと、ここでもまた、残金60余万円を請求していることになっていたのである（前述の通り）。

すなわち、殺害後に1回請求した残金を、殺害前にも1回したことにして、都合2回、同じ事犯を当て嵌めているのである。しかも、殺害前に金銭を請求し、それを拒否されたので、強盗殺人を遂行して、その60余万円の残金を強奪しようと、2人を殺害したというのならば、よろしく残金6余万円強奪すべきである。しかるに、殺害後も殺害前と同じように「交付方を強要したが、劉等において、あくまで現品引換を主張峻拒したため、その目的を達せず」というならば、何のため殺害したか、殺害の意味が無いではないのか。しかもこの場合、劉等は王が殺害されたことを知らないのである。すなわち、黒川は知らせていないのである。この点に関しては、判決文に示されている「証拠」の劉の証言によっても明らかである。

殺害前も殺害後も、同じ方法手段で残金を請求しているが、殺害後も殺害前と同じく峻拒されて残金60余万円は、入手できていないのである。しかし、それは当然のことである。殺害前の方法手段では、残金60余万円入手不可能と見たからこそ、殺害をあえて遂行したのであろう。しかるに、殺害後も殺害前と同じ方法手段で残金を請求するなら、入手出来ないのは当前である。

それでは、一体何のために殺害したのか意味をなさないのであるが、そこがコジツケによってデッチ上げられた文章のミスというものである。

一つの事実を殺害前後２回に分けて、強引に強盗殺人を成立せしめようと巧妙に筋書を造り上げたつもりだったが、事実は、このように粗雑極まるものであった。嘘というものは、容易にバケ通すことはできないものであることは、誰よりも裁判官や検察官、警察官自身が一番知っているはずであるが、これは全くどうしたというのか。これでもなお抗弁の余地があるのであろうか。

では今一度、前述の問題点の判決文の個所を列べて挙げてみよう。果して、殺害に強盗の目的と意味が成立するかどうか、双方よく読みくらべて貰いたいのである。

１．殺害前

「<u>残金60余万円については、王等の方で、現品引換でなくては、容易にこれを交付すべくもない模様であったので</u>、被告人西は、ここにいよいよ予めの計画通り、取引の相手方を順次誘い出し、これを殺害して右残金を強奪する外はないと考え、王等がしきりに現品の受渡を要望している心情をとらえてこれに乗じ、現品積込現場への案内に籍口し、王、熊本の両名を前記浜利飲食店前で被告人黒川に引渡し」

２．殺害後

「かくして被告人黒川は、直ちに前記浜利飲食店に引き返し、被告人西及び架空取引の相手方劉徳鈿等に対し、現品のトラック積込終了の旨を報告し、被告人西は同所で右劉等に対し、<u>残金60余万円の交付方を強要したが、劉等において、あくまで現品引換を主張峻拒したため</u>、その目的を達せ」（註　傍線筆者）

上記証拠に対する「反論」　その２

次に、証拠とされている原審第一回公判調書被告人石井健治郎の供述に対して検討を加えたい。

前出の点に関して被告人石井健治郎は、筆者宛ての第二審判決謄本解説において、以下のように供述している。

「公判調書にはまた黒川が２人を連れてきて、『１人をはずした』と石井が供述したことに成っているが、言葉のあやとしてもこれは一寸おかしいのであります。石井が現場に行った時、暗がりから黒川達３人が出て来た時、石井は道路上に来ていたのでありますが、３人の内黒川と熊本が今想えば先に出て来て倉庫の方へまがろうとしている時王も路上に出て来ていたのであり、『はずした』というようなものではない事が事実でありますから、この供述は事実ではない。王は路上に立って王等を見ている知らない人間のいる事に気づいて『はっ』としたような態度でパッと手をポケットに突込んで、何か黒いものを出そうとしたので、石井は相手の人は拳銃を持って来ていると聞いていたので咄嗟に相手が拳銃を出そうとしていると思い、石井はとび下って相手を持っていたポケットの拳銃を出すが早いか撃ったのであります。しかし、この公判調書の供述は何でもないのに、拳銃で撃った如くに人に思わせるようである。これは初期の悪意か、事実上の各人の行動が違うことでもこの供述はおかしい。藤本のこの場の供述は、石井が撃った拳銃の正面のポプラの木の下に座って見張りをしていた事になっていながら拳銃の音は聞いていないことになっている。また岸田の供述は、石井と王と藤本は一緒に、黒川と熊

本は 14、5 米はなれたところで笑って話をしていたとなっている。藤本はポプラの木のところにいたと法廷と検察官とに 2 回も供述していることになっている。それは王の出て来たところの左横である。地図で見るととうてい考えられないことであります。また岸田の供述は、黒川の 2 回目の検察官への供述と同じようであるが、これも岸田がどこから見ていたというのであろうか。黒川のいう味噌会社の玄関は道路からは見えないところである。岸田は石井のあとから反対側の道を来ているのであるからこれは嘘ということが明らかである。第一に、岸田は石井の拳銃の音を聞いて走って来たのであるから、うす暗がりのところで 15 米も離れたら人の姿の見分けがつく筈がないからであります。藤本の供述も、ポプラの木は空地の入口にあるのであるから、その空地にいた人達がいるのに、そんなことはあり得ないことである。空地といっても 3 間四方位のせまいところでつき当りが門であること等でも藤本の供述は事実の実状に合わないから、これは検察官の誘導で嘘を申立てたという藤本の申立の方が事実ということができると思います」

上記判決文に示された「証拠」　その 2

1、石井健治郎に対する司法警察官の聴取書（記録第 351 丁以下）中に、
「福岡旅館を出て判示犯行現場に赴いたとき国道踏切の附近で、黒川は相手を殺す場所は味噌屋附近の倉庫の横であることを前以て指示し、相手の 4 名を自分が 1 人宛連れ出して来て、1 人宛殺す、最後の 1 人が金を持っているので西が殺して金を持ってくることになっているから、是非加勢を頼む、その代り拳銃代として君たちに 5 万円やる、などと話した。それから右踏切のところで、押川、藤本、牧田と出合い、黒川が堅粕にいる相手を連れ出すことになり、その間同人は西のいるところと私達のいるところとを何回も往復しており、私等も判示現場を中心に、その附近を往復して、黒川が相手を連れてくるのを待っていた旨の記載」がある。

上記聴取書の作製状況（取調べ）について、石井健治郎は、筆者宛ての「質疑応答書」において、以下のように供述している。

「普通、供述書といえば 1 人の刑事か係りが、本人から聞きながら書いたのが、聴取書と思いますが、私達の供述書なるものは証人出廷した馬場刑事や後藤実巡査部長がいっている如く、始め取調べをメモしてから供述書を造ったといっていることでも明らかな通り、4 人も 5 人もの刑事がメモしたのを集めてつくり上げているために創作文まで入ったわけであります。

　私の供述書には、11 項から先は特にそれがひどく、11 項は全文が創作文のソウ入であることが明らかでありますし、あんな文面は私に読んで聞かせてはいない。私は法廷で初めて知ったのでありますから。また、12 項以下の文も創作文が多く間違っているので、私は、松尾利三警部補に、『間違っている部分は書直して下さい』とたのんだが、『お前達が警察の取調べに協力せんから、日数がかかり占領軍への報告がおくれて、何度もあっちこっち行かんならんことになっているし、今日は、千代田ビルの法廷に行かねばならんから、これに早く拇印を押せ』といったが、私が、『書直してくれないなら拇印は押さん』といったら、大きな声でどなられた。その声で刑事が 2 人か 3 人来て私に色々いった。そして今から千代田ビルに行くから早くせよといった。松尾は、私に、『殺人はお前は認めているんだろうが、少し位の違いは裁判の時法

廷でいえばよいではないか』といって、刑事達が私の手を握って印肉を指につけようとして力一杯手を取った。私も皆からせかされて少し位の間違いは裁判の時にいえば事実は判るだろうと思い、署名して拇印を押して」、

作成されているもので、上記の証拠とされている聴取書は、この第11項中の一節である。松尾利三は、法廷証人として出廷した時、この点で石井に問い詰められ色を失なって退廷していることは、第3章「警察、検察官の証拠捏造の事実」で述べた通りである。

次に、上記証拠に対して、石井健治郎は筆者宛ての判決文解説において、以下のように供述している。

「黒川が道中で『5万円やる』と言ったとか、それも拳銃代としてである。また是非加勢を頼むなどといったともなっているが、何も話さず是非加勢を頼むというのであろうか、全くおかしなものであることが判ります。何も事情を話さなかったから、岸田に強盗殺人罪がついてないのであるということが言える。

また、現場附近で黒川が押川、藤本、牧田を石井と岸田が待っているところに連れて来た時の会話『実地検証の各人の供述』に、石井が押川に『拳銃の代金は貰ったか』とたずねると、押川は、『まだ貰わぬので拳銃は渡さずにここに持っている』と答えている。そして、石井が黒川に『早く拳銃の金を持って来てくれ』といっていることである。また、岸田の判決謄本中、証拠として（第三回公判記録第1014丁以下中）、黒川が12回走って来て、『喧嘩の相手が2人来た』といって、石井を連れて行ったということを認めて証拠としていることである。強盗殺人を話し合った者達が何のために拳銃の金位を先に貰おうというのか、また、喧嘩の相手が2人来たなどいって、黒川が石井を連れて行かねばならぬのか」

このように石井は、警察聴取書が捏造であって、強盗殺人の意志など毛頭なく、飽迄（あくまで）拳銃取引で行動中の突発事故であることを訴えている。

上記判決文に示された「証拠」 その3

原審第3回公判調書中、被告人岸田文彦の供述として（記録第1014丁以下）、

「5月20日私は、藤本を石井に紹介したが、その時、藤本は石井に『久留米と福岡の親分が競馬のことで争を起しており、久留米に行かねばならぬから、拳銃を貸してくれ』と申し、藤本、押川、石井、私の四人は福岡旅館に行って、西、黒川に会い、石井が5万円で拳銃2挺を売ることになった。それから石井、黒川、私は、西等より遅れて同旅館を出たが、その際、黒川が日本刀、匕首を持っていて、『これで殴り込みをかけるつもりだったが、拳銃が手に入ったから、心強い、日本刀は要らぬから、持って帰ってくれ』と日本刀を私に渡し、黒川を先頭に、福岡工業試験場の方に行くと、黒川は、『西のところに行って来るから、君等は味噌会社のところで待て』といって別れ、暗くなってから、押川、藤本、牧田も来て、私は試験場の横門辺りで待っていると、黒川が来て、1、2回往復して、石井に『喧嘩の相手が2人来た』と申し、石井を連れて行った。私は石井が拳銃を持っているし、黒川も匕首を持っているので、喧嘩しても負けぬとは思ったが、負けたら加勢するつもりで、通行人のふりをして、その辺をうろうろしていた。すると、上りの貨物列車が横を通り、暫くして機関車だけが通ったが、その時、拳

銃の音がし、誰か吉塚駅の方に走り出したので、私は相手の男が逃げたら、具合が悪いと思い、追いかけると、黒川であったので、安心して現場の方に戻ったところ、1人の大きな男が倒れて、手で土をかきむしりながら、ばたばたしており、丁度その時、誰かが『人が来た』というので、私は持っていた日本刀で、その男の背中を2回余り突き刺した。大きい方の男も誰か刺したように思う。それから、現場を逃げるとき、黒川は、『自分が浜利飲食店に行き、2、3人連れて来るから、ここに待っていてくれ、前に殺した男を連れて来るとき軍服は倉庫に入っており、もう倉庫も開けてあるし、自動車も来ているといって連れて来たが、倉庫が開いてなかったので、ブリブリ怒っていた。それで自分が最初君たちのところに引き返し、今倉庫を用意させているからといったらニコニコ笑っていた。今度外の者を連れて来たら、怒らぬよう直ぐ殺してくれ』などと申していた。なお、その際、黒川は『今あと2人を呼びにやっている。あと2人が金を持って来ているから、殺して金を取る。今度の計画は、1ヶ月位前から、西が計画していたのであるから、絶対ばれる心配はない』とも話していた。その晩、西からも『今度のことは、1ヶ月位前から計画していた。絶対間違ないと思っていたが失敗した。百何十万円か取る計画であった』との話を聞いたことがある旨の記載」。

上記証拠に対する「反論」その3

　上記、岸田の公判調書の冒頭から終り近くの「大きい方の男も誰か刺したように思う」というところまでは、喧嘩として供述している。ところが、そのあと「それから現場を逃げるとき」から末尾までは強盗殺人として供述している。同一人の口から、このように鮮かに供述をひるがえすことができるかどうか疑問であるが、それはしばらく不問に附すとして、強盗殺人を供述している岸田から強盗殺人を抜いているのはうなずけない。勿論、岸田は、殺害後黒川から強盗に関して聞いたと供述しているが、しかし、殺害直後とはいえ、次の殺害に移るいわば遂行中に、しかも、殺害現場において聞いているのであるから、彼だけを強盗殺人罪から除外することは、不当だと思われる。

　また、殺害なかばで強盗を打明けるなどということが実際にあり得るであろうか（第一審公判調書の不信については、第4章「裁判並びに公判調書の不信をそそる事実」を参照されたい）。

　上記に対して、石井健治郎は筆者宛ての判決文解説において、以下のように供述している。

　「この岸田の供述が出鱈目であることは、岸田自身の『実地検証、警察、裁判所』の供述が、皆違うことでも明らかであります。

　まず、5万円の話は、岸田の前では、誰もしていないこと。それから石井は藤本を岸田から紹介されていない。押川から紹介されたのであること。また、福岡旅館にいきなり行ったのではないこと。これは、二葉町の野田発次郎方に先に行って、そこに相手（黒川）がいなかったので、福岡旅館に行ったのであること、また黒川がいきなり日本刀を持って帰ってくれといったのではないこと。黒川は西らがいなくなってから、隣りの部屋から日本刀を持って来て、拳銃が入ることになったので、この日本刀は白昼持って歩けぬので、旅館の裏の便所に捨てて行くと言ったので、岸田が『私に下さい』といったので、黒川が岸田に日本刀をやったのであります。また、旅館を出て、いきなり堅粕に行ったように供述がなっているが、岸田は、久留米

行の自動車を黒川が雇いに行ったが、その時、岸田が運転手の知人があるからというので、岸田はその世話をしてやるためについて来たのが事実であること。また岸田の前で旅館を出る時も自動車雇いをやめて旅館に引返へす途中、東公園の入口辺りに来るまで、堅粕行きの話は出ていないのであります。また味噌会社という名は警察に行って聞いた名で、誰も知らなかったのであること。だから実地検証でも明らかな通り、『味噌会社のところに行って待て』などとは絶対にいっていないこと。それは、石井と岸田が福岡中学校のグランドで野球を見ていた事実があること。そこからは、味噌会社や現場は絶対に見えないところであること。また、試験場横門というが、そこが現場でありますから、これは全くの嘘であること。そこにいれば、王や熊本が来たら判らぬはずがないこと。また、そこにいて、黒川が『喧嘩の相手が２人来た』などという必要がないこと。岸田の供述は、日が暮れてから、２人を連れてきたと言っているかと思うと、また、現場『試験場の横門』に待っていると、黒川が来て『喧嘩の相手が２人来た』と申し、石井を連れて行ったというのはおかしい。現場からどこへ連れて行ったと言うのであろうか。事実は現場より300米程離れた大通りの近くに岸田は、石井等と共にいたことは実地検証で明らかであるから、試験場の横門で待っていたという供述は、間違いであることは明らかであります。

　しかし、『喧嘩の相手が２人来た』と言う言葉は、重大な意味を持っているのであります。それは、強盗殺人の認定で判決されているからであります。また、岸田の供述が嘘であることは、石井が王を撃ってまだ倒れようとしている時には、すでに日本刀を抜きながら走って来ているのであり、道路で刺していることは、検証写真で明らかであることです。黒川もそうであるが、２人共に道路より門のある空地の中で刺したようにいっていることであります。勿論、空地でも刺していることは、検証写真で判る事実であります。岸田は、両方を刺しているのが事実であります。王の首のきずは地面にささるほどとあるから、黒川の短刀でなく岸田の日本刀であることが判ります。だから、裁判所の判断が間違っているのである。これは、また黒川が紙切れを見せて刺したということも嘘であることが、これで判りますから、黒川の供述も嘘であることが証明されますから、重大なことであります。

　また、岸田の供述の『黒川が逃れる時いった』という言葉も、これは岸田の作り話であります。その証拠に、次の『黒川が今２人を呼びにやっているうんぬん』は、その事実が無いことでも明らかであります。また、このような事件後、強盗殺人の計画を石井、岸田に打明けたとしたら、石井にどうして強盗がつき、岸田に強盗が付かんというのはおかしいことであり、これを証拠に上げる、この判決謄本は、出鱈目なものであるというより外ありません。これは岸田だけが聞いたと判断するのか、そこにいる石井、押川は無視しているのか、どちらにしても、これは証拠とされること自体がおかしいことで、これを証拠とするなら、石井、押川には強盗罪は付けられないものであります。この場で、黒川が嘘を言ったというのでしょうか。食堂には王等と共に来ていた人等が、まだ８人位いたのであるとしたら、よけいおかしくなりましょう。『あと２人が金を持っている』なんて、どうして黒川がいうでしょうか。これは岸田が必要以上に西と黒川を悪く想って、２人を悪く言うための作り話であります。その晩（事件後、石井の家

に集ったとき)『百何十万盗る計画だった』と聞いたといっているのも、西を悪く言うための作り話であることは、石井等の前でいった西の言葉を大勢の人間が聞いているので判ります。西がその時いった言葉は、『今日は軍服の取引があっていたのに、良く事情を話しておかなかったので、間違いが起きて友人(熊本)を殺すような事になってしまった。このために百何十万円の取引がこわれてしまった。できたことは仕方がないが、黒川が刺したというなら、黒川が責任を持つだろうから、心配せんでもよいですよ』と石井を安心させるようなことをいっていたのであり、岸田の供述のようなことを知らない人間の大勢いるところでいうはずもなく、これは、その時いた人間である。三枝子(妻)武田、半田、小森、栄角、小倉、藤本、牧田、私(石井)が知っている事実でありますから、岸田のこの供述は、西を悪くいうための、作り話の嘘であります。警察で、『西を悪くいって悪者にせんと、お前達の刑が重くなる』と脅されている岸田、牧田、押川、藤本そして私(石井)もまた黒川でさえ、そのために必要以上に西の悪口をいって、いつの間にか自分等も、そのために罪が重くなり、冤罪まで被せられるようになっていることに気付かずに、脅されたことばかりを頭に持って恐れていわせられた嘘を本当らしくいい、また、自分に不利なところは否定するので、このような混乱した供述となっているのであります。たとえば、岸田が嘘まで言って黒川や西の悪口をいうと、黒川は、また自分を少しでも守るために、石井に罪を被せるような嘘をいうようなこととなって、その反動がいよいよ西を悪くいうこととなり全く、事実と違った事件のようになっているのであります」

上記判決に示された「証拠」 その4

 1．岸田文彦に対する司法警察官代理の聴取書(記録第381丁以下)中に、
「判示現場で、私は通行人のような風をして、通ってみたところ、石井、藤本は、大きい方の男(王)と3人で何か笑っており、黒川は15米程離れたところで、小さい方の男(熊本)と話していた。間もなくパンと音がしたので、やったなと思ったが、撃たれた2人のところに皆が集った際、黒川は2人のポケットを探して、何か取り出して自分のポケットに入れ、短刀で小さい男の頭の辺りを突いた。そのとき、藤本が『まだ生きているようだ』と申し、黒川が私に『お前刺せ』というので、私は日本刀で、大きい男に跨がり、俯せに倒れている背中を2、3回程刺した旨(前段及び後段引用の証拠に照し、岸田が刺したのは小さい方の男即ち熊本の誤りと認められる)、および、石井はその2人の男を殺した後、『弾丸がなくなったから、もうあとの2人を殺すのは止めた』と吐き出すように申していた旨の供述記載」とある。

上記証拠に対する「反論」 その1

 上記聴取書に対して、岸田文彦は第二審第2回公判調書において、以下のように供述している。
「裁　石井と押川とは、前から知合の様子だったのか。
 岸　はい、石井はトタンの取引に関係して、押川と知合のようでした。
 裁　その際に、拳銃は何に使うかという点については、話がなかったか。
 岸　福間の競馬の縄張り争いから、福岡の野田発次郎という人と久留米の原口という人との間に出入りがあるので、それに使うのだということでした。
 裁　その際に、西あるいは黒川という者から頼まれたのだ、と言わなかったか。

岸　いいえ、ただ拳銃を欲しがっている人は久留米に行く人で、共楽亭の前に住んでいると
　　いっただけで、名前は別に申しませんでした。
裁　貸賃は、いくら出すということだったのか。
岸　金額については、何も言わなかったように思います。
裁　石井が前から拳銃を持っていることは知っていたのか。
岸　はい。
　　……
裁　石井は、拳銃をすぐ渡したのか。
岸　いいえ、石井は現金と引替でなければ渡されぬといって渡しませんでした。
裁　その際、石井は、喧嘩なら自分も一肌脱ぐとは言わなかったのか。
岸　いいえ、そのようなことは言いませんでした。ただ野田と原口の喧嘩なら相当の親分同志
　　のことだから、行ってみたいものだと申しておりました。
裁　一肌脱いで加勢しても良い、という話ではなかったか。
岸　いいえ、ただ行ってみたいということでした。
裁　加勢のことについては、全然話がなかったのか。
岸　いいえ、2人の間では、時折加勢の事について話もあったようです。
裁　それに対して、押川、藤本は何とも言わなかったか。
岸　はい、何ともいいませんでした。
　　……
裁　石井が福岡旅館で、自分は東京方面で顔が売れている。喧嘩ならいつでも加勢してよい、
　　というようなことは言わなかったか。
岸　私と藤本と押川と一緒に千代町に行く途中に、そのようなことは申しておりましたが、西
　　には直接そのようなことは言いませんでした。しかし、藤本が福岡旅館で西に取次いで話し
　　た、と思います。
裁　西から、『加勢するなら、お礼の金は出す』といわなかったか。
岸　いいえ、そのようなことは聞きません。
裁　喧嘩の場所は久留米だったが、相手が既に堅粕に来ているから久留米まで行かなくても、
　　今晩堅粕で話をつける、というようなことを、西は言わなかったか。
岸　いいえ、そのようなことは聞きません。
裁　先方の者は相当金を持っているから、それをやっつければ相当金が入るということは言わ
　　なかったか。
岸　いいえ、そのようなことは聞きません。
裁　段々喧嘩の話が、喧嘩でなくなって、何か取引のようなことになり、その取引相手を殺し
　　て金を取るという話になったのではないか。
岸　いいえ、そのようなことはありません。
裁　藤本が検察事務官の取調べを受けた際には、その点について、そのように述べているがど

うかね。

　この時、裁判長は、昭和22年6月7日附検察事務官の藤本清喜に対する聴取書中（記録第297丁表10行ないし299丁裏7行）を読聞かせた。

岸　そのようなことは、聞いておりません。

　　……

裁　それからどうした。

岸　私と牧田が2人で先に部屋を出て戻りかけましたが、玄関で靴をはくのに時間がかかって旅館を出るのは、皆と一緒になりました。

裁　2度目に旅館に帰ってから、更に皆と一緒に出るまでは、どの位の時間だったのか。

岸　5分位の間でした。

裁　それからどうしたか。

岸　私が牧田と2人で福岡旅館を出て歩き出しましたが、後から西と押川、石井が後からやっ来て自動車の運転手さんを知らないかというので、知っていると申しますと、一緒に案内してくれとのことでした。なお、押川はその日拳銃の代金を貰うことになっておりましたが、同人は小金町の石井の家を知らぬので、牧田が2人について一緒に行きました。

　　すると、その途中、最初は、石井は久留米に行くような話をしておりましたが、後になって、自動車はいらないというし、また、黒川も私達に帰っても良いというので飯ろうとしましたが、その時それまでは私達の目の前にいた西、牧田、押川の3名の姿が見えませんので、皆と一緒に戻ろうと思い、私は黒川、石井の2人について行きました。

裁　その途中、福中の横の倉庫の所で、黒川がこの辺で喧嘩するなら、どうだろうかというようなことを石井と話していたのではないか。

岸　途中、喧嘩の話は何度もしておりましたが、その場所までは言わなかったと思います。

裁　検察事務官の取調べに際しては、そのようなことを述べているが、どうかね。

岸　その取調べの時には、聞いたような気がしたからです。それでそのように申し述べたのです」

　岸田の警察聴取書には、それとなく強盗殺人であるかの如く匂わせてあるが、法廷供述では、強盗殺人の点は否認している。石井のいうように、警察聴取書には岸田の嘘や警察の捏造があることは、事件全体から推してもうなづけることである。

　次に、石井健治郎は前同岸田文彦警察聴取書に対して、筆者宛ての判決文解説において、以下のように述べている。

　「この供述も強盗殺人事件を匂わせるための作り話であることは、明らかであります。また、警察の甘言に乗った岸田の嘘の供述であることも、事実の現場の状況と合わないことでも、歴然としていますから、次に、一つ一つ説明して見ます。第1に、現場の状況を知らぬ人に、この『現場を通行人のように通ってみた』ということが、すでに嘘ということを説明せねばなりません。この道は狭い道であり、実地検証でも明らかなとおり、岸田は石井を追い越してはいない。石井と王と熊本とは、話をする間がない事実、また、黒川と熊本が15米ほど離れた

ところで話をしていたなど、暗いところで判るはずもなく、熊本など岸田は知らないのであり、門のところから道路に出て来た３人、『王、熊本、黒川』が出て来て始めて、石井が彼らの顔を見た時は、もう事件が起きていたのであり、岸田が、石井の来た方から走って来たのであり、拳銃の音を一発しか聞かんということは、一発撃ってすぐ、また、撃ったので、一発と錯覚しているのであることが判る。

『黒川が１人のポケットを探していた。また、自分のポケットに入れたうんぬん』という供述を、裁判所が曖昧にしているのは、法廷で、黒川が追求されて色々といい直しているが、これは岸田が黒川や西を悪くいうための作り話であることは、２人の法廷供述で判ります。それは、岸田のこの嘘をつきつけられた黒川が、苦しまぎれに石井に命令されてあったと供述したので、警察はよろこんだ。そして、それが証拠となっているが、法廷では、石井から反対訊問されて、黒川は、『警察でせめるので嘘をいったが、実は、自分の手で怪我をしたのをハンケチで拭いていたのをみて、死体から何か盗った如く岸田や押川がいっているので、自分の罪になりそうなので、少しでも軽くするために警官がせめるので、石井が命令をしたといったのである』と申し立てていた。しかし、その時、石井はその場には不在であって、命令をしようは無いのであるが、裁判所は、なにかうやむやのまま証拠としているのであります。ところが、その事実は探したという熊本の胸のポケットからお金が、100円紙幣で86枚とか出ているのであります。しかも、二ツ折になっていたというから172枚になり、そうとうの部厚い札束であるから、『紙切れを取り出し、金はないといって一刺しにした』という黒川の供述も、また、この岸田の供述も嘘であることがわかります。

　また、事件後『弾がなくなったからもうあとの２人を殺すのはやめた』と石井が言ったと、岸田の供述はなっているが、これくらいおかしいことはない。第１に、弾丸の有無を暗がりでどうして調べたのというのでしょう。また、現場に落とした弾の事は事件後も知らなかった事で、警察に行って知った事でありますし、事実は、弾は拳銃に、まだ一発入っていたのが事実でありますから。まして、４人を殺すなんて誰が決めたのでしょう。それは警察が２発撃って、２発現場に実弾が落ちていたので、お前達は４人殺すつもりだったのだろうと、私達をせめた事を覚えているから、これは岸田が警官にこのようなことを迎合するために供述したものとしか想われないことであります。兎に角、少しでも悪く調書を作ろうとした警察官の意志が、このような供述をさせているのであります。『吐き出すように』というような言葉も、そこから出たものでありましょう。こういうところに、かえっておかしいと思わせられるのであります」

上記判決文に示された「証拠」その５

１．岸田文彦に対する強制処分における判事の訊問調書（記録第129丁以下）中に、
「私は西武雄や藤本等から、相手と喧嘩することを聞いていたのであるが、現場で石井健治郎か相手の王と熊本を拳銃で撃ったところ、相手の両名はまだ死んでいなかったので、私はその息の根を止める気持で、持っていた日本刀で王（熊本の間違いであることは、前段のとおり）を何回か突いた。私は喧嘩相手として、殺す気で突いたのである旨の供述記載」とある。

　上記証拠は、岸田の強盗殺人を抜き、単純殺人罪にするための証拠として称されたものであ

ろう。しかし、同じく採証されている原審第第3回公判調書中、被告人岸田文彦の供述の中には、「なお、その際、黒川は、『今あと2人を呼びにいっている[原本に記載なし]。あと2人が金を持って来るから、殺して金を取る今度の計画は、1ケ月位前から、西が計画していたのであるから絶対心配はない』とも話していた」

とあって、岸田は強盗殺人を知っていて、2人を刺殺したことになっているのに、上に示された判事の訊問調書には、「私は喧嘩の相手として、殺す気で突いたのである」という供述を証拠に取り上げ、彼岸田を強盗殺人罪から除外したのは、いかなる理解によるのか、判断に苦しむところである。

西、石井、黒川、藤本、押川に対しては、甚だしい偏見をもって、無理に強盗殺人罪を以て処断しようとしている裁判官が、この岸田と牧田だけには意外に親切で、例外の取扱いをしようとしているのは、黙視できない疑念を覚えるものである。

次に、上に示された証拠、即ち岸田に対する強制処分における判事の訊問調書に対して、石井健治郎は筆者宛ての「質疑応答書」において、以下のように述べている。

「『喧嘩と思って相手を刺した』ということが、ここにわざわざのせてあるのは、岸田を単純殺人罪だけにするための手段であろうと思われますが、岸田は、石井と行動を共にして、また、石井の家の者でありますから、岸田が強盗を知らなかった（強盗というのは、裁判長の認定で事実ではない）とすれば、当然石井も同じく知らなかったはずである。また、石井だけが知って岸田に隠していたとしたらおかしなものであります。これだけ重大な事件（裁判長のいう）であるのに、内容も知らず行動を共にするというのであろうか？　牧田も知らなかったというので無罪となっている。石井だけが強盗殺人罪が付いているのは、人々の嘘や捏造書類などで、全く事実のことと合わない、それらの出鱈目な書類だけで強盗罪が附けられているのであるから、これでは、裁判は何のために開かれたのか判らないし、法廷でいくら事実のことを皆が申し立てようとしても、一部の人間の嘘言にまどわされて、裁判官が、この嘘の調書を証拠とするなら、警察、検察庁で人を罪に落しているのと変りはない。この岸田の『喧嘩と想つて』というところは、石井にも当てはまるところである。また事実、この事件の殺傷は、突発的なお互いの誤想から起きたもので、お互いに拳銃を持っていたところから起きた突発事件であることは、絶対の事実であるから、岸田のこの供述を証拠とする以上、石井にも採用されるべきであると思うのであります」

第10節　事件後の行動

判決文「罪となるべき事実」

「被告人西は、同処で右劉等に対し、残金60余万円の交付方を強要したが、劉等において、あくまで現品引換を主張峻拒したため、その目的を達せず、被告人石井と共に、前記中島園吉方に赴き、さきの現金10万円の交付を受けた上直ちに他の被告人等と共に逃走し、ここに、被告人西、黒川、石井の3名は、金員強奪の目的を以てする王、及び熊本の各殺害行為を遂行

し、因って王に対しては、その胸部より左肺、心臓を貫通する盲貫拳銃創等に基く、失血により、熊本に対しては、その胸部より左肺、心臓、肝臓を貫通する盲貫拳銃創等に基づく失血により、いずれもその受傷後間もなく、その場で絶命させて、右両名を順次に殺害し、被告人藤本、押川の両名は、被告人西、黒川、石井等の右犯行後援助の意志を以て、その実行について、それぞれ前記のような支援を与え、右犯行を容易ならしめて、うんぬん」

上記判決文に示された「証拠」　その1

1．同上公判調書中証人劉供述として（記録第1325丁以下）、

「本件の起った5月20日の4日前頃、私は日本人林より軍服の話を聞き、王祖金と共に古川稔方に行き、結局夏物軍服先着を一着当り730円、計70余万円で買受けることになり私等2人では金が足りないので、辟勝雄、葉呻林、林華利の3名を加へ、中国人5名で金を出し合せ、70余万円を準備して5月20日午後7時頃その金を携へ、私と王祖金とが日本人林、武末、古川、吉田等と共に、熊本文造の案内で判示浜利飲食店に行った。熊本の話では、西が軍服の持主だということで、間もなく、熊本が西を連れて参り、熊本、西、王の3名は何か話合っていたが、やがて『これから品物を取りに行く』といって、王は70余万円の内から10万円を取り出し、残りの金を私に預け、熊本、西、王の3名で、同飲食店を出て行った。すると30分位して西が1人戻って来て、『軍服はもう多分トラックに積み込んでしまった頃であろう。あと10分もすれば、ここに来るであろう』と申し、その後30分位して、若い男が来て『軍服はもう積込んでしまった』と申したところ、西は私に『残りの代金を渡してくれ』と要求し、私が『現品を見なければ、代金を渡すわけにはいかない、とにかく軍服を積んだトラックをここに廻してくれ』と申すと、西は『困ったな』と申していた。そこで私は、その若い男に吉田を付けてトラックを廻すことを頼んだが、間もなく、別の若い男が西を呼出し、西は出て行った。その後10時頃になっても、トラックは来ないし、吉田も飯らないので、私の自宅にトラックを廻したのではないかと思い自宅に戻ったところ、軍服は来ておらず、王も戻らなかったので、怪しいと思い、王が行方不明になったことを交番に届けた旨の記載」。

上記判決文に示された「証拠」　その2

1．同上公判調書中証人古川稔の供述として（記録第1338丁以下）、

「昭和22年5月中、私は軍服を王祖金、劉徳鈿等の中国人に売り込んだことがある。その話は武末清一が藤野から頼まれて私方に持込んだもので、私は林種夫に買主を探して貰い、同月20日に取引することになり、福岡市春吉福州園に行ったところ、王、劉の外、武末、林、熊本等がおり、私は同所で、今度の軍服の見本は、熊本から出ていることを武末から聞いた。当初現品は劉方に運び、そこで代金引換に売渡しするという話であったが、中国人同志の間で軍服の奪い合いが始まり、王がぐずぐずすると、他に取られてしまうから、現品のおいてあるという堅粕の工場に早く取りに行こうと言い出し、熊本はどこかに電話していたが、『トラックの用意もできている。現品を工場で、トラックに積んで引渡す。これから工場に連れて行く』というので王、その他私達判示の者がついて行ったところ、熊本は判示浜利飲食店の前附近で『今社長が不在だから、暫らく、ここでもいいだろう』と申して、同飲食店に入り、同所に軍

服をトラックで運んで来て、それと引替に代金を支払うことになった。間もなく、熊本は、社長だという１人の男を連れて来たが、その男が西武雄であったことは、後になって判った。それから西と熊本とが『軍服をトラックに積み込む証拠金として１０万円出してくれ』というので、王は用意して来た７０余万円の内から１０万円を出して、風呂敷に包み『残額はこちらに軍服を積んで来るから、その時渡してくれ』と言い残して、その１０万円を携え、西、熊本と共に同飲食店を出て行った。その後３０分位して、西が１人戻って来て、『品物が品物であり、工員もまだ退社していないので、目立たぬように積み込まねばならないから、あと３０分待って貰えばいいでしょう』と申しており、１時間程して若い男（後に、黒川利明と判った）が来て、『品物は積んでしまった』と申したところ、西は『積み込みが終ったのなら、代金を頂きましょう』と請求したが、劉は、『現品を見ないうちは、金を渡すわけにはいかぬ』と断った旨の記載」。

上記証拠に対する「反論」

　上記の点に関して、西武雄は第二審第５回公判調書において、以下のように供述している。

「裁　石井が、熊本と王を撃ったことは、どうして知ったか。
　西　それは、私が食堂におりましたところ、石井が入って来て一寸来てくれというので、表に出ましたところ、石井は大変なことをしてしまった。２人を撃ってしまったといいますので、私はビックリして仕舞ってそこから、１０間位離れた暗い所へとび込んで行きました。
　　すると、石井は、久留米の喧嘩のことを聞いていたので、黒川の加勢をして仲裁でもしてやろうと思って出て来たら、目の前に人が走って来たので、喧嘩の相手だと思って拳銃で撃った。すると、今１人出て来たので抵抗するものと思って、また撃った。２人を撃ってしまったが、どうしたらよいだろうかと申しますので、私は、えらいことをしてくれたな、兎に角、前後策を講じなければならぬが、どこか知ったところはないかと石井に尋ねたが、ないというので、それでは、一応石井の家に行って話をしようと行きかけた訳であります。
　　その時、中島に１０万円を預けた事を思い出し、このままにしていては、中島に迷惑がかかるかも知れないから１０万円は一応自分が預かっておこうと思い、石井を連れて中島方へ行き、金の返還を求めましたところ、中島は一事にせよ金を預った事であり持主になっているので、分け前をくれと申しましたから、その内２万円を中島に渡して８万円を受取り、中島方を出たのであります。石井が２人を撃ったということは、中島に話す必要はないと思って、それは話しませんでした。そして、石井方へ行ったのです。石井は黒川や藤本がどこへ行ったか、自分が拳銃で断ったので皆どこかへ逃げてしまったと申しておりましたが、しばらくして、牧田と岸田の２人が戻って来て、やはり拳銃を撃ったのでビックリして逃げたと申しておりました。飲食店に石井がやって来た時は、拳銃の代金のことで来たものとばかり思っていたのです。

裁判長は、被告人石井健治郎に対して、
　裁　ただ今、西武雄が述べたことはどうか。
　石　西に飲食店で拳銃代金はどうしているかと尋ねたら、『今』話もあっているから待ってくれと申しておりましたが、殺傷の事を話した時には、吃驚(びっくり)して走って行ったことは間違いあ

りません。それから、押川を探してみましたが見つからず、西と共に私方へ行って前後策を講ずることにしましたが、西が中島方へ預けてある金を取ってくるというので、中島方へ行き、西が金を受取って来ました」

また、西武雄は筆者に宛てた「質疑応答書」の中において、以下のように供述している。

「黒川利明の警察聴取書には、『西は、熊本と支那人を現場に連れて行け、と申し、また、なるべく暇取らせよ、と耳打ちしたので、私は2人を連れて現場に行った』とありますが、私のこの時のことは、警察以来法廷においてもだが、次のように述べている。勿論、私の申立ての通りだからです。

黒川の久留米行きの途中、私のいるところ、中島園吉方に一応立寄りそれから行くことになっていたので、私を訪ねることは何の不思議もないことですので、黒川の姿を見とめましたので、『おお今から行くか。ナニ電車で行く？　どうしてや。今頃は電車も空いている時分やし、それに自動車を借りるのは車が仲々ないからだって。そりゃ、お前が電車で行ってもよいなら、そうせィ。お前のよかごとすりゃよかたい。そんならネ、お前あの人たちに付いて行ってやらんか。お前に買うてやる拳銃はまだ買うとらん。俺の方の取引はすぐすむから、それまで待て。それまであの人達の手助けをしておいてくれ』と話しながら、熊本と王の2人が10米位先に行っているのを呼び止めて、熊本文造に、『この男はうちの若い衆だから取引上の走り使いに使って下さい』、『黒川、お前はこの人をたのむぞ』と伝えて、私は浜利食堂に入り中国人たちと飲んでいた。また、黒川の警察聴取書には、『西が私に、品物はトラックに積んだか、と聞くので、積んで向うで待っている。と答えると、西は買主に、品物は積んでいるそうですから、そこで現金取引をしましょう、と何度も申したが、買主は、誰か見て来い、と言い、1人の日本人が行こうとすると、西は私に、この人を連れて行ってくれ、と申し、私はその人と現場附近迄行ったが、現場に行けば、殺しているのがばれると思い、その人に、一足先に行って下さい、といって、飲食店まで引き返したところ、西と石井、藤本、押川が何やら話しており、西は、飲食店にいる全部を専売局の裏まで連れて行け、と申したが、私は黙ってそのままその場を立去った。うんぬん』といっているが。

司法警察官代理の作成したこの聴取書を読んで、最初に感ずることは、あまりにも出来過ぎていると思うこと、その内容に矛盾が目につくことは当然だが、あまりにも出来すぎてタヌキの化けそこないと同じで、大きい尻尾が出ているようだ。

この頃の黒川の供述は、少し違うのですが、一応このままで考えていただきましょう。まず、西は買主に『品物は積んでるそうですから、そこで現金取引をしましょう』と何度も申したが、買主は『誰か見て来い』といった、というのですが、おかしいと思いませんか。品物を見に、熊本と中華人が行っているのですから、品物を積んだから、さぁあちらへ行って現金取引しようというのなら、買主側は待ってましたとばかり行きましょう、というのが自然のなりゆきではないでしょか。それを、『誰か見て来い』は、おかしな話です。最初皆で行こうとするのを、熊本の意向では『品物の在り場所だけ解った上で買わぬといわれて密告でもされると大変だから、全員はまずい』ということから、では一応手付金として10万円出そうということ

になった。そして、王だけが、品物を見に行く、その上で、現金取引と段階的に分けるほどの要心をしたのは、相手が戦勝国と肩を怒らせている中華人ですから、品物を見てどのように変貌するか判ったものではないと思ったからですが、それほど中国人たちは現場のところに行くのを急いでおったのに、『誰か見て来い』はおかしいのですよ。待ちくたびれている買主たちに、『品物は積んだそうだから行きましょう』というのなら、待ってましたとばかり、『行こう行こう』と席を立ったというのが、ごく自然でありましょう。如何でしょうか、私の申立ての方が間違ってるでしょうか、よろしく、御判断いただきたいと思います。

　このような虚偽の内容は、この位にしまして、その時の実情を申し上げますと、『品物はトラックに積んだか』と尋ねたことはないのです。この時の問答は中華人一行５名が聞いていることですから調査していただくと判りますが、この時は、ですネ。

　西さんおりますかと、黒川が私たち（中華人５名と飲んでいた）の座敷の外からの声に戸を開けると、『熊本さんがですね、品物を積み終ったから、あちらに皆さんも来てくれとのことです』という。私は、一寸首をかしげた。おかしいなァ、現金取引はこの座でするからとあれほど言っていたのにと思った。それで、『黒川、熊本さんがそんなことをいうのはおかしいね、どうしてこちらに来れんというのか』、『道がせまくて、車を廻すのに遠くなるので、それにもうこちらに来て下さいと言って来てくれとのことでした』という。そうまで言われるのならと思ったが、一応中華人たちに、『現金取引はここですることになっていたのですが、いただけますか』と聞いてみると、『いや、皆で向うに行ってからにしましょう』と、中華人の方は先方に行くことを強くいうので『それでもいいですが、向うに行ったわ、買わん、金はやれんでは困るんだが、現金取引はここでいかがでしょう』と２度３度と問答を交される。そのうち、中華人側の日本人が『熊本さん達を遠廻りになってもこちらに来てもろうたらどうやろう』と提言される。『じゃそうするか』と一決された。『じゃ、私が呼びに行ってこよう』と１人が立つ。それまでの話や動作はごく自然であった。それで黒川に『熊本さん達にこちらに来て貰え、遠廻りになるいうたところで自動車のことや、たいしたことはないよ。呼んで来い』と伝える。日本人の１人が『私も一緒に行って呼んで来ましょう』と坐を立つ。『じゃ、この人を熊本さんのところに案内して熊本さんを連れて来い』と黒川に伝える。黒川と日本人１人は飲食店を出る。２人が出て行くとき、日本人の１人は自転車に乗って出て行くので、『黒川、お前もそこの熊本さんの自転車を借りて乗って行け』といったが、『近いから歩いて行く』というので、好きなようにまかせた。

　以上が、そのときの実態です。その時の中国人、日本人たちは福岡市内にいるのですから、この時の実態調査は十分可能であり、私と対面させての応答でもできるのですから、調査をお願いしたいと思います。司法警察官代理作成のもの（聴取書）が本当か、黒川の高裁の供述（第３回公判調書）が本当かは、私の申立てを信ずることはいりませんから、調査だけはしてもらいたいと思います。権力で創り出されたものを、押しつけられてはたまりません。黙してもおれませんから、厳重に提言します」

上記判決文に示された「証拠」　その3
　1．原審第16回公判調書中、証人中島園吉の供述として（記録第1417丁以下）、
「私は、今度の事件の10日か、15日前頃近所の知人平野義人から、私の妻を通じ、『品物を売るのに買主の顔を知っていて、値切られるおそれがあるから、売主ということになってくれ』と頼まれ、詳しいことは聞かないまま、それを引受けたが、後にその話は西から出ていることが判った。今思えば、私は全く西が相手の人に品物が実際にあり、持主もちゃんといるということで、信用させるのに利用されたわけである。その後、5月20日午後6時頃、西が1人の男（後に、熊本文造と判った）と来て『今日取引します』と申し、その10分か20分程後、『今から取引に行く、これは手付金だから預っていてくれ』と言って、小さな風呂敷包を預け行ったが、西がこのようなことをしたのは、私が持主ということになっているので、私を熊本に持主だと信用させるためだったと思われる。そのとき、王祖金が同道していたかどうかは気付かなかったが、暫らくして、また、西が今度は別の男（後に石井と判った）を連れて来て、『今取引をすませたが、先程預けていたのをくれ』と申すので、居合せた平野も立合の上で、返したところ、西はそのうちから2万円だけ私に渡して出て行った旨の記載」。

上記証拠に対する「反論」　その4
　上記証拠に関して、西武雄は筆者宛ての「質疑応答書」において、以下のように供述している。
「その1
　中島園吉は、ここでは熊本文造と5月20日以前に会っていることを抜いている。
　この時の会談は、私は立会っていないので、中島、熊本の話の内容は、そのままをいえないが、熊本の話では中島を紹介したことに礼をいい、そして謝礼は何分位といったようですが、熊本を中島と会わせた私が、会議の内容を知らないというと、無責任なようだが、私は中島を紹介して2人を会わせるだけでいいのだから、私は隣の部屋で中島の奥さんと雑談をしていた。
　『後で、熊本文造と判った』とは、笑い話にもならない。当日もこれ以前にも熊本と会って、西が来たら食堂に来るようにいってくれと頼まれているんですから——。どうしてこうも、自分の都合ばかりをいうのだろうか。
　その2
　軍服の荷主の相談を持込まれたのが、4月末か、5月初め頃、そのことを中島園吉に頼んだのが、5月5日頃（事件より、14、5日前と供述しているからです）。
　中島園吉への謝礼の話の出ているのが、5月13日頃（事件より、1週間位前と供述しているからです）。
　このように区分して観察してみますと、私は、熊本文造から軍服の話を相談されたが、素人であることと、福岡市内に疎いということから、平野義人を経て中島園吉に相談を持込んだのが5月5日頃のようです。中島園吉の承諾が得られたので、そのことを熊本に話し、ではということで熊本文造と私の2人で中島園吉方を訪ねたのが、5月13日頃ということになるようです。その時に熊本、中島の間で細部の相談が決り、謝礼を3分と決めていることになるようです。

120、30万円位の取引だから、その一割を私にくれるというのが初めの話だったのですが、中島園吉に頼むことになってからは、この人にもやらねばならず、平野にも話を持ちかけていますことも話してありますことから、120、30万円を150、60万円で売って少し高く売って、その高く売り込めた差額だけを私たちにやりましょうというのが、熊本の話だったわけです。20万円位の儲けがあるから、半分やってもいいといっていたのが、中島たちに頼むことになってからは、少し高く売り込むから20万円やるから、その中から中島達に3分の謝礼と決めてあるから、4万余渡してくれということになった」

次に、西武雄は、第二審裁判長に対する上申書において、以下のように供述している。

「10万円を中島方へ受取りに参りました折の証言でも、『私が今夜礼金を渡すのは都合が悪い』と、それとなく断りました際でも、礼金を今渡さんのでしたら、この10万円をお返し出来ませんと、中島夫婦して言い張りますので、私も困る旨をいっている内、中島の奥さんが横の部屋に入り、平野義人と何か相談していたようでしたが、この度は平野が出て来まして、『初めからの約束通り礼金だけは渡しておいてくれ、そうせんと私も困る』と、こんどは3人がかりでいいますので、私も仕方なく2万円を渡して中島方を辞し去った次第でありますが、この場面でも、裁判長の再三のお言葉でやっと、『そういえば中島の奥さんが、そんな風なことをいっていたようです』と、小さい声で、ポツンと返答していたようですが。私に言わしむるならば、この時の言葉のやりとりを平野が忘れた振りをするというのは、平野義人と中島園吉の2人の間で、軍服取引の礼金分配のことで話合いのできていた仲で、まして隣近所の仲でもあり、法廷でとやかく中島のことを言えば、中島が万一、また呼出された場合、こんどは自分のことを悪く言われる恐れがあるので、中島にしろ平野にしろ、証人呼出状を受取った際、2人で充分話の打合せをして来ているので、何を聞かれても、忘れたとか記憶にないといって、少しでも巻添えを喰わぬように用心して一切を否定しているといえるのであります。

この点は、現実の当事者でありますので、よく分ります。それにしても、断片的ながらも、

1、西は、一時荷主の件は知人より頼まれたからといっていたという場面や、

2、礼金の催促は、そういえば中島の奥さんがいっていたようです、等とチラホラ証言してくれただけでも、今まで私が述べましたことと合致しますので、うれしく思っている次第であります。これも、一重に裁判長殿の噛んでふくめるような御心くばりの御訊問の結果の賜と深く感謝している次第であります」

第11節　西の犯意継続

判決文「罪となるべき事実」

「第三、被告人西武雄は、

昭和21年3月14日頃、福岡県朝倉郡村収入役桜木嘉平から鮮魚の購入方を依頼され、その代金としてその頃現金35,500円を預り保管占有中、同年4月5日頃までの間に数回に亘り、福岡市内等で、被告人の経営する劇団の俳優の給料など自己の用途に、勝手にこれを費消横領

し、同年５月16日頃新納清造を通じて福岡市浜田町富士商事株式会社社長増崎要から封鎖預金の新円化を依頼され、新納より受取った右増崎名儀の封鎖小切手24万円を被告人名儀で福岡銀行及び三和銀行福岡支店にそれぞれ預金し、そのうち141,487円12銭の新円現金を引出し、右増崎のため保管占有中、同月20日頃から同年６月21日頃までの間数回にわたり、福岡市内等で、被告人の経営する劇団の経費、衣裳料、俳優の給料等自己の用途に、勝手にこれを費消横領し、昭和22年２月25日頃福岡県朝倉郡宮野村岩下新吾から貨物自動車一台の購入方を依頼され、その代金としてその頃現金12万円を預かり保管占有中、同年３月頃から４月末頃までの間数回にわたり、福岡市内等で、自動車の修繕費、生活費、遊興費等自己の用途に、勝手にこれを費消横領したものであって、以上被告人の西武雄（以下中略）被告人西武雄の横領の各所為は、それぞれ犯意継続にかかるものである」

上記判決文に対する「反論」　その１

上記の点に関し、西武雄は筆者宛ての「質疑応答書」において、以下のように供述している。

「判決文『（一）の事実』」について

　桜木嘉平氏の司法警察官の聴取書内容は、全然知りませんが、法廷のときの記憶は少しはあります。と申しますのは、回答が簡単でしたから。

　その時は、島村裁判長でありましたが、この方は、印象としては好意的であったようです。

　　裁　『これは、各本人の告訴したものではないので、あまり気にする必要はない。ただ、参
　　　　考程度に聞くのだから、簡単でよいから』

と前置して、桜木嘉平から鮮魚代金を受取って、まだその鮮魚は渡してないそうだが、それに間違いないか、その金は何に使ったのか、位の問いであったと思います。それでその実情を供述したのですが、鮮魚は初めての取引ではなく、何度目かは記憶しませんが、確か年末頃と思いますが、朝倉村役場の桜木氏に会いましたら、桜木氏が『年末はどうしても青いもの（鮮魚のこと）が欲しいからこの前より、もう少し多く頼むといわれ、鰯、ブリ、イリコの量を指定されて、代金を受取りましたが、当時は新円に切替えられた当時であり、長崎県の五島の網元でも新円をぜひとのことではあり、それに私は、商売のように手数料を取ることをしておりませんでしたから、儲けなどありませんから、新円の支出は自分の経営の芸能社のことで手一杯ですから、現金を前に頂いてお世話をするという形で取引をしていたのです。ですが、五島の網元に行ってみると、『このところ青ものの取引が、阪神方面から船で乗込んで来て海上の取引をしているらしく、どうも量が少くて、所属の長崎の魚市場に定量の水揚をせぬため大変やかましくなっているから、少し待ってほしい。正月はとても魚市場の方がうるさいから、一寸待ってほしいとのことでしたから、長崎の魚市場の出荷課長の自宅に行って話もしてみたが、どうも阪神方面からの海上間取引に弱っているから少し待ってほしいとのことで、桜木氏に渡すべき鮮魚の入手が遅れ、そのうち私の経営する芸能社員の給料などに流用した旨を供述、それから、この桜木氏のことは後日犬丸甚五氏からも話があり、『朝倉出身の検事が西君がこれこれの代金を受取っているらしいから、その金は村の公金であるので、何とかしておいた方がよいと思うとのことだったから』との話があり、その時、所持していた手持金から（金額失念）

犬丸甚五氏に渡し、一応の形をつけ、返済の公証証書も渡して納めているのに、横領うんぬんはおかしい旨を申し出ましたら、島村裁判長、『参考に聞くんだ聞くんだ』といって笑っておられた。そして、『検事さんどうでしょう。御意見は』と検事にいい、検事は、『裁判所に一任します』といとも簡単であり、問題にしてないフンイキでもありましたので、安心していたのです。それは、後の増崎要の24万円もその他も同列ですが、それを横領だといわれると、私は納得できないのです。

　判決文『(二)の事実』について

　24万円の封鎖を切ることを、福井直一氏を通じて新納から再三懇請されて切ったわけですが、増崎や芦塚対新納の話し合いは知りませんでしたが、新納の話では、24万円の封鎖小切手を持って来て（通帳とか印鑑うんぬんは知らない）、この小切手は、富士商事の増崎社長が政府関係（軍関係）両方にいっていたようです。各地の師団官舎のタタミ表の納入金として受取っていたのだが、今は、新円でないと購入が出来ずに弱っております。政府に納入する日は来ているのに困っているのですから助けると思って切って下さい、西さんは、芸能社で新円があるでしょうし、それに封鎖の切る操作も可能でしょうから、頼むといわれ、当時の時価割切ってことでよいと話ができて、私の取引銀行の三和銀行（千代町）福銀本店（土居町）の友人のところで相談して、10万と14万円と私の小切手口座に払い込んで、その月の芸能社の社員の給料その代目名で次々と払出して、社員は、60名位ですから24万を一度に払戻すことは不可能ですから、とりあえず、増崎の要望額の10万円（だったと思う）を何とか操作して、新納に渡したのですが、新納の奴、この金を持って女とドロンです。そんなことは知らないので、やれやれひと安心と思っていましたら、その金を渡して2、3日してからでしょうか、副社長とか言う芦塚氏が来て、24万円を切るのはいつかということで、それがわかり、怒ってみたが、芦塚も弱っている様子なので、会計の藤本に事務所の現金から2万円を出させて芦塚氏に渡し、後は来月頃を約して別れたと思います。その後芸能社の盗難に遇うたりで衣装や楽器の入手費に資金操りに流用しましたが、その返済方法については、増崎とも話してみたら、『人間失敗もあるし、自分もそうした事態で困ったこともあるし、それに縁あって封鎖を切って貰った恩もありますので、西君の再挙後に返済して下さい、男同志のことですから公証証書等は要りません。口約束でいいじゃないですかと、手を取合って、私としては大変感激したことでしたが、これが横領とはあきれますと、裁判長に訴えますと『わかってるわかってる』と納得しておられたので、安心していたのです。

　判決文『(三)の事実』について（妹が可愛想ですから、この文は、マァマァにしております）

　大橋広美は西鉄バスの運転手ですが、私も遊覧バスに乗っていたことがあり、その当時からの知り合いです。ある日私の事務所に来てトラックを一台欲しいから世話してくれという。当時は新車の入手は不可能でしたから、中古車を探して、それをオーバーホール（分解修理）して新車のようにする以外方法がありませんので、妹婿が小倉で修理工場の関係で、大楠を連れて小倉に行き、車を物色して一台適当なものを見つけましたので、一応それに目をつけて皈り、後日10万円？（だったと思う）を持って来て、これでよろしく頼むとのことで、購入を約し、

妹に4万円渡し、その中古車の代価はそれでよいのですが、ボデー（荷台）の新調タイヤ取替、エンジンのオーバーホール、部品の購入等の費用は仕上り具合につれて払うことにして一旦して皈り、その当時が、丁度芸能社の座の舞台衣装や器具一切の盗難に遇っていたときでもあり、その調整、座員、社員その他の給料等の調達に苦慮したいたときでありましたから（一）（二）（三）は、この時一括流用したのでした。

車の方は、私の手元の車もあるので、それで返済も可能でしたが、この私の車を誰がどうしたのか、今のところ不明ですが、これは別の機会にお話することにします。

以上が大体の実情なんですが、この位のことでよろしゅうございますでしょうか。

この横領うんぬんは、当初に申しましたように、私としては、納得のできる罪名ではないのです。この（一）（二）（三）のことがどうして出てきたかと申しますと、（二）の問題の新納が問題の金と女と大阪に逃げていたらしく、その後、大阪で事件を起し、新納としては私にすまないと思ったからでしょうか、24万円には自分が持逃げしたと話したらしく、だから、大阪府警から福岡県警にその紹介があったらしく、そのために私は県警に参考人として連行されて、その実情を聞かれ、その時私の小切手口座から他の預金口座を全部押さえられて調査されたことがあって、それが県警の方に参考調書が残っておりましたことから、それがこの度の事件で取調べられるうち、県警から持って来られて、横領として組立てられているのでありましょう。公証役場に証書を提出している個人貸借問題が、横領になるのだろうかと首をかしげます。その点、法廷でいったのですが、裁判長は、『検事の方で追起訴しているので一応参考として聞くだけだから心配せんでよろしい』とのことで、安心していたのです。

問題は、裁判長の栄転に依り、筒井氏になったことに不幸が生じているのであります。筒井氏は、公判を聞きながらも、その公廷の供述を改作して抹消している位の男ですから、その個人貸借問題を横領とする位は、平然としていたことでしょう。筒井氏は、今は退官しているようですが、どういう気持でいるでしょうか。牧田を無罪（この男が無罪とは驚きます）にしたのも、筒井と牧田の親父と弁護人の下尾は、友人です。これが正しい裁判でしょうか。高裁の判決が不可解でしたから、公判調書の閲見を申請したのですが、なんだかんだといって、不許可にしてしまい、後日、公判記録を精査してみると、改筆捏造が随所に見られて、これでは、閲見不許可にするわけだと思ったことでした。

裁判は、人間の裁くことですから、間違いはあるであろうことは肯けますが、その間違いを記録上の改作でゴマ化してもらいたくないと思います。私たちの場合は、関係者が多いですから、そうしたゴマ化しはすぐ判りますからよいとしても、単独の場合は、無実の証明が権力に押切られないとも限りませんと思うと恐怖ものです。こんな裁判官は、早くやめてくれて安心しました。どの位被害者のあるか判りませんから」

次に、西武雄は同じく筆者宛ての「質疑応答書」において、以下のように供述している。

「問　検察聴取書（重松長次郎事務官調べ）に『唯今私は借金は朝倉村農業会に2万9000円他12万円などを全部で20万円位はあると思います。かような理由で、私もこれらの返済に困りその上無職でハカタで遊んでおりますので生活にも困ってかような間違いを犯しました』。

この点について、お聞かせ下さい。

答　この聴取書作成の実情は、上告趣意書に訴えている通りです。この聴取書は、重松長次郎の捏造ですよ。個人貸借金の問題をなぜ採り上げたのか、不審に思うのですけれど、これを警察の方で、どうして知ったかということはやっと納得できました（前述の通りにつき重複をさけて、省略）。こういう事情ですから、裁判の時なども、訊問も実に簡単で、『これこれ貸借があるらしいが事実か』、『残額の返済はどうするつもりか』この位で５分か10分で終了です。これについての公判記録も、１枚か２枚位だったと思いますが、まさか、横領として仕立てられているとは思いませんでした。

問　あなたの横領被告事件（第一審第７回公判調書）で、

裁判長　重ねて聞くが、この事実につき、何か陳述すべきことがあるか。

西　『その通り、事実に相違ありませんから別に申し上げることはありません』

という具合に、横領を肯定したような答弁になっていますが、この点について。

答　これは何も横領を肯定のための答弁で、別に申し上げることがないといったのではなく、裁判長が、お前はこれこれのことで、この人からの、金を割ってやった、魚の代金を受取った、その他うんぬんということは事実だね、と訊かれると、『その通り事実に相違ない』と答えざるを得ません。これが横領を目的にこれこれをしたかと訊かれたのならば、『それはちがう、これこれだ』と述べますが、そうしたことは、全然いわずに、警察の調査したところでは、お前さんは、これこれの未渡し代金があるというが、これこれの理由で、その金を受取ったことに相違ないかと聞かれますと、『ハイ』と答え、『別にいうことはないか』と訊かれました時は、私は別段これが横領うんぬんとしての訊問とは思わないものですから、そうした先訴されたものでもなく、個人貸借、個人取引上の受渡金問題位にしか感じていないので。『別段申し上げることはない』と答えたのです。

問　同横領被告事件より。

裁判長　どうして、人の金を勝手に費ったか。

西　『当時、私は芸能社を組織して財政的に困っておりましたので、つい人の金に手をつけるようなことになったのであります』

この点について、

（『トラックを弁償に当てるうんぬん』と、あなたは答弁しているが、これでも横領になるのでしょうか？）

答　支弁のことは、ハッキリいったのです。『トラックを弁償に当てるうんぬん』とあるといわれますね、この時ですよ。裁判長が、こうした貸借の金は支払ってやらなければなるまいが、その意志はあるか、どうして払うか、という訊問があり、それで私は、いよいよになれば手持のトラックを売払ってでも支払います、とその意志を伝えると共に、私は内心、何をいっているんだ、個人の取引上の貸借金の問題を御世話をやきすぎる位にしか思ってなかったのです。考えが甘かったわけですが、告訴うんぬんの裁判でないのですからおかしなものです。

『6千円支払ったうんぬん』は、どういうことか記憶がうすいのですが、――友人の鮮魚代金の前受領金の返済金と思います。どうして、こうした半端な金かといいますと、ある日、福岡の犬丸甚五氏宅に行くと、犬丸さんの話に、『朝倉村に納める鮮魚代金のことで朝倉出身の検事が来て、西君がこれこれのことで金を受取っているのに魚の入荷の遅れているため、月末の決算の帳じりが合わぬといっていましたから、とのことをいっとったから、一応返済した方がよかですよ』といわれ、その場で手持ちの金を出して、今手持ちがこれだけあるから、こんど来たらこれを渡しといて下さいと渡した金だと思います。

問　第二審第12回公判調書中、

弁護人　『横領か詐欺かの事件があって、当時福岡から離れた方がよい事情があったのではないか』

西　そのようなことはありません。本件の横領も、当時は一応話ができて解決していたもので、私はどうして横領として起訴されたか判らない位です。

上記の点について、

答　「横領も」というのは、横領ということを認めたことの発言でない。起訴された罪名を、横領というけれど、『その横領というのも』という心づもりなのです。だから、横領としてどうして起訴されたか判らない位だと力説した位です」（註　傍点筆者）

第12節　牧田の銃砲等所持禁止違反

判決文「罪となるべき事実」　その1

　「第二、被告人石井健治郎、同黒川利明、同岸田文彦、同藤本清喜、同押川智栄治はいずれも銃砲、刀剣類を所持するについて、法定の除外理由がないのに、被告人石井健治郎は、昭和22年5月20日福岡市堅粕東新町福岡工業試験場附近で、拳銃1挺（証第9号）を携帯所持し、被告人岸田文彦は、同日同試験場附近で刃渡り約1尺2寸の日本刀1振を携帯所持し、被告人押川智栄治は、同日福岡市西大学前町1035番地福岡旅館から前記福岡工業試験場附近まで、拳銃1挺（証第11号）を携帯所持し、被告人黒川利明は、昭和21年12月頃から昭和22年5月20日までの間、福岡市東水茶屋町二葉町98番地野田発次郎方及び前記福岡旅館で、刃渡り約1尺2寸の日本刀1振を隠匿または携帯して所持し」

上記判決文に対する「反論」

　右判決文の黒川の項には、「福岡旅館で刃渡り約1尺2寸の日本刀一振を隠匿または携帯して所持し」と、記載されてあるが、1尺2寸の日本刀を隠匿していたことは、事実である。しかし、「携帯して所持し」というが、どこまで携帯所持したというのか。この日本刀は、岸田文彦が携帯所持して工業試験場附近に行っていることは、上記判決文に明示されている通りである。しかし、この判決文では、同じ日本刀を黒川も携帯所持しているようになっている。勿論、福岡旅館までは黒川が携帯所持したであろうが、工業試験場へは携行していない。

　しかるに、その点の明示を避けて有耶無耶にしている。そればかりか、黒川は牧田が自宅から

持参した牧田所有の４寸５分の匕首を携帯して、工業試験場附近に到り、その匕首をもって熊本を刺しているにも関らず、このことの明記を避けている。

　これは、牧田頼之の鉄砲、刀剣類等所持禁止令違反を抹消するための伏線とみられるのである。もし事実通り、黒川が４寸５分の匕首を携帯して工業試験場附近に行ったと記載したら、当然、この匕首を持参した牧田も挙げなければならないし、更には、牧田が匕首をもって馳せ参じたということになれば、強盗殺人の嫌疑もかけられるので、牧田所持の４寸５分の匕首はその明記を避けなければ、牧田を無実にできないのである。

　牧田頼之が匕首を所持していたことは、法廷において彼自身ハッキリ認めているし、裁判長も充分そのことを認識しているのである。

　牧田頼之の第二審第２回公判調書によれば、この点に関して、牧田は以下のように供述している。

「裁　２度目に岸田が戻って来て、撃針のことを被告人に話した時、何に使うのか、岸田に尋ねなかったか。

　牧　何の必要があって、そんなものを取りに行くのか尋ねました。すると、岸田は何か喧嘩があるのだが、実際に撃つわけではないが、脅しに使うのだと申しておりました。それで、私は喧嘩と聞いて撃針の折れた拳銃を持っていても、役に立たないだろうから、私の匕首を貸してやろうと思い撃針を取りに行くついでに自宅に戻って、匕首を持出しました。

　裁　匕首というのは、刃渡り大体どの位かね。

　牧　大体、４寸５分でした。

　裁　原審第７回公判の際に被告人は、その匕首の刃渡りを描いて提出しているが、大体この通り相違ないか。

　　　この時、裁判長は、原審第７回公判調書末尾添附図面（記録第208丁）を展示した。

　牧　その通りであります。

　裁　それは、どうして手に入れたものか。

　牧　私は、昭和20年10月に兵曹長に進級することになっておりましたので、短剣に仕込むために手に入れたものです。それは、片刃の細身で銘は入っておりませんが、全体の長さは、大体この位です。

　　　この時、被告人は匕首の長さだと称して指を拡げた。裁判長は、被告人が匕首の全体の長さだと証して、拡げた拇指と人指との間を物指ではかったところ15糎5粍ある旨判明した。

　裁　それは、ずっと自宅においていたか。

　牧　昭和20年９月頃から同年10月23日頃までは、福岡市弥生町２丁目35番地の１の自宅においておりましたが、その後は、海軍人事部や復員収容部に宿直しておりました関係上、福岡市内を転々と所持しておりましたが、一昨年２月初旬に小金町に移った際に、同家の棚の上に油紙に包んでおいておりました。鞘は白鞘でしたが割れておりましたから。ゴムを巻いておりました。尚、柄も白木作りです。

　　……

　裁　被告人が持って来た匕首は、どうしたか。

牧　それは、黒川が持って出たと思います」
　この点に関して黒川利明は、第二審第3回公判調書において、以下のように供述している。
「裁　若い者の1人が刃渡り6寸位の匕首を持っていたことは知っていたか。
　黒　はい、それは私も知っておりました。
　　……
　黒　いいえ、皆が一緒に出ました。なお、私は部屋の後片付けをしましたが、その時は、テーブルの上に匕首が忘れてありましたので、それを石井の若い者に渡す積りで持って出ました。
　　……
　黒　現場から300米位も逃げ出した頃に、後から待て待てという声がするので通行人かと思い逃げれば愈々変な具合になると思い止りますと、それは牧田でしたので、同人と一緒に現場の方に戻りました。ところが、現場では2人共道路より少し引込んだところに倒されており、どちらか知りませんが、片方の男がウンウン呻っておりました。それを見て、私はこれは殺されたようだなと直感し、あまりのことにいて後先も分らぬようになってしまい、誰かが突け突けと叫ぶのを聞いて、手前の方にいた男を匕首で刺しました。その匕首というのは、旅館のテーブルの上に忘れてあったものを返す積りで私が持っていたのです。
　裁　被告人が、その匕首を持っていることは、石井は知っていたのか。
　黒　はい。旅館で後片付けをした際に、テーブルの上に匕首が置いてありましたから、石井に貴方のところの若い人がこの匕首を忘れているがどうしようかと聞きますと、後から返せばよかろうと言いますので、私は、後で返す積りで、そのままズボンのポケットに入れて旅館を出ました」
　このように、牧田が匕首を隠匿しまた旅館へ携行したことは動かせない事実であるし、黒川は、それをもって熊本を刺しているのも明白な事実である。
　しかるに、「被告人牧田が被告人西らの拳銃その他の凶器の入手につき斡旋をした事実および本件犯行当時判示各被告人に追随して現場付近に居合わせた事実は、被告人牧田の当法廷における供述その他の証拠によって明らかであるが、同被告人が被告人西等の本件犯行に関する意図を認識し同人等と犯意を通じてその実行に際し見張りの役目をつとめたとの点について認むべき的確な資料がなく、結局右公訴事実は犯罪の証明がないので、刑事訴訟法施行法第2条、同刑事訴訟法第407条、第362条に則り、同被告人に対し、無罪の言渡しをなすべきものとする」というのである（註　傍点筆者）。
　ところで、上記判決文の矛盾を指摘したい。第一、「被告人牧田が被告人西等の拳銃その他兇器の入手につき斡旋をした事実及び本件犯行当時判示各被告人に追随して現場附近に居合せた事実は」認めているのである。それは何によって認めたのかというと、「被告人牧田の当公判における供述その他の証拠によって明らか」に認めたというのである。しかし、それをもってただちに、牧田が「被告人西等の本件犯行に関する意図を認識し同人等と犯意を通じてその実行に際し見張りの役目をつとめた」と断ずることはできないというのである。なぜならば、事実を認める証拠のほかに、「本件犯行に関する意図を認識し、同人等の犯意を通じてその実行に際し見張の

役目をつとめたとの点について、これを認むべきむべき的確な資料がない」からだそうである。

すなわち、事実を認める証拠のほかに、犯行意図を認むべき資料がないと有罪にできないというのである。

換言すると、強盗殺人主謀者に、「拳銃その他の兇器の入手につき斡旋をし」強盗殺人首謀者らに追随して殺人現場に行っても、その兇器斡旋、現場追随が犯意を通じ合っていたかどうかの資料がなければ、共犯と認められないというのである。しかし、強盗殺人主謀者に兇器を斡旋したという事実のほかに、どこに犯意を認めようというのであろうか。また、強盗殺人主謀者が、殺人現場に赴くのに追随して現場に居合せたという事実と別に、犯行意図を認める資料を、どこに求めようというのであろうか。

このような詭弁を弄してまで、なぜ、牧田１人を無罪にせねばならないのか、大いに疑義の残る問題点である。

次に、牧田以外の残る６名の相被告人は有罪となっているが、上述の論法でゆけば、当然「本件犯行に関する意図を認識し、同人等と犯意を通じてその実行に」参加したと、「認めるべき的確な資料が」あったということになるのである。ところが、牧田だけがもたないという、そのような犯意を通じてその実行に参加したと認めるべき資料を、他の６名の有罪被告人だけは持っていたというのであろうか。一体、何を指してそのようなことがいえるのであろうか。明確に、その資料とやらを示してもらいたいものである。

第一、ここで注目されることは「証拠」と「資料」と区分してあることである。このような区分はここで初めて接することだけに、大いに戸惑うが、しかし、残る６名を有罪と断じた資料といっても、別に事実を認める証拠のほかに何物もなく、証拠だ資料だと区分しても、所詮は同一のものを指していることは、間違いのない事実である。

したがって、牧田の上に行動の事実は認めても、犯行意図を認めることは出来ないとしたら、それはそのまま６名の残る被告人にもいえることである。なぜならば、それは全く牧田の場合と同じく、残る６名も、「兇器の入手につき斡旋をした事実」、「現場附近に居合せた事実」を認める「被告人牧田の当公廷における供述その他の証拠」といわれる同質の証拠のほかに、「本件犯行に関する意図を認識し、同人等と犯意を通じてその実行に」参加したと「認むべき的確な資料がない」ことに、変わりはないからである。

すなわち、いま一度換言するならば、牧田と相違する、犯行意図を「認むるべき的確な資料」が、残る６名のいずこにあるというのか、ということである。もしあるとしたら、それは、唯一つ裁判長の主観だけではないのか、それも甚だしい偏見に歪められた主観だけである。といったら、それは果たしていい過ぎであろうか。読者の厳正な批判と示教を仰ぎたいところである。

第13節　被告人の職業

判決文冒頭の７被告人の住所氏名の項を読むと、全員無職としてある。

さらに、「罪となるべき事」の項を読むと「被告人西武雄は、飯塚市立工業学校専修科卒業後、

戦争中軍属としてラバウル方面に勤務し、終戦後劇団芸能社を組織して九州各地を巡業していたが、間もなく経営難のため同劇団を解散し、その後一定の職なく、昭和22年3、4月頃には、知事立候補者龍野喜一郎の選挙運動等に携わっていたもの。

　被告人黒川利明は、右劇団芸能社に事務員として勤労していたが、同劇団の前記解散後、福岡市東水茶屋二葉町98番地露店商野田発次郎方に止宿し、同人の手伝いをしながら徒食していたもの。

　被告人藤本清喜は、昭和19年5月海軍に入り、昭和20年10月復員した後、前記劇団芸能社に会計係として勤労し、同劇団の解散後定職に就かないで、遊んでいたもの、

　被告人石井健治郎は、昭和20年9月復員、朝鮮より帰還した後、一定の職なく、いわゆる闇ブローカーとして生活を維持していたもの。

　被告人岸田文彦は、中学在学中海軍を志願して海軍航空隊に入隊中終戦となり、復員後一時博多引揚援護局に勤労していたが、昭和22年2月以来、相被告人牧田頼之と共に福岡市古金町48番地菊池勇次郎方に止宿し、間もなく、被告人石井健治郎を迎へて同居し、生活費を主として同被告に仰ぎ、徒食していたもの。

　被告人押川智栄治は、昭和20年9月復員、昭和21年10月頃以来、福岡市内山内製薬株式会社等に事務員として勤労していたが、被告人藤本清喜とは軍務服役当時からの知友で、復員後も交際を続け、また被告人石井健治郎とも予て飲食店などで交遊していたもの」

　と、詳しく各被告人の職業について述べてある。しかし、この判決文も故意に悪意を以て述べてあると思われるので、事実について述べておきたい。

　まず第一に、西武雄の職業であるが、彼は無職ではない。筆者宛ての「質疑応答書」において、以下のように供述している。

「問　事件当時のあなたの職業について、慨略きかせて下さい。

答　1、トラック1台所有、その他に、1台は小倉で整備中でした。当時は（戦時中から）個人所有は許されませんから、農業会の名儀としていました。村長と特に懇意でしたから名儀を借りてそうしたのです。1台では足りませんでしたから、他1台を整備中でした。当時トラック所有は、私とその他に1台あっただけで、数少ないものでした。

　2．鮮魚の大卸として貨車で取扱っていました。統制品でしたから、いろいろと問題はありましたが、魚市場の卸値より安く扱っていましたことで、魚市場からの横ヤリも出ませんでした。それより市場に売ってくれといって来ていた位でした。結局、魚はその位安いのですが、魚市場では3匹10円もしていましたが、実際は、4貫500箱が100円（箱代、運送費を入れて）位なものですから、あまりのことに魚を取扱ったというのが本心ですが──」

　次に、黒川であるが、これも野田の露天商に勤めていたのであって、無職ということはできぬ。また、「同人の手伝いをしながら徒食していたもの」とあるが、手伝いをしているのなら徒食ということは当て嵌らぬのではないか。次に、藤本である。彼も無職となっているが、闇ブローカーをやっていたのであって「定職に就かないで、遊んでいたもの」ではない。終戦直後の当時としては、闇ブローカーは一つの定職であったといえるような時代であった。もし、闇ブローカーを

職業でないというなら、当時、果して幾人が定職に就いていたといえるであろうか。当時としては、何の権力も持たない庶民の、生きるための最後の拠り所として闇ブローカーは存在していたのではないかと思う。

次に、石井健治郎について、勿論彼も無職ではない。筆者宛ての「質疑応答書」において、以下のように供述している。

「問　事件当時のあなたの職業名、その内容について。

答　北九州復興連盟（有限会社）

本部福岡市下堅町、理事長黒川政隆（名は、はっきりおぼえない）支部熊本市魚屋町、支部長田中政喜、事業部長石井健治郎、企画部長安崎好之、会計課長井上某、他事務員数名、支部は大牟田等にもあった。

北九州復興連盟は福岡に本部があり、米軍の嘱託を受けて増田組という土建業の資材等の世話をしながら、物資を動かしていたのであります。本部よりこういう物を集めてくれといって来れば、それを都合するというような仕事の外に、米軍の輸送証明を利用して統制物資を動かしていたのであります。渉外局の堀屋誠という人から嘱託の辞令を受けていたので、仲々仕事もうまくいっていた（註　ところが、大牟田の支部が私の事件を起してのち、この米軍の輸送証明を利用して米を大量に田舎から度々トラックで運んだから、警察や色々なところから調べられて、その証明書が堀屋氏の勝手に出したものだということになり、そのために、北九州復興連盟は、解散になったそうです）。

しかし、私は、事件の時は八幡製鉄所よりトタンを買行することに話がきまり、福岡に出て来ていたのであります。市内川端町日本機械商事尾上社長とタイアップして日本機械商事が100万円、長崎の岡田組から18万円トタンの買付けの一部の金が私のところに来ていたので、私が福岡で知り合った牧田、岸田、武田外数名に手伝わせていたのでありますが、丁度やめて仕事を探していたのであります。

このトタンを世話するといって持って来たのが、門司の大里町弥生産業社長瀬良という人でしたので、私は、尾上社長と森知義と押川智栄治とで、これにあたっていたのであります。押川が尾上さんを紹介したのであります。これに平行して森が私の家（熊本市川尻町）に自転車のタイヤチューブ210台分、神戸から送ったので、これも熊本の魚屋町の北九州復興連盟支部の田中さんの家に持込んで、これをすぐ売さばいて、また、福岡に出て来てトタンの取引を進めていたのであります。

そして、一部分トタンを西戸崎の米軍兵舎の建築に納めたりして、このトタンの取引をやっていたわけです。この外に砂糖の取引もやっていました。イモの干したのを鎌倉市に貨車で送って喜ばれたこともありますが、私達の仕事は、そういうようなことをやっていたわけであります。

田中さんは、支部長になられる前から魚屋町で大きな商店（雑貨店、たばこ店）をやっていられました。

私は、妻に川尻で飲食店をやらせていました。熊本にいる時は、川尻から毎日支部に出勤

しておりましたし、仕事があれば、福岡、佐賀、長崎、鹿児島と行っておりました。収入は、月大体２万円位で、臨時収入の方が多い位で、自転車のタイヤを売った時は、これは私自身の１人のさいかくで売買をやったので、事件の２日前45万数千円で売って、私の収入は７万円ほどありました。鎌倉に干イモ（カンコロ）を貨車で送った時も、４万円程権利益がありました。当時の金としては、相当のもうけでありました。このように、会社の仕事の外に、私個人の仕事もやっていたわけです。トタンの取引は、会社の仕事であったわけです。

押川は、飲食店で知ったなどと書いてありますが、事実は、押川は共栄産業に勤めていたトタンの取引に一役買って来たので、知り会ったのが事実であります」

次に、岸田文彦、牧田頼之共に無職であり徒食していたものとなっているが、事実は石井の仕事を手伝っていたものである。最後に、押川智栄治であるが、彼も無職としてある。しかし、石井の供述にもあるように、彼は、当時共栄産業株式会社の事務員として勤務していたものである。

ところで、押川の項をみると、「福岡市内山内製薬株式会社等に事務員として勤務していたが」とあるので、これは、勿論過去のことになる。そこで、現在はどうしているのかと、さきを読むと、職業のことには触れず、石井と飲食店等で交遊していたと述べてある。したがって、彼も徒食し遊んでいたといいたいのであろうが、事実は上述した通りである。

職業を持ち、住所を明らかにしていて、しかも、妻子をかかえているものが、強盗殺人などを遂行するとは考えられない。そこで、職業を無職とし、無頼徒食の徒輩のように記載したとみられるのであるが、しかし、彼等被告人の住所を不定とすることは、さすがにレッキとした事実におされたのかできなかったようである（昭38．2．18）。

第3章　警察、検察官証拠捏造の事実

目　次
1　警察の予断と石井の自首をおくらせた心境……………………………… 327
2　西の自首についての心境……………………………………………………… 330
3　新聞の影響を受けた被疑者たち……………………………………………… 331
4　警察は予断を固執する………………………………………………………… 333
5　聴取書捏造を証言する黒川の法廷供述……………………………………… 334
6　聴取書捏造を証言する石井、岸田の法廷供述……………………………… 339
7　聴取書捏造を証言する藤本の法廷供述……………………………………… 341
8　聴取書捏造を証言する押川の法廷供述……………………………………… 343
9　聴取書捏造を証言する牧田の法廷供述……………………………………… 346
10　白紙に拇印をとった検察事務官……………………………………………… 349
11　西武雄の聴取書捏造に関する反論…………………………………………… 351
12　藤本清喜の訴える警察、検察の取調べ状況………………………………… 354
13　押川智栄治の訴える警察、検察取調状況…………………………………… 356
14　警察聴取書捏造に関する押川談話…………………………………………… 361
15　検察聴取書捏造に関する押川談話…………………………………………… 365
16　お前の刑は俺の筆先にあると豪語する警察………………………………… 368
17　腕力で拇印をとる警察官……………………………………………………… 371
18　単純で直線的な事件を複雑化しているもの………………………………… 373

1　警察の予断と石井の自首をおくらせた心境

　福岡市内といっても、人通りの少ない街はずれの路上に、2人の惨殺死体がころがっていたとしたら、人は誰しも強盗殺人また喧嘩かと、すぐに念頭に来るであろう。

　そこへ、軍服取引の最中、買主が拉致されて行方不明となり、加うるに、10万円を手付金と称して受取り、売主側の1人が姿をくらましたと警察へ訴えた。

　調査した結果、2人の被害者は、届け出の軍服取引当事者であったという事が判明した。さあこうなると、警察はテッキリこれは軍服取引にことよせて行われた強盗殺人事件だと直感し、その予断のもとに見込み捜査を開始するのは、極く当然の事であろう。

　しかも、売主と買主の両人が殺害されているとしたら、加害者は売主について来た、そして10万円をもって姿をくらましたあの男に相違なしと、西武雄に嫌疑のかかるのも、また自然の成行きであろう。

　警察は、戦勝国の中国人殺害という事で極度に卑屈になっている。そこに被害者側からは、ボロイ儲けの取引がダメになった上、10万円という大金を取られたという憤満が一層戦勝国だという傲慢たる態度をとらせて、警察に圧力をかける。

それでなくとも、警察というところは、善意には決して解釈してくれないところだ。いわんや、そのような最悪の事態におかれたということは、もはや蛇に睨まれた蛙も同然といえよう。

　中国人側に睨まれた警察、その警察に睨まれた加害者、強盗殺人の予断は動かせないものになってしまった。弱者の迎合心理である。

　しかし、それでも当夜、射殺した石井がスグ警察に自首していたら、どうであったろうか。おそらく、最小限度に警察の疑心暗鬼の心を防ぎ、もっと素直に本件の推理も進められ、今日の禍根を残さずにすんだかも知れない。

　事件発生後1週間も容疑者が逮捕されないという事は、警察を益々焦燥させ、中国人、連合国側に卑屈にならせた。

　また、警察の見解としては、犯人が自首しないという事で、いよいよ強盗殺人犯に間違いないという予断の線を堅持させる結果ともなった。これが犯意もない単なる誤殺であるなら、加害者は何の悪びれるところもなく即座に自首すべきはずであると、警察では見るであろう。だから、1週間目に逮捕された時、被疑者たちが強盗殺人ではない、誤殺だといっても、聞き入れられなかったという事も、一つには、被疑者達がスグ自首しなかったという事が、その下地を造っていたのではないかと思われる。

　一方、被疑者達の立場に立ってみれば、長らく戦地をかけ巡り、一般社会の生活にも慣れていなかったため、前後の分別もつかず、自首を怠ったということも考えられる。

　その点に関して、石井健治郎は「質疑応答書」において、以下のように供述している。

「問　事件当時、スグ自首することが一番よかったのですが、当時のあなたの心境・状況などおきかせ下さい。なぜ、自首を怠ったかについて。

　答　今、当時の心境を考えて見ましても、これといって、はっきりしたお答えが出来ないことを、残念に思います。

　　事件後スグ自首する。これは今考えて、そうしておくべきだったと思います。だからといって、私が逃げ廻ったわけでない事は、皆が知っている事実でありますし、私自身も十二分に責任を感じていたのでありますが、今考えて自首のおくれた原因は、第1に、黒川が事件後逃げたため、彼と一度も会っていないために、西君に事情をたずねてもよく事情が判らず、西君は、友人の1人をどうして殺したのかというし、私は喧嘩と思って行って、突発的に起きた出来事で、事情がはっきりせず、西君も、詳しい事を話してくれず、黒川が責任を持つといってたのなら責任を持つだろうから、貴方は心配せんでもよいだろうというし、私も、関係もない事からこのような殺傷事件を起したのであるからできるなら、警察には行きたくない。3人行くも1人行くも同じだ。黒川が責任を持って総てを済ませてくれるというのならば、自分は何の関係もなかったのだからと、事件後の夜は、そんな自分に都合のよい事を考えていた点があったようであります。しかし、殺傷事件の責任はやはり心配して様子を見ていたところ、翌日から新聞が『強盗殺人容疑』で西君を探している事を知り、驚いてどうなることかと心配していたのが、当時の心境で、逃げはしないが、西君や黒川が警察へ行けば自分も行こうと思っていたのであります。ですから、西君の逮捕を見ながら、家

に帰って警察へ行くつもりでいた事は皆が、私達の逮捕の前夜から朝にかけての私の言動で知っている事実でありますから、ここで申すまでもありません。

　当時の世情と、私は戦争で８年間も第一線で殺傷など日常の事であった為に、一般の現在の人の考えと頭のどこかに少し位、受ける感じが違っていたのですね。そんな一般の人がくほどには感じていなかったのではないでしょうか。これは、戦争に長く行っていた者でないと判りませんでしょう。刑務所でもそれが判りますよ。私が来た当時福岡刑務所第一号の死刑囚の頃は、当人の私より職員の方が昂奮されて、それは大変なものでした。ところが、あれから16年、70数人を執行されて、今では始めの如き事は絶対ないし、平気といってはいい過ぎかも知れませんが、人間は慣れるということの恐ろしさを知らされます。

　私も長い戦争に連れて行かれて、今の如き『済まなかった』という気持は、当時はうすかった様で、『相手だって拳銃を持っていたボスではないか、俺が殺されていたかも判らんだった、あの時の状況ではないか』などと、当時は、自分の心がつぶやいていたように思います。今考えると、そんな事が皆、今日自分を刑務所で長い間苦しめる一つの原因でもあったのですね。警察や色々の人の「捏造」で、事実の事件と違った、全く腹の立つような間違ったところの罪名で、重い刑に落されている事は残念ですが、それも私自身の自首をおくらせた原因が、遠く戦争というものの影響を受け、また、事件が余りに馬鹿馬鹿しい何の理由も利益もない事のために、いつの間にかそういう出来事の中に巻き込まれていたという、私自身に対する腹立たしい気持が、いつか黒川や西を怨み、また、俺にも責任があるのだろうか、新聞は西の話とは違う事を報じているのではないか、と心配して押川の家に行って様子を聞いて、私は、西が七福楼で酒をのみ続けていると知り、これは、新聞の報道とは違って殺傷事件の事を俺１人の責任とするのかも知れんと疑いを持つようになっていた。だから、自首して事情を話した方がよくはないかと思った事もあったが、西が案外早く逮捕されたので、私も翌朝警察に行く決心をしたのであります。ところが、警察に行くと、私の思っていた通り、西は、『殺傷事件は、自分は全然関係ない殺した奴は小金町に石井という人間の他、大勢どぐろをまいている。拳銃や日本刀を一パイ持っている。彼等が勝手に殺したのである。自分は、殺人の事は知らないから、石井達を逮捕して調べてくれると判る』と警察で申し立てている事を、私は、刑事達に聞かされた。それで、私も私の家の連中も腹を立て、『石井さんは全く気の毒だ。何が何やら判らん事で全責任を負わされるなんて』という事から、ついに、刑事達の考えている強盗殺人事件の匂いのするような供述をするような事となって、西を悪く悪くいうようになったのでありますね。刑事達は、全くたくみに誘導していたが、しかし、それが真実でないから、どの供述を読んでも事実とは少しも合わないのでも判るのであります。…略…。

　以上、当時の事を想い出し、私の自首のおくれた原因の一旦をかいて先生のおたずねにお答え申し上げます」

2　西の自首についての心境

問1　逮捕までに1週間もあるが、なぜ自首しなかったのか。これが一般の疑問です。

問2　仇討ち（石井を）というのが、大げさで狂言じみて信じられないのが大方です。この点について、詳しく当時の心境を。

問3　石井を警察へ訴えようとは、思わなかったか。

答　この項を読みました時は、正直なところ、私達の記録を読んでいないなア、と思いました。物事を判断する時、一応、黒と見て、その筋を追う事もいいと思いますが、自分という小さな心で物事を割切る事だけは、自由でありましても、『狂言じみている』ということだけは、暴言でありましょう。『では何故か』と問い詰められると、それはあくまでも平行線ですから、水かけ論になりかねませんが、こういう事はいえると思うのです。

　　AとBの子供が、隣りのおじさんに海水浴に連れて行って来れ、とせがむ。暑い時なのでそれを受け入れて、2人の子供を連れて町へ出たが、たまたま店員が通り合せたので、A、Bの子供の守をかねて、その店員に海水浴に行かせた。ところが、その道中において、AB2人の子供は、暴走して来たダンプカーにはねられて即死した。さあ、店員は気は転倒して、そのトラックの運転手に、主人（隣のおじさん）の住所を告げたまま逃げてしまった。運転手は、他の人も見ている手前で、その主人のところに2人の子供をはねた事を知らせたけれど、今どきのアブレ運転手の事で、そのまま帰りかけたので、その主人（隣のおじさん）は驚いた。ああだ、こうだといいながら、運転手のその時の事情を聞きながら、トラック会社まで行った。

　　この話は、私達の事件内容とは違いますが、人間の心の動き、観方等を知る上に、ある程度の参考にはなると思い、書いたのです。主人にしてみると、子供2人が死んでいるので、正直なところ運転手を八つざきにしたい思いでありましょう。子供の願いが死という結果を出していますので、主人に直接の責任はなくとも、道義的にも隣づきあいの上からも、子供の親達に申訳ない心から、無遊病者のように運転手をねらい廻っている気持もそうであろうと云えるのではないかと思います。

　　この主人に、『お前はなぜ自首しなかったか』と責めるだけが真実ではないかと思うのです。運転手と主人は、同一人ではないのですから、自首の要はないと思うのです。運転手こそ、こうした問題を起しましたと、自首すべきでしょう。私の立場を例え話で申し上げる事は、当を得た解答にはならないでしょうけれど、自分で自分の立場を擁護するよりも、一例を引用した方がかえって解り易いのではないかと思いまして、お話申し上げたわけであります。『仇討ち』といいますと、語感から受ける感じは、必ずしも受け入れにくいようです。字句を感覚的に観ても良い感じはしませんが、そうした感情の一面から、ああ狂言じみているという大方の心こそ、他面には、『そうした心になるであろう』という転心を望ましいと思います」

このように訴えている。しかし、警察としては、そこまで被疑者の立場に立って考えてみる

ゆとりやら同情心はない。そのため、彼等の立場が益々不利になったという事は、覆う事の出来ない事実のようである。

しかし、被疑者に犯意がなく、誤って事件を起した場合、通例として加害者は自首するものとしても、また本件のように五里霧中の為、犯意はなく、かえってそういう意味ではうしろ暗さはなくとも、自首を怠るという特殊な事情や経緯を生じてくる事は、あり得ることである。

さて、こうした五里霧中の状況下におかれた被疑者の前に、新聞は警察の予断にしたがって、凶悪な強盗殺人事件ではないかと大々的に報道する。ところが、新聞の活字は不思議な魔力をもっている。「強盗殺人事件ではないか」と報道しても、一般世間の人には、「強盗殺人事件であった」と、決定的な印象を与えてしまうものである。

こうした世間の雰囲気の中で、

1．軍服取引が闇行為で極秘のうちに進められていたため、取引の事情がよく判らなかったこと
2．その事情を知っている2人が殺害されたこと
3．軍服取引と拳銃売買と久留米の喧嘩と、誤殺とが同時に混線してしまったこと
4．7名の被疑者がほとんど互に未知の者であったこと、

などから、7名の被疑者自身も、事件の経緯、真相が全く把めず、しかも2人射殺されている重大事件に自分らも関係しているという不安と動揺とのなかで、彼ら被疑者たちが、どのようなショックと影響とを新聞報道から受けたであろうか。

彼等は、事件の関係者とはいえ、前述の如く、事件に関しては白紙に近いだけ、新聞の報ずる西主犯の強盗殺人計画うんぬんというものを疑う事が出来なかったに違いない。少なくとも、半信半疑の状態にあったであろう。それだけに、西以外の被疑者の心のうちに、除々に西と事件に対する輪郭が、新聞報道の線にしたがって醞醸（うんじょう）されていったとしても、少しも不自然ではないのである。

3　新聞の影響を受けた被疑者たち

では当時、被疑者たちが、逮捕までにどのような新聞報道の影響を受けていたかについて、公判調書によって検討してみよう。

黒川利明は、第一審第1回公判調書において、以下のように供述している。

「裁　石井も西の計画を知っていたのではないか。

黒　石井は、西から喧嘩があるからといって、騙されておったと思いました。

裁　どうして、そのように思ったか。

黒　事件後で、新聞にかいてあるのを見て、石井が騙されておったと思いました」

次に、同じく黒川は、第一審第18回公判調書において、以下のように供述している。

「裁　西が主謀者で、他の者も共謀しておったということは、当職に対していっただけで、警察では云わなかったのではないか。

　黒　そのとおりです。新聞記事を読んだり、警察で聞いたところによると、西が主謀者で他の

者も共謀だという事でしたから、検事さんにそのように申しました」
　弁護人内田松太は裁判長に告げ、被告人黒川利明に対して、
「弁　検事に対しては、新聞を読んだり、警察で聞いたりしたから、西が主謀者で他の者も共謀
　　してあったように述べたというが、第1回の公判で同様な事を供述したのはどういうわけか。
　黒　検事さんに申し上げたのと同じに新聞記事を読んだりした事から、或る程度想像してその
　　ように申しました。
　弁　すると西が主謀者で他の者も共謀してあったと述べたのは、被告人の想像か。
　黒　そうです」（註　傍点筆者）
　次に、同じく黒川の第二審第3回公判調書において、以下のように供述している。
「裁　軍服は実際には無いのだが、持っているように見せかけて、相手を騙して金を取り、それ
　　で料理屋を開くのだと云わなかったか。
　黒　その時は、聞いておりません。
　裁　警察の取調べに際しては、そのような話があったように述べているようだね。
　黒　警察では取調べに際して、お前が西や熊本の話を聞いた時に相談があったのではないかと
　　訊ねられますので、私も事件後新聞を見て大体の事情を知っておりましたので、想像的な事
　　を述べたのです。
　　……
　裁　石井が拳銃を出して、これは癖があるから人には撃てぬ、自分が撃ってやるとは云わな
　　かったか。
　黒　私は、その場では聞いておりません。
　裁　実際には、そのように聞いているから、警察でそのように述べたのではないか。
　黒　いいえ、違います。私は、事件後そのような記事を新聞で読みましたので、警察では聞い
　　たように申し上げたのです。
　裁　なぜ、警察で本当のことを述べなかったか。
　黒　新聞で読んで知っておりましたので、おそらくそのようにいったのだろうと思って述べた
　　のです」
　次に、西武雄は、第一審第2回公判調書において、以下のように供述している。
第一審第2回公判調書（西武雄分）によると
「裁　なお、被告人が現場を案内して旅館に戻ってから、買主を現場に連れ出すと被告人が拳銃
　　でやっつける拳銃でやらねば成功せぬ等といったと、黒川は、このように警察で述べている
　　がどうか。
　　　この時、裁判長は、前同聴取書中記録第217丁裏6行目ないし第218丁裏1行目を読聞か
せた。
　西　そのような事実は、全然ありません。
　裁　では、どうして黒川はそのような嘘をいうのか。
　西　黒川は、新聞記事で見て、そうだったのかなあと思っているところに警察で山をかけられ

て新聞記事で読んだ通りの事をいったものと思います。
裁　新聞に出たのか。
西　出ました。その内容は、判然憶えていませんが、とにかく、私が主謀者となって70万円の詐欺をやろうとして殺人を計画し黒川を通じて石井にバトンを渡したというようなことが載りました」（註　傍点筆者）

次に、押川智栄治は第二審第２回公判調書において、以下のように供述している。
「裁　大体その頃福岡旅館で、西や黒川の話を聞いて、その晩堅粕に行き、まとまった金を持った人間に会い、それを殺して金を奪うのではないかという事が頭に浮んだのではないか。
押　いいえ、福岡旅館では喧嘩の話だけで、取引の話は全然なかったので、私もそんなことは考えも及びませんでした。
裁　西が、それとなく匂わしたのではないかね。
押　いいえ、そんなことはありません。
裁　しかし、被告人は、検察事務官の取調べに対しては、その点について、そのように述べているがどうかね。
　この時、裁判長は、昭和22年６月８日付検察事務官の本被告人に対する第二回聴取書中該当部分（記録第310丁表７行ないし同丁裏４行）を読聞かせた。
押　それも検察事務官の取調べに際して、福岡旅館でそのような話があったのだろう。藤本もこのように述べているのだから、お前が知らぬ筈はない、白っぱくれてもダメだと詰問され、藤本の聴取書を読み聞かせられましたし、また、後で新聞で見たことや、牧田、岸田と３人一緒に取調べられた時の皆の話も藤本の供述と一致しておりましたので、間違いなかろうと思って、そのように述べたのです」

次に、藤本清喜は民事裁判公判調書において、以下のように供述している。
「藤　私は、本件事件発生直後、石井宅に事件関係者全部が集合した時、話を聞いて一応事件の概略を掴み、かつ、石井、黒川等より一週間位遅れて逮捕されたので、その間、新聞紙上に大々的に報道された事件記事も読み、結局、西に騙されていたのだと思うようになってしまいました」（註　傍点筆者）

以上のように、大なり小なりに、新聞報道の影響をうけて、各被告被疑者たちが西主謀の強盗殺人の観念を漠然とながら注入されていた事実は、見逃せないのである。

４　警察は予断を固執する

こうして、西主謀、強盗殺人事件として醞醸（うんじょう）されて行ったなかにおいて、被疑者達は逮捕され、取調べは開始されたのである。

したがって、被疑者たちは、期せずして警察の強盗殺人の予断を受け入れるに充分な予備知識、精神状態等の素地を造って、警察の取調べに臨んだというわけである。

本件取調べにあたって、西、石井以外の被疑者達が拷問の責苦を受けなかったのも、一つには被疑者達が以下に述べるように、警察の予断の線を受け入れる状況にあったからでもあろう。

しかし、取調べが進行するにしたがって、本件がおそらく警察の予断していた架空軍服取引に便乗して計画をされた強盗殺人事件などという大袈裟なものでなく、もっと単純な誤殺事件であるという事は、誰よりも取調べに当った警察官自身が第一に直感したに違いないのである。
　それは、被疑者の態度、供述等より察せられる筈である。犯罪捜査を職業とする警察官にそれの識別がつかぬ筈はないからである。
　その点については、押川智栄治は、取調当時を回想して、「チェッ、この事件は、大した事件ではないじゃないか」といって警察官達が相談していた事をハッキリ覚えていると供述している事でもうかがえるのである（昭和37年10月12日、押川証言録音より）。
　第一、いかに荒廃した世相とはいえ山中深くという訳でもない、福岡市内で7人組強盗殺人事件など、一寸想像も及ばない事である。物情騒然たる時代であったから、一応は7人組強盗殺人事件といってもなんの奇異の感じもなく、うなずかれたのであろう。しかし、冷静に考えて見れば、7人がかりで市内において強盗殺人を計画した程の大胆不敵の徒輩である。その犯人が目的の60万円の現金を目前に見ながら強盗する何らの気配さえも見せず、クモの子を散らしたように逃走したという。この一事を取り上げても、本件を強盗殺人事件とする事には、余りにも疑問が残るのである。
　しかし、警察は予断を今更変更する事は、警察の沽券にかかわると思っていたであろうし、また、中国人側、連合国側に対する気兼もあって、それを正直に認める事は出来ない立場にあったであろう。
　「己の非を認める」という事は、警察官ならずとも人間として大切な事であり、又、非常に勇気を要する困難な心情である。しかし、「白か黒か」を常に問題にし、「黒」を逮捕する事を職業としている警察官としては、自分の上に「黒」を認めるという事は容易に出来ない心理であると云えるかも知れない。しかし、その警察の沽券や成績のために、犯罪捜査が犯罪創作という行き過ぎをあえて行い、そのために被疑者が一生を台なしにしたり、死刑に処せられたりするとしたら、事は誠に由々しき大事であり、その罪たるや天人共に許せないのである。
　しかし、又、警察としても自らの非を知りながら、予断の線を強引に押し通すというのではなく、あるいは、自らの予断を自信過剰の余り、妄信して強盗殺人を固執するという事もあるであろう。その為、被疑者の供述を頭から虚偽だと否認してかかり、自らの予断を自ら信じているように被疑者にもそれが当然であるかのように信じ込ませ様とするのではないか。自信過剰から来る重大過失というべきである。しかも、万一、この自信満々たる予断の線を被疑者が否認でもしようものなら、ここでもまた、自らの沽券を傷付けられたと憤慨し、罪を遁れるために嘘をつくと憎まれる。かくしてここに、拷問、強迫、誘導、捏造等の取調べ上における一切の悪徳が、さも当然であるかのような顔をして天下をまかり通るという結果になるのである。

5　聴取書捏造を証言する黒川の法廷供述

　本件を強盗殺人事件として、2名を死刑、4名を有期刑（1名無罪）に処断した。その判決文に、その証拠として取り上げている7被告人の警察、検察聴取書というものが、どのような状況

下において作製せられたのかという事を検討する事は、甚だ重大な問題である。なぜならば、第三者の介入を許さぬ警察の密室において作製せられるため、任意の供述を妨げられても、それを証明してくれるものがないという事、換言すれば、聴取書そのものの信憑性に既に疑義がもてるという事である。

したがって、この不備な聴取書の任意か強要（捏造）かについての論争は、当然公判廷において必らずなされなければならないし、裁判官は、偏見や依怙（えこ）に陥る事なく、あくまで問題点を追及して真偽を糺明すべきである。しかるに、本件においては、被告人より請求された警察官、検察官の証人としての出廷を、裁判長は却下したりして、結局、聴取書を証拠に判決を下している。かりに警察、検察聴取書を証拠に取り上げるとしても、それは、公判廷において充分検討された上で為されるべきである（詳細は、第4章「裁判ならびに公判調書の不信をそそる事実」の項を参照）。

では、本件においては、警察、検察の聴取書はどのようにして作成されたか、その取調べ状況はどうであったか、その点について、まず7被告人の公判廷における供述を検討してみよう。

黒川利明は、第一審第18回公判調書において、以下のように供述している。

「裁　被告人は、検事に対して本件の犯行については、西が主謀者であり、金を持った数名の者を殺して迄金を取る計画に基き、私の共犯の石井、岸田、藤本、押川、牧田等も良く承知した上であった事ですと述べているが、検事に対して、そのように供述したのか。

黒　検事さんに、そのように申しました。

裁　すると、岸田や牧田も良く承知してあったのか。

黒　そのようではありません。警察では、私が一番後で取調べを受けて、係官が他の者が皆そういっているから、間違い無いだろうと責めるので、そのように申しました。

裁　では、検事に対しては、なぜ同様の事をいったのか。

黒　警察で岸田、牧田がそういっていると取調べた警官が申したから、それなら岸田も牧田も承知であった事だろうと思って、そのように申しました。

裁　被告人は、岸田や牧田が実際に承知であったものと思っているのか。

黒　私には、知っているものか知らなかったものか判りません。

　　……

裁　被告人は、大きい方の男、王祖金を刺したのではないか。

黒　王の方は刺しておりません。

裁　検事に対しては、王祖金を刺したと述べたのではないか。

黒　そのような事は、いっておりません。

裁　起訴状には、被告人が王と熊本の首を刺したとなっているが、検察庁でそのような供述をしたのではないか。

黒　そのような事は、全然述べておりません」

次に、黒川利明は、同じく第二審第3回公判調書において、以下のように供述している。

「裁　警察には、鹿児島には見本を探しに行ったように述べているかどうか。

黒　警察では、鹿児島に行ってどうしたのかと尋ねられるので、鹿児島に着いた日には雨が降っていたので料理屋で遊び、２日目に戦友を訪ね、その帰りに温泉に行き、更に闇市場を歩き廻ったが、その際、私は冬服を着ていて非常に暑かったので、軍服の夏物があれば買って貰うつもりで探して廻ったと述べたのです。ところが、取調に際しては、結果から見れば、見本を買いに行ったようになるのではないかと云われるので、私は、何度も事実の通りを弁解いたしましたが、西がなんでも知らぬ存ぜぬとい張っておるから、自分のいう通りにしないと、全部お前がやったようになって死刑になるぞといわれましたので、恐ろしくなっていわれる通りのことを述べたのです。

……

裁　専売局の裏通りで西から、取引する場所はここだから地形を覚えておけと云われなかったか。

黒　いいえ、そのような事はいわれておりません。

裁　警察で取調べを受けた時には、そのようなことを述べているようだがね。

黒　警察で取調べを受けた際には、お前がいつまでも逃げているから、西が何でもお前がやったように述べておる、もしお前が西から命令されたように云わなければ、西の代りに、お前が死刑になるぞと云われましたので、嘘だとは分っておりましたが、そのように述べたのです。

裁　しかし、その点については、かなり詳細に述べているようだね。

　この時、裁判長は、司法警察官代理の本被告人に対する聴取書中該当部分（記録216丁裏5行ないし217丁裏6行）を読聞かせた。

黒　それは、自分の罪を逃れたいために申し上げた作りごとであります。警察の方が、お前が今まで逃げ廻っていて逮捕されなかったから、今自分の言った通りにしておかないと、お前が勝手に被害者を連れ出して殺したようになり、死刑になるぞ、と云われるので、そうなると大変だと思い、罪を逃れたいばっかりに作りごとをいったのです。

裁　それは事実であって、その場所に買主を引っ張り込んだ上、拳銃で脅して、金を捲き上げるという話があったのではないか。

黒　いいえ、そのような事は、聞いておりません。

裁　その点についても、被告人は、警察でこのように述べているようだね。

　この時、裁判長は、司法警察官代理の本被告人に対する同聴取書中該当部分（記録第217丁裏6行ないし218丁裏1行）を読聞かせた。

黒　それも警察で取調べに際して、私に非常に待遇をよくしてくれ、ときには、お菓子まで食べさせてくれ、親切にして貰いましたし、取調べ官も、お前の悪いようにはせんからと云われますので、結果から考え、そのように嘘を申し立てたのです。

……

裁　18日頃、西から熊本と一緒に軍服の取引が済めば、金を持って大阪に高飛びするという話を聞かなかったか。

黒　いいえ、聞いてはおりません。

裁　警察では、西がそのように言ったよう述べておるがどうか。

黒　それは、私が宮崎方面から大根の千切を買付けて大阪方面に売るようにしましたが、当時、それは統制品でしたから、輸送について西と相談したのでありまして、高飛びするということを相談したのではありません。しかし、私も他の共犯がそのような事を述べていると警察の方が云われますので、弁解しても駄目だろうと思って、そのように述べたのです。

裁　しかし、その点について、被告人は、かなり詳しい陳述をしているようだね。

　この時、裁判長は、本被告人に対する同聴取書中該当部分（記録第218丁裏2行ないし219丁裏7行）を読聞かせた。

黒　それは、大根の千切が統制品なので輸送が困難ですから、分らぬようにして運ぶ必要があるということで、裏日本の方を通ってはどうだろうと相談したのであって、何もそのような話をしていた訳ではないのです。しかし、私が警察で取調べられた時には、私が事実を申し上げようとしますと、西は何も知らんといっているから、お前も西から命令されたように云わぬと、お前が主謀者のようになってしまうぞと云われましたし、また、お菓子を食べさせてくれたりして、親切にもしてくれましたので、その通り述べた方が、都合がよかろうと思い、今読み聞かせらたような供述をしたのです。

……

裁　警察では、西から熊本と中華人を現場に連れて行ってくれと云われたように述べているがどうか。

黒　警察で取調べを受けた時は、『お前が2人を連れて行ったようになっているから、俺のいう通りにしたら間違いない。違うところがあれば、裁判所で言え』と云われたので、その通りにして、一審の時に事実を申し上げたのです。ところが、その時に警察でどうして嘘を申したかと叱られましたので、弁解も出来ず、そのままになってしまいました。

……

裁　しかし、熊本は中華人に倉庫を見せるのが目的ならば、何も石井の来るのを待つ必要がないではないか。

黒　兎に角、中華人は軍服を見せろとやかましくいっておりましたので、熊本は拳銃の取引を片付けて、自分の用事である軍服の取引をするのではないかと思っておりました。

裁　しかし、取引をしなければ、金が手に入らないのではないか。

黒　いいえ、それ位の金は熊本が持っていると思いました。

裁　しかし、取引する間際に、拳銃を買うというのはおかしいではないか。

黒　石井を待たせているので、その方も急いでいたのではないかと思います。

裁　その点については、被告人は、警察で、全然反対の事を述べているようだね。

　この時、裁判長は、本被告人に対し前聴取書中該当部分（記録第226丁表8行ないし229丁表1行）を読聞かせた。

黒　警察では、取調べを受けた際に、係の方が、『お前は西から命令されてあった事と思うか

ら、その通り述べとけば、大したことはない』と云われるので、警察の方も、私には悪く取
　計らう事はあるまいと思い、西や石井が私に対して命令したように述べたのです。
　……
裁　匕首で刺そうとする時に、石井から体を探して金を取れと云われ、体を探したのではない
　か。
黒　いいえ、恐ろしくて、とてもそんなことは出来ませんでした。
裁　上衣のポケットの中から紙切れを取出したのではないか。
黒　いいえ違います。そんなことは致しておりません。
裁　その点についても警察ではそのようなことを述べているが、どうか。
　この時、裁判長は、司法警察官代理の本被告人に対する同聴取書中該当部分（記録第231
丁表1行ないし232丁表4行）を読聞かせた。
黒　それは、私が述べたのではなく、警察で勝手に書かれたのです。
裁　そして、その時に、西から『飲食店にいる奴を全部専売局の裏迄引張り出せ』と云われた
　のではないか。
黒　いいえ、そんなことはありません。
裁　その点については、被告人は、警察でこのように述べているがどうか。
　この時、裁判長は、司法警察官代理の本被告人に対する同聴取書中該当部分（記録第233
丁表2行ないし234丁裏7行）を読聞かせた。
黒　いいえ、それは違います」
　次に、同じく黒川は、民事裁判公判調書において、以下のように供述している。
「26　あなたが逮捕された時、他の者はどうなっていましたか。
黒　逮捕されて取調べが済んでいました。
27　警察では、誰の取調を受けましたか。
黒　確か後藤という人でした。
28　その時、あなたは、事実本当のことを述べましたか。
黒　その時、私は、何日もかかって夜おそくまで取調べられ睡眠不足で意識朦朧としておりま
　した。また、私は何もかもぶちまけて罪に服し、真人間になる心算でおりました。そして、
　取調べに当った係官は他の者の取調べ調書を作った終了後であったので、私が知らないこと
　でも知っていて、誘導的に取調べ調書を作成しましたが、私は、そのような精神状態でした
　ので、そのままに済ませました。
29　それで、その調書中には、あなたが知らぬ事も記載している訳ですが。
黒　相違ありません。
30　甲第15号証を示す。この調書の署名拇印は、あなたのものですか。
黒　相違ありません。
31　この調書は、読聞かされましたか。
黒　読聞かされました、しかし、その時は、取調べが長くなって既に夜明け頃になっており、

私は眠くてたまらず居眠りしていて、どうでもよい気持になっていました」

6　聴取書捏造を証言する石井、岸田の法廷供述

次に、石井健治郎は、第二審第3回公判調書において、以下のように供述している。

「裁　実は、久留米に行くというのは嘘で、今晩100万円位の取引があるのだとは云わなかったか。

石　いいえ、そんな話はありませんでした。

裁　その点については、警察でそのように述べているがどうかね。

　この時、裁判長は、昭和22年5月28日付司法警察官の本被告人に対する聴取書中該当部分（記録第362丁表2行ないし356丁裏4行）を読聞かせた。

石　それは、今聞いていると非常におかしい所があります。例えば、牧田の行動と岸田の行動が入れかわっております。これがもし私が述べたことなら、そのような間違いをするような事はありません。それに司法主任が他の相被告人の供述によって、勝手に記載されたものなのです。しかも、さような勝手な事を記載されて、この聴取書に署名捺印せよといわれるものですから、私は、さようなものには印を押さぬといい張りますと、文句があるなら裁判所でいえとの事でしたから、それなら裁判所でいいますといって印を押し、第一審の公判の際に司法主任を証人として取調べて頂きましたが、この時に私が突込みますと、司法主任は顔を赤くして退任した位なのです。そのような関係で、この聴取書に書かれてあることは、ほとんど嘘でありまして、私が述べたことではなく、したがって、喧嘩を引受けたり、殺人を引受けたりするような馬鹿な真似は全然しておりません。

……

裁　被告人が現金と引換でなくては、渡されぬといったので、それなら一つ加勢してくれと云われたのではないか。

石　いいえ。相手が争っているから、全責任は自分達が負うから仲裁に行ってくれと云われたのです。

裁　仲裁をするのに全責任を負うという事は少しおかしいではないか。

石　仲裁に行っても、話の都合でどんな事になるかも知れないので、そのように申したものと思います。

裁　ところが、被告人は検事の取調べに際しては、この点については、そのように述べているがね。

　この時、裁判所は、昭和22年6月6日付検事の本被告人に対する聴取書中該当部分（記録第243丁表2行ないし同丁裏3行）読聞かせた。

石　それは警察の調書を基本として、私の述べる所を少しづつ書入れながら出来たものです。

裁　しかし、それなら警察の調書と大分違うようだね。警察では、100万円の取引をするとかいうことを述べているが、検事の調べでは全然述べていないではないか。

石　私も、その時には色々な調書を見せつけられて、頭が混乱して錯覚を起したのです。大体、

牧田達も全然強盗殺人にならぬと思います。彼らは、私達が拳銃の代金を取りに行ったので、後からその様子を見に来たのであって、私が加勢させた訳でも何でもありません。兎に角、初めからの調書が皆間違っているので、私達は強盗殺人をしたようになってしまったのです。……

裁　犯行後の行動については、西が述べていることと違うようだね。
　この時、裁判長は、検察事務官の被告人西武雄に対する昭和22年7月付聴取書中該当部分（記録第339丁表4行ないし4丁裏1行）を読聞かせた。
石　それは嘘です。絶対に、そのようなことはありません、私は、何もそんなに人を殺してまで金を奪わなくても事件の2日前に40万円の取引をすませたばかりであり、現金も4、5万円持っており、日本機械商事から100万円の小切手も持っていたのですから、金に困るような事はなかったのです」
　次に、同じく石井は、第一審第1回公判調書において、以下のように供述している。
「裁　しかし、被告人は、警察では、西から『男と見込んで頼むから5人を殺す加勢をしてくれ』と頼まれたから、5人を殺す加勢をしたとこのように述べているではないか。
　この時、裁判長は、被告人に対し司法警察官の聴取書中該当部分（記録第362丁表5行目ないし裏2行目）を読聞かせた。
石　警察では、事前にそのような事を頼まれたと申した事はありません。それは、事件後西が私の家に来て、黒川は喧嘩もできぬので、貴方が男らしいと思ったから加勢してもらうつもりだったと警察にいましたところ、警察では、事前にそのような話があったように調書を勝手に作ったのです（註　傍点は加筆だと石井は訴えている）。
裁　なお、被告人は、その後でこのように述べているがどうか。
　この時、裁判長は、前回聴取書（第326丁裏3行目ないし364丁表6行目）を読聞かせた。
石　そのような事を申した事はありません。警察の調べの時、私に誰かの調書を見せて、他の者もこのように述べているから間違いないだろうといって、私が順序が違っている、それは、事件後、西から聞いた事だといっても聞き入れず、勝手にそのような事を書いたのです。
裁　誰の調書を見せられたのか。
石　それは知りません。
裁　そのような間違った調書にどうして署名拇印したか。
石　私が弁解しても、調書にこのようになっているといって相手にされず、仕方なく署名拇印したのです」
　次に、岸田文彦は、第一審第3回公判調書において、以下のように供述している。
「裁　どうして後で聞いた話を黒川が、最初2人を連れて来た時にいったように述べたのか。
岸　検事局では、警察で述べた通りに述べたのです。
裁　警察では、どうしてそのように述べたのか。
岸　私は、警察で、西が初めから熊本、王を殺して金を盗る計画だった事を聞かされて憤慨し、西が計画的だったという事を誇張せんがために後に聞いたことを、前に聞いたようにいった

のです。
　……
裁　被告人は、なお検事局で黒川が2度目に来た際に、藤本が石井に拳銃は現場に行って2人に感付かれぬように黒川に渡してくれといっていたと述べているが間違いないか。
岸　そのような事実は、ありませんでしたが、警察では、刑事から、西や黒川や藤本達は知らぬ知らぬといって、君達に罪を被せようとしているといわれたので、西、黒川、藤本3人が相談の上、本事件を計画的があったように思わせるために、そのような事を付け加えていったのですが、検事局では警察で述べた通り述べたのです。
　次に、同じく、岸田文彦は、第二審第2回公判調書において、そのように供述している。
裁　その時、藤本から、『あの2人をやっつけた後に、西が2人更に連れて来るからこれもやるのだ』ということを聞かなかったのか。
岸　いいえ、そんな事は聞きませんでした。
裁　しかし、警察では、被告人は、その点についてこのように述べているがどうかね。
　この時、裁判長は、昭和22年5月29日付司法警察官代理の岸田文彦に対する被疑者聴取書中該当部分（記録第396丁表2行ないし397丁裏7行）を読聞かせた。
岸　はい、警察では、その通り述べました。というのは、警察で取調べを受けた際には、私と石井、押川、牧田、それに西が逮捕されているだけで、黒川、藤本は逮捕されておりませんので私と押川、牧田の3人を集めてメモを取られた際に、西は知らぬ存ぜぬと否認しているので、総べて石井達がやったようになっているといわれました。それで、私達も西の態度に憤慨して知っていることに憶測を加えて述べたのです。それで、その際に藤本が押川と牧田に倉庫の方で見張りをさせ、『岸田と自分（藤本）は逃げて来る奴を脅すことにする』といったように述べたのも、実は、西一派を悪くいわんがためなのです」

7　聴取書捏造を証言する藤本の法廷供述

次に、藤本清喜は、第一審第4回公判調書において、以下のように供述している。
「裁　そのようでなく、被告人は、西や黒川、石井達が王や熊本を殺して、相当まとまった金を盗る計画を立てている事を薄々知って現場に行ったのではないか。
藤　そのようなことは、全然知りません。
裁　しかし、被告人は、警察庁では、大体の計画を知っていたと、このように述べているがどうか。
　この時、裁判長は、検察事務官の被告人に対する第2回聴取書中1項（記録297丁表7行目ないし296丁裏7行目）を読聞かせたり。
藤　私が申し述べた事と違っております。西が、百何十万円集金に行ったというのは、千切の集金であり、なお、私は、西達がそのような人を殺して金を奪うような計画を立てているということは、夢にも知らなかったのであります」。
次に、同じく、藤本清喜は、第二審第1回公判調書において、以下のように供述している。

裁　被告人は、検察事務官の取調べに際して、このように述べているがどうか。

　　この時、裁判長は、昭和22年6月6日付検察事務官の本被告人に対する聴取書中該当部分（記録第293丁裏9行乃294丁裏2行）を読聞かせた。

藤　私は、そのようなことを述べた記憶はありません。

裁　相被告人がいていい難ければ、退廷させてもよいかどうか。

藤　いいえ、その必要はありません。

　　　……

裁　石井も自分も方々を遊び廻っているから、喧嘩の加勢なら引き受けるとは云わなかったか。

藤　そのような事は、云わなかったと思います。

裁　しかし、被告人は、検察事務官の取調べに対し、このように述べているがどうか。

　　この時、裁判長は、前同聴取書中記録第294丁裏21行ないし295丁表3行を読聞かせた。

藤　検察庁では、事務官の取調べに際して、検察事務官が『殺すという話があったのではないか、押川も岸田もそのように述べているのだが』といわれるので、そう云われて見ると、そのような話を聞いたような気もしましたので、聞いたように記憶しておりますと述べたのです。しかし、今は、記憶がありません。

　　　……

裁　19日に西と会った際に、西は、『明日堅粕の料理屋で、話をつけるのだが、その際に拳銃にものを云わせて金を手に入れる』という事を云わなかったか。

藤　いいえ、そのような話はありませんでした。大体、喧嘩と取引とは別個のようでありました。

裁　その点については、被告人は、検察事務官の取調べに際して、このように述べているのだがどうかね。

　　この時、裁判長は、昭和22年6月7日付検察事務官の本被告人に対する聴取書中該当部分（記録第297丁表10行ないし298丁裏10行）を読聞かせた。

藤　それでは、喧嘩と取引とが一緒になっている点が、事実と相違しております。

　　　……

裁　その時は、金を持っている取引相手を連れ出して、石井の持っている拳銃で相手を殺して金を捲き上げる考えではなかったか。

藤　いいえ違います、そのようなことはありません。

裁　しかし、被告人は、検察事務官の取調べに際して、このように述べているがどうか。

　　この時、裁判長は、昭和22年6月7日付検察事務官の本被告人に対する聴取書中該当部分（記録第299丁表2行ないし同丁裏7行）を読聞かせた。

藤　それは、取調べに際して、『そんな風に思ったのではないか』と云われたので、その時は、取引と喧嘩が一緒になっていたような気がして、そのように述べたのです。しかし、現在では、記憶はありません。

　　　……

裁　被告人は、そこで拳銃を持って、2人を見張りしていたのではないか。
藤　いいえ違います。私は、ポプラの木が現場の付近にありましたので、そこに座っていたのです。
裁　黒川が1人の男を連れてきて、倉庫をみせますからというようなことをいってはいなかったかね。
藤　黒川が1人の男を連れて行って何か話をしていたようですが、その内容は気付きませんでした。
裁　被告人は、検察事務官の取調べに際して、このように述べているかどうか。
　この時、裁判長は、前同調書中記録第300丁裏二行ないし301丁表3行を読聞かせた。
藤　黒川が、その時話した事については、全然記憶にありません。また、石井からもそのようなことはいわれた記憶はありません。私としても、現場付近で見張りをしていた訳ではありませんが、拳銃を持って、その付近をブラブラしていれば見張りをしていた事になると思い、取調べに際してもそのような供述をしたのです。実際は、石井からは、そのようなことは聞いてないのです。
裁　しかし、調書には間違ったことを記載されて、なぜ故、不服を申し立てなかったか。
藤　その時には、聞いたように思われたので、そのように述べたのですが、後で冷静に考えてみると、聞いてはいない事が判ったのです」

8　聴取書捏造を証言する押川の法廷供述

次に、押川智栄治は、第一審第4回公判調書において、以下のように供述している。
「裁　被告人は、ここでは、唯拳銃の代金を受取るために現場に行ったような事をいうが、検察庁では、このように西達が相手をやっつけて、相当まとまった金を奪う計画をいっていることを知って行ったように述べているがどうか。
　この時、裁判長は、検察事務官の被告人に対する第2回聴取書中第1項（記録310丁表7行目ないし312丁表7行目）を読聞せた。
押　そのような事は、全然申し述べておりません。その時は、外の者がいうのにお前が聞いていない筈はないといわれましたので、自分としては、西から話を聞いた憶えがないから、判然判っていなかったと申し述べたのであります。
裁　なお、被告人は、現場に行ってからの模様を、検察庁では、このように述べているがどうか。
　この時、裁判長は、検察事務官の被告人に対する第1回聴取書中2項ないし12項（記録305丁裏7行目ないし308丁裏末行目）を読聞かせた。
押　私が申し述べた事とほとんど違っております。私は、拳銃を藤本に渡した事は間違いありませんが、その時、石井から、相手が逃げた時は拳銃で脅かしてくれ、そうすれば、大概参るだろと等といわれた事はありません。黒川が今相手が倉庫を開けさせているというているから、これ以上待たせられぬ等と、石井にいった事は聞いておりません。したがって、黒

川や西達が相当まとまった金を奪うのだなどという事は、全然気が付いておりませんでした。それから、私は様子を見ようとして門の方に行った訳ではなく、元いた場所に引返えそうとした時、拳銃の音が聞こえたのであります。それから、黒川が後で倒れた男のポケットに手を入れて何か取り出していた事も申しておりません。私は、黒川が匕首で手を切ってハンカチで血を拭いていたと申したのであります。それから、牧田が１人の男を空地の方に引張り込んだ事や、岸田が他の１人の上に股げて背中に隠していた日本刀を抜き突き刺した事等は、もうその頃は暗かったので判然見えませんでしたので、そのような事は申しておりません。その他は、大体において相違ないと思います」

　次に　同じく、押川は、第二審第２回公判調書において、以下のように供述している。

「裁　その際に西がその拳銃を持って行けば、金が儲かるのだということは聞かなかったか。
　押　いいえ、そんな事は聞きません。
　裁　黒川という者も一緒に行く事になっている、といわなかったか。
　押　黒川の名前は、聞きませんでした。
　裁　しかし、その点については、被告人は、検察事務官の取調べに対して、このように述べているがどうかね。
　　この時、裁判長は昭和22年６月８日付検察事務官の本被告人に対する聴取書中該当部分（記録第203丁表７行ないし同丁裏末行）を読聞かせた。
　押　いいえ、違います。それは、一度街に出てから更に藤本の自宅に帰った時に、藤本が石井に話しているのを聞いたのです。
　裁　なぜ、このような事を検察事務官に述べたのかね。
　押　私は、検察事務官の取調べに際しても、事実を述べようとしましたが、黒川や藤本は、このように述べているのだが、お前はまだ事実を隠して嘘をいっているのだろうといって、黒川や藤本の聴取書を読聞かせられ、また、お前はその晩現場にも行っているし、石井のところで酒も飲んでいるのではないかと詰問され、私のいう事も全然信用してくれませんので、仕方なしに訊ねられた通り認めたのです。
　　もっとも、５万円の礼をするという事は事実聞いておりましたので、藤本に対しては、一応承諾するという事をいいました。
　　……
　裁　相手は、堅粕に来ているとの事ではなかったか。
　押　いいえ、そのような事は聞きませんでした。
　裁　被告人は、この点について、検察事務官に対して、このように述べているがどうか。
　　この時、裁判長は、昭和22年６月８日付検察事務官の本被告人に対する聴取書中該当部分（記録第304　4丁裏７行ないし305丁表６行）を読聞かせた。
　押　それは、私が自分から進んで述べたのではなく、取調べに当って、西はこのようにいっているのだがどうかといって、西の聴取書を読聞かされましたので、現実に相手も死んでいるし、その気持だったのだろうと思って、いわれた通りの事を認めたのです。

……
裁　大体、その頃福岡旅館で西や黒川の話を聞いて、その晩堅粕に行き纏った金を持った人間に会い、それを殺して金を奪うのではないかともいう事が頭に浮んだのではないか。

押　いいえ、福岡旅館では喧嘩の話だけで、取引の話は全然なかったので、私もそんな事は考えも及びませんでした。

裁　西がそれとなく匂わしたのではないかね。

押　いいえ、そんな事はありません。

裁　しかし、被告人は、検察事務官の取調べに対しては、その点についてこのように述べているがどうかね。
　この時、裁判長は、昭和22年6月8日付検察官の本被告人に対する第2回聴取書中該当部分（記録第310丁裏7行ないし同丁裏4行）を読聞かせた。

押　そこも、検察事務官の取調べに際して、福岡旅館でそのような話があったのだろう、藤本もこのように述べているのだから、お前が知らぬ筈はない、白っぱくれてもダメだと詰問され、藤本の聴取書を読みきかせられましたし、また、後で新聞で見た事や牧田、岸田と3人一緒に取調べられた時の皆の話も藤本の供述と一致しておりましたので、間違いなかろうと思って、そのように述べたのです。

裁　ところが、福岡旅館で西が石井、藤本達の前で黒川に対して、『最初お前が2人を引張り出せ、そうすれば残りは俺が2人引張り出すから』と話していたのを、被告人は聞いていなかったのか。

押　いいえ、そのような話は聞いておりません。

裁　その時、何か具体的な話でもあったのではないか。

押　いいえ、ありませんでした。

裁　しかし、検察事務官の取調べに対して、このように述べているけれどもどうかね。
　この時、裁判長は、本被告人に対する前同調書中該当部分（記録第310丁裏5行ないし311末行）を読聞かせた。

押　それは、私が刑務所に入ってから大分、事件の詳細を知ったのですが、取調べに当って、『こうではないか』と強く詰問されると、事後に知った事までもそうだったかも知れぬという気持になり、訊ねられる通りの事を認めたのです。

裁　しかし、なぜ、その時不服を申し立てなかったか。

押　幾ら私がいっても、最初から聞き入れてくれませんでした。
　……

裁　その時、黒川か石井かが岸田に対して、『相手が来たら合図しろ』といい、被告人と牧田に対して、『この付近で見張りをしていて相手が来たら脅して逃がさぬようにしろ』といったのではないか。

押　いいえ、そのような事はいいませんでした。

裁　検察事務官の取調べに際しては、被告人は、このように述べているがどうかね。

この時、裁判長は、昭和22年6月8日付検察事務官の本被告人に対する聴取書中該当部分（記録第306丁7行ないし同丁裏8行）を読聞かせた。
押　いいえ、それも、私が自分から述べた事でなく、検察事務官から『こうだろう』といわれて仕方なしに認めたのです。
　……
裁　黒川が石井を呼びに来た時に、黒川は、『2人を倉庫のところに待たしてあるのだが、これ以上待たされないから』といって連れて行ったのではないか。
押　いいえ、そのような事は聞いておりません。
裁　その点についても、被告人は、検察事務官の取調べに対して、このように述べているがどうかね。
　この時、裁判長は、本被告人に対する同聴取書中該当部分（記録第306丁裏9行ないし307丁表末行）を読聞かせた。
押　それも先程と同じ弁解であります。私も、最初は事実の通りを述べようとしたのですが、私の知らない事まで知っている事のように調書に書かれましたので、弁解する気力もなくなったのであります。
　……
裁　岸田が1人の男に馬乗りになって日本刀で突いているのを見なかったか。
押　石井が拳銃を撃って、私が一度現場から逃げて再び戻って来た時に、岸田が日本刀を提げて道路上に立っているのは見ましたが、刺したのは見ておりません。現場が道路から少し引込んでおりますので見えなかったのです。
裁　その点についても、被告人は、検察事務官の取調べに対して、このように述べているがどうか。
　この時、裁判長は、昭和22年6月8日付検察事務官の本被告人に対する聴取書中該当部分（記録第307丁裏8行ないし308丁裏7行）を読聞かせた。
押　それも、私が自分から述べたのではなく、最初警察署で牧田、岸田と一緒に調べられた時、黒川が探しているのを見なかったかと言われましたので、岸田がそういえば、ポケットから何か探し出しているようだったと述べましたし、私も、黒川が倒れている男を突いたため、自分の手を切って何か白いもので手を拭いていたようでしたから、その通りの事を述べました。
　ところが、調書には、いかにも私が目撃したようになって仕舞ったのです」

9　聴取書捏造を証言する牧田の法廷供述

次に、牧田頼之は、第一審第7回公判調書において、以下のように供述している。
「裁　被告人は、事件の顛末について、警察でこのように述べているがどうか。
　この時、裁判長は、司法警察官の被告人に対する聴取書中11項を読聞かせた。
牧　大体、その通り間違いありませんが、多少違っておる点があります。私は、死体の側には

おりましたが、死体を空地に引張り込んだ事はありません。多分、岸田が引張り込んだものと思います。

　それから、黒川が紙片のような部厚い物を自分のポケットに入れていたのを見たと申しておりますのは、私の見誤りであります。黒川は、死体を匕首で刺す前に匕首で自分の指を怪我し、ハンカチで押えておりましたので、これを紙片と見間違えたものと思います。

裁　見間違えたとは、何時判ったか。

牧　黒川が警察で私達と一緒に調べられる時、怪我した指を見せておりましたので、黒川が、ハンカチというのが本当だと思いました」

次に、同じく牧田は、第二審第2回公判調書において、以下のように供述している。

「裁　途中、西か黒川かが現場付近を指して、あの辺が丁度よいではないかといったのではないか。

牧　そのような事は、聞きませんでした。

裁　しかし、被告人は、検察事務官の取調べに対して、その点について、このように述べているがどうか。

　この時、裁判長は、昭和22年6月8日検察事務官の本被告人に対する聴取書中該当部分（記録第320丁裏6行乃321丁裏2行）を読聞かせた。

牧　それは違います。私は、最初警察でそのようなことを詰問され仕方なしに認めたのですが、検察事務官の取調べの際にも、私がそのような事はないと申し述べますと、警察でもこのように述べているのではないかといわれました。しかし、私は、そのような事はないと申し上げましたら、他の刑事らしいのが、西は、あくまで否認しており、総べて石井がやったようになっているから、このままでは、西は無罪で出て、石井が主謀者のような形になる石井が可哀想だと思えば、本当の事をいえといわれるので、私は、西の態度に憤慨し西を有罪にするために、嘘と知りながら、警察で述べた事と同じような事を述べたのです。

　この時、裁判長は、昭和22年6月8日付検察事務官の本被告人に対する聴取書中該当部分（記録第320丁裏2行ないし321丁裏2行）と昭和22年5月29日付司法警察官代理の本被告人に対する被疑者聴取書中第11項中記録第409丁表末行ないし410丁裏1行を読聞かせた。

牧　検察事務官の取調べに際しては、私が共犯者と見られるのが恐ろしかったので、少しでも事件に関係のないようにと供述したので、そのような事となったものと思います」

以上は、公判調書の上にみられる各被告人の聴取書捏造の訴えである。彼等の訴えによれば、聴取書は完全に証拠力を喪失し、強盗殺人罪は覆えされるのである。

しかし、事実は反対に、これら被告人の訴えは全部無視され、聴取書の通り強盗殺人罪として2人を死刑に、その他を有期刑に処断したのである。

思うに裁判長は、これら被告人の訴えを偽証であると断じたのであろう。しかし、偽証と断ずるも、真実と断ずるも、その結論を得るためには、それ相当の段階、手続を踏まねばならぬことはいうまでもないことである。しかるに、本件においては、実地検証に被告人を立合せなかったり、取調官の証人出廷の請求を取下げたり、またそれに関する公判調書の録取を抜いたり等々、被告

人の利益になるとみられる手続は、故意か、無意識か、強引に拒否されているのである。
　なぜそのような不正まで行って、裁判所は警察、検察の聴取者を支持固執せねばならぬのか、全くもって不可解である。
　聴取書捏造の訴えが虚偽であるかどうかということは、単に被告人等の前後の供述を仔細に検討するだけでも、その線は明確に打ち出せる筈である。かりに被告人らに虚偽の供述があっても、7名の供述を背景とする事件であるので、虚偽の供述は、どこかで相被告人の真実の供述と辻褄が合わなくなるはずである。だから、公判廷の供述だけで充分に真偽の究明は可能である。しかるに、その公判調書を没にしたり、捏造したりしているのは、始めから公正な裁判をしようという意志がなかったのではないかとさえ疑いたくなるのである。
　警察の密室において作製された聴取書でも、公判廷においてその真偽が検討され証明されるなら、まだ被告人にも救いはあるが、公判廷において被告人の訴えが無視され、聴取書を無条件に証拠として取り上げるならば、被告人の人権は完全に蹂躪されてしまうわけである。それでは、人権擁護の神聖な法廷も暴力の場と化してしまうことになるのである。
　聴取書捏造を訴える被告人の供述が真実であることは、彼らの訴えることが首尾一貫し、経験則にも合致し、辻褄も合うことで、偏見が介入しない限り誰にも納得はできることである。しかし、警察、検察の聴取書のいう事件の筋書は、全く支離滅裂である。
　たとえば一例を挙げると、石井健治郎の警察調書中、「自分のうらみのある者をそこに待たせているから殺そうと思うからやって（殺して）くれ、礼は5万円位」といっているかと思うと、「西と黒川の2人は、2、3日前から商取引の相手を殺す計画があったらしく、……今4人程来ているからこれを殺すように計画をしている、……是非加勢を頼む、その代り拳銃代として5万円を君達にやる」と、喧嘩殺人の委託が強盗殺人の委託にかわっている。
　また、黒川聴取書中、「軍服の話が進んでいるので一寸待てというので、……旅館で、西は、私に今お前を連れて行った現場に買主を連れ出すと自分が拳銃を借りて来るのでやっつけるといいました」と、ここでは軍服取引の相手を（堅粕で）計画的に殺すように供述しているかと思うと、藤本の聴取書では、「西は、今日は百何十万円かの集金に行ったが取れなかったが、明日は持って来ることになっているから、今日は、君の顔を貸してくれと申し、なおその取引の相手は久留米の者であると申し添えました。万一その話の間違いでも起きるようなことがあれば相手を殺してその金を奪い」と、ここではまた別な集金の相手を、しかも久留米で殺すような話にかわっている。
　このように聴取書の内容は、被告人の供述に警察、検察の創作劇を挿入させて合作にしているので、内容に首尾一貫性がなく、話の筋が辻褄合わなくなっているのである。このような聴取書を任意のものだというが、精神病患者でなければ、このように支離滅裂の供述はできるものではない。また、この支離滅裂の聴取書と被告人らの法廷供述とくらべた時、いずれが首尾一貫して、真実であるかということは、偏見や先入観なく正しく判断するならば、誰にでも被告人の法廷供述が真実であることを推すに誰も躊躇するものはないはずである。
　しかし、その法廷供述即ち公判調書なるものが、また捏造されている事実があるので（詳しくは、

第４章「裁判並び公判調書の不信をそそる事実」参照のこと）、被告人の真実の供述を把み出すことは、容易でない。しかし、それでも、警察の密室で強いられた聴取書の供述より、法廷供述の方が圧力がかからなかったのか、まだ、任意の供述が多分に認められるのである。特に、第二審、島村裁判長の公判調書においてしかりである。

しかし、いかに任意に供述を許しても、判決には、結局それを無視していることは前述の通りであり、ではそれほどまでに信憑性を堅持している聴取書が、どのようにして作製され、どのように筋が曲げられているかを、次に検討してみよう。

10　白紙に拇印をとった検察事務官

次に、西武雄は、上告趣意書において、司法警察官の聴取書作製（取調べ状況）について、以下のように供述している。

「昭和26年1月16日付原審第11回公判調書中司法警察官の被告人岸田文彦、被告人牧田頼之、被告人押川智栄治に対する聴取書の任意性につき、被告人岸田文彦が供述したところの、

　　岸田　強盗の相談どころか、殺人をやる等の雰囲気すらもなかったことを松尾、馬場、戸渡刑事に話したところ、私、押川、牧田の３人を一緒に集めて、西に何を聞いても知らぬ知らぬといい張るので、石井は死刑になるかも分らん、兎に角、西を引張り込みさえすれば、石井は助かる。お前達は石井が可哀想と思うなら、西を引張り込め、といって、牧田、お前はこういえ、押川、お前はこういうんだ、岸田、お前はこういえ、そうすれば、石井は助かるし、お前達もよくなるから、と言葉巧みに私達３名を騙して、私達の調書が出来たのですが、そして、その時、岸田、お前は西の監房の隣りだから、この鉛筆のシンとこの紙を西の部屋に投げ入れて西にこっそりと、自分は今取調べを受けたが何も云わなかった、しかし、また取調べがあるがどういうふうにいったらよいかを、その紙に書いてくれ、と言って書かせろ、そして、それを俺の所に持ってこいといって、刑事は自分の鉛筆のシンを５分程折って紙は帳面の端の方を破って私にくれたのです。それで、私は遠くの方から戸渡刑事と監房看守の２人の見ているところで、わざとコッソリした態度をして西の官房に先の鉛筆のシンと紙の切れ端を投げ込みました。そして、先程刑事からいわれた通りを西に話しました。その日は、その紙切れは受取れませんでしたが、その翌朝の洗面の時、監房看守が西の房と私の房を一緒に出しまして、看守が腹で合図をしましたので、私は、西が洗面しているところに寄って行って、昨日の返事をして下さい、といましたら、西は、別にいう事はない、兎に角正直に言ってしまいなさい。知っていることは、正直にいう方がよい、というだけでしたから、この事を刑事に報告しましたら、チェッ、と舌打ちをしていました。それで、私達３名は刑事のいう通りにいいさえすれば、石井は助かるし自分達も都合がよくなると思いましたので、あれこれと嘘を申した次第でありました。このことは、監房の看守や牧田、押川も知っている事です。このことについては、上申書で裁判長殿に差し上げましたので、この位にして……」

と供述した事実を録取していない。

次に、西武雄は「上告趣意書」において、検察事務官の聴取書作製（取調べ）状況について、

以下のように供述している。

「第5点、原審記録に依れば、被告人西武雄に対する検察事務官重松長次郎の作成に係る聴取書が編綴されており、且つ記録上からは右書面を証拠書類として取扱ったかどうか等の此れを記録に編綴した理由が判明せず、西も右書類は被告人西武雄の全く関知しないもので、検察事務官重松長次郎が職権を濫用して自分勝手に作成したものであり、且つ右書類は犯罪事実の存否ないしは刑の量定に関するものであり、裁判官の心証形成上予断偏見を抱かしむる虞があり、この点においても原判決の破棄は免れないものであります。

抑々右書類の作成されるに至った経緯を詳述いたしますに、被告人西武雄は昭和22年6月1日福岡警察署より福岡刑務所土手町支所に移管されたのでありますが、同年6月6日福岡地方検察庁笹原元検事が支所に来所し『西、お前も男らしく自白したらどうか』と申しますので、被告人西武雄は『警察以来真実を申しております』と申しますと、笹原検事は『そんなことを聞きに来たんじゃない、貴様がその腹ならもう聞いてやらん、貴様の勝手にしろ』と、1人で立腹し怒鳴り散らした上、さっさと席を立って帰ってしまった。

翌6月7日午後3時頃、看守の検事調べという呼び声に応じて出てみると検察事務官、重松長次郎が来所しておりました。

被告人西武雄が同事務官の前に行くと、同人は非常に優しい声で、

重松　過剰拘禁している時期だから、部屋の中は暑苦しいだろうね、今度は大変なことになったね、今日で10日以上も経ったので、煙草も喫いたいだろう、これを喫いなさい、ハイ、マッチ。

といった具合にして、そして、『きのう、笹原検事さんが来たそうだね。今日、笹原検事さんは忙しいので、私が代理で来たんだが、こうして一服やりながら話合おうじゃないか、お互に日本人同志、腹打ち割って話合えば、またよか智恵も出るよ、君に悪いようにはしないよ、相手は支那人じゃないか……』と、諄々と、実にしんみりした話を十分程して、『……だからどうね、今、他の被疑者の聴取書も作ってここにあるから、マア、読んで見給え、君の都合の悪いところは、何とかなるよ』とのことでしたが、

西　他人の記録は、見なくても結構です。兎に角、私としては、この事件には関係ないのです。それで私としては知らなかったというより、他に言いようがないのです。

と答えると、重松事務官の態度が一変した。重松『知らなかったで済む位に思うとるんか。そうか、ようし、いうな、その煙草をかえせ』といって、私の煙草をひったくり、これから20、30分間ほど、土手町一杯に響き渡るような大声で怒鳴られたのですが、その間、刑務所の職員が『何ごとですか？』といって2、3人走り込んでくる始末となり、結極は、私の供述通り記載して署名捺印をしたのですが、これから先で、私は重松事務官にだまされてしまいました。というのは、

重松　お前と口論したので思わぬ時間がかかった。ああ気分が悪うなった。お前を助けてやろうと思うて、俺は病気を押して来たんだが、どうも体の調子がいかん。兎に角もう一遍作成せにゃならんとじゃが、今はもう書けんから、お前の拇印だけ貰って、気分がよくなってか

ら書いて裁判所に出しといてやる。だから、これに署名と拇印だけしとけ。
西　白紙に拇印だけという訳には、いきません。
重松　こうしてお前のいう通り書いてあるのに、拇印だけといって偽造でもすると思うとるんか、お前は、この俺を何と思うとるんか。お前の云わんことを書いたからといっても、俺は出世せんとぞ、俺はね、まだ我が身が可愛いいから、偽造なんかせんわい。この一通はな、検察庁へ提出する分で、あとの一通は裁判所に出さにゃならんと、分ったか、お前と口論をしたので具合（病気）が悪い、アー、具合が悪うていかん、兎に角、署名と捺印だけしとけ、
（中略）
　というので、私としては、検察事務官、重松長次郎の言葉を全く信用して、署名捺印の白紙を渡したのであります。ところが、この聴取書の写しを今日（判決後）弁護人から見せて貰って吃驚した次第であります。以上が、私即ち被告人西武雄の聴取書の出来上った実態なのであります」

11　西武雄の聴取書捏造に関する反論

次に、西武雄は「質疑応答書」のなかで、聴取書捏造に関して、以下のように反論している。
「警察聴取書には、『５月20日の午前11時頃、熊本のところから直ぐ来てくれとの電話がありましたので、１人で行きました。本日は、おそくとも堅粕で午後３時頃までには、取引をするから来てもらいたいが、呑屋は調べて後で知らせる。拳銃はどうなったかと聞きますので、ヒョットしたら、今日来るのが持ってくるかも知れぬので、借りましょうといって、一旦宿へ帰りました』とありますが、電話がかかって熊本に会いに行き、取引を決めたのではないのです。警察等では、どうしても、当日私が熊本に会って、計画を遂行しようとしたように筋書をもってゆくために、会わせようとしているが、私が20日の午前中熊本を訪ねた時、妻君は昨日から出て不在だとグチをこぼしていたのでありますから、私が会うはずはないのです。

したがって、『本日はおそくとも堅粕で午後３時頃迄には取引をするから、来てもらいたいが』という意味のことは、会って話したことでなく、熊本が福岡旅館に電話をかけて来て、西につたえたことなのです。その時、『中島園吉の方の付近で適当なところに、料亭かなにかあったら席を借りといてくれぬか、』と言っていたことは事実です。しかし、『拳銃は如何なったかと聞きますので、ヒョットしたら今日来るのが持って来るかも知れぬので、借りましょう』といって、一旦宿へ帰りましたということになっているが、これは、明らかに加筆であります。拳銃は黒川に借りるのが主目的であり、熊本にうんぬんは、石井が来てから思いついたことであって、したがって、熊本は私と会うまでは、拳銃のことは知らないのが事実です。

次に、警察聴取書に『押川が私を別室に呼びましたので何事かと思って行きますと、拳銃の貸代として、４、５万円前金を欲しいといいますので』といっていますが、これは立派な加筆ですよ。拳銃の代金を４、５万円、しかも貸代として、全く、この一筆はフンパン（噴飯）ものです。もう少し上手な改筆とか加筆ならば、反論も気合が入りますが、児戯に等しい加筆工作では、気分抜けします」

当時、拳銃の相場は１万円前後だったと云われている。その拳銃４、５万円も貸賃を、しかも前金で要求するなど考えられない（当時の状況は、『荒廃の中の悲劇』参照のこと）。

　次に、西、警察聴取書には、

　「『申しおくれましたが、店を出る前に、私は、拳銃を持って来ているが、４、５万要求しているので下さいといいますと、自分は持っていないので保証金の中から払いましょうといいました』といっていますが、４、５万ということを前に書いていますから、ここでこのようにせんと筋が通らないことになるからでしょう。この文章の『申しおくれましたが』という語呂は、私の杷木弁にはございません。こんな言葉は使いません。私は、拳銃を持っておりませんのに持って来ているが、という筈がありません。『自分は持っていないので保証金の中から払いましょう』といったのならば、すぐ払っている筈ですが、実際は払っていない、というのは、保証金の中から払う等の話は、全然交されてないからです。

　私のこの時の供述は、『以前から拳銃入手方を頼まれていたのが、入手出来たので、その持主達が持って来ているが買うたらどうかと話すと、取引はすぐ終るから一寸待たせておいてくれとのことで、表に出てみたが、押川、藤本、牧田達の姿の見当らなかった』旨を話しただけなのに、こんな改筆しているんです。

　でも、改筆は島村裁判長には判っていたらしく、その真偽の尋問は全然なく、私たちの方であまりの好意に疑心を抱いて警察の証人申請を口頭で申し出た時『警察官が本当のことを云うものか、まあ裁判所に任せなさい、判っている、判っておる』ということでしたから安心していたのに」（註　傍点筆者）

　次に、同じく西の警察聴取書には、

　「『翌朝石井が来て逃げてくれと申しますが、私は熊本の仇をとるために待機しておりましたので』、とあります。

　私（西）が石井と会った？　ヘェーです。でも、この位の捏造加筆はするでしょう。翌々朝来たのは誰だろうか？　一寸思い出せないのですが、と申しますのは、顔見知の者と話した記憶がないからです。でも夜でしたか、牧田、岸田、安部の３人が来たのは、ハッキリ覚えています。カッパライをやって逃げそこねてころんだ話をしていたからです。その時、石井のことを尋ねたら、親戚の出産（？でしたか）に行って不在というていたようです。その時、牧田が『ここにいつまでもいては危いですよ、自分達の巣に来んですか』といっていた記憶はありますから、夜分のこの３人が来た時の話をしたのを、牧田、岸田の偽証と引替えに、このような改筆をしているのでしょう」。

　次に、西の検察聴取書には、

　「『熊本は今日３時頃迄に荷が着くようになっているから拳銃はどうなっているかと尋ねますので、今日持ってくるようになっている』と申しました。

　重松長次郎の捏造書類のことは、上告趣意書に指摘の通りです。拳銃の話は、電話上においては全然交してはおらず、この場面は熊本と会って話しているようになっていますが、全然会ってないので、そんな話をしよう筈がなく、これは、この検察事務官と警察の方と話合いの上の

工作で捏造されているのでしょう。警察の聴取書と似ているようですから」。

次に、同じく西の検察聴取書には、

「『私は、黒川が余り、度胸がないことを知っておりますので、加勢して貰い度いと頼みました』とありますが、黒川の度胸のないことは、わずかですが使用人としておりましたので大体は判りましたし、そういうことから、野田について久留米に行くことを聞いたとき、こりゃ、刀ではこいつはやられると思う心もあって、拳銃入手も思い立って、今日の喧嘩に刀では駄目だから拳銃を入手してやるから、それを持って行けとは話しましたが、旅館で石井達と話をした時、石井、岸田、牧田達はそうした親分の話合いとか喧嘩の場面を見たいような心の動きでしたが、黒川の『その必要はない』という話もあり、私とて久留米について行くのではないから、その旨を話して、黒川について行く分はかまわない位ったかも知れませんが、『加勢をしてくれと頼みました』は、全くの改筆です」。

次に、同じく検察聴取書には、

「『5分位して、石井が来て、私を外に呼び出して、2人とも殺したと聞かせました。そうして金はまだとれぬかと聞きますから、まだ、交渉中だったと申しますと、別にないかと問いますから、10万円は他においてあると、それを取って逃げようと2人で中島方へ行き』とありますが、全部、加筆捏造です。『金はまだとれぬのかと聞きますとか、別にないかと問いますから10万円は他においてあると、それを取って逃げよう』とあるが、それでは2人も殺したことが、あまりにも粗漏に過ぎるし、殺した事と金を盗る事との上に逼迫した関連性、必然性がない"全くデタラメな加筆"である」。

次に、同じく検察聴取書には、

『私が七福で毎日酒を呑み女を掲げて遊んでいるうちに8万円の金もだんだん少なくなっておりました。そんなことで、次に何か大きなことをやろうと申しておりましたから、私は、今20、300万円も持っている者は浜の鮮魚を仕ている戸崎位のものであると申し、それにしても拳銃が欲しいと申し』とありますが。

「この条は、牧田、岸田、押川達の合作で捏造されていることは、岸田の上申書で明確の通りです。事実との相違があまりにもかけはなれていますので、説明の仕様がありません」

強盗殺人の犯人が1週間も同じところにいて、酒をのみ、金が少なくなったので、次の強盗殺人を計画した、うんぬんと、まるでおとぎ話のような事を捏造しているのであるから、あきれるほかはない。西が1週間も居をかえず、しかも、酒を飲んでいたというところに、熊本を不意に殺された西の複雑な苦悩が看破される。彼がもし本気で次の強盗殺人を計画していたのなら、毎日酒ばかりのんだり、また同じ土地で計画したり、未知の人に、その事を打ち明けたりする筈はない。なぜ、このような荒唐無稽の捏造を裁判官は、本気で信ずるのであろうか。

次に、検察聴取書には、

「『このような理由で私もこれらの返済に困り、その上無職で博多で遊んでおりますので生活に困ってこのような間違いを犯しました』（註　傍線の部分は加筆）とありますが、これは、末尾の文と思いますが、全部加筆です。全く知らないことなのです。この確認民事訴訟の裁判が

当教誨室で開廷されたときのことですが、開廷と同時に人定訊問のとき、『今無職かね』という問いがありましたので、私は、すぐそれを採り上げて、『裁判長、一寸待って下さい、警察でも検察庁でもそうでしたが、お前は今無職だなというようですが、こんなところに拘禁しておいて、無職だねはおかしいですよ』と鋭く迫りましたら、『それはそうだが一応形の上でその訊問する事になっているから』というようでも、私は、納得できないですから、『形の上といっても無茶な形を作り上げてもらっては困る』と申し出ると、苦笑していたことを思い出します。ルンペンか放浪者なら無職で博多で遊んでいたということもあり得ましょうけれど、全くのお笑い草みたいな創作に、あきれてしまった事です」

以上、検察聴取書がどのようにして作製されたかについては、前述の「西武雄に対する検察官（事務官）の聴取書作製（取調べ）状況について」を参照されたい。

12　藤本清喜の訴える警察、検察の取調状況

次に、石井健治郎の「恩赦申立理由書」の「添付書類並にその証拠とされる部分」から、藤本清喜、押川智栄治の警察、検察聴取書作製状況を述べたものを以下に掲げてみよう。

始めに、藤本清喜の分から、

「私は検察事務官に対し色々と想像や虚偽の申立を致しまして、石井、西に対して大変迷惑を掛けました事を哀心よりお詫び申し上げます、何故このような言葉を申述べたかは度々公判廷並に上申書に記載致しました通りです。詳細に申し上げ度く存じますので、次期民事公判でいちいち御質問下さる様お願いしておきます。私の供述書の一部が真実と違っている事を認めてここに一筆記載致しました。

　　昭和35年11月19日　　　　　　　　　　　　　　　右　　藤本清喜　印

これに対する、石井を有罪とする証拠となった検察官への供述中、福岡旅館でも西と黒川は石井や押川や私が拳銃を見ました時に、相手は少くとも5、6万円は持って来ているだろうと話しました。

石井などがおったために100万円の話は出さなかったと思います（藤本、註石井がおったうんぬんの一文は判決からかくしてある）。このような事で、大体西が喧嘩のために拳銃が要るとは申していましたが、その目的は、相当まとまった金を奪うという決心である事は、『みんな』よく解っておりました。なお、その際、西は相手は、今晩久留米から堅粕に来ているから、これを初め、黒川が2人を誘い出してどこかでこれを殺しそうして、残りのものを西が連れ出して、また、これを殺して金を巻き揚げ様と大体の手配（てはず）を話し合って出たのであります。

　　　　　　　　　　　　　　　　　　　　　　　　　　　　　　　　　　以上

昭和35年11月13日

　　　　　　　佐世保市柚木元町1915　　　　藤本清喜

　石井健治郎　殿

「昭和22年5月頃福岡市土手町未決監で、私が検察事務官に聴取書取られましたが、大変真実と違い、貴男にお詫び申すと共に、如何なる訳でこのような調書が出来ましたか申し上げます。私は、昭和22年5月19日偶然福岡市渡辺通り1丁目で西と黒川に逢いましたが、その時、福岡の野田一家と久留米の原口一家が福間の競馬場内の取締の利権争いの事で喧嘩があるかも解らんが野田さんと黒川同行するのに拳銃を探しておるので世話して呉れんかと頼まれ西を信頼していた私は世話する事を引受けました。これに対する御礼並に私がその時失業して居た（ブローカーをしておりました）ので商売の運転資金として5万円都合して呉れる事を西が約束したので喜んで私は引受け、20日に貴男を連れて西と逢いました。

そんな訳で世話を致しましたが結果は思わぬ事態となり私は西、黒川にだまされたと思い怨んでおりましたので、色々結果と結び合せたり想像したりした事を事実の如くいって大変貴男や西に迷惑をかける調書となり深くお詫び申し上げる次第です。

警察や検察官の調書につきまして申し上げますが、私が福岡署に行きました時は事件後数日たってからでしたが、警察では既に事件の構成と申しますか、強盗殺人事件の構成と申しますか、強盗殺人事件として取扱いができて居ました。押川、岸田、牧田等と一緒に並んで色々聞かれましたが1人が発言すると、それにしたがって皆が知って居たり聞いたりした如く書かれ『そうかなア』と不信げに返答した事が総べて『そうでした』『聞いていた』事になってしまっているのです。唯結果のみ（殺人）に結び合せて、さも事件前に知って居たり、聞いて居たりした事になってしまっております。私は福岡旅館で金の話等聞いておりません、百何十万円という金は貴男を知らぬ前の日（5月19日）西から私だけが聞いた話しでその時西は自下宮崎県から千切大根を大量に取引している旨話し今日も丁度今集金の帰りだと私に話したのでしたが、それが事件と結び合されて皆んなが大変不利になり済まない事だと思います。私は西から何10万円と聞いても別に不思議とは思いませんでした。以前私は西の金を70余万円預って貰った事があります。西と知り合う前に私の関係した劇団が資金難から経営不振となり或る人の紹介で西を知り西の金が私達が助けて貰って新たに西を社長とし私は会計係兼マネージャーのような仕事をしておりましたので西と約一年間程付合いお互いに気心の知れて西がどんな人物かは一応私としては知っておりました。当時西は無口ではありましたが、真面目な紳士でした。人からも大変好かれて店員達（36名）から親父さん親父さんと非常にしたわれて始終ニコニコと応答して色んな相談事にもよく理解ある判断を下して居たものです。そんな訳で西と私の立場はお解りと存じます。以上のような知合仲の西と私でしたので、私としては西に対して絶対信頼を依せておりましただけに、だまされたと思った私はとてもくやしく残念だったのです。色々と西を怨んだ私は有ること無い事いった事は間違いありません（この点、西さんにもお詫びせねばなりませんが）。

検察官聴取書の件は、以上の事や事件後、強盗殺人事件として警察でも新聞でも思い込まされて、そう云われると或いはそうだったのかと思った事が私が断言した如く聴取書に表れてしまって居ます。聞かぬ、知らぬといっても警察や事務官はてんで信じて呉れず、頭から烈しくどなりつけて、外の者が知って居てお知が知らぬ事は無いんだといって受付けて呉れません

した。何度も何度もうるさく聞かれ私は面倒くさくどうでもなれという気になり、いいかげんに申した事が多々有ります。事務官何度も聞いた上に、知らぬ、聞かぬといったら、では今はどうか、実はこうではないかと云われるとそうだったのでしようと返事した事が、かくかくしかじかでしたと、さも知ったり、聞いたりになり、違った点をいっても後は公判の時に申述べろといって無理に拇印を押させられました。裁判の時にこの事は申し上げましたが取り上げになりませんでした事は貴男も御存知の筈でしたね。其為、松尾部長刑事も公判に立合ったと思います。以上のような調書が貴男や西さんを大変な罪に落した事に対して私は深くお詫び申し上げる次第です。私は自分の浅薄な考えから拳銃等世話して貴男に殺人という事件を起す発端を作り5年の刑を服役致しましたが、然し強盗を認めた訳で服罪したのではありません。尊い人命を失った事のみに責任を感じ甘んじて服役したまでです。

　旅館で色々謀議したなど全くでたらめです。

　貴男と西は20日に始めて私が紹介して逢ったばかり、私も話さぬことを始めて逢った皆んなの前で話すでしょうか。

　事件後それぞれ行方不明でしたね。

　私は石井さんの家を知らず行方も知らなかった。

　私や押川とほとんど同じ行動を取った岸田は強盗の点無罪、殺人罪で、牧田は全て無罪、以上3つの点並に私が（供述書中、石井などが居たので百万円の話は出なかった）と申しております点、あの時私は検察官が旅館で百何万円と金額の話が出た筈だがと聞かれたので百何十万という金額は前日私が西から聞いた話で石井達には関係無いんだと申したのですが（千切大根取引の話も致しましたが勝手な云訳をするなと聞き入れなかった）貴男の前で百何十万という話はしないという点申述べたのに証拠文から除いて有るのは不思議な事ですね。

　色々と申述べは致しましたが、供述は前後したり足りなかったりと存じますが、判りにくいと存じますので不備な点は今年中の民事公判もある事ですし、いちいち指摘して頂けば其都度申し上げます。兎に角貴男が訴えられた私の供述書は虚偽の申立や曲解がある事を認めお詫申上る次第です。私は目下脊椎破裂という病気で頭も明解でなく、重ねて眼病で片目でこの書類を作り頭痛がして思うように書けませんでした事深くお詫び致します。宜しく御員察下さい。

　昭和35年11月13日

藤本清喜　印

石井健治郎　様」

13　押川智栄治の訴える警察、検察取調状況

次に、押川智栄治の分をとりあげてみよう。

「検察事務官に対し種々想像や虚偽の申立てをいたしまして、石井健治郎氏並西武雄氏の両氏に対して、大変御迷惑をお掛けしましたことを、ここに慎んで、衷心より厚くお詫び申上ぐる次第でございます。何故このような言葉が私の口から申述べられたかは過去の公判並供述書、上申書に記載いたしました通りであります。

甚だ簡単ながら、右石井並西両氏に対し幾重にもお詫び申し上げる次第でございます。

右　　押川智栄治　印

これに対する石井を有罪とする証拠となった検察事務官に対する第2回供述中、

供述者　　押川智栄治

私は部屋（犯行当日の福岡旅館の一室）に少しおくれて入ったためにこのような事をどこでやるのか、又相手の者がどの位の金を持っているのかという話は聞いていなかったが、しかし彼等について行けば場所も判るし又、金の点は聞かなくても今までの話ぶりや拳銃の借貸も4、5万円も出すというのであるから相当の金が取れるのだろうと思った。

以上

昭和35年11月9日

押川智栄治

石井　健治郎　殿

検察事務官に対する供述中の真相

　　検察事務官に対する第2回の供述が、あなたの判決に関係し、これがもとで犯罪事実となり、強盗殺人となっているとしたら、私は衷心よりおわびしなくてはなりません。

　　しかし、福岡旅館でも、このような強盗殺人になるような話は勿論ありませんでした。また、私達は西のいうまま拳銃代金を受領に行ったまでのことです。

　　第二回の供述の如く、相当の金を取るだろうなど、あの場合思うわけはありません、なぜこのような思いもしなかったこと、また想像もつかないことが、調書製作されたかは、別紙私の供述書に、取調べに対することを書いてもおりますので、これをご覧いただきたいと思います。兎に角間違った調書が製作され、これが証拠となって、あなたが罪に落ちているとしたらここに幾重にもお詫び申し上げます。あなただけでなく、私もそのために有罪となったのです。残念でなりません。

供　述　書

　　茲に慎んで供述書を提出いたします。

　　事件以来13年余の風雪が過ぎ去った今日、このような供述書を提出するということはいささかご不審にお考えになられるかも存じませんが、今一度この事件の真相と申しましょうか、真実と申しましょうか、兎に角、本当のことを申し上げたいという一念から提出いたすものでございます。そして、一番大事なことは警察並に検察庁などにおいて、犯罪事実となっている調書がいかに、この事件の真相を眩ましめたかを、私の知る範囲また私の浅学非才の能力を揮りしぼってでき得る限り、お解りになるよう、また過去の記憶を辿りながら申し上げたいと存じます。

　　まず警察、検察庁でどうして、事件の真相と違った調書が作成されたかを説明しておいた方

がよいと思いますので申し上げることに致します。
　警察並に検察庁取調事務官は最初から強盗殺人犯としてお調べになったこと。
　事件後警察に連行されるまでに一週間位の期日があった為新聞等でこの事件のことを報じたため、私が警察に行くまでに、ああこんなことだったのかと、警察官に調べられる前までに或程度察知したこと。
　警察並に検察庁において『お前が何も知らんといっても、皆んなが、この事件のことを知っていたというのに、お前１人が、いかに知らんといってもそんな筈はないじゃないか』と随分きびしい強制的なお取調べをなさったこと。また大事なことは『今考えてみるとそのような気がしないか』と云われました。すると私達としては警察に行った時は、既に事件の概要を知っていましたので、私は『はア、そうですね、今考えてみるとそのような気もします』と申し上げたことが、調書には『ハイそうです、そうでありました』となっていることです。勿論このことは、公判の折にこのようなことから、真実と間違った調書が作成されているものであることを申し上げたのですが、当時若才だった私達は意の如く説明も出来なかったため、このような間違った判決が下されたものと存じます。
　またこのようなことを申し上げ、甚だ失礼からご立腹なさるかと存じますが、お赦し下さいませ。というのは当時日本は敗戦国のみじめさを国民誰しもが感じていた頃でした。また国自体も対外的にも劣等的なものをもっていたと思います。
　不幸にして、私達の被害者の１人は第三国人でした。このようなことも、この事件の判決に幾分なりとも関係しているのではないか。と私だけの考えなのですが、そのような気もしないこともないのです。このことは我が国の刑法を軽くみて申し上げているものでは断じてありませんので、よろしく御理解下さいます様伏しておねがい申し上げる次第でございます。
　それから私達とほとんど同じように行動を一緒にした牧田頼之これは無罪なのです。このことはどうしても不審でなりません。牧田が無罪になるのが当然かも知れませんが、私達は有罪となっています。全く理解に苦しむものであります。
　結局事件後に知ったことが、いかにも事件前に謀議をなし計画して行なわれたように調書が作製され、これが証拠となって有罪の判決が下されているのです。もっとも、公判の折にこの事は申し上げたのですが、あまり利き目はなかったように思われます。事件前に打合わせて犯行が行なわれることと、ただ漠然と拳銃の代金を云われるままに受領に行った際、たまたま福岡旅館で『喧嘩』の話があっていた事から、石井が喧嘩の相手として誤認して射殺したことが、強盗殺人となるなんて、とても考えられない事です。福岡旅館での事が判決でみると相当関係している様です。しかし、ここでは公判廷で申し上げた通り、戦争中の話や拳銃代金の取引の話や、喧嘩（久留米の原口と福岡の野田）の話がさかんに話されていただけで、判決にみる強盗殺人の話などみじんもありませんでした。また一般常識から考えても判ると思います。即ち西武雄は石井とも又私とも一面識もない間柄です。そのような者にこんな事を西が話す訳がありません。
　本当にこの事件を皆んなが打合せて行なわれたとしたら、西武雄の友人である被害者の１人

である熊本文造氏も殺されていなかった筈です。私達が事件の翌日にでも警察へ連行され、1人1人が取調べを受たなら、このような調書は恐らくできていなかったと思います。

　私の知らないところ（部分）は岸田と一緒に調べておき、岸田1人が取調官に申し上げたものが、私も同様に供述したようになっています。私のこの供述書を一応頭の中に入れられて判断していただいたら、私のこの供述書は決して無意味なものにならないと思います。どうかよろしくお願い申し上げます。

　昭和35年11月9日

　　　　　　　　　　　　　　　　　　　　　　　　　　　　押川智栄治

　　福岡刑務所　在監
　　石井　健治郎　殿」

石井健治郎提訴民事訴訟上申書付藤本清喜證言書

「検察官の取調べについて申し上げます。これは私が未決に来てからですが、事務官は私にタバコを下さったので、永らく喫煙して居なかったので、私は非常に有難く頂いたのですが、同時に頭の中は何んだか判らず目廻いがして取調べについても投出し的になってしまい左記のような調子でした。お前は拳銃を持って現場に行って居たのか、『ハイ』そんなら殺人の見張りじゃないかと申されますので、私は何も知らず付近にいても見張りに成りますかと訊ねますと、現に人が死んでいるのではないか、当然見張りに成るよといって私が石井から実際には何にも頼まれもせぬのに石井に頼まれたので見張りをしたと調書に書かれましたので、私はこの人に反対するより総べて裁判では外の者も色々と何とかいっているだろうからその時全部がはっきりするから事務官に対してはどうでもなれという風な気になりましたので、云われるまま唯ハイハイと返事したことを事務官は勝手に文句を作ってどんどん返事だけで作製されました。

　私の申し上げた事で石井や西が迷惑を蒙って然も極刑と判決されましては、石井や西はいうに及ばずその家族の方々が今後この世知辛い世の中をどんな気持で生活されて行かれましょうか。又私としても自分でいった事で2人の命を絶ったと致しますならば、それこそ私生来その事が非常に心苦しく一生それが重荷と成ってしまいます。

　殺す等とは絶対にいった事は有りませんでした。久留米の喧嘩がもつれれば拳銃を使用せねばなるまいからと西がいった事を事務官は拳銃を使用する事は殺すという意味だと申されたのであります。尚事務官は押川や岸田達が聞いてお前が聞かん筈はないと云われ何時迄もそんな知らん顔すると皆より刑が重く成るぞと申されますので、そうですかねーと私は返事をしたのですが、そんな風に云われると結果からしてそうだったんだろうかなあーと一応考えるのが人間の心理ではないでしょうか。

　事務官や警察官等に色々変な事ばかり申しておりますので変てこな事ばかりいっております。取調べに非常にやかましく云われ、気おくれして見張り等せんのに見張りをしたようになったのであります」

同押川智栄治顛末書による
　「警察、検察庁、地裁、高裁においての取調べ中私の不用意に申し上げた事や、間違いの解釈の供述や事件後新聞や、警察等で知った事をいかにも事件当日知っていたかのように調書が作製された事や、当時22、3才の世間知らずの私がこのような誘導尋問や強制的な取調べにこのような調書が出来上ったので、最初から終りまでいまだ明らかにならないのは全く万死に価するのであります」

同押川智栄治証言書による
　「全面的に事件の真相が違っております。警察及び検察事務官の取調べは相当に私達を根本的に犯罪人としての先入感を持って現在迄真相と全く違う調書を作製した事は確かです。唯事件の結末と警察署及び検事の調書を信じられてこのような夢にも思わぬ罪名と、そして第一審、第二審を通じて現在の判決及刑期が下された事です。最後に石井被告は金品等を奪うような人格ではない事は私確証出来ますもので有ります。それは石井被告の家庭と社会においての私生活から立証できるものです」

押川智栄治から石井に宛てた書翰による
　「私達はあの時代は本当に法という者に対しては未知であり、警察等で云われるままに成ってしまった事がこのような事に成ってしまった事と思います時残念で成りません。然し信ずるものに最後の勝利ある事を忘れないでいます」（31．4．10日付）。
　「本当に間違った判決があり、事件の真相が本当に最高裁判所においても分って居らんとは残念です。このような判決が下されるとは夢のように想像も致しませんでした。必らず良き結果の判決が下るものと確信致しておりましたので残念です。何としてもあの事件が金を奪わないのに強盗などと云われるのは何といっても残念です。又警察等の調書では私達がいかにも相談し強盗をするように書いている事は全くあの当時の無理な調べ方による外有りません。当時私達は終戦の混沌とした世相と刑法というものに対する智識が無かったためこのような残念な事になったことを今更のように後悔するのみです」（31．5．2日付）
　「私や藤本の取調べの調書の間違いは当時、私達を調べた検事達の無理な調べ方にある事は高等裁判にて私が強くいって来たものです。私が刑法というものに対する智識の浅かった為今のような苦しい正しくない判決が下されたものと思考されます。いずれにしても私や藤本等を調べた検事達は相当無理な調べ方にて調書を作った事は事実です」（31．5．8日付）

石井健治郎再審申立書添付黒川利明証言書による
　「一．当事件内容違判決書不服事項
　　私の調書を警察で作製の時は相被告人全部の取調べも済み調書全部できてすでに送庁の後であったので私は無理に捜査官の作り上げた私の本意でない調書に捺印させられたのであります。尚第一審審理においては事件真相の証言致したのでありますが、裁判長は之を頭から叱責否定

されたのであります。このような違法な取調べを受け思いもよらぬ冤罪を受けているのであります」（昭和35年11月9日、黒川利明、福岡刑務所在監、石井健治郎殿）

14　警察聴取書捏造に関する押川談話

次に、昭和37年10月12日、筆者が福岡県田川郡川崎町稲員炭鉱社宅に押川智栄治を訪問して、警察、検察聴取書の不審な点、また当時の取調べ状況などを質疑応答した録音の筆写を掲げてみよう。

警察聴取書には、

「それから、石井は私を廊下に呼んで拳銃を貸すについて、前金として1万円位貰ってくれと申しますので、私は西を別間に呼んで、西に金の要求をしますと、西はただ今金がないので、私について来れば5万円をやるといいますので」

とあるが、これに対して、押川智栄治は、

「ええ、藤本君が私を尋ねてまいりまして、その時に、まあ拳銃を世話してくれれば、5万円位の謝礼はあるというのですね、だから、その5万円という言葉は、西自体から出た言葉ではない訳です」

といっている。

ここで謝礼といっているのは、西が藤本の商売に融資してやろといったことを指している。したがって、むしろ藤本の方が、その西の親切に酬ゆる（謝礼）つもりで、拳銃を世話しようとしたわけである。

押川「実際はね、そうだったらしいです。ところが、まあ便宜上謝礼といったんです。私と藤本君は、非常に親しいもんですから」

したがって、またこの5万円は拳銃代金でもないことは自明の理である。

押川「ここで、あの問題は（5万円のこと）は、警察で私がこういう供述をしたことになっていますけと、これは、再度にわたって、一審二審の私の公判調書で申し上げている通りです。

　　外の者がこういっているのに、お前が知らん訳はない。特にお前が最初に西と別間にいた。そのお前が5万円というのは、聞いている筈だ。

　　と、まあこういうふうに押しつける訳です。まあ結局この聴取書自体が間違いだと思うのです。間違いというのはですね。こういうふうになるのです。

　　最初、警察では、岸田なら岸田を調べますね。そうすると私が知らないことまで岸田がしゃべるでしょう。私は岸田と一緒に調べられる訳ですね。そしてなんとか私にもそういうふうにいわせようとしてですね。

　　しかし、私はキッパリ聞いている。すると、同じ聴取書ができてしもう訳ですね。これはまあ、その例の一部に過ぎませんけど、そういうふうな要領で、そのすべての聴取書ができているということになる訳です。

　　それとですね、私は、今でもあの高検の検察官がおられると思うのですが—、もう、随分あの当時お年だったから—、おられるかどうか分りませんが。一番最後に私を調べたと思う

のです。あの拘置所内で。その時でも、それはもう強引な調べ方でした。今でも、あの当時のことを考えると憤慨に堪えませんね。

　というのはですね、お前がもうなんぼいってもだめだ、もう外の者はこういって、聴取書もできているんだと、頭からこうなんです。だから、お前がいくら強情張ったところで同じだから、この際おとなしくするんだな、その方がお前の身のためだと、まあ、こういうふうないい方ですね。

　当時、私ら21、2才の非常に若い頃で、あの中（拘置所）に入れられただけでも、ぞっとしていた位なんです。

　で、聴取書を作る上においては、犯罪を構成させる必要上、警察、検察庁では、そこに一応の金額というものを持って来たんだろうと、私思うのです。

　西自体から5万円を渡すから来てくれというた言葉ではないわけです。私達も現在なら、そうしたことももう少しい開きも出来たと思うのです。

　公判においても、何分若年であったということが、やっぱり大きく不当な不利に押し込んでしまったのですね」

といっている。

同じく、警察聴取書に

「私は、石井に何も云わず通過し約20米余り歩いて行ったとたんに、博多駅の方から機関車が来て（ここではくわしくいっていますが、ここは記憶を辿っていっているのですし、警察でそうであったろうと云われ初めてそうだったか、と知りましたのです）、私を通りすぎて間もなく、ドーンと一発拳銃の音がしました時間は、午後9時頃だったと思います」

とある。

これについて、

押川「9時じゃなかったですね、まだ、薄暗かったです」

筆者「そうすると、これは、取調官が勝手にかいたのですね？」

押川「そうですね、2時間も間違えるというようなことはありませんね。この一部を考えても、いかに警察で無理な調べをしたかだれでもおわかりになると思います」

といっている。

計画的強盗殺人とするためには、できるだけ時間をずらせて遅れさせる必要がある。

同じく、警察聴取書に、「黒川は、死人のふところを探して紙片を引出しておりました」とある。

この点について、

押川「これは、私もはっきりわからなかったんですが、あの警察か検察で、何か取り出したと外の者から聞いたか、お前見なかったかというのですね。外の者は何か取り出しているのを見たといっているが、お前も見ただろうというのです。しかし、警察で聴かなかったら、現在も知らないのです。そこで、何か白いものを見たようにありますと、こういったことが、『取り出しておりました』となっているわけです。

　これは、私もはっきり見たわけでもありませんし、誰かの供述を基にして私にふっかけた

んじゃないですか。こういうことは事実なかったですね。本当に今考えると、恐ろしいことです。何とかして、犯罪を作り上げるべく努力していたことが、今になってよくわかります」
といっている。

同じく、警察聴取書に、

「私も料理屋（註　古川、浜利食堂の事）に行きますと、西は私に、藤本が拳銃を持っているので借りて来いと申しましたが、私は、そのまま自宅に帰りました」

とある。この点について、

押川「しかし、西とものをいってないですがね。浜利に行くのは行きました。しかし、中には入ってないですね」

筆者「入ってないならば、西とあなたが会うということは……」

押川「西とは、会ってませんね」

筆者「私はね、何か、捏造だとしか思えないのですが？」

押川「そうですね。結局、そういうふうにしないか、西はお金を全部とっていないから、ですね。結局、まだ後の金を取るためには、拳銃を持ってなきゃならないということから、このことは出て来たと思うんですよ。ここで、金をとるのだったら無理に人を殺さなくて、容易にとれるのですが、私達は、金ということ（強殺）全く頭の中になかったわけです」といっている。

西の前に、60万円の金はある。それを盗るのが目的というなら、西に拳銃を持たせなければならぬ。そのための作為である。

同じく、警察聴取書に、

「私は、藤本が無言で出した3500円貰って、その内300円を石井の弟にやりました。その時、この金は昨日殺した男の金をとった分前だと思いました」

とある。この点について、

押川「これは、結局、お前そうじゃないかと、取調官にいわれる訳ですね。ところが、その金をとったということは、私は全然知らなかったんです。まあ警察官としましてはね、職業柄、どうしてもそういうふうなかっこうに、相手が困ろうが、困るまいが、そういう事はおかまいなしに書いたと思います。この事について、私は随分『ゴカイ』のないよう説明した積りですが、あくまでも、相手を罪にしようとする方には、私達のいうことは通じないのです。もっと人間として、また、立場な警察官、国民の警察官として理解して欲しいとつくづく思います」

といっている。

同じく、警察聴取書に、

「向うの部屋で話が余り長くなりましたので、私と黒川がその部屋に入って行きましたが、その時、西は皆にどうせこうなったら、ぶっ放すと舌打ちして、少し小さい声で申しましたので、私は、脅かさんでも円く納まる方法はないでしょうかと聞きますと、西は、少し首を傾げて、恐らく円く納ることはないだろうといいましたので、私は、矢張り拳銃を放すのだなと考えまし

た」

とある。この点について、

押川「誰かほかに、このようなことを供述したものがおりませんか。それをお前も一緒に旅館におったなら聞いている筈だ。お前が知らない筈はないじゃないかと、まあ、こういうふうにもって来て、私にこじつけたと思うんですがね。私が聞いた範囲では、西はこういう事はいうてません。とにかく、西さんと話したのは、円るく治まる治まらないかを聞いただけの話なんです。今警察等の調書を読んでいると、どうしてこんな調書ができたか、自分にも判らないのです」

といっている。ここでは、西に殺意あるものの如く、ほのめかそうとしている。しかし、一方では、計画うんぬんとデッチ上げて、ここでは、「どうせこうなったら」といわせているが（どうなったというのか判らないが）、それでは、計画うんぬんは嘘だ、ということになる。支離滅裂の捏造である。

同じく、警察聴取書に、

「事件があった翌日、大浜の七福料理屋に行ったとき、西は、ここから２分余りの近くで、もう一軒やらねばならぬといっておりましたので、私は、又昨日のような事をするのかと思いました」

とある。

押川「私の知ってる範囲内では、絶対に、この話はありませんでしたね。私は、非常に西さんを、あの当時は怨んでいましたからね。だから、西さんには、ものをいう気持にもならなかったですね、時に事件直後ですから。だから、西さんとは話していないはずです。西は藤本にもう一軒やらねばならぬといっているが、お前も聞いている筈だ！　というのです。しかし、このようなことは、断じて聞いておりません。

　これは、警察に、牧田や岸田あたりが確かいっているはずです。それを、結局、お前もその料理屋に行ったなら聞いている筈だというのです。だから、警察では、私も牧田、岸田と一緒に行ったものとみたんです。ところが行ったのは、私１人なんです。外の者とは、行ってないのです」

筆者「この取調官は、後藤実ですが、拇印を押します前に、一応読んで聞かせる？」

押川「それは、読んで聞かせたと思います。然し、そう聞かせてですね。途中で、いや刑事さん、それは一寸待って下さい、そこは多少違ったところがありやしませんか、というても警察では、受付ないわけです。

　そりゃ、実際問題としてですね、一般の人は、そんな馬鹿なことがあるかと思うかも知れませんが、そういうことを通してくれる人は、なかなかないんですよ。向うも職業ですからね、何とかして、その罪に落そうとしてですね、ところが、だったら強引に、お前もその通りに云わなかったかと、裁判官でもいわれますが、なかなか通してくれるような人間は、いませんよ」

といっている。

同じく、検察聴取書に、

「線路を踏切ろうとする時、西は、工業試験場の方を指して、黒川が後からあそこに来るからねといいますので、あの辺が現場だなと考えました」

とある。この点について、

押川「現場ということが、第一おかしいですよ。とにかく、あそこに石井、黒川が来ることも知らないのですから。

　　現場というような言葉は、出ない訳なんです。それを、こういう聴取書が出来たというのはですね。その問題は、お前達が空トボケテもあそこで事実殺害が行われているじゃないか。で、西があの辺が現場だといわなかったか、というのです。いや、いいませんでしたというても、結局、あとで知ったことをですね、前に知っていたように書かれてしまっているわけなんですね」

といっている。

仮りに、一歩譲って、「黒川があとからあそこに来るからね」と西が言ったとして、それが事実で、押川が確かに聞いているのなら、「あの辺が現場だなと考え」る、必要はない。「現場だと知っていました」と供述するはずである。

15　検察聴取書捏造に関する押川談話

検察聴取書に、

「西というのが今晩久留米の料理屋で、福岡の犬丸と久留米の親分と、福間の競馬の事で黒川という者と２人で行くようになっているが、どうせ話はもれるだろうから、料理屋で初め拳銃をブッ放して度胆を抜いて後日本刀でやれば200万位儲かるようになっているそうで、黒川は10万円位貰う事になっている又拳銃の世話料は５万円貰えるなど話しました」

とある。

この点について、

押川「……どうして、こんな調書が出来たんでしょうね。全くデタラメも程がありますよ、読んでいて、どうして、このような調書ができていたのかと思うばかりです」

藤本「じゃ、この聴取書は、押川さんは今まで、こんなに詳しく御覧になったことはないのですか（註　藤本氏は録音助手）」

筆者「それは、もう、忘れたんじゃないですか？」

押川「忘れたというよりも、藤本が拳銃をさがしてくれんかと申しますので、何にするかと尋ねますと、５万円位謝礼が出るかも知れない、まあ、お前すまんが世話してくれという話は、確かにききました。だから、結局拳銃をさがす動機になったのですが、しかし、その200万円位儲かるとか、その料理屋でぶっ放して日本刀でやるというような事はですね、藤本自体が知る訳はないですよ。だから、私が聞く訳ないですよ。

　　また、そういう事を知っていたら、最初から加担もしませんしね。私らも兄弟もおれば、両親もおりますしね、なんぼ破れかぶれになっていたとしても、そういうことまでは、私の

心の中にありませんでした。もうこうなれば、人間も鬼ですよ、私らも、こんな気持が若い時からあるのでしたら、その後も何度も刑務所にはいっていますよ。それに自分に何かやましいことがあったら、公判廷に行けるもんじゃありません」
といっている。
同じく、検察聴取書に、
「その間に、西はエーもうこうなれば、やけくそだと捨鉢な事を申しましたので、私はなんとか円く納まる方法はないのかといいますと、恐らく、円く納まる事はないだろうと申しました。このような事で、今晩は悪く行けば相手を殺さなければならないだろうと感じました。……又、黒川は私に堅粕に小料理屋があれば世話せぬかと申しましたが、知らぬと断りました」
とある。
この点について、
押川「このはじめの方は、警察聴取書を読んで、私にこういう供述をさせたのですね。黒川とは話していませんよ、ほとんど。ああそうだ、こういうことは聞きました。あの当時、ビールなんかなかったですからね、あんたの顔のきくところはないかということは、あったと思いますが、西さんなんが浜利に行っておりますので、そういうことから出たんじゃないですかね。私らこういうことを調べられる時には、もう簡単な気持で聞いているのですが、あとで考えてみると、犯罪を構成する上の重大ポイントになっている訳ですね」
なお、このあと、「私は黒川、石井、牧田、岸田が一緒に宿を出ました」うんぬん、とあるが、押川は西、牧田と出ているのであり、石井、黒川、岸田は、そのあとで、別に出ているのでもある。こうした間違いも、取調官の勝手な作製であることを物語っている。
押川「本当に、こんな大事なことを間違える事は、いかにでたらめな聴取書であったかよくわかると思います」
といっている。
同じく、検察聴取書に、
「付近で、石井に会いましたが、石井は、岸田にお前はここで相手の来たときに指を鳴らして合図してくれと残し、私と藤本と牧田の３人を40米位門前から吉塚駅の方に離れたところに連れて行って、もし相手が逃げた時は、拳銃を突きつけて撃つぞと脅かしてくれ、そうすればたいがい参るだろうというて、私がそれまで持っておりました拳銃を藤本に渡しました」
とある。この点について、
押川「もし誰かの調書にですね、指をならして合図せよといった、そういう調書が出て来たらですよー、あるいは、岸田自身がしゃべってたやつをお前も横にいたから聞いとったはずだということで、出来たかも知れません。誰かの聴取書にあったとすれば、それは、私にもこじつけたのです。

というのは、私と岸田とは警察で殆んど一緒に調べられたんです。そうするとほとど一緒の調書ができて、くるんです。

で私が知らない所は、岸田がいうでしょう。すると、私も知ったようになってしまうんで

す。大体、警察官というのは、２人一緒に調べるということはおかしいですよ」
藤本「いけないんですよ。大体１人１人」
押川「その、あとから知ったことを、事件当夜知っていたようになってしまっているということですね。でその話がもう全部前後してですね。結果論にむすびつけているのです。結局、１０万円、拳銃の５万円という話があるばかりにこういうふうに、私はなったと思うのです」
といっている。
同じく、検察聴取書に、
「私は、黒川から今の倉庫の話を聞いて、黒川や西達は何か取引するに事よせて、ここに相手を誘き出して相手を殺して、相当まとまった金を奪うのだなと思いました」
とある。この点について、
押川「この思いましたというのはですね。現に、お前達は金取ったんじゃないか、いや、私は現場にも行きましたけれど、そんな金なんかとったのはみませんでした。しかし、お前１０万円という金がなくなっているじゃないか、いや、それは新聞をみて知りました、そうじゃろうがと、そこで、私ははじめは現場でとったものと思っていたんですよ。ところが、公判廷で段々話を聞いて行く内に中島園吉ですか、あそこでとったらしいじゃないですか。

　私は、ここで聞かれた時には、そう始め思ったんですよ。１０万円とった。しかし、１０万円て、あの場合ポケットをさぐった訳じゃないし、１０万の金をどこで盗ったかと思ったんです」いま倉庫の話を聞いて』というのは、これも警察で知ったんですよ。殺された横に倉庫みたいなものがありまして、あそこに軍服がはいっている。それを見るためには、闇物資だから手付金として１０万円を貰うということもです。

　私は、強盗殺人の計画も、倉庫のことも、また相手を誘き出すとか、まとまった金をとるとか知らないのに、思う訳がないんです。それを最初からそういう話を聞いて知っていたとすれば、『思いました』じゃなく、『決めていました』になっているはずですがね、この聴取書も。……西さんが仮りにですね、最初から打明けてくれたら、こんな馬鹿なことはしませんよ。２人位で拳銃つきつけてさあっと逃げりゃいいですから、殺さなくても」
筆者「ところで、誰が取調べていますかね？」
押川「重松長次郎」
筆者「その重松という人の聴取書をとります時の態度等、あなたの御印象にありますか」
押川「そうですね、やっぱり一見して何者をもおさえつけるという、私なんかあたまから子供扱いですね。それと、まあ最初からこれ達は強盗殺人を計画してかかった犯人だという観念のもとに聴取書を作ったようです。

　ここに、一寸したことですが、『本件に関して何か話す事はないか』としてあり、『別にありませんが、生来は絶対にかような事は致しませんので今回のところは御寛大にお願い致します』ということを書いてありますがね。

　私は、その寛大な処置を取って貰わなくてもいいのです。公平に裁いて貰いたいと思うんです。人間であるならば、もっと正しい公平な裁きを切望しますし、今からでも何年かかっ

ても、真相をつきとめて欲しいものです」
筆者「それは、そうしますとね、勝手に検察官が書いたんですかな？」
押川「え、私いうたんです。何かいうことないかというからですね、別にないですと。そうしたら、年も若いくせに、その御寛大にお願いします位の気持は持たんとかと、こういうですね。２人も人を殺しておいてというわけです。
　ところで、まあこの重松という人はですね、生きていられるかどうか知れませんけれども、私は後味が悪かったんじゃないかと思いますがね」
筆者「そうですね」
押川「まあ、出来たら一度この人と会いたいとも考えています」
筆者「ほんとですね！」
押川「まあ、この人が人間性に立ち返って、我々とこう、膝を交えて、あの当時の気持じゃなくてですね、忌憚ない意見をお互いにはいたら、ああそうだったろうかと、分って貰えるんじゃないかと、私は思うんです」
筆者「それと、重松という人が、本件を強盗殺人事件と思っていたか、それとも、故意にその線へ持って行こうとしたかということも問題点だろうと思いますね」
押川「ええ、やっぱり、そうなんとしても持って行かなきゃならないというような気持もあったでしようし、検察官というのは、そういうふうに頭がこびりついてるんじゃないでしょうか。だから検察官という立場を離れて一個人として話し合ったら、重松さんもそうだろう、お前達がそんなことはする筈がないといってくれる筈です」
筆者「そうですね」
押川「あの高裁の公判が開かれる前にですね。当時、私の弁護士さんであった、古賀さんにですね。一つ当時調べた重松という検察官を公判に出してくれないかとたのんだのです。そうすれば、向うはどういうわけかわからないけど、何故間違った聴取書が出来たか、あなたは、私達をこういうふうに誘導して、外の者の供述を口実にして創作したんじゃないかということを公判廷で申し上げたいと、弁護士さんを通じてお話しした訳でした。ところが、実際には実現出来なかったのですが、もし実現していたら、裁判官も何か得るところがあったと、私は今でも思う訳です」
といっている。

16　お前の刑は俺の筆先にあると豪語する警察

次に、岸田文彦の第二審に提出した上申書によって、警察、検察の聴取書作製状況（取調べ）を伺ってみよう。
「岸田、牧田、押川を一緒に集めて、刑事が勝手に書いたと思われる一枚の調書の如き書付を取り出して、それを二度三度ゆっくりと説明を加えて読んで聞かせました。そして、良くおぼえておけ、後ほど係りの部長がお前達１人１人別な部屋で調書を取るだろうから、今読んで聞かせた通りのことをいうんだぞ、そうすれば、皆の者は助かるし、西武雄はこの殺人事件

に巻き込まれるからと、そうなんどもいいますので、私達も石井が助かり、その上皆の者の刑も軽くなるんだから、そうした方が良かろうというような気持から、遂に実際とは違うということを重々知りながら助かりたいために、石井を死刑にさせないために刑事のいう通りに書くことを承知してしまいました。しかし、その時、山崎刑事の持って来た書類は、福岡旅館での模様は皆で集って、行く前に手筈を決めて、その上、前祝いまでして出かけたとか、その手筈は2人づつ黒川が呼び出して来て、それを石井と黒川が殺害して、次々と殺してしまう。その時に持って来た金を奪うとか、終ってしまったら、一ヶ所に集まることを約束しておいたとか。10万円の金は、現場で皆の前で西が取ったとか、全く途方もない筋書でありました。

また、事件後、西、石井、黒川、押川、牧田、藤本、それに私の7名全部が集って、後祝いをしたとかいうような筋でありました。

上述のような、あんまりな筋書でありましたので、私達もそれはあんまり違う、最後に会ったのは、西、石井、藤本、牧田、私の5名であったこと。それに、私と牧田の2名は旅館におった時間は、ほんのわずかであったため、知らんことを教えますと、それでは旅館のことは押川が詳しくいうように、それから牧田が小金町の下宿のことを、現場でのことを岸田お前がいうように、刑事より指定されました。そして、その下調べというメモを練習のためといってメモを取られました。メモ作製後すぐに各自が別々の部屋に別れました。私の取調べ刑事は、やっぱり山崎刑事であったと思いますが、今泉刑事もそばにひかえておったと記憶いたします。…中略…

しかしながら、私も刑事のいうことに少々不安な点がないでもないという気が致しましたので、第2回目の書類の筆頭に、一言強調しておきました。それは、私は強盗の間や、殺人事件について誰からも相談を受けたこともなければ、また、そんなことをしたことをしたような覚えは毛頭ありませんでしたと書いておきましたが、この一言をかくのに大変な粘りが必要でありまして、右のことを書くのには大分時間がかかったのでありました。

そして、その書類の清書したのが、裁判の時の御覧の書類であります。書類作成中、取調刑事が申します事には、今逃亡中の2名の者、黒川、藤本に悪く書くところはかぶせておけ、彼らはもう他に刑事事件を起こさねば捕まるようなことはないのだから、殺人現場で、お前はああしろとかいったのは藤本でありますといっておけ。そして黒川が現場で何もしておらないのに白い物を持っておったということも牧田が見たといっておけと申しますのでそのように申し立てておきました。

このようにしてできた書類を見て刑事は、これではあんまり関心できんが、しかし前よりは大分よい。しかし、まだまだ書かねばならん。とにかくも俺にまかせておけ。後は俺の筆先でお前の刑はどうにでもなるから方事まかせておけ。しかし、西武雄が表面に出て来んが、もっと充分に、西が指揮を取ったということが解る立派なものを書かねばいかん、と申しておりましたが、その後調べようともしませんでした。… 中略 …

兎に角、警察での刑事の取調べの模様は、一審でも多少申しましたが、一笑に付されましたことは、全く残念でありました。

これは、私ではありませんが、小金町の下宿へ帰ってから、西が外に戸崎とか、金政とかの家へ行って現金を奪うことをいったということは、検事局へ行っても必らず強調するようにと申しておりました。始めは、押川と一緒にいうようにとのことでしたが、押川は事件後すぐに小金町の下宿へ行かなかった事を申しますと、それでは、牧田、お前1人で云えということになって、牧田が警察でいった事として警察での書類となりました。

　また、押川は押川で、福岡旅館へ行った時に、西、石井、藤本等がすぐに別室に入って行ったと申立てたり、また、強盗の計画をしたらしいこと、また、そのようなことを、直接、断片的な事を聞いたとか申しておりますが、押川は福岡旅館でのことを詳しくいう役目を刑事に指令され、それも、この事件の中へ西武雄を引込む為の口実であったのでありますことは、本人にお問合せ下されば、一切明白となることであります。

　事件発生後、西が、私達に申しましたことは、本籍が杷木町であって自動車の免状を持っておるし、トラックも持っておるとのことでした。それに西日本芸能社の長として働いておったとか。また、その時に使っておったのが黒川や藤本であった事位で、その時に自動車の運転手の免状もみせてもらいました、それには、立派に本籍、現住所が書いてありました。四方山話の後、殺された熊本文造は自分の今までずっと兄弟の横にして来た人間であるが全く可哀想だ。殺した奴は誰だったかと申し、全くしつこく聞いておりましたので、私も心配になりましたので、大きい方の人間か、小さい方の人間であったかと聞きますと、熊本文造は小さい方のおとこであったとの事でしたので、私は自分の突いたのは大きい方の人間でしたといっておきましたが、そのまま大きい方の人間であるということになって警察、裁判所で申し立て、一審の判決の際に判事論告がありましたが、その時に、岸田の殺害したのは小さい方の男、熊本文造であると申され、そうであったと気が付いた程でありますが、そのようになりましたのも、西武雄が熊本文造の殺された事について、非常に怒っておったことをしめす点で、非常に明らかであると思います。

　以上の如く色々と書きましたが、以上のような次第でありますから、先にも申し述べました如く、4名の刑事、今泉、井出、尾保、山崎を一応法廷へ証人としてお呼び出し下さいまして、私が今日になって申し上げます事が正か邪か、御賢明なる裁判長殿の徹底的なるお取調べを、伏してお願い申し上げます。……　以下、略」（註　傍点筆者）

　この上申書を読むと、警察、検察聴取書作製の楽屋裏が手に取るように判る。それにしても、「練習のためといってメモを取ったり」、事実を書くというのに「大変なねばりが必要」であったり、「今逃亡中の2人の者、黒川、藤本に悪く書くところは、かぶせておけ」といったり、全く唖然として、わが耳を疑りたくなる取調べぶりである。

　そればかりか、「後は、俺の筆先でお前の刑はどうでもなるから」と豪語しているが、全く現実はその通りであって、2人の死刑ももとをたゞせば、警察聴取書が、その命取りとなっているのである。

17　腕力で拇印をとる警察官

　次に、石井健治郎の「質疑応答書」から、当時の取調べ状況を伺ってみよう。

「問　3、4人で手を押えて、拇印をとった当時の取調べ状況を詳細に、

　答　この質問は、大事な事ですので詳しく述べたいと思います。前にも述べましたが、何べんでも述べておきます。私達の逮捕された昭和22年頃は、旧法と新法のさかいの頃で、まだ旧法ではありましたが、警察の機構が少しかわって自治警のようなものもできて、勾留期間が2日間とかになっていました。2日過ぎれば出所させるか、拘置所に送るかせねばならない規則だったと思います。そのために私達も急いで調べられたのです。しかし、2日が過ぎても調書が出来上らず。殺傷事件だけの供述なら逮捕の日にできていたはずです、私はその日に詳しく申し立てていますから。しかし、警察は強盗殺人の調書を作って米軍に報告せんならんためにと誘導や拷問やと色々とやったわけであります。しかし、皆の話がどうしても合わんので、私の横に押川、岸田、牧田、藤本を連れて来て色々と西の悪口をいって皆をうまくおだてて騙し、罪が軽くなるようにしてやるからとこれら4人に、3、4人の刑事達が話かけていました。刑事が、特に西君を悪くいうことによって、押川や牧田や藤本にはなるだけ罪にならんようにしてやるからといい、岸田にも、又うまく話し、『石井を可哀想と思え、石井は自分で殺して、西は関係ないといっているが、今のような供述では石井は死刑になり、西は無罪だ、その上お前達も石井の共犯として重い刑になるぞ』というような話を色々としていました。また、『西がお前達を騙したのだ、お前達は西らに騙されているんだ、現場にあった10万円も無くなっているんだ、たぶん、黒川が盗って行ったんだろう。だから、今のような供述では石井は死刑になる』というような話をするので、岸田も牧田も押川もそして藤本も、『石井さんは強盗などしてはいられないし、また、自分らも強盗など共謀した事はない、それでは西や黒川にやはり騙されていたのかと思い込む事となり、だんだん刑事等の口車に乗せられてしまったのです。牧田などは事実でもない話を、現場近くでここで殺そうと西がいっていたとか、色々と云わせられていたのを聞いていた。私は、始めは心配していたが、やはり軽い刑となりたい一心で、嘘をいっている事もあえて否定しなかったのです。また、私は4人の話しているのを、少し離れたところから聞いていたので、その話し合いの中には入れられなかったのであります。

　そして、それらがいつの間にか、私どもの述べた聴取書となってできあがっていたのであります。普通聴取書といえば、1人の刑事か、係りが被疑者から聞きながら書いたのが聴取書と思いますが、私等の聴取書なるものは、証人で出廷した馬場刑事や後藤刑事がいっている如く、始め取調べをメモしてから、聴取書を作るといっている事でも明らかな通り、4人も5人もの刑事がメモしたのを集めて作り上げているために、創作文まではいったわけであります。

　私の聴取書には、11項から先は特にそれがひどく、11項は、全文が捏造文のソウ入（挿入）であることが明らかでありますし、あんな文面は、私に読んで聞かせた事はないのです。私

は、法廷で始めて知ったのであります。また、12項以後の文も捏造が多く、間違っているので、私は、松尾利三警部補に『間違っている部分は書き直して下さい』と、たのんだが、『お前達か警察の取調べに協力せんから、日数がかかり占領軍への報告がおくれて、何度も何度もあっちこっち行かんならん事となっているし、今日は千代田ビルの法廷に行かねばならんから、これに早く拇印を押せ』といったが、私が『書直してくれないなら拇印を押さん』といった。

　すると、大きな声でどなったが、その声を聞いて刑事2、3人来て、私に色々いった。そして今から千代田ビルに行くから早くせよといった。松尾は、私に『殺人はお前は認めているんだろうが、少し位の違いは、裁判の時法廷で云えばよいではないか』といって、刑事達がみんなで私の手を握って印肉を指につけようと、力一パイ手を取った。私も遂に抗しきれず、少し位の違いは裁判の時にいえば、事実は判るだろうと、今から思えば刑事の誘導に騙されて、拇印を押してしまったのです。それから、千代田ビルに連れて行かれ、米軍の服を着た日本語のうまい人に取調べを受けて調書をとられた。しかし、ここは全く何の強制もなく、唯手を上にあげて誓いの言葉をいわせられただけで、私の申立てをだまって書き取っただけで終り、その後1回法廷に行っただけで、検察庁に行くこと取り、そして、翌日土手町に拘置されましたが、これは、裁判が日本側でなされることとなったからと聞きました。以上のようなことで、警察聴取書というのは、私の供述を筆記した聴取書では、ないことを断言するものであります」

と述べている。

腕力で拇印をとる恐ろしい暴力である。そのために死刑になる事を知っていてするのであるから、惨虐である。

さて、次に西武雄の「質疑応答書」から、聴取書についての述懐についてきいてみよう。

「聴取書の内容を、相被告人に、こんなことをどういう理由で言ったのだと問いただして見ると必らずといっていいほど、『そんなことを言った憶えはない、事実でないことをいう筈がない、それは勝手に作成されたものだ』という。本人の言った憶えがないということが、どうして記録上に記載されているかであります。言った筈はない、言った憶えのないという内容が、証拠の重要部分をしめていることは、考えさせられるものがあります。本人はいわない、そんな筈がないというとなると、その被害者である私は、一体誰を相手どるべきでしょうか、権力者の言い分は、『お前の任意の供述だという』、一方は『いや、いった憶えはない』という。双方で、いった、いわないの論争は論争でいいが、被害者の私は、たまったものではない。だから、その点を指摘してみると、やましいところがあるでしょうが、その反証の判断を一度も出したことがないのです。ただ、裁判用語みたいなものを列べてみたり、指摘の判断をわざと避けるのは、どうしたわけでしょうか、と問いたい。

　思うに、相当数の証拠を取調べた結果、その中には、事ある事実を否定するものもあるのであるから、裁判所は、その双方の信用力を十分掛酌した上、どちらかの心証を得た場合においても、相当の理由があるならば、更に同等の証拠を取調べるべきであり、また、その必要があ

ると思うのですね。一方的な判断のみで、しかも、全く事実に反することであってみれば、なおさら、それを叫びたいです。

『5万円』という問題にしても、誰もいったものがないのに、記録上には、言ったように記載されているのですから驚きました。『拳銃1挺5万円ではよすぎるから、もう1挺つけてやろうと思った』とか、『拳銃の謝礼に5万円やる』とか。または、『2万5千円』だとか。こうしたことは、誰の創り出したものかは、歴然ですが、権力という盾にかくれて『お前らがいったから録取されたのだ』という、何と卑怯な手段であり、いい草なんでしょう。自分勝手に改筆しておきながら、任意の供述を録取したという顔をしている人間性に恐怖します。

6名の者にそれぞれ会って、親しく実情を聞いて下さった方ならば、その捏造が良く解っていただけると思うのです。人間、誰しも自分本意な供述をしがちですが、どんな人間でも、良心はあるのですから、偽証の点は、偽証したというだろうし、強要のものは、強要だというでありましょう。自由の体となっておれば、なおさらと思うのです。そういう人達の真実の声を聞いていただくならば、私達の冤罪のことは、当然すぎるほど解っていただけるのに、耳を、目をそらそうとするのは、なぜだろうかと叫びたいです。

自分等の都合の悪くなると証拠を出せという。なるほど、証拠を出せば、これにこしたことはないけれど、それらの作成した捏造の証拠を出すことは、物的証拠を挙げることは不可能に近いが、論証はできるでありましょう。しかし、その論証を挙げてみても、それに判断を加えないとなると、一体誰どこに訴えたらよいのかと叫びたいです。

そうしたことの代弁をして下さる先生方の御苦労を思いますとき、身を投げて合掌しております。挙身投地（きょしんとうち）というそのままです。鬼みたいな中にあっての光明を仰ぐ思いであります。有難いことです。

昭和37年12月4日」

18　単純で直線的な事件を複雑化しているもの

同じく、西武雄の「質疑応答書」より、

「白であるという証拠が欲しい、証拠を出せという。その証拠はいろいろあるでありましょうけれど、まず第一に、挙げなければならないのは、強盗殺人を謀議したか否かの反証だと思うのです。そういうムードではなかったということを論証することであろうと思うのです。

当局者は、その権力をもって心を転倒し、恐縮している相被告人を巧みに嚇し、騙し、または、勝手に事犯の内容の筋道を捏造して強要し、他面、被害者の一統には、怒りの心を利用しての過大な捏造したものを、さも真実のように語り聞かせて、それを反復、供述させて任意の如くして、一連の聴取書が作成されているのですから、これらの聴取書の作成情況の真偽の調査こそ大切であろうと思うのです。私達関係者7名は、社会においては友人関係とか、社交関係は全くありませんから、どんなことでもいえる立場ですから、一時の激昂状態で供述することもありましょうし、気の弱いことからの追従で、いうなりになる事もあるでありましょうから、そのときの取調べ状況、訊問の仕方、態度などを究明していただくことが必要であり、大

切であると思うのであります。

　それは、虚偽の自供調書を証拠として採用しているからであります。

　拳銃の入手は、黒川の久留米行きが主の目的で、熊本文造に渡す予定の拳銃は後から話の成立したものであって、今１挺の拳銃は従の問題であります。総ての者がそれを目的に行動していたのを、どこでどう間違ったのか、石井の出現で、誤殺が生じているのでありますから、各被告人の行動、話の内容を調査究明して責任の所在を明らかにしていただきとう存じます。

　私としましては、旅館で皆と別れた後の皆の行動は全くの不明でありますから、その行動については話の内容については、記事でうかがい知る以上判りません。ですからその記録なり判決書の内容の矛盾点を指摘する以外証拠の提出方法がありません」

更に、西武雄は、元山岔菜宛の書翰で、以下のような述懐をしている（昭和37年12月１日）。

「土手の上を通っている学生を（それも女学生としましょう）６人の男子学生が、土手の下に引っぱり落としたとします。そうした行為の目撃者が１人も無いために、女子学生の訴えを信じようともしないで、冷笑するばかりで、土手の下へは、自分から行ったのだという。勿論、私の場合は全然違う内容ですけれど、そうしたことが云えるようであります。まことに簡単なたとえ話を出しましたけれど、この女子学生の証拠を見つけるには、どうすべきでしょうか。女子学生は、『誰々が私を引っ張り落した』という以外にないのですから、女子学生を疑う、信ずる、の二面の有る無しにかかわらず、引っ張り落した６人の者に親しく会って、当時の実情を問いただしてみるべきではないでしょうか？　引っ張り落した６人の方は問いただしてみようとはせず、女子学生に証拠を出せと迫るのは、そのもの自体無理でしょう。『お前は何も云わない、何の訴えもしない』という前に、それら６人の学生に会うべきだと思うのです。いかがなものでしょうか。６人の者の行為を罵倒してみることはたやすい事ですが、Ａの者が言って、Ｂの者が言わないからといって、『自分に都合が悪いからいえないのだろう』という見方は正しいといえましょうか？　ある人がいいました。『石井がどうしてあんなところで理由もなく２人の男を射殺したか、その理由がわからない。だから、西君が計画していたのを石井が知らずに殺したということにしてくれぬか』と、まことに虫のいい話しをぬけぬけといってきた者があります。その一連のものの心を、頭を疑いました。自分達の行為を、こじつけの言論をもって理由づけようとしていることに気づかないものの多いのにあきれてしまったことでした。そうした行為の積み重ねで誤判の原因を作っていることに気付始めたのが16年も経ってからでありますから──それも一部の人達（社会人）は自己の虚構に気付きながら、まだ、理屈をこねていますが、事件関係者達が、権力者の圧迫と強要に屈しての偽証をしたことを、真剣にいってくれることに、大変嬉しく思っています。記録をサッと読んだだけでただ、『西がおかしい西がおかしい』という。なぜもう少し精読して、この場合、こういっているけれど、全体の動きから人間の心の動きの自然性から、この供述は任意性のものではなくて、権力者の創作だと気付いて貰えないのだろうかと思うと共に記録の精読を常に念じているものであります。ただ余りに自分勝手な供述をしている事が多くて、この問題に真剣に取り組んで下さる方以外には判って貰えないかもしれませんが、事件関係者は、黒川を除いて全員おるのですから、

各人の供述書をその本人につきつけての問い直しをしてくれる人のおりますならば、私の百の訴えより、正しい真相が出てくるでありましょう」(註　傍点筆者)

　ここで、「この問題に真剣に取組んで下さる方以外には判ってもらえないかも知れない」といっているがそれも道理である。ここまで事件を複雑化してしまっているのであるから。

　しかし、ここでいう「真剣」とは如何なる意味であるかということが、まず問題である。ただ熱心にということだけでは駄目である。

　ある人に、事件の概要を話す。彼は、それを聞いた範囲においては、被告人を疑うという。しかし、私はその時ふと思った。おそらく、彼は聞いた範囲では疑うが、仮に、これから熱心に調査しても、彼の疑いの線は崩れないのではないかと。

　なぜならば、疑うということは、その反面は疑わぬということに通ずるからである。即ち、彼は被告人を疑うが、それはそのまま司法官憲側は疑わぬということである。

　彼とは何回もあったが、被告人をあくまで疑う態度をもってのぞむ、ということは、あくまで司法官憲側を疑わない態度である。これは、もはや疑う、疑わぬ以前の問題であって、一つの固執であり、偏見である。

　彼の中にある司法官憲側を疑わぬという毅然たるものが、無意識のなかにあるだけに、私は、彼に絶望するのである。

　私は、疑ってかかるのを悪いとは云わない。しかし、被告人を疑ってかかる人は、司法官憲側に対しては頭から信じてかかっている。しかし、司法官憲側も疑われている被告人と同じ人間であるから、絶対に疑ってかかるということは偏見固執である。また、疑われている被告人も司法官憲側と同じ人間であるから、絶対に疑ってかかるということは一種の固定化である。それでは、生々流動してやまぬものの実相を把むことはできない。この絶対主義が我々の意識下にひそんでいる。意識下にひそんでいるだけにことは、厄介である。この厄介なシロモノが胎動すると、その人がどんなに熱心に、また真剣に調査しても、真剣になればなるほど固定化が激しく、被告人に対する疑いを濃厚にするばかりだということもあり得るのである。

　もともと本件は、単純な誤殺事件であって、その事件の性格は極めて直線的で、スッキリしているのである。それをここまで複雑に迷宮化して、遠くスッキリした真相から離反せしめてしまったものは、我々がなかば絶対の信をおいている司法官憲側に、その禍根があるのである。

　それは換言すれば、人間性の問題である。単純で直線的な事件を複雑怪奇な事件にデッチ上げた人間性こそ、この問題の鍵を握る焦点である。

　したがって、ここでいう「この問題に真剣に取組んで下さる方」というのは、彼らに事件を外部にのみ追及せず、内に深く人間性凝視をかまえてかかるということでなければならぬ。

　被告人の人間性洞察ということも大切であるが、これを取調べる司法官憲側の人間性洞察を無視しては、この単純で直線的な事件を複雑怪奇にしている正体を剔出することは困難であろう(昭和38年1月25日)。

第4章　裁判ならびに公判調書の不信をそそる事実

目　次
1　被告人の供述を抑制する法廷……………………………377
2　神様だけが知っているという裁判長……………………380
3　裁判長判決の了承を傍聴人に求める……………………382
4　被告人にとって重要証言が録取されていない…………384
5　判決文未作成のまま判決する……………………………390
6　冤罪の悲劇は裁判の不正にあり…………………………392
7　裁判長は閻魔さまに思える………………………………395
8　西武雄公判調書捏造　その1……………………………396
9　西武雄公判調書捏造　その2……………………………399
10　西武雄公判調書捏造　その3……………………………402
11　西武雄公判調書捏造　その4……………………………405
12　石井健治郎公判調書捏造　その1………………………409
13　石井健治郎公判調書捏造　その2………………………412
14　石井健治郎公判調書捏造　その3………………………414
15　石井健治郎公判調書捏造　その4………………………416
16　牧田頼之公判調書捏造　その1…………………………418
17　「戸崎を殺す」の牧田証言について……………………422
18　押川智栄治第二審公判調書捏造…………………………425
19　実地検証の不備とその裏面………………………………427
20　実地検証調書の不備を補う………………………………430
21　実地検証に重大な不正……………………………………433

1　被告人の供述を抑制する法廷

「裁判は神聖でなければならぬ」ことはいうまでもない。しかし、それはあくまで神聖でなければならぬという当為であって、現実に、神聖であるということではない。

特に本件のように、未曾有の敗戦直後の混乱期に、しかも、戦勝国民を殺害したという事件だっただけに、その審理は、直接間接に、裁判の神聖を許さない現実の介入したであろうことも、また想像に難くないのである。

この点に関し、2人の供述を聞いてみたい。

まず、西武雄の「控訴理由書」には、

「一審廷において、事件の顚末を極力陳述せんとせしも、池田裁判長殿の申されるには、『私の訊ねる以外の事は答えんでも宜しい』と悲惨なる制限」と訴えている。

また、石井健治郎「控訴理由顚末詳細書」には、

「（ロ）一審の裁判長は、法廷において、私が真実を申し立てようとするにも関わらず、裁判

長殿の訊問にだけ返答せよと申され、被告に真実を申し立てる機会を与えて下さらなかったため、右は刑事訴訟法第380條に違反されたるものと思います」と、同じく訴えている。

更に、石井健治郎の第二審訴理由顛末詳細書には、

「（オ）一審の判決文の第一章理由事実云々と称する全文は、一審の裁判長殿が、被告人からよく事件の内容を聞かれず、もっぱら、書類と警察の出鱈目な調書ならびに検事殿の同調書による曲解された調書並に被告人等の知らない商取引関係者ばかり取調べられ、はじめから強盗殺人事件として取調べられ、真相は良く調べず、被告人等の発言は抑制せられ、1年間の間に、被告人は裁判長に対して返答しただけで、殺傷事件の返答は出来ず、拳銃を売りに行った事情だけ申立てさせられた事実うんぬん」

と、繰返し供述の機会を与えられなかったことを訴えている。

これでは、西の述懐ではないが、悲惨極まる話である。被告人の供述が、たとえ虚偽であっても、それは、あくまで供述させた上での判断でなければならない。いかに、裁判長が名裁判官であっても、被告人の供述を制限して、正鵠の判断をくだす事はできないはずである。ことの真偽は、誰よりも被告人自身が一番よく知っているのであるから、被告人に充分供述させてこそ、真偽を解明する手がかりも得られるのではなかろうか。

この先入主の固執、自信過剰が、被告人の供述を抑制する結果となったのであろう。それと同時に、戦勝国民を殺害した事件だというので、裁判長も有形無形の圧力を感じ、知らず知らず中国人側に迎合し、被告人側を故意に罪に落とそうと企んだとも推測できるのである。

当時の第一審法廷の状況について、2、3、取り上げてみよう。

石井健治郎は、「質疑応問書」の中に、以下のように訴えている。

「裁判が始まると、池田裁判長がうまく黒川を誘導して嘘をいわせてまで、私を罪が重くなるようにされるし、また、私がそれをみかねて反発すると、裁判長は、『お前は嘘はいわないか、だまれ！！』と、私の申立てを押さえて、いわせないなどで裁判長を怨んだこともありました」

また、筆者宛書翰の中でも（昭和38年1月9日付）、

「黒川の第一審の法廷供述を調べて下さっておりますが、大分進んでいるとの事、私がその供述の時、裁判長と喧嘩をしたので、いよいよ、私に忘れられないものであります。この時位、裁判長が誘導して黒川に色々いわせたことはありませんでしたからね。私は、黒川が警察でうまくふき込まれてそれをもとに供述していたことを腹が立ったことを、今も思い出しております。記録係の書記が、私と裁判長の問答や黒川の色々な供述を録音しておいたら、古川先生に随分ためになったと、私は信じます。裁判の記録というものがいかに出鱈目か腹が立ちますね。出鱈目な記録をもとに究明される先生が大変であろうと思っております」

と訴えている。

同じく、当時の法廷の荒れ模様を、西武雄は、「質疑応答書」に、以下のように訴えている。

「証人訊問のとき、特に中国人等に対してですが、その訊問方法に異議があります。と申しますのは、事犯の真相を極めようとする場合、頭から、『この事件は、西の計画したものである』と強く印象づけての訊問だったからです。

第４章　裁判ならびに公判調書の不信をそそる事実

　そして、証人がその証言をしぶったり、わからない素振りをしようものなら、『これはこうではないですか』と訊き、それでも思惑通りの証言でないと、『それでは、このように思えるでしょう』と再三念を押される。押されると、中国人側証人は、同志が殺されているのですから、感情としては私達をよく思ってないのですから、『そりゃ、そう思う』とか、『そうではないかと思います』と弁解しますよ、否そういう答えの出るまで訊くのですからたまりません。そして、裁判長は、吾が意を得た答弁を聞くと、得たりとばかり、『そうですよ、西等が計画的に犯しているのですから』とくる。

　こうした訊問では、どんな者でも、そう思えぬことはないと思うでありましょうし、そして、そう思うと供述するのではないでしょうか。こうした問答でしたから、私は、裁判長に異議を申し立てたほどでした。『そんな一方的な、押付けがましい訊問はよして下さい。そんな訊問の仕方では、支那人側（この時裁判長からテーブルを叩いて支那人といわずに中国の人と言えと、どなられる）は、被害者の立場ですから感情のたかまりで正しい証言が出るものですか』と、私は、どなりあげたことでしたが、裁判長の曰く、『今お前に訊いているのではない。違うところがあれば、のちほど聞いてやるから静かにしておれ』と申しますので、私は、『そんな出鱈目な裁判の進め方をされて静にできるものですか、裁判長こそ正しい裁判をして下さい』と激しく討論を交わしたほどでした。それでは、結局、裁判の途中から私の意見を聞こうと申しましたから、私は、大声を張り上げて、『裁判長は、軍服のこと２人殺害のことを、西から出ているといっていますが、裁判長は、裁判の進め方が偏見の上になされていると言えます。通り一片の訊問をして、その答弁を聞いただけではありませんか。反対側の意見弁明も聞かずに、しかも、こうであろう、ああであろうと供述を強要するような裁判は、出鱈目だ！！』と、どなりあげたほどでした。そして、軍服については、ここに来ている支那人（中国人と云えと、注意される）や、そこに集まっている日本人（中国人側の用心棒）等の前でも（浜利食堂での商談中のこと）、私は、こういうセンイ品は取り扱ったことはないし、このたびは熊本さんが手伝ってくれとのことでしたから、おじゃましていますと話してあり、熊本文造も、そのことをお前にも（魏に向って指で指差して）いったのではないか。そのとき、お前は何といった。『そうですか、私は中華人民共和国福岡支部長で、こういう者です』といって、名刺を出したじゃないか。

　裁判長、そのとき、この男は、私に『どれだけの取引でも大丈夫引受ける。警察の方は、福岡署でも、どこの署でも自分等中華連盟の方から莫大な物資や小遣銭を出しているから、その方のことは安心していてくれと、どぼらを吹いておりました。私は、内心おもしろくありません。戦争に敗けたからといっても、その不遜な態度にはグッと来たほどでした。でも、私は、これらの者（うしろを振り向いて、指で差しながら）、私は、杷木町でトラック輸送をしているのですが、あちらは原鶴温泉地帯ですから、あちらに来た折りは私の家に寄って下さい。酒、米、砂糖でしたら特産地ですから、少し位はなんとかなりますからと話しました。そしたら、熊本文造が、西さんは芸能社の社長さんで、市内には仲くの顔ですが、これを機会に仲よくいたしましょうや、と仲をとり持って握手した位です。こういうわけで、軍服の話は誰から出ている

のか、これら（中国人のこと）が一番よく知っていることなのです。ですから、正しい裁判をやって下さいといっているのです』と、私は、縷々訴えたのです。すると、裁判長はニガイ顔をしてよしわかったと申しましたから、私は、うしろを振り向き中国人に向って、『お前らも本当の事を云え』と、どなって着席しました。そのときの録取がこれなのですから、……お念仏しました。

『被告人西武雄は、意見の無い旨答えた』と書く、裁判所の心底おそろしさに、お念仏より他にございません」

以上によって、第一審法廷の状況の片鱗をうかがうことが出来よう。

2 神様だけが知っているという裁判長

いま少し、第一審、第二審法廷の状況について、うかがってみたい。

まず、石井健治郎は「質疑応答書」の中で、以下のように訴えている。

「私（石井）達の裁判の批判については、一杯いたいことがあります。

　第1に、池田裁判長が、一審の法廷で、被告人達の申立てをよく聞いてくれなかったことと、裁判記録が法廷供述通りになっていないこと。

　第2、裁判結審後、傍聴人である支那人の一団を法廷の被告席に入れて、私達を2人死刑にしたことをもって、これで了承してくれといったこと。

　これは、池田裁判長の大きな『ミス』であったと思われる。なぜならば、正当な裁判ならば事件に関係のない人間に、たとえ戦勝国民であっても、自分の判決を打診したり、了承を求めたりする必要はないはずであります。それをあえてしたというところに、この裁判の不正と暗黒性を感じます。また、その時それら支那人たちが、傍聴席から『全員7名共死刑にせよ！』と、さわいだことも異常であったと思います。こうしたことをみても、正しい裁判でなかったことがわかるように思いますし、池田裁判長に、不信を叫びたいのであります。

　第3、被告人の私が、旅館での実地検証を願ったのに、私の旅館での大切な実地検証を却下して、連れて行かなかったこと。

　ここに、なにか裁判の不明朗なことを感じ、遺憾に思っているのであります。

　第4、島村裁判長（第二審）が判決間際に、急に栄転されて、そのあとの筒井裁判長が、一回も私達の認定裁判に対して訊問していない点であります。第二審の判決文を読むと、第一審の判決文をそのまま写しているのであります。唯、岸田と牧田の署名がかわったために、そこだけ別の証拠を持って来たために、全く矛盾したものをはさんだことになり、一つの事件で、岸田にも、石井にも関連性があるものを、1人には強盗殺人の証拠とし、また、1人には殺人罪だけの証拠としていることでも、いかに不正と暗黒性のある、出鱈目な判決文であるかということがわかります。

　第5、筒井裁判長が被告人の最後の陳述を聞かず、被告人等を騙して後で聞くからといいながら、強引に判決文を読み出したことがあります。

　そこで、私は、裁判長に、『西が強盗を計画して君がそれに加担したから強盗を付けた』と

いわれるので、私が、『どこで加担をしましたか』というと『旅館で加担したんだろう』といわれた。私は、それはおかしいし、私は、加担などした事もないので、全員に1人1人旅館でどんな話をして、どんな話を聞いたか、反対訊問して貰ったところ、強盗などの話とは全く違うので、筒井裁判長は、『君、旅館で話さんでも、道中で話をしたろう』といわれるのです。そこで、道中は黒川と岸田と、私の3人で歩いたのであるから、反対訊問で訊ねたら、その事実がないので、筒井裁判長は、『道中で話をせんでも現場で話をしたろう』といわれる。そこで、私は、『現場とは殺傷現場の事か』と聞くと『そうだ』といわれるので、『その現場には、西は、一度も来ていないのにどうして話をするのか』というと、筒井裁判長は、『黒川が話をしたのではないか』といわれるのです。私は、黒川にどんな話をしたか、また、押川、藤本、岸田、牧田等にどんな話を聞いたか、また、したかを反対訊問して聞くと、全く強盗の話など一言半句もないのです。すると、筒井裁判長は、『黒川が目で合図でもしたのではないか』といわれたので、私が、『私にだけ判るような目で合図をしたといわれるのですか、初対面の黒川がたとえ目で合図したとしても、それが強盗殺人をしようというのか、何をいっているのか、わかる筈がない、それでは、私が裁判長に目で合図しますが、何をいったか判りますか』といいますと、筒井裁判長は、『暗々裡に、強盗殺人をしようという事を知ったんではないか』といわれるのです。私は、『考えても見てください、初対面の人から何の報酬も聞かずに、強盗殺人をしようと、暗々裡に加担する馬鹿がいるでしょうか。裁判長は、そんなことで加担されると思われるのですか』と激しく理詰めいたしました。ところが、筒井裁判長は真赤な顔をして、『神様だけが知っているだろう』といわれた。私は、憤然と『そんないいのがれがあってたまるものか、もう一度、はっきりと、いつ、どこで、どうして、強盗殺人というようなことをしたか、そして、その証拠をしまして判決をして頂きたい』と喰い下がったのです。すると、筒井裁判長は、『君、もう裁判は終ったんだよ、文句があったら上告せよ』といって逃げて行こうとされるので、私は、『裁判長、私はこの法廷は不服であります。正しく納得のいく言葉を聞いていないから、説明して頂きたい』と訴えたのです。それでも、逃げて行かれるので、私は、うしろから、『待て！逃げるな！』と怒鳴ったのです。しかし、西が『いうな、いうても仕方がない』というので、私は、憤慨しその場で西と喧嘩してしまったくらいであります。

　この有様を書いたものは、前にもありますけれども、裁判のあまりの出鱈目さに、激しい怒りを覚えまた書いたのであります。

　私は、それから弁護士下尾氏に喰ってかかったのです。それは、牧田、岸田を擁護するために嘘までいってきたのに、引き側した（罪を犯すような人間にした）ごとく弁論したからです。私は、2人を引き則した事はない、『いつも、真面目に俺の仕事の加勢でもせよ』といって、時々悪いことする牧田などはかばってこそやれ、引き則したことは絶対ないし、また、長いつき合いでもなかったからでもありますので、下尾さんの弁論には、腹が立って仕方がなかったのです。それに、黒川の奴までが、私共に、『最高裁があるから』となぐさめのためにいったのでしょうが、私も、激昂している時でしたので、黒川に喰ってかかったのでありました。全く、黒川の嘘が大きく私に影響しているのに、よくものほほんと、そんな言葉が吐けるものだ、と憤慨

したものです。私が、西や黒川と強盗殺人を話し合って起こした事件ならば、どうして、私が、そんなに西や黒川に腹を立てるでしょうか。その頃は、まだ、私は黒川や西には強盗殺人の計画があったのだろうと、疑いの心を持っていたのです。それは、黒川の言動に余りにもそう想わせるものが多かったからであります。これを思います時、裁判の出鱈目な事を全く遺憾千萬に思うのであります。

　第6、最高裁が旧法事件にも関らず、私共の裁判の事実審理をせず書類裁判にした事です。新法よりは、よく調べて弁論再開までしたとはいえ、全く、私達の申立てを取り上げず、判決したことです。これは、準新法としたためのようで、全く遺憾に思っています」(石井健治郎「質疑応答書」)(註　傍点筆者)。

以上の一文を読むと、石井の激しい怒りが読むものの胸に強くひびいて、その供述に籠る真実を疑うことは、出来ないのである。

まことに、荒廃した法廷風景というほかはない。

3　裁判長判決の了承を傍聴人に求める

次に、西武雄の「恩赦出願書」の供述に聞いてみよう。

「……ところが、犯罪の事実のない者に罪科を課し、あるいは、犯罪事実以上に誇張拡大し、これに対して処断するというようなことがあるとしましたならば、……遺憾至極に思わずにはいられません。即ち、犯罪に関係のない私に、強盗殺人をもって臨み、殺人は目認しても、厘毛の金銭も被害者から強奪していない石井健治郎を強盗殺人をもって断じられたのが、これでありまして、彼、石井は、公判廷で、『殺人による死刑の判決ならば、その判決に潔く承服しますが、身に覚えのない強盗罪まで科せられるのは奇怪至極でありますから、その理由を明示してください』と質したところ、裁判長は、これに対して、『皆が話合いの上で、この犯罪を行ったものと推測して判決した』と、答えられたのであります。これでは、到底納得できるものではありません。それで、私は、この点を指摘しますと、裁判長は、『被告人等の当法廷における陳述は、全部採り上げない。ただ、警察供述書をもって有罪と断じて判決した。私は、神様ではないから本当のことはわからない。だから、この判決に自分の犯した刑罰以下になって満足な者もいるだろうし、その反面、不当な刑を受けた者もあるだろうが、そうした不服の者は、上告せよ』といい捨て、引上げて行かれたのであります。思うに、こうしたことも、第一審の福岡地方裁判所の池田裁判長の誤判が尾を引いたのかもしれません。

　昭和22年の敗戦直後の特異な政情下であったことも、原因しているのかもしれませんが、当時の公判劈頭の裁判長の口達が思い出されます。

『本件裁判は、戦勝連合国の国民である中国人民共和国人の王祖金氏等を殺害による強盗殺人事件であるために、連合国指令部に報告していたところ、日本側の裁判所で審理するように命令が来たが、この事件の判決は早急に出せよとのことを達せられたので、結審を急ぎますので被疑者もそうだが関係弁護人各位も協力してほしい』と。そのために裁判の進行は急速であり、被告人に対する反対訊問にしても、証人に対する反対訊問等は全く一方的であり、しかも、裁

判長の訊問にいたっては、『こうであろうが、嘘をいうな！』と、机をこぶしで叩いての裁判進行でありますために、関係相被告人等の20才位の者は、身心を萎縮してしまって、裁判長の一方的な強要に終始したのでございます。ことに、日本の裁判というものは、こんなものだろうかと驚かされたことに、判決当日の池田裁判長の言動でございます。即ち、法廷に満員の中国人に向って、『中国人の方で、今日の判決について御意見のおありと存じますので、拝聴したいと思いますから、被害を受けられた方の関係のおもだった方だけにしていただくことにして7、8名位はいいですから、こちらに御出席下さい』

と、満員の中国人傍聴席にいい、その中から10名位の中国人が、私たち被告7名列んでいる前に列んでもらってから、裁判長、曰くに、

『ただ今お聞きいただきましたように、西、石井は死刑に、その他の者にもそれぞれ最高の判決を言渡しましたので、これでどうぞ御了承下さい』

というと、法廷の中国人たちが騒然となり、

『2人だけの死刑ではダメだ、なぜ全員死刑にせんのか、判決をやりなおせ、こんなことでは納得できないから、総司令部に訴える』

という。それで、裁判長は、

『判決をいい渡した以上は、それをまたいい直すということは規定で出来ませんので、今日のところは、これで御了承下さい。というのは、裁判はこれで終了したていうのではありませんから、次の高等裁判所になった時は、皆さんの御希望に添うように連絡しておきますから』

という、裁判長の平身低頭の姿に、戦争に敗れたものの惨めさに同情は出来ましたけれど、裁判所は、事犯の真実を裁く神聖なところと信じていただけに、この異様な裁判劇には、目を見張って恐怖したものでした。

このような事を申し上げましたのは、裁判所を批難しようというためではありません。ただ、敗戦による占領下の裁判のために、事犯の真相を十分審理尽くされないままの判決を急ぐあまり、当然の帰結としての誤判を生じていることを申し上げたいのでございます」

また、石井健治郎の「上申書（昭和26年3月19日、高等裁判所提出）」によると、

「五　先日19日の黒川被告に対する検事の求刑でありますが、黒川はすでに、昨年私らと一緒に求刑があっている事実に、再求刑をされました事は、いかなる事か、また、求刑の検事の態度は、裁判長も御存知通り、始めは一審の判決通り求刑するといわれ、弁護人が15年でしたがとの問いに、事情のわからぬ検事は、陪席の判事殿に事情を聞かれ、それから黒川に対しては、一審の求刑通り、死刑を求刑致しますと申されましたが、全く私は驚き、この神聖な法廷において、しかも極刑たる死刑にするのに、あのような態度で、出鱈目な求刑をされたという事は、全く私は茫然たる気持でした。被告人の私等は、強盗などと無実の罪を着せられている際、しかも、神聖なる法廷で事情も良く解らず、平然と人に死刑を求刑されたりするが、死刑といえば、検事はどう思いになっているか知れませんが、最高の刑でこの世から抹殺されることで、いわれた被告人の身にされたら、あんな出鱈目な態度では求刑できない事と思います。たとえ、意見としてもできるものではないと思います」

と、法廷における検事の求刑について批難している。

敗戦日本の屈辱的な法廷珍光景というべきであろう。それにしても、そのために死刑を宣告された2人は、たまったものではない。16年後の今日といえども、遅くはない。いま一度、このことは取り上げられて、厳しく批判・検討さるべきではなかろうか。

さて、このような、まことに今日においては考えられない異常な状況下の法廷において、本件被告人達の裁判が進められたということは、そのまま、その判決がまた決して公平厳正なものではなかったということを、意味するといっても決して過言ではないと思われるのである。

正しい判決は、正しい裁判によるものであることは、今更いうまでもない事である。裁判が神聖であらねばならぬ理由も、また、そこにあるのである。

しかし、前述してきた裁判を一体誰が正しいと断言し、神聖であるといい得るであろうか。また、このような裁判で死刑を宣告されたのでは、死んでも死にきれるものではない。

こうした裁判の荒廃ぶりは、単に法廷の光景上にとどまるのみではない。それは、公判調書の上にも、判決文の上にも、その荒廃ぶりを遺憾なく発揮していて、読むものをして寒心非傷(かんしんひしょう)せしめるものである。次に、その公判調書の不信をそそる事実を追求してみたいと思う。

4　被告人にとって重要証言が録取されていない

第一に、問題となるのは、公判調書の録取がなされていないという事実である。これは、故意になさなかったものか、それとも、当局の失策か。いずれにしても、録取されていないということは、本件の場合のような冤罪者にとっては、一層重大な意味を持つもので、その責任の所在は鋭く追求されてしかるべきである。

録取されていない公判調書を挙げると、

1、昭和26年1月16日付、原審第11回公判調書中、司法警察官の被告人岸田文彦、被告人牧田頼之、被告人押川智栄治に対する聴取書の任意性に就き、被告人岸田文彦の供述部分
2、昭和26年3月19日付、原審12回公判調書中、被告人西武雄の供述全部
3、前同原審第12回公判調書中、弁護人内田松太の補充訊問に続く、被告人西武雄の供述ならびに、裁判長の訊問、被告人牧田頼之、押川智栄治、同藤本清喜、同石井健治郎の供述全部

以上3項目となる。この公判調書は、被告人側に甚だ有利な証拠となるものである。以下、西武雄の「上告趣意書」によって、その内容を伺ってみよう。

1．岸田文彦供述の分（昭和26年1月16日付、原審第11回公判調書中）

「岸田『強盗の相談どころか、殺人をやる等の雰囲気すらなかったことを、松尾、馬場、戸部刑事に話したところ、私、押川、牧田の3人を一緒に集めて、西に何を聞いても、知らぬ知らぬといい張るので、石井は死刑になるかも分らん、免に角、西を引っ張り込みさえすれば、石井は助かる。お前達は石井が可哀想だと思うなら、西を引っ張り込め、といって、牧田お前はこういえ、押川お前はこういうんだ。岸田お前はこういえ、そうすれば石井は助かるし、お前達もよくなるから、と言葉巧みに私達3名を騙して、私達の調書が出来たのですが、そしてその時、岸田お前

は西の独房の隣だから、この鉛筆のシンとこの紙を西の部屋に投げ入れて、西にこっそりと、自分は取調べを受けたが何もいわなかった。しかし、明日また取調べがあるが、どういう風にいったらよいかをその紙に書いてくれ、といって書かせろ、そしてそれを俺の所へ持ってこい。といって、刑事は自分の鉛筆のシンを5分程折って、紙は帳面の端の方を破って私にくれたのです。それで、私は遠くの方から戸部刑事と独房看守の2人の見ているところで、わざとコッソリした態度をして、西の独房に先の鉛筆のシンと紙の切れ端を投げ込みました。そして、先程刑事からいわれた通りを西に話しました。その日は、その紙切れは受け取れませんでしたが、その翌朝の洗面の時、独房看守が西の房と私の房を一緒に出しまして、看守が目で合図をしましたので、私は、西が洗面しているところに寄って行って、昨日の返事をして下さい、といいましたら、西は、別にいうことはない、兎に角正直にいってしまいなさい、知っていることは正直にいう方がよい、というだけでしたから、この事を刑事に報告しましたら、チェッ、と舌打ちをしていました。それで、私達3名は、刑事のいう通りにいいさえすれば、石井は助かるし、自分達も都合がよくなると思いましたので、あれこれと嘘を申した次第でありました。この事は独房の看守や牧田、押川も知っていることです。この事については、上申書で裁判長殿に差し上げましたので、この位にして、次は、云々……」

　と、供述した事実を録取していない。

　2．昭和26年3月19日付、原審第12回公判調書中、被告人西武雄の供述が全然、録取されておらない。

　原審第11回公判廷において、弁護団より被告人西武雄に対し、「裁判長も替わられたから君のいいたいことや、今までの相被告人の供述で不審な点があれば、次回公判で述べてくれ、供述の機会としては、次回が、最後だから」ということでありましたので、被告人西武雄は、自己の公判控から各被告人に対する質問事項等を大版の白紙3枚に抜粋して、それを携行し、原審第12回公判廷に臨み、裁判長の被告人西武雄に対し、「特に、いっておきたいことがあるか」との問いに対し、被告人西武雄は、次の如く供述している。

　それを、詳述いたしますと、

　裁　特に、いっておきたいことがあるか。

　西　あります。

　裁　君から4、5通提出されている上申書の中に述べてあることや、当審で述べたことは、全部採用してやるから、その中に述べてあること以外にあるならば、述べてみなさい。

　西　私がただ今から述べますことは、上申書なり、当法廷で述べたことと重複する点があるかもしれません。しれませんが、あえてそれを申し上げる理由は、各被告人の供述に全く口から出まかせな、その場限りな出鱈目な証言を今もってやり、そして、自分だけは何とかして皆の例外になろうという浅間しい卑劣さに驚くというより、情けないのであります。こんなことでは、事件の本然の相を把握してもらえるかどうかも疑わしいと思いましたから、各被告人の供述で、私の方も不満とする点だけをここに抜粋して来ましたので、これを裁判長殿ならび御陪席の判事殿、それに検事殿、各弁護人の諸先生の前で披瀝しまして、私のいうこ

とが本当か嘘かということを、裁判長殿から、直々に各被告人に御訊問願いたいのであります。

裁　どんなことか、いってみなさい。

西　それでは、初めに、牧田頼之の供述の部分から申し上げます。第1に、旅館のことでありますが、牧田の証言を聞いておりますと、話をしていたのは、西と石井の2人であって、自分はどんな話があっていたのか知らないとか、別室にいたから知らないというような証言をしていたのでありますが、牧田がツンボなら兎も角、そうでない以上は、私の話を聞かなかったなどとはいえない筈であります。というのは、私と牧田は初対面であって、私の所に牧田なる者が何の用件で来たのか知りませんでしたが、『私は、牧田という者です、どうぞよろしく』と、私（西）に挨拶して、そして、石井に、『岸田の話によれば、なんでも喧嘩とかいう話でしたからとりあえず、これを持って来ました』といって、匕首を出して、石井に渡したのでありますが、それで、私は、『いや喧嘩というのではなくて、これが（黒川を指して）、野田さんについて、久留米に行くというもんだから、万一喧嘩にでもなった場合を考えて、その時の要心に拳銃を借りようと思いましてね』というと、牧田が『私でよければお手伝いをしますが』というので、『いやいや、お手伝いには及びません。先程こちら（石井）も、そのような大きな喧嘩なら見たいものですねといわれましたが、知らない者が行って、万一喧嘩の場合怪我でもしたら、お互いに迷惑ですし、それで私も行ってみたいのですが、別に用件もあるが、そんな事情で私も行きません。その点は御心配入りませんから』と、こう話した他は、戦時中の話や兵隊の話、それに自分の事情の話などをしたのでありますが、この間牧田は、私の前に、石井の横に座っていて、私の話に返答もし、自分の話をしたほどであって、牧田の供述のような聞いていないというのは、全くの嘘であります。だから、この点を裁判長殿に、牧田を御訊問願いたいのであります。

この時、裁判長は、被告人牧田頼之に対し、

裁　西の今いったことはどうか。

牧　その通り、間違いありません。

この時、裁判長は、被告人西武雄に対し、

裁　君のいったことに間違いはないというが、それでよいか。

西　間違いないというのでしたら、牧田が今まで述べたことは、敢えてとがめません、それでは次に、やはり牧田の分で、『西が事件後、私達の家に来て酒を飲みながら、今日はやり損なったとかいって、実際は、品物はないのであるが、金を持って来た奴等を殺して金を奪う計画であった、こんな事なら殺すんじゃなかった』という証言を、牧田がしておりましたが、私は、そんな話をしたことは、絶対にありません。私がこの時話したことは、牧田や岸田達が、『今日ばっかしは驚いた。石井さんが突然拳銃をぶっぱなしたので、私達（牧田、岸田）は、驚愕し逃げたんです。大体、今日のはどうしたんですか、あれが喧嘩の相手ですか』というと、石井が、『今日の事は、もう話すな』といっておりましたが、私は、『実は、今日軍服の取引があっていたんですが、それがこんな事になってしまった』というと、牧田が、

『それじゃ殺された者たちは、金を持っていたんですか』というので、『幾分かは、持っているかも知れんが、取引は食堂でしていたんでね』というと、石井が『そんな話はもうやめましょうや』というので、話をやめて酒だけ飲んで、石井の家を出たのであります。以上、述べたように、牧田の供述のような事は、一言たりともいったことはないのであります。この点を、裁判長殿より、牧田にお尋ね願いたいのであります。私としては、牧田の口から直接その返答を聞きたいのであります。

この時、裁判長は、被告人牧田頼之に対し、

裁　西のいったことはどうか。

牧　黙して、答えない。

裁　いま、西がいったことが嘘で、君の従前の供述が本当だというのか、どうかね。

牧　黙して、答えない。

弁護人、下尾栄は、裁判長に告げて、被告人牧田頼之に対し、

裁　君のいった事が本当なら何も遠慮することはないから答えなさい。しかし、嘘をいっていたのなら、今更嘘を申したというのは、恥かしいだろうが、本当のことをいわなければならない。

牧　実は、私が嘘をもうしていたのです。

この時、裁判長は、被告人牧田頼之に対し、

裁　西の今いったことが本当で、君の従前供述は、嘘だというんだね。

牧　西を悪くするために、そのように申したのです。

この時、裁判長は、西武雄に対し、

裁　本人は、嘘をいったのだといっているからいいだろう。

西　私は、兎も角、このことが裁判長殿に判って頂ければ、何もいうことはありません。それでは、次にやはり、牧田の証言で、『西は事件後七福で私にこの前は失敗したが、今度は、浜の戸崎をやる、そうすれば間違いなく、200万円入るから拳銃を世話してくれといい、その決行は、ドンタクの晩にやるからというような話をしましたから、石井にその事を話すと、西は、酒を飲みすぎて、頭がどうかなっている人殺しの気性を相手にするなといわれた』と、とんでもない証言をしているのでありますが、この証言を牧田がした時、島村裁判長は、被告人石井健治郎に、『牧田がああいうが、どうか』と訊かれたのであります。すると、石井は、『そんなことを牧田から聞いたこともなければ、自分もそんな事を牧田にいったことはない』と、石井は証言したのでありますけれど、この点を今一度、牧田の口からハッキリと聞きたいのでございます。

この時、裁判長は、被告人牧田頼之に対し、

裁　西の今いったことはどうか。

牧　事実は、そんな話を聞いたのではありません。西さんから聞いたことは、自分（西）も鮮魚が大分儲けたが、良い鮮魚での儲け頭は、浜の戸崎位のものだろうと、別な話のついでに聞いただけだったのです。警察でも、さよう申し上げたのですが、西を悪くするためにこう

なったのです。
裁　では、西を悪くするために、嘘をいったというのか。
牧　はい。
　　この時、裁判長は、被告人西武雄に対し、
裁　ああ、いっておるからいいだろう。
西　私としては、裁判長殿に分って頂ければ、何もいうことはありません。それでは、次に、押川智栄治の点について申し上げます。
裁　被告人押川智栄治は、未だ出廷していないから、ほんの要点だけをいってみなさい。
西　それでは、押川の証言の違う部分だけ申し上げておきます。それは、旅館では、西、石井は、別室で話をしていたのであるから、どんな話があったのか全然知らないという証言をしておりましたが、そんなことは、断じてないのであります。
　　押川は、石井達と一緒に広い部屋に入り、私の前に石井が座り、その右側が押川、左側が藤本のちに藤本が出たあと、牧田、岸田とチャンと座って部屋に入ってから旅館を出るまで一緒の部屋にいたのであります。押川があえて別室という言葉を使いたいのなら、私と押川と話したのが別室ですから、そのことなら兎も角、私と石井が別室で話をしたことはありません。押川の以上の供述は、全く嘘であります。それから、次に、拳銃代金５万円欲しさとか、５万円やるといったとか、頻りに５万円、５万円という言葉を使っておりましたが、私は、そんな５万円をやるということをいったことはなく、また、５万円ということをいったことすらないのであります。唯、金の事としては、拳銃の売買の話となった時、押川が私を部屋の外に（別な部屋）呼び出して、『５万円を出して下さるとの事を藤本から聞いたのですが、それはいつ貰えるか』というので、『そんなことを君から聞かれる必要はないでしょう』というと、押川は、『はあ』といって、頭をかきながら、『それじゃ、拳銃代金はいつ貰えるか』というので、私は、『拳銃は借りる考えであったので、金の用意はしてないから、その点は藤本が先方の中島さん方に行っているから、藤本に渡しますから』と、これだけの話をしただけであるのに、そんな嘘をいっているのであります。この他にも、２、３不満な点もありますが、押川が在廷しておりませんから、これでやめますが、兎も角、こんなふうに皆の者が自分だけは、この事件の例外になろうなろうとして嘘ばかりいっているのであります。一つの嘘をいって、その場限りのいいのがれをするもんですから、次の事を訊かれれば、前の嘘のつじつまを合せるために、次から次えと嘘でかため、その揚句の果てが、西が西がといっているのであります。どうか、この点を十二分に御賢察願いたいのであります。
裁　良く判りました。その点、採用してやるから、それでよいでしょう。
西　ありがとうございます。それでは、次に、藤本の証言についてでありますが、この点、私の日記やメモを探して見たのですが、どうしたものか、十二分なメモが取ってないので、私が今からいいますことが、藤本の証言と幾分か違っているかも知れませんが、兎に角、『拳銃の世話料の５万円』という事をいっていた記憶がありますが、この５万円の世話料ということを藤本がどうしていったのか、私は、不思議でならないのであります。だから、この点

を、裁判長殿から、藤本に御訊問願いたいのであります。

　この時、裁判長は、被告人藤本清喜に対し、

裁　西が、あのようにいっておるがどうか。

藤　拳銃の世話料５万円やるということは、全然聞いておりません。それは、私が自分で何か商売をしたいという話をした時、４、５万位なら何とかなるだろうから資本は貸してやろうといわれたのでありまして、世話料等とはいわれておりません。

裁　しかし、当審では、５万円は、世話料といったのではないか。

藤　私は、そのような事は述べてないと思います。述べたとすれば、私のいい違いで、唯今からいった事が本当です。

　この時、裁判長は、被告人西武雄に対し、

裁　君からは、聞いてないといっているからいいだろう。

西　本人が私から聞いていないというのであれば、私としては、何も申しません。それで、次に、被告人石井健治郎の供述した部分ですが、石井もこの５万円とか、２万５千円とかいうことを、西がいったという風に述べているのでありますが、旅館で、私と石井の間で拳銃取引の話をした時でも、そのようなな金高については、一度たりともいった事はありません。この点を、裁判長殿の直々の御訊問を願いたいのであります。

　この時、裁判長は、被告人石井健治郎に対し、

裁　西が、あのようにいうがどうか。

石　西からそのような話はありませんでした。しかし、その２万５千円というのは、私と藤本が六月田から二葉町の野田さん方に行く途中、藤本が、『その位なら出るだろう』というので、その意味のことをいったまでであって、西から聞いたことではありません。

　この時、裁判長は、被告人西武雄に対し、

裁　君からは、聞いてないそうだ。

西　私から聞いた事ではないというのでしたら、何も申すことはありません。それでは、次に、黒川に付いてでありますが、これについては、いいたい事が相当以上ですが、本人（黒川）が当審において、命欲しさに嘘をいったと頻りにいっていたので、私としては、最早申し上げませんが、兎に角、このように皆の者が、勝手な判断と想像と嘘を、まことしやかに述べて、兎に角自分は知らんのだという位まだしも、やれ西の命令の、やれ西からだまされたのだと述べて、そして、この事件の例外になろうとして、あらゆる偽言を述べているのであります。この点を厳重な御賢察を願いたいのであります。私は、この度の事件の首謀者と見なされておりますが、事実は、そんなことは断ってないのでありまして、どうして、このような事になったのか、全然知らなかったのであります。そのため、警察以来『知らなかった』と述べているのでありますが、そのために、裁判長の心証をそこねるような言い廻しの供述をした点が多々あると思いますが、知らないものは知らないというより、他にいいようがありませんので、そのように、申し上げたのでありまして、牧田や押川達のように嘘をいおうと思えば私とていい得るのでございます。それでは、事件の本当のことが判らなくなります

ので、簡単でも、『知らない』と申したのであります。ここで、皆の前で、私は、冤罪であるということを断言しても、自分の良心には絶対に恥じないのであります。どうか、裁判長殿を始め御陪席の判事殿ならびに検事殿におかせられては、何卒、御厳重なる御調書と御賢察の上御判決賜りますよう、切にお願い致す次第でございます。それでも、万一まだ強盗殺人だという懸念が一つでもおありでございましたら、判決は待って頂きたいのでございます。私としましては、これが最後の公判であります。どうかどうかこの私の立場を御賢察下さいまして、御厳重なる御調書をお願い致す次第でございます。

裁　君のいうことは良く判った。全部、採用してやるから、それでは、別にはないね。

西　最後に、いま一つ申し上げたいことがございます。それは、他でもありませんが、弁護人の方々に申し上げたいのでございます。

　　それは、諸先生方は一審以来の方々でありますが、私がこれから申し上げることは全部の弁護人の方に申すのではありませんが、一部の弁護人の方で、まだ、私達のこのたびの事件の真相をつかんでおられないように見受けられるのであります。事件の真相がつかめないというのは、勿論、受持被告が本当の事をいわれないでグラグラゆれているからでありましょうが、今日、この機会に、これら御不審を持っていられる弁護人の方々の御質問に答えたいのであります、どうか御不審な点をドシドシ御訊問願いたいのであります。

弁護人内田松太は、裁判長に告げて、被告人西武雄に対し、

　内田　黒川利明を連れて、鹿児島に行った理由は、如何」

以下、原審第12回公判調書中記載の弁護人内田松太の補充訊問に続くのでありますが、以下記載の被告人西武雄の供述ならびに裁判長の訊問、被告人牧田頼之、同押川智栄治、同藤本清喜、同石井健治郎の供述は、一切録取されておりません。

5　判決文未作成のまま判決する

次に、第二審判決文謄本の不正について、西武雄は、質疑応答において、以下のように供述している。

「判決は4月30日だったと思いますが、それからいくら待っても判決書が送付されませんでしたので、当局を通じて2回ほど、なぜ送付してくれないのかを問い合わせてもらいましたところ、その都度、もうしばらく待ってくれとの事でしたが、上告趣意書を作成することもなりませんので、それでは、それまでに公判記録閲覧を申請しましたところ、回答書には、公判記録未整理の為、判決書については、原稿作成中のため、全記録（というのはその中の一部のことでしょうけれど）は、裁判官が自宅に持ち帰っておられるからというのですから、あきれてしまいました。判決理由も作成せずして判決する、その非道さにいうべき言葉がありません。

判決書はできない、記録は見せないというので、この点を上告の時、第6点に指摘してありますように、法令違反として訴えたのであります。それと同時に、9回まで審理を担任下さった島村裁判長（福島地裁所長に栄転）に手紙を出したりしました。手紙は、長文のものでしたから、その全文は忘れましたが、大略は、『警察官の聴取書作成の真実を聞いてくれといったが、

これらが本当のことをいう筈はないから、裁判所にまかせといてくれ、といっていたが、今日の判決は、全部聴取書そのままであったが、この点どう思っておられるのか。われわれは、あれほど真実を供述していたのに、裁判長は、この事件は大したもんじゃないから安心してよいとまでいっておられたのに、今日のこの判決はあまりにも違うようですが、島村裁判長の大体の御見解は如何でありましょうか、お聞かせ願いたい。こうした場合どうしたらよいだろうか、御教示下さい』。大体こうした内容でしたが、現職中のことは洩されないのでしょうね、御返事はありませんでした。

　判決書が送付された時の伝言として、『公判記録の閲覧を申請していたが、最高裁の方から記録を申し送らんかとやかましくいって来ているので、送ってしまったのであしからず』というのです。勝手なものです。その公判記録は、12月20日に送っているようです。

　判決の日に、理由として、警察の調書を列べ読みましたから、私たちは憤慨して、一寸待って下さいと中断させ、『裁判長、あなたはたった一回の公判に立合われただけで判決されるのですか、そんなことで真実が解るものか』というと、『申し送りも受けているから、陪席判事は、前のままだ。自由心証でいい』といいますから、私は、『そんな馬鹿なことがあるものか、前の島村裁判長は、そんなことはいやしない、手紙で問い合わせてみるから違う時は、責任をとってもらう』といい、石井健治郎も頻りに具申していましたが、筒井裁判長は、『とにかく、私も神様ではないから、本当は解らないい々』(恩赦願いに書いています)。そのような問答があって、判決が終ったわけです」

このことについては、西武雄は、上告趣意書第6点において訴えている（別項「第二審判決文批判」参照のこと）。

裁判所また筒井裁判長としては、それぞれ立場や、また、のっぴきならぬ諸種の事情があって、そのようなことにもなったのであろうが？　部外者の我々には全く見当のつかない内部の事情である。しかし、2人の被告人にとってみれば、問題が死刑の宣告だけに、ことは重大である。

たとえ、如何なる理由や事情があるにしても、いま、少し被告人達に納得のいく厳粛な態度で臨むべきではないのか。裁判所は、被告人達を罪人として軽蔑し、その生命など鴻毛の軽きにおいているのではないのか。たとえ、被告人が罪人であっても、彼らもまた裁判官と同じ人の子であることを憶えば、このような冷酷な態度はとれぬはずである。更に、西武雄は、「質疑応答書」において、以下のような不明朗な裁判余談を訴えている。

「高裁法廷から出た時、某弁護人が、『20万至急作らぬか。いろいろと事情もあるし、やはり、少しは、使わぬとうまくいかない。法廷にしても、速記録の係を私選の者でなくては、公判記録の録取を確実に採ってもらえない。裁判長等にしても、全部の供述を覚え込むことはないのだから、どうしても、公判記録がものをいうから速記者を自費でつけたり』こういった話でしたから、『それにしても、公正な裁判に金を使わなくては、うまくいかぬとはおかしなものですね』と申しましたら、『人間の世界だから矛盾したところはあるさ、その点はまかせとけ。兎に角、この事件は相手が悪い（戦勝国人という意）から。自分も検事をしていたこともあるし、知り合いばかりだからまかせとけ。金は、20万あればよかろうから、考えておくように、

高裁でなんとかしとかんと、後々苦しまねばならなくなるかもしれないからね。……』

　大体、このような内容のものでした。助かるということは、強盗殺人罪ではないのだから、この罪名を石井の誤殺の線までもどすためにというふうに聞いていたのですが。『こんな事件で、強殺なんて馬鹿げている。しかし、今の場合、時代が悪かったよ』と、こんなこともいっていました。

　結局は、20万ができないので、ごきげんが悪く、しかし、弁論だけは○○○○○としての立場から、石井の誤殺、西の無実、熊本の軍服取引は事実、こういった弁論をして下さったようです。

　ただ、弁護人と検事、裁判官との裏話しのされているらしいことは、事実らしいです。こういうことがありました。それは、某弁護人でしたが、ある裁判の日でしたが、私達控室に来て、岸田と牧田を呼び出し、ものの10分か20分位した時、岸田が帰ってきて、困ったなあと、いっていましたから、その理由を聞いてみますと、『筒井裁判長とは、友人らしく、この事件のことでいろいろと話をしたようなことをいっていたが、自分達（牧田、岸田）が旅館から使いに出て帰ってくるまでの時間を30分位と法廷で述べていたのを1時間以上、できれば、2時間位かかったという事にしておいて呉れとの事でした。それを今からの法廷で訂正供述をするようにと、強くいわれた』、『そうすると旅館に西、石井、押川、黒川たちが2時間ばかり密談した事になるじゃないか』、『それですたい。それを某弁護人にいってみたら、そんな心配は要らない、その点はちゃんと話がついているからというんです。嘘は困るなあといったんですが、その訂正供述だけはするようにといって行ってしまった』。このような事をいっていました。結局は、その日の法廷で、その点を、裁判長から訊問の形で訂正供述となりましたが、今考えてみますと、なるほどと肯けるものがあるようであります。某弁護士、筒井裁判長、牧田氏（牧田の親父）は、どうも友人関係か、何かあるようです」

6　冤罪の悲劇は裁判の不正にあり

　次に、西武雄、石井健治郎に対して、「あなた達のような冤罪の悲劇から人間を守るためには一体どうしたらよいと思いますか」と質問したのに対し、彼らが身をもって痛感した冤罪の禍根として取り上げているものに、裁判の神聖と公判調書の捏造うんぬんがある。

　まず、西武雄の応答書における、供述を伺ってみよう。

　「たとえば、こうしたらよいという案が法律化しても、それを扱う権力者がその運用を私用化しては、何の役にも立ちません。現在でも、法律的には、冤罪の起こり得ない筈なのに、権力にものをいわせて、書類を捏造する、改筆するのですから叶いません。それでも、どうしたらよいかとなりますと、それは裁判というものをもっと神聖なものとしてもらいたいと願うばかりです。法廷で十二分に審理しておりながら（警察の聴取書を証拠として、しかもそれは矛盾だらけの羅列だと判っておりながら）、それを改筆したり、抹消したりして、判決を正当化することは止してもらいたいと思う。でないと、次の裁判のとき、正義の裁判官でも誤判を生じるからです。被告人たちの供述通りを記録に録取して、その上で、判決してもらいたいもので

す。そうすれば、どの点で誤判したかは、一目瞭然です。
　　この点を、警察の聴取書について、法廷で反問したことがあります。勿論、第二審の筒井裁判長のときです。
　『警察の聴取書は、警察官の勝手な作成であって、そんなものを証拠にされてはたまりません。各人がそんな供述は、していないといっているのですからね。何拇印があるからって、しかし、裁判長、拇印は末尾の一枚でしょう。では、あとの何十枚かの供述部分はどんなでも改筆できるではありませんか、警察官が勝手に改筆したものを、これは、お前の供述というのは、無茶だ。そのために、こうして裁判しているのですから、矛盾の点は、判るまで調べて下さい。私達は、一面識もない者たちであって、謀議などそんなことをしよう筈がありません』。
　　こうしたことを、『縷々（るる）』と述べたところ、裁判長、曰く、『現在の法律では、拇印は末尾１枚だけでよい事になっている。それで全部を供述したと見なしてよいことになっている。それが悪いというなら、それは、代議士にいって法律を改正して貰ったらいいだろう』という。『法律の改正をいっているのではありません。警察の聴取書の内容は、真実ではないといっているのです』と反問したのですが」
　馬耳東風だというのである。公判調書まで改筆、加筆して捏造し、最高裁まで、警察聴取書をなかば絶対視して一歩も譲らない固執は、一体何が原因しているのであろうか。
　次に、石井健治郎の「質疑応答書」に、彼の訴えを、聞いてみよう。
　「このご質問は、一言ではとうていお答えできる事ではないと思いますが、私の常日頃思います事は、現在の再審に対する刑事訴訟法があまりに範囲が狭いことです。また、裁判官は、勿論、検事たるものが、もう少し被告人の訴えを人間味を持って取り上げる精神がほしいことです。人を罪に落とすことばかり考えないで、正しい事実を調べて調書を造るように望みたいです。また、職務に忠実のあまりに行きすぎが多い事を知っています。また、慣れるということは好いことですが、そのために自分の考えを過信して、すべて被疑者の供述をその線にそわせようとしたり、また、点数制というところから、小さい事件でもできるたけ大事件として、手柄を大きくしよう、とする傾向が確かに強い。これは、冤罪に問われた者にとっては、重大な問題であります。また、金であります。金のある人間は、同じ事件でも軽くて済みますが、金のない人間は、罪にならんような小さな事件でも刑務所に来ているのを度々見ます。
　　私は、裁判は、国家の費用で総てが同一にされるようになると、裁判制度もまた検察制度も変わるのではないかと思います。いまの制度は、弁護士を肥やす制度であると思いますし、裁判所は、だらだらと時間ばかりかけて、検察官は、自分等の面子を守るためには、国家の費用で上告でも何でもしています。これは、松川事件ではっきりしていますし、八海事件でもそうです。これでは、冤罪の人間にとってはたまらないことであります。10年も20年も投獄されて裁判に訴えている人間やその家族は、たまったものではありませんでしょう。私は、冤罪を守るためには、米国の裁判方法の一つに、『巡廻裁判所』制度があることを聞いています。これは、刑務所に刑が確定して入所している人間に１年に一度冤罪を訴える者などの訴えを聞いてやる制度であります。これの制度は、再審制度によく似ていますが、全く別個に裁判を開

いて冤罪の訴えを聞いてやる制度ですね、これには、ヒューマニズムの発達した国でないと無理でしょうが、ヒューマニティーのある人は、日本にも多いでしょうから、この制度が実現できないことはないと思います。特殊面接委員の制度も戦後できている位ですから、私は、その意味で切にそういう制度を望みます。

　また、裁判官が法律を自分勝手に解釈されることは、被告人にとってたまらないことです。私の前回の再審の却下理由が、『無実だ、冤罪だという証拠が沢山出してあるが、これは、君の場合、全員が始めから皆無実だ冤罪だと申し立てているのであるから、同じ無実だという証拠を出しでも新しい証拠ではなし、新しい証拠とはいえない。君が罪に落とされているのは、警察の聴取書と検察官への相被告人の供述によるのであるから、それが裁判官の自由心証によって証拠となっているので、これが捏造、また偽証であるというのであります。だから、この裁判所のやり方で行くならば、たとえ無実でも一旦裁判官が証拠としたら、これを確定確認の無効裁判の判決を取らない限り、再審はダメだというのであります。そうなると、私達は、大変困ることがあるのですね。第１、取調官松尾利三氏が死亡していること、第２、相被告人の黒川が死亡していることです。しかし、押川、藤本とまた重松検察官や他の警察も退職していても何人かはいますから、これらを訴えて、その証拠となっている判決文中の各人の証拠を裁判にかけるよりないのでありますね。こうして冤罪の人間を何とか守るためには、今の裁判の証拠の採証方法をもう少し変えるか、また、個々に証拠の説明力を争う制度がほしいと思われます。

　要は、裁判官に自分の家族や自分のつながりのある人間を裁いている位の気持があったら、余り無茶な裁判もしないでしょうし、また、裁判そのものにも、人情味が出てくるでしょう。いくら、口先だけで、『罪を憎んで人を憎まず』といっても、他人ごととして裁判をされる時、そこに間違いが起こり易いと思います。話に聞くと、裁判官が朝出勤する時、感情を害していると、つい思わず重い刑をいい渡してしまうということ、また、ある人は、『自分は無実の人間を罪に落とした事があるので、弁護士になって罪ほろぼしをしたい』と語った、ということをある本で読んだのですが、この人達の精神状態を疑いたくなります。一寸読むとよいことをいっているようですが、このような考えの裁判官だから、人を無実で死刑にして平気でいられるのだなあと思いました。

　次に、本件における、私個人の場合を取り上げると、

　第１．私を取調べた人達が多人数であったことと、それらの人の勝手な報告を受けて、私の調書を作った松尾利三取調官の、私の聴取書なるものが、全く私の供述をうまく作りかえたものであり、また、その間に勝手に創作した一文を挿入している事であります（これが、強盗罪の証拠となっている）。しかも、これは、一審二審でも、松尾利三氏と対決して、私の申し立てが正しいことは、裁判長も、法廷では認めておきながら、強盗罪の証拠として、取り上げているのであります。

　第２．裁判所が、故意に、法廷供述を記録していないことであります。

　第３．裁判官が記録をよく調べてくれなかったとしか想われないような出鱈目な証拠の取り

上げ方、これが重大な冤罪の原因であると、私は、思っております。……以下、省略」

彼らは、冤罪の悲劇は、裁判の不正によるものだと鋭く衝いている。

7 裁判長は閻魔さまに思える

次に、公判調書に対する石井健治郎の訴えを聞いてみよう（以下、石井健治郎より筆者に宛てた書簡より抜粋）。

「裁判記録を取りよせて驚いた事は、法廷で供述したことが載っていない事の多いこと。たとえば、3時間も訊問、答弁したのに、記録は、たった2枚位のものでしかないこと、また、矛盾した点が多い。

裁判官とのやりとりの話は、一つも記録されていない。これでは、第三者には裁判の実状は判りにくい」（昭和37年8月5日付）。

「裁判は、正義であらねばならぬのであります。それが事実であれば、私達が苦労して、色々無駄をして民事訴訟などせずに、いきなり刑事に確認を持っていくのであり、弁護士は、皆そういうでしょう。ところが、冤罪と解っていて、無理に罪に陥そうとする私達の事件は、そんな訴えで却下する事は、判っています。だから、無駄をしても民事の慰謝料と謝罪広告と、無効確認を同時に訴えて却下されないようにと、配慮して訴えているのですが、それでも、一審は却下したのですよ。しかも、本人達が謝罪して、自分達の供述が虚偽のものであると申し立てているのに、『本人達には責任はない』といって、私の訴えを却下したので、今高裁に控訴しているのですから、いかに、裁判所が話し合ってインチキ裁判をしているかが判るでしょう。ですから、高裁では、速記係まで雇って嘘をつくられないようにと万全を期し、また、裁判長にも、『私の訴えている主旨を間違えないで下さい。私は、責任云々という訴えではなく、その供述が事件に対して本当の、事実の供述か、また、嘘の供述か、を確認して頂くために、確認確定判決を求めているのでありますから、間違わないで判決して頂きたい』と申し立ててあります。これを刑事事件の方の、刑事確認にいきなり訴えると、裁判前に検事が却下する怖れがあります。それは、検事等が嘘の供述書を造ったのですから、これを裁判にかけると、自分等の落度を公表するようなものでありますからね。だから、民事に勝訴して、刑事確認に訴えれば却下する理由が無くなるし、また、民事だけでも、再審に訴える力はあるのですから」（昭和37年3月24日付）

「裁判記録の出鱈目な事は、始めから解っていることで、驚きはいたしませんが、これらの出鱈目なものを、もとにして、その中から罪になりそうなところを拾って証拠とされている事は、私がいつも申し上げている事ですが、第三者の方は、どれが間違いか、嘘か、捏造か、勘違いの答弁か、事実がなかなか判断に苦しまれる事だろうと申し訳なく思いますが、なんと申しましても、証拠となっているものを一つ一つ確認確定判決を求めていくより他ありません。私が証拠となっている一つ一つを見ます時、全く事件の事実が証拠とされていないといってよい事であります。そして、それを総合する時、矛盾だらけであることに気付かされます」（昭和37年4月28日付）

「それに加えて裁判所の書記達が、いいかげんな速記をやっていることですね。大切な裁判法廷の闘争の記録が沢山無いことですね。たとえば、松尾利三を私があれ程反対訊問して時間をかけて追求している記録がないこと。裁判長（池田）も、終いに、『被告人のいう事が事実ならば君（松尾）は偽証罪になるよ』といわしめた事です。速記は、これらの事が全く載せてない事ですね。裁判記録の抜粋を読んで、これは、どうも話が余り事実と違うことです。答弁が弁解となる事を恐れるものです。私の考えでは、裁判所の悪意によって、供述の速記の途中で抜けていたり、後先になっていたりですし、また、私達が余りにも『強盗殺人』と断定されるので、『殺傷事件』だけにするための、いらぬ『強調』が出ている様で、冤罪を呼んでいては、いよいよ疑いをかけられそうで、殺傷事件を強調した点もあったように思いますし、それにしても、どうして全くこのような事実がないのに、こんな供述をした事になっているのか、判断に私自身が苦しんでいるところでありますから、そのつもりで御判断をお願い申し上げます」
（昭和37年4月28日付）（傍点筆者）

なお、最後に、西武雄の「質疑応答書」に訴えている、公判調書に対する意見をきいてみよう。

「筒井裁判長などは、自分から『この点は違う、この点は捏造だということの不満は、次回に聴くから』といって、法廷を開きながら、供述、反対弁論を許しながら、その結果のあまりにも重大であったので、その公判記録を抹消したことが、そのときは判らず、後になって判って遺憾に思っています。

　裁判中（法廷）、いくらネコなで声で訴訟を進めて呉れても、それが空手形であるかどうかは、結果の出てからではないと判らないのですから、困ったものです。

　筒井裁判長は、ただの一回の審理（それは抹消している）だけで判決していますが、勿論、陪席判事はおりますが、筒井裁判長に、『この事件は強盗等謀議したことはないのだから、もう少しでも疑いの点があるようでしたら、納得のいく迄裁判を続行して調べて下さい』と、あれ程上申したのにと思うと、遺憾に堪えません。後になってみると、記録は抹消している、改筆しているので、さんざんですからあきれています。だから、おかしいと思って記録閲覧申請をしたものの、なんだかんだといって見せず、この裁判長は、閻魔さまのように思えたですね」

これらの訴えを聞くと、いかに裁判官が被告人の人権を無視しているかということが痛感される。これでは、裁判長は、まさに閻魔大王である。

8　西武雄公判調書捏造　その1

では、これから、公判調書の捏造について、詳細に検討してみよう。まず、西武雄は、筆者宛て「質疑応答書」において、以下のように供述している。

第一審第1回公判調書冒頭に、

『西武雄は、

答　強盗殺人の点は、全然そのような事実はありません。横領の点はそのとおり間違いありません』（傍点筆者）

と記載されているが、この点について、西武雄に聞いてみよう（以下、西武雄の「質疑応答書」

による）。

　横領という字句は、加筆です。

　「池田裁判長が、『追起訴の分として、…氏　…万円、…氏　…万円などの追起訴がされているが、横領の真偽については、また、たずねるが、金銭上については、大体相違ないか』と訊かれたようです。それで、私は、横領の事実はないし、そのために、公証役場に証書を提出しています。ただ、金銭の未払い分としては、大体その通り間違いありません、と答えた記憶があります。

　横領云々といわれたのは、法廷ではじめてでしたので（警察、検察の調べは、なかったので）、相当不満を述べた記憶があります」（「質疑応答書」）。

次に、第一審第2回公判調書（西武雄分）について、

「裁　中島に売主になることを頼んだことは、熊本に話したか。

　西　話しました。すると、熊本も承知し、そこでやろうと申し、取引の日を5月20日ということに定めました。

　傍線は、改筆ですよ。加筆といった方がよいでしょうか。

　『中島に売主になることを話したか』と訊かれ、『話しました。すると、熊本は、一度あっておきたいというので、中島方に連れて行き、中島に会わせました。その時の2人の話は聞いてないが、帰りがけに、熊本が、中島さんところで取引をしようと申しました』と供述すべきで、『5月20日ということに定めました』は苦笑ものです。熊本文造が立廻っている中国人たちの証言を聞いても、5月20日に取引しようとなってないからです。取引交渉途上の熊本がそんな約束を中島とする筈がないし、私にいう筈もないでしょう。熊本にしてみれば、西では心もとないからという考えで、他の経験者をということでしたのですから、おおそうかという前に中島に一度会ってみよう、みたいというのが自然ではないでしょうか。中島に会うことなくして、「よしそこでやろう、5月20日だ』となることは、あり得ないでしょう」。

次に、同じく、第一審第2回公判調書に、

「裁　いつ取引することになったか。

　西　5月19日の夕方取引する事になりました（註　20日を19日に改筆している。筆者）。

　裁　先程は、5月19日に取引する事に定めたといったではないか。

　西　そのようではありません、19日の日に20日に取引するという事を定めたのであります

　　　（註　傍線の箇所は加筆である。筆者）」

とあるが、これも、西武雄に回答を求めるまでもなく、前後の話の筋から改筆、加筆であるこては、説明の要もあるまい。

次に、同じく、西武雄の「質疑応答書」から、

「裁　しかし、中島に売主になって呉れと頼んだのは、5月19日ではなかったか。

　西　中島に頼んだのは、事件より14、5日前の事で、5月19日には中島方で取引するということを定めたのであります」。

　19日という日付は（傍点の分）、すべて加筆ですよ。

この時の裁判長の問い方は、事件が20日に起きていますため、中島に売主になってくれと頼んだのを、その前日にしようとしての訊問でしたから、『そんなことはない、中島方（平野方）に行ったのは、14、5日も前のことで、前日の19日に中島方に行ったことはありません』と答えている筈です。その真偽は、中島園吉にも聞いていたようですが、前日の19日に西が来た事実はないと、答えています。考えてもみて下さい。買手も決まっていないのに、19日だの20日だのと、どうして日が決められましょうか。熊本は、取引場所を決めて、それからというように、私には思えましたのですが、平野方に行ったのが14、5日も前であって、そこで、中島園吉を紹介され、平野方で会い、それから、後日に私と熊本と2人で中島方に行ったのですが、1週間位前だったかしら」

　さらに、

「裁　その日のことを、述べて見よ。
　西　5月19日の日に、5月20日午後3時頃迄に中島園吉方に行くから、私にもその頃来てくれといいましたが、その時、中島方に迷惑がかかるといかぬから、堅粕にどこか知った料理屋はないかといいましたが、私は、全然知りませんので、判然したことも定めずそのまま別れました。
　　それから翌20日の午後3時頃私の居た福岡旅館に熊本が電話で、一寸行く時間がおくれるからそのつもりでいてくれといって来ました。……」

　傍点の部分は、「の日に」、「迄に」、「それから……」から「……いって来ました」までは、加筆である。ただ、「別れました」は、改筆であって、事実は、「電話を切りました」である。

　以上のように訂正してよむと、筋が通り、スッキリとしてくる」と供述している。

　それではなぜ、このように辻褄の合わぬのを、無理に、19日に西が取引を知っているように捏造しているのか。それは、取引日時の決定を知って拳銃入手に出かけたとしたいためである。しかし事実は、西は取引日時の決定を、当日午前11時頃、熊本から電話がかかるまで知らなかったのである。

「西　藤本の外石井、岸田、押川、牧田等が福岡旅館にやって来て、藤本から皆の紹介を受けましたが、この時、石井が拳銃を持って来ていて、押川を通じて拳銃の貸賃を請求して来ましたが、私は、今金はここにないが、これから取引をやって10万円許り金が入るから4、5万円はやる心算だから、自分と一緒に付いて来てくれといって、押川を連れて、私がまず先に旅館を出たのであります」

　「これから取引……」から「心算だから」までは加筆。西は、取引のことは押川はじめ誰にも話していない。また、10万円の手付金も、結局、買主が全額揃えて支払わぬことになったため、その日、突然取り決めたことで、事前に西が10万円を知るはずはない。また、1万円前後の相場だといわれる拳銃を4、5万も出すはずはない。第一、10万円にしても、西の金ではない。熊本の金である。拳銃も熊本に世話しようというのであって、西が買うのではない。したがって、西が勝手に、「4、5万やる」などいうはずはない。

「西　なお、この時、石井が久留米で競馬の事で大きな喧嘩があるそうですなといいましたの

で、私は、黒川は以前自分から喧嘩売りながら、自分から謝っていたような事があり、黒川１人をやるのは心配だから、<u>自分が付いて行く心算でいるといいましたところ、石井は、そのような大きな喧嘩だったら、貴方が行かれない時は、自分が行ってあっても良いというような事を申しましたので、結局、私と黒川と石井３人がハイヤーで久留米まで行く事にし</u>、黒川が持って来ていた日本刀は要らぬから、処分してくれといって岸田に渡しましたが、……」

これの囲いの（「自分が付いて」から「行く事にし、」まで）加筆についての反論、第１、西が黒川について行くというはずがない。堅粕の取引に行く約束があるのだから、第２、石井は、「そんな大きな親分同士の喧嘩なら見たいものだ」といった事実を曲げている。第３、したがって、３人でハイヤーで久留米に行くのは、架空である。

次に、同じく第一審第２回公判調書に、

「裁　そのような縄張り争いで、実際に喧嘩があるにしても黒川が行くというのに、被告人まで行かねばならぬ義理合いがあるのか。
　西　黒川は、いつも、私を親爺さん親爺さんといって慕ってくれましたし、私も黒川を可愛がっておりましたので、黒川が切られたりしたら、可哀想だと思い行くことにしたのであります。
　裁　そのような事に、命までも捨てるのか。
　西　可愛い者のためなら、命も捨てます。
　裁　親分子分の盃でもしているのか。
　西　盃などはしておりませんが、いつも可愛がっておりました」。

これは、黒川と野田の関係を、黒川と西の関係に変造している箇所である。

この点に関して西武雄は、筆者宛て「質疑応答書」に以下のように述べている。

「この時の問答について考えてみたのですが、勿論、この問答は、事実ではありませんが、これに似たようなことがあったことの記憶があります。この時の問答は、次のようなことではなかったかと思うのです。

　裁　さような縄張り争いで、実際に喧嘩があるにしても、野田が行かねばならぬ義理合いがあるのか。
　西　世話になっている人のためですから。
　裁　そのようなことに、命まで捨てるのか。
　西　世話になっている者のためなら命も捨てます。
　裁　親分子分の盃でもしているのか。
　西　盃などはしておりません、でも、いつも可愛がっておりましたら行くでしょう」。

以上の通りである。

9　西武雄公判調書捏造　その２

さらに、第一審第２回公判調書には、

「裁　ところが、石井や黒川は、喧嘩に行かず被告人等の取引場所近くに来て、取引の相手である王祖金と熊本文造を殺したというのは、どういう間違いか。
　西　私にも判りません。浜利飲食店にいた私のところに、石井がやって来て私を呼び出し殺人が行われた。大体、あれは久留米の喧嘩かなといいましたので、吃驚して、そんなことはないといいましたところ、石井が、兎に角一応身をかくして事情を見た方が良かろうというので、私は石井と2人でその飲食店を出て、途中、中島方に預けていた金を貰って帰りました。
　なお、この時には、石井がまさか殺したものとは全然知りませんでした」（註　傍点筆者）
と述べている。
　裁判長は、「ところが石井や黒川は、喧嘩に行かず、被告人等の取引場所近くに来てうんぬん」といって、久留米の喧嘩に行くものは、石井と黒川とし、西は、取引場所にいることを認めている。すると、前項で西を久留米に行くと録取していることは、矛盾するし、捏造の事実は更に濃くなる。
　この点に関して、西武雄は、同じく「質疑応答書」において、
　「末尾のところの、『石井がまさか殺したものとは、全然知りませんでした』、この部分は、石井がまさか、そんな事情で殺したものとは全然知らなかった。つまり、誤殺とは知らなかった。ということを話したのでした。
　この時の池田裁判長の訊問は、『どういう間違いか』ではなくて、『王祖金と熊本文造を殺したというのは、久留米の喧嘩の相手と思って殺したといっているようだが、これはどういう間違いか』なのです。それであるから、私はそういう事情の誤殺とは知らなかったのです。と、どうして石井が殺したのか、それより石井がどうして黒川と行動を共にしたのだろうかという疑問の方が強い旨を供述したのでしたが、内容を少し抹消していると思います」。
「裁　被告人は、なぜ故現場に行かなかったのか。
　西　判りません。
　これは、『お前は自分の知人がそうして誤って、喧嘩であるにしても重傷を受けているのだから、なぜ現場に行って処置しなかったか』と訊かれて、『なるほどそうだと、今は思いますが、あの時は、石井という人物を知らない上に、夜となって月明かりさえなく暗いことから、うっかりその現場とやらに行くと危いということのほうが心をしめていましたので行かなかったのであって、なぜ行かなかったかといわれると解りませんという以外いいようがありません』。
　このような問答だった筈です」
と、供述している。
　次に、
「裁　藤本、岸田、押川、牧田等は、どうして行ったのか。
　西　わかりません。兎に角、私と石井と黒川丈が久留米の喧嘩でハイヤーで行くことになっていたのであります。
　この『兎に角』から『であります』までの箇所は、裁判官の加筆です。
　こんな事実はないし、それがあるというのならば、どこで、それを相談したというのでしょうか。旅館で話すというならば、他の者もおりますし、その証言が、他からも出なくてはなら

ないはずなのに全くないのですから。こうした加筆、それも捏造をまことしやかにしているが、それがかえって全体の内容をトンチンカンにしている感じであります。

『裁　どこからハイヤーに乗ることになっていたか。
　西　中島園吉方までハイヤーで来てくれと、黒川や石井に頼んで置きましたが、石井は来ず、黒川が来て電車で行きましょうといいました』。

　この問答も作為されています。この内容は、『黒川はどこからハイヤーに乗ることになっていたか』であって、『黒川は』を抜いています。それと答弁の方は、改筆。このときの答弁は、『駅前にハイヤーがあるだろうから、それに乗って行け、そして、一応中島園吉方に寄れ、私がおるからと伝えておいたのですが、黒川は歩いて来て、電車で行きましょうといいました』という問答なのです。

（行きましょうは、私も共にということではなく、黒川自身が、私は電車で行きますという意味です）。久留米にタクシーで行くということの内容は、石井、岸田が黒川と行動を共にしていることで、その実情が証言されているにもかかわらず、こうした改筆をしているのですから驚きます」。

『裁　どういう訳で石井は熊本や王を殺したのか』。
　西　わかりません。
　裁　石井が浜理飲食店に来た時、聞かなかったか。
　西　聞きませんでした。私は、石井から黒川が熊本か中華人かを憎い奴だといって、<u>黒川が２人を連れて来たといって</u>跳んで来たので、拳銃で撃って殺したという事や、貴方が浜利飲食店にいれば、外の連れにやられると思い呼び出したのだというような事を聞きました（註　傍線加筆と西はいう）。
　裁　久留米の喧嘩が堅粕に移るというのは、合点が行かぬではないか。
　西　私にもわかりません。

（黒川が２人を連れて来たといって）は、加筆です。

　この時、被告人黒川利明は甚だしく苦悶の状を呈し、在廷困難なる模様をして戒護看守より、被告人は肺結核に罹病しおる胸の報告ありたるをもって裁判長は被告人の退廷を許可し退廷せしめたり。（註　傍点筆者）
　西　聞きませんでした……。

　この聞きませんでしたの上に、「私の方からは、聞きませんでした」と前言があるわけで、私の方からが抜けているのです。つまり、私から聞く前に、石井からその実情の説明があったことをいったのです。聞きませんでした。……以下の供述も、少し削除しているようですが、大体そのような供述をしている記憶があります。

『この時、被告人黒川利明は、甚だしく苦悶の状を呈しうんぬん』に対して、それは、そうでしょう。これほどの大事件を引き起しておいて、事件現場から逃走してしまい、あまつさえ、法廷供述は、全くの出鱈目の口から出し放題でしたから。私も心では、おさえがたいものがありましたから、裁判長との問答も大声になり、黒川も良心的には、聞き辛かったでしょう。

当時の刑務所（土手町拘置所）に、医療設備は全くありますず、ニセ病の一応は通用する頃でしたから、肺結核に口実をもうけて退廷していますが、私たちが土手町拘置所に帰ってみると法廷では、大病人の熊が一変して、大あぐらをかいての姿に、私は、人間性のあさましさを見せつけられた思いのしたことがあります。私の姿を見れば、猫のようになって上目づかいに見ているかと思うと、かげではいい放題、これが人間の相でしょうか。
　次に、前同調書に、
裁　黒川と軍服を探しに行ったことはないか。
西　<u>行った事があります</u>。それは、私が龍野喜一郎の選挙の事務所で千切大根の話をした時、黒川にお前は、野田発次郎などのバクチ打のところにいては人間が悪くなるばかりだから、まず、服装から変えて遊人風をなくさねばいかぬと意見しましたところ、将校服が好きだから、では、一つ買ってくれというので、<u>私は黒川を連れて鹿児島の方に軍服を探しに行ったのでありますが、向うに温泉もあり、料理屋もありますので、軍服を探すことは留守になって遊ぶだけ遊んで、そのまま帰ってきたのであります</u>」（傍線筆者）

　西が黒川に着せる軍服を探すため、遥々(はるばる)鹿児島までも行く筈はない。明らかに、改筆である。この鹿児島行きを、あとでは、さらに見本の軍服探しということに捏造している。この点に関して、同じく西の「質疑応答書」には、
　「少し、この問答は、違うようです。黒川が遊人のような服装をして選挙事務所に出入りしますから、服位なら買うてやろうというと、陸軍の将校服型の国民服がありましたですね。あれが欲しいということから、大浜の闇市場を通った時でも探しておくように、あったら買ってやるといっておいたのですが、自分の好みの服が無いらしく、そのままになっておりましたが、鹿児島に行った時、5月の鹿児島は暑く、温泉に行っただけで帰ったが、帰る時に黒川方に寄ったうんぬんと教科書したところ、「鹿児島には、軍服の見本を探しに行ったのであろう」というので、『そんなことはない、兵隊服位なら大浜の闇市にいくらでもあるのだから、鹿児島まで行く必要はない』というと、『黒川に買うてやるといってい服位は探したろう』というので、『わざわざ探したということはないが、通り道の店にそれらしい物があればという気持はあった』と、このような問答だった筈ですが」
　と述べている。

10　西武雄公判調書捏造　その3

　次に、同じく西武雄は、第一審第1回公判調書に対して、「質疑応答書」の中に、以下のように述べている。
「『西　そのような事実はありません。もっとも、5月20日の日に、私は、黒川にもし自分が久留米の喧嘩に行けぬような場合には、自分は借金があるし、このままこの土地にいる訳には行かぬから、大阪へ行って一旗あげようと思っている、お前も後から来い。お前は、大阪の事情は知らないだろうから、天王寺駅の前で会う事にしようと事は、いった事はあります』。
　大阪で料理屋うんぬんは、黒川の造り話（警察で創作したらしく）を、私の公判記録にこ

じつけているとしか、申しようがありません。
『裁　石井から拳銃を借りる訳か。
　西　私の方のは、借りる事にし、熊本の方のは、買うことにし、借賃と代金と一緒にして５万円石井にやる事にしていたのであります』(傍線の個所は、著者加筆)。
『裁　熊本は、拳銃の代金をいくら払うといっていたか。
　西　５万円位出す、といっていました』。
　この答弁も、全く違います。
　裁判長が、『１挺は借りる、１挺は熊本にしても、２挺でいくらで買うつもりか』といいますから、『それは、熊本に会って相談してみなくては解らないことだから、値段のことは全然話したことはない』旨、答弁しますと、裁判長は、『それでは熊本の欲しいという拳銃は、いくら位出すといっていたか』というので、西は、『それは１、２月も前のことだったと思うが、拳銃を護身用として欲しい旨の話のあっただけで、いくら出すから、それでは探してやろうという具体的な事までは話しておりません』という問答があったのであって、拳銃代金だの、謝礼だの、５万円などという金銭的な明示の問答は、総て裁判所の創作挿入です。
　次に、
『裁　久留米の喧嘩に石井が行く礼金は、いくらやる事にしていたのか。
　西　それは、考えていませんでした』。
　この問答も、一部抹消している。本当の供述は、以下のようになる。
『裁　久留米の喧嘩に、石井が加勢に行くというなら、礼金はいくらやることにしていたか。
　西　私は関係ありませんから、そんなことは考えておりませんでした』
というのが事実であろう。次に、
『裁　石井に拳銃の代金として５万円やるというのは、余り多すぎるように思うがどうか。
　西　そのようにに思われましても、唯その代金としてやる事にしていたのでありまして、外の意味は含まれておりません』。
　こんな問答は、全く創作です。事実でないからです。次に、
『裁　石井も堅粕で軍服の取引がある事は、判っていたのではないか。
　西　私は、押川にいいましたから、押川が、あるいは、いったかも知れません。
　裁　石井がそのような事を知っていたならば、久留米の喧嘩が堅粕に移るというような事は考えず、熊本や王を撃つような事はしない筈ではないか。
　西　私も撃たんでも良さそうなものだと思いました』。
　この問答で、私の心に引っかかりますことは、『軍服取引のことを押川にいいましたので、押川が、あるいはいったかもしれません』という項目のことです。旅館の中では、軍服取引のことは、一言も話していないことは、全員が肯定していますが、そうなりますと、私と押川の２人の行動の旅館から千代町辺りの５分間の間に、今まで話してないを、面識のない者(押川)に話すでしょうか。押川の供述は、『そんな話は、聞いていない』といっているところをみると、それは何でもないような内容ですが、作為あっての捏造ではないか、と思われてなりませ

ん。次に、

『裁　石井が殺したという事は、いつ知ったか。
　西　その晩、石井の家に行ってから、石井から聞いて知りました……』。

　この答弁は、少しおかしいのです。と申しますのは、この問答の前に、石井が私を訪ねて来て、事故の起きたことを伝え、驚いて、浜利食堂を離れているのですから、『その晩、石井の家に行ってうんぬん』は、少し改筆しているように思います。

『裁　拳銃がなければ、石井にはかなわぬのか。
　西　警察でもそういわれましたが、私は、用心に用心をしたのであります』。

　こうした問答があったようですが、少し違うようです。裁判長は、『拳銃がなければ、熊本の仇は討てぬことはないよ、出刃包丁でもいいではないか、拳銃がなければ、石井にかなわぬか』とわれ、私は、『相手は拳銃2挺も持っているのですよ、出刃包丁なんか持って立向かえるものではありません。警察でもそういわれましたが、私は、用心をしながら時を待ったのです』というが、この時の問答なのです。次に、

『裁　王から受け取った10万円の金は、被告人1人で中島方に預けたのか。
　西　私と熊本と一緒に行って、私から中島に手渡しして預けました』（原文、ここまで傍点）。

　この答弁は、少し違っています。金を中島に渡したのは、熊本文造です（傍点の個所は、改筆です）。次に、

『裁　石井には、報酬は何もやらなかったか。
　西　<u>久留米に行きませんでしたので、</u>礼金をやる必要は、ありませんからやってはおりませぬ』。

　傍線の個所加筆の分を抜きますと、答弁がスムーズです。次に、

『裁　なお被告人は、前回の公判で石井がいうのを聞いていたであろうが、被告人は、事件後、石井に、今度は手違いから失敗したとそのようにいった事はないか。
　この時、裁判長は、第一回公判調書中記述第925丁表至同裏末行迄読聞せた。
　西　それは、石井が私に初めから黒川と話合いの上、熊本や王を殺して金を取る計画だったんだろう俺たちをダシに使ったのかといいましたので、違うといえば、石井から拳銃でやられると思い、実は計画的だった、2人までを殺すのではなくて、外の者もバラして金を取る心算りだったというようなことを話したのでありますが、これは、出鱈目をいったのであります』。

　この答えは、私からは、何も申しません。全く話になりません。こんなことを、どこで話したというのでしょう。昨夜、このことを随分考えてみましたが解りません。しかし、何かこれに似たような問答がされたからこうなっているのだろうからと、いろいろ想像してみました。以下、その創造問答です。

　『石井たちから、計画的であって、自分たちは利用されたのではないかというようなことをいわれたことがあるのではないか』と問われ、『いや、そんなことはない』という。しかし、『皆がそのように警察でいっているようだがね』と問われ、『皆がでたらめいっているのであります』

と問われ、『いや、そんなことはない』、こうした問答がされる以上に、事実でないことが答弁されている筈がないのです。
　この答弁は、牧田、岸田の2人が石井を誤殺のことにするために、警察でデッチ上げたものを供述し、それを、私が『これはでたらめをいったのであります』。つまり、でたらめをいっているのであります。答弁したものの、改筆、偽造ではないかと思います。そうでないと、こういう事実がないのですから』。
　なお、この点については、第一審第10回公判調書において、石井健治郎は、以下のように供述している。
『松岡弁護人　事件後、西は、被告人の家に行ったというが、その際、計画通りに行ったという顔をしたか。
石　いいえ、困ったような顔をしました。
松　予想以外の事が出来たので吃驚(びっくり)したという顔をしたのか。
石　兎に角、西は、弱ったといいました。
松　本件は、計画的にやらしたものだと思ったか。
石　その点は、判然した判断はつきませんでした。
松　西が弱ったというのは、どういう意味に取ったか。
石　取引がこわれたので、そのため、弱ったといったのだと思いました」
以上をもって、西武雄の第一審第2回公判調書の捏造に対する検討を終える。

11　西武雄公判調書捏造　その4

次に、西武雄の上告趣意書より、公判調書の改筆に関する部分を取り上げてみよう。
「(三)昭和24年8月16日付原審第5回公判調書中。
『裁　石井が来てから、どのような話をしたか。
　西　私の部屋には、その時、黒川が一寸体が弱ったといって寝ておりましたので、隣の6畳の部屋で話をしたのですが、藤本がこの人が拳銃を持っているから直接話してくれというので、私は、石井と直接話をしました。拳銃が必要な事情というのは、デンスケの事で、久留米から喧嘩を売られているということを申しました。そして、黒川に酒を買いにやらせて、一杯飲みました』。
と録取されているが、これは、全く裁判所書記官宇土孝正の勝手になした改筆であり、被告人西武雄の供述事実は、
『西　藤本がこの人が拳銃は持っているが直接話して渡したいというので連れてきましたというので、私達の部屋に石井に入ってもらいましたが、別に、見知らぬ男が2人いるので、この2人も私の部屋に入ってもらいましたが、私の部屋には、その時黒川が一寸体の調子が悪いといって寝ておりましたので、隣の部屋に入り話をしたのですが、その時、石井が、『久留米に行かれるというのはどなたですか』というので、この男ですといって、黒川を皆に紹介したのであります。そうすると、石井は、『拳銃はこれです』といって小型の黒い拳銃を

出して見せて、『あなたは、射撃の経験はあるか』と、黒川に訊きながら、拳銃の分解結合をして見せて、コマゴマと説明しておりました。

そして、『あなたが（西）も久留米に行かれるのですか』というので、『行ってやりたいのですが、別に用件があって行けません』というと、石井が、『そんな親分同士の大きな喧嘩があるのなら、私も見物したいですね、どんな事で喧嘩になりそうなのですが』と黒川に、聞いておりました。そうすると、黒川が、『福間の競馬場内の露店の地割りの事でイザコザが起きている事を色々と話しておりました』。それから、しばらくして、黒川は、酒や煙草を買いにやりましたが、酒はありませんでした』。

と供述したのでありますが、これを、前記のように、勝手に改筆しております。

（四）前同原審第5回公判調書中、

『裁　中島方へ行ってからどうしたか。

　西　実は、中島方で逢う約束の時間を午後5時にしてあったが、少し遅れるようであったので、藤本にその旨中島方へ行って連絡してくれるように頼んでありましたので、私が中島方へ行った時、藤本も来ておりました。そして、中島に逢いました。云々（以下略）』

と録取してありますが、これも、前項同様、裁判所書記官宇土孝正の勝手な改筆であります。この時における、被告人西武雄の供述は、非常に長講でありましたから、大略いたしますが、その中で最も相違する部分は、『私が中島方へ行った時、藤本も来ておりました』と録取されておる点であります。被告人藤本が中島方にいよう筈はなく、この点は、被告人押川智栄治、同牧田頼之、同藤本清喜に対する原審公判調書の記載によっても、明らかな事実であります。また、同項に引き続き、

『裁　それからどうしたか。

　西　押川は、その飲食店の人を知っていると申しておりましたが、私がその店に入ると、（中略）熊本は、全額持ってこなければ、あとでゴタゴタが起きるかも知れないので、それまで売るのはやめたいと思うから反対してくれるなと、私に申しました（中略）』

と録取しておりますが、この点も、前2項同様、裁判所書記官宇土孝正の自分勝手な改筆でありまして、この時、被告人西武雄が供述した事実は、

『西　（前略）取引の話を聞いておりましたら、取引額の全額は持って来ていないという話でしたから、私は、全額持って来ていないとすれば、後でゴタゴタが起ったかも知れないと思いましたから、熊本さん、全額でないのでしたら、今日のところは一応中止して、全額揃ってから取引した方がよくはないですかといいますと、中華人は、私に対して、そのようなことをいわないで信用してくれ（中略）』

と供述しておるのであります。

（五）原審第12回公判調書中の末尾に

「当審における従前の公判調書の各記載を読み聞かせ図面はこれを展示し、その都度意見弁明の有無を問うたところ被告人西武雄同様藤本清喜は何れも意見弁明なき旨述べた」と記載してありますが、公判調書の記載を読聞かせられた事は一度もなく、また本趣旨第三点において申

立てておりますように図面の展示など受けた記憶は一度もありません（原文、ここまで傍点）。

　この点も，裁判所書記官及原審裁判長の自分勝手な偽作によるもので、しかも、調書の末尾には裁判長ならびに書記官の署名があり、その調書作成の責任の所在を明らかならしめているものでありますから、かかる正確性のない調書に対する責任は，当然裁判所側にあるものであります」（註　傍点筆者）。次に、

　同じく、西武雄の第一審第10回公判調書中、

「松（註　筆者、松尾弁護人のこと）　本件犯行前に，被告人は、黒川と中島方に行っているが、その際は、福岡工業試験場横門前に黒川を連れて行き、ここが現場だと教えた上、中島方へ行ったと黒川は、述べているがどうか。

　西　中島方に黒川を連れて行った事はありますが、その道を通って現場に連れて行った事はありません。

　松　本件犯行前に、工業試験場東側の道を通ったとあるか（原文傍線）。

　西　あるような、ないような判然覚えておりません。

　松　中島方に行く時は、どの道を通ったか。

　西　国道を通りました。

　松　それでは、本件殺人現場は全然知らぬのか（原文傍線）。

　西　全然見たこともありません（原文傍線）」

と述べているが、傍線の部分は、明らかな加筆である。同じ事を２度しかも繰り返えし訊問することもあるまいし、これは、あとから加筆挿入していることは、明白である。したがって、この部分を除いて読むと、前後の筋が通る。西が殺人現場を通っていない、その地点は、西にとって未知の土地だということは、白の有力な手がかりであるために、上記の問答は、見落としてはならぬ個所である。

　さらに、前同、公判調書中、

「松　久留米の喧嘩に行く心算だったというが、その行く先は聞いていないのか。

　西　私は、軍服の取引の方がありますので、取引がどうなるか判らぬと思いましたので、私が行かれない場合には、石井に行ってくれと頼んでいた位で、判然行くとは決めておりませんでしたし、黒川は良く知った男ですから行く先等を詳しく聞きませんでした。

　松　久留米の喧嘩には、被告人と黒川が行く予定だったのか。

　西　そのようであります。

　松　他の被告人等は。

　西　連れて行くことにはしていませんでした。但し、ただ今申し上げましたよう、石井は、例外です。……

　松　いつ行く事になっていたか。

　西　今日（本年５月20日）中に行けば良いということでしたので、私は、軍服の商売をして金を作って行く心算でした」

傍線は、すべて加筆である。

石井とは、一面識もない西が、『私が行かれない場合には、石井に行ってくれと頼む』筈はない。双方の氏名さえも告げていない間柄である。また、黒川自身に、１人で行く、話合いだから加勢などいらぬ、という証言がある。

　次に、『黒川は、良く知った男ですから、行く先等を詳しくききませんでした』というのは、いかなる意味か、一寸解しかねるが、いずれにしても西が行く先を詳しく聞かないということは明らかであるが、それでは行く意思はないことになるのではないか。

　次の、『松　久留米の喧嘩には、被告人と黒川が行く予定だったのか』『西　そうであります』の問答は、前の問答と矛盾するし、重複の感じがする。これは、あとからの加筆挿入であろう。

　こうした西武雄の公判調書の加筆工作の点で考えられることは、石井を西の強盗殺人計画云々に関係せしめようとしている下心が看破されるということである。そういえば、石井の公判調書では、西に強盗殺人の計画があるように、石井の供述を捏造工作している。まことに、手の込んだやり方で唖然たるを得ぬ。

　次に、同じく、西武雄第二審第５回公判調書について、同人の「質疑応答書」についてみよう。

　『西　それから、黒川利明は、<u>佐賀に競馬に行きデンスケ連中と何かゴタゴタを起したそうで、命をはらねばならぬかもわからないと申しておりましたので</u>、私は、今時、日本刀はだめだから拳銃を入手しておれと申しておいた訳であります』。

　この供述は、捏造ですよ。

　そうだ、佐賀に競馬に行き云々は、法廷で黒川が言っていたような記憶があります。佐賀云々は、私の供述ではないです。

　この供述を見ると、前の供述と矛盾しているようですが、これが事実ならば、おそらく裁判長からその矛盾の点の訊問がされていなければならないと思うのです（註　傍点筆者）。

　この場面の問いがどのようなものかは存じませんが、私の答弁は、おそらく敗戦下の混乱で拳銃の大量に流出している事実を知っていましたから、万一喧嘩になれば、刀ではダメであることを話して、拳銃入手は藤本に話してやるから、それを持って行くように供述したであろうことは、それが事実ですから、いえますが、何としても傍点の個所は、捏造加筆です。次に、

『裁　その前に熊本から電話があったというが、どういう打ち合わせをしたのか。
　西　午後５時頃中島園吉方に行っているから来てくれということでした。
　裁　その前に、藤本より明日拳銃が入るからという連絡はあったか。
　西　<u>20日に拳銃を持って行くということは、藤本より聞いておりました</u>』。

　この答弁は、違いますね。事実でないからです。ただ、答弁の記録の内容となりますと確答ができませんが、次のように答えているであろうことを申し上げてみます。

『西　藤本からは、全然連絡はありません。
　裁　しかし、前日藤本と会って拳銃のことを話しているではないか。
　西　それは話しました。しかし、その時の藤本の話では心当りはあるから当ってみるというだけですから、確答なんていうものではありません』。

　この位のものではないかと思います。次に、

『裁　それまでに、被告人は、中島方へ行ったことがあるか。
　西　それまでに、３回ばかり行った事があります。熊本が、私に、持主はあんたでは都合が悪いといっていましたから、知り合いの平野義人に交渉してみたところ、平野が中島を紹介してくれたのでありました。その４、５日前にも中島方へ行きました』。
　傍線は、加筆です。面識のない人の家に行きようがないからです」

　さて、このように公判調書を検討してみると、意外に思われるほど捏造、加筆の工作がなされて、真実が曲げられている。これは、一体どうしたというのか、これでは、裁判の神聖など全く当てにならない。しかし、これもまた荒廃の時代の産物としておこう。それにしても、速記はテープレコーダーと違って正確ではないのであるから、間違った点を訂正できるように、２人で速記をとるようにして厳正を期すようにしなければと思う。

　だが、裁判所が、故意に捏造して被告人を罪に落そうとするのは、一体どうして防げばよいか。現在では、テープレコーダーがあるのであるから、これを利用すべきであろう。しかし、これでも工作はできる。とすれば、最後は、裁判官の良心に待つほかはないわけであろう。

12　石井健治郎公判調書捏造　その１

　次に、石井健治郎の第一審第１回公判調書を、同人の「質疑応答書」によって検討してみよう。
「『石　借賃として５万円やるから貸してくれという話になりました』。

　この公判調書の供述には、私自身がいつもはがゆく思うところであります。だいたい、５万円という事を皆がいっていますが、これは、第一番にいった人は押川で、私が渡辺通りで、はじめて押川に藤本を紹介された時、拳銃ははじめは貸してくれないかということだった。しかし、私が貸すことは出来ないが売却ならばよいといったことから、ではいくらで売ってくれるかということになり、１万５千円でたのまれているといったのです。そこで、押川が、『そんなら藤本が先方の人から何でも５万円でということになっているようだから、その位な金なら話せば出すでしょう』といった。これが５万円という話の出たあとにもさきにも、始めの終りの話で、他の人は、誰も５万円の話をした者はない。ところが、警察の追及に対して拳銃代金はいくらにて売却することになったかという事から、私がこれを説明するために、前記押川の言葉を話したのが、あとで５万円、５万円と、５万円やるから貸してくれとか、売ってくれとか、しかも、西がいった如くに、いつの間にかなってしまっているわけです。

　旅館では、藤本と押川が仲介人として、私と西との間に立っているので、私と西とは金銭的な話をするはずもないし、また、絶対にしていないのが事実であります。

　法廷では、その意味で話をしたのに、その記録を見ると「５万円うんぬん」ということが、いかにも私と西との間で話した如くなっていますが、これは明らかに加筆であります。次に、

『石　黒川は、西からいいつけられて酒やタバコを買いに出かけ、その間に、私は、西から隣室に来てくれといわれたので、隣室に行きますと、拳銃を見せてくれというので弾を抜いて見せました。すると、借賃として５万円やるから貸してくれという話になりました』。

　この速記は、正しい速記ではないところが多い（傍線は、改筆であります）。黒川が酒やタバ

コを買いに行ったのは、皆が2つの部屋の散らかっていない方の、つまりフトンなどの敷いてない部屋に入って拳銃を見せてから後あとの話である。また、隣室というのは、裁判長がいった言葉であり、5万円うんぬんも裁判長が調書を見て、そのような話をしたのであります。それに、おかしいのは5万円やるから売って呉れというのなら話は判るが、貸してくれとは、話がおかしい。この5万円という話は、前述の通りであり、しかし、裁判長は、なんとか西と私との間に金の話があったようにするために誘導し（警察や検察官も同じ）、捏造の記録となったことは、全記録を見れば辻褄が合わないので、すぐわかる事実であります。

また、裁判長と私との間の対話は色々とあったのでありまして、調書は、そのなかの一部分を記録したり、また、勝手に捏造文を挿入し、事実と矛盾したことを速記したようになっています。そのために、言葉の意味が違ってきていることを強く感じます。次に、

『石　この時、黒川の話では、喧嘩したら高飛びする。事件の罪は、西と黒川が引受ける、それには10万か20万位の金が親分から出るという事でした。それで、私は、罪は西と黒川が引受けるというし、親分のために一肌脱ごうと考え、それなら自分も現場に行こうといって、先に黒川を現場にやりました。そして、私は相手を撃つ決心をしたのです』。

傍線は、改筆、加筆の捏造です。

第一に、黒川は現場でそんな話は一言もしていない事は、他の4人が知っている事実であります。また、西が責任を負うとは一言も言っていないし、私は聞いたこともない。第一、西は現場には姿も見せていない。これは、黒川が『責任は持つから拳銃が貸せんならば喧嘩をしているから誰か来てくれないか』といったと供述したものに、書記が勝手に西の名を加筆したものと思われます。

また、黒川がどうして10万か20万位の金が親分から出るなんて、皆にいいましょうか。これは、まだ事件の起きる前に、黒川が岸田と私を連れて久留米行きの自動車を雇いに行く途中、自動車雇いをやめて電車で黒川が久留米に行くということになって、拳銃の代金を貰って帰る押川に出合うために堅粕へ向かう道中で、私と岸田が、久留米の喧嘩の話を色々聞いた時、私が黒川に、『あなたは喧嘩に行って間違いが起きたらどうするのか』とたずねたら、黒川が『自分は野田親分の責任を背負って大阪方面に飛ぶことにしている、親分（野田親分）からも費用が10万や20万は出る事になっているから』というので、私は、『大阪方面に知人があるのですか』とたずねたが、黒川は、『知り合いはない』というので、私は、その時黒川が知らん土地に行って困るのではないかと想って、兵庫の佐越町の倭昇一氏を私の名刺の裏に紹介状を書いて黒川に渡した。この時の話を、私はしたのである。それを、一部省略して現場で話したようにここにソウ入したのだと思います。そして、それに西の名まで序に付け加えたのです。次の、『私は罪は西と黒川がうんぬん』からさきは、私のこの時の申し立てとは違っている。これは、やはり裁判長があまり強盗殺人の線に私を引込むような訊問をし、警察の聴取書等を引いていうので、私は、唯の殺人を強調するために『親分のために一肌脱ごうと考え』などといったのだと思いますが、この速記のような供述ではなかったのであることを明らかにしたいと思います。そして、この供述のなかに私の供述もあることです。しかし、裁判長との対談がその間に入ると、この言葉の意味がおわかりになれ

ると思いますので、一寸以下に書いてみます。

『裁　お前は、強盗の点も知らんというし、黒川が10万や20万は親分から出るというような話も現場ではしなかったというのか。

石　そうです。黒川は、ケンカをしたら親分の責任を負って大阪方面に高飛びするという事や、その費用に10万か20万は親分から出るような話を、堅粕へ行く道中で話していたのです。

裁　それで、お前は黒川が喧嘩をしていると呼びに来たので、加勢するつもりで行ったというのか。

石　黒川が責任を持つというので、親分同士の喧嘩なら一肌脱いでもよいと思う気持があったので、自分も現場に行ったのです。

裁　お前は、他人のケンカを引受けて人殺しをするのか。

石　殺すなんてそんな気持ちは、なかったです。

裁　2人を殺しているではないか、お前は撃つ決心をせずに人を殺すのか、決心をしたから撃ったのではないか。

石　そういわれるならば、心のどこかに撃つ決心をしたのでしょう』

というような問答や、他にもいろいろとはげしいがやりとりがあったように思います。がこの記録を見て思い出すことで、私と裁判長とのやりとりは、こんな記録のようななまやさしいものではなく、全くケンカみたいな問答で『だまれ！』とか、『お前は嘘はいわんのかっ！』とか。私が『誘導して黒川達に嘘迄いわせんでもよいではないか』といったことや、兎に角、池田裁判長は、法廷に出て来るのに真赤な顔して、酒でも飲んでいるような顔していた。言葉も紳士的ではなかった。第一、黒川から訊問を始めたことが、すでに、裁判官の先入観と、西主犯の強盗殺人事件を捏造するための策謀であったように、今は思われるのであります。

第一、大事な実地検証を却下して連れて行かなかったことも、その一つであると思われること、西は、私たちと一緒に行っていないこと、私は旅館の実地検証に行けなかったこと等、いまもって残念に思われること。その上、このような出鱈目な記録書類を作り上げて、全く事実とは違った捏造の書類であることを訴えたいです。

私たちの答え方も悪い点が多いし、うまく誘導に引っかかったり、冷静に事実を間違いなく答える事が出来ず、前後のことを自分の思いで一緒に申し立てているところもあるようです。いずれにしても、全くはがゆい裁判記録であり、真実、事実を明らかにするためには、余程の努力がいると思われます。しかし、事実は、簡単明瞭な事件であるのをわざと複雑に捏造したり、間違いを起こさせたりしているのであります。ですから、傍線のところは全く別々の別個の場所であったり、黒川1人の言葉に西の名まで加筆して、いかにも西と黒川とが、石井や他の者に何か悪企みのようなことを匂わせて、こんな大事件（裁判所や警察のいうところの）にしたてあげているのであります。次に、

『裁　人の喧嘩をどうして買う気になったか。

石　いつまで待っても拳銃の貸賃は貰えませんし、その内に仕事が終わってからやるということになり、また、喧嘩の責任は持つというので、私は、一肌脱ぐ気になったのです』。

これも前述の通りでありますが、裁判長が強盗殺人を強調する取調べ方をするので、私は、それを否定するために、喧嘩と思って行って間違いを起こした事実を、強調力説のあまりこのような答弁となってきたことが判ります。これは、あくまであとからの心の動きを想像的にいったのであり、また、一肌脱ぐといっても殺すということを意味するものでは、毛頭ありません。

事実は、トッサの出来事で、一肌脱ぐなどというゆとりのある心境の介入すらゆるされる事態ではなかったのであります。

あまりにも高圧的に強盗殺人を押付けるので、ついにこのような抗弁となってしまったのです」

13　石井健治郎公判調書捏造　その2

同じ、石井の第一審第1回公判調書について、石井は「質疑応答書」において、以下のように述べている。

「『石　私と岸田は、福中グランドで野球をやっているのを1時間位見ておりましたが、その内に藤本、押川、牧田がやって来ましたので、拳銃の金は貰えたかと訊ねますと、まだ、貰わぬ喧嘩の相手は、この方に来ているらしいと申しました。その内に黒川が連絡に来て、何かまだゴタゴタしているといいました。それで、私は拳銃の代金はどうなったかと訊ねましたところ、仕事がしまえてから代金はやるといいましたので、私は皆にどうしたものだろうかと、相談しました。この時の黒川の話では喧嘩したら高飛びする、事件の罪は西と黒川が引受ける。それには10万か20万の金が親分から出るというし、親分のために一肌脱ごうと考え、それなら自分も現場に行こうといって先に黒川を現場にやりました。そして、この時、私は相手を撃つ決心をしたのです』

この供述位、話がごっちゃに混同していることはない。全くあきれています。

野球見物は、「しばらく」というのが、本当のことです。

事実を知らぬ人が読むと事実のようでいて、全く場所と時間の違うところの話を一緒にしているのが、この供述です。それに、これは押川と藤本と牧田と黒川と出会った時の話でない。しかし、一部分は出会った時の話でもある。これを私の供述通り、事実通りに、以下に正しく直してみますと、

「裁　……

石　……その内に藤本、押川、牧田、黒川がやって来ましたので、私は、押川に『拳銃代金は貰ったか』とたずねますと、押川は、『まだ貰わぬので、拳銃も渡さずここに待っている』と懐ろを押さえますので、私は、そこへ来た黒川に、『拳銃の代金を早く貰って来て下さい』とたのんだのです。そこで、黒川は、西のいるというところへ走って行った。私達5人は、黒川の来るのを待っていたら、暫くすると黒川が走って来て、『今話合いがあっているので拳銃代金は暫く待ってくれ』といって、また、走って行ったのです。そして、3度目に来た時、黒川が『拳銃代金はあとで（仕事がしまえてなんていっていない）やるから拳銃を貸してくれ』といってきたので、私は、『代金引替でないと駄目だ』といったので、黒川は、

仕方なくまた走って行ったのです。それから、またすぐ走って来て、黒川が『喧嘩をしているから拳銃を貸してくれ』と緊迫した態度でいうので、私や皆は、喧嘩の相手が来たのだろうかといい合ったりしました。また、藤本は、『大丈夫だから拳銃を貸してあってくれないか』というようなことをいうので、私は、代金引替でないと渡せないといいました。そんな話をがやがやいってる時、黒川はまた走って来たのであり、そして『拳銃が貸せんなら誰か来てくれ』といったので、岸田か牧田かが『俺が行ってみよう』というような事をいいながら、岸田が背中から日本刀を出そうとしたので、私がそれをとめて、『あぶない俺が様子をみてこよう』といって、黒川が先に走って行った現場の方へ行ったのであります」

ということになるのです。次に、

『裁　被告人は、そのように人の命というものを簡単に考えているのか。

　石　私は、戦争に行ったために、殺伐になっていて、暢気にかまえてやりました。それに後は、親分衆がいるからよいと思ってやりました』。

この公判調書の私の答弁は、私が供述したとどうしても思えんのですね、「親分衆がいる」とか、「暢気な気持であった」とか、どうもおかしいですね。これは加筆のように思われます。

裁判長が黒川から一番に調べて誘導して、強盗殺人の線に私を引入れようと色々と訊問したことを、私は覚えています。裁判長がだから松尾を訊問する時、私が強盗を強く否定したので、この聴取書を取る時無理をしなかったかと訊ねたことを覚えています。そのことは、記録にもある筈です。だから、これは裁判長のなさんがためのペテン式訊問に、強盗殺人を否定するあまり殺傷事件を強調する結果となってひっかかったのかも知れません。しかし、それにしてもおかしい、書記が裁判長と私との色々な問答を全部速記していない事は、確かであります。

池田裁判長とは、大分喧嘩をして、一緒に行った看守さんから、あんまり裁判長と喧嘩をする事はよい結果にならないよといわれた事を覚えています。しかし、私は余りに一方的に強盗殺人を押しつけるような調べ方や訊問をするので、腹が立って仕方がなかったのです。そのために、裁判官の誘導に乗せられた傾向が所々ありますし、松岡弁護士は、その時、西君の弁護士であり、私に罪をかぶせるような態度がみえていたし、私自身も西を疑いの目で見ていたので、お互いによい決果とならず、警察や検察官の想うところの強盗殺人の疑いを益すような結果へと導びかれたのです。それにうまく黒川が嘘をいって裁判官や検察官の訊問に迎合したからたまったものではありません。いくら私が真実をのべてもかえって悪く悪く取られるようになったのでありますね。

その上、書記までが、私共の不利になることばかり記録をとり、はなばなしい裁判長と私との問答なんか、一つも記録していないのであり、裁判長といい合いした時にこそ、真実が打出され、真相がうかがえたと思いますが、そのようなところは、一つも記録していないのでありますから、全くお話にもならないと思います。

『石　西が久留米に行くのに急ぐから預けた金をとって若い者に渡すというので、藤本や押川、牧田をつけてあったのです。それに、西が私たちに久留米に行く自動車を用意してくれとたのみましたので』

藤本がどこに行ったかは、堅粕で出合うまで知らなかったのが事実です。私が未知の藤本を使いにやるはずはない。また、西は、『用事ができて堅粕に行かねばならなくなった』とはいったが、久留米に急ぐからとはいわなかった。また、西が私達に久留米行きの自動車を用意するように頼んだことはない。黒川には、『久留米に行くのは自動車で行け、そして、自動車や雇ったら堅粕へ廻って来い』といっていた。
　とにかく、記録を読むと、大分加筆や書落しが多いように思われます」

14　石井健治郎公判調書捏造　その3

　次に、同じく石井健治郎は、「質疑応答書」に、以下のように供述している。
「『裁　黒川は、相手の2人を連れて来たといったか。
　石　それはいいました。なお、私は、最初黒川がそのようにいって来た時は、まだ判然決心が付いていなかったのですが、黒川が2回目に来た時、撃つ決心をいよいよ決めました』。
　この法廷供述は、判断して、どうも話がおかしいと思います。裁判長の訊問に、私が答えた如くなっていますが、このような訊問を受けたとしても、そのような事はいわない。黒川の行動を、私がこのように答弁するはずがない。
　裁判長は私を殺人鬼だといわれたし、また、お前は嘘はいわんのか！　といわれたことは、忘れられないことです。裁判長があまりに強盗殺人を前提とした訊問をされるので、これは誤殺事件を強調すれば、いよいよ、強盗殺人の方に向けて審理が進むように思われるので、私は、裁判長に殺人をやった責任はどんな重い刑でも良いから服罪するが、強盗だけはしていないことを強調したので、そのためにいらぬことも少しはいったようですが、そのために殺意を起したごとくにいったのです。
　これは、人々に私がたずねても、誤殺が事実かも知らないが、人が死んでいるのだから、殺人罪は仕方がないから、かえって君らの喧嘩と思って起したことだから、殺人を君がかぶることによって強盗罪が抜けば、そう重い刑にはならぬというのが皆さんのお話だったことから、いかにも殺意が先にあった如くに述べたようにも思われます。しかし、これは押川、藤本、岸田、牧田も知ってる通り、黒川が2回目でなく、4回目に来た時に、岸田が行こうとしたのを私が止めて、黒川の切迫した拳銃を貸してくれとか、拳銃が貸せんなら誰か来てくれという言葉で、私が様子を見に行ったのであります。そして、暗がりから出て来た大きな人（王）がポケットから私の方を向いた時にハットしたような格好で、拳銃ようのものを急に取り出そうとしたので、私はとびさがって、売却のために持っていた拳銃で身を守るために撃ったのが事実であります。だから、はっきり決心がついていなかったとか、決心をしたとかいうような事は、事実は、なかったのであります。
　この供述調書自体も少しおかしいですが、私達の供述も少しおかしいところがありますようで、私は、静かに事実だけを考える時、これらの事実と違った供述書なるものができていることは、裁判所のやり方にも不審な点があります。1時間、裁判長と問答したのにも、記録は3、4枚という短いもので、全部の問答が載っていないことです。これが実に多いです。また、至る所

間違っていることです。次に、
『裁　被告人は、その2人に何かいったのではないか。
　石　私は、何もいいませんでしたが、黒川が遅くなってすみませんといっておりました』。
　これを読んで、全く私共の裁判の意味が変えられていることを強く感じるので、ここに裁判の模様を説明します。
　私がこの通りにいったのではない事です。これは、黒川が私より先に訊問をうけて、その答弁中の、『石井がおそくなって済みません』と申しており、私に熊本さんをあっちへ連れて行けと申しますので云々』というような作り話をとり上げて、裁判長が、上述のような質問をしたので、私は、『私は何もいっていませんが、黒川が先程からいっているような、おそくなってすみません、という言葉は、黒川自身がいったのでしょう』、と申し開きをしたものです。次に、
『裁　飲食店に行ってからどうしたか。
　石　外から覗いてみますと、そこに西と外に8人か9人いたようでしたが、黒川が西を呼び出して5分間位何か話していました。
　裁　どんな話をしていたか。
　石　どういう話か聞き取りませんでした。
　裁　外の連中も飲食店に来ていたか。
　石　押川1人おりましたが、その外の者は見当りませんでした』。
　これもどうも事実の供述と違っているようであります。あとさきが抜けているかと思います。傍線の個所は、私の供述としてはおかしいですね。第1に、西は、被害者側の証人の証言によると、黒川が来た時には外に出ず皆と共に座敷の方に座っていたとのことです。また、私と共に、押川、岸田の3人は、『黒川が食堂に入ってからしばらくして自転車を持った人と、その食堂を出て向うへ行くのを、食堂の3、4軒手前の家の前でみていたのであるから』、西が出て来たとしたら、押川や岸田も見ていなければならない。私は、黒川が向うへ行っていつまでも来ないので、押川と岸田と相談して食堂の様子を見に行ったのでありますから、そして、私が西を呼び出したのでありますから、この供述は事実と全く違っている事が判ります。また、私が西を呼び出して殺傷事件の起きた事を話すと、西は、吃驚した態度で暗がりの方へ逃げ出すように行くので、私は、押川と岸田の方へ心配して行ったが、私が2人の方へ行った時（西を呼び出して話をした間の一寸の間に）、2人はどこかへ行って、もう、姿はみえなかったのです。ですから、押川1人しかおりませんという供述は、事実と全く違っていて、私の供述ではありません。加筆です。
　こうして、総べての供述が事実と違っていますが、これが私の嘘だとしても、意味はありませんのでおかしいし、また、私達3人が知らない事実でもない、「黒川と西が5分間位話をしていた」という供述は、西と黒川を何とか罪に落すための捏造のように思われますので、私の想いを説明しました。押川や岸田に、この時のことをおたずねになるとわかると思います。次に、
『石　西は、あなたが加担しないだろうと思ったから、ケンカだといって騙して、あなたを引っ張り出したのだった。熊本は、殺すつもりはなかったが、今度は、相手の人数が多かったために、ああいう失敗をやった。大体は、相手が100万円位の金を持って来ているので、

それを騙して盗る考えだったが、初めからかような話をすれば、あなたが断ると思って現場で、黒川に事情を良く話させるつもりだったが、黒川が話さなかったので色々手違いが起ったというような話をしました』。

　この供述は、これは警察の調書を裁判長が読んで聞かせたのであり、それに対する私の答弁のようであった、これも当時裁判長が、強盗殺人は間違いなく、西と黒川が計画してあった如くいい、私を無理にその共犯者にしようとするので、私はその頃、黒川や西を非常に憎んでいたので、西が私の家で、『今日のことは、黒川がよく事情を君達に話さなかったので間違が起きた』というような事を話し、また、熊本のことを、西は、『1人は、私の友人だったのに殺してしまうようなことになった』といった言葉などに混ぜて私の思いを、西が私を喧嘩とだまして引っ張り出してこんな事件を起させたのだといったことを供述したのであると思われる。

　人数が多かったうんぬんから100万円うんぬんまでは、どうも私の供述ではない。西がそんなことを私の家でいったとしたら、皆が聞いておらねばならぬし、また、私が聞かぬことを供述する筈がない。

　警察の取調べでは、『人数が多かったのでお前達は金を盗る事が出来ず逃げたのだろうが』というような訊問は度々された事を覚えていますから、また、100万円の話も警察官達がいった言葉であり、警察の聴取書にそう供述しているということを裁判長が読んで聞かせて、事前に私が聞いていた如くいわれるので、西が私の家に来て、『今日は百何十万円からの取引があっていたのに間違いが起きてしまったが、皆はどこへ行ったのだろう』と心配していった事などを、そのように、私が供述した如く捏造して辻褄を合せようとされているようであります。この私の供述というのは、裁判官の考えを書いたのではないでしょうか。『初からかような話をすればうんぬん』以下の個所は、私が訴えている警察捏造の聴取書と同一の言葉があることでも、私の供述でなく、聴取書をここに引用して、私の供述のように工作したということが判ります」

15　石井健治郎公判調書捏造　その4

　次に、同じく、石井健治郎の第一審第10回公判調書の不審点について、同人の「質疑応答書」の供述にきいてみよう。

「『弁　その際、拳銃の構造等を説明したか。

　石　説明しておりません、西は、品物をみて良いものらしいから、5万円出そうといいました』

　これは事実でないことは、先生も知っていられることですが、どうも5万円のところが事実でないのに、私が供述したとしたら、私が藤本の話を押川から聞いて、それが頭にこびりついているために、『西がこの拳銃でよい』と承知した事を、私は、「5万円で買うと承知した」といったかも知れないが、それにしてもおかしい。加筆と思われます。

　いずれにしても、西自身の口からは、金銭のことは絶対に出ていません。次に、

『弁　拳銃は、誰が持って行くということだったか。

　石　1挺は西、1挺は黒川が持ってゆくという話でした。

弁　その際、被告人は、西から自分だけが行けない時は、貴方が行ってくれと頼まれはしなかったか。
　石　そのようにいっておりましたが、どうも怪しいと思いましたので、あやふやな返事をしておきました』。
　　　この私の供述を思います時、自分ながらあきれてしまうような供述で、これが私の供述としたらどんな気持でいたのか、自分を疑いたくなります。第1に、西が『自分が行けない時は、あなたが行ってくれ』なんて絶対にいっていない。それをどうして松岡弁護人が質問したのかということです。また、私がそれに口裏を合せるよう、次の言葉をはいたとしたら、私の頭はどうかなっていたのでしようね。まるで、催眠術にかかって供述しているようなものであります（註　以下、原稿用紙5枚省略する）」

　西は堅粕に商用があるので、久留米には行くはずはない。したがって、『行けない時は』などというはずはないし、また、初対面の人に向って、喧嘩に代理で行ってくれとたのむはずもない。したがって、石井に上述のような供述のあるはずもない。この問答は、すべて捏造と断ずべきである。もし、これが事実としたら、他の全記録と辻褄が合わぬことになる。
　次に、同じく石井健治郎の第二審第3回公判調書について、同人の「質疑応答書」より、
　「『石　いいえ藤本は、この人達が拳銃を持っている、こちらが拳銃を買う人だと簡単な引合せをしただけで、私達はお互いに名も聞かず、早速拳銃をみせて貰おうということになり、その部屋が散らかっておりましたので、隣室に私と西の2人が入り、他の者は全部最初の室に残りました。そして、私は西に拳銃を出して見せたのですが、この時に黒川、押川、藤本、岸田達が私達のいる部屋に入って来ました』。
　この調書の供述は、大分私の申立てと違っています、傍線の個所は加筆ですね。
　藤本は、『この人達』とはいわず、『この人（石井）が拳銃を持って来ていられる』と、西、黒川にいった。そして、私に『こちらが拳銃のほしい人です』といって買う人とはいわなかった。西は、『では早速拳銃を見せて貰おう』といって、隣りの部屋のフスマを開けた。そして西を先頭に、石井、藤本、押川、岸田、黒川の順にはいり、それから座って、私は拳銃を懐から風呂敷に包んだのを出して弾を抜いてテーブルの上に置いたのであるから、この供述の私の申立ては、大分事実と違っている点があります。
　上述の供述を、私がなしたとしたら、以下のようになるはずです。
　『石　いいえ、藤本はこの人が拳銃を持って来ている人、こちらが拳銃のほしい人ですと、簡単な引合せをしただけで、私達は、お互に名前も何も聞かず、早速拳銃を見せて貰おうということになり、その部屋が散らかしてありましたので、隣りの部屋に入るために、西がフスマをあけて先に入り、つづいて私が入り、藤本、押川、岸田、黒川とはいりました。そして、私は西に拳銃を出して見せたのです』
と答弁すれば正しいのですが、この調書ばかりではなく、総べての私達の答弁が一ぺんに私がこれだけのことを一気にいったのではなく、裁判長とたびたび問答したのを、都合よくまとめて綴じているようです。そのために、前後したり、意味が違ったりしているのです。また、この隣

りという言葉をうまく利用して、私と西との間に何か密談があった如くに匂わせています。いや匂わせるための工作として捏造しているのです。これは、高裁でも地裁でも、実地検証するのに全員を連れて行こうとせず、検証願いを却下していることでも判ります。また、裁判所がこの重大なる検証を曖昧にして、西1人しか連れて行かなかったことでも、その意図するところがわかるのであります。

　私たちも、その頃は、法律の何かも知らず、裁判所のなすままで、実地検証も却下されるというような事でゴマ化されている点を思いますと、この供述の違いも、書記が都合よく加筆したり削除しているように思われます」、と述べている。

16　牧田頼之公判調書捏造　その1

　以上、紙幅の関係もあって、ザッと一通り、西、石井の公判調書を鳥瞰したのであるが、詳細に検討すれば、まだまだ沢山の不審点があることと思われる。

　なお、第二審島村裁判長の時の公判調書では、ほとんど被告人の答弁も正確に真実を訴えている。ただ黒川の供述に、一部嘘があるのと、牧田の供述と押川の供述に、明らかに捏造と断じられる個所がある外は、小さな問題で1、2加筆があるようである。

　各被告人（西、石井、黒川を除く）の第一審以来の公判調書の検討は、煩雑をさけて、これを省略することにした。

　では、まず、牧田頼之の第二審第2回公判調書から、明らかに捏造と断じられる個所を、以下に検討してみよう。

「裁　なお、西は、『今日は、やり損なって済まなかった』とは、いわなかったか。
　牧　はい、そんなことを話しておりました。
　裁　それは、何の意味かね。
　牧　私には、良く判りませんでした。
　裁　2人を誘い出して金を奪うという計画が失敗したということではなかったか。
　牧　よくわかりません。
　裁　前から、そのことは薄々感じていたのではないか。
　牧　いいえ、違います。その晩、西から詳しい事件の内容を話して貰いましたが、もし、私が
　　　その内容を事前に知っていたら、西は、何もその晩わざわざ私に話すことはないと思います。
　裁　西からは、どんな話があったのか。
　牧　実際には、無い品物をあるようにいって金を持って来させた上、殺してしまい、その金を
　　　奪う積りだったが、こんなことなら殺さなくってもよかったと申しておりました。
　裁　幾ら位、金を持っているという話だったか。
　牧　そこまで聞いておりません。
　裁　70万円位という話ではなかったか。
　牧　いいえ、聞きません。
　裁　相手は、支那人とかいうことではなかったか。

牧　はい。

裁　一緒に殺された日本人の男と西の関係については、何かいわなかったか。

牧　別に、熊本をどうして殺したのだろうか、可哀想なことをしたと話しておりました」

　この問答は、前後矛盾している。というより、支離滅裂に近い問答である。しかし、あとで加筆捏造したと思われる傍線の部分を抜いて通読すると、首尾一貫していておかしくない。

　ところで、第3章「警察、検察聴取書捏造の事実について」のなかに取り上げている。岸田の高裁上申書に、「それでは、旅館のことは押川が詳しくいうように、それから牧田が小金町の下宿の事を、現場でのことを、岸田お前がいうようにと、刑事より指定されました。うんぬん」と供述しているように、牧田は、既に警察で上記供述に関することで、警察の指示にしたがって、嘘の供述をしているのである。しかし、この公判調書を見ると、牧田はこの警察の嘘の供述を覆えして、事実を訴えているようである（傍線の個所を抜いた場合）。ただ、「わかりません」と、少し曖昧な答弁はしているようであるが、それでも、警察での聴取書の偽証は、否認されているわけである。

　事件後、石井宅に集ったものは、牧田、西、石井、岸田、藤本であって、ただ、黒川と押川が同席していないだけである。だから、この石井宅での西の言葉は、牧田1人が聞いたというのでなく、藤本、岸田、石井の3人も一緒に聴いているはずであるが、牧田の傍線の個所のような供述や警察聴取書の供述のようなことは、他の3被告人は聞いていないのである。

　これは前述の如く、「牧田が小金町の下宿のことを」いうように、刑事より指命されたからであって、事実でない事は3人も聞きようはないわけで、捏造は、明白の事実である。

「裁　なお、西は、『今日はやり損って済まなかった』とはいはなかったか。

　牧　はい、そんな事を話しておりました。

　裁　それは、何の意味かね。

　牧　私にも良く判りませんでした」

　この点については、同席していた石井は、「質疑応答書」のなかで、「西は、私の家で、今日のことは、黒川がよく事情を君達に話さなかったので間違いが起きた、というようなことを話し」たと供述している。即ち、取引があっているということをよく認識させておかなかったので、誤殺などというとんだ間違い（言換えたらやり損い）を起したという意味である。

　それを、裁判長は強盗殺人と結びつけようとしているようである。だから、

「裁　2人を誘き出して金を奪うという計画が失敗したという事ではなかったか。

　牧　よくわかりません」

　という問答となっているのである。しかし、2人を誘き出して金を奪うという計画なら失敗してはいないわけである。だから、そういえば60万円の残金は盗っていないから失敗というだろう。しかし、60万円の金は、2人を殺害せずとも盗ろうと思えばとれたのであるし、また、殺害後盗ろうともしていない。これを無理にこじつけて、強殺の失敗といおうとする横車、まことに言語道断である（詳しくは、第5章「公判調書上にみたる黒川利明の人間像」参照のこと）。

　しかし、西が誤殺のために取引が失敗したといったということなら、まことに何の無理もなく

自然に肯ける話の筋である。

　だから、牧田としても、西のいうことなら判るが、裁判長のいわんとするようなことは、「よくわかりません」と答弁したのも無理からぬことである。

　次に、
「裁　前からその事は薄々感じていたのではないか。
　牧　いいえ、違います」
の問答となっている。もっとも、公判調書は、「いいえ、違います」の下に、「その晩、西から詳しい事件の内容を話して貰いましたが、もし、私がその内容を事前に知っていたなら、西は、何もその晩わざわざ私に話すことはないと思います」とつづいている。しかし、これは加筆である。なぜならば、「その晩、西から詳しい事件の内容を話して貰って」いるというのなら、この問答の前後に、

「私に、よくわかりませんでした」
「よく、わかりません」
「そこまで、聞いておりません」
「いいえ、聞きません」
「いいえ聞きません」（註　調書の傍線をみよ）

と答弁するはずがない。事前には、強盗殺人ということは知らなかったことにして、牧田を無罪にし、事後には、これを知ったということで、西らを有罪にしようとして、これだけ加筆したとみられる。

　牧田に、「事前に知っていたなら、西は何もその晩わざわざ私に話すことはないと思います」とうまい供述をさせているが、20日も前から計画していたという程の強盗殺人を失敗したからといって、事前に知らないというしかも面識もない牧田だけに、西がなんのために打明けるのか、全くチンプンカンプンの話である。おそらく、ことの成功、失敗にかかわらず、共犯者以外のものに打明ける（その夜）ということは、あり得ないはずである。だから、「事前に知っていたのなら、西はその晩話すであろうが、何も知らないものに話すことはないと思います」というのがほんとうであって、「事前に知っていたなら、西は何もその晩わざわざ私に話すことはないと思います」というのは、人間の経験を無視した作り話にしか過ぎないということがわかるのである。

　さて、次の問答をよんでみよう。
「裁　西からは、どんな話があったか。
　牧　実際には、無い品物をあるようにいって、金を持って来させた上殺してしまい、その金を奪う積りだったが、こんなことなら殺さなくってもよかったと申しておりました」
となっている。しかし、この裁判長の訊問は、前からの訊問と関連性がないのではないか。「西からどんな話があったのか」と今更のように訊問しているが、すでに、この訊問を発するに至るまでに、この訊問の内容は、問答されて来ているのではないか。しかし、一歩譲って、この訊問を正当としても、これに対する、牧田の答弁は明らかに前後矛盾する。なぜなら、彼は、そのスグ前の裁判長の、「2人を誘き出して金を奪うという計画が失敗したという事ではなかったか」

という訊問に対して、「よくわかりません」と答弁しているのである。その答弁の舌の根のかわかぬ下から、こんどは、反対によくわかっているような答弁をしている。だから、支離滅裂だというのである。

　この時、同席していた岸田は、高裁上申書中に、当夜の西の話を以下のように供述している。

　「事件発生後、西が、私たちに申しましたことは、本籍が杷木町であって（註筆者、強盗殺人犯行後、主犯が自分の本籍など明かすはずはない）、自動車の免状も持っておるし、トラックも持っておるとのことでした。それに、西日本藝能社の社長として働いておったとか、また、その時使っておったのが黒川と藤本であった事位で、その時に、自動車運転手の免状もみせてもらいました。それには、立派に本籍、現住所が書いてありました。うんぬん」

　と凡々牧田の証言とは、似ても似つかぬ違った話の内容であり、また、雰囲気であって、「金を持って来させた上殺しうんぬん」の牧田の供述が捏造であることは明らかである。

　ところで、次の問答は、

「裁　幾ら位金を持っているという話だったか。

　牧　そこまでは、聞いていません。

　裁　70万円位という話ではなかったか。

　牧　いいえ、聞きません」

　となっている。これではさきに「その晩、西から詳しい事件の内容を話して貰いました。うんぬん」という供述と相違することになるのではないか。詳しい事件の内容など、実はかくの如く知らないのが事実である。

　さて、次は、

「裁　一緒に殺された日本人の男と西の関係については、何かいわなかったか。

　牧　別に、熊本をどうして殺したのだろうか、可哀想なことをしたと話しておりました」

　となっている。強盗殺人を計画して殺したという西が、熊本を可哀想だなどというであろうか。この点については、石井も「質疑応答書」のなかで、「また、熊本のことを、西は、『１人は、私の友人だったのに殺してしまうようなことになった』といった」と供述しているし、岸田も、高裁上申書に、「四方山話の後、殺された熊本文造は、自分の今までずっと兄弟のようにしてきた人間であるが、全く可哀想だ。殺した奴は誰だったかと申し、全くしつこく聞いておりましたので、私も心配になりましたので、―略―西武雄が熊本の殺されたことについて、非常に怒っておったことをしめす点で、非常に明らかであると思います。とにかく、あの晩、西さんが熊本文造が殺されたことについて非常に気色ばんでおりましたことは、事実であります」と供述している。これらによって、西が熊本の死を悲しみ、かつ、その殺人事件に怒りを感じているということは、うなずけるのである。

　したがって、西に２人を殺害して金を盗るという計画や実行のなかったということの上記供述は、なによりの証拠とさえなるのである。

17 「戸崎を殺す」の牧田証言について

次に、同じく、牧田頼之の第二審第2回公判調書の、以下の問答について検討してみたい。
「裁　事件後、西から別の計画を聞かされなかったか。
　牧　はい、『今度は、浜の戸崎の所に相当まとまった金があるからそれを奪い取ろう、それには拳銃が欲しいのだが』と申しており、24日ドンタクの晩に決行するから一緒に手伝ってくれとの事でしたから、石井にその事を話しますと、そんなことは、二度とするものではないといって叱られましたので、全然、西の所には行きませんでした。
　裁　石井は、西のことを何といっていたか。
　牧　人殺しの気狂いだから取り合うなと申しておりました。
　裁　この点について、被告人は、検察事務官の取調べに対して、このように述べているがどうか。
　　この時、裁判長は、検察事務官の本被告人に対する前同調書第14、5項（記録第327丁裏一行ないし331丁裏6行）を読聞かせた。
　牧　西から計画を打明けられたことは、間違いありません。
　裁　事実、加勢する積りではなかったか。
　牧　いいえ、私としては、石井がいなかったので、ただ西の話相手になっていただけなのです。石井が帰って来てからは、全然西のところにも行きませんでしたし、また、石井からいわれなくても加勢する積りではありませんでした」
この供述に関しては、牧田頼之に対する西武雄の証言書請求書と、牧田のそれに対する回答書中、右供述に関係ある部分を掲示して参考にしてみたいと思う。
まず、西の証言書請求書より
「二．（イ）被告人牧田頼之の当公廷における犯行直後の夜、私は、西から詳しい事件の内容を話して貰ったが、同人は、『実際にない品物をあたるようにいって金を持ってこさせた上、殺してしまい、その金を奪うつもりであったが、こんなことなら殺さなくてもよかった』と申していた。なお、その後、西は『今度は浜の戸崎のところに相当まとまった金があるからそれを奪い取ろう、それには、拳銃が欲しいのだが』と申し、24日のドンタクの晩に決行するから、一緒に手伝ってくれとのことであったが、石井にそのことを話すと、『そんなことは二度とするものではない』といって叱られた旨の供述。
（ロ）（この項を参考までに、君が検察官の前で供述している全文を書いてみる）君と検事との話合いの上か、それとも君自身の任意のものか、今のところ分からないが、15項に、次の通り載っている。
『今度の目標は戸崎の家だが、ドンタクの晩に行って自分がまず、戸を叩くと誰かが出てくる。出てきたら、犬丸の若い者だといえば、向うは知っているから犬丸の坊ちゃんですかと戸を開ける。その時は、君たちは外に待っている。自分が這入って、私は西ですがと挨拶すると、新聞に載っていても自分だということは判らないだろう。それに、自分は知合であるから、先

方では西さんですか、いらっしゃいといって頭を下げる。その時、持っていた拳銃で撃つ。奥の方に２人位寝ている筈だが、彼らも拳銃を持っている、自分が殺すと同時に君達は一度に這入って行って残りの者を殺してしまう。金のありかはトランクか金庫の中にある、その金庫は余り大きくなくて自分１人でも上げきると金庫の大きさ等を手真似で教えました』。

　このあとまだあるが、馬鹿臭くて書く気になれない。君のこの供述を読むと、実にうんざりしてしまう。そして、フキ出してしまった。牧田君よ、君は若い人だったが、仲々頭が鋭いよ、実に感心しています。兎に角、この点についても君の法廷弁解を聞きましたけど、裁判所の故意により録取されておりませんから、君の説明をお願いします。

　この他にも、君の供述として（警察、検察の聴取書）常識をもって考えられない、虚偽の供述をして多くの人に迷惑をかけている君だが……。結局は、前項の２点を説明して貰えば、この聴取書の作成された真相も分ると思いますから、くどくどと列挙しませんが、君の良心的解答をお願いします」（註　傍点筆者）

　この西武雄の証言書請求書の質問事項に対して、牧田頼之は、その回答書に、以下のように供述している。

「二．（イ）及（ロ）書類を見て驚いた程ですが、どうも、私には、記憶ありません。あまり話がうまくできているのではないですか。そう思われますが、私がいった事となっていますが、私には、記憶ありませんので失礼します。実際に、こんなにかんたんにできるのでしょうか」

　また、この警察聴取書作成当時のことについて、同じく回答書のなかで、

「取調べの刑事の名は不明ですが、談合の上、強要、指示のあった事は憶えております。何回もくり返し話をしまた聞かされました」と供述している。

　以上によって判断すると、上記牧田の公判調書の供述は、西武雄の請求書にあるように、「君の法廷弁解を聞きましたけれど、裁判所の故意により録取されておりません」といい、牧田回答書にあるように、「談合の上、強要、指示のあった事は、憶えております」というのであるから、偽証であることは、明白である。

　この点に関して、岸田文彦の高裁上申書には、「これは、私ではありませんが（註　筆者、牧田のことを指している）、小金町の下宿へ帰ってから西が外に、戸崎とか金政とかの家へ行って現金を奪う事をいったという事は、検事局へ行っても、必ず強調するようにと申しておりました。始めは押川と一緒にいうようにとのことでしたが、押川は、事件後すぐに小金町の下宿へ行かなかったことを申しますと、それでは牧田お前１人でいえという事になって、牧田が警察で言ったこととして、警察での書類となりました」（註　傍点筆者）という供述があり、牧田証言の種明かしがなされているのである。

「始めは、押川と一緒にいうようにとのことでしたが」という一言でも判るように、牧田証言というものが、警察で強いられているものであることは、明らかである。

　なお、この牧田証言について、西武雄は岸田文彦に対する証言書請求書の中で、以下のように供述している。

「(四)、本件後の問題で、牧田頼之についてであるが、つまり七福においてであるが、牧田の

供述調書並に高裁公判廷において、『西はこんどの浜の戸崎をやる云々』と詳細に記載されているし、牧田もそれをいっていたことは、君も聞いた通りである（これについては、私の反対訊問で「全くの虚偽で……」といっていたけれど）、兎に角、警察、検察の聴取書は、このようなことになっているのである。私はこれについては、肯定も否定もしないで、君からこの時の話の内容をお聞きしたいのです。というのは、牧田は君たちと一緒の時以外は、私のところ（七福）に来たことはないからである。牧田の供述した『戸崎云々の』話のあったという夜は君と牧田、安部の3人で来ていたようである。石井をかばう方便であろうけれど、何でも、西が西がといっているけれど、あの夜、牧田は私にどんな話をしただろうか。私は、なるほど牧田に相槌はうっていたが、話の本尊は牧田自身であり、その話たるや、……どんな話をしていたか、思い出して聞かせて下さい。当時、牧田は、何をして生活していただろうか、あの夜は何をしての帰りといっていただろうか、そして、石井なんかと一緒にいてもつまらんから云々と相当いかがわしい話をしていたですね。安部もそれに迎合していろいろいっていたですね。……

　私は、一切を忘れておりません。自分のいったことも忘れぬかわりに、人のいったことも忘れる男ではないのです。私という男は、特に無口な性分であり、忘れるほどしゃべることもないのですからね。兎に角、牧田のこの供述は許されません（牧田としても虚偽の旨を弁明していたけれど、判決には証拠として取り挙げている）。だからこれを、君の立場からこの夜のことを説明してもらいたいのです。西対牧田、安部の談合を、見たまま聞いたままをお願いします」（註　傍点筆者）

これに対する岸田の回答書は、残念ながら手元にない。

なお、この牧田証言の余談であるが、西武雄は「質疑応答書」のなかで、以下のように供述している。

「この内容は（註　筆者、牧田証言を指す）、牧田達の作為（強要されて）されたものであることは、公判廷で証明されています。弁護人の補充訊問の時に明らかにされています。このことを、法廷で聞き、驚きあきれましたが、これに関連して、後日のこと、戸崎氏と面接したときのことを参考までに。

　それは上告中の期間ですが、夏頃だったと思います。ある若い人が面会に来たのです。面会所に行ってみると、知らない60才位の男がその若い男の横に座っていました。若い者が、『こんどおやじ（その老人のこと）のおかげで出所しました』という話から、私たちの公判の進行等の話をしていましたところ、その老人が、『お話中ですが、中国人を殺したという西君というのは、アナタですか。私は、実は戸崎という者ですが、アナタは私を殺して金を奪うといったそうですね。私は、なにをウラマレテいたのでしようね。私の家内なんかノイローゼになって寝込んだ位です。エエそりゃ検事が私の家にきてですね、戸崎さんアンタ命びろいしましたよ、これこれだったからね命びろいしたんだから一パイ買えといって来て知った』というのです。私はあきれましたです。『戸崎さん、私は、アナタを存じ上げませんし、お宅がどこであるかも知りませんのですよ。そんな嘘を信ずるアナタをなさけなく思います。このことは、法廷で証明されていますので、その検事の野郎にいっといて下さい。自分で作為して、また、ヌ

スト酒を飲むなとね』、この時の私と戸崎の面談は一寸異常な雰囲気でしたので、若い者も面会部長も心配しまして、マアマアと、とめ言葉をいっていましたが、戸崎さんにすれば、この野郎が殺すといっていたのはという腹立ちがありましたでしようけれど、私は私なりに、この野郎はそんな嘘におどって酒を振舞ったり、何も知らぬ俺にツンツンしたことをいいやがって、というわけでした。考えてみると、人間世界は浅間しいですね、誰が一番わるいか、それはいいません。あさましい、あさましいと思います」

　西が仮に、次の計画をしていたとしても、それを面識もない牧田だけに打明けるということは、到底考えられない。このことは前述の通りである。

　司法官憲側は、本件そのものにおいて西に強盗殺人の証拠がないので、苦肉の策として、西の事業の負債に「横領」という罪名を付して、これをもって「継続的犯意」と断じ、いままた警察で勝手に創作した次の計画うんぬんをもって、西を強盗殺人犯に支立てようとしている。しかし問題は、本件における西の行動そのものであって、その追求においてこそ、白黒の結論を出すべきである。それを、本件前後のことを、しかも偽証だと法廷において証明されたものを、なお証拠として固執し、西の強盗殺人罪を成立せしめようとしているのは、一方からみれば、それほど、本件における西の強盗殺人としての証拠にとぼしいための苦肉の策であるとみられるのである。

18　押川智栄治第二審公判調書捏造

　次に、押川智栄治の第二審第２回公判調書中、重要な点の捏造と思われる点に関して、検討してみよう。

「裁　その後被告人は、大浜の七福楼に行ったのではないか。

　押　はい、翌日、新聞を見て余りにも最初の話と実際が違うので、藤本が来た際どうしたのかと聞くといずれ分ることだからと申しておりました。それで、その翌日七福楼に行きましたが、その時には、藤本や西や石井の弟達が酒を飲んでおり、藤本は殊に相当酔っておりましたが、私は、煙草銭が無いといいますと、幾らか金を出して私に呉れました。その金は家に帰って数えましたら3,200円ありました。

　裁　西は、その時どうしていたのか。

　押　隅の方で、酒を呑んでおりました。

　裁　それからどうしたか。

　押　誰かが私に、『押川君はもう帰れ』というので、藤本との間の話も出来ず自宅に帰りました。

　裁　藤本から受取った金は、どうしたかね。

　押　自宅に持帰って机の抽斗しの中に入れましたが、逮捕される時に刑事に渡しました。

　裁　23日の晩には、被告人も七福楼にとまったのではないか。

　押　はい。

　裁　その後、西が新しい計画を立てている事は聞いたか。

　押　はい、この近所の魚屋の戸崎という家に相当な金があるので、それをものにしたいのだが、

　　　　向こうにも用心棒がいるので、拳銃が入るので拳銃が欲しいと申しておりました。
　　裁　この前は失敗したが、拳銃さえあればうまい口があるとはいはなかったか。
　　押　そんな話は、なかったと思います。
　　裁　戸崎が何百万円も持っているという話ではなかったか。
　　押　そんなことはありません」（註　傍点筆者）
　この押川の供述も、前述の牧田供述と同じく前後矛盾しているし、支離滅裂といってもいいような供述である。しかし、傍点の加筆と思われる箇所を抜いてよむと、首尾一貫してくる。
　この点について、前述のように、岸田文彦の高裁上申書に、「小金町の下宿へ帰ってから西が外に、戸崎とか金政とかの家へ行って現金を奪う事をいったという事は、検事局へ行っても、必らず強調するようにと申しておりました。始めは、押川と一緒にいうようにとのことでしたが、押川は、事件後すぐに小金町の下宿へ行かなかったことを申しますと、それでは、牧田お前1人でいえという事になって牧田が警察でいったこととして、警察での書類となりました」と供述されている通り、牧田の供述自体が警察のデッチ上げである。それを押川にも強要したが、押川が牧田と同席していないというので、押川はきかないことにし、「牧田お前1人でいえという事になった」わけである。しかし、警察も検察も裁判所も牧田1人の証言では力がない、信憑性がうすいとみたのか、牧田と同席した事実もない押川に、強引に牧田と同一のことを聞いたと供述させているのが、この公判調書である（警察、検察聴取書もこの公判調書と同じである）。
　しかし、押川智栄治は、昭和37年10月22日上記公判調書を筆者と検討した時（録音）、当日、七福楼を訪ねたが西と口をきいていないこと、西を憎み警戒して寄り付かなかったこと、藤本との会話も隠れてトイレで交わしたと供述している。
　したがって、傍点の個所のような西との会話は全く架空のことで、捏造は明白の事実である。押川自身も、こういう調書がどうしてできたのか不思議でたまらないと述懐している。
　「押　誰かが私に『押川君、もう帰れ』というので、藤本との間の話も出来ず自宅に帰りました」
　と友人の藤本とも余り会談出来ずにいるのに、西と次の強盗殺人の計画などを会談するはずはない。また、「自宅に帰りました」と答弁しているのに、
「裁　23日の晩には、被告人も七福に泊まったのではないか。
　　押　はい」
　となっていて、前後矛盾している。明らかに加筆である。また、
「裁　その後、西が新らしい計画を立てていることは、聞いたか。
　　押　はい。この付近の魚屋の戸崎という家に相当な金があるので、それをものにしたいのだが、
　　　　向うにも用心棒がいるので拳銃が欲しいと申しておりました」
　と加筆している。これが事実なら、このあとの問答は重複するし、その答弁は、全く相反するし、同じ問答をその場で繰返すこともないはずである。また、同じ質問を繰返したとしても、このように相反する答弁を引続き、繰返してするはずもない。
「裁　この前は失敗したが、拳銃さえあればうまい口があるとはいわなかったか。

押　そんな話はなかったと思います。
　裁　戸崎が何百万円も持っているという話ではなかったか。
　押　そんなことは、ありません」。

　これが事実である。ただし、「そんな話はなかったと思います」というのは、「そんな話は聞きませんでした」と答えているのが事実だ、と押川供述の録音にある。

　このように、事実の供述の中に、勝手に虚偽の事実を供述したように加筆捏造し、それでもなお、被告人に利益ありと見えるところは、敢えて録取を没にするという故意に工作したあとが公判調書にみられるのは、甚だ遺憾千万のことである。

　なお、第二審公判調書で他にも不審点があるが、煩雑をさけて省略する。

19　実地検証の不備とその裏面

　次に、実地検証の不備について、２、３検討しておかねばならぬ。検証は、前後４回行われている。その概念は、以下のようになる。

　第１回、昭和22年９月16日、殺人現場検証、福岡地方裁判所裁判長判事池田都義、判事小木貞一、判事藤本正徳、裁判所書記笠嘉明は、殺人現場に臨み、検事笹原元、弁護人松岡益人、辻丸勇次、下尾栄、内田松太、古賀俊郎、被告人黒川利明、石井健治郎、押川智栄治各立会の上検証。

　第２回、昭和22年11月25日、福岡旅館検証。福岡地方裁判所受命判事池田都義、書記笠嘉明は、検証現場の福岡旅館に臨み、検事笹原元、被告人西武雄、弁護人松岡益人及び福岡旅館主波多野秀吉各立会の上検証。

　第３回、昭和24年10月24日、福岡旅館、殺人現場、浜利食堂、中島園吉方検証。福岡高等裁判所受命判事後藤師郎、同青木亮志、裁判所書記宇戸孝正は、検事中村哲夫、弁護人清水正雄、同下尾栄、門司市警察署警部補松雄利三を立ち会わせた。

　第４回、昭和26年２月17日、福岡市堅粕東光町表通り検証。福岡高等裁判所受命判事筒井義彦、書記宇戸孝正は検事山田四郎、被告人岸田文彦、弁護人下尾栄、内田松太、清水正雄立会って検証。

　以上の実地検証について、西武雄は、「質疑応答書」の中で、以下のように供述している。

　「上告趣意書にも指摘していますように、旅館の実地検証の時、私の実証したこととちがったことを書類作成していますので、この点は、指摘する必要があると思います。

　　問題は、旅館で謀議したとされていますから、全被告の出入りの実況を指摘することは必要ですから、全員立ち会わせて、克明に実況の再現をすることも、真相捻出に必要でありましょう。それと、事犯現場の事犯発生寸前の実情もです。事犯寸前の実情を、石井、黒川、押川だけでは自供が偏ると思うのです。それより、当時の実況を関係者に演じさせることこそ必要であり、大切な問題だと思うのです。

　『全員検証に立ち会わせる必要はないのか、その点について』

　（１）旅館では、全員一応はそろったのですから、明確な動きを出す必要があるとすれば、全員立会わせる必要があるでしょう。

（2）事犯現場とて、そこに居た私を除く他の6名は、立ち会わせて当時の実情の聴取は、必要だと思います。

　たとえば、石井たちが野球を見ていたという場所にそれらの者を立たせて、そこに黒川が来たその時、石井、黒川はどのようなフンイキで他の者と、どの位離れていたか、これを確かめると、その時の黒川の言動が捻出できると思うのです。この場所には牧田、岸田がいるのですから、この2人は関係ないという以上、これらの者との距離等を調査する上にも、新しい証拠捻出の一つのポイントだと思えます。

　石井、黒川の話を横で聞いていた距離ならば、この時の黒川の動きから白の線を十二分に出せるのではないでしょうか。

（3）岸田1人の検証は、電球を捨てた場所の検証ですから、立会の必要はないと思います。ただ、この電球を捨てた場所の検証のネライは、この電球は、福岡旅館の謀議をしたという室の横廊下の電球であって、謀議をしたのならば、強殺を謀議したものが電球等盗む筈はなく、そうした不審な謀議がなかったからこそ、日頃から手グセの悪い牧田、岸田2人は旅館を出がけに電球を盗んだのだと、その実地検証となったのですから、そして岸田、牧田だけが謀議しなかったとこれを検証したのである。この点は、御承知おき下さいませ」

次に、石井健治郎の「質疑応答書」によって、実地検証に対する彼の供述を伺ってみよう。

「（1）実地検証は、上記の4回だけです。そして、全員を連れていかないところに、裁判所のカラクリがあるのですね。私達を西と結びつけるためには、一緒に連れて行けなかったのです。なぜならば、旅館で謀議がなかったことが記録に残るからです。そうなれば、どうしても強盗殺人罪に落とすことが出来なくなり、岸田と同じく私は殺人罪だけとなり、西に強盗殺人の罪名を付けにくくなるので、うまく西1人を連れて行って、別々のたんなる1人の供述とさせたのです。しかも、その西の供述は総じて取り上げまいとするための狡猾な手段を弄したのです。

　また、岸田を私達と一緒に連れて行くと、折角黒川が裁判官のいう通りに迎合的な嘘をいって強殺の線が出ているのに、それが岸田や牧田、藤本の申立てが強くなって、黒川の申立てが弱くなると困るから、他の被告人の実地検証は却下したのですね。これには、弁護士も裁判所とグルのようです。それは、福岡の弁護士会が私たちの事件の事では、何か話し合っているらしい事でもわかるのです。野上弁護士が妹にもらされた言葉に、『石井君を助けることはやさしい。しかし、それには、自分が福岡弁護士会を出て、裁判所を相手取って家財を投げ出す位の気持が必要である』と、いわれたそうです。母が私の裁判の色々な訴訟をたのみに行くと、私の名を聞いただけで、『私は都合が悪い』とか、折角立つといってくれていながら、2、3日すると都合が悪いからと断って来た人もいて、母は、6人位断られて来たといっています。

　弁護士は、被告人や訴訟を頼む者のためにあるのでしょうに、裁判所に都合が悪いとは、どういうわけとか、中島の如く裁判所や弁護士会と仲の悪い人間か、福岡以外の土地の弁護士しか立ってくれないというところに、この事件の『暗黒性』があるのですね。民事裁判が1昨年から判決するといいながら、しないのもそこに何か原因のある証拠です。これは、古川先生が

『真相究明書』を作成されたら、一番に手をつけて頂きたいことの1つであります。そのように、実地検証に立ち会わせなかったのは裏面に、西と石井を何とか結びつけて強殺の線にもって行こうとするためのカラクリがあったのですね。岸田と牧田（ママ）を無罪にしたのも、また、黒川を私より軽い刑にしたのも、みな裏面にカラクリがあったのです。そうなると、西が一番可哀想になります。実地検証の出鱈目はそのような裏面があったことを強く叫びたいです。

（2）実地検証は全く今考えると、裁判官の思う通りの先入観を確かめる手段にしたもので、事件の真相を究明するためのものではなかったのです。第1、全員の実地検証をしなかったこと。また、弁護士がまちまちで、自分の受持ちの被告人を弁護することばかり考えて、人の事はお互いに悪くいうというやり方のために、裁判所の思うツボにはまったこと。全く今考えると怖ろしいことです。第2の御質問の通り、第1回は、私と黒川と押川だけしか連れて行かず、藤本と牧田は全然行かず、岸田は二審で、強盗を抜くために、彼1人連れて行ったことです。しかも、それは、強盗殺人に行く者が電球など盗む筈がないという、うまいコヂツケをつくるためですから、驚くべきやり方だと思います。

（3）実地検証の不満は前述の通りです。ところで、第1、私達の申立を却下し、実地検証に連れて行かなかった池田裁判長、そして、第2審島村裁判長は、自分らだけで行って、私達を連れて行かなかった。唯岸田の弁護人下尾氏が岸田の実地検証が一審でなかったことを取り上げて、筒井裁判長にその点を主張したので、岸田だけが二審で行ったのであります。全くこのように総てが、ちぐはぐ出鱈目な裁判となり、弁護士もロクな人間はいなかったことですね。それに援助者も被告人の方になかったこともその一つの原因です。また、被告人や被告人の家族に法律に明るい者がいなかったことも原因であります。裁判長が悪かったのも、第一の原因です。池田裁判長は、支那人にのまされていると思いますね。これは私の憶測ですが、当時、池田裁判長は、福岡地方裁判所の首席判事でした。それが私を裁判して私達を2人死刑として、一週間もならないのに、大分地方裁判所の平判事で転任されることとなったことです。役所は福岡の地裁首席ならば、高裁に転任すれば栄転ですね。また、福岡より大きい大阪や東京の地裁に転任ならば、栄転で判りますが、大分は福岡より下ですから、栄転ではありません。役所は本人に何か落度でもない以上、そんなことはないのが常識でありますね。しかるに、池田裁判長は大分に転任のため、料理屋で送別会か何かあって、そこで酒をのみ過ぎて便所の手洗い鉢に頭を打ちつけて死んでいるということですから、全くこれはおかしな話であります。これも、一度良く調べる必要が出てくるかも知れません。

とにかく当時、お酒は闇しかなかったのですから、裁判長のような人が料理屋でのむことそれ自体が、闇の酒をのんでいたことで、法を守る人間が自分で法を犯していたのですね。

だから、池田裁判長が支那人に法廷で、『2人を死刑にしたから、これで了承して頂きたい』といったことは、裏面に、その中国人等と何かあったことは確かで、傍聴人に、何のためそんな了承を得なければならないのか、わからないことです。現在の世の中ではおそらくそんなことはあり得ないことでしょうが、敗戦当時のためだとはいえ、池田裁判長のこの一事は、納得の行かぬことであります」

と、石井は激しく裁判長の不正、それにからまる実地検証の不備を訴えている。

20　実地検証調書の不備を補う

次に、西武雄の「上告趣意書」中に取り上げられている実地検証に関する一節を抄出しておこう。
「思うに、被告人等が前記福岡旅館において共同謀議をなしたと判示された理由は、勿論前記挙示の証拠をもってなされたものと確認されるのでありますが、以上の証拠を採用する基本となったものは勿論検証調書であると思料されます。しかるに右検証調書中には、現場の見取図（付録見取図福岡旅館第3図）が綴られており、それ等には、被告人等の位置等特定の事項が指示せられており、これら見取図と検証調書の本人とを対照しなければ、現場ならびに被告人等の配置等を知ることが出来ません。しかして上記被告人等の位置の地点は、本件の強盗殺人共謀の現場の地点に該当するものでありますから、上記の見取図は、結局、感覚的実験によって、証拠とされる物理的存在に帰することとなります。又現場見取図（第1図及び実況見分書）においても符号その他によって特定の地点が指示されており、これらもまた見取図と検証調書の本人とを対照しなければ現物並びに被害者及び被告人等の配置等詳細を知ることが出来ません。したがって、上記検証調書の見取図等は証拠物たる性質を有するから、上記図面等を含む検証調書を証拠として取調べるにあたっては、その書面の内容を朗読すると共に、上記見取図が、被告人に示されなければなりません。しかる、上記見取図が被告人に示されたことは原審ならびに、第一審公判調書の記載によって、一応形式的には明らかにされていますが、事実は、このようなものの内容を読み聞かせられたこともなく、また、展示された事もありません。したがって、被告人等はこの点について全く知る由もなく、今回、原審判決宣告後、記録の閲覧を（弁護人からその写しを）して、初めて承知したような次第で、したがって、被告人等全員が展示を受け、意見弁明の有無を問われない上記見取図（第3図）は、明らかに被告人等の配置を誤っております（別紙付録図示の通り）。即ち、原判決は適法に証拠調の手続の行われなかった証拠によって事実を認定したものであり、上記の法令違反が判決に重大な影響を及ぼすことは明白であり、この点においても原判決は当然破棄さるべきであります」。

なお、検証図面の誤りは、別紙添付図面によって検討されたい。特に、石井健治郎の図面とその説明をしている検証調書は、実に、克明に当時の旅館の状況を説明しているので、以下に掲げて、検討を容易ならしめたい。

「この地図による西の説明の各人の当日の部屋の位置は、必ずしも一定したものではないことを付け加えなければ、真実とはいえない。なぜならば、最後まで一度も部屋を出なかったのは、石井1人だからである。それに、牧田は後から1人来たのであり、西の検証調書では事件の真相を明らかにするのに、第三者には困難であると思われるので、別紙に地図をかき、それに付して各人の旅館に来てから出るまでの行動を詳細に説明をしたく、よろしくお調べをお願い申し上げます。

　1．まず、旅館の部屋に案内されたところから説明します。
（1）旅館に着いた藤本、押川、石井、岸田の4人は、女中の話でやっと分かり、まず藤本が

１人で３階へ上がって様子を見に行ったところ、西がいることが判り、押川、石井、岸田は藤本の案内で３階の一号室の控間の表口まで行ったところ、藤本が硝子障子を開けて中にまず１人這入った。其時石井、押川、岸田は廊下の部屋の入口に立っていた。

（２）部屋の中には２人の人がいて、１人は机の向うに座り、１人は部屋の左の方に布団が敷いてあるところに座っていた。藤本はテーブルの左横まで行って西に皆を連れて来た事を告げていた。その時机の向うに座っていた１人の男（西）が立って机の左横まで行き、何事か藤本と２人で小声で話していた。それから、藤本が石井達の方を向き、入るようにといった。そして、藤本は西に『品物を持って来た人はこの人です』と石井を指差した。西はその時『良く来てくれました』といった。石井は、『はじめまして』というと、西は『ここは散らかっているので、そちらへ行きましょう』といって、一枚襖の開いていた隣の部屋の方に入って行った。石井は、その方へついて行く時、もう一枚の襖も開けて其部屋に這入った。部屋の中央にはテーブルが置いてあった。西は、床の間を背にして座り、『早速品を見せて頂きましょう』といった。石井は西と向い合って座った。この時、藤本、黒川、押川、岸田がぞろぞろと部屋の中に入って来た。石井は、西たちに持って来た風呂敷包の拳銃を取り出して弾のケースを抜き、テーブルの上に置いて、皆に見せた。その時西、黒川が拳銃を手に取り２人で見て、仲々良い品物で、小形だし、立派な物だといってほめていた。

（３）この時の皆の位置は、西が床の間を背にして座り、その向うの右横に黒川が座り、石井は西の真向いに、岸田は石井の左側に、押川は廊下に背を向けて座り、その向に道路側を背に藤本が座っていた事は、地図で示す如くであり、西の検証地図は少し違っている。

（４）その内に黒川が煙草を買いに出て行き、１０分か１５分位で帰って来た。その間の話は、喧嘩に行く話とか、軍隊生活の話とかがあり、石井が、『今１挺あるところを知っているから少し待って下さるならば取りにあっても良い』というと、西は、『是非そうして下さい』というので、岸田に菊池の家の地図を書いて取って来てくれるようにたのみ、家の方へも廻って撃針が棚の上にあるからこれを取り、妻美枝子には、少しおそくなるようだからと、伝えるように伝言して、岸田を使いに出した。その後しばらくして、藤本は便所か何かで部屋を出て行った。そして、藤本が帰って来た時分、女中が来て何かいって藤本と又部屋を出て行ったが、すぐ牧田を連れて来た。そして、牧田が部屋の中に入って来たので、石井は驚き、如何してここへ来たかと訊ねると、牧田は天神町で岸田に会い、喧嘩とのことで、大学通りの福岡旅館に石井さんが行っているので家から撃針を持って行けというので、小金町の家から撃針を持って来たといい、出そうとするので、石井は撃針の折れていることを西、黒川、藤本達に感付かれると思い、『まだ出さんでもよい』と止めて置いて岸田が来るのを待っていた。

（５）この時の皆の位置は、石井の左横に牧田が座り、外の者は前とやや同じ位置に座っていたが、黒川が表通りの方の硝子戸の方へ行ったが、大体皆同じところで雑談をしていた。その内に藤本が部屋を出て行った。便所へ行ったのかも知れん。そして、西が何の用でか部屋を出て行った。残ったのは、石井、黒川、押川、牧田の４人だった。しばらくすると、岸

田が帰って来た、その時、西も帰り石井は岸田から14年式の拳銃を受取り、撃針を牧田から受取り、黒川達に見られんようにすばやく撃針を拳銃にはめた（岸田が14年式を持ち来たり、石井が撃針を入れているのを、西は見ていた。というのは、岸田が使いから帰って来た時、便所から部屋に戻る西と階段の所で会い、一緒に部屋に入ったからである）。そして、2挺の拳銃をテーブルの上にならべた。西がいうには、拳銃はお借りすることにいたしますから、というので、石井は、これは少し話が違うと思って、押川を呼び拳銃の代金を先に貰うようにいってくれないかと頼んだので、押川は、西を外に連れ出して、西に石井の意志を告げたらしく、すぐ帰って来て、西が拳銃の金は藤本から貰って下さい。藤本に渡しますからといったので、石井はその拳銃は人の物だから代金引替でないと渡す事は出来ないというと、西は、それでは仕方がない、今ここには金はないから今から堅粕の方へ用事で行くから誰かついて来て下さい、堅粕の友人のところで、お金を貰って差上げましょうといった。そこで、石井は、押川にお前が始めから拳銃の世話をしているのだから、お前行って貰って来てくれというと、押川が、『それじゃ、私が行って貰って来よう』というので、押川を西に付けて金を貰いにやることにした。しかし、西の挙動に一寸不審な点があり、不安を感じて、持逃げされるんではないかと、この時、頭に浮んだので、これは拳銃をこの人の渡してはいけないと思い、とっさに、『その拳銃はクセがあってよくないですよ、この方が大きくて良いですよ、この方を持って行って下さい』と、いいながら、急いで14年式のこわれた方の拳銃を風呂敷に包み、そして押川に渡し、拳銃の金を貰ったら渡すようにいいつけた。そして、西が手にしていた小形の方の拳銃を取りもどし、西に『金を押川が貰ってきたら、この拳銃は、この人（黒川）に渡しますから』というと、西は、『それでは行きましょう』と押川をうながし、黒川には、拳銃を受取ったら自動車を雇って堅粕の方へ廻ってくれといい残して出て行った。この時、部屋には藤本はおらず、部屋に残ったのは黒川、石井、牧田と岸田の4人が1号室のテーブルのところにおり、黒川は表通りに面した硝子戸の方へ背を向けて座り、岸田、牧田は地図の通り、石井の左側に2人共いた。黒川は、その時日本刀を旅館の裏の便所のところに捨てる話をするので、岸田が勿体ないから私に下さいといっていた。石井は、この時牧田にお前も押川について行き金を貰って先に小金町へ帰り、夕食の支度をしてくれといいつけたので、岸田も一緒に部屋を出るようなことになったのだ。また、この間に、黒川が岸田に日本刀は久留米に持って行くのに都合が悪く、処分しておいてくれ、拳銃が手に入ったのでいらなくなったというようなことをいっていた。

（6）牧田と岸田が部屋を出る時、黒川も今から自動車を雇いに行って来ると立ち上がったので、石井は1人になるので、知らない旅館へ1人残って待っているよりも、私も自動車雇いについて行こう、どうせ、拳銃も金を貰って来たら渡さねばならんのだからといって立ち上った。部屋は、牧田、岸田が先に出たが、玄関では、石井は短靴なのですぐはいて表に出た。牧田はあみあげ靴のためにおくれ、岸田は下駄だったので、石井と一緒に表に出て牧田、黒川の出て来るのを待った。黒川は軍隊靴のようだった。2人が表に出て来た時分、西、押川は大学通りを300米位先を行くのが見えたので、石井が牧田に『向うへ2人が行く早や

く走って追かけて行けと』いうと、牧田は、２人の後を追った。石井、黒川、岸田は３人でぼつぼつ３人でそのあとから千代町の方へ歩き出した。そのあとで、100米も行った時分、黒川が自動車はどこが良かろうかというので、小金町の家の方に先に帰る筈の岸田が、『私が自動車の運転手の知人があるから話してあげましょう』といってついて来ることになった。

　これが皆が旅館へ案内されて出るまでの１人１人の行動だが、石井は、藤本がこの時堅粕へ行ってる事を知らずにいたのだ。石井は、この時自動車を雇ったらそれに乗って旅館へ帰り、押川の帰りを待つ考えだったので、堅粕へ行くとは考えてもいなかったのが事実であります。

　検証の西の申立てが大分事実と違う点があるので、ここに旅館に行って出るまでの各人の位置と行動を詳細に書いて参考に供することにしました。宜敷く御考察下さいまして、旅館で密議云々のデタラメなお疑いの点を晴らして頂きたく、切にお願い申し上げるものであります。
　　　　　　　　　　　　　　　　　　　　　　　　　　　　　　　　　　石井健治郎」

21　実地検証に重大な不正

以上によって、実地検証の不備な点はわかると思うが、いま少し蛇足を加えておくと、

第１、７名の被告人全員を実地検証に立ち会わせるべきであるのに、なぜこれを避けたのか。

特に、福岡旅館で共同謀議をやったという裁判長が、その重要な実地検証を、裁判所側だけで、被告人を立ち会わせずにやったり、西１人だけで立ち会わせてやったということは、どうしても合点がゆかぬことである。福岡旅館では、７名全員が揃ったのであるし、その内、岸田、牧田は強盗を関知しないというのであるから、謀議に参加していないわけであるが、果してそうしたことが。この一室のせまい中で可能であるのか、また、被告人達の訴えが事実であるのか、全員を実地に立ち会わせて検証すれば、事実は明瞭になることはわかりきっている。それをなぜ避けたのか。

被告人達が、事実を隠すために実地に立会うことを避けようとするというのなら、あり得ることでわかる。だが、裁判長が、実地に被告人を立合わせた方が事実を明確にする上に非常に有効適切だとわかっていて、これをあえて避けようとするのは、まことに不可解千萬である。

共同謀議の可否を確かめるのに、西１人だけ福岡旅館に立ち会わせたということは、不備というより、重大な不正というべきではないか。また、裁判所側だけで、被告人を立ち会わせないで実地検証して、果して、共同謀議を確かめることができるのか、どうも裁判所は、強盗殺人罪を成立せしめるための裏付証拠を採りに行ったのか、もしくは、名目だけの検証で世間をゴマ化そうとしていたのではないかなどと疑心暗鬼を生ずる実地検証のやり方である。

このことは、殺人現場でもいえることである。なぜ、現場に集っていた藤本、牧田、岸田を実地検証から除外したのか。牧田、岸田が強盗殺人を知らなかったとしたら、なおさら実地に立ち会わせて、強盗殺人者と単純殺人者との関係、その分岐等を明確にすべきではなかったのか。

岸田の電球を盗んだ位の、小さなことでもわざわざ実地検証に立ち会わせながら、この重要な殺人現場に、当時集った全員を立ち会せなかったということは、重大な不正というべきである。

その他、問題の拠点に立ち会わせて、被告人の証言を確かめるべきであって、この実地検証が充分になされていたら、本件の真相はその場で判明したはずである。

第2、殺人現場の実地検証は、事件発生の5月20日の同時刻頃に行われなければ、当時の状況を推定することはできない。暗くなるのを待って計画を遂行したとか、人通りのすくないところを選んだとか、いろいろいわれているが、同じ場所でも、月日が違えば同じ時刻でも様子がかわってくるので、事件発生日に全員を配置して、当日の状況を克明に調査し、被告人の証言と照らし会わせるべきであったと思われるのである。

第3、前後4回の検証は回数からいっても不徹底のそしりは免れないと思う。2人の死刑囚を出すほどの大事件である。もっと慎重に、そして入念綿密に、いくたびも実地検証を行い、裁判官も被告人も納得の行く線を出すべきであったと愚考する。

以上をもって、本件における裁判ならびに公判調書の不信をそそる事実についての検討を、一応結ぶことにする。

取り上げた資料に重複の面もあって、いささか煩雑に過ぎるかと思ったが、強調すべき内容であると思われたので、そのままにした（昭和38年1月22日）。

第5章　公判調書上にみたる黒川利明の人間像
——黒川利明　第一審第1回公判証書の検討——

目　次
1　公判廷劈頭の真実の叫び……………………………………………………………… *435*
2　警察創作劇の主人公になり切れぬ被疑者…………………………………………… *437*
3　真実と虚偽の間を動揺する黒川……………………………………………………… *439*
4　死刑になるぞと嚇す警察官…………………………………………………………… *441*
5　警察独特のコジツケ論法……………………………………………………………… *443*
6　楽屋をのぞいたら芝居は面白くない………………………………………………… *446*
7　黒川は「久留米の喧嘩云々」を隠す………………………………………………… *448*
8　強殺の偽証を西に気の毒がる黒川…………………………………………………… *450*
9　被告人に有利な証言は偽証か………………………………………………………… *453*
10　黒川の射殺現場の供述 ……………………………………………………………… *456*
11　真実の証言が反古にされている …………………………………………………… *460*
12　射殺と強殺が結びつかぬ …………………………………………………………… *461*
13　誤殺を強殺に偽証した黒川 ………………………………………………………… *464*

1　公判廷劈頭の真実の叫び

　第一審第1回公判は、昭和22年7月2日に開廷されている。事件発生の5月20日より数えて44日目、最後に黒川が逮捕された6月7日より数えて25日振りである。まことに超スピードの審理である。これは、連合国側からの要請に基づいて行われたのであるが。それにしても余りに性急過ぎるし、これでは審理も粗略になり、事件の皮相を撫でる結果に終ることは、なんぴともこれを認めざるを得ないのである。

　当時の公判廷が如何に荒涼たるものであったかについては、第4章「裁判並びに公判調書の不信をそそる事実」において述べている通りであるが、これから述べる黒川の当審公判調書の検討においても、充分察知できる事実である。

　本件が冤罪事件となる素質は、既にこうした粗略極まる裁判の上にも、その萌芽をみることができるのである。

　その第一審第1回の公判が開廷せられた時、各被告人は冒頭において、まず、以下のように供述したと、公判調書に録取されている。

「被告人　西武雄は、
　答　強盗殺人の点は、全然そのような事実は、ありません。横領の点はその通り間違いありません（註　横領云々は加筆であると、西武雄は筆者宛ての「質疑応答書」で述べている）。

　被告人　黒川利明は、

答　強盗殺人の点は、全然そのような事実はありません。もっとも、匕首で刺した事は間違いありませんが、死体を刺したのであります。

それから、匕首を持っていたことは間違いありませんが、刃渡りは６寸ではなく、４寸５分位いでした。

被告人　石井健治郎は、

答　私は、強盗殺人した事はありません。２人を殺した事は間違いありませんが、これは皆と相談したり頼まれたりしてやった訳ではなく喧嘩の相手として、私が勝手に拳銃で殺したのであります。拳銃を持っていた事実は間違いありません。

被告人　岸田文彦は、

答　強盗殺人の点は、全然そのような事実はありません。もっとも、日本刀で刺した事はありますが、死体を刺したのであります。日本刀を持っていた事は間違いありません。

被告人　藤本清喜は、

答　強盗殺人の点は、そのような事実は、全然なく、私は唯拳銃の賃貸を取りに行っただけであります。拳銃を持っていた事実は、間違いありません。

被告人　押川智栄治は、

答　全然、そのような事実はなく、ただ私は、拳銃の貸賃を取りに行っただけです。

被告人　牧田頼之は、

答　全然、そのような事実はなく、ただ私は拳銃の賃貸を取りに押川に従って行っただけ」

と、答弁している。この答弁において、７被告人全部が強盗殺人を否認している。これは、注目すべきことである。

なぜならば、彼らは警察、検察で誘導、強迫等によって強盗殺人罪を強いられているのである。しかも、法律に暗い、若い彼らは、その方が自己にとって有利であると思い込ませられていたのである。

それにもかかわらず、彼らは、強盗殺人罪を当法廷において否認しているのである（警察や検察は、如何に巧妙な手段をもって、彼らに強盗殺人罪を強要したかを知るものは、前述の彼らの供述に注目せざるを得ないのである。第３章「警察、検察の証拠捏造の事実」参照のこと）。これは、そのことが真実なるが故に、かく叫ばずにはいられなかったのである。

しかし、当時は新聞、警察、検察等において、強盗殺人事件だと予断されていた時であり、彼ら７被告人の供述も、勿論単なる形式的否認の答弁としか、受取られなかったであろう。また、そうした雰囲気が法廷に充満していたであろうことは、傍聴席に超満員の中国人の怒号(どごう)でも、また、後述する裁判官の態度等でもっても、容易に察知できるのである。しかし、それだけに、彼らが勇気をもって強盗殺人罪を否認したということは注目されるのである。なぜならば、その勇気こそが真実でなくては出てこない根源的なものだと思うからである。

ところで当時、警察が本件をどのように見、どのようにデッチ上げていたかということは、以下に掲げる福岡警察署の本件に対する「捜査報告書」なるものを一読すれば、判然とするのである。

「昭和22年5月29日
福岡警察署捜査報告書
三．犯罪事実
　被疑者西武雄、石井健治郎、藤本清喜、岸田文彦、押川智栄治、牧田頼之、黒川利明の7名は共謀の上、予て西武雄が被害者熊本文造を仲介として架空の軍服一千着を被害者王祖金及び福岡市春吉三番丁劉徳鈿の両名に対し金70万円にて売買契約しおりたるが、昭和22年5月20日夜福岡市堅粕東新町福岡工業試験場附近の人通りの閑散なる適当な場所を取引譲渡の場所と定め、前記西武雄は被害者熊本文造及び王祖金外数名と市内堅粕東光町浜利飲食店こと城島某方にて会合し、被疑者西武雄等は予て、被疑者等を殺害の上金員を奪取せんことを謀議し、被疑者西は被害者両名を現場に現品の取引するべく装いて被害者2人を屋外に誘い出し、市内堅粕5丁目道路上に於いて手付金名義にて被害者熊本より金10万円を騙取したる後、被害者両名を黒川利明に対し現場に連行せしめ、西は受取りたる金を豫而打合せしたる市内堅粕5丁目中島國吉方に預け置き更に前記会合の場所浜利飲食店に引き返し、待受けおりたる相手方に対し取引に行つたりと偽り申し向け残金60万円を受取るべく交渉して、当現品授受出来次第連絡に来るからとて、その場に時間待ちをなし、被疑者黒川は市内堅粕5丁目道路上に於いて西の命に依り、被疑者熊本、王の両名を現物取引の場所に案内する如く装いて殺害の場所たる市内堅粕東新町福岡工業試験場道路上に連行し、豫而示し合せ待ちおりたる石井等にその旨を告げ、被害者王を某場に於いて石井等の許に待せ置き、熊本は取引の現場に連行する旨申し向けその場を去りたる際、折から上り列車の音に紛らして、石井は所持の拳銃を持つて、待ちおりたる王の胸元を一発射撃したるにより王はその場に昏倒したるを以つて、石井は道路上により約3間位い離れた草原に引込みたる折黒川は更に又被害者たる熊本文造をその場に連行し来たるを以つて、石井は前回同様所持の拳銃を以つて熊本の胸元を射撃し昏倒せしめ草原に引込みたるに、被害者両名は絶命しおらざるを以つて被疑者岸田は所持したる日本刀を以つて熊本の背中2ヶ所、其の他を突き刺し絶命せしめ、然して石井及び黒川の両名は更に残金の60万円所持しておる劉等を誘い出し殺害の上強盗すべく予て示し合せおりたる通り西武雄の待ち合せおる前記浜利飲食店に引き返し、西にその旨を告げたる上、西と共に劉を誘い出すべく交渉したるも相手方に不審を抱き之に応ぜざる為、西等は事件の発覚を恐れその場を逃走したるものなるが、逃走の際西は前記中島に預けおりたる金を受取り、黒川はその場より何処かえ逃走(とうそう)し、西及び石井その他の者は一応市内小金町菊池勇次郎方に落ちつき、騙取したる金は前記7名にて飲食費その他に消費す。」

2　警察創作劇の主人公になり切れぬ被疑者

　このように、警察は強盗殺人事件と予断して憚(はばか)らないのである。しかし、ここには事実の片鱗すらも留めてはいない。いや、事実はあるであろう。しかし、その事実に対する意味たるや、完全にスリ替えられてしまっているのである。
　こうして彼らは、何時か知らぬ間に、デッチ上げられた強盗殺人事件の被疑者として、その雰

囲気のなかにおかれてしまったのである。

　このことは特に、西武雄を主謀者としてデッチ上げてさえおけば、お前たちは助かるという巧妙な警察の甘言が功を奏したのである。しかし、被疑者たちは、この警察で創作された劇中の人物になり切っていたわけではなかった。

　如何に彼ら被疑者が、自己の利益のみを考えて警察に追従したとしても、全然事実と離反している荒唐無稽の架空の物語の主人公になりきることは、彼らの内なる真実の心が、これを許さなかったのである。そこに、また彼らの不安と動揺と苦悩ともひそんでいたのである。

　以上のように、彼らは強盗殺人事件の被告人として、完全に祭り上げられてしまった。しかし前述の如く、彼らは第一審第1回公判開廷冒頭の供述において、その強盗殺人罪を否認してしまったのである。

　それは、必らずしも彼らが、自分の不利を怖れ、罪を遁れようとするためばかりではない。

　もっとも、犯罪者のなかには、罪を遁れるために虚偽の申立てをなす者だって大いにあることであろう。それが追い詰められた犯罪者の共通の心理かも知れない。しかし、警察、検察の予断や見込が絶対的なものでない限り、被疑者が警察に疑われるような犯罪を犯していない場合も、また大いにあり得るのである。

　すなわち、警察、検察の予断や見込みが間違っていたという場合も、生じて来るというわけである。そうした場合、被疑者は、警察で予断された犯罪より、事実上は、遙かに軽い犯罪を犯していたとしたら、彼らは自分の犯罪事実を隠し、虚偽を申し立てる必要はさらさらないはずである。むしろそうした場合には、被疑者は警察の嫌疑を晴らすために、自ら進んで事実の開陳に及ぶ結果となると云う事が当然の帰結である（本件の場合こそ、まさしくその範疇にあるものである）。

　しかし、取調官が予断に自信を持ち、被疑者に対する自らの疑惑嫌疑を固執するなら、この被疑者の事実の訴えも、また単なる罪を遁れるための抗弁として葬りさられる結果となるであろう。

　このような意味において、7名の被告人が法廷において、強盗殺人罪を否認した事実を、特に注目しようというものである。

　なかでも、石井健治郎の「私は強盗殺人したことはありません。2人を殺したことは間違いありませんが、これは、皆と相談したり頼まれたりしてやった訳ではなく、喧嘩の相手として、私が勝手に殺したものであります」との供述は、注目に価（あたい）する。彼は、2人まで殺害するという重大なる犯罪を犯している一番苦しい立場に立っているのである。もし彼に虚偽を申し立てたり、事実をかくしたりする意志があるものなら、自分の罪を遁れるために西の命令によるとか、共同で殺害したとか、種々いい遁れることは可能であったはずである。しかるに、彼は、「2人を殺したことは間違いありませんが、これは皆と相談したり、頼まれたりしてやった訳ではなく、喧嘩の相手として、私が勝手に拳銃で殺したのであります」とキッパリ断言して、自らの犯罪事実を認めているのである。そこには、責任を他に転嫁しようとする気配など毛頭みられない。彼には、それだけの勇気はあったのである。

　しかし、司法官憲側はいうであろう。それは、強盗殺人罪を巧みに遁れようとする抗弁である

と。なるほど、そういう場合もあるであろう。しかし、それはあくまでそういう場合もあるということであって、それをもって、直ちに本件をもその例外でないと断ずることは、極めて早断であり、一方的偏見の誹りを免れぬものである。

彼、石井健治郎の上記供述が決して単なる逃げ口上でない事は、これから述べる黒川供述の検討においても、充分うなづけるのである。

3 真実と虚偽の間を動揺する黒川

これから、黒川利明の第一審第1回公判調書を検討することにする。

ところで、彼には、およそ相反する2つの供述があるのである。その第1は、警察検察聴取書に供述した、強盗殺人罪の認定である。

第2には、当審公判調書の冒頭において供述している強盗殺人罪の否認である。

彼は、この相反する供述の中間を、さながら時計の振子の如く左右に動揺しつつ供述しているのが、彼の当審公判調書の答弁内容である。彼には、人間的にも嘘をいう性癖があるが、また、本件における彼の立場が微妙であるところから、しばしば前言を翻して真実と虚偽の間を往復している感がある。

ところで、黒川の警察、検察聴取書というのは、前述のように取調官に強いられて供述したものであって、これは、いわば本件に対する警察、検察官の予断、見解を、黒川供述の形式で発表したようなもので、彼の供述とはいい難いのである。即ち、その任意性は極めてうすく、信憑性は認めがたいというわけである。

これに対して、当審公判調書冒頭の彼の供述は、任意性ある彼自身の供述は前述の通りである。しかし、任意性ある供述だけに、死体を刺したうんぬんの供述は、警察聴取書の強いられた虚偽の申立と違って彼自身自ら申し立てた虚偽の供述である（このように、彼には、警察、検察にて強いられた虚偽の供述と、彼自身から出た虚偽の供述と2つある）。

黒川は、警察聴取書の中で以下のように、強盗殺人の事実を認定しているのである。

「午後1時頃から西は、取引の現場を教えるといって堅粕の大通りを通り、小通りに入り、専売局の裏辺りを歩いている時、この辺りが現場になる、地形をよく覚えておけ。ここにお前が買主を連れて来てゴマ化せといい、その辺一帯を見て、辺りの中島という取引する家はここだと教えてくれました。午後5時頃福岡旅館に戻りましたが、旅館で、西は私に今お前を連れて行った現場に買主を連れ出すと、自分が拳銃を借りて来るので、やっつけるといいました。私は、脅かして金をとったらいいだろうといいましたが、西は拳銃でやらねば、成功はせぬと申しますので、私は前に貸した金がほしい許り遂に賛成したのであります」

というのである。これに対して、当審公判調書冒頭における彼の真実の供述というのは、

「強盗殺人の点は全然そのような事実はありません。もっとも匕首で刺した事は、間違いありませんが、うんぬん」

という、強盗殺人罪否認の供述である。この黒川の相反する供述は、多分に自己に有利な方につこうとする心と、真実の叫びに従わんとする心との、交錯する精神状態が示されているように

思われる。

　彼は、7被告の中で、誰よりも本件の上においては、微妙かつ重大な立場に立たせられている。事件の発端をなす拳銃入手も、彼のいう久留米の喧嘩うんぬんで、彼が必要としたものであり、殺害現場の堅粕へ石井を案内したのも彼であり、石井に射殺せしめる結果になったのもまた、彼が仲裁を依頼したからである。かように、事件に直接結び付く重要な役割を演ずる結果となってしまった黒川としては、当然誰よりも疑惑の目を持ってみられる苦しい立場に立たされて、苦慮せざるを得なかったのである。

　加うるに、彼は、殺害後西に報告して善処すべく浜利飲食店を訪ねながら、そのまま逃走しているし、警察の目からも遁れているのである。これらの事もあとから考えてみれば、なお一層疑惑を濃くする条件となっていることに、彼は気付いて大いに焦慮したところであろう。

　黒川は、入墨をいれ遊人風の服装をしていた。石井等に合った時も、こんどの喧嘩で親分の全責任を負うて大阪に高飛びするなど、遊人気取りで昂然と放言していたのである。しかし、彼にはそのような度胆はない。ただ、小心でケチで、いささか脳の弱い、いわばチンピラだったのである。それだけに、自己を防御する武器としては、嘘とズルさだけしか持合わせないような、卑劣な男だったのである。

　だが、その反面、彼はその嘘とズルさとに徹底できない弱さ、即ち良心の痛みというものを持ち合せていたのである。そこに彼が、警察の「お前に悪くはしない」という甘言に、完全に乗ずることもできないで、真実と虚偽の間を激しく動揺してきた原因もあるとみられるのである。

　また、新聞も警察も、西首謀の強盗殺人事件だと主張している。黒川は、自分の罪を遁れるためには、新聞や警察に迎合して、責任の一切を、西に転嫁することが一番得策だと考えた。彼のズルサである。しかし、それは彼の脳の弱さから来るズルサでもあった。

　なぜならば、彼は、石井の誤殺の責任を負うことによって、西にかけられている強盗殺人の嫌疑を自ら負う破目になったら大変だと逃げたのであろう。あるいは、殺人の責任を自ら負う罪よりも、西首謀の強盗殺人に加担した罪のほうが軽いと計算したのかも知れない。

　しかし、彼が、ここで自らの罪をおそれぬ勇気をもって正々堂々と信実を吐露して、一歩も譲らぬ信念と聰明さをつらぬいていたら、生涯を汚すような罪名に問われずにすんだはずである。

　前述のように黒川は、新聞や警察に迎合して西に責任を転嫁し、自らは西首謀の強盗殺人に加担したことにした。このようにして、自らの罪を遁れることが一番得策と考えた。しかし、その西には恩義こそあれ、怨みなど毛頭あるはずもないのである。たとえば、彼の民事裁判公判調書によると、

「私は、それまで西に厄介になっていた義理があるので、同人のいいなりに働いてやれば、今までのことは帳消しになると思い、単に、同人等（註　筆者、熊本、王を指す）に付いて行っただけであります」

と、述べているのでもわかるように、彼は、西に厄介になった恩義を感じている。それだけに、彼は自らの罪を逃れるために、西を罪に落すことは少なからず良心に呵責され、真実と虚偽の間を動揺しつづけていたわけである。

4　死刑になるぞと嚇す警察官

　黒川は、射殺直後逃走したが、それは、西に対して弁明のしようがなかったということも、原因の１つであろう。また、彼に悪に対する度胸があったら、何かもっと巧妙な手段を弄して、自らの立場を擁護するか、あるいは、それ以上の犯罪を企んでいたかも知れないのである。

　だから、そう見れば彼が逃走したということは、彼がむしろ小心で少し良心的で徹底した悪人になれない彼であったことを物語っているといえるのである。

　その後、彼は逃走先で、本件が西首謀による強盗殺人だと発表された新聞記事をみるまでは、主として西に責任を感じ、逃走していたに違いない。しかし、新聞をみて彼は驚くと共に、一瞬、西に憎悪の念を送ったかも知れない。

　彼は、西より取引に関して打明けられていなかった。だから、新聞をみて、架空軍服による詐欺、強盗殺人うんぬんだといわれると、あるいはという疑念も起ったであろう。すると、今まで、西に対してすまぬと思っていただけに、追い込まれた身の不遇を思うにつけても、西を憎悪せずにはいられぬものがあったはずである。

　しかしまた、黒川は冷静に考えて、西が強盗殺人を計画したとはどうしても考えられないふしがあると思ったに違いない。石井２人を射殺したのは、直接には、自分が仲裁を求めたからではないか。そこには、西の意志は介入していないはずである。かりに、西、石井が強盗殺人を話し合っていたにしても、石井を熊本、王に接近させ、しかも射殺せしむる結果に導いた責任は、自分にあるようだ。

　かく考えてくると、新聞の強盗殺人とい云うのも全面的に信じられない半信半疑の状態であったに違いない。

　しかし、新聞が西首謀の強盗殺人だと発表した以上は、警察でもそのようにみているであろう。もしそうだとしたら、うまく警察に迎合して、西に罪を転嫁しよう、そうすることが、自らの罪を遁れるに一番得策である。しかし、恩義ある西を、自分らの罪を遁れるためとはいえ、そう簡単におとしいれることは、一片の良心がこれを許さない。彼の自首がおくれたのも、こうした内部の戦いのために去就（きょしゅう）に迷うて結論が出なかったためであろう。

　しかし、６月７日逮捕された時、彼は、逃走 13 日間の内部における激しい戦いに、ようやく終止符を打つことができた。彼は、事件が強盗殺人であればあるほど、自分にやましいことはないのだから、ハッキリと事実ありのままを供述したらよいのではないかと、自らにいい聞かせ、落着きを得ていたのである。

　この点について、当時の取調官後藤実巡査部長は、第一審第 16 回公判調書において、

　「黒川は、他の共犯者より大分おくれて佐賀で検挙され、永く検挙の手を逃れていて相済まないという気が一杯で、非常に後悔して」いたといっていることでも明らかである。

　しかし、黒川が、「非常に後悔して」いるといっても、それは、強盗殺人を指していっているのではなく、刺して逃走した前非（ぜんぴ）を悔いているのである。

　ところが、警察では、６人の被疑者の調べも終り、一応強盗殺人事件として成立するよう、聴

取書も作製されているし、黒川には、どのように自白させたら強盗殺人事件としてそのキメ手を打つ事ができるか、ということも前もってわかっていて、黒川の逮捕も待たれていたのである。

その黒川が万一頑強に抵抗して、警察の強いる自白をしなかったら、彼もまた、西や石井のように拷問にかけられたであろうが、彼の逮捕当時の心境は、前述のように非常に素直になっていたので、拷問の必要がなかったばかりか、むしろ、警察のいう自白を強いるには、最もよい条件にあったのではなかろうか（黒川の警察、検察聴取書が、どのような状況下でどのように作製されたかについては、第3章『警察、検察官証拠捏造の事実』参照の項を参照）。

調査官の後藤実巡査部長は、第一審第16回公判調書において、「黒川は他の共犯者より大分おくれて佐賀で検挙され、永く検挙の手を逃れて居て相済まないと云う気で一杯で、非常に後悔して自ら進んで其の調書にある通りの事を陳述したのであります。他の者が斯様なこといって居るなどといって誘導したり、無理をしたりして云わせたのでは絶対にありません」と証言しているが、「自ら進んで」自白する心境になっていたことは、前述の通りうなずける。だがしかし、それをもって、ただちに聴取書の供述が彼の任意によるものであるとすることは、早断である。民事公判調書において、黒川は、以下のように答弁している。

「問　公判廷でも、一応前述の通り弁解しましたか。
　答　そうです、しかし、私は、皆の口裏を合せたような弁解をして真実の気持は、述べておりません」

と、真実を訴えることを阻止せられたことを述べている。すなわち、黒川の訴えんとする自白でなく、警察の予断の線に沿うて構成された筋書の自白が、前に掲げた黒川の警察聴取書である。その取調べ状況の一端について、黒川は、第二審第3回公判調書に、

「裁　専売局の裏あたりで、西から取引する場所はここだから地形を覚えておけといわれなかったか。
　黒　いいえ、そのようなことはいわれておりません。
　裁　警察で取調べを受けた時には、そのようなことを述べているようだね。
　黒　警察で取調べを受ける際には、お前が何時までも逃げているから西が、何でもお前がやったように述べている、<u>もし、お前が西から命令されたようにいわなければ、西の代りにお前が死刑になるぞといわれましたので、嘘だとは分っておりましたが、そのように述べたのです</u>。
　裁　しかし、その点については、かなり詳細に述べているようだがね。

　　　この時、裁判長は、司法警察官代理の本被告人に対する聴取書該当分（記録第216丁裏5行ないし217丁裏6行）を読聞かせた。

　黒　それは、自分の罪を逃れたいために申し上げた作りごとであります。警察の方が、お前が今まで逃げ廻っていて逮捕されなかったから、<u>今自分のいった通りして置かないと、お前が勝手に被害者を連出して殺したようになり死刑になるぞ</u>、といわれるので、そうなると大変だと思って、罪を逃れたいばかりに作りごとをいったのです。
　裁　それは、事実であってその現場に買主を引張り込んだ上拳銃で脅して金を捲き上げるとい

う話があったのではないか。
　黒　いいえ、そのようなことは、聞いておりません。
　裁　その点についても、被告人は警察でこのように述べているようだね。
　　この時、裁判長は司法警察官代理の本被告人に対する前回聴取書中該当部分（記録第217丁裏6行ないし218丁裏1行）を読聞かせた。
　黒　それも警察で取調べに際して、私に非常に待遇を良くしてくれた時にはお菓子まで食べさしてくれ、親切にして貰いましたし、<u>取調官もお前の悪いようにはせんからといわれますので</u>、結果から考えて、そのような嘘を申し立てたのです」（註　傍点筆者）
と述べている。これでもわかるように、警察聴取書には任意性は全く認められず、黒川の供述とはいい難いのである。

5　警察独特のコジツケ論法
　黒川も虚心胆懐（きょしんたんかい）、事実の通りを自白しようと決心して、取調べに臨んだはずであるが、西が黒川に罪を着せている、西に命令されたようにいわなければ、お前が死刑になるぞと誘導されたり、脅迫されたりすると、黒川も罪を逃れたいために、警察の意のままに供述してしまう結果になると云うことは容易にうなづけることである（註　第3章『警察、検察官証拠捏造の事実』参照）。
　しかし、黒川も人間である。わが身可愛さに嘘の供述をしても、そのため他が死刑になるとしたら、決していい気持はしないに違いない。特に、相手が好意を寄せてくれた西であってみれば、なおさらのことである。だから、彼はそうした意味では、警察の意をスラスラと呑んだというのではなく、相当に抵抗も示しているのである。しかし、ギリギリのところまで来ると、取調官は、『俺のい云うとおりにしたら間違いない、違うところがあれば裁判所でいえ』（第二審3回黒川供述）と巧みに騙して、逃げるというもっとも老獪（ろうかい）な罠を設けるので、無智な黒川は、完全にそれにひっかけられてしまっているのである。
　また、民事公判調書において、黒川は、以下のように供述している。
「黒　その時、私は何日もかかって夜遅くまで取調べられ、睡眠不足で意識朦朧としておりました。また私は、何もかもぶちまけて罪に服し、真人間になる心算でおりました。そして、取調べに当った係官は、他の者の取調べ調書を作った終了後であったので、私が知らないことでも知っていて誘導的に取調べ調書を作成しましたが、私は前述のような精神状態でしたので、そのままに済ませました。
　裁　それで、その調書中には、あなたが知らぬ事も記載している訳ですか。
　黒　間違いありません。
　裁　第15号証を示す。この調書の署名拇印は、あなたのものですか。
　黒　間違いありません。
　裁　この調書は、読聞かされましたか。
　黒　読聞かされました。しかし、その時は取調べが長くなって、既に夜明け頃になっており、私は眠くてたまらず、居眠りしていて、どうでもよい気持になっていました」

このようにして、作成された聴取書である。いかに黒川が警察の誘導に乗って、自身を擁護することに汲々としていたとしても、このようにして作製されたデッチ上げの聴取書を、そのまま自分の信念として強引に押し通すには、黒川は余りにも弱く、人間的であったのである。
　そうした黒川の良心が、自己に有利な聴取書だといわれて作成されたにも関わらず、彼はそれを否認して、第一審第１回公判の冒頭「強盗殺人の点は、全然そのような事実はありません」と、ハッキリ事実を供述させる結果とならしめたのであろう。これはまことに、黒川は上出来の堂々たる発言だったわけである。
　しかし黒川には、さればといって、聴取書を完全に否認するだけの勇気もなかった。彼は、立場が立場だけに、万一聴取書を否認してしまって（警察で脅かされている）、そのため死刑にでもなったら大変だという恐怖と不安があった。だから、常に自分に有利な方につきたいという、鋭い打算がつき纏（まと）うた。しかし一片の良心もあって、彼はその打算と良心の間を、時計の振子のように左右してはいたずらに前言をひるがえし、ひるがえしして、その去就に迷うていたというのが、彼の偽らぬ姿であろう。そうした彼の姿が偽りなく打出されているのが、この公判調書である。
　第一審第１回公判調書の始めのところに、
「裁　それからどうしたか。
　黒　それから私は、軍服でもって詐欺をするということを、西から聞きました」
とあるが、この軍服詐欺とか軍服架空ということを一番はじめにいい出したのは、誰よりも警察自身である。従って、それまでは誰も知らなかったはずである。
　かりに、西にそういう架空軍服の詐欺計画があったとしても、それを、西が黒川如きチンピラに打ち明けるはずがない。もし、それを打ち明けたというなら、なぜ、その他の軍服取引に関する具体的なことを打ち明けなかったのか。その点だけを伏せておいて、詐欺とか架空とか、強殺計画とか、そうしたことばかり打ち明けるということは考えられないことである。
　まして西は、軍服取引に関係していたとはいえ熊本の取引の手伝いであって、詳しいことは、何も知らないのである。また、知る必要もなかったのである。特に、摘発の厳しい軍服の闇取引であるし、熊本は取引の相手方にさえ、持主、現品在庫場所など明さなかったほどである。それは、万一警察に密告されでもしたら、一文にもならぬことになるからである。
　だから熊本は、手伝ってくれる西に取引上のことを聞かれた時も、詳しい事は聞かないでくれと拒否していた位である。いわんや、取引に全然関係のない黒川に、誰が軍服取引について打明けるであろう。それが詐欺計画でも立てていれば、なおさらのことではないかと思考されるのである。
　このように、西すらも軍服取引上のことについては、ほとど何も知らない仲にあって、肝心の熊本と王が殺害されたのであるから、いよいよ軍服の持主、在庫場所等すべてが不明となってしまったわけである。ために、警察はここぞとばかり、軍服は架空だ、詐欺だといい出したのでもあろう。もし、黒川が軍服取引の秘密を知っていて、それを詐欺だというほど、彼がそれに精通しているのなら、その黒川一人を調べても軍服のことはハッキリしたであろうし、詐欺について

の具体的な事実を列挙できたであろうが、事実詐欺など実在しないので、黒川も何もも知らないのである。したがって、架空だ詐欺だということは、当然警察でいい出したことであろうが、その架空や詐欺を黒川が知っているとしたら、それは、勿論警察で知ったはずで、他で知る由もないのである。

　その点については、黒川の当審公判調書に、以下のように供述しているのでも、うなづけることである。

「裁　しかし、被告人は、詐欺に使う軍服の見本を探しに行ったではないか。
　黒　はい、行きましたが、その時までは、詐欺をするということはしらなかったのです」（註　傍点筆者）

　これによると、軍服を探した事実は認めている。しかし、それは、西に遊人のような服装はやめろといわれ、それで、将校服か国民服を買うてくれといって探したことがある。そのことを指しているのである。また、西は、千切大根運送の作業服に軍服を探したことがある。

　それらを詐欺のための見本探しだといわれても、黒川としては、「その時までは詐欺をするとにうことは、知らなかったのです」といわざるを得ないであろう。それを今少し言い換えてみると、「その時までは、それが詐欺をするために探したということになるとは知らなかったのです」ということになるのである。

　すると、この軍服探しが詐欺のためであると知ったのは何時のことか、勿論、それは詐欺ということが一番始めにいい出された時である。すなわち、警察で軍服探しに行ったのは、詐欺のための見本探しに行ったのだと、懇切に教えてもらったその時である。

　その点について黒川は、第二審第3回公判調書に以下のように供述している。

「裁　警察では、鹿児島には、見本を探しに行ったように供述しているがどうか。
　黒　警察では鹿児島に行ってどうしたのかと尋ねられるので、鹿児島についた翌日には、雨が降っていたので料理屋で遊び、2日目戦友を訪ね、その帰りに温泉に行き、更に闇市場を歩き廻ったが、その際、私は冬服を着ていて非常に暑かったので、軍服の夏物があれば、買って貰う積りで探し廻ったと述べました。ところが、取調べに際しては、結果から見れば、見本を買いに行ったようになるのではないかといわれるので、私は、何度も事実の通りを弁解いたしましたが、西が何でも知らぬ存ぜぬといい張っているから、自分のいう通りにしないと、全部お前がやったことになって死刑になるぞといわれましたので、恐ろしくなっていわれるとおりの事を述べたのです」（註　傍線筆者）。

と供述している。

　これが、結果からみれば、軍服見本買に行ったことになるというのだから、全くい驚いた論法である。しかも、暑かったので着替えるために探したことが、詐欺の見本を探したことになるというのだから、どんなに答えていいか、黒川もさぞ困ったことであろう。この結果論に結びつける論法を借りて、警官と俸給の話でたとえてみよう。

「黒川　警察官よ、君はどうしてその金を持っているのかね。
　警官　これは、今月分の俸給で、署から貰ったから持っているのですよ。

黒川　しかし、結果からいえば、君が持っているということは、盗ったということも同じだね。
　警官　いや、警官として働いたから貰ったんですよ。
　黒川　その金を手にしている以上は、働いたから貰ったということが、すなわち、盗ったということになるのだよ。
　警官は、何度も事実を弁解したが、
　黒川　署では、何でも知らぬ存ぜぬといい張っているから、自分のいう通りにしないと、警官よ、署のやったことは、全部お前がやったようになって死刑になるぞ！
　こんなチンプンカンプンな話で死刑にされては、たまらないはずである。しかし、上記の公判調書に述べられた警察官の取調べはこの論法である。

6　楽屋をのぞいたら芝居は面白くない

「裁　西は、その頃何をしていたか。
　黒　何もしていませんでした。
　裁　西はその頃、どこにいたか。
　黒　福岡市大学通りの福岡旅館におりました。
　裁　西は当時偽名していたのではないか。
　黒　はい、西は明石と偽名して泊まっておりました（傍点筆者）。
　裁　被告人もそこへ泊っていたか。
　黒　私は泊らず野田方に帰っておりました」（第一審第1回公判調書）

　以上の、裁判長と黒川の問答を一とおり読むと、西は、無職で、住所不定で、おまけに偽名までしていて、これから問題になる詐欺や強殺をやりかねない人物だと思わせるに充分である（この第一審第1回の公判調書に脱落、変造、加筆等があるかないかは、黒川が死んでいて明らかにする術がないので、今は、一応この調書をそのまま信じて、その上で検討していくほかはない）。
　しかし西は、その頃なにもしていないのではない、軍服取引の手伝いをしていたはずである。
　そのために、福岡旅館にも投宿していたのである。裁判長は、「西は当時偽名していたのではないか」と問うているが、この問いは甚だ大袈裟である。取引が摘発のきびしい軍服の闇取引で、後日、西に迷惑のかからぬようにという熊本のすすめで、宿帳に明石徹と署名しただけで、偽名をもって天下に運用していたというものではない。裁判長は「宿帳」の上での偽名と知らずに、このような問いを発したのであろうか。いや、そのはずはない。宿帳の偽名が問題になったからこそ、この問いとなったのであろうから。それにしても、闇取引のための宿帳の上の偽名だと素直に受取れないということは、2人の殺害と結びつけられてしまっているからであろう。
　黒川は上記の裁判長の質問に対して、「はい、西は、明石と偽名して泊まっておりました」と、宿帳の上の偽名である事を明らかにしている。
　裁判長はひきつづき、「被告人もそこに泊っていたか」と訊ねた。黒川は「私は泊らず野田方に帰っておりました」と、逃げている。それは、裁判長がなぜ西の宿帳の上の偽名を取り上げたか、という事を黒川はすぐ感得したからである。おそらく裁判長は、偽名の上に詐欺、強殺等の

第 5 章　公判調書上にみたる黒川利明の人間像

犯罪の匂いを嗅いだのであろう。それは、黒川にもすぐ直感された。そこで、黒川は偽名していた者と泊ったといえば、同罪にみられることを怖れたであろう。また、警察に行くまで知らなかった、詐欺、強殺などについて、これから種々質問される事は、この偽名が取り上げられた事でも明らかであるが、そうなると、黒川は詐欺、強殺については、警察で聞かされただけしか知らない。したがって、一緒に泊って知らないでは、疑惑を深めるばかりであり、疑惑を深めては自らの立場を不利にすると、素早く相手の気持を読取って、福岡旅館には泊らなかった事にしたのであろう。

「裁　それから、どうしたか。
　黒　それから、私は軍服で持って詐欺をするということを、西から聞きました。
　裁　それは何時のことか。
　黒　5月18日頃のことでした。その日、私が福岡旅館に行ったら、西がそのようなことを申したのです。
　裁　詳しくいうと、どういう話だったか。
　黒　軍服千着があるようにいうて、相手から手付金を騙してとるということでした。
　裁　手付金は、いくらとるといったか。
　黒　1万円位とるということでした。そして、この金をとったら私に返すというので、私は西の後について廻った訳です。
　裁　それで、西は軍服を種にして詐欺をはじめたか。
　黒　はい。
　裁　誰に売り付けるといったか。
　黒　市内春吉の熊本という人に売り付けるといいました。
　裁　それについて、どんな計画をいってたか。
　黒　計画といっても、ただ今申し上げた位の事で詳しいことは私は聞いておりません」（註　傍点筆者）

この問答をよむと、裁判長が2度も詐欺計画について詳しい答弁を求めている。それほど黒川の答は、詐欺について何も知っていないのである。

第二審判決文によると、黒川は西の計画を知ってこれに共謀したとなっているが、「計画といっても、ただ今申し上げた位のこと」では、ことの遂行は困難ではないのか。

第一、事件発生2日前の18日に打ち明けたというが、それで共謀ができるのか。また、西は、打ち明けて黒川に何をやらせようというのか、余り頭のよい男とも思われぬ、この20才そこそこの男に、何ができるのだろう。それに騙してとるという金が僅か1万円だとい云うのも合点がゆかぬことである。

だから以上の供述は、要するに、黒川自身がいっているように、「詳しい事は、私は聞いておりません」。すなわち、私は何も知りませんということの証明としかならないのではなかろうか。

もし、西が黒川を共謀者として選び、打ち明けたとしたら、ことがことだけに、充分いいふくめて疎漏（そろう）なきを期するはずであって、黒川の発言のような杜撰（ずさん）な打ち合せはしないはずである。

447

黒川は、詳しい事は聞いていないといっているが、詳しくないことは聞いていたというのであろうか。打ち明ける以上は、詳しくいうはずである。殊に、詐欺ということであれば、それを詳しくは聞いていないというが、一体誰がそのような、詐欺や強殺の計画を疎略に説明するであろうか。黒川が詐欺だと聞かされたのは警察であることは前述の通りであるが、如何に警察といえども、現実にない詐欺の説明をこれ以上に詳しく説明はできなかったわけである。
「裁　それから、どうしたか。
　黒　その軍服を見本として、5月16日頃、西が熊本のところに持って行ったということを、後で聞きました」（註　傍点筆者）。
　千切の作業服として杷木町で入手した軍服を、西がなんのために熊本のところに持参せねばならぬのか。そのような事実はないのであるから、黒川が「後で聞きました」と答えるのも当然であるが、一体あとで誰に聞いたのか、裁判長はそこまで追求していない。楽屋がのぞかれては、芝居は面白くないからであろう。

7　黒川は「久留米の喧嘩云々」を隠す

「裁　それから。
　黒　それから、5月18日の昼頃、西から夕方旅館へ来てくれといわれておりましたので、行きましたところ、西が散歩に出ようというので、市内渡辺通り1丁目の方にぶらぶら行きましたが、平尾の方へ行く通りのところで、藤本と会いました。すると、西は藤本に何かコソコソ話しておりましたが、一杯のみに行こうといったので、中洲のおでん屋に行き3人で酒とビールをのみ、私は酔払って、その晩の1時頃西と福岡旅館に来てビールを持って来てやるからひる頃まで待っておれといいましたので、待っておりますと、12時一寸過ぎ頃、藤本、石井、岸田、押川、牧田等がやって来ました。
　裁　その5人は、全部一緒に来たか。
　黒　前後して、来ました。
　裁　その5人が来て、どうしたか。
　黒　それから、私は西から、煙草や酒を買って来いといわれ、その使い走りに行き、その間どういう話があったかは知りませんが、午後6時頃になって、西が行こうというので、ついて行きましたところ、西が市内堅粕東光町浜利飲食店にいた、王祖金と熊本文造2人を誘い出して市内堅粕東新町の福岡工業試験場のところに行き、本件のようなことが起きたのです。その他の事は何も知りません。
　裁　一体、その時は、何のために出かけたのか。
　黒　知りません」（註　傍点筆者）
　黒川は、上記の供述のなかで、「西が市内堅粕東光町浜利飲食店にいた王祖金と熊本文造2人を誘い出して、市内堅粕東新町の福岡工業試験場のところに行き、本件のようなことが起きたのです」と嘘をいっているが、黒川としてもこの点の供述が一番いい辛いはずで、つい嘘が出てしまったことはうなづける。

ところで彼は、「その他の事は何も知りません」といっているが、この「その他のこと」とは、一体何を指しているのか、これが問題である。おそらく彼は、警察で聞かされた、詐欺や強盗殺人の計画などを指して「その他のことは、何も知りません」と正直に答えたのであろう。そこで裁判長は、それでは一体なんのために出かけたのかと問い詰めたのである。

　それに対して黒川は、「知りません」と答えている。自分の行動の目的を知らないはずはない。しかし、黒川としては、それを詐欺や強盗殺人のためだといわれると、そのつもりは全然ないので、「知りません」と答弁するよりほかはなかったはずである。

　しかし、「知りません」というのが事実だとしたら、最初からの詐欺云々も知らずについて行った、偽証だということは、いよいよ明らかとなる。勿論、ここで裁判長は、強盗殺人のために出かけたといったわけではないが、黒川は上述の裁判長の質問の中に、詐欺や強殺のために出かけたのであろうが、という心を読みとったはずである。

「裁　しかし、被告人等は匕首とか日本刀とか、拳銃等を持って行ったのではないか。
　黒　はい、持って行きました。
　裁　それは、被告人のものか。
　黒　そうです。
　裁　他の者は？
　黒　石井が小さい拳銃、岸田が日本刀、藤本が14年式拳銃を持って行きました。その他の者は、何を持って行ったかどうか知りません。
　裁　どうしてそのような物を持って行ったか。
　黒　喧嘩だと思って、持って行きました。
　裁　誰が喧嘩だといったか。
　黒　西がいいました。
　裁　どうい云う喧嘩だといったか。
　黒　喧嘩になるかも判らぬ、ということでした。
　裁　どうして喧嘩になるというのか。
　黒　相手がたちが悪いから喧嘩になると云うことでした。
　裁　はじめから喧嘩になる心算でいたのか。
　黒　そうではありません。
　裁　しかし、喧嘩になると判っているなら、はじめから喧嘩に行かなければ良いではないか。
　黒　私は、詐欺をするというのでついていったのです。
　裁　詐欺をするのなら、何も匕首等を持って行く必要はないではないか。
　黒　匕首は、ただ護身用に持って行っただけです」

　裁判長は、強盗殺人のために出かけたのだと泥を吐かせたいが、黒川は、暗黙のうちにそれを否定して「知りません」とうそぶくので、「しかし、被告人等は匕首とか日本刀とか、拳銃等を持って行ったではないか」と急所を衝く。黒川は、「喧嘩だと思って持って行きました」とうまくそらして、強盗殺人だとはいわない。いや、いえないのだ。しかし、喧嘩の話も、余り追求される

と、黒川としては困るのである。
　久留米の原口と福岡の野田の地割の問題も、全然架空ではない話であるが、さらばといって、この話を利用して西から銭別を貰おうと企んで、少々大袈裟にいったが、これを原口、野田がきいて憤慨し、後々わが家などに迷惑のかかるようなことになったら大変だと考えた黒川は、終始、この問題についてだけは事実を述べようとしていないのである。しかし、西に限らず、他の被告人らも、皆このことは黒川の口から聞かされて知り抜いている事実で、黒川のいうことが嘘であることは明らかである。
　黒川は喧嘩のためだと答弁したが、喧嘩の内容については隠しているので、答弁がしどろもどろになり、結局、「私は詐欺をするというのでついて行ったのです」と、木に竹を継いだような答弁で逃げている。
　しかし、裁判長は逃がさない。「詐欺をするのなら、何も匕首等を持って行く必要はないではないか」と鋭くついている。黒川は、「匕首は、ただ護身用に持って行っただけです」と、かろうじて逃がれているが、詐欺に行くのにわざわざ護身用も必要ではあるまい。黒川はここで正直に、久留米の原口対福岡の野田の話は、西に銭別を貰うための口実であって、事実喧嘩などはなかったが、拳銃が入手できるなら、これもほしいと思ったと、なにもかも打明けてしまえば、警察の筋書に従うこともいらなかったようである。

8　強殺の偽証を西に気の毒がる黒川

「裁　他の者は、どういう訳で持って行ったか。
　黒　それは何か、西が話していると思います。私は知りません。
　裁　被告人は、西のいうことなら善悪の差別なく何でもやらねばならぬような関係があるのか。
　黒　大体そのような関係があり、盃はしておりませんが、子分のようにしてついて廻っておりました。
　裁　被告人は、種々弁解をするが、はじめから向うを欺して誘い出した上、殺して金を巻上げる計画を、西としたのではないか。
　黒　そのようなことはありません。
　裁　しかし、被告人は、警察ではこのように述べているがどうか。
　　この時、裁判長は、被告人に対し司法警察官の聴取書中（記録第209丁表4行目ないし218丁裏1行目）を読聞かせたり。
　黒　今まで嘘を申して、申し訳ありません。お読聞かせの通りが本当です。
　裁　なぜ、嘘をいったか。
　黒　西に気の毒ですから嘘を申しました」（註　傍点筆者）
　裁判長は、聴取書に基いて質問しているので、今までの黒川の答弁は、弁解だとしか受取っていない。そして、「殺して金を巻上げる計画を西としたのではないか」ときめつける。
　しかし、事実無根のことを、そう易々とうなづくことはできない。「そのようなことはありません」と一応はキッパリと答弁したが、さて、警察聴取書を読みあげられると、自分が自白した

ことになっているだけに、今更弁解も出来ず、当惑してしまったに違いない。

「今まで嘘を申して申し訳ありません。御読聞かせの通りが本当です」といわざるを得ないのも無理からぬことである。そこで、裁判長としては、当然「なぜ嘘をいうたか」と詰問することになるが、黒川はそれに対して、西に気の毒ですから嘘を申しました」と答弁している。意味深長な答弁である。

この「西に気の毒ですから」というのは、一寸読めば、本当のことをいうと、西に気の毒だから「嘘を申しました」と読みとれるのであるが、これは、よく心して読まねば、黒川の西に対して気の毒だといっている心境が理解できないと思う。

また、ここで嘘だ、本当だというが、なにを指していうのかということもハッキリさせておかないと、意味が通じないことになる。

黒川は、聴取書を読み聞かせられた時、「今まで嘘を申して申し訳けありません、御読聞かせの通りが本当です」といっているから、聴取書に述べていることが本当で、当公判廷で述べたことは嘘だというのである。すなわち、強盗殺人を計画したとい云うのが本当で、「そのような事はありません」というのは、嘘だというわけである。

すると、本当の強盗殺人の計画うんぬんをいうことが、「西に気の毒ですから嘘を申しました」という様に聞こえるが、しかし、事実西が強盗殺人を計画していたのなら、黒川が気の毒がるはずがない。

たとえ、黒川が共謀したとしても、ことに失敗に終ったら、主謀者の責任を追及したくなるのが人情である。いわんや、そのために黒川は、身の破滅を招いているのである。そのような不幸に突き落された黒川が、西に事実を打ち明けるのは気の毒だからと、西を擁護するであろうか。そのような黒川なら、はじめから警察の誘導に乗じて、西に責任を転嫁するような事をしていないはずである。西に対して、恩義こそ受けておれ、西から迷惑を蒙るような事は今まで何一つとしてない黒川である。そうした西に対しても、自身の罪を遁れたいために、虚偽を申し立て、西を不利にしているではないか。その黒川が、事実、西の計画した強盗殺人であったとしたら、気の毒がるどころか、激しい怨みと憎しみをもって西を攻撃するはずである。したがって、黒川が、「西に気の毒ですから、嘘を申しました」というのは、聴取書にかかれているような事実無根のことをいって、西を強盗殺人の主犯に祭り上げることは、気の毒だといっているのである。

警察では、西主謀の強盗殺人とせよといわれてきた。それによって、黒川自身の罪も軽くなるといわれた。しかし、いかに自身の罪が軽くなるとしても、今まで西に愛されてきた黒川である。どうして、聴取書のような架空の強盗殺人をもって、西を罪におとされよう。それをいうことは、西に対して余りにも気の毒であったので、聴取書の強盗殺人を否認するという意味が、「嘘を申しました」という黒川の供述である。

だから、この嘘は事実に対する嘘ではなく、聴取書に対する嘘なのである。

黒川も、警察で西主謀の強盗殺人の自白を強要されたが、西を無実の罪で不幸にするようなことを、そう易々といえるものではなかった。しかし、聴取書というものはいかに警察でデッチ上げられたとしても、黒川自身の自白供述ということになっているのである。それを、黒川が公判

廷の供述も嘘だ、聴取書も嘘だという事になれば、裁判官に対して、自分をいよいよ不信の立場におく事になり、その結果は、甚だ不利だとみたに違いない。そこで、いずれかを事実だと認定せざるを得ない事になるのである。そうなると、人の身よりわが身が可愛いく、警察で自分に有利だといわれた聴取書を認定する結果となるのも、黒川としては、またやむを得ない趨勢であったであろう。

「裁　すると、そのような計画をしていたことは間違いないか。
　黒　西が何か計画をしていたようなことをいうておりましたが、私は本気にしていなかったのです。
　　　私は、唯20日の夕方、西から命令的に王と熊本を福岡工業試験場横門前まで連れて行けといわれ、連れて行ったまでで、連れて行ったら、お前は逃げる、後のことは外の者が知っているといわれておりましたの殺す等は知らなかったのです」（註　傍点筆者）

黒川が聴取書を肯定したから、裁判長は、「するとそのような計画をしていたことは間違いないか」と聴取書の強盗殺人計画についてダメを押したわけだ。押されてみると、どうもそうした事実はないし、断言するだけの自信も勇気もない。といって、今更聴取書の供述を否認もできない。といって、今更聴取書の供述も否認もできない。黒川の胸中まことに察して余りあるものがあるが、その追い詰められた黒川の苦しい言い訳が以下の供述である。

「西が、何か計画していたようなことをいうておりましたが、私は、本気にしていなかったのです」

この曖昧な黒川の供述には、如何に聴取書の事実をいうことに、良心の呵責（かしゃく）を感じて苦慮しているかが読みとられるのである。

怖るべき強盗殺人の計画を打ち明けるというのに、「何か計画をしていたようなことをいうておりました」と、そのような漠然とした打ち明け方をするものではない、第一、何を計画していたと思うのか、その点についても、ただ「何か」というだけである。これでは、何も知らないわけである。計画についても同じだ、計画していたと断言できるのかというとそうではない。「計画していたような」というのである。しかも、それを「本気にしていなかったのです」というのであるから、これでは全くお話にならない。

「私は、唯20日の夕方、西から命令的に王と熊本を福岡工業試験場横門前まで連れて行けといわれて連れて行ったらお前は逃げろ。後のことは、外の者が知っているといわれておりましたので、殺すなどは知らなかったのです」（註　傍点筆者）

この供述は、大体事実のようである。ただ「連れて行け」というのはおかしい。命令した西は、熊本に手伝っているのであって、詳しいことは何も知らないから「連れて行け」などと命令するはずはない。

これは、「ついて行け」というのが事実である。しかし、強盗殺人を西が計画したということにしているから、かくいわねばならぬ結果になったわけである。また、なんのために「逃げ」なければならぬのか。「殺す等知らなかった」といっているのでも明らかなように、逃げなければならぬ事実があって、それをあらかじめ予測できるような状況下にあったというわけではないの

である。それをかねて計画してかかったように匂わせようと作為した捏造の疑いのかかる個所である。

　黒川は、熊本、王の喧嘩を仲裁しようとしたが、王が拳銃を持っているので、附近にいた石井に助太刀を求めた。その結果が、2人を射殺させてしまうという思いがけないことになってしまった。黒川としては、その間の事情を詳細に訴えたい気持もあったであろうが、しかし、強盗殺人としての執拗な嫌疑のかけられている時、このことを訴えることは、かえって単なる弁解と受け取られるか、あるいは、更に疑惑を深めさせるばかりであろうと、至極消極的になってしまったであろうことも想像がつくのである。

9　被告人に有利な証言は偽証か

「裁　しかし、西が、拳銃でやらねば成功せぬといったのではないか。
　黒　はい、それは申しましたが、私と相談した訳ではなく雑談的に話したのです。
　裁　そのような話しを聞いておれば、20日の夕方出掛ける時に愈々計画を実行しているのだなぁと気付く筈ではないか。
　黒　嘘をいって申し訳ありません。先程御読聞かせの通りが本当です。私は、西から拳銃で相手を殺して金を取る計画を打ち明けられておりましたので、20日夕方出ける時には西が愈々計画を実行しているのだと想っておりました。
　裁　どうして何時までも嘘を云うか。
　黒　西に、気の毒だからです。
　裁　被告人は、罪を免れたいからではないか。
　黒　いいえ、そうではありません」（註　傍点筆者）

裁判長は、黒川が「殺す等は知らなかったのです」と、殺意を否認したので、それでは強盗殺人罪は成立しないので、「しかし、西が、拳銃でやらねば成功せぬといったのではないか」と、聴取書をとりあげたのである。黒川は聴取書の供述を取り上げられると、どうも逃げられない、といって肯定もできないようだ。

「はい、それは申しましたが」と一応聴取書を肯定して、「私と相談した訳ではなく、雑談的に話したのです」とあり得ない事実を肯定も出来ず、「雑談的に話した」などとゴマ化している。まことに苦しい答弁である。

ところが、次に出て来る裁判長の質問は、一寸納得できない。

「そのような話を聞いておれば、20日の夕方出掛ける時に愈々計画を実行しているのだなァ、と感付くはずではないか」

というのであるが、拳銃でやらねばという話が、黒川に相談したのでもなく、唯雑談的に話したということを聞いただけで、20日夕方、無言で出かける西が愈々強盗殺人の計画を実行するのだなァと、感付くことができるであろうか。全く無茶な質問である。それに、西が共謀者の黒川に黙って出かけることもあるまいし、黒川もまた、西に聞きもせず、計画を実行しているのだなァ、と思っただけで行動できるであろうか。それにしても、黒川の小心翼々として、裁判官に

迎合している次の答弁ぶりはどうであろう。全く蛇に睨まれた蛙と同じである。

「嘘をいって申し訳ありません。先程御読聞かせの通りが本当です。私は、西から拳銃で相手を殺して金を取る計画を打明けられておりましたので、20日夕方出掛ける時は、西が愈々計画を実行に移しているのだと思っておりました」（註　傍点筆者）

と答弁していることだ。この「思っておりました」というのはおかしい。西にこのような計画実行という客観的事実がないので、さすがの黒川もそこまでは嘘が云えず、「思っておりました」と、主観的に認めるに留めたのであろう。

裁判長は、黒川を、「どうして何時迄も嘘を云うか」と咎めている。しかし、どうもこの公判調書を読んでいると、裁判長自身が、黒川に虚偽の答弁を強いているとしか受け取れない。折角、黒川が真実を訴えると、聴取書を取り上げてこれを否定する。裁判長にとっては、同じ黒川の発言でも、警察の密室で供述した聴取書だけに信憑性を認めて、公判廷の供述には、それを認めようとしていないが、これは一体どうしたというのか。

要するに、被告人に不利な証言なら認めるが、有利な証言は認めないというのであろう。なるほど、人間は誰でもわが身が可愛いから、嘘をいっても、自己に有利な証言をしようとするであろう。しかし、だからといって被告人にとって有利な証言が悉く、有利なるが故に嘘の証言だと決っているわけではなく、有利であっても真実である証言もまた大いにあり得ることである。だから、裁判官というものはその真実を看破して、破邪顕正（はじゃけんしょう）の判決を下すべきであって、単に被告人にとって有利であるとい云う理由だけでこれを取り上げない偏見は、裁判の神聖を汚がすものであることはいうまでもないことである。

裁判長に「どうして何時までも嘘をいうか」と咎められた黒川は、再び「西に気の毒だからですと真情を吐露している」。いかに聴取書の通りに認定することが自分に有利であるとしても、また、聴取書を否認することは激しく裁判官の怒りをかうことになるとも、だからといって、事実無根の強盗殺人罪をもって西を窮地に追い込むことは、黒川としても、「西に気の毒」でならないというのである。

まことにこの一言こそ、黒川の人間性が遺憾なくにじみ出ているのである。しかし、この公判廷において、誰が一体この黒川の発言を額面通りに受け取り得たであろうか。疑惑の眼には、人間の真実も、虚偽としかうつらないものである。その疑惑の眼をもって、「どうして何時までも嘘をいうか」と、折角の真実を退けて、嘘の供述を強いるという結果になっている。このの皮肉な現実を、裁判長は気付いていないようである。

「裁　それから、被告人は5月18日及び19日の事について、警察でこのようにいっているがどうか。

　　この時、裁判長は被告人に対し司法警察官の聴取書中記録第218丁裏2行目ないし222丁表1行目を読聞かせた。

　黒　その通り間違いありませんが、屋台店を出ていった事は、私はその時酔払っておりましたから、意識しておりませんでしたが、警察で藤本がそのようにいっていたといわれましたので、そのようにいった事にしたのです。

裁　西が仕事が済んだら大阪に高飛びするといった事は間違いないか。

　黒　間違いありません。

　裁　酔払ったというがどの位飲んだか。

　黒　3人でビールを5本位飲みました。

　裁　それ位で酔払って意識不明になる筈はないではないか。

　黒　そのほかに、藤本が自宅から酒を持って来たり、屋台店からも酒を出させたりして相当飲んだのです。

　裁　藤本に、西が拳銃を借してくれといったことは間違いないか。

　黒　間違いありません。

　裁　それを覚えていて、自分のいったことだけを覚えていない筈はないではないか。

　黒　……。

　この時、被告人黙して答えず。

　裁　福岡の野田と久留米の原口が福間の競馬のことで喧嘩をするので、拳銃が要る等とどうしていったか。

　黒　全然そのような事実はないのですが、西のいった事に合せて出鱈目をいったのです。

　裁　野田とか原口とかいう名前も出鱈目か。

　黒　そうです」(註　傍点筆者)。

　上記の供述で、黒川は隠している事実がある。それは、答弁に窮していることでもわかる。なぜこの久留米の一件に関しては隠すのか、それは前述のように久留米の喧嘩を取り上げた事で、あとから両親などに迷惑のかかることを恐れたからである。黒川が、こうした些細なことで自分の立場を不利にすまいとして真実を隠すことが、ひいては、裁判官の西に対する疑惑となり、警察の予断の線を益々裁判官に固執させるに拍車をかける結果になっているようである。

「裁　石井がこの拳銃は癖があるから、俺が撃つといっていたのは間違いないか。

　黒　間違いありません。

　裁　石井も、西の計画を知っていたのではないか。

　黒　石井は、西から喧嘩があるからといって騙されていたと思います。

　裁　どうして、そのように思ったか。

　黒　事件後、新聞に書いてあるのを見て石井が騙されてやったと思いました」(註　傍点筆者)

　石井は、西が良い方の拳銃を持って立ちあがったので、持ち逃げされたら困ると思い、撃針の折れている方をさし出し、良い方の拳銃は、「癖がありますから」といって取り戻した事実はある。この点については、第二審第3回公判調書で、黒川は、以下のように述べている。

「裁　石井が拳銃を出して、これは癖があるから人には撃てぬ、自分が撃ってやるとは云わなかったか。

　黒　私は、その場では聞いておりません。

　裁　実際には、そのように聞いているから、警察でそのように述べたのではないか。

　黒　いいえ違います。私は、事件後そのような記事を新聞で読みましたので、警察では、聞い

たように申し上げたのです。
　裁　なぜ、警察で本当のことを述べなかったか。
　黒　新聞で読んで知っておりましたので、おそらくそのようにいったのだろうと思って述べたのです」

「石井は、西から喧嘩があるからといって騙されていたと思います」と、黒川は供述しているが、この時のことは、黒川自身が最もよく知っていることである。石井に拳銃を借せといったのも、借せないなら一寸来てくれといったのも、黒川自身である。そして、その事が端緒となって二人は射殺されてしまう結果となったのである。したがって黒川としては、責任を追及されると弁解に苦しいところである。だからそこは、黒川のズルさから、新聞発表の線にもってゆけばと考えたのであろう。

それにしても、新聞をみてそのように思ったというところに黒川の邪気がある。

10　黒川の射殺現場の供述

今までの公判調書における黒川の供述には、甚だしい精神的動揺がみられ、真実、虚偽の交錯の言を弄していることが読みとれる。ところが、このあとはなにを感じたのか、公判廷における度胸ができたのか、それとも、聴取書の通りを述べたが有利だという信念が得られたのか、聴取書の線に従って案外スラスラと供述して淀みがない。もっとも、これから述べるところが、本件における黒川の直接関係した重要な点であり、この点の解明いかんによっては、黒川は窮地に立たざるを得ないことになる。そこで彼は、一気に自己の利益のために、警察聴取書の線に従って供述したのかもしれない。

まことに、このところだけを読めば、黒川のいうことに信がおけそうで虚偽の供述とはとられない。ところが彼は、最後になって今まで、まことしやかに供述して来た前言を、ものの見事に覆えしているのである。

しかも、それは作為によるものではなく、むしろ裁判長の質問に、期せずして真実を云わしめられた感が深い。真実の自然流露とでもいうものであろうか。

少し長文に過ぎるが、以下に問題の公判調書を掲げてみよう。
「裁　それから、どうしたか。
　黒　私と石井と岸田は、最初、西から教えられた現場付近に行き、ここが現場だと教えられた上、西堅粕5丁目の中島國吉方の近所まで行き、私は、石井と岸田2人に現場に行っていてくれといって、私一人で中島方に行きました。するとそこに西がいて、王と熊本2人を連れて出て来て私に、2人をそこまで連れて行け、お前は直ぐ戻って来いといいましたので、私は、2人を連れて浜利飲食店の前を通り現場の方に行きました。
　裁　中島方は、現場に近いか。
　黒　500米位しか離れておりません。
　裁　それから。
　黒　それから私は2人をつれて、前もって西から教えられていた福岡工業試験場の横門の前に

行き、そこに２人を待たせておいて、横手の方にいた石井のところに行き、２人を連れてきたと報告しました。そして私は、王達の２人のいるところに戻って来て待っておりましたが、５分か10分位待っても石井がなかなか来ないので、私がまた催促に行きましたところ、すぐ来るといいましたので、私は王たちのところに戻りました。

　するとしばらくしてから石井が来て、私と熊本に、一寸別のところに行って待ってくれといいましたので、私と熊本は、九州味噌醤油連合会の表玄関のところに行って待っておりましたが、石井が余り呼ばぬので、熊本と２人現場の方に行こうとした時、博多駅の方から吉塚駅の方に向って機関車がゴーッと音をたてて通り過ぎました。

　そして、石井のところ行ってみますと、王が倒れてウンウン呻吟(しんぎん)しておりましたので、熊本が石井にどうしたんかと聞きましたところ、今機関車が通ったから撥ねられたんじゃなかろうかといいましたが、その途端に拳銃を石井が発射し、熊本が倒れましたので、私はびっくりして、200米位逃げました。

裁　すると、被告人が現場に石井と岸田を連れて行ったということになるね。
黒　そうです。
裁　石井と岸田は、どこに行くのか判っていた模様か。
黒　わかっていなかったと思います。
裁　被告人は、石井や岸田に西に計画を話したか。
黒　西から聞いているものと思っておりましたから話しませんでした。
裁　被告人が、中島方の前で王と熊本を引きつぐ時、西からいわれたそこというのは、現場を意味する訳だね。
黒　そうです。私は前もって西から案内を受けておりましたが、その場所だと思って福岡工業試験場の横門前に連れて行ったのです。
裁　連れて行く時、王や熊本には、現場で取引するというような話をしたのか。
黒　何も話さず黙って連れて行きました。
裁　王や熊本などは、被告人等が軍服をトラック等に積込んで渡すというような風に考えて、付いて行ったのではないか。
黒　それは、わかりません。
裁　王や熊本は、品物があると信じ込んでいた模様だったか。
黒　何もいいませんでしたが、そのように信じ込んでいた模様でした。
裁　石井を待っている間に、２人は何もいわなかったか。
黒　まだ、先方は来ないのかと聞きましたので、私はもうすぐできるからといっておきました。
裁　すると、２人は被告人等が品物を出すのではなく、外の人が来て出すということが判っていた訳か。
黒　判っていたと思います。それで私は、その時西が前もって王や熊本に現場で品物を売手が来て渡すというような話をして置いたものと思いました。
裁　石井が来た時、王や熊本は何かいったか。

黒　別に、何にもいいませんでした。
裁　石井は何かいったか。
黒　石井はどうもおそくなりましたといました。
裁　石井はどうして、熊本を別のところに連れて行けといったのか。
黒　その時は判りませんでしたが、あとで考えてみますと、王を殺すに熊本がいたら拳銃一挺だし、逃げられたら都合が悪いと思ったからだろうと思います。
裁　汽車の通る時間の頃に行って殺すということにしていたのではないか。
黒　その時通ったのは普通の汽車ではなく機関車でしたから、いつ通るか判りませんので、そのような計画はなかったと思います。
裁　しかし、少しぐらい離れたところに連れて行っても拳銃の音は聞こえるではないか。
黒　その時は、別にそのような事は考えも及びませんでした。
裁　被告人が、熊本を別のところに連れて行く時には、石井が王を拳銃で撃って殺すということは判っていた訳だな。
黒　殺すということは判りませんでした。
裁　しかし、被告人が2度目に石井を呼びに行った時、石井はヨシといって、ピストルを腹の辺りから出したのではないか。
黒　出しました。
裁　それでは、判りそうなものではないか。
黒　それは石井の考え1つと思います。私は考えませんでした。
裁　被告人が熊本を連れて行っている間に、拳銃の音は聞こえなかったか。
黒　聞こえませんでした。
裁　被告人と熊本が待っていた場所から現場は見えるか。
黒　距離は、100米位ですが、その間に家がありますので、現場は見えません。
裁　熊本は怪しみはしなかったか。
黒　私が連れて行く時は別に怪しみませんでしたが、待っている時に、一寸時間がかかりすぎましたので、何しとるんじゃろうかといっておりましたが、多少、変に思っていたと思います。
裁　熊本はどういう関係の者と思ったか。
黒　どっちが買主と判断がつかず、2人共世話人のように思っておりました。
裁　では、先程の続きにもどるが、被告人は熊本が殺されて逃げたというが、それからどうしたか。
黒　皆が待てと云って追駆けて来ましたので、私は自分が逃げたら此の事情をいふらすかも判らぬと思って、追駆けて来ているものと思い戻りました。すると誰だったか、判然憶えませんが、2、3人で私に切れ切れといいました。
裁　追駆けて来て切れ切れといったりした者は、判然判らないか。
黒　それは、はっきりと判りません。

裁　その時は、誰がいたか。
黒　西を除いた外の者は、全部いたと思います。
裁　王と熊本は、どこにどういう風に倒れていたか。
黒　福岡工業試験場の横門前の通路から門の方に少し引込んだところに倒れておりましたが、当時の模様ははっきり憶えておりません。
裁　被告人が逃げる前に、倒れていた場所と位置が違っていなかったか。
黒　同じ場所だったようにも思いますが、判然としません。
裁　後で、空地に引ずり込んだのではないか。
黒　私はそのようなことはしておりませんので、わかりません。
裁　切れ切れ、といわれてからどうしたか。
黒　私はそのような事はしたくなかったのですが、皆から怪しまれたらいけないと思って熊本の身体にさわってみましたら、冷たくなっておりましたので、死んでいるなら仕方がないと思って持っていた刃渡り４寸５分位い（全長６寸）位の匕首で、熊本の頭の辺りを突刺しました。
裁　王も、突刺したのではないか。
黒　私は、王は全然手をつけておりません。
裁　被告人の他にも、誰か刺したか。
黒　それは見ておりませんから、知りません。
裁　石井が撃ってから被告人が刺すまでの時間は、どの位あったか。
黒　２、３分位と思います。
裁　２、３分位で、人間の身体が冷たくなる筈はないではないか。
黒　しかし、本当に冷たかったのです。
裁　まだその時は、呻吟していたのではないか。
黒　そのようなことはありませんでした。
裁　死んでいるならば突刺す必要はない筈だが、どうか。
黒　私が刺さぬと、皆が私が外所に行ってこの事件を喋りはしないかと思ったらいけないと思い、形式的に突刺したのです。
裁　誰か、止めを刺せといったのではないか。
黒　そうではありません。
裁　しかし被告人は、警察では止めを刺せといわれたといっているではないか。
黒　その時は、警察では晩の９時から徹夜で取調べを受けましたので、係官もあわてておられてそのよう事を書かれたものと思います。
裁　なお、被告人は、刺す時に熊本の上衣のポケット等を探したのではないか。
黒　そのようなことは、しておりません。警察で取調べの際に他の者がいっているといわれましたが、私は、そのような憶えはないといったのです。私はその時死んでいるか、生きているかを調べるために、熊本の身体に手を当てて見たのです。そして、死んでいると判ったの

で刺そうとして持っていた匕首を鞘から抜く時、左手の拇指を怪我しましたので、私は自分
　　　のポケットからハンカチを出して血を拭いましたが、これを皆は見ていて、私が熊本のポ
　　　ケットから何か出したようにいったものと思います。
　裁　しかし、警察では、石井が身体を探して金を取れというので、紙切れを上衣のポケットか
　　　ら出して、石井に見せて金はないといって一刺したといっているではないか。
　黒　私は、そのような事はしていないといいましたが、勝手に書かれたのです。
　裁　外に、誰も熊本の身体を探したような事はないか。
　黒　私の知っている範囲では、ありません。
　裁　すると、一体金は何時取るのか。
　黒　金は西が浜利飲食店で相手から受け取っていた筈です。
　裁　金を受け取っていながらどうして殺したのか。
　黒　石井が間違って殺したものと思います」（註　傍点筆者）

11　真実の証言が反古にされている

　以上、長々と黒川は、射殺前後のことを供述しているが、石井と西が強盗殺人を計画して射殺したもののように、聴取書の線にしたがって供述している。しかし、供述に嘘のある証拠には、殺人現場の状況供述としては迫真性がなく、間延びした感じである。これを一々検討することは、重複するので避けることにする（詳細は、第2章『第二審判決文批判』を参照されたい）。
「裁　被告人は、石井や岸田に、西の計画を話したか。
　黒　西から聞いているものと思っておりましたから話しませんでした」
　この供述については、特にうなずけないものがある。それは黒川が、石井は西から計画を聞いてハッキリ知っていたというのではなく「思っておりました」というのであるから、これは黒川の勝手な主観である。したがって、西と黒川との間には、西と石井との打ち合せは通じていないことになる。その黒川が石井を先導するということは考えられない。また、
「裁　被告人が、中島方の前で、王と熊本を引きつぐ時、西からいわれたそこというのは、現場を意味する訳だな。
　黒　そのとおりです。私は、前もって西から案内を受けておりましたが、その場所だと思って福岡工業試験場の横門前に連れて行ったのです」
と、ここでも「思って」といっている。事実、黒川が西から現場だといって福岡工業試験場のところを指定されていたのなら、「そのとおりです。私は前もって、西から案内を受けておりましたので、その指定の場所の福岡工業試験場の横門前に連れて行ったのです」と、キッパリ答弁できるはずである。それを、「西から案内を受けておりましたが」などと、ここで、「が」を入れる必要もないし、「その場所だと思って、……連れて行ったのです」と、自分の主観で連れて行くこともないのである。
　黒川は、今まで強盗殺人の計画を遂行すべく射殺したのだと縷々供述したが、金を盗った形跡はない。そこで裁判長は、「すると、一体金は何時盗るのか」と、当然疑問とすべき点を取り上げて、

訊問した。

　これに対し黒川は、おそらく、とっさに聴取書に取り上げられている警察の筋書を思い出せなかったのかも知れない。その間隙を洩れるように、「金は、西が浜利飲食店で相手から受け取っていた筈です」と真実を訴えてしまったのではないか。

　ところが、そうなると、裁判長としては当然、「金を取っていながらどうして殺したのか」と質問せざるを得ないことになるが、この質問こそ重大である。

　この点を不問に付すと、ことの真相はわからなくなる。この点についてはあとで詳述する。

　黒川は上記の裁判長の質問に対し、「石井が間違って殺したものと思います」とここでもまた、真実を訴えてしまっているのである。

　黒川は今まで、強盗殺人の計画を遂行したのだと縷々供述しておきながら、土壇場にきて、それらの前言をものの見事に覆えしてしまったわけである。これは裁判長としても、決して聞き捨てにならない筈である。

　従って裁判長は、この黒川の答弁に対してはもっと鋭く追及して、その真偽を明確にすべきである。

　たとえば、「いかなる理由で、間違って殺したというのか」、「間違って殺したという証拠でもあるのか」、「今まで、強盗殺人を計画して行動し、射殺したと供述しておいて、今になって間違って殺したというのは、余りに話が飛躍し過ぎるではないか」、等々あらゆる角度から衝くべきではなかったのか。あるいは、ここで裁判長が鋭く追及して審理を粗略にしなかったならば、石井の誤殺の線も、相当に解明されていたのではないかと愚考されるのである。それにしても、なぜ裁判長は、この重大な問題点を審理不充分のままで通過したのか、その真意を理解するのに苦しむものである。

　しかし、裁判長としては、聴取書に信をおいていて、強盗殺人の計画に毛頭疑いを持っていないのであるから、「石井が間違って殺したものと思います」と真実を供述しても、それは単なる逃避の弁としてしか受け取れなかったであろう。

　既に、頭から強盗殺人事件だとキメつけての審理進行であったということは、被告人たちの期せずして一致する当時の回想談であって、これでは、この重大発言も反古にされるのもまた、止むを得ないことであったと残念に思うのである。

12　射殺と強殺が結びつかぬ

「裁　西の話では、初め何程位<u>取る</u>心算りだったか。

　黒　最初の計画では、130万円とかいうことでした。

　裁　70万円ではなかったか。

　黒　そうではありません、シャツ軍服全部で130何万円の取引だということを聞いておりました」（註　傍点筆者）

　裁判長は、強盗として「初め何程位とるとる心算りだったか」と質問しているのに対して、黒川は、「130何万円の取引ということを聞いておりました」と取引のつもりで答弁している。強

殺の事実のない黒川としては、これもごく自然の発言であろう。
「裁　熊本と王の後で、もう一組殺す筈ではなかったか。
　黒　そのような話は、聞いておりません。
　裁　熊本と王の外に、向うの連中がまだいたのではないか。
　黒　おりました。
　裁　どこにいたか。
　黒　浜利飲食店におりました。
　裁　被告人は帰りに、そこへ寄ったのではないか。
　黒　そうです」
　裁判長が上述のような質問をしたのは当然である。黒川側にいる王、熊本は射殺されたが、金を盗られた形跡は無い。すると、金は浜利食堂に残留している者から盗るつもりか、もしそうだとしたら、あとの残留組も工業試験場のところに誘き出して殺し、金を盗るつもりであろう。かように考えて、「熊本と王の後で、もう一組殺す筈ではなかったか」と、質問しているわけである。
　もし、ここで工業試験場のところで２人だけを射殺して、金は、浜利の残留組から盗るということにしたら、なんのために２人を射殺したのか、殺した意味がないことになってしまうわけである、だからどうしても、残留組も工業試験場のところに誘き出すということにしなければ、強盗殺人の話は、筋が通らぬことになるわけである。
　ところが事実は、２人が射殺された後、更に残留を誘き出す様子はさらさらなく、残留組が持っている60万円の金を盗ろうとした気配も無く、２人射殺後７名の被告人たちは、蜂の巣をつついたように、バラバラに逃げてしまっているのである。
　裁判長はここでも、残留組に対して、どういう計画を立てていたのか、どうして残留組を殺さなかったのか、等々について鋭く追及すべきであると思われるのに、この重要な問題点をなぜサラリと通過しているのか、不可解である。
「裁　では先程に戻るが、浜利飲食店に誰と行った。
　黒　石井と行きました。
　裁　他の者はどうしたか。
　黒　別れ別れになりましたので、どうしたか知りません。
　裁　飲食店に行ってどうしたか。
　黒　飲食店の処で西が外に出てきて、私に品物は積み込みがすんだといえと耳打ちしました。
　裁　予めそのような打合せをしていたのではないか。
　黒　そのようなことはありません。
　裁　それからどうしたか。
　黒　それで私は、西が店の中へ引込んだ後になかに入って、相手の人達に品物の積込みがすみましたといいました。すると、数人いた中から一人が自分が見に行こうと出かけましたので、西がここで金の取引をしましょうといいましたが、西がこの人を連れていってくれといいますので、仕方なく案内して現場の方に出かけました」（註　傍点筆者）

上述の黒川の供述によると、残留組を誘い出す気配は全然ない。西は、「品物は積込みがすんだ」から、「ここで金の取引をしよう」といっている。これはむしろ、誘き出すのとは反対に、阻止しているわけである。

 すると現金は、浜利飲食店で取る腹だということになる。そうなると、なぜ二人を射殺したのか、射殺せねば積込みがすんだといえないわけでもないのであるから、射殺の意味が全くわからないことになる。

 積込完了の嘘を黒川にいわせる位でことが済むのなら、なにも王、熊本２人まで殺す必要はない筈である。

 また、誘き出す計画であったのなら、「自分が見に行くといって聞かぬ」位行きたがっているのだから、サッサと連れて行けばよいわけである。

 どうも、強盗殺人だとすれば、ここで甚だしい矛盾撞着に堕ち入るはずであるが、裁判長は故意か知らずしてかは判らないが、問題の核心に触れるところに来ると審理を回避している。このように問題の焦点となるところで審理をそらしているのでは、真相の把握はおろか、むしろ、真相をくらましてしまう結果となるのではないか。

「裁　石井はどうしたか。
　黒　後に残って、西と何か話しておりました。
　裁　どこまで連れて行ったか。
　黒　そのまま現場まで行けばばれると思いましたので、現場の手前のところで、その人が自転車でしたので、専売局の裏まで行けば判るから一足先に行ってくれと嘘をいって、私は飲食店に引き返へしましたところ、飲食店の前で皆が何か話しておりましたので、あの人は、自転車だからすぐ引き返えして来るから、後は知らんぞといって帰ろうとしますと、西が残り者全部を連れて行けといいましたが、私は黙ってそのまま独りで帰りました。
　裁　西が荷物を積んでしまったといわせたり、現場を案内させたりしたのは、実際に品物を渡したと相手方に強く思いこませ、残りの代金全部を貰うためだった訳だね。
　黒　そうです。
　裁　被告人はそれが嘘だということは充分承知していた訳だな。
　黒　承知しておりました。
　裁　残りの物全部を連れて行けというのはどういう意味か。
　黒　わかりません。
　裁　それは、また残り者を殺して残金を取る考えだったのではないか。
　黒　そうだと思います。
　裁　被告人は怖しくなったから帰ったのか。
　黒　そうです。私は初めから悪いことをする考えはなかったのですが、西から命令的にいいつけられて仕方なくやりましたが、しまいには怖しくなって逃げたのです」（註　傍点筆者）

 ここの供述は、先程とはまるで反対になっている。こんどは、「残りの者全部を連れて行け」というわけである。「それは、また残りの者を殺して残金を取る考え」だというのである。それ

なら、なぜ黒川がはじめに来た時、みんなを誘い出さなかったのか。しかもその時、相手の1人だけ現場に行っている。これは、強盗殺人の遂行上、甚だ不利な結果となるのではないか。

裁判長は、「西が荷物を積んで仕舞ったといわせたり、現場に案内させたりしたのは、実際に品物を渡したと相手方に強く思い込ませ、残りの代金全部を貰うためだった訳だ」といっている。そして、それが不可能であったから、次の手段として、残りの者全部を連れて行って、殺して残金を取る考えだというのである。なるほど、そういうことも考えられる。しかし、さきに1人を自転車で現場に向った者が、2人の射殺を知るであろうが、これは一体どうなるのか。浜利飲食店で金を盗むにしても、工業試験場のところに残留組を誘い出すにしても、1人だけを先に現場にやるようなことは絶対にしないはずである。しかも、自転車で行ったのであるから、スグ引返せるわけである。その短時間に、西がうまく金を盗るというのか。しかし、それ程自信があるのなら、張りのものを全部つれて行けということもいらぬ。しかも、そういう事をいう前に（黒川が自転車の男をおいて引き返した時に）、西は、浜利で金を盗る工作や様子がなければならぬ。しかし、それについて何ら供述していないのは、そうした事実がないからである。

この時の事実は、黒川は、西に射殺事件を知らせようと思ってやって来たのである。しかし、西が相手側4人の一番奥に座って酒を呑んでいるので、知らせることが出来ず、品物は積込んだといって、西を呼び出そうとしたのである。西が積込んだといえと耳打ちしたというのは嘘である。そういうことは、当時の状況から推してできることではない。また黒川は、自転車の男と出たまま、途中から逃げているのが事実で、引き返したというのも嘘である。

黒川は、「私は、初めから悪いことをする考えはなかったのですが」といっているが、全くその通りである。だから、その事実を堂々と主張すればよかったのである。しかし彼は、強盗殺人罪だといわれ、死刑だと脅されたために、すっかり震え上がり、嘘までいってわが身を守ろうとしたのだ。人間の持つ弱点と、卑劣さである。

だが、この弱点、卑劣さを暴露させる方向に裁判が進められた感があることは、なんとしても遺憾に思われるのである。

13　誤殺を強殺に偽証した黒川

「裁　西から金は貰ったか。

　黒　一銭も貰ってはおりません。

　裁　なぜ貰わなかったか。

　黒　私はそのような金はいりません。そのような金をもらえば、強盗になると思ったから貰いませんでした。

　裁　石井等は、西から計画を打ち明けられて加担したのだと感ずるところはなかったか。

　黒　私は、石井は喧嘩だと西から騙されていたと思います」

黒川は「そのような金を貰えば、強殺になると思ったから貰いませんでした」といっているが、本件が強盗殺人事件になっているのを知ったのは、事件後新聞を見て知ったのであって、その点については、「諫早の母親の叔母の家に行き、5月24日まで泊り、それから、長崎県千々岩の

親戚を訪ねて1泊しましたが、この時新聞をみて、私達が強盗殺人犯人になっていることを知りました」（第一審第1回公判調書）と述べているのでも明らかであって、事件当時、「強盗になると思ったから貰いませんでした」というわけではない。また、西も軍服取引が済めば、黒川に小遣いをやるつもりでいたのである。しかし、取引なかばで射殺事件が起り、西自身謝礼金を貰っていないのであるから、黒川に金をやろうという筈もないのである。だから、黒川が貰っていないのは事実である。しかし、「私はそのような金はいりません、そのような金を貰えば、強盗になると思ったから貰いませんでした」といえば、西が金をやろうとしていたようになる。強盗殺人を遂行したことにするためには、どうしても、そのようにしなければならぬ。

また、黒川は、私は、石井は喧嘩だと西から騙されたと思います」といっているが、しかし、西は、一度も現場には姿をみせていない。

また、堅粕に石井がやってきたのも、西は知らなかったのだ。実は、石井を堅粕に案内したのも、石井と射殺寸前まで折衝したのも黒川だけである。だから、騙したものがいるとしたら、それは黒川自身ということになる。しかし、黒川にしても、石井を騙して射殺させなければならぬことは別にない。第一、石井自身騙されて射殺したとはいっていない。この公判調書の冒頭において、「これは、皆と相談したり頼まれたりしてやった訳ではなく、喧嘩の相手として、私が勝手に拳銃で殺したのであります」と供述しているように、喧嘩だと思って誤殺してしまった事件である。

そして、そのことを誰よりも熟知しているのは、勿論、その場に居合せた黒川自身の筈である。しかるに、黒川は真実を隠し、真実より不利になる強盗殺人罪を認めようとしている。これは実に、黒川の脳の弱さからくるズルサである。彼は虚偽の供述であっても、それによって、罪を逃れることができるならと、ひたすら自らの罪を逃れることのみに、腐心焦慮していたのである。

この黒川の弱点につけ込んで警察、検察は、菓子を食べさせて「お前に悪くはしない」とやさしくいったり、または「俺のいう通りにしないと死刑になるぞ」と脅かしたりして、強盗殺人罪をデッチ上げてしまったのである。

それにしても、菓子で釣られた黒川の哀れさと、菓子で釣った警官らの卑劣さと、共に人間の持つ弱さ醜さを見せつけられて、やりきれないものを感じるのは私1人であろうか。この第一審第1回公判廷が、さながら修羅場の如く荒れたということについては、第4章「裁判並びに公判証書の不信をそそる事実」に詳述している通りであるが、そのような公判廷において、正しく審理が進められる筈もなく、したがって、真実が究明されるはずもないわけである。第一、そのような意志をもって、裁判長は裁判を進めたのであろうかとさえ、疑いたくなるのである。

そうした荒廃した裁判進行の影響もあって、性来嘘の多い黒川は、その後も供述をしばしば変転させて、真実をかえって曇らせてしまい、自らの首を絞める結果に持って行ったのである。

しかし、第二審、島村裁判長の公判廷においては、終始真実を訴えているのである（一部、虚偽があるが、それは、極く些事に渡ることである）。これは、黒川がようやく自己を取りもどして、精神の安定を得たからでもあろうが、また、裁判長の訊問の態度等の厳正さからくる、その公判廷の雰囲気の影響も見逃せない事実である。

もし、第一審において、このような裁判長のもとに、厳粛に審理が尽くされていたならば、警

察、検察聴取書の捏造も明らかにされ、黒川供述の動揺も防げたのではないかと、愚考されるのである。

　黒川の供述に動揺があったということは、決して黒川が頑強に真実を隠して動じないという態度とは違って、当局の態度一つでは、たとえ虚偽を申し立てていても、真実を告白させる可能性は充分にあるはずであるのに、事実はむしろ真実を覆うような結果に審理が進められたことは、甚だ遺憾千万である。

　したがって、黒川供述の虚偽の責任については、裁判長訊問の責任に帰すべき要素が多大であると認めざるを得ないのである。

　（昭和38年1月7日）

第6章　2人の書翰を通して事件に触れる

目　次
1　共同謀議……………………………………………………………… 467
2　黒川利昭について…………………………………………………… 469
3　取調について、西の訴え…………………………………………… 471
4　取調について、石井の訴え………………………………………… 473
5　取調について、西・石井の訴え　その1………………………… 476
6　取調について、西・石井の訴え　その2………………………… 479
7　岸田文彦の書翰　その1…………………………………………… 481
8　岸田文彦の書翰　その2…………………………………………… 482
9　牧田の詫び状………………………………………………………… 485
10　単純な事件を複雑化している調書 ……………………………… 487
11　被告人の家庭の困苦 ……………………………………………… 489
12　黒川・石井に対する西の疑問点 ………………………………… 491
13　西・黒川に対する石井の疑問点 ………………………………… 493
14　石井の疑問に答える ……………………………………………… 495
16　黒川をかばうのではない ………………………………………… 498
16　黒川を疑っている石井 …………………………………………… 500
17　石井の西に対する結論 …………………………………………… 502

1　共同謀議

　本件における重要な問題点である共同謀議については、すでに、第3章第7節「第二審判判決文批判」において充分検討したつもりであるが、さらに、各被告人の手紙等によって、側面から共同謀議について検討してみたいと思う。

昭和30年6月、最高裁に提出した岸田文彦の「上申書」より

　「西武雄は、福岡旅館の女中の証言にもありましたように、ラバウル航空隊の司令元海軍少佐と自称致して、警察に逮捕されるまでは皆がそう信じこんでおりました。そのような海千山千の西に、石井等、私も全くだまされてしまい、喧嘩とのみ思い込んでしまったのは、理の当然であります。

　（中略）

　この事件は、西、黒川2人だけが、石井健治郎から拳銃を詐欺して、その拳銃で強盗、それが駄目なら強盗殺人までも犯して、被害者王祖金、熊本文造らから金を奪う筈の計画でありましたが、先に書きました石井に野心のある事を知った西の口車にのせられて喧嘩とのみ思い込まされ、西・黒川らが手を下すのを石井が喧嘩とのみ思い込み、拳銃を発射2人の生命を断つ

467

という大それた事を犯してしまったのであります。
（中略）
　石井が当日、西、黒川と会って話をしたという時は、必ず私か牧田が一緒におりました。その5分の間にさっきまで未知の者同志が人を殺して金を取る話をし、手はずをきめる。そんな馬鹿な話があり得るでしょうか。石井と私、牧田が西・黒川と初めて会ったのが、5時過ぎ。それから、事件発生が7時50分、もし5時過ぎから7時過ぎまでの間、丸2時間ずーっと話をしつづけたとしても、2時間で未知の者同志、しかも、その明け方の日にアヘン板の取引に依り、十数万の金をもうける事になっていた石井が強盗殺人の一役買って出るという事は、あり得ない当時の現状でした」
　第二審の判決によると、岸田は、強盗殺人罪が否認され単純殺人として5年の刑を言い渡されている。福岡旅館、被害現場等、石井と同じく行動した岸田、また、同じく西と行動した牧田、この2人が強盗殺人罪から除外されているが、そのことが真に追究されての結果であるなら、他の5名の被告人もまた強盗殺人罪でないことは、必ず明白になるはずである。
　岸田・牧田が強盗殺人罪から除外されたということは、共同謀議が否認されたことになる。なぜならば、同じく7名は行動しているからである。しかるに、岸田、牧田2名だけを共同謀議から除外し、残る5名に架空の共同謀議をデッチ上げて、強盗殺人罪を強引に成立せしめている。この誤審、誤判の裏には、なにかがひそんでいるように思われてならない。

次に、石井、西に宛てた押川智栄治の書翰（年代不明8月22日付）に
　「あの当時の事を思い起しながら、事件の真相をくわしく書面で作製中です。ただ心配になるのは、あの当日、本当に私達が事件の［原本に記載なし］の打合せなどしなかったために、事件後に知った事を取交ぜて書く怖れがある事です。書類を作っていても、いつとはなし、当日全然知らなかった事を後日警察等で知ったため、かえって、私の頭を混乱させます。また、警察、検察の取調べが、いかに今、考えてみると酷いものであったかを痛感するのです」
とある。事前には、全くなにも知らなかった。それだけにまた、警察で事件の智識を注入され易い状態にあったといえる。
　事前に知ったと、事後に知ったでは、事柄は同じでも意味は全然相違する。警察の取調べが結果論で終始したことは、7名の被告人がみな認めているところである。

次に、昭和36年10月16日付、筆者宛ての石井健治郎書翰に
　「津田先生が、この度「恩赦申立理由書」を、法務省保護局恩赦課長宛に上申書を提出しておきました。それは、『西君と黒川が強盗を計画していたが、それに石井は加担したり、謀議に加わっていない』というような事で、これでは、西君は気の毒なことになりはせんかと考えられます。しかし、これが本当ならば仕方ありませんが、警察の調書等にそういう風に皆が供述した事になっているため、今日まで、その虚偽捏造のために誤審をされているのでありますから、この点をよく第三者の方に知って頂いて総べてを調べ、間違いを正し、恩赦の請願も裁判

のこれからの趣旨も進めて頂かないと間違いが上司の方達に判って頂く事はむつかしいと案じております。
　西君が人権擁護委員に訴えないことは、強盗殺人を認めているのではないかと思っていられるのではないかと思われます。しかし、事件は、西君の意思など何ら関係ないところで起きているのですから、そんな憶測こそ、事件を誤審させている最大のものではないかと思えるのであります」

と述べているように、仮に西が強盗殺人を計画していたとしても、この殺傷事件は石井がいうように、「西君の意志など何の関係もないところで起きている」のである。第一、石井が殺害現場に来ていたことは、石井の勝手な意志によるもので、西は知らなかったのである。

また、石井が西と共謀してあったのなら、既に２人までも殺害したのである。目的の60余万円をそのままにして逃げるはずはない。

西また強盗殺人を計画していたのなら、拳銃確保を急ぐはずであり、まずは拳銃を掌中におさめてことをすすめるはずである。

昭和36年10月16日付、筆者宛て、石井健治郎書翰に
　「私は、真実の道を明らかにするために今日まで頑張って来ましたので、西君をかばうとか、西君をけ落すとか、自分だけ助かりたいとか、そんな事は、一度も思った事もなく、唯真実の、事実の正しい刑罰を受けたい、無実の強盗罪は絶対に承服出来ないのであり戦っているのであります」

同じく、同年10月31日付書翰に
　「私と西君とで内輪もめした事はありません、と言って、本当は共犯者でもないのです。本当から言えば、西君と私は最も敵同士でなければなりませんが、それが同じ共犯でなく全く無関係のどっちかであります。私は、事件の２時間前までは、西君らとは全く一面識もない、知らない人間同志であります。その上、西君の方は３人、私の方に３人、間に１人いて総ての言動を皆知っています。だから、私と西君とが敵同志になる事もいらずまた嘘も言えないし、相手の悪口も言う必要もありません。私は家族にもそんな人間がいたら許しません」

と述べているように、真実、強盗殺人を共謀したのではないのであるから、嘘をいう必要はないはずである。また嘘をいえば、７人も関係者がいるので、必らずどこかで辻褄が合わぬようになるので、もし嘘をいうとしたら、この時こそ７名が共同謀議をせねば、強盗殺人を成立せしめることは不可能である。

2　黒川利昭について

黒川利昭について、西武雄より筆者に宛てた書翰によって伺ってみよう。
昭和37年4月18日付
　「（１）それは黒川の心境を疑ってみたり、ある時は石井達の行動を疑ってみたり。それは立

場が変われば黒川が悪いというでしょうし、黒川にすればいらざること殺すからだと言うだろうし、私の立場からでは2人ともおかしいと思えば思えるんです。石井は、私が、となるでしょう。しかし、それはあくまで自己の立場を有利にしようとする欺瞞でしかないようです。そう思いますと、そうです。お念仏してみますと、みんなが被害者であったと合掌されてはなりません。人間世界ではその権力者にいためつけられてみると日頃強がりをいってみても、膝を屈してしまうようです。人間の弱い半面であることは、責めてはなりませんと自らを反省しています。正直言って入獄5、6年位までは、石井以下全員は八つざきにしてくれるという怒り心頭を充満していたのですが、この頃は、お念仏云々と言いますと、さも信仰者らしい振りをしているように思われてもなんですから『歳ですね』と申しますが、獄ボケと言ってもいいですが、あれもこれも今日のこの心にならせてもらうための縁であったのであろうと合掌しています。ですから、こと更にむつかしく考えたり、判断することの嫌いな性分でもありますが、この頃は、特にそうであります。

　無口は、否認を意味するのではなく、言えないからでもない。

　無口は、おとなしいからではなく、言いきらないからでもない。

　無口は、無法な権力者への精一ぱいの反抗、否、そうでもない。

　無口は、嘘に対する真実の絶叫である。

（2）黒川にだけ特に愛情をかけて、かばっているように見られておられるようですが、それはどういう点でしょうか？　今は、余り聞きませんが、以前はよく『黒川をかばう』とか、『黒川の事を何か知っている』ということをよく聞いたものですが、こういったかげ口より、法廷でその事を争ってもらいたかったと思うのです。それも理論的に私達に納得いくように、事実を言ってです。ただ、行動がおかしいからでは、それはその人だけの主観の問題であって、事実か、どうかは確定出来ないことではないでしょうか？　ですから、黒川のことに関しては、私の聞いた範囲の事実以外、つまり人物批判は私の性にも合いませんこともありますが、誤解の種になりますから差し控えているわけです。

　私とて、当日の事犯に疑問を持ったのです。石井、岸田、牧田その他一連の者の話だけ（この時は、黒川がおかしいとか、どう言ったとかいうことは全然言わないのです。久留米の喧嘩の話を聞いただけだという。黒川を東京に逃がしたことも聞かないのです。ただ喧嘩をしていると言うので止めるつもりが誤殺をしたとだけ言うのです）。では、信じられないので、藤本に黒川を何としても探し出して連れて来いと探させたのですが、会えないままでした。石井、黒川の行動中の話の内容は全然知りませんから、その点については、私も聞く立場になっているわけでありまして、ただ、この場合『黒川が黒川』とこと更に黒川を悪く言わんとしているところには、私は、一点の疑心を起しています。法廷では、『何も聞いていない、何も言っていない』というかと思うと、『黒川がこう言った、ああ言った』はおかしいと思います。

（3）黒川と会いました時、今、野田発次郎のところに徒食しているといういう話を聞き、親元にも帰っていないお土産持ってでないと帰れぬ。こういった話を聞いていました。その2、3日後、柳川を通る機会がありましたが、その時、黒川が『一寸家に寄ってくれ』との事から、

土産物の話となり、『金の5百円、千円のことより、これでよけりゃ、お土産代りにあってもいい』と渡したのが封鎖預金帳でした。勿論、少額でした（この預金帳は、劇団関係の費用に払い出した新円の差額の封鎖で、第一種だったと思います。だから毎月規定額は払い出されたと思います。だから、毎月規定額は払い出されたわけです。4、5千円位あったと思います）。それをやりました。その日、黒川宅に行って5分ほど挨拶ていどの話で別れ、私は付近の旅館に泊まりました。その夜分、黒川が遊びに来て、『祖母があの封鎖預金帳を銀行に見せてからとても喜んでいました。そしてこんなに貰っては気の毒だから、これは茶菓子代わりとして上げろと言われたとのことで、2千円（記憶うすし）だったか、のし封筒に入れて持って来たことがあります。その後、忘れた頃になって、あの預金の払い込みがうまくいかないらしいから。小切手を切ってくれというので、事業資金としての事業主体の同じ銀行内でならできるが小切手は切れないということ、それではということで忘れていたのです。ところがです。

　黒川の法廷証言では、

『その預金帳のことで謝礼のつもりの2千円？　の金を返せと祖母にせめられ、だからと言って、西には言えず、そうした事から西の気性を知っていたので、野田発次郎と原口との話合い、話の都合では喧嘩にでもなることを話して、自分も一宿の義理でついていくと言えば、祝儀代りの小遣いをくれるだろうから、それで埋め合せるつもりであった』

　と言うのです。私としてはアッと思いましたが、そんな内面的なことまでは解らなかったです。うかつと言えばうかつですが、私と黒川と一緒に寝泊まりしているわけではなく、一日に一度会っても話をしないこともあり、2、3日も会わぬこともあり、まして、当時は全く久し振りの邂逅(かいこう)なくらいで、以前、半年位の使用人の内面的な思いまで見抜くということはとても不可能なことで——、私の不徳の業です」

西、石井、黒川の3人、互いに話合って行動したのでなく、実は何の前触れも連絡もなく勃発した事件である。ために3人は相互に疑心を持ち怨む心にもなっているのである。

　しかし、また冷静になれば、「みんなが被害者であったと合掌されてなりません」ということにもなるのである。

3　取調について、西の訴え

　警察、検察、裁判の不正に対する西、石井の訴えを書翰から抜粋してみよう。

昭和37年4月18日付、筆者宛て西武雄の書翰より

　「調書は、本人の供述を聞きながら、係の警察官が筆記するわけですが、その筆記が供述者の供述通りか否かは、筆記をする者の良心の問題ですが、この点で、私は不審を持っています（法律的なことは知りませんが）。

　供述者が供述する、それを筆記する（それが強要であろうと否とにかかわらず）、それも1日に少しづつ掛紙に1、2枚程度、筆記したものを読んで聞かせる。こうしたことを回数かけてくり返してでき上ったら、末尾に署名拇印を押させます。

一見正しいですが、穴があることに気付きました。それは、供述作成したものは読んで聞かせても、見せはしないということと、殊更に枚数を多くしていること、署名、拇印はあるが末尾だけですることに不審を持っています。関係者の法廷供述を聞いていると、『そんなことは言わない』ということを再三聞いていますが、要するに、供述内容の筆記は警察官であるから、あとで改作は全く自由自在だからです。末尾の署名があると言っても、それは末尾の署名はしたという確証だけであって、内容の責任云々は、一応考えさせられる問題だと思います。
　ですから私は、一応はどのような話をしているかは見ても、それが当日の行動との相違があれば、『なぜそうなったか』を聞いて、成程なァ、ひどいことをするものだと警察での改作に憤りを感ずるものです」

昭和37年8月5日付、筆者宛て石井健治郎の書翰より
　「裁判記録を取りよせて驚いた事は、法廷で供述した事が載っていないこと。たとえば、3時間も訊問、答弁したのに記録はたった2枚位のものでしかない事。また、矛盾した点が多い。裁判官とのやりとりの話は一つも記録されていない。これでは、第三者には裁判の実状は判りにくい」

昭和36年10月9日付、著者宛て西武雄の書翰
　「これにつきましては、塩尻先生にもお手紙で御報告申し上げましたが、私の場合は、他の6名その他の証人等と立場が違いますために、その責任を警察、検察、相被告人と証人に求めなければならぬ関係上、どうしても強く言う結果になるより仕方のないことでございます。相被告人である石井その他の者が強い信念と良心があったなら、いかに強要されても聴取書作成上で警察、検察官らに迎合しなかったでありましょうから、責任の半分は、相被告人にもありますが、それを強要した責任は認めて頂かなくては、無実の証明そのものに影響しますために、どうしても警察、検察官の強要して作成したものであることを訴えたいと思います。
　石井健治郎その他の者全部は、嘘と知りながら、権力に迎合して、少しでも自分の立場を有利にしようとした責任上、警察、検察官を責める事は出来ないでしょう。どうしても、自己内省して責任をとって嘘偽の供述をしたということを表明してもらう以外方法は、ございませんでしょう」

昭和36年8月8日付、筆者宛て、西武雄の書翰
　「(イ) 関係者＝石井健治郎、黒川利明、岸田文彦、牧田頼之、藤本清喜、押川智栄治、西武雄、この中から藤本、黒川は以前の使用人（西日本芸能社当時）その他の石井、岸田、牧田は同宿人。押川は、石井の知人とのこと。以上の4名は、私との面識は全然ないわけです。
　(ロ) 事件発生後＝警察に連行された私は、事件の外郭（内容は関係しておりませんので分らないのです）を申し上げて、石井達グループの逮捕となったのです。だから、警察に連行された時から、私と石井グループとの仲は犬猿の仲であるわけです。と申しますのは、私とすれば、

知人を殺されたのですから——、この雰囲気を石井グループは、検察官なり警察の取調刑事に利用されて、刑事＋石井グループ６名（逮捕は６名で、あとで２名は帰される）は、車座になって一つの線を合成して書類作成に同調しているのです。

（ハ）その後で黒川、藤本の逮捕となり、この２人の取調べはもう権力ずくの、誰がこう言っているからお前はこうだ、ああだの押しつけ供述。若い人達のこと。刑事達に取りかこまれての強要に勝てるものではなく、『どうともなれ』という思いや、『こう言わぬとお前は死刑だ』と脅かされると、あとは簡単に権力者の言うがままに同調。

（ニ）この全部の聴取書を私につきつけて、『皆がこう言っている』と迫ったのです。が、私は一笑に付して、『そんな作りものは見る必要がない』と口論して、結局は、私の分は白紙に拇印ですみましたが、これを利用はされていますけど、私の分は、判決の証拠としては一語一句もありません。

で、結局は、石井グループの警察内での合作したものが原因で、連鎖的に次々と強要されているのですから、誤審を正していくには、その第一歩の石井グループの偽証作成自体を明白にする必要があるのです」

4　取調について、石井の訴え

昭和37年4月25日付、筆者宛て、石井健治郎の書翰

「警察の取調べは全くの出鱈目なもので、今考えますと残念でなりません。私共は、初犯者ばかりだったために、警察の思い通りに造りたてられてしまったのですね。警察が、裁判の時、何人か出廷して訊問に答えていますので、記録を読んで下さいませ。後藤刑事やその他の警官の証言でも、警察では、押川も藤本も『石井は［原本に記載なし］旅館を出るまで強殺の話は、知らなかった様である』と申し立てていたが、あとでは、『石井は知っていたのではないかと思う』とのべている。これを見ても、検察庁の『旅館で話し合って出た』という調書が、どうして出来たか判ると思います」

昭和37年4月27日付、筆者宛て、石井健治郎の書翰

「再審の材料は、確認の決定書を取る事より他にありませんから、証拠として判決謄本に載っているものだけを、完ぷなきまでにくつがえす事が再審受理のもととなるという事でありますから、それを今からやらねばなりませんが、これは技術的に考えてやって行かねば、裁判所のカラクリにやられてしまいますね。法律の盲点をうまく利用されるから被告人や被疑者はたまったものでありません。また、警察、検察調書は誘導、脅迫、捏造迄加えて、いかにも被告人が供述した如く、巧みに造り上げてあることを初参者の方が知って、それらの書類を見て頂かねば、私共の裁判は実際の真実がかくれてしまっている事であります。また、裁判記録でさえも書記の間違いか故意にされたのか、皆の申立て通り記載されていないことであります。これらのことを総合してよくよく間違いを明らかにして頂きたいと思います」

昭和37年4月28日付、筆者宛て、石井健治郎の書翰

「裁判記録の出鱈目な事は、始めから解っていることで驚きは致しませんが、これらの出鱈目なものをもととして、その中から罪になりそうなところを拾って証拠とされている事は、私がいつも申し上げていることですが、第三者の方は、どれが間違いか、嘘か、捏造か、勘違いの答弁か、また、事実か、仲々判断に苦しまれる事だろうと申訳なく思いますが、何と申しましても、証拠となっているものを、一つ一つ確認確定判決を求めていくより他ありません。私が証拠となっている一つ一つを見ます時、全く事件の事実が証拠とされていないと言ってよいことであります。そして、それを総合する時、矛盾だらけであることに気付かされます。

西君が中島園吉氏から貰った金の使い道でもそうです。西君がいくら家に金を置いて行ったか、私は、布呂敷包みの四角いのを見ただけで、私自身は、その翌日、雁の巣の妹の家に行く時、武田他、5、6人いるところで、その風呂敷包みが棚の上にあるので、武田に『拳銃を売ってくれ』と言って、金を置いていっているが、あんな殺傷事件が起きたあとだし、『拳銃は売らん事にするから、あの人（西）が来たらそう言って包みは返しておいてくれ』と言って、私と妻は家を出たのでありますから、そのまま下関に行き、3日間、福岡へは帰っておらず、福岡に帰って押川の家に立寄って、初めて西君が七福にいる事を知って、家に帰ったのでありますから、押川の話では、『私の弟や他の人達が7、7人毎日七福に行って酒を飲んでいるようだ』と言うので、新聞に西君を強盗殺人容疑者として、毎日のように新聞が大きく報道している時、これは皆に大変なことになりかねないと思って、家に妻と飛んで帰ったのであります。そして、皆の話を聞いてみますと、武田、弟、角栄、小森、安部、岸田、牧田が七福に行ってお酒を飲んだり、女を買ったりして遊び、その遊興費を西君の風呂敷の金で使ったと話すので、『これは大変、お前たちも関係者となるぞ。新聞の報道の具合では、西君が強盗でも計画して起したように報じているので、その金も、もしかの時には関係のある金かも知れんぞ。お前たちは、なんで人の金をそんな馬鹿なことをして使ったのか』と、私がとても皆を叱ったのですが、武田の話では、飲食の他にも現金を小森や半田から『借せ』と言って取られていることを私に話すので、私はその事を大変心配して、その当時は西君とは敵対的な感情でいたために、西君が警察で、『私はこの事件には何の関係もない。殺したのは、私は知らない。石井達が勝手に殺傷事件を起こしているのである。金も石井のところに置いていたのを、石井等が使ったのだろう。私は知らない』と言っていたので、私は西君が、何も彼も私が悪いように言っていたので、私自身は金の事は知らないのだが、家の者が使った事を知っているために、皆をかばう気持で、『弟や家の者は何も知らん。これは私が殺人事件を起こしたのである。金を使ったと西が言うなら、少しは使ったでしょう』と家の者をかばうために私が警察に言った事は確かにあります。そんな事から、色々とおかしな記録が出来たり、皆をかばうために少しは嘘も言ったのだと思いますが、実際のことは調べればすぐ解ります。私は、七福には1回も行ってはおらず、2回行って金を払って行った石井というのは、弟の隆と武田であるということは、他の記録の中で、藤本が弁解している通りであります。石井というために、私と間違えられている事

です。また、石井勇のことも石井と出ているので、私と間違えられていることがあります。このようにいたるところに間違いがあるので、金銭の事は皆が知っていると思いますが、私は一銭も関係ないのが事実であります。押川がやはり武田の金包から藤本を通じて何千円か貰っていたのと、私が下関から帰りに寄った時、押川が私に『藤本からタバコ銭といって［原本に記載なし］貰ったが、後で考えると、もし西の金ならば新聞に強盗とかいって載っていたので心配している』と言うので、私が『それはもどしておいた方がいいよ』といったので、側にいた押川の家のおばさん（女中さん）も『石井さんがああ言われるから金は早くもどされたがいい』と言われ、押川は警察に行ってもどしている事実を見ても、私が押川や西、藤本等と計画や、又はそれに加担したようなことも何もないのです。第一私と西君が計画して話合って起した事件ならば西君が警官らに『私は何もこの事件に（殺傷）関係はない。殺した人間は小金町にいる』と警察に教えるでしょうか。一緒に計画した人達がっかまってくればすぐばれるでしょうから、西君を少しでも悪く言わせたのは、警察であり、押川、岸田、牧田が時に警察の誘導にのったり、脅迫におそれて、有ること無いことを申立て、おまけにしゃべる言葉まで数えられて、死刑、死刑と脅かされるので、少しでも軽くなるように警察に迎合して、嘘を本当のようにだんだん言ってることが多いのでありますね。だから、全く嘘ではいかんので、本当に嘘を織り交ぜてあるので、話がややこしいのですね。要は、デッチ上げられた事件の先入観が法廷にも現われて、『警察で、ああ言っていたから、その通りに言わねば』と思って言ったり、いや追及されると話がおかしくなるので、本当の事を言い直したり、自分が嘘を言っていることを、他の共犯者とされている人達に指摘されるのが恥しさに色々と弁解したり、各人が色々な、自分の思い思いを言っている点が多く、黒川はそれが時に多いという事でしょうね。それに加えて裁判所の書記達がいい加減な速記をやっている事ですね。大切な裁判法廷の斗争の記録が沢山無いことですね。たとえば、松尾利之を私があれ程反対訊問して時間をかけて追求している記録がないこと。裁判長（池田）も、終に『被告人の言う事が事実なら君（松尾）は偽証罪になるよ』と言わしめたことです。全く速記はこれらのことが全く載せてないことですね。裁判記録の抜粋を読んで、これはどうも話が余り事実と違う事です。答弁が弁解となる事を恐れるものです。私の考えでは、裁判所の悪意による供述の速記の途中が抜けていたり、後先になっている様ですし、また、私達が余りにも『強盗殺人』と断定されるので、『殺傷事件』だけにするための、いらぬ『強調』が出ているようで、冤罪を叫んでいては、いよいよ疑いをかけられそうで、殺傷事件を強調した点もあったように思いますし、それにしても、どうして全くこのような事実がないのに、こんな供述をした事になっているのか、判断に私自身が苦しんでいるところでありますから、そのつもりで御判断をお願い申し上げます」

昭和37年6月1日付、筆者宛て、石井健治郎の書翰より
　「兎に角、再審へ持っていくには、現在証拠となっている調書を全部確認判決を取る事こそ再審判決のための必要な事であり、それ以外の事は裁判が始まるまでの世間に訴えて協力と援助を頂くためのものと思います。一人一人の新しい証言も必要なら造らねばなりませんが、私は、

世間に訴えて御援助を頂き、そして、よい弁護士を立てて頂くこと、確認裁判を西君も始める事、私の方も勝訴するように努力して頂く事、これは是非早急にお願いしたいと思います。確認裁判にはどうしても勝たねばなりません。裁判所は、判決謄本の出鱈目をいくらつついても知らん顔していて、純粋な先生方は驚かれますよ。今では、軍服のあるなしではなく、このデッチ上げの証拠を一つ一ついかにして無効確認または捏造の確認、または、虚偽確認をするかにかかっていると思います。それ以外の新しい証拠は、強盗計画のなかったという新しい証拠、または西、黒川と石井、押川、藤本の間で強盗の謀議が無かったという新しい証拠、または軍服が確かにあったという証拠位でありましょう。熊本が連れていった（または、黒川が連れていった？）という味噌会社の倉庫の中に軍服が置いてあったのか、おそらく、私の考えではいくらあそこを探してみても駄目でしょうね。先生の疑問点、黒川と熊本の点がどうも私も霧が晴れない気持であります。憶測で裁く裁判は最も危険であると、私は思います。裁判はあくまで、『疑わしきは罰せず』で行くべきであります。あくまで正しい証拠で裁判するのが本当でないかと思います。その点、私達の判決謄本は全く出鱈目であり、今解読している私が腹が立つ位であります。最高裁の判事がしかりですから、他の日本の裁判官はおして知るべしです。刑法学者の頭が少しおかしいのでしょうか。まあ、こんな事を思うのも15年間の裁判官のやり方を見て来たためでありましょう。何とか、真実を明らかにして、この日本の出鱈目な裁判のやり方を改正して、国民の一人一人が人権を正しく守られる制度でありますようにしたいと思います」

5　取調について、西・石井の訴え　その1
昭和37年5月25日付、筆者宛て、石井健治郎の書翰

「この頃、いろいろと雑音が入りますが、どうか私共が先生にだけ総てをおまかせしていることを考慮に入れて下さいまして、御配慮給わりたいと念願しております。俺が俺がと言って下さるお方は有難いけれど、足の土についていないお方が、真剣に事件の真相も調べず、唯新聞や世間に訴えるというやり方は、真実を明らかにする道に外れる事は、今までの経験で間違いありません。動いて下さる方は、総て古川先生を中心にして頂くように皆さまにも申し上げております。趣意書の立派なものができて、誰でものお力でできると信じております。また、私の方にも妹始め、和恵その他必死に私共の事を想ってくれて、古川先生の手足ともなる事を望んでいる人間も多いです。今は、大将になる人は入りません。必死の人間だけでよいと西君とも話しております。西君もそのために写経、仏画をどんどん描いて先生の費用の一部に送りたいと言っております。そして、一日も早くよい弁護士さんと法定代理人の変更をして頂きたいと思いおります。私共は命がけですから、人情でつまらぬ弁護士にくっつくわけには行きませんし、弁護士が裁判所から刑を言い渡されるようでは、どうにもなりません。唯考えねばなりません事は、すでに結審となっている事であります。唯判決がどういうわけか（中島氏の言い分では、重大だから慎重に書類を調べているとの事）、結審して、何を調べるのでしょうか。この裁判は、絶対、私の勝訴以外ないのです。なぜなら、被告は私の言い分が正しいと認めていますし、法廷で申し立てています。しかし、一審の如く、『供述書は本人の責任がない』な

どと再びインチキ判決をせんとも限りません。しかし、もしそんな事をすれば、裁判官を訴えてもいいし、上告もします。正しい判決をせずにそれが違ったら日本の裁判は信用されなくなるでしょうね。責任のない供述、捏造の調書などで2人も死刑にされてはたまったものではありませんです。そんなことになったら、新聞に判決文を発表して世論に訴えても戦います」

昭和37年4月16日付、筆者宛て、石井健治郎の書翰

「警察の取調べを受ける時、王の方の人々が酒やサカナを沢山持って来て、私達を何とか重い刑に堕そうとして、ある事ない事言って警察官に先入観をうえつけてしまったために、無理に調書ができあがって、その上、皆が警察官の脅迫とうまい誘導と、西君が皆をだましのだとか、西君がお前達の事をものすごく悪く言っている。しかし、俺達には西が一番悪いのは判っている。お前達が西の悪口を言って西を罪に堕さんと、石井が一番重い刑になるぞ。そして、死刑になる人間が何人も出るぞ、と脅かされたりしたので、押川、藤本、岸田、牧田、河田、隆等がある事ない事言って、その上、警官がこう言っておけとか、牧田はこう言え、岸田はこう言えとか言って、言う言葉まで教えていた事は、側で私も聞いていて、その時は警官が私の事を想って言ってくれるのだと思っていたが、実は、そのために強盗殺人事件に捏造されていたのであります。その上、それでもまだ強盗が付けにくいので、今度は検事さんが押川、藤本君等に旅館で話し合ったという、嘘の供述をさせたのであります。その方では黒川をうまく誘導して黒川を軽い刑にしてやることに依って、西君を主犯とする強盗殺人事件であるが如く捏造しているのです。黒川がそのためにいろいろな嘘を言って、事件をこんがらがせているのであります。黒川も、法廷で、『自分の命が助かりたいばかりに西や石井に罪をかぶせてしまった』と申し立てている事も判ると思います」

昭和37年8月5日付、筆者宛て、石井健治郎の書翰

「（1）捏造の分は、石井の警察調書の内、もっともひどいのは、11項であることは、今まで説明している通りでありますが、他の部分も大分供述と違っている点もあるが、現在証拠となっている11項の一部（証拠部分）は、時にひどい捏造であることは、文面にすでに明らかである事実。
（2）拷問の件は、たしかにあった。しかし、それにより供述したとは思われない。むしろ、うまい話に石井よりも牧田、藤本、岸田、押川がのせられた傾向が強い。たとえば、西を悪く言うことによって死刑から助かるとか、罪を軽くなるようにしてやるとか、色々な甘言にのせられて嘘を言わせられたのが本当である」

昭和37年4月18日付、筆者宛て、西武雄の書翰

「グルグル巻きにされて吊されたり、うしろ手錠で吊されたりはしましたが、その時の感じはこういうことをするとは聞いていたが、ひでえことをしやがると歯を喰いしばったものです。今でも思うのは、こうした事も話し合いでやっているのですね。吊り下げて5分か10分かす

ると、係長か主任か知りませんが、あの三角部屋を偶然のぞいたというふりをして、『君々そりゃいかんよ、止めたまえ』といって楽な姿勢にさせて、そしてネチネチと聞かれたのですが、よほどの事でない限り、このような事をやられたり、七つ道具を見せられると警察官の強要に同調しやしないでしょうか？　どうせ裁判で本当のことを言えばいいんだからと自分自身に妥協する弱い面を持っていると思うのです。こうした事を思うにつけても、関係者を責めることに苦悩します。八つざきにしたい位の憤りも消えました」

昭和37年3月26日付、筆者宛て、石井健治郎の書翰
　「『雪冤の仕事には、どうしても専任に誰かがかからねば、――』と言って下さる古川先生のお言葉に、私共は希望の明るい光が射したように嬉しく思われ、感謝しております。しかしながら、法治国家である日本が先生の仰言る通り、そこに、また欠陥があるのでしょうね。
　○1人の警官が、出世あるいは表彰されたいため、または、仕事熱心の余りの行き過ぎから捏造する。
　○自分の憶測に合せるために、誘導訊問その他で嘘の供述をさせる。
　これらの事を手段として一つの事件を造り上げて起訴状を造り、それが証拠で無実の者まで重罪に堕される。驚きますね。
　私達の事で重点となることは、
1．西君は、殺傷事件の責任は絶対ないこと。
2．私には、強盗罪が絶対無実であること。
3．私と西君と、他の5人との間に強盗とか殺人との間に強盗とか殺人とかの話合は絶対に無かったこと。
4．突発的に出来た殺傷事件であること。
5、相手（王祖金）も拳銃を持っていてポケットから出そうとしたこと（この拳銃は、藤本氏が拾って持っていった事実）。
6．何一つ、人の物を盗った者がいないという事実。
7．被害者王祖金は、窃盗団の親分であったこと（子分江里口氏の証言が先日お送りした記録の中の証言書にあります）。王の手下は、今も数人現存しています。
8、原口親分と野田親分の喧嘩があっていること。
　拳銃入手のための話を黒川から聞き、石井が信用したため、この間違いの起きた原因がある。これらの事が真相であり、供述書や調書等は事実を伝えていない捏造や虚偽や変造の多いことのために、書類だけを読む人の心を迷わせている事、このような事を知って記録のすじを一本にまとめていくと正しい一本の線が出る事は容易な事であると信じます。それを裁判官は、わざと罪になりそうなところばかり拾って、いかにも計画的な大事件の如く造り上げていられるのであります。私共の外に真相を知っている人間が藤本、押川、岸田、牧田と4人もいることであります。よかれ愚かであれ、誠心で誰にえこひいきすることなく、唯真実を正しくやろうという正義の真心のあるお方でありましたら、この事件を正しい道に導いて真実を明らかにで

きますことを私は確信いたします」

6　取調について、西・石井の訴え　その2
昭和37年4月19日付、筆者宛て、西武雄の書翰

「『警察で何かくまれた原因はないか』のお尋ねでしたが、この質問事項を昨夜もいろいろ思い返してみたのですが、これという思い当りは先に書きました以外はありません。ただ、法廷で石井、牧田、岸田、押川（黒川、藤本は、私の知人ですから例外としましょう）。

『西が、お前たちが、強殺をやったと言っとるぞ。あいつも引込まぬと、西はもう出所するぞ。お前たちは、全員死刑になるぞと言われたので……』

こうした事を頼りに言っておりますところを考えますと、再三書いてございますように強盗の線を出すために、私達の人権とかなんとかいうものは無視して、あらゆる卑怯な手段を講じていることで、私と石井達の面識の無かったことが、石井達一族に疑心をおこさせて、結局一時的ではありますが、迎合させられているために、私が悪者に仕立て上げられているのだと思います。この点を最高裁のとき、裁判長に提訴したのですが、『警察官を法廷に呼んでも、そんなことをさせたとか、言わせました等と聞けるものでなく、言やせんから、その点はよく解っているから裁判所にまかせておいてくれ』と、当時の島村裁判長のお言葉でしたが、この方は途中で栄転されましたので、この意が後の裁判官に通じてないこともあって残念に思います。警察、特に刑事たちですが、人間的にはよい人達でしょうけど、事件調べとなると自信過剰な『カン』で過大な書類を作成していることは、そうした被害を受ける立場に堕されてみるとよく分かります。

『お前達に刑事がそんなことをするものか、とかそんなことをしたからと言って、何の利益になるのか』という者がいますけれど、そうした一面的なことも言えることは言えるんです。しかし、その裏の一面をそうした境遇に遇ってみないと分らぬところに人間の甘さ、と言いますといやな言葉ですから、よい面と言っておきましょうか、悲しい事だと思います。警察内での私に対するそうした面の『何故だろう』ということを、石井達にも聞いてみて下さい。これたちでしたら、一部の者が刑事に迎合していましたから、案外真相が幾分かなりとも出るやも知れません」

昭和37年4月28日付、筆者宛て、石井健治郎の書翰

「第一、私と西君が計画して話合って起した事件ならば、西君が警官らに『私は何もこの事件（殺傷）関係ない。殺した人は小金町にいる』と警察に教えるでしょうが、一緒に計画した人が捕らわれればすぐばれるでしょうから、西君を少しでも悪く言わせたのは、警察であり、押川、岸田、牧田が時に警察の誘尊にのったり脅迫に怖れたりして、有ること無いことを申し立て、おまけに喋る言葉まで教えられて死刑死刑と脅かされるので、少しでも刑が軽くなるよう警官に迎合して、うそをだんだん本当のように言っている点が、多いのですね。だから、全く嘘ではいかんので本当に嘘を織り交ぜてあるので、話がややこしいのです」

昭和37年5月7日付　筆者宛て、石井健治郎の書翰
　「真実は、一つしかありません。これは、誰が何と言おうとどんなにうまく捏造してもこの事件の正しい真実は絶対に西君と私との間に事前に計画の話合いがあったとか、そんな事件ではなく、間違っておきた突発的な殺傷事件であることは、全員の知る事実であります。これを、色々間違った想像をされる人達にはどんな御説明でも私は出来ます。押川も藤本も岸田も、牧田もいる事です。いい加減な嘘は通る筈がありません。牧田が嘘を言っても、岸田と話が合いませんでしょうし、押川とも話が合いませんでしょう。彼等が嘘を言ったのは、脅されてそう言わねば自分が罪になるからですね。牧田は拳銃を持って廻っています。そして、死体も握っています。それなのに、どうして無罪となったか、藤本は風呂敷包の拳銃（のちに、牧田が持って帰った）を一寸押川から受取っただけで拳銃不在所持が付いて強盗殺人幣助罪までついています。法廷で、私がその事を裁判長に追求したら、『牧田は、検事が起訴しないから無実だ』と言いました。こんな馬鹿な話がありますか、そんなら、『強盗殺人罪で起訴すれば、無実でも起訴したから死刑』というのと同じですね。これが裁判というのですから、私共のこれを考えて今後の手段を選び戦わねば矛盾だらけの証拠で、平気で人を無実の罪で落すのですからね。もう先生にも、この現在の裁判の出鱈目なやり方を、少しはお判りになりましたと思います。古川先生や塩尻先生がいられなかったら、私達は到底真実を明らかにする事はできなかったと思います。それを思うと、背すじが寒くなります。法務大臣も先生方のお言葉を聞いて下さっておりますので、無茶な事をなさらないと信じております。民事、刑事共に確認裁判の確定判決を一日も早く取る称に卸高配の程願い上げます」

昭和35年盛夏付　中村国子さん宛て、石井健治郎の書翰
　「3日に裁判がありました。藤本、押川も出廷し、中畠氏、母、新聞社の人と5人で面会に来ました。法廷では、私を罪に落とすことになっている供述であることに強調していましたとの事で、また、これが当前の事実でありますので、あたりまえですが、今度の私の出廷が10月12日だそうで、今度は、私もだまされず十二分に申立をやりたいと思います。清水弁護士人が裁判官とたくらんで、私の訴えを一部変更している事も判りましたので、これも追求します。私の訴えを変えて訴えていることは驚く事であります。新聞社の方も清水さんや裁判所のやり方に驚いていられ、社会の人間が監視する必要があると言って下さっています」

昭和36年10月30日付　中村国子さん宛て、石井健治郎の書翰
　「西君が何か悪い事を計画していたように言っているのは、黒川1人であり、また、他の者は警察や検事に嘘を言わされている事は、全くの事実である事を、私は知っています。ただ、あの殺傷事件がどうして出来たか……を考えます。『喧嘩をしているから、拳銃を借してくれ』とか、『喧嘩が起きているから、拳銃が駄目なら誰か早く来てくれ』と言ったために、現場の方へ行った私が、暗がりから出て来た人がパッとポケットに手を突込んで拳銃らしいものを出

そうとして私の方へ向ってくるようなことさえなかったら、私もあんなに驚いて拳銃を放つこともしなかったでしょうし、拳銃も手に入れていない西君達が殺傷事件を起こしたとも思えませんし、刑事責任も西君に負わすため、むりに私の立場を西君に結びつけて計画的な事件と捏造されているのですから、私はこの事実をどうしても明らかにせねばなりません」

7　岸田文彦の書翰　その1

次に、相被告人ならびにその家族の書翰を抜粋して、2人の人間性と事件の内容の一端を伺ってみよう。

昭和26年5月25日付、石井健治郎宛て、岸田文彦書翰

「私の事ばかり書いて、自分の事等少しも書いてない——。それ程までに、私の殺人罪だけを喜んで下さる事を思う時、何の後2年5ヶ月程は丸々づとめしたところでしれています。本当に、私の今日あるのは、一重に石井さんのお陰です。心からお礼を言います。しかしながら、今度は、私だけでなく皆の者、特に、貴方と私は、殺人罪だけになる事と信じ切っておりましたのに——。

もう申しますまい。しかしながら、決して貴方の御好意決して忘れません。先日、牧田が何の前ぶれもなく面会に来ました。全くしけてしまって、私の方から何かやれるものならやりたいような気がしました。しかし、面会に来る気になってくれた事を喜んでいます。大審院では、運動一つで負かります。いや、私達の事件なら必ずみとめてもらえる事確実です。今一応上申書を作成、今度こそ真実をみとめてもらって下さい。少しも離れた事のない私と貴方に罪名の相違のあることは、どんなに考えても納得が行きません」（傍点筆者）

昭和26年4月16日付、石井健治郎宛て、岸田文彦の書翰

「指折り数えて、16日の判決の日を待っています。毎日々々同じ事をくり返し、別段変わった事もなく、3遍づつ飯を食わせてもらって、3遍づつ頭数をそろえてもらえば、1日過ごした事になるのです。時折今までに食った飯の数を計算しております。今日の雨で桜の花が目茶苦茶でしようね。心の隅で、『ざま見やがれ良い気味だ』というケチな、ひねくれた気が起るのをどうしようもありません。しかしながら、まだまだ黒や牧になるには大分かかります。否、これから先、一生かかってもあんなにまではなれそうにありません。石井さん、貴方と2人同じ刑を科せられ、同じ刑務所で務めて、同じ日に出られるという事にならんもんですかね。今の私の気持は、自分の刑は、10年そのままで良い。石井さんが10年台になってくれたらと願います。それかといって、黒や牧が重くなれという気持が毛頭無いのが不思議です。外にいる奴等が、何もしてくれん事に対しては、腹も立ちません。全くくされ縁だったと思っているだけです。お人好の楽天家というか、何というか苦労した事が無かったというか、この二つの点が貴方と私の良く似た点でした。しかし、この事は決して悪い性質では無い。むしろ、人より好い性質だとは思いますが、なるべくこの事には自重して今度からやって行こうではありま

せんか」

昭和34年4月17日付、石井健治郎宛て、藤本清喜夫人シマ子さんより
　「そちらのお2人の事を思うと、どんなにも働いたとて悪くありません。今日たしかに御送金受取りました。私の方がしないといけませんのに、本当にすみません。早速、子供に本など買ってやります。有難うございました」

昭和26年4月19日付、西武雄宛て、岸田文彦の書翰
　「30日の延期の事を知らず、16日には、万全用意して出廷するべくバスにのりましたが、貴方がたの姿がないので電話で問い合わせてもらって、やっと知りました。張り切って行ったのに残念でした。ところで、体の方はその後如何ですか？　石井さんからも手紙が来るし、心配しています。昨日、牧と黒に一寸手紙を出しておきました。雑居ですので、色々と聞きますし、腹が立つではないのですが、やっぱり、私は血の気が多いようです。その点、貴方は感心させられます。"ぬれぎぬが晴れてかわくぞ日本晴"、"ぬれぎぬがかわくか今日は日本晴" 16日の朝よみました。永い事はない、今の生活を有意義にお暮し下さい」

（年代不明）6月14日付、西武雄宛て、岸田文彦の書翰
　「近頃独房に移り、心身ともにラクになって落ち着いて当時のことを頭に思い浮かべて事に真相を思うときに全く腹立たしさで一杯であります。今しばらくしてから、上申書の作成に取りかかる心算でおります。判事面接で8日に高裁まで行って来ました。青木判事と対談しましたが、正式にはならんから、上申書を提出してくれとの事でした。下尾さん、昨日来て弁論の下準備が終わったような事を言っておりました。今度は、求刑があるだろうからそのつもりで、とこれまで、何度聞いたかわからん事をくり返しておりました。21日に求刑が無い方がよいのではないかと思いますが、兎に角、上申書で出す上に、また、法廷でも重要な点を申しておきたいと思いますので――。また、下尾さんが、『牧田が面会か、差入れに来ましたか』と申しますので、『面会どころか手紙も来ん』ことを申しますと、びっくりしておりました。しかしながら、別に驚くこともありませんね。誰1人として義理のある奴等はおらんのですから、石井さん（註　石井健治郎ではない）でさえ、ちり紙一枚入れてくれたわけではなし、全く腹が立ちますが、いつかは、社会で会う事ができるのですから、その時は、笑ってゴマカソウとする奴の面の皮をひんむいてやります。しかし、個人的な考えとして、今度こそは、十中絶対に我々の真相を認めて貰えるように一層努力する覚悟です」

8　岸田文彦の書翰　その2

昭和26年2月23日付、石井健治郎宛て、岸田文彦の書翰
　「検証の結果は、大体において、良上の成績でした。やっぱり行ってよかったと思う反面、口惜しくて行かねばよかったとも思いました。理由はこうでした。福岡旅館の検証が終わってし

まいもせん内に、両手錠にされようとしたことでした。ただ、それだけではなく、横に私よりも大罪の男が、片手をふところに入れ、煙草をくわえている事でした。そして、丸々2時間半も一緒におりながら、何といったかというと、『よう昔のことを覚えとるなァ』『電車賃しかもたん』『寒うはなかや？』、以上だけでした。体の具合は良いかと聞くではなく、手紙を出さぬことに対する詫び位しても良いものを、それもしません。『お前は人間か』と、私は言いたかった。しかしながら、忘れましょう。何事も総て天命と！！　牧田、藤本、押川、誰も来ません。私だけが一生懸命になっているようで腹が立ちました。石井さん、社会に出ると気が変になるんでしょうかね。外の者の事を忘れるだけなら、とも角も、彼ら自身の事ですがね。千代町電停の事は、詳しく申しておきました。電球も福岡旅館の方は半ば認めましたし、裁判長も認めて下さいました。石井さん、事件当時の事を想い浮かべてみましょう。私達は、『人の犯罪のように、意志が弱かったからつい起こしてしまった』というような類の犯罪ではなかった。私達でなくとも、あの時に居合わせた人ならある程度の事はしているだろうと思います。運命だったのです。今更ながら、くやんだりはしておりません。しかし、お互いに家族の者には可哀想なことをしました。私の親は若いし、私も若い。貴方の御両親は大変お年ですが、出たら親孝行といかんでも、心配させんようにするつもりです」

昭和26年5月7日付、西武雄宛て、岸田文彦の書翰

「4月30日、決して忘れられない日です。西さん、元気を出して頑張って下さい。全く申し上げようもないお気の毒な事でした。あの日からねれません。大分考えて服役しました。18日が多分移送と思います。押川、藤本、黒川も今更くやんでいる事でしょう。しかし、何という判決だったんだろうとわが耳を疑っております。気休めに云うのではありません。上告して頑張ってください。大審院でまかった例もあります。まして、私共の事件は皆が真実のことを申し述べればよいのです。自分のしたこと、聞いたことを忘れたりするはずがないのですから。
出るのが半年程先へのびたと思って我慢して下さい」（傍点筆者）

岸田の書翰によると、「少しも離れた事のない私と貴方に罪名の相違のあることは、どんなに考えても納得がいきません」、と、自らの減刑に疑問を持っている。岸田は、単純殺人罪で6年の刑、同じく行動した石井は強盗殺人罪で死刑である。しかも、双方とも金を奪った形跡は勿論ない。石井が罪名と量刑を不当として訴えるのは当然のことだと思われるが、どうしてこの訴えがとりあげられないのか、全くもって不可解である。

岸田は、「近頃独房に移り、心身共に楽になって落着いて、当時の事を頭に思い浮かべて事の真相を思う時に、全く腹立たしさで一杯であります」といっているが、この腹立たしさは、真相が覆いかくされていることに対するものであろう。

なればこそ、16日の判決を待って、

"ぬれぎぬが晴れてかわくぞ日本晴"

"ぬれぎぬがかわくか今日は日本晴"

と句吟しているのである。また、「今度こそ十中十絶対に我々の真相を認めてもらえるような

お一層努力する覚悟です」といっているが、これは、警察、検察でデッチ上げられてくらまされている真相を、法廷供述において明白にしたいということであろう。

このように、当時の相被告人たちは、なんとかして真相を明らかにしたいという念願こそもて、これを隠覆して虚偽を申し立てようとしていたことはないのである。しかるに、その真相がなぜ覆われたままですんだのか、果して、裁判官は真相を明らかにしようという意志をもっていたのか、とさえ疑問がもてるのである。

「しかし、何という判決だったんだろうと、我が耳を疑っております」

と、余りにも真相を無視された判決に、相被告人は唖然としているのである。しかし、岸田は西をなぐさめて、「気安めに言うのではありません。上告して頑張って下さい。大審院でまかった例もあります。まして、私共の事件は皆が真実の事を申しのべればよいのです。自分のした事、聞いたことを忘れたりする筈はないのですから」といっている。そこには、自らの真実に対する自信のほどが、なお判決に破れても期待されている。しかし、裁判の現実は、「まして、私共の事件は皆が真実の事を申しのべればよいのです。自分のした事、聞いたことを忘れたりする筈はないのですから」というような、単なる真実、真相？　だけで勝訴をとることには、もっと、複雑怪奇の感が深いのである。

しかし、善良な国民一般には、そのようなことがわかるはずもなく、ついに、２人とも死刑という運命を背負い込んでしまったのである。

(年代不明)　７月５日付、西武雄あて藤本清喜の書翰

「妻が神経痛にかかり、一時は、仕事も休んで看病しました。少し良くなると自炊で仕事に行きましたが、こんな時、親と一緒ならこんなに困らなかったと思い、それも自分の罪だと諦めて、じっと我慢してどうにか今日まで過ごして来た次第です。最高裁の弁護人もそんな訳で金策が全くつかぬので。そのままになっている次第ですが、貴方が紹介して下さった先生に、押川と一緒に是非行きます。貴方にも、面会に行きたいと思っていますけど、何分仕事と金が今のところ自由にならんので、毎日朝早く坑内に下り、夕方帰って飯を喰って寝るだけの生活で、何の希望も楽しみも有りません。博多の生活が遠い遠い昔話の様です。一夜の夢だったような気もします。また、未決にいた時にえがいた希望や夢もどこへやら、こんな事ならあのまま当分いた方が呑気で裁判所の方の仕事も、今より都合よく行ったかも知れぬというような気もします。他人からは白眼視され、仕事も後もない所には付けず、こんな事が私を待ち受けた出所第一歩の生活でした。ただ、お陰様で憲二は、親の苦労子知らずとか、１人で遊んで回り、何でも言うようになりました。子供の将来も案じられ、８月に技術員国家試験を受ける心算で目下勉強しています。一時炭坑もよかったですが、今は下火です。社長だけは日本一の長寿です。何時の世にも働く（労働者）者は資本家の商品みたいなもんですね」（傍点筆者）

9　牧田の詫び状

昭和27年3月6日付、西武雄宛ての藤本清喜の書翰

　「先達から、石井隆君が来て一週間程いて顛末書(てんまつしょ)を作りました。こちらから書いて持参すべきなのに経済的につい追われて延々になって申しわけない事でした。目下、妻が寝こんでいて、子供を抱えて自炊しながら仕事に行っておりますが、無理になり、つい休み勝です。こんなことばかりで、疲れてしまいます」

昭和24年2月1日付、西武雄宛の藤本清喜の書翰

　「2月26日に、公判が有るとの事です。私も色々変わったことばかりで、いまだ本来の姿を取り戻し切れずにおります。生活に追われて生きて行く事だけで精一ぱいです。急激な世相の変化は、当時（劇団）を思えば情けなくなり、時には、そこにいた時の方が気が楽だと思うことさえあります。2月26日に逢えることを楽しみにしております。何か不自由なものをすぐ知らせて下さい。できるだけの事はしていきます」

（年代不明）6月5日付、西武雄宛て、黒川利明の書翰

　「その後、しばらく無音に打過ぎ失礼いたしました。御尊兄様には、相変らず御元気にて御過しの事と拝察いたします。その後も、金には御不自由されている事と思いますが、私も、再々家の方に請求致しておりますが、近頃は内の方も都合が悪いとみえて、なかなか送金がありませんので、私も歯の修繕も出来ず困っています。もうしばらくお待ち下さい」

昭和35年4月11日付、西武雄あて

　「先日は、子供に立派な本を送って頂きまして、ほんとうにすみません。中々、本など買って与える事もできませんでね。助かりました。長男も大喜びして、よく勉強し成績を上げました。小父チャンにお手紙出して送って貰うんだと張切っています。私方こそ差入れ等せんといかんのに、返って貴方に心配かけて済まんことです。柚木は八重桜がとても奇麗で押花にして同封致します。今禁酒中で、花見も他山の石です」

（年代不明）3月25日付、西武雄宛て、藤本清喜夫人の書翰

　「主人は、朝6時半より夕方7時頃でないと家に戻りません。こんなに働いても私達は着のみ着のままなのです。貴方様などおいでになれば、また、主人も助けてもらえるのにと話し合い、主人は貴方様などそんな所へ永くいるような人でない、とても頭のよい人と言ってほめています。主人は人(ひと)間がよくていつも損をします」

昭和36年6月6日、日付西武雄宛て、藤本清喜令息憲二君より

　「お金がたくさんいるのに、毎月少年クラブを送ってもらってぼくほんとうにありがとう。ぼ

くのうちにも、ヒヨコが生まれました。チャボもおります。ねこもおります。夏休みが目の前に来ましたが、どこにもいけません。ぼくはづがが一番へたです。父ちゃんは毎日おしごとです」

昭和36年6月14日付、おなじく憲二君より

「少年クラブ毎月ありがとう。柚木はとてもいなかです。おじさんのところはどんなところですか。23日前<u>さら</u>ちゃぼ（にわとり）をおいています。玉子は小さいのか生みません。夏休みにおじさんのところにいきたいとおもいます。父ちゃんはとてもやせています。母ちゃんは前やせていましたが、いまはこえています。ぼくと弟はふつうです」

昭和26年5月12日付、西武雄あて岸田文彦の書翰

「お手紙拝見し、目がしらがあつくなりました。自分ばかり刑がまかって夢のようです。しかし、私は、万全を期して法廷に立ったつもりでしたが、誠に済みませんでした。今少しづつ込んでやればよかったと、今更悔やまれてなりません。しかし、今度こそ頑張って下さい。否、黒、牧、押、藤の奴等さえもう少しはっきりとして呉れたらと思い、そのように言ってやりました。4年間住みなれた土手町も後一週間です。18日そちらに一応送られる筈です。その先、また熊本へ送られるようになるんじゃないかと思います。今日の私がおりますのは一重に皆、貴方様のお力です。有難うございました」

（年月日不明）西武雄あて　岸田文彦の書翰

「長い事はない、後4、5年か、長くて今年一ぱいすれば保釈で出れると思っております。しかし、安心は禁物です。25日には、万全を期して戦うべく準備致しております。人になら早くすることはしてしまったというところですが、相手が西さんではそうも言えません。私も、一生の浮沈にかかわる事ですから、精一ぱいやっております。判決の謄本をとって見ました。何とも私としては変な事を陳述した覚えはなかった筈だがと思って見ましたところ、やっぱり私は有りもしない事を言った風にも書いてありません。しかし、楽観は禁物、なお一層の反証を挙げております。いつか西さんが言われた、『黒川は何だが、お前は出てから会う等という事もないだろうが、困った時には来いよ』と。私は、困らなくても行きます。どうせ出るのは貴方の方が早かろうから、私は転がりこんで行きます。御迷惑でしょうが、私の今の気持は右の様です」

昭和37年10月21日付、石井健治郎あて押川智栄治の書翰

「先日、古川先生が私宅へお出でになり、貴殿達のために懸命に尽力されていることが、よくわかりました。私も貴方のためにできるだけの協力をおしむ者ではありませんので、テープレコーダーによって、真実を申し上げておきました。あのような間違った調書がどうして作成されたかも説明しておきました。22日、私、古川師の所へ行きます。そして、一日も早く貴方達の真実と事件の真相が関係者にわかって貰うような微力ながら努力したいと思います」

（年代不明）6月14日付、石井健治郎あて、牧田頼之の書翰
　「永くなられますので、さぞ御苦労の事と存じます。これも皆私達の最初のいたらぬ考えからでございます。誠に申し訳ございません。何も出来ぬのが一番の苦の種です。何と石井さんに言われようと私としては頭の上がらぬ次第です」（傍点筆者）

　牧田の書翰に、「永くなられますので、さぞ御苦労の事と存じます。これも皆私達の最初のいたらぬ考えからでございます。誠に申しわけございません」とあるが、2人の死刑が、牧田らの嘘の供述（いいかえたら警察、検察のデッチ上げ）によって決定していることを詫びているのである。

昭和31年5月30日付、西武雄あて、藤本清喜の書翰
　「実は、先月、判決結果が新聞、ラジオで発表されましたので、会社に都合が悪く辞職し、表記友人宅へ引越し目下失業中です。家族も散り散りに別れ、父母は地尻、長女は久留米の姉が引取り、私達4人妻、長男、次男は表記に一緒にいます。押川も失職しています。石井さんの上申の件は、私も内容は知りませんが、貴方の便りが事実なら、自らまねいた判決と申しましょうか、誠に残念なことです。私たちで出来得るだけの事は致しましょう」

昭和26年2月27日付、西武雄あて、岸田文彦の書翰
　「御尋ねの実地検証も無事終了、良好の成績でした。貴方には、何の関係もないのですが、現場はまるっきり変り、首をしのぶ事も不可でしたり、食堂も変ったとの事でした。大切な目印の火の見台は今はなく、見当はづれでした。電球を捨てた場所もまるっきり変ってしまっておりましたが、旅館の女主人は、電球の事は半ば認めました（なくなったことを）。それから、福岡旅館の字が書いてあった事は全く認めましたので、裁判長も、この事実で完全に認めましたので、気が軽くなりました。10時5分すぎに旅館着、それから旅館の中には、7、8分しかおらず、後は、自動車であるいたところも半分位（こみ入ったところ）で浜利まで行き、それから、黒川が2人を連れて廻ったところを通って現場まで行きました。現場着が12時7分前、勿論途中で電球を捨てたところを探すのに、20分～30分、この2時間の時間の事は、裁判長に私から言っておきました」

10　単純な事件を複雑化している調書

昭和35年11月11日付、西武雄あて、押川智栄治の書翰
　「供述書は、判決に見るような間違った調書がどのようにして作製されたかを詳しく書いております。
　要するに、調書が事件を複雑化し、強盗殺人罪にしてしまっているのです。だからこの調書がなぜ、どうしてできたかを究明する必要があると思います」

昭和29年4月19日　石井健治郎あて、牧田頼之の書翰
　「石井兄の御立腹も、もっともな事と思います。私が本当に自己主義でありました。申しわけありませんでした。今日まで、その事が解らなかった私をなにとぞ、笑ってさげすんで下さい。愚者でした。神につかえ、布教する身でありながら、今日まで過ごして来た私です。お腹立ちの事が事と思いますが、なにとぞいたらぬ私奴をお許し下さいませ。今後共私の悪いところをどうぞどうぞしかって下さい。私も助かり人間らしくなります。私も朝夕の教会のおつとめに祈らせて頂きます。どうか切ない私の祈りをお受取り下さい。私もよく自分の不義理をお詫び致します。近日中面談に参ります故どうか余りしからないで下さい」

（年代不明）7月10日付、石井健治郎宛て、藤本清喜の書翰
　「保安課長がいろいろと証言に制限を加えて圧力がかかり、充分な事は書けませんでしたが、今度は誰からも、兎やかく言われる事も有りませんので、御希望に添いたいと存じますので、今度の公判にも是非出福致します」

3月17日付、同じく石井宛て、藤本書翰
　「裁判所よりの通知はまだ来ませんが、期日が解った以上是非出福致します。押川君もきっと出福致しましょう。一日も早く私達の真実な言が正式に認められます日を祈ります。社会人として逢える様躰に気をつけて下さい」

8月10日付、同じく石井あて、藤本書翰
　「私達もできる限りの事はさせて頂きたいのです。そちらに仕事さえあれば、打合せや話合いなどして少しでも尽力致したいのですが、貴方達の連絡に働きいのです」

12月29日付、同じく石井あて、藤本書翰
　「貴方と西さんの事は、私達でできるだけのことは致します。ただ、私達にはどうしたらよいか解らん上に、金がないので、したくても出来んのです。今後はどんな事があっても貴方の『あかし』の立つよう努力致す心算です」

昭和30年6月27日付、石井健治郎あて、岸田文彦の書翰
　「27年4月宮崎刑務所を出所、現在小中学校の教育材料の製造販売。上申書の件、引受けました。気休めではありません。この事件は必ずや再審になります」

昭和30年6月27日付、石井あて、岸田書翰
　「原審破棄になるのは理の当然と私は思いますが、やっぱりそうはっきり解るとなお一層力強く本当に嬉しくてなりません。貴方の御心中、察して余りあるものがあります。頑張って下さ

い。私も近々一本だちになりますのでそうすれば決して不自由な思いはかけぬつもりです。その嬉しさに心を奪われず、楽観せずに毎日一度は目の前に事件当日のことを目に浮かべてください。小さな事でも何でも。あの日、黒川と人参畑のところから帰る時金を拾った事覚えていますか？　貴方自身が拾ったのですが覚えていますか？　人を殺めに行く者が途中5円位の金を拾いますか？　まして金を100万円もとりに行くという起訴状の通りとしたら……まだまだあります。今度ゆっくり私が思い出しましょう。そして、ゆっくり話しを致しましょう。小さい事、小さいことと笑ってはおけません。電球1コと笑った人もありましたが、あの電球1コでどれだけの反証となった事でしょう。『上申書に書くだけの事を書いた後は裁判長殿の判断を待つより他にない』という気持ちを捨てられて裁判のあるまで、事件当日の事を思い出し、深く掘り下げていって下さい」

　押川の書翰に、「要するに調書が事件を複雑化し、強盗殺人罪にしてしまっているのです。だから、この調書がなぜ、どうして出来たかを究明する必要があると思います」とあるが、おそらく、この事件に首を突込んだものなら、誰もがこの押川の書翰と同じ見解を持つであろう。

　それにしても、警察、検察の聴取書において架空の物語を挿入して、単純な誤殺事件を強盗殺人事件とするため複雑化してしまったのは、取調官の行き過ぎか、故意か、いずれにしても、そのために2人は死刑の運命を背負う結果になってしまっているのである。まことに恐るべき現実である。

　次に、岸田の書翰を読むと、事件当日のどんな小さな出来ごとでも思い出して、反証しようとしている彼の態度がわかる。そこには、事実を隠蔽して虚偽を申立てようとしているとみられるものは何一つ見出せない。むしろ、反対にいかにして真実を訴え、理解せしめようかという真面目な態度がみられるのであるが、これによっても、事件の真相が強盗殺人などというものでないということの一端がうかがわれるのである。

11　被告人の家庭の困苦

昭和32年3月17日付押川智栄子さんより石井健治郎宛

　「私の主人も、ただ今、長崎の方へ行っております。1、2度面会に参りましたが、ただ涙が出て胸が一ぱいで何も言えませんでした。事件の内容を、はっきり解って頂けたら、貴方様も主人も現在のような事にならずにすむのではないでしょうか？　主人がいつも申します。「石井さんは大変お人好しだ」と。貴方にしましても、私の主人にしても、最初から悪意でするような人間ではありません。お人好しだからこそ、このような失敗に巻込まれたのだと思います。本当にお気毒でたまりません。泪が出てどうする事も出来ません」

　3月23日付　「お手紙拝見して、何だか勇気が出て参りました。貴方様よりの御意向を主人にもお知らせ致します。主人とお別れして10ヶ月ですが、10年位お別れしているような気が致します。2人の子供だけは素直に育成したいと思いますが、2人の子供をかかえての生活は本当につらい事のみ、色々考えますと気が狂いそうで早く無実の罪が晴れますよう祈って

おります」
　９月７日付　「老年の父母達を寒い北海道にやりたくないのですが、主人があのような事になり致し方ありません。北海道の父母達は『ケチン坊』なので、私がそちらへ行くにしろ帰るにしろ、何事でもお金いり仕事なので、私のこのような運動にはあまり乗っては下さいません」

昭和34年4月10日付藤本清喜さんより石井健治郎宛
　「私も田川で各方面より助けて頂いて、どうにか今日まで生きて来ましたが、万策尽きて表記に参りました。家が無く、社長宅に泊っているので子供達は川崎に置いたままです」

昭和34年4月17日付藤本シマコさんより石井健治郎宛
　「御二人の事を思うと、どんなに働いたとて悪くありません。今日御送金確かに受取りました。私の方がしないといけないのに本当にすみません。早速子供に本など買ってやります。有難うございました」
　昭和36年9月18日付　「失業保険にて暮していましたが、それでは生活が苦しく、8月末より仕事口を見つけに行き家に帰る事なく金に困った時でしたので、お金2,500円送ってきました時、とても嬉しかったのですが、生活に使う金と違いますので送り返したのです」
　「私もお２人の事をひとごととも思えません。これが主人ならば、──と思い、できることなれば何とかしてやりたい心にて一パイです。私も主人がいない時は生活保護を受け、子供と３人にてどうなり借金を造りながら２年半待ちました。帰ってくる時、迎えに行く着物もなく、子供の服もなく人様に借りていったのです。主人が帰ってもなかなか刑務所帰りには職もなく借金もふえ、米を買う金もなくなり汽車代を借りてどうなり佐世保へ出発いたしました。私の方からお２人にして上げねばいけないのにそちらの方より主人の仕事の事まで御心配下さいまして泣きたい程嬉しくてなりませんので、ついこんな愚痴と私の心を知って貰いたかったのです」

1月16日付牧田頼之さんより石井健治郎宛
　「実際に私、出所入院してみて、私の歪みかも知れませんが職員や看護婦の見る目がどうも違うように思われ、何事もひかえめにして、心もとない思いです。私は、誰にも知らさずにいたのですが、何時の間にか皆よく知っていて、時々そのような話が出ます。院内の人は白眼視するし、しかし、石井さんの事を考えれば、私なんか良い方ですがやはり私としては忍ばれません事たびたびです」
　昭和25年4月22日付　「健チャン21日にここへ入院しました。一歩も病院から出られませんので頼まれたこと、今しばらく待って下さい。動いたので発熱し困苦しおります」
　昭和26年10月10日付　「私の方もどうやら痔の方は一応なおったようですが、今度は腸の手術をするかも知れません。３年の生活で全く体がこわれている様です」

12　黒川・石井に対する西の疑問点

　本件における黒川の立場は、実に微妙である。それだけに黒川は、常にそのことを意識し、自分の立場を有利にしようとしているのか、証言に一貫性が無い。この黒川の曖昧な態度は、西に石井を疑わせ、石井に西を疑わせる結果ともなっている。また、黒川自身も射殺してくれと頼んだのではないだけに、2人を射殺した石井に疑いを持ち、このような現場に黒川をさし向けた西を疑っているのである。3人三様の疑いをもったまま、黒川は遂に死亡したために、残る西、石井の疑いも解けぬままになっていた。

　しかし、第三者の立場から冷静に眺めた時、3人が疑いを持つところに、かえって3人に対し強盗殺人の疑いがかけられない事実があるようである。

　なぜならば、当局の言うように計画的犯行であるならば、相互に疑う余地はないということになるからである。しかも、彼ら3人の疑いが芝居でないことは、この3人の疑いがどれだけ被告人側を不利益にしてしまったかということによっても釈然とするのであろう。

昭和37年3月17日付、筆者宛ての西武雄書翰に

　「一つの疑問について、それは、石井の証言の―公判廷では力説してないようです。事件発生前の石井対黒川の応答が果して本当かどうかについてであります。石井は、黒川が走って来て何度も拳銃を貸してくれと言った。黒川の行動がおかしい。だから黒川の事を知っている西が、何かを感づいている筈だ。ということです。

　この事については、私は何も解りませんし、右だ左だと断定も出来ませんので、なるべく回答を避けていたのです。というのは、そんな筈はない、それはこれこれの理由から、これこれの現場の実情を判断してもあり得ないし、信じられないとも、事をわけて説明しても、うんという男でありませんからです。それで当時の模様を、私の知らないところは関係者の供述を思い合せて、先生の白紙の立場の方にお話し申し上げて石井のいう黒川の行動の真実性を御判断いただいておいた方が、これからプリント作成して頂く上にも必要と思われます。

　黒川の久留米に行くに携行させるべき拳銃は押川が持って、代金引換えに取引すべく私について堅粕に来た。その道中、牧田、藤本も一緒になり、西、藤本、押川、牧田、4名は堅粕の中島園吉方に行き、次に浜利食堂に入った。

　熊本文造に、拳銃買取り方を話し、代金を渡すように話したが、軍服取引後にしてくれとの事で、食堂の表で待っていた筈の藤本、押川、牧田の3名が見えなくなったので、取引のことを話すことが出来ず、私は熊本達の軍服取引の席に列した。

　藤本、牧田、押川3名の公判廷の供述によると、西から代金を受取るべく表で待っていたら、駅の方向から黒川が来たので、久留米に行く自動車の事を聞いたら、「石井はむこうの踏切のところの福岡高校のグランドの野球を見ている、岸田もおる」との事で、石井達のところで待っているから、代金を貰って来てくれといった話をして、藤本、押川、牧田達は石井のおるというグランドへ行ったと言っている。

その時、拳銃は藤本が持っていたとの事である。というのは、拳銃不法所持の罪名のついているのが、藤本だけになっているからです。
　藤本と黒川は、私のところで働いていた者達ですから、この２人は知人であります。
　グランドに行ったら、石井が拳銃代金を持ってくるのを黒川に言い、藤本にもそれを言ったらしく、黒川は私のところに、藤本は踏切のところで私達の来るのを心待ちにしていたというのです。
　さて、これからですが、石井曰く、黒川が怪しい考えを持っていて、そのつもりの心で拳銃を貸せというのならば、一面識もない石井に言うより、知人である藤本に言う筈だと思うのです。藤本は拳銃を持っているのですし、取引後は、どうせ黒川に渡す拳銃ですから、黒川が手を差出しただけで持てる拳銃が目の前にあるものを、わざわざ一面識もない石井のところまで走っていって拳銃を貸してくれというわけがないのです。
　黒川がそれ程の心構えを持っているのならば、浜利食堂前で藤本達に会い、それから石井のいるというグランドまでの道中、歩いて20分（先年武内師の知人の方に、この道を歩いて時間を計って貰いました）の間に拳銃は何とでもなっている筈です。このときは、石井に身内と自称する牧田、押川達の証言でも明らかなように、黒川にそんなそぶりのない事を供述しているのですから……、自由に受け取る拳銃を見向きもしないで一面識もない石井のところにいっても石井の持っている拳銃を貸せというでしょうか？
　私にはそんな事があり得るとは考えられないですから、『黒川がああ言った、こう言ったから黒川がおかしい。西は、何か知っている筈だ』といくら言おうと、それについての応答は出来ないと言うより、石井の言っている心構えにあきれています。それで、その点を指摘しますと筒牛がどう言うの、野田さんがどう書いているの、誰々がこう言うからと、他人の言に心転倒してわめき出すしまつに、そうかそうかと言うより他に、そういうあたりさわりのない応答以外は出来ずにおります。でないと、何ともつれないことで、それこそ何にもならない事に心を労するからです。以上の点につきまして、どうぞ参考の一片として心にとどめおき下さいまして、事件発生の真相を究めていただきとう存じます。熊本文造、黒川利明にしても、今は亡き者たちだからといって、この者達のセイのための事犯発生ということにしたくないのです。関係者は多くいますし、生存者ばかりですから、正しくことを進めて行くならばどうしてこうした事犯が発生したか、どうして誤判になったかは、自ら判明することと確信するのであります」

　西は、筆者宛ての書翰の中で、
「浜利食堂前で藤本達に会い、それから石井のいるというグランドまでの道中歩いて20分（先年武内師の知人の方に、この道を歩いて時間を計ってもらいました）の間に拳銃は何とでもなっている筈です。この時は、石井の身内と自称する牧田、押川達の証言でも明らかなように、黒川にそんなそぶりのない事を供述しているのですから……。自由に受取れる拳銃を見向きもしないで、一面識もない石井のところに行って石井の持っている拳銃を貸せと言うでしょうか？」

と、ここで石井と黒川の関係に疑いの目を向けているようである。

これは、殺人現場の状況を知らない西としては、当然発せられる石井、黒川に対する疑問であらねばならぬ。確かに、黒川が1人で何か企んでいたのなら（また西の命令を受けたとしても）浜利食堂から石井らのいるところまで、拳銃をもっている押川と同道しているのであるから、その時、黒川は拳銃を確保すべく行動していなければならぬのである。しかし、そうした形跡は見当らない。そして、現場において石井に拳銃を相談したというのは、黒川は石井と何か話し合っていたのだろうと、西が疑うのも無理はない。

しかし、黒川が浜利の前から、石井のところに押川らを案内したのは、拳銃代金を西から貰って、石井に渡し、引替えに拳銃の手渡しを受けるための便宜を図ってのことである。したがって、浜利の前から石井らのところに行く途中で、押川から拳銃を取る必要は勿論なかったのである。

ところが、現場で石井から無理に拳銃を請求したのは、石井と黒川が話し合っていたからでなく、突然王祖金と熊本文造が喧嘩をはじめたからである。だから、もしそのような喧嘩がなかったら、勿論、黒川は無理に拳銃を石井に請求するということもなかったはずである。

もし、石井と黒川が前もって話し合っていたのなら、石井もスグ黒川の求めに応じて拳銃を渡していなければならぬし、黒川が4回も往復する必要もなかったと思われる。

黒川が浜利食堂の前から、石井のところに行く途中で拳銃を押川に請求しなかったということは、何よりも黒川に何の企みもなかったことを証明していると思うし、したがって、西がこの射殺事件に全然関係がないということも証明されると思う。

この点は、西―黒川―石井と相互に連携が保たれていたのか、どうかということで、強盗殺人の可否が決定する、きわめて重要な問題点でないかと思う。

13　西・黒川に対する石井の疑問点

これに対して、石井健治郎は、昭和37年4月19日付筆者宛ての書翰において、以下のように述べている。

「私始め、藤本、押川、岸田、牧田も皆、西君と黒川が警察や検察官が言うように、悪いことを計画していたのではないかということを、疑いの心で2人を見て来たので色々と憶測までも言ったりしたのでありますが、よく考えてみますと、2人を疑うということは、2人の間に共謀ということの無かった証拠ではないでしょうか。疑うということは共謀でないということですね。なぜ、警察や検事が西君と黒川が強盗殺人か、または、詐欺かを計画していたと断定しているのかを考えてみますと、始めから警察や新聞記者がそのような事件と思い込んで捜査を始めたこと、黒川の行動と言動＝私共は、西君が黒川をかばうような態度を（西君はそうではないかも知れんが、私共にはそう見える）とられるので、どうも黒川と共謀で私達をだましたのではないかと疑っていたのですが、しかし、よく黒川の言動を考えてみますと、府に落ちない点が多々あるのであります。

1．黒川は、久留米の喧嘩に行くために拳銃がほしいと私達に言っていた事、それがたまたま拳銃の代金の事から私まで堅粕へ行く事になったが、その時、黒川が、私が堅粕に来た事を

どうして西に会いながら報告しなかったか。
2．黒川は、どうして藤本、押川、牧田に『あっちに石井と岸田を連れて来ているから、そこで拳銃代金をやるから来てくれ』と言って、私のところに連れて来たかという事、どうして西君に相談もせず、そんな事をしたか？　黒川は、金は持たぬ筈なのに。
3．黒川は私のところに来て、他の4人の前で、私が『拳銃代金を早く貰って来てくれ』と言ったのに対して、貰って来ると言いながら、西君のところへなぜ行かなかったかということ。旅館でも西君が堅粕の知人から貰ってやると聞いている筈なのに、西君にその事を言っていない事。これは西君と一緒にいた人達が、『黒川は一回も来ていない』ことを証言していることでも明らかです。
4．私達5人に対して、金も持って来ずに西君のところにも行かず、行ったふりをして3回も4回も姿の見えないところまで行ったり来たりして、『今話合があってるから一寸拳銃代金は、待ってくれ』とか、『金はあとでやるから拳銃を先に一寸貸してくれ』とか、『今、喧嘩の相手方が来ているから喧嘩をしているから、拳銃を貸してくれ』とか、『喧嘩をしているから拳銃が貸せんならば誰か来てくれ』とか、4回も遠い所を何の為走り廻って、そんな事を私たち5人に言わねばならなかったか？　そして、どうして西君に連絡せず勝手にそんな事をしたか。
5．殺傷事件が起きたあとで、黒川が岸田と押川と私のいるところへ来て、『あと2人程殺さんならんのに加勢してくれ。加勢してくれるなら20万円とか30万円とかやる』と言ったこと。それを石井（私）が断ったので、始めて西のいるという食堂を教えると連れて行ったこと。そして、それでもまだ西に会わせずに自分だけが会いに行き、まだ西君に私達のことも殺傷事件の起きていることも話さなかったこと。そして、皆にだまって1人で逃げて行ってしまったこと。
6．黒川は、佐賀でつかまったが、調書では、『事件後、佐賀に逃げて自首しようとするところを捕った』と供述しているが、本当は、兵庫県から大阪方面に逃げていたので、その事は、石井の紹介状の兵庫の赤穂の佐越の倭昇一宅に行っていることでも明らかである。
7．一銭も持たぬ筈の黒川がどうして、1ヵ月近く汽車に乗ったり、食事をしたりして走り廻れたかという事。
8．黒川は、警察の調書で、『西君と前から計画していた』とか、『西君に金を貸していたため悪企みに加担した』とか、『石井が撃ったので吃驚して逃げた』とか、『死体を刺した』とか、『石井が死体から金を盗れと言ったので探した』とか、数えきれない程の嘘をどうして言うのか。
9．黒川は、どうして岸田に、『日本刀で刺せ』と命令したのか。
　以上の事、を一つ一つ考えて来ると、どうも、私には、事件の鍵が黒川にあるようで仕方がないのであります。黒川は、事件後、土手町に収容されている時、私を脅して、『お前らが俺の悪口でも言ってみろ、引張り込んで重い刑になるようにしてやるぞ』と脅した事がありますが、黒川の言動は、兎に角、私の兄が刑務所に会いに言った時も、兄に対して、『俺は勝手

に人を殺したのだ。お前の弟にとやかく言われる事はない』とタンカを切って兄を脅したとか、また、ある時は、『俺はお前の弟（石井）のために刑務所に入れられて苦労しているのだ』と言ったとか。また、中島弁護士には、『私は強盗など思った事もない。警察でうまくだまされて無実の罪をきせられる事になったのだ』とか、また、民事の法廷（熊刑）で、『今更何を言うか、石井は気でも狂ったのか、私は、ちゃんと自分の犯した罪の償いに刑務所で償いをしているのに、慰謝料や謝罪広告とは何事だ』と言っています。また、法廷では（二審）、『私は自分の命が助かりたいばっかりに、西や石井に罪を被せてしまったのであります。警官が自分の言う通りにしておけば、お前は軽い刑ですむと言われるので嘘とは解っていたが、命が助かりたいばっかりに嘘を言いました』と申し立てている。これらをよく考えてみますと、黒川を、私は疑いたくなります」

14　石井の疑問に答える

　この石井の書翰によると、石井は黒川を疑っている。そして、その疑問点を9項目あげているが、それは、黒川と共に行動しなかった石井としては、当然疑問のもてる点であったかも知れない。しかし、事件の全貌、7名の被告人の当日の行動を追求してみると、別に疑問を持つべき性質のものでないことがわかる。
　では、石井の書翰の9項目を検討してみよう。
　「1、黒川は、久留米の喧嘩に行くために拳銃がほしいと私達に言っていた事、それがたまたま、拳銃の代金のことから私まで堅粕へ行く事になったが、その時、黒川が、私が堅粕に来た事をどうして西に会いながら報告しなかったか」
　この石井の疑問は、何か黒川に企みでもあって、西に石井が堅粕に来ていることを報告しなかったように解釈している。しかし、黒川に強盗殺人の企みがあるのなら、前述のように浜利の前から石井のところに押川らを案内する時、押川のもっている拳銃を入手しようとしていなければならぬ。しかるに、その形跡はないのである。としたら、黒川自身に単独の企みがあるとはみられない。したがって、ここで石井が堅粕に来ていることを報告しなかったのも、隠して故意にいわなかったのでなく、西から前方に行く熊本について行けと、突差にいわれて走り出し、石井が堅粕にきていることを告げるいとまもなくそのままになったとみるべきである。
　これは、第2回目に西のところに走ってきた時のことであるが、第1回目の時は、西は中島宅で会談中であったので、黒川は西と会話を交すことはできなかった。
　「2、黒川は、どうして藤本、押川、牧田に、『あっちに石井と岸田を連れて来ているから、そこで、拳銃代金をやるから来てくれ』と言って、私のところに連れて来たかという事。どうして西君に相談もせず、そんな事をしたか？　黒川は金も持たぬ筈なのに」
　黒川が、藤本、押川、牧田の3人を石井のところに案内したのは、拳銃取引の便宜を図ってのことである。拳銃をもっているものが2ヵ所に別々にいることは、取引上不便であるので、一ヵ所に集めたわけであろうが、それは極く当り前のことである。ただそのことを黒川は、西に相談せずになぜ独断であったのかと石井は疑っている。しかし、その時は、西は中島宅に上り込んで

いて、黒川は西に会っていない。そのあとで、浜利食堂の前辺りでブラブラしている押川らを目撃したのである。その時、黒川は石井が堅粕に待っていることを思い出し、別々の場所で待っているのは取引上不便だと思ったので、押川たちを石井のところに案内することにした。これは西に聞くまでもないことで、この点疑う余地はないようである。ところで、黒川はなぜ押川達を石井のところへ案内して、石井を押川たちのところに案内しようとしなかったのか。こういうことも考えてみる必要があろう。

　その理由は、勿論簡単である。第1には、代金を受取りに石井のところから中島宅の西のところにあってきた黒川は、当然石井のところにもどって、代金がまだ貰えないことを回答しなければならない。だから、石井のところに行くついででもあるので、押川らを石井のところに案内した。

　第2には、黒川が踏切付近に石井らを待たせて1人中島宅に向ったのは、大事な取引のあっているところへ、未知の人を、しかも若者をぞろぞろ案内することは、妙な疑いや警戒心をもたせたりして取引の関係者に迷惑をかけると思ったからである。また、黒川は石井にそのことを言っているのである。したがって、浜利の前にいる押川たちのところに石井らを案内しなかったのは、まことに当然過ぎるほどの当然さであるわけ。

　なお石井は、黒川は「金は持たぬ筈なのに」勝手に押川らを石井のいる場所につれてきたことを疑っているが、しかし、黒川は西と親しい間柄であるし、西が軍服取引で忙しそうであるので、黒川としては、西の軍服取引がすんだらすぐ拳銃取引ができるようにしておこうと、ごく簡単な気持で動いたであろうことは、誰にでもうなづけることであるし、また、一々西に相談しなければならぬような重要なことでも、そうした性質の用向きでもなさそうである。

　「3、黒川は、私のところに来て、他の4人の前で、私が『拳銃代金を早く貰って来てくれ』と言ったのに対して、貰って来ると言いながら、西君のところえなぜ行かなかったか？　ということ。旅館でも、西君が堅粕の知人から貰ってやると聞いている筈なのに、西君にその事を言っていない事。これは、西君と一緒に居た人達が『黒川は一回も来ていない』ことを証言していることでも明らかです」

　これは、西側の様子を知らない石井としては、当然起った疑問であろう。しかし、事情がわかれば、疑問は、氷解するのである。

　黒川が第一回目に西を訪ねた時は、西は、中島宅で会えなかった。

　第2回目は、路上で西と会ったが、西にスグ熊本のあとからついて行けといわれて（拳銃代金を貰う段階に立ち到っていないことを知り）、そのまま熊本について行った。したがって、2回とも、代金の請求は勿論していない。黒川としては、軍服取引がすまなければ、請求してもダメなことはわかっていたので、請求しなかったわけである。

　そして、そののち熊本、王の喧嘩となり、黒川は、石井のところに4回往復している。この時、黒川が西のところに行っていないのは、当然である。この時、西は浜利食堂にいたし、黒川は熊本について行ったのであるから。したがって、「これは西君と一緒に居た人達が『黒川は一回も来ていない』ことを証言していることでも明らかです」と石井はいっているが、これは、当然なことであって、西、黒川の行動が判明すれば、疑問とはなり得ないことである。

「4．私達5人に対して、金も持って来ずに西君のところにも行かず、行ったふりして、3回も4回も姿の見えないところまで、行ったり来たりして、『今話合があってるから一寸拳銃代金は待ってくれ』とか、『金はあとでやるから拳銃を先に一寸貸してくれ』とか、『今、喧嘩の相手方が来ているから喧嘩をしているから、拳銃を貸してくれ』とか、『喧嘩をしているから拳銃が貸せんならば誰か来てくれ』とか、4回も遠い所を何のため走り廻ってそんな事を私たち5人に言わねばならなかったか？　そして、どうして西君に連絡せず勝手にそんなことをしたか」

上述の文中、「今話合があっているから、一寸拳銃代金は待ってくれ」は、第2回目に西に会いに行く時、石井にいった黒川の言葉である。勿論、この言葉は事実であり、事実の行動と符合する。また、そのほかの黒川の言葉は、すべて熊本、王の喧嘩の時に石井にいった言葉で、これも当時の状勢から推して、ごく当り前のことで疑問とするに足らないことである。

「5．殺傷事件が起きたあとで、黒川が岸田と押川と私のいるところへ来て、『あと2人程殺さんならんのに加勢してくれ。加勢してくれるなら20万円とか30万円とかやる』と言ったこと。それを石井（私）が断ったので、はじめて西のいるという食堂を教えると連れて行ったこと。そして、それでも、まだ西に会わせずに自分だけが会いに行き、まだ、西君に私達のことも殺傷事件の起きていることも話さなかったこと。そして、皆にだまって1人で逃げて行ってしまったこと」

「あと、2人程殺さんならんうんぬん」は、黒川としては、弱者の強者に対する迎合心理から出たデタラメであろう。また、相手がたのみもしないのに、2人までも射殺したのであるし、一体何を考えているのか、未知の間柄だけに想像もつかず、黒川は、拳銃をもっている石井の歓心を買い、または、心を引くために上記のようなことをいったかも知れぬ。ところが、石井がそれを拒否したので、黒川は石井にもう射殺する意志はないことをみてとり、一まず安心して西のいる浜利に案内したのであろう（勿論、この黒川のあと2人殺すうんぬんの証言も明確に記憶されているというものでもなく、その信憑性は甚だ稀薄である）。

しかし、その時黒川が石井を西に会わせなかったと、石井は黒川の処置を疑っているが、それは殺人事件を軍服取引の相手側に気付かれないように用心したためであって、他の理由は考えられない。また、西に石井のことや殺傷事件について話さなかったのも、浜利の当時の状況としては話せなかったからであって、黒川に何か企みがあったからとは考えられない。

また、黒川が1人逃げ出したのも、臆病な彼としては止むを得なかったであろう。別に、強盗殺人の企みがあったから逃げたとは考えられないし、それを証明する証拠も勿論ないのである。

「6．黒川は、佐賀でつかまったが、調書では『事件後、佐賀に逃げて自首しようとするところを捕った』と供述しているが、本当は、兵庫県から大阪方面に逃げていたので、その事は、石井の紹介状の兵庫の赤穂の佐越の倭昇一宅に行っていることでも明らかである。

「7．一銭も持たぬ筈の黒川が、どうして一ヵ月近く汽車に乗ったり、食事をしたりして走り廻れたかという事」

このことが、なぜ石井に疑問となるのか、一寸わからぬが、おそらく兵庫まで逃げた事実を黒

川が隠していることと、一ヵ月の食費や旅費の出所に疑問をもっているのであろう。しかし、金は現場でとらなくとも、わが家あるいは友人知人のところで調達することもできるし、兵庫行きを隠しているのは、旅費等の金の出所を隠しておきたかったから（若し借りていれば、貸主に迷惑のかかることにもなるであろうから）でもあろう。

「8．黒川は、警察の調書で、『西君と前から計画していた』とか、『西君に金を貸していたため悪企みに加担した』とか、『石井が撃ったので吃驚して逃げた』とか、『死体を刺した』とか、『石井が死体から金を盗れと言ったので探した』とか、数えきれない程の嘘をどうして言うのか」

それは、黒川に何か企みがあって、それを隠蔽しようとしているのではないかと、石井はいいたいのであろう。しかし、黒川に何の企みもないとしても、黒川の立場は実に微妙であるし、疑問をもたれ易い立場である。それに、黒川は性来嘘つきのようでもあるし、彼の供述に嘘のあることはうなづけることであって、嘘があるからただちに彼に何か企みがあったのではないかという憶測は詮索に過ぎるようである。第一、企みがあるという証拠は何もないのである。

「9．黒川は、どうして岸田に『日本刀で刺せ』と命令したのか」

果して、このような命令を黒川がしたのかどうか記録上では、はっきりしていないように記憶している。もししていたとしたら、やはり石井に迎合してトッサに思いついたセリフだったであろう。黒川に何か企みがあったからこそ、日本刀で刺せと黒川がいったのだとすれば話が符合するが、しかし、黒川に強盗殺人の企みがあったと目される事実は皆目見当らないし、彼の上に強盗殺人を認めることは困難である。

しかし、黒川が石井に対して、熊本、王を殺してくれとたのんだとしたら、これは俄然疑わしくなるし、そうなると、石井もまた強盗殺人を請負うたことになる。しかし、黒川は殺してくれとは一言半句もいっていないことは、石井も認めているのであるから、黒川を石井が疑うのは、黒川の嘘の供述等によって不利になっている石井の、黒川に対する感情的なものからきている錯倒であろう。この点は、西に対しても石井としては同じくことがいえるようである。無理からぬことである。

16　黒川をかばうのではない

昭和37年8月5日付、筆者宛て石井健治郎の書翰

「これは、私の最も叫びたい事であります。黒川は、あとで逮捕されて幸せでした。なぜなら、すでに大体の警察の考え通りの事件として造り上げられている書類があるから、それによって訊問しているから、黒川は自分の都合の悪いところは言わずに、人の言ってるところに合せ、また、他を悪く言うことによって、自分の立場を少しでもよいようにしようとしたところに、いよいよ、この事件が複雑に見えて、警察と検察事務官の思うような犯罪事実が捏造される結果となったものと思われます。そのために黒川の供述は、追求されるたびに変った供述をせねばならなくなり、自分の供述がどれが本当か、自分でも判らなくなったのが黒川ではなかったかと思われます。押川、牧田、岸田、藤本達にしろ、一度した供述した事を事実として通せば、罪は軽くてすむと始めは思い込んでいたが、裁判が進むにつれて、そのために軽くなるどころ

か、無実の強盗殺人の共犯とされている事に気付き、うろたえて真実を申し立てようとしても、もう裁判所が取り上げてくれず、とうとう警察や検察官にだまされた供述調書によって、自らも無実の罪に堕され、その嘘のために他人を重い重罪に堕す結果となっているのが真実であります」。

昭和37年4月20日付、筆者宛て西武雄の書翰

「この男のこと（註　黒川）を私から言い出すとかばうというふうに思われがちですから、この男の言動については、石井の線で一応調査して納得していただきたいと思います。先にも申し上げました如く、私に思われますことは、おかしいなァという疑念は持っていても、これを確定するだけの証拠を持ちませんし、それにそのことをのみ確定させたところで、石井の出現、石井の殺人、石井の言動を裏づける何の価値にもなりませんから、私は黒川が石井と交されたという石井の証言を否定も肯定もしませんから、調査して頂きとう存じます。それ程までに言うなら何かあるでしようけれど、私の立場から見た思いは違います。

（1）石井と黒川が行動を共にしているが（拳銃代金を受取る云々と言ったり、久留米に行く運転手を世話する云々と言っているようですが）、その時、どんな話をしたかです。別段の話をしてないと言っているけれど、この時何の話もないというならば、

（2）2人を誤殺したという勿論事実でしょう。ところが、その直後『まだ殺してくれ』と言ったというのですね。この事は、津田先生にも申し上げたことがあるんですが、それが事実ならば、それ以前にも、黒川にそうなるべきそれだけの言動があっている筈であって、ところが、法廷の答弁は『喧嘩を止めてやるつもりであって、というところを見ると喧嘩をしているから、止めようと思った、という。そうした状態は本当に思うならそのあとで、あとまだ殺してくれという事との関連性が全く不自然だと思うのです』。

（3）かんぐるだんになりますと、だから黒川をその場から逃がしたな、と私は疑います。

　私は、決して黒川をかばうとか、知っていることを言わないと言うのでなく、そうした面からも検討してみるとですね、うっかりしたことをいうとかえって疑惑のポイントが混乱して、本筋にほど遠くなると思うからです。黒川のその線をいくらほじくり出してみたところで『誤殺だ』という線の証拠にはなりません。かえって、いらざる混乱をしていると言ってもいいと思います。

　事件直後に、石井、牧田、岸田（同宿のもの）の3人から別個に聞いた時でも、そんな話は全然言わないし、牧田、岸田を私は私なりに、おだて、おどし、すかして聞いたところでは、『黒川があわただしく来て石井と何か話をしていたが、その話が何であったか、少し離れていたので分らない』と言っていたのが、警察を経て、裁判を過ぎて見ると、『黒川があとまだ殺してくれ』と言い出すようになっていることに、私は疑惑を持っています。黒川がどういうた、こういうたの論争よりも、

　1）軍服売買成立までの経路
　2）石井の出現の理由

3）旅館でどんな話が交わされたか
　　4）警察での取調べと、書類作成の状況
　この４点を調査することこそが大切だと思います。わき道に外れたことにやっさもっさしているように思えてなりません」

16　黒川を疑っている石井
昭和36年12月2日付、中村園子さんあて石井健治郎の書翰
「私が黒川と何も話会っていない事実は、岸田、藤本、押川、牧田が知っています。私と黒川と２人だけでいた事が絶対ないからです。だから、この点証明できますが、唯黒川がどんな気持で私達をあんなふうに引廻したかということです。
　　1）黒川自分自身の考えでか？
　　2）西と黒川の話合の上でか？
　　3）西、黒川、熊本の話合の上でか？
　この３つがあるだけですね。西君は軍服取引の加勢をしていただけだと言ってるのは始めからです。しかし、黒川が西君と強盗殺人を話し合っていたというので現在のような罪名が付いているのです。しかし、黒川も高裁では黒川自身が悪い考えを持っていたのではない、警察官が強盗殺人罪で死刑にお前もなるぞと言って脅迫されたので『西に金を借していたのがほしさに西のたくらみに加担した』と言う通りの西を主犯とした犯罪をみとめれば自分の罪が軽くなると言われるので、嘘の供述をしたと申し立てているようですし、また、自分の命が助かりたいばかりに嘘を供述したと言っています。しかし、私は、黒川の嘘が余りに多いために、どれもこれも信用できないし、裁判所も悪いところだけは信用して証拠となし、私達に有利な点は、黒川がまた嘘を言っているものとして取り上げてないのですから、私は、この裁判所のやり方にこそ間違いありと思います。そして、私の突発的事件は、黒川の嘘によって起きている事は間違いありません。唯喧嘩のために拳銃がいるのならば、何も私達を騙す必要もありませんし、黒川は、久留米の喧嘩は拳銃入手のための嘘言だったと言っていますから、私はどうも黒川と西君まで疑いたくなるのです。黒川があまり色々と言い直すために、私は、黒川がひそかに計画して、熊本や西の計画を横から出て金でも奪い１人でうまい汁を吸おうと考えていたのかも知れませんし、岸田の証言では黒川が死体を探していたとか言っています。それを警察が黒川に追求したところ、そのため、石井が探せと言ったなどと全くありもせん事を申し立てている事でも、黒川の心の動きが私に判るのです。法廷では、私に追求されて、石井はその場にいないで、押川、藤本、岸田、牧田がいたのであるためにとうとう、誰かが言ったとか紙切れを服のポケットから出したとか、自分のポケットからハンカチを出したのだ、岸田が見て死体から取っていたなどと嘘を言うから、石井に罪をなすりつけるために、石井の命令と嘘を言ったとか、死体を刺したとか言って、裁判長に、今倒れた人間がどうして死体と解ったか、と言われ、手を握って見たら冷たかったので死体と思ったというような苦しい答弁をしているし、また、首を刺したのに足を刺したとか、全く見えすいた嘘を次々に言っている黒川の姿は何を物語っ

ているかという事です。西に命ぜられたのならば、この答弁はおかしいところもあるし、私と話し合ってあったのならばなお更おかしい、石井を喧嘩と騙したとはっきり2ヵ所も言っている記録もありますから、兎に角、この事件は無理に1人1人を疑わず、全部の人間の行動と対話と1人1人の責任と意志を記録の中から集めて、そして話に合わんところを抜けていって、嘘や捏造の書類を裁判にかけて行けば、真実の事実の一本の線が必ず出ると私は思います。嘘も本当もごっちゃにして自分勝手な解釈ばかりしているのが、全部の人間のやっている事です。なるほど程、西君のやり方に、私は今まで大変不満な点がありました。しかし、私の知るところでは、西は黒川の供述（嘘であれ本当であれ）で罪に落されていることは間違いありません。それに他の人間の嘘で（本人が自分で言ったのか、言わせられたのか、嘘には間違いない）罪に落されているのですから、西君は全員を訴えると言って、その訴状はすでに中島に渡している様です。ですからどっちに転んでも貴女はそう心配せんでいいです。

　西は知らなかった。私は、防衛のために撃ったということは、水かけ論云々と貴女は言う。私は、それが本当であるかも知れないと思う。なぜならば、あの時代の世の中の事も考えねばなりませんし、王等の拳銃を持って悪いことをして廻っていた事実も知って頂かねば、また、熊本が前科6犯のしたたか者であった事実、そして、また軍服等は闇の品物で（これは盗品か、軍隊が置いたままで逃げた為とか色々と理由はありましょうが、人におっぴらに話せぬ品という事も頭に入れて、それから皆の行動どうして突発的に私が間違いを起すようになったかを皆さんに考えて頂かねば、唯理屈に合わんと言うだけでは話になりません）、そういう品物の取引をしていたらしいというところに、この間違いの原因があるのだと私は思っています。そして、その上に黒川の悪心（これは間違いないと思う）によって、嘘が事実の如くうまく事実の如く造り上げられたのであることを私は確信している。黒川が西と共に悪心を抱いてあったと疑う事が、話の辻褄が合うように思われることもあるが、また、黒川自身が金ほしさに1人芝居して私を騙し、更に岸田、藤本、押川、牧田までも騙すようにも思われる。それは、私を現場に連れて来ている事は、西は一言も話していない事です。そして、藤本、押川、牧田には石井達をあそこに連れて来ているから、そこで拳銃代金はやるから来てくれと言って、3人を私の所に連れて来ている事実、その上、黒川にそんなことをする理由がないこと、それが私は心に思い当る。なぜならば西と共謀ならば私達を何もあんなところへ連れて行かず、藤本、押川、牧田の待ってるところに連れて行けばよいし、また、西に一言その事を言ってよい筈、また、永達を西に内緒で私達のところへ連れて来る必要もないし、拳銃の金を私達の待ってるところで渡すというのがおかしいでしょう。金は西が知人から貰って渡すと言ったので、黒川は何も勝手な事をする必要もなく、黒川は西に喧嘩のために拳銃を何とかしてくれ、久留米にて原口と野田（黒川の親分）が喧嘩をするのに拳銃を入手したいと言ったのは黒川で、旅館で皆の前で、私と藤本、押川、牧田の前で言ったのも黒川であるから、この黒川1人の考えで私や岸田、藤本、押川、牧田を勝手に（西に話さない事は勝手にと言える）、あんなところに連れて行き、拳銃代金も持って来る事もせず、拳銃を私から何とか取ろうとしたために私はそれを渡すのが不安なために、とうとう黒川の喧嘩の相手方が来ているという言葉に（黒川は唯、石井達に喧

嘩をしてるから拳銃をかしてくれとは言わず、来てくれと言ったというが）、私は久留米の喧嘩の相手方がこちらに来たのかと思ったのであり、また、金はあとでやるから拳銃を一寸先に貸してくれと言った事は藤本も押川も聞いている事実、なぜならば、藤本が黒川が拳銃を貸してくれと言った時、私が代金引替えでないと渡せんと言った時、藤本が西さんは大丈夫だから拳銃を黒川に貸して頂けんかと言った事実があり、これは裁判記録にもちゃんとある。しかし、私が代金引替でないと駄目だと言ったので、黒川は一旦走って行ったが、今度はとてもうろたえて来て拳銃が貸せんなら、また、喧嘩をしているから誰か来てくれと言うので、岸田が始め行ってみようと日本刀を持っていた（背中に入れて）ので気が強かったためか、そう言って行こうとするので、私は、お前では危い俺が様子を見てくるから待ってろと言って、黒川のあとを追って行ったために、とうとう2分も経たん内に現場の暗がりに近づいた時、ドヤドヤと出て来たので私が立ちどまる。王が私の方をみてパッと洋服のポケットに手をつき込んで何か黒い物を出そうとする、私はそれを拳銃と思ったので自分がやられると思ったために持っていた拳銃で撃っていたのである。そして、とびかかって来たのを足でけたおしたような恰好になり、また、もう1人が大声あげて走って向って来るように思ったのと、横を大きな音を立てて汽車が走って来たのと、兎に角、逆上していた私は、その人間も撃っていたのである。そこに様子を見に後から来ていた、岸田が日本刀を振りかぶって走って来たし、黒川が懐ろからドスを出すのを見ながら、私は専売局の方へ走ったのを覚えている。その時、黒川が1人を刺したのを見ながら、私は走った。これが事件の時の様子で、私は黒川が、私が撃ったためびっくりして逃げたというのも嘘であるし、誰かが刺せ刺せというので刺したというのも、絶対に嘘である。岸田は黒川の命令で1人を刺したと言っている。これらの事を考える時、黒川の供述や黒川の行動は、私は黒川自身の意志によって総べてをやっている点を考える時、たとえ西との間に疑わしい点はあっても、黒川の悪心を私は否定することはどうしてもできないし、黒川が死んだ事はかえすがえすも残念な事である。しかし、藤本も押川も牧田も岸田もいる事だし、事実は彼らが知っている事だし、何とか戦うこともできると思います」

17　石井の西に対する結論
昭和37年11月25日付、片山さよ子さんあて石井健治郎書翰
「西君がえん罪であることは、私共全員が知っている事実でありますから、どんなところへ出ても必ず西君の冤罪を訴える事は当然の事ですが藤本君も押川君も私の家にいた牧田、岸田も皆現場のことも旅館の話も知っているのですから、正直に言いさえすれば、西君の無罪は当然の事であります。また、事件当夜家のいた弟隆、妻三枝子、武田、小森なども大腿のことは知っており、正直にさえ言えば、西君が罪に落とされる事はなかったのですが、殺傷事件を起こした私の事を心配して、そのため警察の口車に乗せられて、私の罪が少しでも軽くなるためと思って皆色々と必要以上に西君の悪口を言って西君らのために、いかにも騙されて殺傷事件を犯したような風に申し立てたために西君はこのような冤罪をきせられる原因になられているのであります。この上、新聞が西君を悪く書いていたためと、警察や一部の人から西君を悪人のよ

うに聞かせられた皆の者は、たくみな誘導訊問などにかかり、それが、いつの間にか本当らしく小説の如く造りあげられ捏造されて、また、本人達もそう言われば自分の罪が重くなると思ったり、私の家の者は私の刑が軽くなくと思って言った人間もあり、そのため、法廷での供述は全く違っている事でも判りますし、警察、検察官の巧みな脅迫と誘導で嘘を認めさせられた人も、法廷では、大体に真実に近い事を申し立てているのですが、死んだ黒川のような人間は支離滅裂となって自分が何を言っているのか判らんような出鱈目な供述をして（片山註　法廷から帰った黒川がオヤッサンを罪におとすようなことを言ってすまんと泣いた事実あり）、ただ何とか自分だけ人より罪が軽くなる事を嫌い、あのような供述となっているので、彼の供述を集めてみると、それが整然と判るのですが、裁判官は、そんな出鱈目な供述の中から強盗殺人という罪名を付けるに都合の良いものを拾い集めて、その矛盾は考えようとはせず、唯、認定の証拠とされているのであります。すべてが捏造とその出鱈目なものばかりで証拠となっているもので、一つも真実なものがないのは本当に驚き入るばかりで言葉もないというのが私共の心境であります。白である証拠は、今までの裁判と再審願いで十二分に申し立てているのですが、嘘や捏造の方をあくまで証拠にされるのだから、全く涙も出ない気持で、私達ははぎしりするばかりで、今日まで執拗に訴えている次第であります。

　裁判官があくまで、捏造と虚偽の書類や調書をたとえ矛盾している事が判っていても、これを証拠とされるならば、これを裁判にかけて確定確認の判決を取るより外に仕方ないのであります。ところが、これが、また大変面倒な事であり、検察官は自分等の面子を守るために訴えを却下し、不起訴にしたりされるのですから、弁護士をたて、余程協力に戦わねばうまくいかないのが、現在の日本の裁判の実状であります。これを社会に訴えるとしても大変です。有力者のお力添えでも頂かねばどうにもならないという有様であります。本当に正義を守る法が、不正を守る法となりかねないのであります。これは、痛切に現在私の感じさせられるところであります。どうぞお察し下さいますように。古川先生も再審のために必要な努力して下さっておりますが、白を認める証拠を新しく出せと言われましても、すでに事件のこと、事細かに申し立てている私共には、共同謀議の事実は全くない事は、皆が知っていることでありますから、私共の内、押川、藤本の検察官調書に謀議したと疑わしいように匂わせるところの供述があるというのですね。これを証拠にされているのですが、本人達は、その供述は脅迫によって無理に検察官に認めさせられたところの事実無根の事であると申し立てているのに、やはりそれが証拠となっているのですね。私の供述として、警察の調書の分は、これは全く警察官の捏造してはさみ込んだもので、私の供述でありません事は、文面に明らかに表れている（名前が５ヶ所完全に間違っている）のにもかかわらず、これを証拠として取り上げているので、裁判官のガンコさにはほとほと驚いております。どんなに説明しても聞こうとはしてくれないのですから、全く手がつけられませんね。この事実を心に知って、総べての訴えをして頂きますよう心よりお願い申し上げます」

昭和37年11月30日付、片山さよ子さんあて石井健治郎書翰

「西君には全くこの殺傷事件には責任はありません事は、藤本も押川も岸田も牧田も全員知っております。それでも、死刑にされている西君は全く捏造によって罪に落されていられるからであります。私が第一審の法廷で裁判長に対し、『この事件は、決して強盗殺人事件ではない、私の突発的な誤想のために起きた事件で西君とは関係はありません。この殺傷事件の責任は、私にあります。そのために私がどんな重い刑にされてもかまいませんが、西君始め他の被告人を強盗殺人というような罪にしないで下さい。私も強盗など決して致してはおりません』と強く申し立てたのですが、裁判長は聞いて下さらなかったのですね。その当時、法律の事は何一つ知らなかった私の真実の叫びだったのです。また、西君とは初対面で良くお話もした事のない時でありましたから、私の訴えは真実であったのです。それは、警察の調書供述書の10項までを読まれるとお判りと思います。それにはっきり西君と殺傷事件とは関係ない事を申し立てています。それなのに、11項から捏造文を間に挿入して、いつの間にか、『男と見込んで頼まれた』というふうに供述した事になっています。このように造り話を挿入してありますが、これがよく読んでみると、岸田の行動を牧田の行動と間違え、牧田の行動を岸田と間違えているところが6ヵ所もあるのですから悪い事は出来ません。しかし、裁判官はその事実を指摘されて、なるほど間違っていると言いながら、その時は、その証拠文面の非を認めながら、また、それを証拠として取り上げるのですね。裁判官の無智といおうか、厚かましさといいますか、または、無能さと言いますか、兎に角、これ唯一つによって、私の強盗を、ひいては西君の強盗殺人の計画があったがごとくに、嘘や脅迫のための供述書の中から、造り話や色々な間違ったところの事実には合わないが罪になりそうな、デッチ上の言葉をもって来てならべてあるだけで、それが始めて何も知らずに読む法務省や他の方々にも、事実の如く錯覚を起させ、最高裁の判事でさえ、疑問を持ちながら裁判官の自由心証であるからと、その出鱈目な判決文を認めて、私達の訴えを却下されたのでありますから、私共は泣くにも泣けぬ気持であります。この私共の叫びをどうぞ社会の方が判って下さいまして、正しい裁判今一度して頂くよう、この上共に御尽力、御厚情給わりますよう懇願申し上げる次第であります」

石井も、強盗をしていないのに強盗殺人だといわれると、つい黒川や西を疑いたくなるのも、また無理からぬことである。しかし、いかに石井が2人を疑ってみても、それはあくまで臆測の域を出ず、かりに2人に強殺の企みがあったとしても、冷静に考えてみれば、西は石井の起した殺傷事件に何の関係もないのであるから、西を強盗殺人だというのは間違いであるし、したがって、石井もまた強盗殺人とは当然何の関係もないことは言うまでもないことであると、西の冤罪を認めるところに落着くのが、彼の最後の落着き場所のようである。

第7章　書翰を通じて2人の人間性に触れる

目　次
1　雪冤のあゆみ……………………………………………………505
　（1）2人を知って ……………………………………………505
　（2）雪冤に専心没頭を決意 …………………………………507
　（3）塩尻先生の御西下 ………………………………………509
　（4）雪冤のうた ………………………………………………510
2　西武雄の人間性とその周辺……………………………………512
　（1）無口な西武雄 ……………………………………………512
　（2）写経三昧の日々 …………………………………………514
　（3）一家離散の憂目 …………………………………………515
　（4）獄中生活だより …………………………………………517
　（5）小鳥を飼う気持ちになれぬ ……………………………526
　（6）人間の持つ悪魔性 ………………………………………528
　（7）佛画が語る無言の訴え …………………………………530
　（8）無言の中に真実を ………………………………………533
　（9）死刑囚の親がわりとして ………………………………535
　（10）有縁の人々の温情 ………………………………………538
　（11）涙なくして ………………………………………………540
3　石井健治郎の人間性とその周辺………………………………542
　（1）性格の相違 ………………………………………………542
　（2）身近に巻起こった不幸 …………………………………544
　（3）小鳥と花の独房 …………………………………………546
　（4）妹の愛情に泪する ………………………………………547
　（5）兄の事故死 ………………………………………………549
　（6）終始一貫の訴え …………………………………………553
　（7）無理が通って道理引込む ………………………………554
　（8）嘘を言う必要はない ……………………………………556
　（9）母のいのちあるうちに …………………………………558
　（10）信じられない司法関係記録 ……………………………560
　（11）善意にささえられて ……………………………………561
　（12）忘れられている冤罪問題 ………………………………565
　（13）相思相愛の人杉本さんの書翰 …………………………569
　（14）妹中村園子さんより石井あての書翰　その1 ………572
　（15）妹より石井あて書翰　その2 …………………………574

1　雪冤のあゆみ
（1）2人を知って

　昭和27年秋、私ははじめて、赤煉瓦の高い塀をめぐらせた、あの特異な刑務所の建物の中に

はいった。

　その時2人は既に、事件以来6ヶ年を閲している（時を過ごす）死刑囚だったのである。それから10年、私は、教誨師としての生活が決して短かいものでなかったことを、いまあらためて憶い泛べている。しかし、それにつけても、また2人の獄窓生活の、余りにも長いのに思い到り、長嘆息を禁じ得ないのである。

　西武雄は恩赦願のなかで、「15年間という長期の在獄の身では、それらの証拠を集積提出することの困難に遭遇して、いたずらに月日を費いやすのみの苦境なのでございます。現状のままでは、到底安んじた勝訴をきたいできず、それに15年という在獄に心身共に疲れ果てまして、ほとほと途方にくれて」と訴えてるが、冤罪による死刑囚の身にとって、この16年は、我々の50年にも匹敵する程の長い苦しみの歳月であったであろう。

　私は、教誨を重ねるうちに、西、石井の2人から冤罪を訴えられたことも、しばしばあった。しかし、彼らの訴えが至極遠慮がちであったのと、私自身の持つ疑惑の深さと、また、力なさとから、容易に彼らの訴えに真剣に耳を貸すことは出来なかった。

　しかし、私は、出来得るならば力ある人に助けて貰いたいという心は動いていた。7、8年前、はじめて神戸に未見の師塩尻公明先生を御訪問申し上げた時も、一つには、2人の冤罪を訴えたいためでもあった。神戸に私は西武雄の写経した正信偈一幅を持参し、先生に2人が冤罪を訴えていることを申し添えた。その時先生は、私の期待以上に深い御関心をお示し頂いたことを、私は、いまも忘れることが出来ない。

　以下に掲げる書翰は、その当時塩尻公明先生より西武雄に宛てられたものである（昭和31年12月3日付）。

　「ただ今、お心のこもった、お正信偈たしかに古川さんから拝受しました。私の老母も一緒に古川さんからいろいろあなたのことをうかがいました。新聞紙のあなたの記事もいつかよんだ覚えがありますが、くわしくはよまず、いま、古川さんから切抜きを頂いて心してよみ返しました。まことに御同情にたえません。しかし、お残し下さった正信偈は大切に保存しまして、床の間にかけ、前に座る毎にあなたの真剣なお気持にふれることができるように致したいと存じます。老母も、お近くならばお目にかかりにいきたいものをと申しております（いま、78才になりますが、お念仏をよろこんでおります）。私の本もよんでくださいました由、そして、大へん役に立てて頂いてありがたく、むしろ、私の方からお礼を申し上げたいところです。心の上でのつながりの貴重な御縁をありがたく感謝いたします」

　また、その前後のことであったろうか、歌人の田中淡月尼上人とも御縁を頂いたが、それが契機となって、尼上人の並々ならぬ雪冤の御協力がはじまり、今日に及んでいる。その他、私は機会あるごとに、心ある人々に訴えた。しかし、自ら起ちあがるほどの積極的な動きは持ち得なかった。それというのも、一家8人の生計をかろうじて支えている貧乏僧侶の私は、自らの物心両面の力なさと、また、才能の乏しさをいやというほど自覚していたからである。たとえばその一例であるが、雪冤に奔走するとしても、旅費すらも思うに任せぬわが身である。それより貧乏ひまなしの私には、第一時間を割愛することが容易でないと考えられた。また、法曹会のことに関し

ては智識皆無である。私は松川事件のことを思っては、いよいよ自らの乏しき才能などではどうにもならぬ、絶望に似たものを感じて躊躇していたのである。

そうした狐疑逡巡している時、竹内洞達教誨師、筒牛俊三氏らは勇猛果敢に雪冤運動を推進していたのである。

一方、西武雄、石井健治郎の両死刑囚も、縁ある人々に冤罪を訴えていた。そのために過去16年間、どれだけの篤志家たちが、心をいため且つ奔走して彼等の冤罪を雪ぐことに努力したことか、憶えば、彼らも冷たい鉄窓の身とはいえ、こうした心ある人々の温情に支えられて、かろうじて生きてきたというも決して過言ではあるまい。

また、石井健治郎の妹、中村園子さんはここ十数年に亘る長い歳月を、一家離散も覚悟で東奔西走した。そのために投じた私財は、また莫大な額にのぼっている。

（2）雪冤に専心没頭を決意

また、昭和31年秋、私は、鳥取地方を巡講し菊川女医さんを知った。その間の経緯については、菊川女医さんの「もえるいのち」（『主婦の友』1962、2月号掲載）に、以下のように述べられている。

「私と死刑囚を結んでくれたのは、福岡刑務所の教誨師、古川泰龍先生でありました。先生は、さる31年11月27日、私の町へ九州からはるばる宗教講話にお越しくださったのであります。

先生は、佐賀県に寺をもたれ、週に一回刑務所をおとずれ、死刑囚に愛情の手をさしのべ、善人に立ち返らせることを生活の意義のひとつにしていられる方でした。他人の罪を決してとがめないという心の方で、宗教の極致というのでしょうか、このようなひとなればこそ、死刑囚たちをも慰めることができるのだと思いました。私は、先生の法話の底を流れる愛の人生観に接し、生まれて初めての深い感動に打たれました。

いくどかの便りが交換されたのち、32年2月に、私は関係している小学校、婦人会等の講演会を計画して、ふたたび先生をお迎えしました。南国の先生には、鳥取の雪の深さはいかにもふしぎであったようです。凍りつくような冷たい日でしたが、その時、講演に出かけられる先生が、オーバーのポケットに、一足の毛糸の靴下をしまわれるのを目にとめました。

『どうして、おはきにならないのですか？』

とたずねた、私に、

『はけばすぐ破れてしまいますので、はかないで大切にしているのです。でも、これを贈ってくれた人の気持ちがうれしくて持って歩くのです』

私は、そこである死刑囚が、鳥取に旅立たれる先生のために、徹夜であみ上げた靴下であることを知らされました。先生はさらに、死刑囚から教えられることが多く、彼らを如来として拝まずにはいられませんと話され、私は、頭の下がる思いがいたしました。

私が、死刑囚たちにつくすことを深く心に誓ったのは、このときでした」と。

それから、菊川女医さんの並々ならぬ死刑囚への愛の奉仕がはじまった。そして、昭和36年晩春の頃、菊川女医さんから、「2人の冤罪の訴えをどう思うか、助かるものなら奮起したい」

という意味の手紙が舞い込んだ。私は、「ことの結果は問うところではない、助けようとするそのこと自体に大切な意味がある。是非力を貸してあげて下さい。私も及ばずながら、あなたの小遣いとして、私の力でできるだけのことは協力しましょう」と返信をしたためた。

　それから、菊川女医さんは九州にやって来た。そして、打ち合せの結果は、神戸に塩尻公明先生を訪ね、御協力を懇請しようということになった。

　昭和36年9月14日、菊川女医さん、中村その子さんと私の3人で神戸赤塚山の先生宅を訪問し、雪冤の協力を仰ぎ、関係書類を手渡した。塩尻先生はあいにく高血圧のために教壇で倒れられ、まだ静養を要する御身であった。しかし、ことの重大さを直感された先生は、その夜徹夜して関係書類を読まれた。その結果、学友の植木法相や当時恩赦委員会の委員であった坂西志保女史、鳥取の米原氏等に書翰をしたためられ、私の訴えに積極的な御助力を示された。

　また、同年11月の全国教誨師大会席上で、竹内洞達師はこの冤罪について訴えた。

　明けて昭和37年2月12日、中村その子さんははじめて玉名の拙宅を訪ね、2人の恩赦願が却下されたことを伝えて来た。また中村さんは私のあとを追って佐賀の自坊まで訪ね、今後のことを依頼された。私はとにかく執行を延期して、その間に再審請求するほかはないと考え、そのために上京して大臣に会うことを打合わせた。

　3月9日、再び神戸に塩尻先生を訪ね、今後の運動方針を打合せ、上京することを決定した。10日塩尻先生、中村さん、私3人で、大阪を出発、11日東京に着く。東京では、先生の学友である三菱商事の川合重役、高橋参議院議員、山際日銀総裁等の御尽力によって、大臣面会の目的が達せられた。

　私は、東京より帰省以来、先生と打合せた『真相究明書』執筆のため、身辺の整理をした。今までの片手間の推進では到底目的を貫遂できないと信じたからである。私は、昭和20年コスモス社発足以来はじめて、自分の仕事から離れることになった。そのためには、少なからず苦慮した」。

　以下に掲げるものは、当時コスモス社関係の同行に配布した挨拶状の抜萃（ばっすい）である。

　「さて皆さまお障りございませんか、お伺い申し上げます。降って私こと、かねて2人の死刑囚の冤罪について心を痛めていましたが、いよいよ2人の生命が風前のともしび同然となり、今までの片手間仕事ではことの推進はむつかしく、とても2人の生命を助けることは不可能と思い、今回本件打開のため専心専念することになりました。

　既に皆さまも御承知のように、私は、聞法（ぶんぽう）に生き聞法に死する底の聞法を生命とするもので、聞法のほかには何も考えられない位でございましたが、2人の死刑囚の冤罪であることを明白に知り、生命が危機にさらわれていることを知っては、さすがの私も聞法に専念していられず、遂に、今日の挙に出るべく決心したわけでございます。

　毎月の、皆さまとの求道聞法は、私にとってかけがえのない仕事であり、生き甲斐でありました。それだけに当分の間とは言え、これを中止することは、とても心苦しく決心するまでには随分躊躇逡巡いたしました。特に、一家8人の生計にも関係あることとて、人知れず苦慮いたしましたが、2人の生命にはかえられず、断行いたしました」

とある。

（3）塩尻先生の御西下

　中村その子さんは、4月16日より、約40日間拙宅に滞在して、雪冤のために奔走。その間には、岡山から宇垣不老王も来訪一週間滞在しての協力もあった。4月10日植木法務大臣あて雪冤嘆願書（20枚）を発送。この間、物質的には、小倉の藤本延恵さんの多大な協力があった。資金はもとより、原稿用紙、洋紙、封筒、ノートなどの寄贈を仰いだ。西武雄もまた必死に写経、佛絵を浄書して資金面で協力した。また、唐津の神近まさ子さんは、毎月15日には、50円銀貨を貯めて（毎月2,000円〜3,000円）送金された。いくら辞退しても目的達成までといって、黙々とつづけられ、今日に及んでいる。また、熊本県山鹿の奥村義一さんは、貧しい豆腐屋さんであるが、たえず通信費の一助にもと、郵券を届けられている。その他、小倉の毛利年秀さん、田中圭三さん、亀川正江さんらの毎月の援助、熊本市の奥燦然さん、都留とよ子さん等々の協力が寄せられ今日に到っている。

　5月、藤本延恵さんの尽力で朝日新聞の犬塚尭記者の協力を仰ぐことになった。私は、早々神戸にとんで、塩尻先生に朝日の協力に対しての先生の御意見と御指示を仰いだ。この頃から山口県の片山さよ子さんの死刑囚に対する切実な訴えの手紙が、段々とその回数をましてきた。

　私は、資料を蒐集し、事件の真相を把握すべく必死に読み、2人の死刑囚とも質疑応答を繰返した。しかし、私は法曹界のことは全然無知であって、真相は把握できても、それをどのように具体化すればことの推進ができるのか、途方にくれた。また、智識のない才能の乏しい私は執筆の上でもしばしば思い悩んだ。そこで、私はその道の大家に訴えて御協力を仰がねばならぬと思い、中外日報に原稿を発表したり、正木亮先生や亀井勝一郎先生にも手紙をしたためた。

　正木先生からは、「ここ10年に亘っての宗教教誨師としての御奉仕誠に有難く感佩（かんぱい）（深く心に感じ入ること）の至りでございます。殊に、死刑囚への御味方御慈悲のほどうれしい限りであります。先般、憲法調査会方面の公用にて福岡に参りました際死刑囚たちを慰問いたしました。その節2人の冤罪を訴えておるものの話もききました。本当に救ってやりたいと存じます。尊台の御手紙により一層そう感じてはおりますが、今日の小生は、既に古希を迎えておる上に各方面の公用が重なり到底一事件に没頭することを許さぬ有様でございますので、甚だいかんならが御協力出来かねることをあしからずお許し下さい。うんぬん」という、温情ある御返信を頂いた。

　私は、自信のないまま、しかし、塩尻先生の御指示を唯一のたよりに、資料を調べペンを運んだ。7月24日、塩尻先生は約2週間の予定で遥々玉名の拙宅を訪問されて、2人の書類と取組まれた。炎天下の2週間は若い私たちも悲鳴をあげそうであった。しかし、先生は夜更けまで書類を読み耽けられた。

　7月30日、塩尻先生、犬塚記者、鮎川記者、稲富記者（以上、朝日新聞）それに私を加えて5名、福岡刑務所に西、石井死刑囚を訪ねた。刑務所では、豊田教育部長、中島教育課長の特別の御高配で約3時間近く面接がゆるされた。8月1日塩尻先生、私は、犬塚記者と打合せて、一旦博多に出て佐賀県伊万里の山奥に藤本清喜氏を訪問した。藤本氏に会った塩尻先生、犬塚記者

は、益々「白」を確信するに至った。犬塚記者は、帰途「義憤を感ずる」ともらしていた。8月第2回目の雪冤嘆願書を中垣法務大臣に郵送する。9月は、経済的にも困窮し、また本件に没頭してきた疲れもあって、1ヶ月本件から離れて巡講した。

　10月早々、私は、山口県熊毛町に片山さよ子さんを訪ねた。そして、『真相究明書』執筆についての協力を仰いだ。まず西、石井、その他関係者の数千通にのぼる書翰に目を通し、ノートに分類抜萃することを受持って貰った。それから私は、福岡県田川郡川崎町に押川智栄治氏を訪問し、証言を録音した。藤本延恵さん、田中穂積さんの協力を得た。次に、福岡旅館、殺人現場、浜利食堂等を踏査した。また、福岡県杷木町に西武雄関係者を訪問して録音をとった。この日は、長女愛子が助手として同道した（愛子は私が雪冤に没頭して以来、実によき助手として筆耕に録音に給仕にと、協力を惜しまなかった）。

　また、押川、藤本氏を拙宅に迎えて証言の録音をなした（藤本氏は欠席）。そして、11月、私は、関西に行き、塩尻先生と打合せ、中村さんと面談した。また、片山さよ子さんが上阪し読売新聞社を訪ねるというので、塩尻先生、私2人も一緒に本社を訪ねて、佐々木地方部次長さんに訴えた。それから、私は上京して、藤本延恵さんの上京を待ち、日弁連人権擁護委員会等を巡訪した。東京では、特に藤本延恵さんの長兄福本氏の御協力を得て、上京目的の収穫大であった。

　11月13日東京より帰省、17日法務省伊藤参事官と会見、18日より『真相究明書』の執筆にかかった。この間に、片山さよ子さんは、12月26日まで10日間に且って玉名拙宅に滞在しての執筆御助勢。歳末というのに、一家の主婦が家事を投げ出しての奉仕である。また、12月25日塩尻先生第2回目の御来訪を迎えた。30日夕御出発寸前まで御熱心に御調査、御指導を頂いた。

　かくして、多くの人々のご支援にささえられて、私は、曲がりなりにも『真相究明書』1,800枚を脱稿した。4ヶ月ぶりのことである。ときあたかも吉田ガンクツ王の世紀の判決「無罪」のニュースがとび、本件雪冤の前途にもいささかの光明が感じられた。

（4）雪冤のうた

　雪冤に並々ならぬ協力を惜しまぬ、片山さよ子さんから"雪冤のうた"と題する以下のような、一篇の詩が届けられた。

　"雪冤のうた"

　　雪に埋もれたのなら
　　落葉にかくされたのなら
　　リウゴや藪こうじの赤や青い実のように
　　かきのけて太陽を浴びさせてあげよう

　　おどろきは16年も2人の生身が
　　鉄格子の下におしつぶされていたこと

おどろきは　そのすき間から
　　静かに流れる讃仏歌や祈り

　　時は２０世紀
　　法服を来て殺人する裁判官
　　暗がりで陥し穴ほりかえす刑事
　　鬼の目からさへ泪がこぼれるというのに──

　　しゃく熱した　凍てついた
　　鉄格子の下から必死に１６年間叫びつづけた声
　　〈十字架に誓って白です　わたくし達〉
　　〈つぶされても手離さないこの白い花見て下さい〉

　〈わかってる〉〈わかっています〉
　　お数珠持つ白い細い腕が　商売人や百姓女の腕が
　　売名だ　非常識だの声を浴びながら
　　鉄格子を持ち上げようと力む
　　その腕　ときにむくみ　そう白となり

　　けれど今年こそ
　　鉄格子をとりのけ
　　２人の生身を引出さねばならない
　　この鉄格子が更に多くの
　　清浄な
　　ひ弱な　肉体にのしかからぬよう
　　法廷の下の陥し穴を必死につぶさねばならない
　　いつか鐘の音の響く法廷にせねばならない

　また、西武雄から、今年の年頭、以下のような俳句が筆者に届けられた。

　　初雪や雪冤の倖ふる如く

　というのである。まことに２人の死刑囚の春を待つ心を憶うて、私は泪した。しかし、今年の近年にない大雪が、２人の冤罪を雪ぐ吉兆であってくれるようにと念じて止まないのは、決して、私１人の願いではないのである。

2　西武雄の人間性とその周辺
(1) 無口な西武雄

　西武雄は、石井健治郎とは陰と陽の如く相反する性格である。石井健治郎は陽性であるのにたいし、西武雄は陰性である。2人は、この16年間全く相入れず相剋をつづけて今日に到っている。ところで、石井の饒舌に対して、西は無口である。その無口な西は、無口だというばかりでなく、万事においてその表現力に乏しく、往々人に誤解を受けることもあるようである。

　彼は、そうした自分の一面を知っているのか。

　　　吾の如く愚鈍よ愛(いと)し冬の蝿

と句吟している。そのような彼の上に、冤罪による死刑という運命を背負わせてしまったのである。同じく彼の俳句に、

　　　冬日向生き難き世に眼をつむり

という句があるが、彼ならずとも眼をつむるほかはないであろう。まして、彼のような性格としては、生きること難ければ難いほど、黙するほかに術はなかったであろう。

　私は、法務大臣あて嘆願書において、以下のように訴えているが、これは、2人のうち、特に、西の真情を汲んでの代弁である。
　「『全く無実の者を死刑に処断しようとしていることを、日本国民否全世界の人々にも訴えたいのであります。こうして書き出しますと、あまりの腹立しさに感情が先に立って身を投げ出して号泣したいです』、『実に残念であり、身も心は張りさけるように絶叫したい衝動にかられる』。『泣くにも泣けない、もう涙も枯れて出ません』(西武雄の書翰より)。
　冤罪で死刑を宣告された人の、明日なき絶望の日々を、冷酷無情の獄窓に重ねること正に16年、その血涙滲む苦衷(くちゅう)を憫察(びんさつ)し得るなら、上記の書翰の文字が単なる感傷でないことは、容易に察知できるであろう。
　それにしても、一体誰が人間をこのような残酷悲惨な境遇に突き堕してよいものか、如何なる理由によると、同じ人間として、このような残酷なことは、断じて許されないのである。
　しかし、この2人には、現にいまこの残酷苛烈な悲運の中に投げ込まれて、骨を噛む苦吟を続けているのである。一体、誰が彼らをこのような窮地に追い込んだのか、私は、今更の如く、人間の営みの罪悪深重さに沈思し、潔然たるを禁じ得ないと共に、同じ人間としての限りない憤りと悲しみとに到底黙視するに忍び得ないものを痛感するのである。
　私は、彼、西武雄から書翰を貰って、この『泣くにもなけない、もう涙も枯れて出ません』の一節に触れた時、思わず声を挙げて、『そうであろう、そうであろう、さぞ辛かったであろう』と、

第 7 章　書翰を通じて 2 人の人間性に触れる

独り書斎で泣いてしまったのである。私はこの同情の心をもって、微力ながら、『15 年という在獄に心身共に疲れ果てまして、ほとほとに途方にくれて』(西武雄「恩赦願」による) いる、この 2 人の死刑囚の『私は該判決のすべてに対して承服できませんから、その無実を明らかにしていただくために再審すべく、旧刑訴法 485 条 1 項、2 項の偽造または変造、偽証の確認を求める訴訟を進めているのでございますが、15 年間という長期の在獄の身でございます。現状のままでは、到底安んじた勝訴を期待でき』(前出「恩赦願」より) ないという、彼ら 2 人の訴えを代弁し、この冤罪を雪がんと悲願している、私の衷情（まこと）察して頂けるであろうか。

『無言は、否認を意味するものではなく、言えないのでもない。
　無言は、おとなしいからでもなく、言いきらないからでもない。
　無言は、無法な権力者への、精一杯の反抗、否そうでもない。
　無言は、嘘に対する真実の絶叫である』(昭 37.4.18 日付西武雄書翰より)。

言わねばわからぬ。しかし、言えば言うほど誤解されることもある。
　もの言えば唇寒し秋の風

の心を、身をもって痛感しているであろう 2 人。いくら言っても、不信と誤解の解けぬ冤罪の死刑囚の、「これほどの孤独感と痛苦とがまたとあるであろうか。
　『士は己を知るもののために死す』と言うが、それは、そのまま知ってもらえぬものの苦しみが、また死を思わせる程のものであることを物語るものではないであろうか。己の生死に関することだ、まさに、火を吐く思いの絶叫をもって、この 16 年間冤罪を叫び続けてきたのだ。だが、一体誰がこの血の叫びを聞いてやったのか。否、誰も彼ら 2 人の冤罪による死刑囚の身となることはできないのであるから、いくら聞いても、彼らの訴えは聞こえようもないのだ。即ち、聞くということは、彼らの身になると言うことではないのか。私達平凡に、また、仏相の生き方をしている者にとっては、言葉は、重宝で便利であるかも知れない。しかし、日々、真剣に、文字通りいのちをかけて虚偽と戦い、真実を訴えんと砕身縷（ママ）骨の苦心をしているものの身にとっては、言葉ほど不自由で、非情なものもないであろう。
　私は、はじめ、言葉には嘘もあると思ってきたがそうではなく、真実を語らんとするものには、言葉がいかに真実をつたえるに不便なものであるかを体験するであろう。人は、誰もがものを言った途端に、言った言葉がいかにわが心と離反しているかに気付き、自ら寒々とした思いに唇を嚙むことしばしばであろう。やはり、言葉は真実ではない。いかに言い尽くしてみても、真実は、依然として言葉以上の存在である。
　といっても、ものを言わずには、片時も人間の生活は営まれないのである。だから、言うべきは言い、聞くべきは聞かねばならぬが、真実は言い得べくも、また、聞き得べくもない。即ち、真実は『無言』という言葉をもって語られる。その沈黙の雄弁、声なき声こそ聞かねばならぬ人間の声、真実の叫びであろう。

だが、愚鈍にして、私はいまだ心耳開けず、この２人の無言の声を聞き得ない憾みを嘆くものである。もし、真に２人の無言の絶叫が徹到するならば、一身にこの悲劇を背負って起つ気概が生ずるはずであると、自らの微温的な行動を深く慚じ入るのである。
　過去10年という長い歳月を彼らに接し、親しく宗教教誨を通じて魂の交流融合を図ってきた私であってさえ、なおかくの如き愚鈍さである。まして、世間一般の彼らと隔絶されている人々の、彼らの冤罪に対する真の理解がいかに困難であるかを、私は今泌々と想到せざるを得ないのである。ここにも、また、無力非才の身をも顧みず、私が奮起せねばならぬ理由が所在することを痛感せずにはいられないのである」と、訴えている。

（２）写経三昧の日々

　西武雄の佛絵、写経の揮毫は、余りにも有名である。彼はこの揮毫による浄財をもって、鹿児島県星塚敬愛園（癩療養所）に梵鐘を献納したこともある。また、西本願寺に写経を献納して、以下のような感謝状を貰っている。
　「　　　　　感　謝　状　　　　　　　　　　西武雄
　あなたは、法味愛楽の念篤くこのたび本願寺に浄土三部経並に御本典を写され献納されたことはまことに奇特のいたりであります。よって褒賞を贈り感謝の意を表します。
昭和三十五年十二月十日
　浄土真宗本願寺派総長　武田達誓 印」

　しかし、かれのこの揮毫から無言の訴え、沈黙の叫びを聞き取り得た人は少ない。彼にしてみれば、このようにして訴えるよりほかに術はなかったのだと、彼の揮毫をみるたびに思うのである。この点に関し彼は、私の質問に以下のような回答を寄せている。
　「発願の動機ですが。佛にこの苦境を訴えたい。おすがりした。という以外に何ものもないといったほうが、本当の心境のようです」
と、まことにそうであろうかと察せられるのである。また、揮毫の苦心等については、
　「午前４時半に起きて、静かな時間に筆を起して、１日８時間位筆を持っています。写経を始めた頃は、まだ若かったし、元気でしたから12時間位写経をしたり仏画を書いたりしていましたが、今は、７、８時間位です。
　苦心談というものはありません。強いていえば、筆を持ちつけないことなどで肩のこりから歯が浮いて４本ほど抜いたほどでした。その他、字の方は下手でもそう目立つということもありませんでしたが、仏画のときの仏相は実に苦心惨憺でした。いくら書いても柔和な相にならないのには弱りました。今でこそ少しは見られるものになりましたが、始めの頃は自分ながらどうしてこうも下手なんだろうかとあきれたほどでした。佛画全集を買い集めて研究するやらでしたが、中島先生も御心配下さって、佛画の専門の先生をお呼び下さったり、評を請うたりしているうち、いつの間にかまあまあという程度になりました。
　経文にしても仏相にしてもですが、やはり沢山書くということと、心の問題のように思えま

す。気がイライラしているような時の字や絵は、なんとなくいけません。そうしたときの文字や絵を、後日になって見てみますと、私にはすぐ判りますので、結局は、無駄になりますので、常にそうした心の状態にならないようにしております。だから、一日のうちこの正信偈を２日で仕上げるという心の予定を立てたものは、その半分の経を書き上げるまでどんなことがあっても腹を立てて心転倒させないという信念で筆を持っています。不快なことがあっても、なるべくソッポを向いていることにしています。それを無理していますと、経でしたら誤字になったりして無駄になりますから。そうした心の状態を保つことが信仰でしょうけれど、苦心といえば、私の苦心談でしょうか。心の安定さえあれば、誤字になることはありませんが、それでも、今まででしたら10枚位は誤字による無駄を出しています。自分で気付かぬ場合もあります。そうしたことは、後日になって、法友の方からの手紙などで知り赤面してお取替えしていますが、それが今までに２回ありました」

と述べている。彼が今までに揮毫した写経は、正信偈その他1,200枚、これは、一枚揮毫するのに２日の日数を要する。三部経は12巻、これは一巻揮毫するのに４ヶ月の日数を要する。阿弥陀経、観経は20巻、これは一巻揮毫するのに２日ないし３日の日数を要するのである。

彼は、石井健治郎のように肉親の財的援助がないので、すべて必要な経費は彼自身によって捻出されなければならぬ。しかし、獄中の身にそれを求むることは無理な話である。そこで、心ある外部の人達の同情によって、かろうじて最低線を保っているのである。そうした外部の人達の同情、協力に対して、彼は、彼にできる精一ぱいの感謝行として写経、佛画の揮毫に専念しているのである。

（３）一家離散の憂目

西武雄には、入獄当時、老父と妻それに３人の幼い子供があった。肉親に対する彼の心情をきいてみよう。まず、老父に対して（筆者宛ての「質疑応答書」による）、

「肉親といえば、妻子しかおらないのです。親族一同は、私の冤罪を知っています。

老父が淋しく死んで行ったであろうことを思うと、涙が出ます。父は若い頃、土木建築請負業をやっておりました関係で、若い衆が大勢居ましたが、そうした時代は刀でチャンバラ式の喧嘩も多く、若い衆で在獄したものもおりました。ですから、裁判というものをよく知っておりましたのでしょうか、私たちの裁判を見に来て、この裁判はでたらめだなァと嘆息していました。父は、酒のため中風でしたが案外軽く、まだまだ元気でしたが、私のことで大変心配して老衰したのでしょうか、父の里（小倉区曽根町）にかえり亡くなりました。当時は、上告審中でしたが、父に不孝をしたと今でも残念でたまらないのです。父は、あれだけ若い衆がいてバクチの日常茶飯事の時代でも、女、バクチ（かけごと一切）はぜったいにやりませんでしただけに、他人泣かせや、家族泣かせのことは絶対やりませんでしたので、そうした生活環境にそだてられましたので、酒こそ飲みましたが他人泣かせのことの出来ない性質のため、損をすることも多かったと思いますが、これが、私の人生と思っています。私の子供時代がそうした若い衆にかこまれた生活環境でしたことから、この度の石井の誤殺の時でも、その話を聞いた

瞬間は驚いたもののすぐ気をとりなおしたことも、とりなおせたこともといった方がいいようですが、普通のサラリーマンのように気の弱い面がなかったことが『この野郎』という気になって、石井をつけねらったことが、変な疑いを生じた面もありましたが、そうした『この野郎』という気性の出たというのも、小さい頃の家庭環境から自然のうちに体にしみ込んでいたのでしょうか」。

人一倍思いだったと噂されている彼（福岡県杷木町石丸佐太郎氏らのよく知るところである）だっただけに、老父の不遇な死は、彼の心をいかに悲泣せしめたことであろうかと、察するに余りあるものがある。

また、家族のことについて、昭和37年4月13日付筆者宛て書翰において、以下のように述べている。

「一昨日の御面談の折、私の家族の事をお聞きでございましたね。その事を少し申し上げてみたいと思います。この家族の事は、現在までどなたにもお話申した事はありませんが、と申しますのは、今まで、それについて苦い経験がありましたため、そうなってしまったのです。そのいきさつを申し上げます。

私、土手町拘置所にいる頃のことですが、妻と妹（私の妹）と一緒に来ての話に、この度の事件のことで杷木町に居りづらい、世間の無責任な噂、放言などに、その実情を知りまして、考えて考えた上で『杷木町を放棄して実家に帰るよう、長女は来春から入学だから、全員籍を抜いてこれから先は自由ということにしてくれ、そのかわり子供達が大きくなってから実情を話すこと、面会、手紙は一切不要』と心を鬼にしてつき放したのです。そうする以外にない、その当時の実情でした。全部を話しますとそうかと納得いただけることですが、兎に角、世間は冷たいと思いました。—中略—私が常に思いますことは、妻の事は別として、子供達の事は、やはりなにかにつけて思いますし、涙も出る程であります。でも、今は、それよりも冤罪を晴らすことが何としましても急務でありますから、家族のことなど忘れたことはありませんが、一切口に出さないことにしているわけであります。

事件の『真相究明書』に関係がないからです。兎に角、口先だけの愛情論に家族の者の肩身の狭い思いをさせたくないという、私のかたくなな心でしょうけれど、警察、検察、裁判と、事件の関係者等の嘘言に、信じられなくなったというのが偽らざるおもいであります。ですから、事件関係者以外には話したくなくなったわけであります。—中略—私の本籍は、小倉で曽根町なんです。以前の企救郡です。小倉には、妻の姉の時計店もあります。叔母もおりますが、私の不徳の極みでお手紙を断っております。刑務所生活を私の一切の転換としたいと思いまして、全くの独りぼっちですが、淋しいとも悲しいとも思っていません。冤罪が晴れたら、念仏の中から生まれる生活で一生をまっとうしたいとおもうだけであります。私も、もう47才ですし、在獄15年で頑健であった体も全く弱りましたので、弱った体に間に合う生活で余生を全うしたいと念ずるのみです。

しかし、今は、冤罪をそそぐことに、この体を大切にして対決したいと、日々心を新たにしては念仏しています。私は、小さい頃から無口な質でしたから、この事件で投獄されてより、年々

無口が重くなりました。大体、ユーモアたっぷりな男でしたが、歳をとりましたからでしょうか」

昭和37年4月13日付藤本延恵さん宛ての書翰に
　「古川先生御執筆の大臣宛歎願書を拝読させて頂き、とても感激し三読合掌いたしました。こうしたものを拝するたびに赤面されてなりませんことは、私に身寄りの有って無いことであります。不徳のいたすところでどうにもなりませんが、心苦しいことであります。先日の面談の時も家族のことを聞かれて、その返答には困りましたが、聞かれる度に身のちぢむ思いがします。裸一貫の1人ぼっちになっていますけれど、そのこと自体を淋しいとも悲しいとも思いませんが、子を持つ親として子供のことはやっぱり思い出します。もう長女が大学二年ですからものの判断もつくことでしょうから、解って貰えると思い、自らを慰めています。妻子と縁の切れまして十余年そのことは何のわだかまりもありません、唯幸せであることがよろこばしいと思うだけです。
　今の私は、冤罪を晴らすことのみです。そして、あらたな人生を刑務所生活を通じて新期まきなおしと、日々心新たにして対決しています。5月1日は、私の誕生日ですが、亡父の亡くなったのも5月の月であり、投獄の原因の事件発生も5月の月です。父といえば……母は、私の全盛期時代に没しましたことですから、まあまあですが、父には親不孝をしました。私の入獄で一家は、四散、老いた病父は里の曽根に帰り没してしまいましたが、何としても申しわけないことでありました。一切が私の業果でありましょうか。内容がしめっぽくなりましたので、この位で──」
同じく、藤本延恵さんに宛てた書翰に（昭和37年10月3日）、
「妻は、別れてしまえば他人ですが、子供達のことは、やはり血のつながりというのでしょうか、やはり、今頃はどうしているだろうかと、暑さにつけ、寒さにつけ思います。別れても、やはり親と子ですものね。
　　長女　ゆき子　21才
　　次女　早　苗　20才
　　長男　忠　臣　19才
　まだ、在学中とのことを聞いています」
と述べている。

（4）獄中生活だより
　次に、彼の書翰によって、彼の獄中における日常生活の一端をのぞいてみよう。

昭和37年8月10日付、藤本延恵さんに宛てた書翰に
　「連日の猛暑に、日々の日課（といっても、私個人の修養のためのことでありまして、刑務所規定の作業日課ではありません）が、朝4時半からお昼頃迄。時間はわずかですが、長い在獄に心身の疲れから手紙やその他の書きものにまで体力が伴わず、そうしたことで疎信がちで

ありますので、何とか体の調整をしなくてはと思いながらも念仏の中の生活だけは、どうにも止めようとしても体、心がそれを止めきれず自分ながらおかしいなあ、と首をかしげ通しです。写経とか仏画かきに一日の体力の限界を消耗していますために、手紙を書きますときになりますと、疲れでがっかりです。もう少し体力がほしい、出来ればもう１人の私が欲しいと思います。そうして、私自身の冤罪問題にとおもうのですが──、この問題は、私の力より延恵さんのような大いなる愛情の方の結集した御救済方法を辱 (かたじけの) うして、私には写経なり、仏画一本に傾注させていただけたらなァと、仏像の前にひれ伏しております。

　暦は立秋ですが、暑さはこれからのときでございますから、暑さには弱いほうでしょうから、デブは（私のことですから御免遊ばせ）夏には弱いですものね。今夜も暑いです。裸身から汗がふき出て、寝ていても起きては拭き拭きして、疲れでいつの間にかグウグウ。南無阿弥陀佛」

同じく、西武雄より藤本延恵さんに宛てた昭和37年11月６日付書翰に

「御上京のこと、本当に嬉しく存じました。有難う有難う。悲しさを通り越して涙も枯れていたのですが、今日ばかりは余りの有難さに涙のあふれ出ました。うれし泣きです。もう、お念仏より他にお礼の言葉もありませんでした。有難う存じます。南無阿弥陀佛。

　小倉のお店の皆さんのことですが、いろいろと考えた末、恵子チャン宛にお手紙出しました。そして、店員の皆さんにもおみせして下さいと、内容は、勿論恵子チャンと店員宛のものです。そして、恵子チャンには先達て、西鉄プロの豊田、稲尾選手の慰問を受けましたとき頂いたサインボールをお留守番のお礼としてお送りしました。今夜はとても嬉しくて、久しぶりグッスリ眠れそうです。有難う有難う」

同じく、西より藤本さんに宛てた昭和37年11月30日付書翰に

「私、時々不思議に思うんです。私なんか全くの孤立無援の者が、貴方を始め、次々と手を差しのべて下さることを静かに考えてみますとき、有難いことだと思うんです。この頃は、体力の消耗からでしょうか、目がかすんでいけませんが、そうした弱り果てた心を身を、どうかした時は、気の狂いそうな思いのするときもありますけれど、そうした淋しいやるせない心に温い手をさしのべて下さる方のあるのだということで、何と心強いことでしょうか。とかく口先だけの愛情、利用だけの縁とちがって行動的な愛情のなんと心強いことかと手を合わせては、淋しい心、やるせない狂いそうな心を静めています。身内縁者の縁のうすいだけに人の情が身に沁みます」

同じく、同年12月６日付に

「小包の羽織到着しました。便箋４冊も。さっそく羽織を着てみました。ピッタリです。柄が好いだろうって、そりゃ、もう。それに、裏地の兎が気に入りました。私の干支でしょう、だから、ウームと思いました（ノンコ、そこまで知っておったのかしらと、これは、独り言）。大変有難くうれしく思いました。昨日の手紙の女の人の面会のときに着て行けにはギョギョで

518

した。延恵さん、風邪の方は治りましたか？　心配しています。私は、風邪を引く暇はありませんし、風邪の方でよりついてくれません。冬は大好き。神経痛には弱りますけど、今のところ大したこともなく安心です。ただこの頃は目が痛くていけません。ものを見つめる仕事を10年近くしています関係の疲れでしょうか。今夜もまだ、みぞれ交りの風雨になりそうですが、私は、平気、というのはフトンにもぐり込むと２、３分でグウグウですから、寒さも感じない方ですから冬の夜が一番うれしい。寝入った時が一番楽しい時です。目ざめると苦痛の連続ですから、夜の寝る時間が来ましたらうれしくなります。今夜は、この手紙だけで寝ます。少々目も痛いし早寝をして目の保養をします」

同じく、西さんより藤本さんに宛てた昭和37年12月25日付書翰に
「今日は、冬にしては、珍らしい程の好晴でしたので、洗濯などしてさっぱりしました。それにタタミの表替えの日でもあり、今年一年のあれやこれやの汚れや、悩み等をきれいにさっぱりとして頂けるようです。

　今おひるです。お菜は、カレー（肉、馬鈴薯、野菜）、腹の満ち足りたところで、部屋一杯に差込んでいる冬の日差しの中で、手紙を書いています。あ、暖かいなァと思う。

　28日から１月３日まではお役所休みですから、明春は７日からになるでしょうから、本年あと２日を有効にお手紙出しておかないと、手紙くれぬいいわよと、おかんむりでは困りますから今日、明日は出したいと思います。

　昨日は、クリスマスに因(ちな)んで牧師（米人）を囲んでの茶会によばれました。お年玉に靴下入りの菓子（包紙が玉屋でした）、便箋２冊（50枚もので、便箋に一枚宛キリストの絵と聖句が入っている）、封筒20枚。それと当所からの心尽くしの生菓子を食べ、雑談を一時間ばかり過ごして楽しみました。日頃甘いものを食べませんでしたので、生菓子は殊更に甘く、５つ目は胃にもたれて食べ切れずに夕刻部屋で食べました。やっぱり美味しいなァと思いました。今キリスト信者は４名ということになっているのですが朝の祈りの集いはやっていないようです。その点、仏教の集いは朝の勤行は、必ず４名そろってお勤めさせて頂いています。27日が親鸞上人のお正忌報恩講(しょうき)を営むことになっていますので、そのときのお正信偈のあとに念仏和讃をお勧めしますので、これは、全文声歌式のものですから、その練習を兼ねたお勤めをしています。音痴ぞろいですから、しっかり身に入れておきませんと報恩講の日、沢山の先生方との温和ができないので、そうならないようにと思い懸命です。報恩講の歌もおぼえてしまうとさほどむつかしいとは思えないのですが、それまでが、仲々大変です。４名の者が一つの声に揃えるということは、音痴のことでむつかしいなァと毎朝お勤めのたびに思います。27日の報恩講をお勤めしてお役所の事務が止めるわけですが、お正月の数々の品は、社会の人の想像以上のものですが、日頃あまり食べない者はお正月の三ヶ日だけは全く満ち足りたものになります。お正月の三ヶ日は年賀状だけがたのしみ。３日は初湯で入浴です。紙芝居があるが見に行かないかとの事でしたが、興味がないので手紙を書きつづけています。

　雪がますます多くなったようで、フトン干しさっぱりです。こんな調子だと夕刻頃は雨にな

るやもしれません。雨、そして雪、もう12月も末ですから、雪が降っても不思議でないですからと思うと、こうした天気も気になりません」

同じく、西より藤本さんに宛てた昭和37年12月31日付書翰に
「昨夜半から急に冷え込み、午前中みぞれとなり、とても冷えるようです。これからが獄の厳しさのわかる時期ですが、私は、案外平気（夏でしたらバテテしまうのですが）4時頃から夕食のおそばが配られる。白米に、蓮根、ゴボウ、人参等のお茶に満腹してラジオを聞く。午後9時からのＮＨＫ紅白歌合戦を聞き、その鐘の音……といっていました。ゆく年くる年を告げる鐘の音をお念仏したことでした。よき年でありますようにと念じたことでした」

同じく、西より藤本さんに宛てた昭和38年元旦日付の書翰に
「教育部長さんの来られて、温い掌を差しのべられて、そのあとから所長とまた来訪さる。朝食。お雑煮5個、汁が美味しい。白米、スルメ、コンブ等なので食べすぎたようだ。昼、煮付けの魚とその他の折詰め、リンゴ、納豆、みかん。少食の方なので大変な満腹感。年賀状配られる。49通来ました。一枚一枚心から拝読。一行の短いものですが味わいました。お恵ちゃんのもありました。ペン字は確かにうまいと思いながら拝見しました。あなたからの年始は印刷もの味のないことね。でも有難う。昨夜ＮＨＫの歌合戦やら、除夜の鐘を聴いたりで朝の1時頃起きていましたので、今夜はねむいのではやく寝ることにしました。4時半から写経ですから3時間位しかねてないのです」

同じく、西より藤本さんに宛てた、昭和37年1月24日日付書翰に
「今日は、よほど冷えたのでしょうか、少し赤くはれ上り、とてもかゆい、2月28日が判決日か。好転してほしいものだと念じました。今から思い悩んだところでどうなるものでもないけれど、そこが人間の悲しさですね。あれこれと思い悩むんです。南無阿弥陀佛。もう寝よう。その方が利口のようです」

一見なんでもないような生活、平凡にその日その日を愉しんでいるようにみえる生活である。しかし、そこには、この17年間の刻苦と無念の泪が篭められていることを忘れてはならない。いまは、その苦悩が潔く魂の底に沈滞しきっているのだ。しかし、縁に触れては、フイとその苦悩が意識をかすめる。それは、まことに耐え難い苦痛である。例えば、一瞬にこの全生涯が覆されるような思いである。
　寝た時だけが救いだという彼の一言に、私は、彼の絶望の嘆息を身近に聞く思いがして、耐え難いのである。

　次に、西武雄から外部の人々に宛てた書翰によって、彼の人間性、獄中の心境等の一端について、伺ってみよう。

520

昭和34年3月27日日付、武内同達師宛の西武雄書翰に
　「私の700枚の浄書もあと20枚を残すのみとなりました。法義弘道の等という大それた思い上りはなくとも、法縁ある多くの人に結縁して下さい。身辺の雑詠を24、5句その中から二重丸を頂いたものをお笑味下さい。
　　○死囚たち芽ぶく大樹を撫でめぐり
　　○獄窓に故郷の遠さよ鳥雲に
　　○望郷や暮春の玻璃(はり)に額当て
　　○師の便りとどき独房暖かし
　　○房凍てて写経の筆のつまづきぬ
　　○泉水に芽菖蒲いのちうつしけり
　　○おみ堂の影の来ていし桔梗の芽
　　○芽菖蒲に踞(かが)み吾が子に対するごと
　　○菊根分塀の遠くに雪をきき
　　○芽ぶくもの芽吹きしに吾が誤判なお」

昭和35年11月11日日付、武内洞達師宛て西武雄書翰
　「この前、当所の講堂で行われた裁判の時でも石井、藤本、押川たちの前で大声を出して無実を訴え、判決文をよくよくごらん下さい。西がどういった、どうしたからという項は一言一句たりともありません。石井以下皆の者が、警察で話し合ったのか強要されたのか、その真実は本人達に聞くとして、これらの虚偽の証言で主犯にまつり上げられているのであります、とそれこそ、2時間以上も力説したのです。聖人の人生観と思われる、『縁にさかろうと無理が起きる縁のまにまに打ちまかせた人生でありたい』と思います。降る雪を手にとり見れば消ゆるなり、降るにまかせて我がものにせん』と、念仏は申せと、弁護士のやり方に何としても不可怪とする点の多きに多くをまどうあまり、私は、私なりにと思うわけでこうした思いも縁に逆らう私であるのであろうかと念仏申すのみであります。馬鹿の何とかで写経と仏画の外あまり疎遠していました関係か、書くに苦心します。特に裁判の法律問題の勉強を全くやめましたので、これからやるとすればそれだけ勉強もして争わねばなりません」

昭和32年7月29日付武内洞達師宛て西武雄書翰
　「先生、先生にあまり御心労ばかりおかけしているので大変申しわけなく存じております。それに、今日などの御法体を拝しまするに、少しやせておられて気分も晴れない御様子、何もかも、私の不徳の極みと思想され申訳なく存じました。—略—
　この頃の私の思想としては、ただ法律々々の一点張り（それが本当かも知れませんが、人間生活には、法律一点張りでは生活形態にうるおいがないように感じられます）ですから、人間生活が苦痛のため笑顔が引込んで出て来ない様です。裁判上において、法律という楯にかくれ

ている裁判官その他の者を思う時——この頃は、これが人生だろう、これが私の人生道だろうと思い腹もさほど立ちませんけれど、やはり弱い人間ですから情なくなり、それが積もりつもって淋しい表情となる様であります。親戚その他に頼むといってもよりつかず、ただ全く他人の人にこの苦境を話すのですから、それを信じるか信じないかというと、私だったらおそらく信じないだろうから、赤の他人が信じないからといって腹を立てる方がどうかしていると自問自答はしていましても、やっぱり、自分が偉いと高上がりしていますので、人をうらもうとします。なげやりのような言葉ですけれど、なるようにしかならない、それは因果律を離れた結果であろうことはないだろうから、自らを投出しておれ、と念仏を称えてはいても、人間という奴は、いや私という奴は、警察官を検察官を裁判官を、相被告人をうらみ、ののしっております。心の中で絶叫して、ののしっております。何のための信仰の道に入り、何のために写経をしているのかわからないような浅間しい人間性であります」

彼の心の師である武内教誨師に訴えている彼の偽りない真情の吐露である。信仰によって、取調官その他関係者に対する怒りを沈めようとして苦慮している彼の姿がよくわかるようである。

昭和37年5月30日付、西武雄より山口県片山さよ子さん宛てに

「名号絵像、そうですね、墨でいきなり描くのです。鉛筆で線を引いたり書いたりしても、その上をうまくたどって描けませんのと、はみ出した場合それを消ゴムで消しましても、和紙の方が汚れますため、いきなり筆で描いています。初めの頃はうまくいきませんでしたが千枚以上となりますと下手なりにも馴れましてですね、どうにか形だけは整うようになりました。ただ素人のことですから芸術的云々などということにはほど遠い作品ですが、お念仏させて頂きながらのものでありますだけがとりえでありましょうか。今一つ忘れていましたことを。写経と仏画の香りはとのお尋ねがございましたですね。それは、二つの方法がございます。墨の薫りとお香の薫りなのです。私の思念から墨だけは特に極上のものを使っておりますため、そのかおりがお香と間違えられるようです。私の部屋に初めて来られる方は、『この部屋はお香が焚いてあるのですか？』といわれる位で、私には解らないのですが、墨のかおりがそう薫るらしゅうございます。そういうわけで、その墨で浄書したものをこの度は特上のお香を入れた写経、仏画等を入れる大箱に入れておきますため墨とお香のかおりが自然に泌みこんでいるのでございましょう。お念仏が一回でもいいから私のつたない写経、仏画を御縁として称えていただければとも念ずる思いからそういたしております」

同年5月18日付、片山さよ子さん宛てに

「誤審による死刑という実に馬鹿げたことになっている私でありますため、真実の叫びをもって、身の潔しを立てることこそ現実的でありましょう。信じない人もおられましょうけれども、信じて下さる方の善意に助けられて、一歩一歩と誤審であることを調査して頂いているのであります。衣食住は保障された生活ですから私物で我慾を満たそうとすれば限りがありませんけれど、こうした物が欲しいという欲望はございません、冤罪こそが雪がねばと念ずるのみです」

同年11月21日付、片山さよ子さん宛てに
　「私は私なりに伊藤参事官にお手紙出しました。検事の立場からとしても、今少し実体を正しく見て頂きたいことをお願いしました。それと正力松太郎先生にも新聞記事のこと、読売本社の温い好遇の御礼と、これからの力強い先生の御声援をお願い申し上げました。伊藤参事官のお話を聞くまでもなく、早く訴訟を起して再審する為の法定代理人である弁護人の選任を急がねばなりませんが―、どうしたものかと頭をかかえています。弁護人選任の戦力が全くないのですから、泣くにも泣けません。多くの心ある方々に訴えて御援助頂かねばなりません。古川先生を始め、多くの方々に大変御苦労をかけ通しで申しわけありませんが、でも有難いことと思います。全くの無援の私にかくも温かい御支援でありますので、感謝の念一杯であります」

同年12月1日付、片山さよ子さん宛てに
　「身心共に疲れ果てておりますが、冤罪では死ねませんし、ナニクソと鞭打って頑張っています」

昭和38年1月29日付、片山さよ子さん宛てに
　「民訴判決は日付けの誤記などあって延期されたらしく、追って指定されて告知されることでしょうけれど、それはそれでいいとして、私等こそ卒先して書類作成をしなければならないのに、在獄の長さにつれて頭の廻転がますます鈍くなり、写経の予定だけ（正信偈一幅を2日で仕上げていますので。一日にその半分を浄書しています）浄書しました後は、ただボンヤリとしているだけです。時たまの手紙の返事をかくのが精一杯でございまして、全く自分ながら俺はボケたなァと思う程になりました。頭を使う、心を使う範囲が狭いため、知らず知らずに低下しているのでしょうか。ですから何時も思いますことは、古川先生がたの御助力をこよなく有難くうれしく合掌させて頂いています。空虚な心になります時など、そうした嬉しさがしみじみと味われて心をいやしてくれます。何も彼も投げ出したいほどの淋しさ、悲しさの中に陥ち込むこともありますけど、そうした時などお念仏申しながら皆様方の御助力の辱けなさに合掌しています。ボケタ頭では何の智恵も湧きませず、ただ皆さま方の御協力に助けられての写経の日暮しをさせて頂けることにお念仏さまであります」
　「何も彼も投げ出したいほどの、淋しさ、悲しさの中に陥ち込むこともあります」というが、まことにもそうあるであろうと、同情の泪を禁じ得ないのである。それにしても、その慟哭したい衝動を、僅かに心ある人々の温情にすがって、辛うじて生きながらえている彼の真情は、余りにも哀れである。
　また「身心共に疲れ果てておりますが、冤罪では死ねませんし、ナニクソと鞭打って頑張っています」、というが、16年の獄中生活、それも全くの無実の罪で、しかも死刑という極刑を背負っての16年である。さぞかし身心共に疲れたであろう、筆者ならば、気も狂い、遠い昔に悶死していたであろうと思う。しかし、いかに辛くとも悶死することも出来ぬ。強盗殺人という汚名の

523

もとに死刑にされては、3人の愛児のためにも、先祖に対しても死ぬに死ねない。だから疲れ果てた身心をもって「ナニクソ」と頑張ってはみるが、もはや、50になんなんとする廃残の身は、その気力、体力の衰えを隠すべもないのである。

昭和37年11月17日付、西武雄より藤本延恵さん宛てに
「あ、そうそう着物のこと、入獄以来初めて着て面会所に行ったのでしたが、どうにか着こなしていたようで、有難うございます。私としては、あなたからの戴きものでしたから精一ぱいでした。平常は借りものの囚衣で通していますので、新しい着物を着たりしますと獄でありますだけにてれます。この頃思うんです。雪冤のことでお商売最中でもそのことが心の中にある為か何かとわずらわしいことでありましょうと、すみません。でもネ、片山さんのお説のように、古川先生のお説のように対外的なことをよろしくお願いします。すみません。午後2時、中村その子氏より電報あり "念願を達成す、がんばります。" とあり、涙のどっとあふれ出る、南無阿弥陀佛」

昭和36年8月8日付、西武雄より筆者宛てに
「無実を晴らす為とはいえ、淋しさとなさけなさと憤りに、独房の中で思いきり絶叫したい衝動にかられることはしばしばであります。だからといって、関係者の当時の20才前後の弱々しい気性の人達であったことを思うと、それのみを攻めてもどうにもなりませんから、『こんな事情だったから許して下さい』といわれれば、『いいよいいよ、お互いに頑張って冤罪の面を叫ぼう』といたわり合うより方法がすくないものね。

　　そしるものそしられ悩むも念仏の中の一駒夢のたわごと

　この歌は、今日の教誨の時間中、大経の中の一節『昴道無窮極』の法話拝聴中の達成ですから、歌のかたちにはなっていないでしょうけれども私も縁あって念仏を喜ばせて頂く者の1人としてできることなら念仏の中の静かな話合いの場においての真相究明をこそ念じ上げるのであります」

昭和37年10月21日付、西武雄より藤本延恵さん宛てに
「古川先生から、私の妻に会って事件前後の私の動静を訊きたいから住所を知らせてほしい旨の便りが参りましたが、縁の切れてから15年にもなりますので、その所在を存じませず、だから今の場合は大した要件もないとおもいますし、わざわざ探し出してまで訊くほどのこともなかろうという考えを先生に申入れて、会うのをここ当分はそっとしてほしい旨をお手紙は出しましたものの、そうした延引策は却って変な疑惑を生じかねないと存じましたので、その調査や会見等の便宜は延恵さんに計っていただいたらどうだろうかと存じお手紙書いているわけです。

その大きな理由は、妻の所在を探す手づるは、鬼塚節次郎氏に聞いてから竹銀次郎（この人の妻は姉に当たります）に会って、その上で常子（妻）や子供達の消息を聞けば確実ですし、鬼塚老もその点は十二分にしりつくしてもおられる事ですが、その鬼塚老は延恵さんがよく御存知でありますので、好都合かと存じまして、貴方におたのみしたわけです。私の存念は離れ去った妻はもう他人ですから会いたいとはおもいませんが、古川先生の方でお訊きしたいということのあれば会って下さることには何らの心配もありませんので、お取計い頂きたいとおもうのです」

昭和37年6月27日付、西武雄より筆者長女愛子宛てに

「愛ちゃんの細い観察にギョッとしたり、ウッとうなったり、アッと驚いたりして楽しく、お手紙拝見しました。照節さんに似ているって、そうでしたか。愛ちゃん達の心の中の愛のような思いを呼び起こさせたらしいと思い、複雑な思いがしています。お父さんのお顔は写真でしか存じないわけですね、愛ちゃんの思いをお聞きして、私も私の子供達の事に思いを走らせて、私の子供達も心の中でそうした思いを抱いているかも知れないと、淡い思いにひたらせてもらいました。長女が6つでした。次女が5つ、長男が2つでしたから、子供達も私の顔は忘れていることでしょう。あれから15年以上も経ったのですから、20才を越した、恋をしょうか結婚をしょうかという年ごろの時ですから、道で逢った位ではとても分からないでしょうと、いささか淋しい思いのします。愛ちゃんが私達の雪冤のためにかけずり廻って下さるとの有難いお話を聞きまして涙のこぼれました。愛ちゃん位の年ごろの人がらそうした事を言われますと、わが子から言われているみたいで特に嬉しく身に泌みます」

「そしるものそしられ悩むも念仏の中の一駒夢のたわごと」と、あるときは諦観（ていかん）もしてみるが、それは、むしろ苦しさに耐えかねての悲しい諦観である。だが、その諦観を底から吹き破る如く、「淋しさとなさけなさと憤りに独房の中で、思いきり絶叫したい衝動にかられる」のである。

思えば、彼の周囲には、誰1人彼の味方となってくれる人はいない。警察官も検察官も裁判官も、そして、相被告人から弁護人に到るまで、よってたかって、彼を死刑に突き堕してしまったのだ。そのため、彼は肉親とも悲しい離別を迫られてしまった。彼こそ文字通り孤独の人である。孤独という字は彼のために用意されていたといっても過言ではあるまい。

その人間不信の地獄に彼を突き堕とした事件関係者に対して、彼はある時は八つ裂きにしてもなお足りない怒りを噛めて、幾夜床の中に無念の泪を流したことであろう。

しかし、彼はもともと温かい人間である。そのことについては、入獄前の彼を知る人々が口を揃えて讃えていることでもわかるのである（「荒廃の中の悲劇」を参照のこと）。

そしてまた、そうした彼であればこそ、「20才前後の弱々しい気性の人達であったことを思うと、それのみを責めてもどうにもなりませんから、『こんな事情だったから許して下さい』といわれれば、『いいよいいよ、お互いに頑張って冤罪の面を叫ぼう』といたわり合うより方法がないですものね」と、訴える彼のやさしい心情にホロリとさせられるのは、決して私1人ではない

であろう。

　彼が入獄した時、長女は6才、次女は5才、長男2才であったという。まことに、いたいけざかりである。その3人の愛児と別れて17年、たまにきく風のたよりに僅かに愛児の面影を偲ぶほかは、そのよすがすらもない彼である。

　その彼が、「愛ちゃんが私達の雪冤のために駆けずり廻って下さるとの有難いお話を聞きまして涙のこぼれました。愛ちゃん位の年頃の人からそうした事を言われますと、わが子から言われているみたいで特に嬉しく身に沁みます」と筆者の娘宛てに手紙を出しているが、子を思う親の慕情切々たるものがある。

（5）小鳥を飼う気持ちになれぬ

　次に、西武雄に寄せられた外部からの書翰によって、彼の周辺を展望し、彼の人となりを探ってみよう。

昭和34年5月25日付、竹内洞達師より、西武雄に宛てた書翰に

　「写経七百巻完遂!!　南無阿弥陀佛、合掌。どんなにか御苦心のこと、誰にでもできることではありません。たとえば一枚かくのに3日かかったにしても7年は要するものを……、私は、この七百巻念願の責心を掲げて有縁の方に呼びかけて来ましただけにこの完成は、私の念願達成の如く感銘です。

　寒夜、早朝、神経痛、資材、誹謗、誤解……まことにさまざまなことが幾歳月、よくぞよくぞ。越えては越えて来つるものかな……の感深しでありましょう。親さまの大願業力のなさしむるものと合掌はなされても、これを具現せしめし貴氏の異常の努力は、人間わざに非ず、このことだけでももう何をかいわんやである。この仏作仏行を成し遂げし姿に触れれば、いかなる誤解も誹謗も雲散霧消されるべきものと思惟。私はこのことをまず筒牛氏に静かに報告したい。恩讐を越えしむる生ける事実と思う。

　苦節幾春秋、それは貴文の如くつよがりでもごまかしでも、金儲けでも、罪ほろぼし、罪かくしでもない、もうそういうものであったから途中で止んでしまう。これ程の骨折は出来ない筈です。よく判ります。然し又、貴説の如く貴兄1人の力で完成したものではない。願力、仏意から……誹謗に至る迄、激励されたのでありましょう。回顧すれば誤解や誹謗も尊いものであります。第三者から見れば偉業であります。応えばならぬ責務を感じます」

昭和33年6月28日付、伊東種氏より

　「1人の人間が仏に帰依してその光をいただいて精魂を傾け尽したお仕事の立派さに襟を正し、御精進の深さを感嘆いたします。唯今の私の雑念雑量の泥まみれの心境では、西さんに正面に向って一寸お礼のお手紙も書けない気持でいます」

昭和34年3月12日付、加藤弁三郎氏より
　「拙い『丸の内便り』を点訳して頂きました由、感謝にたえません。在家仏教会本も5冊の中3部を送って下さっているそうですが、それも、どうぞお続け頂きとう存じます。なおもしお許し頂けますなら点訳本一部宛、本部へも送ってほしいものであります。希望者に回覧して頂こうと思う次第であります」

昭和31年12月15五日付、水月文乗氏より
　「貴殿の顔色が余りにも晴れ晴れと冴え渡っているので当分面食って、何も言うことができませんでした。数十年間も娑婆世界で煩悩の炎に薫製になっている私共の濁った汚れた顔とは全く類を異にした菩薩の顔でありました。仏言広大勝解者　量人名芬陀利華、とある如く、正に泥中の日蓮華を思わせる清潔無垢の顔色で却って当方が慚愧に堪えませんでした」

昭和31年9月30日付、宗三和子さんより
　「たとえパパが強盗殺人の名のもとに死刑にされても私はパパを信じます。パパは決してそんなことはしていないと――。パパの奥さんも、武内先生もパパを信じている人はあるんですものね。いつかは必らず正しい者が勝つ日が来なくては――」

昭和31年9月30日付、岩本正樹氏より
　「貴方のお手紙を拝見してひとしお仏恩宏大を思います。仏に抱かれた身の嬉しさ、有難さを貴方からよく教えられます。私共人間は悲しき、淋しき存在であるけれども、慈光に照らされ、育くまれて、尊い生甲斐のある完成した人生を送らせて頂くことを貴方から教えて頂きました。有難う御座居ます。いかなる苦境にあっても人間性を失わず、真実を求めて進むことは非常に尊いことと思います」

昭和32年6月29日付、山中五郎氏（敬愛園代表）より
　「25日午後1時から4時迄の間において献鐘式目出度く終らせて頂きました。貴殿のなみなみならぬ御苦労のおかげで、殊に仏心にとけ込んだお念仏のお働き様でございます。私は明日迄生命があるのかとギリギリの気持ちで味ってそこから出るお念仏は一しお有難い感を抱いております。『山中さんが生きているうちに鐘をつかせて上げたい』との事で、早くできる小さな換鐘にしてはとの話もございましたが、40貫の大きな鐘を頂いて、鐘をつく迄は死なぬという信念に燃えて、ヒョロヒョロしながら、死を幾度か通り越し、不思議に生かさせられて鐘を撞せてもらいました。南無。
　差上げたお数珠は星塚寺院落成式の節、京都西本願寺から感謝状に添えて、たった一つ頂いた記念品でございます。私は、仏罰の前に手の指は切れ、又曲りお念珠をかける事は出来ません。私にかわってかけて下さいませ」

昭和36年6月19日付、宮坂重子さんより
　「おじ様のようなお方がこの世から追い出される……悪い政治家の犠牲になってしまったおじさま。おじ様の行為は他のどんなものよりも尊く高貴なものだと思います。そしてそのお金を、親の無い姉妹に送っていられるとのこと、私は頭の下る思いが致します。普通の人には出来ないことでしょう」

昭和36年10月20日付、浜崎政男氏より
　「15年と一口に言うけれど、いつかは晴れて出獄できるその日まで死なれないその魂のあらわれと思われます。なんと永い年月でしょう。西様のその御心境は—。私達想像も及ばない苦しみ　……　信仰に生かされる西様。
　『生命の楚鐘』は毎朝5時半、夕べは6時山中さん自ら、心からの念仏と共に撞いております。この一念はるか獄中の西様迄、楚鐘の音が聞えるものと思います。広々とした姶良郡一円にひびき渡る音は無言の説法でございます。獄中の西様の魂でございます」

昭和35年7月6日付、武内洞達師より
　「『教行信証』の浄写拝見させて頂き、その誠実をこめ、報謝の懇念を打ち込んでの完遂、殊にその表装には最高の体裁にて多額の経費にも全くの自費にて充当、その書体と一時一紙乱れずの完成襟を正さしめられ、合掌せしめられました。恐らく現在の日本人にして、あれ程の入念さで浄写している人がありましょうか、ただお念仏の外なし、祖師七百回忌記念に何よりのもの、御縁のある１人として三歎四賞を惜しまない者であります」

昭和36年11月24日付、菊川益恵さんより
　「毎日々々ひどい暑さですね。どんなにか狭い部屋の中の不自由な生活は辛いことでしょうと存じます。小鳥を飼う気持ちになれないとのこと、お察しできます」

　彼が小鳥を飼う気持になれないという心情、まことに察して余りあるものがある。罪もないのに囹圄（ろうや）の身となってしまった、彼の同病相憐れむ心情がよくわかる。

（6）人間の持つ悪魔性
昭和38年2月2日付、片山さよ子さんより
　「西さんのお手になる白衣観音様、今日やっと岩国の表装屋さんから私の家にお帰りになりました。草ぶきの古い百姓家の中でも、やはり春の陽ざしのように微笑まれています。なだらかな肩の辺りのお美しい線、お慈悲の泪にうるませていらっしゃる瞳、濡れた花びらのようなお唇、ああ何という……それは衆生をあわれみ給うお悲しみにもお見受けし、衆生と共にある歓びの微笑みかとも思われ、

『観音様あなたはお悲しみですか？　それともお嬉しいのでしょうか？』
　そっと、私はお尋ねしながら泪ぐんでしまう程、それは沢山の思いをたたえて真白な空間の片すみに静かにお座りになる。
　一字の文字さえ見当たらないその広い真白い空間こそ貴方の語り切れない程の無念さやさとりの心がこめられているようで、
『そうでしょうね、そうでしょうね』
と泪ぐまれるのです。むっつりと無口な貴方のお胸の中に、このようなお美しい観音様がお住みになっているのですね。なぜなら、作品は制作者の内面の表白なのですから。なのに社会には灰色の眼鏡をポケットから出して貴方を見なければ気のすまない方達がいる。──未だ水晶のように透明な瞳の美しさに驚いたことのないあわれな人達！　血走り、にごった眼でにらみすえる時の自らの眼の見憎さをまだ鏡に見たことのない気の毒な人達！　のせめてもの慰みは、わなにかけて生けどった弱い庶民の苦しみを鉄格子の外からのぞき込むことでしょうか。そんな屈辱の中で貴方はなおも『何も彼も投げ出したい程の淋しさ悲しさの中に陥ちこむこともありますけど、そうした時などお念仏申しながら、皆さま方の御助力辱(かたじ)けなさに合掌しています』と──、ああ私は微力でもいい！！　『売名的』、『子供っぽい感傷』などの声をくぐりぬけて、雪冤のお仕事にたずさわる先生方の後からひっそりついて参ります」

昭和37年9月15日付、唐津市神近まさ子さんより、西、石井両氏宛てに
　「相変わらずお元気で御写経、点字訳とお励みでございましょう。古川先生やその他、お力ある方々にめぐり合われた御幸せに、どのような時にもくじける事のありませんよう、お心暖めて過されますようにとお願い致します。御事情を伺っていかに深い憤りを覚えましても私等にはそれ丈のことしか出来ません。しかし若しあなた方が私の身内ででもあったとしたら、微力とはいえじっとしては居ないだろうと思います。しかし私にできる事は赤ン坊のような事しかございません。御写経の美しさ、根気のよさに言葉もなく頭が下がりました」

（年代不明）9月12日付、狗川圭海氏より
　「想像も絶せる獄中での御生活はいかばかりなりやと思う時、まず厳粛な気持ちにさせられます。それとにしても、兄は無実の罪とも拝聴いたしておりますが、これは一体どうした事であろう、現代もそうした悲劇はあるのであろうかと、考えさせられました。
　真言宗の寺に生まれながら念仏に御縁があり、お念仏にお育てを蒙りながら、生活させて貰って居ます。といってもその資格とてなく、全然仏恩を感じられない愚か者であります。皆さまのために何か一つなしうる仕事はないものかと念願いたしております。私に何かできる仕事をお与え下さい。何を希望されて居られるでしょうか御教え下さい」

（年代不明）9月2日付、中山せつさんよりの
　「一昨日、あなたでしょう。梁瀬先生とお話をしていられるのを西日本紙上で拝見いたしまし

た。無言のまま新聞を見ておりました41才の息子が申しますには、『仏法のおかげであろう、これだけの人徳を得られて実に立派なお方だ。然しこれだけになられる迄にはなみなみならぬ、人の知らぬ苦しみをしていられるだろうなあ』と言ってくれましたので私は声を出して泣きました」

昭和33年9月22日付、田中淡月師より
「新ためて私からお願い致します。
　1．あなたの今のお立場からいえば、何ともかと言えない思いがするでしょう。
　いわばやけくそになるか、極度に悲観するか、まず10人の中で8人9人まではそうなるでしょう。それが今のような心境でおられるのはみ仏様の光により心眼を開かせて頂いたからでしょう。西さん、人間の世の中は娑婆です。それを一々気にしていたら1日も生きておれません。私としても毎日毎夜胸を痛めることばかり『ぜいたく言うな』と叱られるかも知れませんが、……そうした時、泣きわめく心の下から『ああそうそう自分の前生がお恥じ』と思いかえさせて頂いております。そして少しでも恵まれたことは『有難うございます』と合掌してうけたいとおぼつかないながら、そんな一日々々を送らせて頂いております。西さん、み仏を相手の日ぐらしをさせて頂きましょう。
　2．写経のこと『お金にするための思い立ちではない』といつか言われたこと。
　いつかは1人の苦悩の人間を仏の教えに導く尊い縁となって下さるもの、誰が何と言おうと意に介せず御報謝の聖業としてできる限り一枚でも多く写して下さい。
　3．『こんなことなら人間に生れてこねばよかった』と思うことがあります。いやでも応でも人間に生れて来ねばならなかった業を背おうて来た田中です。あなたでしたね。
　4．西さん、如来様とあなたと2人が解っておったら、それで満足。それで安心。
　どうか『誤解をとこう』と武内先生にお手紙書いたり、弁明したりしないで下さい。なりゆきを静かに眺めて有効な努力の方に力を尽くしましょう」

　無実の罪、「現在もそうした悲劇はあるのであろうか」の狗川氏の問いは、また同時に多くの人の問いでもあろう。それほど無実の罪で、死刑になるということは、現代においては考えられない悲劇である。しかも、その悲劇が一部官憲側の故意や過失でデッチ上げられてしまったものだとしたら、どうであろう。人間の持つ悪魔性に唯慄然たるを得ぬのは、決して私1人だけではあるまい。

（7）佛画が語る無言の訴え

昭和34年1月23日付、武内洞達師より、
「歯が抜けたんですか、ああもう12年も獄中に──、いつの間にか年をとってゆきますね、堪え難い時がありましょう。
　　房寒し膝を組んでも揃えても

ああそうでしょう、屋内でも0・2度でした。それでも我々は火鉢あり勿体なし、
時を待つ枯木各々寂然と
胸をうたれる、つつかれる。
弥陀の灯をひたすら見つめ初読経
そうでしたか、そうでしたか」。

昭和37年9月13日付、筆者より
　「現金封筒のお便り頂き、心が痛みました。『僅か』と仰言るけれど、獄窓に自由をしばられている身でいられるのですから、どんなこの世の大金よりも高価なものですよ。こちらからこそ慰問せねばならないのに、逆にお金を送って頂かねばならぬ私の不徳を恥じ入るばかりです。お許し下さい。どんなに困ってもあなた方に送金を願うのはお門違いのようですから、この雪冤の仕事は決してあなた方2人だけの問題ではなく、もっと広く公けの性質を持った問題ですから、あなた方がそう気の毒がることはないのです。唯ことの進歩が容易でないと、あなた方が古川は何をしているかと徒らに不安がられても気の毒ですし、一応の状況だけは参考にと思って金のないことも申し上げてあるのです。中略。
　藤本さん宅で西さんの仏画（絹本）をみせて頂き感動と嘆声あるのみでした。頭が下がり、両手が合い、お念仏が出ましたよ。この仏画が語りかける無言の訴え──、仏画をかくことも雪冤運動のすばらしい精神的役割を演じていることを今あらためて申し上げ、お励まし致します」

昭和37年4月23日付、筆者長女愛子より
　「父と中村様（園子）と一生懸命です。いえ、家中一生懸命にやっています。読めば読むほどむつかしく大きいので、仏様におまいりする事しか出来ないような気もします。
　西様のお書きになった仏様の仏像の像を見ているとなんだか西様が立っていらっしゃるような気がして、つい話しかけたりしています。本当に無実の罪で15年も大変でいらっしゃいますね。何と申し上げてよいのかわかりません、本当にすみません。昨日迄に天野先生の渡された岩窟王事件とか、長州事件とかの参考資料を書き上げました。今日から書類を読ませて頂きます。一日も早く西様と石井様に家に来て頂きたいと念じております。お2人に来て頂いて沢山ごちそうして……等々母といつも話し、そんな時が一番楽しいです」

同じく、昭和37年4月28日、筆者長女愛子より
　「白衣観音座像ありがとうございました。私のような者にあのような立派なものを頂き、ただただ勿体なく存じます。大変なお時間を費やして──。父が『お嫁入道具が一つ出来たね』と申しました。いつの事かわからないのに。私は、時々父や母が仏様に見える時があります。そんな時感謝で胸が一杯になって、知らぬ間に南無阿弥陀佛と口に出してしまいます。私には勿体ないような父母です。それに今度は西様も仏様に思えます。西様と父と母と3人私の大事な

仏様です。勉強すればするほど未熟でバカである事がわかります。私は死ぬまで後悔と失敗の連続であるような気がします」

同じく、昭和37年6月23日筆者長女愛子より
「お会いしまして、胸が一ぱいで、母から伝言等、何も申し上げられませんでした。16年間も本当に本当に大変でございましたね。申し訳なく存じます。何のお役にも立たない小さな力ですが、今年の夏は真黒になって父を助けたいと母も皆んなして張切っております。血圧が高いこと、お大切になさいませ」

昭和37年8月18日、筆者長女愛子より
「今日18日は父の誕生日でした。『西様、石井様をお助けすることは、父の一生の、命をかけた仕事だ』と申しておりましたが、私も更にしっかりせねばと決心致しました。
　杷木では、石丸様も桧垣様も官正寺様、江崎様も、皆様にお会い出来ましたし、特に石丸様のおばあ様には、『西さんは罪を犯すような人でないと訴えて下さい』と言って頂き、涙があふれそうに嬉しく存じました。本松様のおじ様も、『愛子さんのためならなんでもするタイ』と言って下さいました」

同じく、昭和37年8月11日、筆者長女愛子
「この炎天下にわざわざ神戸から塩尻先生いらして下さり、そのお姿は何といっても尊く、拝まれてなりません。母といつも、『静かな場所で、父が家のことも考えられないで、西様石井様のことだけ考えて下さるようにしなくては』と話しています。
　父は大臣様へのお手紙を書いています。昨晩などそれがまとまらないでいらいらしていました。でも今夜は書けたそうです。父が悲しい時は、家全体が悲しくなり、父が喜ぶ時は家全体が喜びに包まれるように思います。
　16日は、杷木に参りテープレコーダー等持って父と一緒に参ります」

歯が抜ける。わびしい話である。しかし、33才の時投獄し、50才を迎えようとしているのである。憶えば長い獄中生活である。歯も抜けようというものである。

"房寒し膝を組んでも揃えても"

それも、1年や2年ではない、もう16年にもなるのである。
それも出所するという希望があるのではない、死刑の身である。
それも、罪あってのことではない。全くの無実の身でありながら……。
武内師の「ああそうでしょう、そうでしょう」には、万感の同情が罩められている。そういうよりほかにいいようがないのである。

このように万感の同情をこめても、いいようのないほどの、それは言いかえたならばそれほどに言いようもない、訴えようもない怒りと悲しみと苦しみが、彼の揮毫する写経と佛画の中にいみじくも表現されているのではないか。彼が無実であることはなによりも、この佛画が語りかける無言の訴えで充分である。また十数年終始一貫、写経、佛画の揮毫に明け暮れた彼の製作態度は尋常のことではない。この聖なるもの善なるものに対する憧憬と強靭な意志、それは決して強盗殺人を犯すものの仮にも真似ることのできるものではない。

（8）無言の中に真実を

昭和37年5月26日付、藤本延恵さんより、2人宛て

「朝日の犬塚記者と会って頂く為、31日古川先生御来倉になります。兎に角問題は公判書の真偽を見破るこそ大切ですので、古川先生に逢って頂くほかはないわけです。何しろ15年の才月を経ていますので、真実は海中の金の如く、万人の目には触れえぬ状態です。唯白と仰言る先生のお言葉を信じて協力して頂きたいともう少し他ありません」

同じく、昭和37年4月1日付

「先生もお2人のため原稿書きでひっしの御様子（車中にても）でいらっしゃる。あせりの御表情が見受けられ、本当に尊い御慈愛にうたれます。
　西様といい、石井様といい、筆舌に尽くし難い業苦の十数年ではございますが、心はまるで王者の如く豊かな恵みを人々に与えて来られましたこと、私等及ぶところではございません。必らず御佛のお恵みある事を信じます」

同じく、昭和37年4月27日付

「常日頃、聞法の中に登場する貴方ようにかけられます古川先生の御慈悲はすでに私の想像をはるかに絶して居られます。貴方の苦悩は師の苦悩であり、あたたかい寝床や食事や住宅も、それを去らしめねば同じ苦悩の波の上でございましょう。私が頂くお手紙の中にも、御家庭の中にも、御体の中にも目の中にも、あなた方をお救いしたいお心がみなぎっているために、今他の事は本当の意味で受入れる余地がないようにお見受け致したのは私のひがみでございましょうか――。とに角炎に包まれている子供を助けるために、すきあらば飛込もうとされる目の色です」

昭和34年1月9日付、田中淡月師より西武雄宛てに

「御吟詠しみじみと拝誦させて頂きました。十有年の囹圄の御起居にあって、俳句と御写経と御揮毫がしっかりとあなた様をお支え申し上げていることを思うとき、胸あつくなります。もし私だったら1、2年も保身できないだろう。それにもまして、仮りに十数年体を保ち得たとしても、脆弱な精神力は到底あなた様のように失意泰然の境には致り得ないだろうと、長い時間の筆紙につくされぬ御苦労はよく想像されながらも、与えられた条件を克服する精神力のこ

とに思い到るとき、人間の尊さを合掌いたします。

　見えないところで、しずかにあなた様へ善意を送っていられる方が、この世間に多勢いられるのです。中部日本新聞松坂支店横前記者が年賀をよこされ『西さんも弁護人がつかれた様で何よりでした。近くお訪ねしたいと思っている』とありました」

同じく、田中師より西氏に宛てた昭和34年1月24日付に

「別便てお肌着一組、たおる、歯ブラシ、練歯磨を小包しました。火の気のないお部屋で御写経に専念される御様子をお偲びし、まぶたあつくなります。近日中に松坂中日支局をお訪ねして、貴方の御文意のことにつき横前さんのお力添え願ってみます。又京都の中外日報の論説部長で取締役をしていられます吉田先生へ平素の御教導に甘えてお願いしてみようと思います。貴方様はどうかお心をひとすじに御写経お絵像に打込んで下さい。一切をなりゆきにまかせるお心になった時すみ浄まったお体が浮上ってくる。そのようなときが早くおとづれることをお祈りしておきます」

昭和34年7月30日付、赤松円成師より西武雄に宛てて

「何卒一切をお念仏の中に、如来おはからいにまかせ奉り、お心広くお日々をお過し下さいませ。"続高僧伝"を学びまして、昔の人々の御写経のことを思い合せ、以上を書写申しました。お念仏の一助として下さいませ」

昭和35年3月11日付、池田貫三氏より、西武雄宛てに

「逢茨祖運先生も御援助下さいまして、金一封賜りましたので、同封いたします。この先生は東本願寺の中堅とも申される高僧の御1人で尊い方であります」

昭和36年3月15日付、武内洞達師より、西武雄に宛てて

「お体の具合いくらかよろしいですか？　年のせいだと思う、年頃になりましたね。まことに15年間顧みて何とも申しようのない思いの中にただ念仏されるのみでありましょう。いつも用件のみの記事でしみじみと法味が書けないことは淋しい、然し命がけの問題は更に大切だと思うし、そのくせ却って迷惑のみかけて随分世話の焼き甲斐のない結果になっております。お許し下さい。Ｉ君の如く率直にいわれても、貴君のように黙っていられても私には響いています。私もよくぞここまで関係を続けて来たものよと思っています。白石春氏に貴君の等の件について連絡その他の走り使いをして下さらんかと内意を尋ねてみたところ、気軽に引き受けて下さった。私も安心した。然し白石さんは多くの友の母だからその辺は石井君ともよく協議して然るべくお世話して貰って下さい」

武内師は、「Ｉ君の如く率直に言われても、貴君のように黙っていられても、私には響いています」と、いっているが、これはまさしく名言である。いままで長い間には、西武雄を疑惑する

534

ものあり、石井健治郎を誤解するものであって、雪冤運動にも自ら起伏があった。殊に無口な西はほとんど終始、人々に疑惑の眼を向けられ、「自分で自分がわからなくなった」と嘆息を洩らしたこともあった程だ。

しかし、西は無口で、石井は饒舌(じょうぜつ)で、それでいいのである。それより他に生きようのない彼らの業であり個性である。もし疑われまいと必至に作為し、饒舌になるならば、我々はかえって彼の人間性に不信の念をいだくものである。

その点、西の無言の中にも、チャンと洞察すべきは洞察して、終始西の無実を確信してきた武内師はさすがに西の心の師たるの貫禄充分である。

（9）死刑囚の親がわりとして

昭和37年6月18日付、菊川益恵さんより西武雄に宛てて

「貴方に塩尻先生はとても好意をよせられ、何とかして救いたいと仰言っています。古川先生のお心は私が一番よく知っていますが、優しい中にも強健な信念に燃えられていますので、必ずやりとおして下さい。誰がどうありましょうと、貴方に絶対に信頼を持ち弁護いたします。美しいもの、真実のものに魅せられます」

（年代不明）12月6日付、中原千代子さんより、西武雄あて

「毎年のこととは申しましても火の気のないお部屋はとてもとてもたまったものじゃございませんわね。裁判の時の様子承はり、言いしれぬ淋しさを感じさせられました。貴方様の御心中如何ばかりかと存じます。法の事は私には解りませんが、咽喉(のど)から血の出るような思いで無実を叫んでも、それにもかかわらず、僅かなお金をこんな尊いものに有効に使用して戴きました事を勿体なく存じます」

昭和37年7月22日付、岩本正樹氏より、西武雄に宛てて

「貴方に会った時、仏様のような顔だなァと思いました──その柔和な顔、人間の心はそのまま顔に現われるものです、貴方の心がいかに平和になっておられるか全く敬服しました」

昭和37年7月27日、奥燦然氏より、西武雄に宛てて

「打算と功利の世界に住む、利欲の生活にかまけて暮す私が、貴殿に対して何程の誠実を示し得るであろうかと、今日迄失礼しておりました。コスモスの月例会の折、御貴殿の事に就き、かなり詳しいお話を承り、御貴殿の苦悩の万分の一をも実感し得るものでもなく、更に信心深き御身に対して申し上げる言葉を知らぬばかりか古川先生より伝え聞くことの一つ一つが私の教訓になり、真実が真実として世に出ることを願い、古川師の趣意書の執筆が一日も早く完成し、世の人々の良識と善意が結集され、無実の罪に苦しまれる方が現実にあることを明るみに出される日をお待ちします。コスモスの月例会の折古川先生を中心に御貴殿方のお話が交換されるものと存じますが、こうした小さなグループの動きが結集されて大きな動きとなることを

願いおります」

昭和35年8月15日付、吉田一雄氏より
　「東三舎での勤めの時は一方ならぬお世話に相成りまして、心より御礼申し上げます。私始め女、子供達も心より御礼申しております。また釈祝の時に貴方様の写経を皆の者に見せて色々と身の上話がありました。長い年月にて皆さんも心より頭を下げておりました。貴方も頑張って下さい。私に出来ますことなら何でも力になります。今日は私方は、弟の初盆です。お陰様で親子一緒に初盆が出来たのは貴方のお力です、心より喜んでおります」

昭和37年8月26日付、上田寛氏より、西武雄に宛てて
　「古川先生より折にふれて貴方がたの誤判の事及び信仰一筋に日々を送っていられることを聞かされ、娑婆の人間は余りに雑念に追い廻されて信仰の時間の短い浅い生活に生きているのではないかと思われます。私も長女と死別した時、本人の姿を刻みたいと念願したものの、俗事に追われて遂に成し得ず、貴方は正信偈の写経も見事にせられ、何か目に見えない仏様のお慈悲の賜でございましょう」

昭和37年8月7日付、藤本延恵さんより、西武雄に宛てて
　「昨日は犬塚さんより『藤本さんよかったですね、今3人の記者をつけていますが、調べれば調べる程、白のがはっきりして来ましたよ、それで今後のこと、どのようにして助けるか、今色々考えています』と仰言って下さいました。私、本当に嬉しくて砂津から魚町迄夢中で傘もささず歩き続けましたよ、朝日が白だとはっきりわかった以上、人道的な問題でありますから、全力を尽して下さると信じます。貴方もどうか頑張って下さい」

昭和36年12月29日付、「一文不知の植田婆」さんより、西武雄に宛てて
　「本当にお粗末で気済みのしませぬような品物でございますが、み仏様から私の身分に叶うような物をお計い下さいましてお取りつぎをさして頂くような心地で持参いたしたのみでございますが、婆の気持ちをお受け下さいまして、婆もとても嬉しく存じました」

昭和37年4月28日付、植田文子さんより、西武雄に宛てて
　「貴方のことは石井さんより委しくお知せ下さいました。誤判による死刑、何という恐しいことでしょう。貴方がたの言い分が通らねば人の命を奪うことになるのです。裁判官はもっと真剣に耳をかしてほしいのです。15年といえば『おぎゃあ』と生まれたる子供が中学生になっているのですから……。それも恵まれた境遇でなら兎も角、自由に散歩することも、家族との団楽も何も彼も許されぬ明けくれですもの、ようこそようこそ忍んで下さったと、心から敬意を表します」

昭和33年8月25日付、井上関太郎氏より、西武雄に宛てて
　「いかにこの世の物質に恵まれていても、そーゆー物丈にそくばくされて、この一番の大事な大事な仏説を聞かれなかったらね、西さんまあー本当に我々はどーした事か知らぬが、数多い善智識のお陰お導びきに依り、毎日毎日ナムアミダ仏と称えさせて頂く身におそだてを蒙りよかったね――西さん、永々の御苦労で御成就下被た御六字を親骨折って子楽するね――。西さん喜ばんで何としょ。ゆっくり念を入れて御拝読下さい。小学4年卒業68才」

8月31日付
　「西さん何が何でも喜びましょ、御念仏の宝を得させて頂きました上からは、この世のことは何のその御念仏様と。しんぢうしましょ。今日は私地方ではお盆15日朝で4時頃からお念仏しながら思い出したままを書きましたのでお送り致します。まだ一度も見ず知らずの貴殿が、何か知らんなつかしく存じます。これは同一つ念仏のお陰でしょ不可称、不可説、不可思議の名号なるが故に」

昭和33年8月30日付、森松マスエさんより、西武雄に宛てて
　「前文御めん下さいませ。永らく御ぶさたいたしました。そのごねんぶつの日ぐらしをして居らでます事、思います。あなた様は、ぶんがくしゃですねー　私なぞは一文ふちで、おはずかしゅうございます。あなた様の、おかきに、なりました、アミダ様おぢくに、しましたでしゃしんにとり、おおくり、いたします。又あなた様わ、つみによって、とうとゐ、にこうに、はからでたと思います、してみでば、つみお、おがまずにはおらでませんね―。つみそのものおそでず。ちょうさいようごうの、ごくろうの、一つの、すがたと、ほんとうに、おがむことができる、なれば、どんなに、このせかいがあかるくなるでしょうね―　ではおげんきで、ごほうぎ、ごそうぞくのほろ、おいのり申し上ます。ナムナミダブツナムナミダブツナムナミダブツ」

昭和32年11月17日付、塩尻先生御母堂専意様より、西武雄に宛てて
　「御ぶさたいたしました。いよいよ又冬が近づいて参ります。御きげんよろしく日々をお頂きですか、その後の御様子いかがかと存じましておたづねいたします。私は10月9日から越後路に参って居、少し不快して月末にかえり、ようように昨今、又、元気にさせて頂けました。私が彼の地にて風など引きましたりして先生にも御心配をおかけいたしました。先生からお見舞いのお便りを頂きまして『人間は何のために生れてきたのかとよくよく考えると仏様におあいするためでした』と御座いましたので、私はすっかり嬉しくなりました。私はいつもいつも仏様と共に起き伏しさせて頂く身にして頂いてほんとにほんとに本望この上もなく嬉しい事です。あなたはいかがかと心にかかり居ます。古川様には、その後お会いなさいませぬか、その後のお気持ちうけたまわりたく……
　"阿弥陀佛たすけたまへのほかはみな思うも言うも迷いなりけり"連如上人御うた。

どうぞお大切に」

昭和33年1月4日付、富松友枝さんより、西武雄に宛てて
　「九大前の薬店の御主人篠崎様がお詣り下さいまして、そのお話の中に『福岡の西新町に有難い菩薩様が居られますので御面会させて頂いて有難いことでした』と申されますので『お名前は西さんとはおっしゃいませんか？』とお尋ねしますと『ハイ　そうです』と、又話に花が咲き2人共合掌致しました。時枝様は貴方様からお頂きした書面を仏前にお供え申していますとお喜びでございます」

　西を取まく人々のほとんどは念仏の同行である。彼は、こうした法友に励まされ、慰められてきたのである。しかし、彼自身もまた、これ16年間数十人の死刑囚の信心の先達として、また死刑囚の親がわりとなって面倒をみてきたのである。

(10) 有縁の人々の温情
（年月日不明）菊川益恵さんより
　「火の気一つない部屋で日夜暮して居られます貴方方のことを思うと堪られない気がします。俳句を読んでおりますと御心中が思われて涙が流れて参りました。長い年月をもだして暮されたことを思いますとお慰めの言葉もございません。でもそれだけに、どんなに素晴しい内面的な成長をとげていられますかを思います。それにしても誰が他を裁くことが出来ましょうか、極刑をもってその罪を処し、社会の秩序を維持しようとする人間、社会の掟の前にただ激しい矛盾と憤りを感じます。それが誤判だとすればこんな大きい罪悪が他に有りましょうか。仏画写経、逆境を転じて、常人には到底出来ないまま立派な仕事。きっと誤判が正されて青空の下でお逢いできる日を信じて祈っています。石井さんは貴方が全くの無罪だ、自分が一番よく知っている、と仰言っています。あの終戦直後の人心動乱の出来事でもありますし、重罪人を逮捕すれば成績があがるという警察界の機構で、無理に死刑囚としての極刑を貴方に課したのだと思います。一日も早く冤罪が晴れますよう神かけて祈っています」

（年代不明）9月13日付、石丸佐太郎氏より、西武雄宛てて
　「杷木町も貴殿が滞在していた時より町内が大変変わりて、その上28年の大水害から私方の前の道路や川端も見違うようになりましたので、人出も多くなりました。私方のセガレも小学6年でしたが、ただ今明治大学に在学中です。御貴殿のお子様も良き娘さんになった事と思います。さぞ一目会いたいこととお察し申し上げ、神仏様にお祈り致しております」

（年代不明）6月10日付、福井直一氏より西武雄に宛てて
　「先生（故高良弁護士？）から葉書が来ましたので御返事出しておきました。有難いことです。
　　一．事件の成り来りを私の観察からの見解

二．今後の方針
　三．再審の件
　以上のことについて先生の方に資金の見通しがあるとのことでしたので、それを再審の費用にして下さるようにお願いしておきました。それで再審願を出して下さい。又それに要する書類をどの分が必要か、もう一度御連絡下さい。小生の方、仕事が炭坑の方ですが、4月頃迄には運動に専念されるように業体を仕上げて、これから生ずる収入で家計の方をかえりみづに運動一本に進んでいけるようにと思って前職を捨て、当地に来られたのですが、始めの約束が違い、事業の態勢が固まらず自分も抗内で重労働をやっています。これが成功さへすれば弁護料や社会的政治的な運動資金は充分あるので思う通りの活動が出来ます。正木弁護士の手紙にもありましたように、この運動には多額の費用と日時を要し、然もたゆまざる努力が必要であり、それで初めて世論の喚起と支持が得られてくるものであり、尻切れトンボのような一次的な新聞報道を利用するようなやり方では却って世間の冷笑を買い逆効果しか生じません。それから事件の謀議がなされていないという反証の問題を研究していたが、一つの重大な鍵がある人物を立てることによって解決される事に気付きました、再会の時話します」

昭和26年5月3日付、篠田竜雄師より西武雄に宛てて
　「判決は石井君のみ知りました。貴殿はどうやろうと思っています。出廷の時の貴殿の服装とか態度とか、帰途の心中とか、色々と考えています。でもよくも自叙伝を書いたものだと思います。
　某月某日付、椿、1月に最高裁判所の方は判決になるような進行ぶりでありましたが、更に弁護士を通じまして全ての事相について更に御検討を今一度充分に……と申出で、当局も更に慎重にいたしますとの確言も得まして、未だ判決になっていませぬ。定めて慎重に進行中のことと存じます。これまで手を尽しての万事は『全て業でございましょう』。だがこれから先は『業』ではないのですから、全力を尽して運命の開発に努めています。一時として忘れた一日はありません。ただ多忙のためにお便りもおくれているし、又、余りこちらの事をお知らせしても……と存じ差しひかえている次第でございます。夢にも見て下さい。自動車のラッシュの中を君を思うて右往左往している法衣の私の姿を――」

昭和31年5月13日付、福井直一氏より、西武雄に宛てて
　「あれから毎晩徹夜して記録書類を精読している。警察の捜査当時の事情をよく体験している自分からみれば一層よくわかる。君の無罪なる事は僕から判断して確実である。ただ『日本の裁判』なる近刊書をわざわざ読んでみて成程この裁判が如何してむつかしいか、これをいかにして正しき方途に進展せしむるかに就いて、色々と深く考えている。法によって誤断された事は、法によって直す以上に方法はないからだ。与論の喚起は手段にすぎぬ、与論によって裁判官がなおされる事は却ってこの場合誤りを生ずる。
　昭和31年5月30日付　石井くんから手紙が来たので返事しました。藤本君からの返事が

なくとも心配いりません。真実は人の力で一時かくす事ができても必ず顕れます。公判の記録だけでも充分に誤審されている事は明白にわかります。ただ、これが法律として適用された判示をいかに是正するかが何点です。目下小生の仕事の上で動きがとれないのが残念です。が神は必ず小生の動きがとれるように道を開いてくれる事を信じている」

昭和32年6月26日付、村上貫之師より、西武雄に宛てて
　「昨日は貴台様の代理として来鹿されました遠藤、竹内、西村様と御一緒に、貴人の浄財により出来ました敬愛園梵鐘竣工式に参列させて頂き、深い御因縁によって私が最初の鐘を撞かせて貰いました。貴人の尊い御事業は唯敬愛園の人々を慰められるばかりでなく、怠惰な我等の心の警鐘となって私共を覚醒させて下さいました。法要の模様はいずれ遠藤様からお話されることと思いますので詳しく申し上げません。当日私まで貴人の魂のこもった正信偈の写経を御贈与下さいまして厚く御礼申し上げます」

昭和32年6月28日付、大田愛子様より、西武雄に宛てて
　「御貴殿の大願も目出度く成就され『魂の釣鐘は美事に会場に鳴り響き、念仏の声と共に、すすり泣きの声がいつまでも続いた』とあり、その新聞を拝読致しまして御貴殿の御心中をお察し、家内中落涙しお念仏申し上げました。どうぞ長い間の心身の御疲労にて御病気をなさいませぬよう、くれぐれも御法体を大切に念じます」

　冤罪の苦しい獄中生活も、こうした縁の人々の温かい愛情に支えられて、辛うじて生きてこられたのである。

(11) 涙なくして
昭和37年5月13日付、藤本延恵さんより、西武雄宛てに
　「特に貴方の冤罪のお話になりますと、古川先生のお顔が憤りをふくんで青白くかわられます。特に貴方様は死刑囚の父となられるために出現されたようなお方だと、深い尊敬の念を私にくり返し仰言いました」

昭和35年9月5日付、伊藤法嶺師より西武雄宛てに
　「8月18日、小倉市の松田楽器店の三階ホールで藤本さんの御骨折により講座があり、古川先生の『死刑囚と人間性』という講演を拝聴することが出来ました。先生の暖い皮ふの感じが、聞く人の胸にふれ、死と生との如なる表現も許されない厳しさを聞かされました。私に出来ますことは古川先生の意中を大衆に伝える場を提供し、協力することしかありません。安居の際にも初日の20日午後1時半より3時間に亘って古川先生のお話を同行も学生も私も拝聴したのでした」

第 7 章　書翰を通じて 2 人の人間性に触れる

昭和 35 年 2 月 22 日付、権守よしをさんより、西武雄宛てに
　「村の道場で貴君の事を赤松先生より聞き私は心をきつく打たれ、矢もたてもたまらずペンをとりました。私は仏様になどお参りしたことも無く、又お年寄の方がお念仏をとなえるのが可笑しい位でした。その位ですから母とも主人とも喧嘩ばかりしておりました。でも今は違います。喧嘩もせず平おんに暮して居ます。朝起きると仏様の前で南無阿弥陀佛をとなえます。きっと毎日続けられると思います。いつも私の頭の中には赤松先生のお顔やお声、それに貴君の立派なお姿が、私が忘れようとした時呼びかけて下さると思います。私も毎日この北陸の空から貴方様の無実の罪が晴れます事を祈っております。私の家は少しの百姓なので貧乏でお役に立つことは御座いませんが、きっとお金をためて、貴君のお書きになられた阿弥陀様を頂いて、私の家の宝として、私の心の綱となって貰おうと思います。きっとそれ迄は病気をせずに生き長らえて下さいね。私はこんな下手な手紙恥しいのですが、これも少しでもお慰さめになるかと思い書きました。この次は私の住んでいる所の珍しいお話などしたいと思います。今日も北陸は寒い吹雪です。ではお体に気をつけて下さい。私の心の先生西武雄様」

昭和 35 年 2 月 27 日付、岩本正樹師より、西武雄宛てに
　「お会いしておいてよかったと喜んでおります。お目にかからず手紙だけではお互いに愛情は充分にわからないものであります。よく解りました。あなたのことについては私なりに考えてあげなければと思っております。貴方の胸中を充分察しております。お互い人間同志ですもの」

昭和 35 年 6 月 18 日付、萩良光氏より西武雄宛てに
　「何時も愚息正行が御親交願っておりますそうで有難く思っております。愚息より西さんは無実の罪に服して居られるんだと聞きまして老いた身はただ涙脆く心痛致しております。十余年の長き獄舎にての暮し、それも無実の罪とあっては、その間の御心労は吾々のように貧しくとも自由に暮しております者には到底計り知れないものが有る事と思われます。フイリッピン作戦に行く途中戦死致しました長男の 17 回忌にもし佛画を頂けますならば床の間に掛け、お寺の先生に来て頂いて法要して貰おうと思いおります。そうすれば亡くなった愚息も草葉の陰から喜んでくれる事だろうと思いおります」

昭和 35 年 5 月 15 日付け、田中淡月師より、西武雄宛てに
　「中村夫人のお手紙で黒川氏逝去を知りました。黒川さんも折角自由にして貰ったものを気の毒した。死んでゆく前に心からのざんげをして頂きたかったですね。しかし黒川さんがしてくれぬでも、神仏は必らず正しいものに加護して下さると私は信じます。次に長崎の兄の見舞いへ行っての帰り、出来ればそちらにおよりして、お目にかかってと願っています。わたしがお訪ねしても何もお力にはなれぬですが、ただお顔をみて元気を出して下さる様、お互いに元気づけ合うだけですが、是非お寄りしたいと思っています。西さん石井さんも在獄十有年の中

に、親しかった人や肉親を失われた思いは同じだろうと思います。しかし、人間は失意の時にこそ本当の心に帰れるのではないかと思います。どうかお元気で、くじけないで斗志をもやしていて下さい」

昭和35年4月16日、萩正行氏より西武雄宛てに
「西さんの13年間という長い獄舎生活お察し致します。なぜ無実の者をこのように長期間自由をうばって獄舎に入れなければならないのだろうか。人間の無実の訴えが判らぬのだろうか。人間が人間を裁く事、御仏のお許しが有るでしょうか、昨夜も眠れぬまま病床の中で考えました」

萩氏は「西さんは無実の罪に服して居られる人だと聞きまして老いた身はただ涙脆く心痛致しております」といっているが、老いの身ならずとも、無実の罪で死刑と聞けば、人間誰しも涙なしには聞けないであろう。

3　石井健治郎の人間性とその周辺
（1）性格の相違
　ある看守が「この2人は絞首台にのぼるまで喧嘩しているだろう」といったが、彼らの不和相入れない性格は宿命的なものであろう。私ははじめ、彼らの不和は、事件の上から互いに怨み合ってのもの、また長年冤罪による死刑という苛酷な重圧と戦ってきたもののいずこに持って行きようもない鬱積した感情のハケぐち、不平不満の鬱憤晴しが互いに相手に向けられているところに原因があるとみていた。
　しかし、根本的には性格の相違から来る嫌悪感による不和だと見られる。仮りに本件を抜きにしても、2人は互いに相入れない性格上の相異を見逃すことは出来ないようである。
　石井は思ったことをアケスケにぶちまく、怒鳴る性癖があるので、周囲から好感をもたれない傾向がある。また短兵急で結論を急ぐので、西のように何を考えているかわからないような男に接すると、腹が立つのである。
　しかし、互いに相入れぬ西自身も認めているように、彼は「好人物」である。そのことは彼の手紙に遺憾なく表現されていて、これを読むものに一杯にそのことを認めさせるに充分である。
　誰かの句に「たんぽぽやふまれながらに咲いている」とあったが、西は踏み躙られながら、その生命を写経、佛画数千枚揮毫という超人的な仕事をなしとげ見事な作品として結晶せしめた。そこには、堅忍不抜の強靭な意志の力がみられる。彼本来の姿であるかと思う。一方、石井は同じく踏み躙られながら点字翻訳で盲人に奉仕し、小鳥を愛し、花を愛し、時には手紙に季節の花を押して封入するという温情を示して今日に到った。
　このように、2人は性格的に相異しながらもまたそれぞれ長所を発揮して、長年の獄中の苦痛にもよく堪えているのである。しかし、他に何一つ慰めてくれるもののない囹圄の身である。しかも、冤罪という悲運を負うての日々であり、この16年間だったことを思うと、お互いに愚痴

もこぼし相手を憎むということもまた自然の姿であったろうと、同情できるのである。

　　誤判吾が怒りを天に雪礫(つぶて)

　の西の句のように、怒髪天を衝く激しい怒りが、彼らのもっている性格の欠点を曝け出し、2人の相反する性格が対立相剋するという結果にもなったのであろう。まことに痛々しい不和であって、いずれをも責むることは最早人間として許されない気持がするのである。

　私はかって、西、石井に対して以下のような質問書を送ったことがある。彼らは、それに快く回答してくれた。彼らの率直な回答ぶりに、かれらの衒(てら)いや嘘のない率直な性格の一面をみることができると思うが、この点は2人とも共通した性格である。

「問　率直に言って、あなたは今、西（または石井）を信じていますか？　疑っていますか（事件について）、疑っているとしたらどういう点を？　具体的に。

　次に、西（または石井）の人間性について、また、個人的に好きか嫌いか。

　まず、石井健治郎の回答からきいてみよう。

『この事件で、西君は殺傷事件の責任は絶対ないと断言出来ます。なぜか？　西君は石井が堅粕へ来ている事をしらなかったのは絶対の事実ですから、私の起した殺傷事件には関係がないのです。唯、私が西君を疑うとしたら、黒川の言動によって西と黒川が計画的に悪事をたくらんでいたのではないかと、時々想像したのであります。それとこの16年間私は法律的にあらゆる手続きをとって来ました。再審願い2回、民事2回、人権擁護委員会に訴え、取れるだけの手続きは今もやっております。ところが西君はそれを1回もしておりません。そして宗教関係にすがって来た傾向が強い。本願寺の法主や敬愛団への楚鐘寄贈等に力を入れていました。私はこれが一番不満でありました。殺傷事件を起している不利な立場の私でさへ、これだけ手続きをとってきたのでありますから、西君の16年間の態度には大きな不満がありました。唯物質的、人的に恵まれぬ西君でしたので、私は気の毒に思い我慢して1人で戦って来ました。それにしてももう少し訴えて貰いたかったです。無実と西君が言うからです。西君は無口だし、私とは性格が全然違います。私は開けひろげな人間、腹の中に思っていた事を隠す事が出来ません。西君は陰性的で思っていることもなかなか話しませんので、何を心に思っているのか解らず、信ずる疑ぐるという事より、つき合いにくい人間であるとおもいます。

　唯、この殺傷事実だけは西君に責任はないと断言する事は出来ます。

　次に、余り西君を好きではありません。こういうところでは余り胸襟を開いて語合った事がない為と、西君とは全く未知の間柄であった為。

　たまたま西君の関係で思わぬ事件に会い今日まで苦労する事となったのは、あの時もう少し事情を話してさえくれたら、このような事にはお互ならなかったのにと思う為であります。だから表面はかえって西君を気の毒に思いながら、又一方ではあいつらのために無実の強盗罪をつけられて重罪におとされているのだ、たとへ警察や検事の捏造であっても西君の身内の黒川が強盗計画があったが如き供述をしているのではないかという憤満が西君を好きにさせない

のではないでしょうか。
　西君のシマリヤという点も嫌いです。私は金はなくとも、少しでも何かあれば西君にわけてあげますが、西君は今までにどんなに自分で、ぜいたくしても、人に分けるという事をしませんね。これは面白いところであります』
次に、西武雄の回答をきいてみよう。
『石井という人間を、どのような性格を持っているか解りませんうちは、石井、黒川の上に十分の五ぐらいは疑いをもっていました。がこの異質性格者と見えるこの男なら、射殺するという誤殺くらいは起すであろうと納得のいきましてからは、この男があらゆる手段、方法で悪口雑言を言っている事の耳に入りましても馬耳東風と聞き流しているのですが、ズバリ言ってこういった性格の人間は好きになれないというよう接触は避けたいと思っています。私とて異質ですから、他を批判できませんから、人のことを批判台で料理する事は致しませんが、兎に角この男の性格は一寸変わっています。集団生活の中でジッと観るとよく解ります』。
　次に、石井自身として、あなたは自分の性格をどうみますか。特に短所について、
『私に自分の事を言えといわれますと、やはり自分に都合のいい事ばかり言いそうで、本当のきたない私の姿は現れそうにありませんね。唯言える事は、
　１．気が短くてこらえ性のないこと。
　２．物事をよく考えてやらず、失敗の多いこと。
　３．人も自分の心の如く思って人にモノを言うこと。
　４．腹に何かおもっていることがあったら、誰かに打明けないと、いらいらして落着けない。
　短所を数えるときりがありません。本当につまらん人間性であります。先生方に宗教のお話を聞かせて頂いていなかったら、どんな間違いを又起こしていたか判りませんね。でも16年もの永い間先生方の教誨を、仏教もキリスト教も私１人、全部出席させて頂いたのは、この短所を直せるものなら直したいし、又精神修養の為と、人間という私自身を知りたいためにでもあります。先生方の真剣なお話をうかがい、私は宗教大学に学ばせて頂いている位にさえ思われます』」
と述べているが、この回答ぶりにも石井の性格がよく現れているようである。

（２）身近に巻起こった不幸

　次に、本件によって発生した石井健治郎の身辺の不幸について、石井は、以下のように述べている（筆者に宛てた「質疑応答書」による）。
「問　あなたが冤罪であることを肉親者で知っている人がありますか。またあなたの投獄によって巻き起こったあなたの身辺、肉親等の不幸、悲劇について述べて下さい。
　答　この御質問は私自身が冤罪であるという事を肉親の者が知っているかとのことでありますが、私の考えでは肉親は無条件で私のいう事を信じているでしょう。しかし無実を知っているという言葉はあてはまらないと私は思います。唯当夜その場にいたところの隆（弟）と三枝子（妻）は西君始め藤本君そして岸田並に牧田等の話ぶりや石井（私）自身の身の話ぶり

で私が強盗殺人をしたなど絶対に想わなかったと思いますし、又間違って突発的に殺傷事件を起こしたのであることは三枝子、隆の他その場に居合わせた5、6人の者も知っている事実でありますので、私が強盗殺人犯でないことは充分にしっていると想います。

　そして私のこの事件でその当時一番心配して呉れたのは私の兄石井新平であります。兄は私の逮捕されたことを知って、一番に警察にかけつけてくれ弁護人等の心配や差入等の心配をしてくれました。私の裁判が進むにつれて事件後2年目（一審判決控訴一年間）の正月18日に、私が執行停止処分（病気のため）で、福岡市内の棚町外科に入院すると、その費用のためや、冤罪を晴らすために走り廻ってくれました。ところが私のために証拠を集めたり資金を集めたりするために熊本へ行ってくれて、武田光広（河田道也）に会いに行ってる時に、川尻の妻の里に行く途中、川尻電車に乗って電車の窓から首を出したところ、満員電車だったために電車が大きくゆれて、電信柱に頭が当り、即死をしてしまいました。これは全く私のために自分の仕事迄休んで行ってくれてのことで、私と武田も一緒にその電車に乗っておりましたので、余計大きなショックでありました。私がこの事件を起こしたがために兄を不幸にし、兄の妻や子供を不幸にしたのであり、私はその時死刑の判決後一年目でありましたので、私が死にたかったです。この時は全く私は母にも兄の妻子にも、何とも申訳がない気持でありました。

　又、妻の三枝子もそれから7年間待って呉れておりましたが、女1人で働かずに暮らすことも出来なくなり、私も色々と資金を作ったり、別の兄妹から物品15万円程も都合してやったりしておりましたが、別れた方が本人も自由に働けると思って8年目に妻と妻の父とをよび、刑務所で、母も立合いの上協議離婚をいたしました。

　兄の死が悲劇と申しますなら、兄の妻子は不幸で、私の妻も不幸になった事は事実であります。その後妹園子の並々ならぬ兄妹愛に助けられて、又、妹の夫の理解等で、何百万という費用を出してくれ、又長兄や弟夫婦の努力で、裁判記録を写してくれたり、その膨大な費用並に東京行数回等と、必死の努力を頂き、この一年半ば古川先生の御努力により、塩尻先生始め多くの皆様方の親身も及ばぬ御尽力御高配を頂いておりますことは、御存知の通りであります。ですから家族の不幸悲劇もさることながら人々に御迷惑をおかけ申していることは、何とお詫び申し上げてよいかわからない私の心境であります。

　そのためにも、兄の死を無駄にしたくない気持で一ぱいであります。兄もそのために祈ってくれる事を信じております。塩尻先生や古川先生そして多くの方達の親身も及ばぬ御厚情が頂けたのも、私は兄や父が念じてくれているからと想って感謝いたしております。

　父は私を一番愛してくれました。私と気が合うというのか、私が入獄する（執行停止をやめて）前日父と2人で、今宿町土の原の昔私共が住んでいた家の裏に、お観音さまが祭ってありますが、このお観音さまを父はとても信心しておりましたので、私の冤罪が晴れる様2人でお願いに行きました。之が父と最後のお参りとなりました。父は私の冤罪の晴れる迄、どうしても生きていたいと申してくれていましたが、4年前84才で亡くなりました。その亡くなる時に私のことをたのむといって亡くなったと聞いて、父の心に涙したことでした。

私は先生方の御厚情で一日も早く解決したいと思って今年は努力したいと念願しております」。

(3) 小鳥と花の独房

次に、石井健治郎の書翰を通して、彼の獄中生活の一端に触れてみよう。

昭和38年2月某日付き、石井健治郎より筆者長女愛子宛てに

「昨年は大変御厚情頂き、私共のために御尽力頂きまして心より感謝しております。今年もどうぞよろしく御願い申し上げます。いつも御無沙汰して申訳ありません。お許し下さいね。御母様に直接お便り差上げたいと思いながら失礼しております。何と書いてよいかお礼の言葉がないからですけれど、いつも古川先生と同じように心よりおがんでおります。愛子さんは私と同じ2月生れですってね、2月何日でしょうか。この次一寸知らせて下さいね、私のバースデーと一緒に祝って下さるのですか？私はね、2月27日はあまりすきでないの……本当ですよ。なぜかと申すとね、この日に死刑の判決を受けたからです。生れた日にね、縁起がわるいでしょう。だからありがたくない日です。そこで愛子さんの誕生日に一緒にお願いしますね。だから早目に知らせて下さいね。るり子ちゃんや龍樹ちゃん達にもどうぞよろしくね。皆さんが私を家族の如く思って下さることを知って、とてもうれしいです。愛子さんも旅館の方と先生の御仕事と本当に大変ですね。どうか御体大切にして下さいね。私の可愛がっている文鳥がペンの上に乗っているので、書きにくいけど、なんぼしかっても手の上に乗りたいらしいので載せたままペン走らせています。カーコちゃんといいます。懐ろの中でよくねむります。今は寒いのでねる時は私のふとんの中に巣を入れて一緒にねています。私の首のところに出て来てねる時もあります。何か芸をしこみたいですけど忙しくてどうも手がまわりません。手紙を書いてるとペン先にたわむれてクチバシを青くして私に叱られたり、便箋をくわえて持って行って叱られたり、切手をさがしてもないのでカーコの巣のところを見るとかくしているのです。なかなかかしこいけど、いたづらものでこまります。のどがかわくと水をのみに行くのが面倒で私の口唇にとびついて、ツバをのませろとせがみます。時々、あまえた声を出しますが、気に入らぬとおこります。スズメも一羽います。これもわりとなれています。目のあかぬ昨年の5月頃からいますが、これも中々のりこう者で、ラジオで音楽がなり出すと、自分も一生懸命何かさえずります。その外胡錦鳥という七色の羽を持ったきれいな鳥と文鳥の親が別に2羽おります。部屋には水仙の花が咲いています。好い香を放っています。寒い寒いといっても私はなれているので大したこともないですし、又夕方からは湯タンポ（1個10円）を買って膝の上にのせて書物していますから手がつめたくなれば湯タンポに宛てて、あたためてまた書きますから心配いりませんよ。今年は本当に正月から雪ばかり降って運動も4回しかまだ出ていません。今日も雪の中で野球をしましたよ。今2勝1敗1引分けです。今日は5対4で勝ちました。雪の降る中で走り廻っている私達の姿を想像して下さいね。やはり座ってばかりいると体がかえってきつきついですからね、愛子さん達とおこたに入って楽しいお話のできる日が実現することを心

第 7 章　書翰を通じて 2 人の人間性に触れる

　　よりたのしみにして頑張ります」

（4）妹の愛情に泣する

某月某日付、同じく石井より筆者長女愛子宛てに
　「寒い日が続いていますね。皆さんお変わりありませんか、古川先生より佐賀の方から本日お便り頂きました。先日は誕生日の日など教えて下さって悦しくおもっています。色々とプランを立てていますが、浦島太郎には好い考えも浮んで来ませんね。るり子ちゃんも 2 月ですね、藤本さんもですってね。私はあなたと藤本さんの間にはさまれているのならよかったけれど私が一番あとの様ですね。藤本さんからお便りありました。妹（奈良）からも便りがありましたところが、ホロリとさせられるような手紙で泪が出ました。あのね妹がねこんな事を書いておりました。
　　ノーマクサアマンダセンダンマカロシヤダヤソワタヤウンタラターカンマン
　愛子さん判る？　私も始め何のことか判りませんでしたが、これはお観音さまやお不動さまの真言のお祈りだそうです。ああ今思い出しました。古川先生のお寺の宗旨が真言宗でしたね。それなら愛子さんに判る？　なんていったらしかられるところでした、ごめんなさい。この言葉をとなえてくれと妹がいいます。妹は夜中の 1 時から 2 時にこの言葉をとなえて顔を御不動さまに頼ってかけてくれているそうで、私は兄妹の愛に心が暖かくなりました。
　私の父は大変な観音さまの信者でありました。それと同時に神仏を敬い家の中に沢山祭って朝晩拝んでおりました。私が死刑になってから 2 度出所した時も父と 2 人で田舎の古いた家の裏にあった観音堂にお詣りに行ったのが、私がここへ這入る前日でした。これも昔の思い出となりました。その父も数年前私の事を死ぬ迄皆にたのみながら死んだと聞かされました。2 月 20 日に死にました。2 月という月は私に悲しみと喜びを与える月であります。兄も 2 月に熊本で交通事故で、私のために用事で行ってくれている時死にました。私は 2 月 27 日に生れそして死刑をいい渡されたのも同じ日です。だから 27 日より愛子さんの誕生日の 23 日に一緒に祝って頂きたいと思っている私の気持判って下さると思います。あなたがやさしい気持でそういって下さるので感謝しております。妹は純真な心で神仏のお力にすがって私の身を案じてくれます。これもあなたの御両親や先生方のそして多くのやさしい方達が色々と親身も及ばぬ御厚情をそして御尽力をして下さるお蔭であります。妹の子供が学校で着物を縫っているとの事で、それを学校の方が済んだら私に送ってくれるそうです。京子ももうそんな歳頃の娘になったかと、今更の永い独房生活を振り返っています。
　ところで古川先生から送って頂いている原稿のことですが、今 2 人で調べながら写しております。私は原稿用紙に一枚々々、西君は卦紙に 4 枚づつ写しております。まだ半分も写していませんが。自分が写してみて先生やあなたの御苦労の一方でないであろう事をつくづく想い感謝したり、申訳なくおもったりです。一日 40 枚写すのに指が痛く成りますからね。本当に大変でしょうね。ここに 500 枚ばかり来ていますが、愛子さんが今写していられます分私達が

一度目を通した分でしょうね。しかしそれが写し済まれましたら又こちらに送ってくださいませんか。中略

　愛子さんは中々ユーモアのあるお嬢さんですね。今が一番楽しい時ですね。希望が多くて夢があってこの前はおとなしいと言うより、お話もしなかったので今度来てくださったらたのしい御話をしましょうね。私はとても朗かな人間でざっくばらんな人間で、子供が好きで、花が好きで、小鳥が好きで、いつも若い気持ですよ。古川先生の弟みたいです。でも歳は私が6つ位上かしらね、精神年齢は私が半分位若い様で、お脳が弱い為でしょうが、先生のお陰で光りをみつけています。それに藤本さんや片山さんやその他大勢の方から肉身のように愛され、とても幸せに思っています。愛子さん御一家が私をこんなに愛して下さるのでとても悦しいです。

　カーコのこと、愛子さんのいわれること、なるほどと思いました。私の心に和恵を愛する心が強いためにあんな似たような名をつけたのですね。愛子さんの女性感情のひらめきが私の心を見抜かれたのでしょうね。

　私は和恵君にまだあったことはありませんが、手紙で2人の心は何でも判ります。無線電話見たいのですね、昨夜も夢みててね（笑わないでね）和恵に女の子供があるの、私はそれをみて、どうしたの、誰の子供なのっていってるの、そして和恵君がかくしていてごめんなさいってあやまっているの、それをね私がいいよ、いいよといってその女の子達連れて行って白いアメを買ってやっているの、目がさめておかしくて1人で笑いました。こんなおかしな夢見てね誰にも話してないけどね、でも夢って楽しい、私はあんまりおそろしい夢見ませんね、楽しい夢が多い、愛子さんは如何？　カーコもチーコ（雀）も、ものおとなしくしています。私が書ものしているのでこの頃はカーコも1人で遊んでいますが、すぐ返事しますよ。チーコはすっかり大人になりました。私の部屋に来た時は育つかと思われましたが、今はつやも良く、よい声でラジオがなり出すと合せてなきます。

　昔いた雀は街に遊びに行って帰って来ていましたが、この雀は私が訓練しませんでしたので、部屋では私と遊びますが、外ではダメの様です。文鳥の方は外でも大丈夫でしょう。早く親の方を準備してヒナをかえさせて皆さんに差上げたいと思っています。愛子さんにはよく慣らして差上げましょうね。親の方が今オス二羽で近くメス一羽かえます。そしてヒナを産ませます。今日は花を買いました。とても高くておどろきました。水仙とカーネーションと菊と白い花（名が判りません）とです。そちらも雪でしょうね。つい長い手紙と成りごめんなさい、どうかお母さまや御家族の皆さま方に宜しく伝えて下さいね。お母さまにどうか御無理をなさいませんようにとお伝へ下さいね。旅館の方のことで御心配なこともおありのように聞いております。早く皆さま方と楽しい団らんの日が送れるように成りたいものと思います。以下略」

小鳥を愛し、花を愛する石井の獄中生活の一端を垣間見てほほえましい限りである。

昭和37年12月22日付、石井より筆者に宛てて

「先生、お便り度々どうも有難うございます。御多忙のところを申訳ありません之からは御返事は心配なさらないで頂きますように。私もお便りはなるだけ差上げまいと思いながらもつい

書いてしまいます。悪からずお許し下さいませ。母が今日面会に来て妹より母への手紙の中に先生の多大なる御尽力の事また片山様の御厚情による御協力等のことがかいてあったらしく大変感謝いたしておりまして先生や片山様にどうかくれぐれも宜敷く御礼を申し上げてくれると申しますので、又古川先生の御存知の三枝賢君が今朝急に召されて逝きました。年末もおし迫って今年はもう大丈夫でしょうと三枝君も昨日ある方からお金の送金などありまして、之でよいお正月ができるとよろこんでおりましたし、不服も多かったので、まだ訴えを起したかったと申して行きました。しかし逝く時は本当に立派でした。私の部屋の前で扉ごしに讃美歌二曲と三枝君が残る者のためにお祈りを神様にして『さよなら元気で、頑張って下さい、あの世で祈れるものなら石井さん達の無実が晴れるようにいのっています』と申していきました。彼は今もう神さまのもとで平安な生活に入っていることでしょう。クリスマスの集会をあんなに楽しみにしておりましたのに、彼はここにいる間一生懸命に点字の奉仕をしておりました。三枝君は本当の無料奉仕をしていました。小遣いも少なく、人のように金を送って貰ってやるのではなくて、自分の小遣いの中から費用を出していました。私は彼がどんな悪いことをして来た人かうすうすしか知りませんが、ここにいる間は立派な青年でありましたことを喜んでいます。彼は逝ったのに、彼の可愛がっていた雀は彼をさがして淋しがっています。他の人のところへはどうしても行きません。可愛相ですが仕方ありません。三枝君の御冥福を祈るばかりであります。母も丁度来ていましたので三枝君のためにお念仏を称えておりました。以下省略」

（5）兄の事故死

次は、石井健治郎から外部の人々に宛てた書翰によって、彼の人間性獄中の心境等の一端を伺ってみよう。

昭和37年5月29日付、石井健治郎より、藤本延恵さん宛てに

「今日中外報No.2を拝見しました。有難うございました。古川先生の御高配、また貴方さまの御高配も大変感謝いたしております。今年は貴女様の御主人の初盆でありますそうですね。愛する御主人に別れられて、残された可愛いお子様を育てられながら、男の世界にまじって強く生きて行かれる貴女様のお姿を尊いものに思いながらも、やはりどこかお淋しいのではないだろうかと、つまらぬ同情をしてみたり、貴女様のようなお美しいお方が、お1人で居られるのは、はたの者がいらぬ心配をするのではないだろうかなどと、愚にもつかぬ事を思ったりして、1人で苦笑しております。初盆には御主人も喜んでお帰りになるでしょう。和恵君もお蔭様で大分元気になったそうです。心配が多いと胃を悪くするのですね。私の事を心配して（一寸のろけになりますが、ごめんなさい）胃を悪くしたというのなら申訳ない事でありますが、彼女が一生懸命祈っていてくれることは有難いことです。この頃は私は女の有難さが身にしみます。和恵君にしろ貴女ようにしろ、母にしろ、又私に手紙を下さる人は女が多い。女性の方達の愛情はこのカベ厚い部屋に限りなくそそがれて来ます。男の方の御厚情も私は確かに人よりよけい受けておりますが、女性の方が断然多いです。7才の女の子から80才のおばあさまで、

思えば有難いことです。私は大体男より女が好きです（誰でもかも知れません）。自分が男性過剰のためかとも自分で思ってみたりします。母が着物を持って来てくれました。有難いことであります。藤本様は若い頃は情熱家だったのでしょうね。そして意外にやさしい面もおありであったのではないかと思います。思いこんだら命がけというようなはげしい気性が有られたのではないかと想像したりしております。貴女様に愛されなさった御主人は御幸せな方だったと思われます。お子様がお楽しみですね。東京へ行っておられますお方が、早く学校出られてお母様のお手伝いをなさる日が待たれますね。やさしいお嫁さんでも持たれてお母さんに孝行される事でしょう。私はとても子供好きです。早く自分の子供の顔の見られる身分になりたいものであります。社会で皆様方と親しくお話しのできるようになりたいものであります。

　今日はここの転房日で一寸ばたばたしました。古川先生からの質問書かいて、あなた様のお手紙に返事書いて、和恵君の手紙に返事かいて寝ようと思っております。クイズも2枚出しております。前週も正解で17万名以上の中に181名の正解者の中にいたのですから満更でもありませんね。

　武内先生が今日来られて、パンフレットが出来次第に大々的に運動するようにしている。軍資金も集めるなどと言っていられました。6日はここで、私達とお坊さんと牧師さんと役人連合組と野球試合をすることになっています。賞品も沢山出るように頼んでおります。一つヒットでも打って賞品でもせしめますかねハッハハハ。御厚情御高配唯々感謝しています」

同じく、昭和37年6月4日付に
「藤本さんのお便りは、面白いこと書いて私の心をほがらかにさせて下さいます事を感謝であります。さすがに御主人との恋愛時代の文筆の香りが致します。貴女様の青春時代のお姿が目に浮びます。それにしても亡くなられ、おしい事でしたね。好い人は短命の様です。私の兄なんか（中の兄）兄弟8人の中で一番好い人間で真面目で兄弟思いで頭が好くて、こんな好い兄が一番先に若くて亡くなりました。兄は私がこの事件で死刑をうたれたので心配して色々と走り廻ってくれていましたが、熊本に私の事で勤めを休んで行ってくれて、市内電車に乗っていて、熊本のぼろ電車で窓ガラスもなかったために満員で顔が外に出ていたために電柱に頭をあて、即死であります。一銭の慰謝料も貰わずに、考えてみると兄は可哀想な事をしました。私が早く解決して出所して、兄の娘の子を幸せにしてやりたいとおもいます。家族が複雑で、今は幸せでないようです。あんなよい兄が先に死ぬなんて全く神も仏もないなんて皆申していた事もあります。私もこの頃は夜中の時、4時まで、貴方様に頂いた掛紙に古川先生に渡す判決文謄本の説明書つくりをしています。今日も貴女様を始め、古川先生、柴田さん、倉敷の看護婦さんと、6人からお便り頂きましたので早速お1人づつお返事書いております。私は一度も叱った事はないのに、和恵君からの便りに『私からいつも叱られてばかりいる』なんて言ってきたので驚愕しています。親切に注意した事が叱った事になるのでしょうかね、夫婦（まだ違いますが）喧嘩は犬もくわんと言うことでしょうね。喧嘩とも言えませんが、弱い女性（この頃は強いそうですがエへへ）や子供を私は大事にします。よほどの事でないと叱りませんね。

それを叱られてばっかりなんてくるのでまごまごしております。私が和恵君にいらぬ心配せぬように又は胃が悪いというのは心配事が多いと胃の分泌物が変調して御飯が美味しくなくなったりするのですよ、だからあんまり心配せず、少しのんきに過されると好いですよと言ったことが、叱ったことになったらしいですね。又夜中まで起きてお祈りしているという話だったし、そのために風邪を引いて寝ついているような話だったので、人間は疲れると病気にかかり易い、自分の体は自分で注意せねば病気になると、自分が苦しいばかりか人も心配するので無理をせぬようにして早く快くなって下さいと言ったことが叱ったことになったのですね。困ったものですね。私はもののいいようを知らんからでしょうね。和恵君は温室の花のようで、これからもう少し強くなって貰わねばと言ってやれば又叱った事になります様です。でも彼女は両親の無くなられたあと、立派に弟３人を育て、３人共妻をめとり、立派にやっていかれる迄面倒を見て上げた人ですから、大した人であると思います。

　藤本様のままならぬ世の中ていうことを味合う事によって孤独を感じられますお気持、本当によく判ります。人間は心と肉体とでできておりますからね、そして之が社会や肉親や、あらゆるものとの因縁によっていますからね。でも貴女ようには宝（お子様方）があります。まるっきり１人の淋しい人間の多い中に皆さん健康であられます。倖せは一ぱいですね。母が着物を持って来てくれましたが私も少し若返りました。和恵君には写真でも見てもらいましょう（ゴメンナサイ）和恵君の期待にそえるよう人間になりたいと思っております。そして貴女様の御恩は決して忘れません」

杉本和恵さんはキリスト教の信仰によって結ばれた石井の相思相愛の人である。獄窓の殺風景な生活も彼女の愛情によって潤おされている。しかし、２人はいまだ未見の間柄である。

同じく、６月11日付に
「犬塚様の言われますこと、尤もなことであります。

　充分調べて頂いて白の確信がつかれましてから全力でかかって頂く事こそ、こちらからの望みであります。しかし警官をいくらたずねられても真相は判りませんとおもいます。私達は警官の悪意によって罪に落とされているのですから。唯参考として聞かれるのはよいでしょう。誰の意見を聞かれるのも真実追求への道でありましょうから、私は真剣に真実を正してやろうとして下さる方をのぞんでいるのですから。藤本さんの仰言るように同情などの眼鏡ははずして白か黒か真剣に真実を探してやろうとして下さる方が望ましいです。そうすれば自らそこに正しい道が現れてくると私は信じます。関係者も７人おりますからよく１人々々に事実をたずねると事実が判らんはずはありません。唯１人か２人の申立を信じないことですね。誰でも自分に都合のいい事を言いますから。でも大きく分けて、強盗殺人か、ただの殺人か、又は突発的防衛の為の殺傷事件か、そして西君と黒川君が有罪か無罪かという５つの内のどれかであることは間違いありませんね。私は突発的防衛の殺傷事件であると主張して来ているわけであります。そして西君や黒川君とは何の関係もなかったのでありますから、共犯云々という事は違っているのでありますから、犬塚様も私達に一度会って下されば大体の事はお判りになられます

と信じます。この手紙の着きます頃は古川先生もお帰りに成られますでしょうから、塩尻先生とのお話合の結果もわかりましょう。沢山の人が心配し尽力して下さる様で本格的に物心両面で尽して下さるお方は本当に少ししかありません。和恵君も教会の方で火の手をあげることを考えている様ですが、彼らももう少し具体的に即さないところがあるのですね。勿論祈りも大切でありますね。しかしいくら小判を眺めて祈っても小判はふえません。銀行にあづけたらすぐふえます。聖書にもかいてあります。実行こそ大切で願いは実行によってかなえられる事が多いです。ところがクリスチャンはこんなに祈っているのに祈りがきかないのはどうした事か、祈りが足らないのだろうと言います。私はこれには不服があるのですが、クリスチャンで固まっている人には言っても無駄な事が多いので言いません。仏教の事も教え方の悪い先生もいられます。今日は９通もあっちこっちからお便りが来て返事かくのに大変でありますが、頑張っております。午前中は母が事件の場所の地図を買って来て持参してくれました。母も元気でいてくれますので悦しくおもっています」

同じく８月８日付
「そちらの方はコレラさわぎで大変らしかった様ですね。
　その余波で予防注射をされ腕がはれております。バナナを沢山焼いている写真などみて、勿体ないなァと思ったりしております。古川先生より次々と質問状が来てそれを御返事するのにばたばたいたしております。塩尻先生も佐賀の山の中迄行って藤本氏と迄お会い下さいまして事件の真相を調べて下さって、いよいよ私共の申立の正しい事を確信して下さり、３日にお帰り成りましたそうで、私共も大変喜んでおります。妹より昨日、私と西君に雪駄が送られて来まして、私に何かと心を配ってくれているのに感謝しております。私はまだ青年のつもりで頑張っておりますのに貴女様はまだお若いし、その方のお言葉とは思えませんが、考えてみれば大きな御令息がおありだし、やはり現実には私も考えれば老人の仲間入りかも知れませんね、そんなことを考えてたら一寸淋しくなりますが、早く出所して若い娘とデートでもしたら気分も若くなるのではないかと思ったり、和恵君が３５才にもなって子供みたいな事を言って来たりしますと、人間はその人の環境で若くも歳よりにもなるのだなあーと思って、私も之から大いに青年になるために努力したいとおもっています」

　彼は、「私は突発的防衛の殺傷事件であると主張して来ているわけであります。そして、西君や黒川君とはなんの関係もなかったのであります」といっている。
　このことは、第三者が冷静に眺めたところでも真実である。しかし、いかにこのことを訴えても遂に認めず石井を強盗殺人罪によって死刑と宣告してしまった。すると石井は、自らの不運を悲しむ余り、西や黒川を怨む心にもなって、いつしか司法当局のいう強盗殺人の計画を、西、黒川は企んでいたのではないかと疑心暗鬼の心を生じ、怨みは激しい憎しみともなることしばしばだったのである。西、石井の不和の原因の一つがこうしたところにも秘そんでいたのではないかと思われる。しかし、石井も冷静に判断してみれば、２人を射殺したのは自らの意志であって、西、

黒川に委託された覚えは毛頭ないのであるから、彼は当然「突発的防衛の殺傷事件であると主張して来ているわけで」、「西君や黒川君とは何の関係もなかった」と明言するのは、当然すぎるほどの当然である。

「彼は、やはり現実には、私も考えれば老人の仲間入りかも知れませんね、そんなことを考えてたら、一寸淋しくなりますが」といっているが、おそらく彼は昭和22年の事件発生以来、歳をとることを忘れていたのであろう。当時31才であった彼も、いま46才になっているが、獄中にある彼は、すっかり娑婆も人生も、年令もそのまま据置状態であったであろう。したがって、いつも31才のつもりで若い気でいたのであろうが、フト現実に立ちかえると、まさしく50の声を聞こうとしているのである。淋しくなるのもまた当然であろう。

（6）終始一貫の訴え
同じく、石井より藤本延恵さんあての昭和37年10月10日付に

「私の話を人が信じて下さるということ位、悦しいことはありません。真実が真実として通りにくいのが世の中の常でありますからね。まして私共のような立場に立たされている人間の言葉は仲々人が信じては下さいません。それは悲しいことですが、仕方のない事でありましょう。しかし幸せな事に私の身辺には、私の訴えを信じて下さる方の多い事は唯有難いことであります。これは私の申立が真に真実であるからと、わたしは想っております。一時人をまどわす嘘は言えても、それが多くの方の正しい目や判断にかかったからメッキはすぐはげてしまうでしょう。ここでも死刑囚で無実だと叫ばれていた人も多いが、それが人をまどわす嘘である事はすぐ私達にさえ判りますから、全く真実でないことはいかにうまく言いつのっても駄目ですね。しかし人はそのために本当に真実を叫んでいる人間までも同じように疑いの目で見ます。ところが私が関係者に聞かれても裁判記録のような事実は全くなく、私の今申立てている事が事件当初から申立てている事と変らず、又事実を申立てているからであります。そのためにこのような記録が総べて捏造や嘘や間違いや色々なことで造り立てられたものである事実を明らかにせねば到底服従や承服が出来ないのでありますし、又犯さない罪名で重刑の死刑という刑は受けられないのであります。殺傷事件の責任は始めから否定はしていないのでありますが、刑法には原因や動機や色々な事実によって一年以上の刑が定められています。又正当防衛は之を罪とせずと定めてあります。だから私の場合は正しい裁判があるならば、道端でしかも終戦直後の混乱の時、相手の人も拳銃を持って現れ、その上私は喧嘩があって親分同志の争いがあっていると聞かされていたために、唯始めは拳銃売りに頼まれて行っただけのところに相手が拳銃を出したために起きたところの間違いで、自分が射たれると思った為の間違いですから、刑法の1でそんなに重い刑を受ける事は絶対にない事をここにいる内に、六法全書を見たり、ここで殺人等で刑を受けている人達の様子を聞いておもっております。（中略）

　恵子さんにほめられて悦しくおもっております。私も気持ちは大変若いつもりでも、もうおつむがうすくなりつつありますのでね。それより藤本様の方がとてもあんな大きなお子様方があるようには見えませんし、とてもまぶしい位美しいので、私には観音さまのように見えます。

本当です。こんなところで長く女の人を見らず生活すると藤本様のような美しい方を見ますと胸がどきどきしますね。申訳ない事ですが、本当の事です。和恵君が来たらどんなでしょうかと思って1人可笑しくなる事がありますね。こんな失礼な事書いて申訳ありませんが偽らぬ私の心です。早く出所して楽しい家庭生活を致したいものですね」

　強盗殺人犯に疑われて、死刑の宣告をうけ、16年の長い獄中生活を経てきたかれである。「私の話を人が信じて下さるということ位悦しいことはありません」という彼の訴えがいかに真剣なものであるかがわかるような気がする。しかし、再審請求が認められ、正しい判決が出るまでは、真に「私の話を人が信じて下さった」ことにはならぬわけである。そういう意味では、この「悦しいことはありません」の述懐は、あくまで現実ではなく、未来に彼が望んでいる希望である。
　「真実が真実として通りにくいのが世の中の常でありますからね」と訴えているが、彼は誰よりもその事を痛感しているのである。「まして私共のような立場に立たされている人間の言葉は仲々人が信じては下さいません」と、彼はやるせない悲哀を述べているが、まことにその通りである。
　彼は、「ところが私がこの長い間に不安というものが無かったのは、私がどこへ出ても誰に聞かれても、又、関係者に聞かれても裁判記録のような事実は全くなく、私の今申立ている事が事件当初から申立てている事と変らず又事実を申立てているからであります」といっているが、これは、10年間教誨師として親しく彼ら2人に接してきた私もみとめるところである。また、彼らの訴えを聞いてきた多くの人々も同じく認めている事実である。
　また彼は、「殺傷事件の責任は初めから否定はしていないのでありますが」と訴えている通り、彼は終始一貫、殺傷事件の責任はこれを負うとしてきているのである。すなわち、彼は認定すべき事実はハッキリ認定し、否認すべき事実は事実として明らかに否認してきているのであるが、警察、検察の聴取書になかば絶対の信をおく裁判官には、彼らの訴える真実も容易に通らないものである。そこに、彼らの「私共のような立場に立たされている人間の言葉は、仲々人が信じては下さいません」という悲しい訴えも生じて来ることになるのである。

（7）無理が通って道理引込む
昭和37年4月22日付、筆者宛てに
　「塩尻先生も夏には来て下さいますとの事、古川先生の御尽力唯々感謝いたしおります。今日押川より便りがありましたので、古川先生のことや現在の動きを押川に知らせ、協力してくれるよう手紙を出しました。彼も、彼らの供述が間違いであったもので、私共を苦しめていることをすまながって、一日も早く真実の裁判のなされることを祈っていてくれます。藤本も先日中島弁護士宅をのぞいていったとか、彼もやはり心配していてくれる事のために来たものと思います」

（年月日不明）同じく石井より筆者宛てに

「今日、教育課長様と角先生が各部屋を廻って下さり、私の部屋にお出になりました時、丁度私が判決文の解説書を造っておりましたので、教育課長様も古川先生の多大なる御尽力を感謝されてお話して居られました。私は皆様が私共にいろいろ御好意を下さいますことを、本当に社会にいる時の何十倍もの純粋の気持ちで真剣に考えて下さいますならば事件が解決せぬ筈はないのでありますが、先生の仰言いますように、協力するというお方達がやはり面倒なためにいつの間にか、そのままになっていくような事になってきたのであります」

昭和37年4月28日付、石井より筆者長女宛てに

「貴女様には、以前より大変御尽力頂いております事を存じ上げて居り、感謝の言葉もない思いでおります。又お父様（古川師）からは10年の長い間親身のお世話を頂いて参りましたが、この度は又、大変面倒なしかも御苦労なる事を、仏様の如きお慈悲によりまして御高配いただける身となりました。私共は姉が前から申しておりますように古川先生を拝んでおります。闇夜に光とは、私の現在の心境であります。その上御一家総出で御尽力頂きますことは唯々感謝の言葉も少ない想いでおります。どうしてこの御恩にお報いできるか判りませんが、私共も懸命に真実の道に努力して、笑ってお会いできる日のために頑張ります。妹が私には尽くしてくれます心情を思います時、このような事をおこした私が申訳なくていつも悔いております。私達のぐるりには好い人ばかりで、私も西君もまだ神仏に見捨てられていない事を強く思われて心強く」思っております。15年と言へば随分長い間の事ですが、この苦しみも又私共に定められた運命であったとおもえば、多くの素晴らしい方々とお知合いになれた事だけでも有難いことと思われます。妹が貴女ように着物をプレゼントしてくれましたとか、そして貴女様が大変喜んで下さいましたとか、お父様からお知らせ頂いて恐縮致しております。先日知りました事ですが、貴女様と妹様とから、私と西君宛に写真帳や千羽鶴迄いただいていたいとの事ですね。貴女様御妹様のお心を大変有難く頂戴いたしております」

昭和37年5月7日付、石井より筆者宛てに

「古川先生の無私の尊い御尽力には、私共は胸あくして感謝いたしております。先生のようなお心でなかったら、絶対に世間の人も援助の手をのべては下さらないと思っています。自分の手柄に仕様と始めから考えるお方は今までの私は何人もの方から、辛い思いをさせられて参りました。どうか色々と多難な事が起きたりする事と思いますが、何卒よろしくお願い申し上げます。私は先生を心から信じております。先生も又私共の心も充分に御存知と思っております。お嬢様や奥様方にも色々と御尽力頂御礼の申し上げようもございません。本日、先生のお蔭で藤本様より原稿用紙40束と封筒50冊とが2人に届き、これからドンドン御返答や細かい事をお届けできると存じます」

昭和37年7月30日付、石井より筆者宛てに

「本日は酷暑のところを先生方と長時間御面会頂けまして古川先生の御尽力、塩尻先生の御熱意、犬塚様の御誠意、これも皆古川先生のお蔭、奥様始め御家族皆々様の御厚情によるものでございます。私共は本当に幸せな人間であると1人部屋へ座って感謝しております。15年前、いや10年前でもいい今位のお方々にお会いできていたら、こんなに先生方に御苦労をかけずにスラスラ進んでいた事と信じます。しかし苦しみが長かった丈に、よけい有難さが一パイになるように思います。津田弁護士より、塩尻先生の御尽力感謝しておりますと書信ありました」

昭和37年10月19日付、石井より筆者宛てに

「先生には愛子様御同伴にて杷木の方に行って下さいとのこと、そうして得られました資料を出しますなら、鬼に金棒というところでありましょう。唯確認の証拠が無いと却下される恐れは充分ある事を犬塚氏にもお願いしておきました。押川、藤本等その他の法廷においての供述さへ取り上げんのですから、証言とか録音位ポンとける位のことはしかねないのが検察官と裁判官の現在のやり方で、善良な国民はそうされて始めて驚くのですね。正しい事が正しいで通れば私共の今のような長い間の苦しみはありませんでしたでしょう。今のような先生方の大きな力があったら一審か二審で解決していたでしょうと思うと残念でなりませんが、現在の先生方の多大な御尽力にただ感謝にたえません」

彼は、「正しいことが正しいで通れば私共の今のような長い間の苦しみはありませんでしたでしょう」といっているが、まことにその通りであって、彼ら2人が現に死刑を宣告されて16年も獄中にあるというこの事実は、まさしく「正しい事が正しいで通」らないことを如実に示しているものである。

しかし、このことも再審請求が受理されて正しい判決が出なければ、誰にもその真実は知られず、「無理が通って道理引込む」の結果となり、虚偽が真実とすりかえられて天下を横行することになるわけである、まことに悲しむべき事実である。

更に、彼は、「証言とか録音位ポンとける位のことはしかねないのが検察官と裁判官の現在のやり方で、善良な正直な国民はそうされて始めてくのですね」といっているが、これは単なる罵倒ではなく、彼が過去16年間に亘って直下に経験してきた、血を吐く思いの訴えである。

(8) 嘘を言う必要はない

昭和37年10月23日付け、石井より片山さよ子さん宛てに

「23日に古川先生宅に、事件関係者の押川と藤本が集り、事件の真相を古川先生にお話申し上げることになっており、押川や藤本が細かくゆっくり真相を話してくれると、古川先生にもよく判って頂けると思いおります。皆様方の尊いお慈悲によりまして、私共が16年間頑張り通して参りました真実がやっとかなえられつつありますことを思い、暗やみに太陽が急に出たように有難い事と感謝いたしております。あなたの仰言ます仏のお慈悲の私共にかけられ、私

共が包まれている事を知らされる思いで、私の妹や家族の者は塩尻先生や古川先生を仏様として拝んでおります。皆様方のお1人お1人を仏様の使われたお方達かと思っております。ここに永く入れられたものを考えようによってはお慈悲を知らせて下さる為の神仏のお計らいであったとも思われ、又よいお方達と御縁を頂ける為のお慈悲であった事と思って感謝しております。私の部屋は今、菊の花で一杯であります。この花の如実く美しく、香りを放つ人間になりたいものであります」

昭和37年11月2日付、石井さんより片山さよ子さん宛てに
「皆様方の多大な御尽力の事を考えます時、夜もねむれずにでも頑張らねば申訳けないと思いおります。今日は返事やお願いやお便り12、3通書いて頑張っております。思えばこの15年間、激励や、はげましのお便りを下さいました方達の便りが数千通もありましたが、貴女に手紙を分類して頂くのなら、皆なとっておけばよかったですね。しかしほとんどの方のお便りがはげましや真心こもるものばかりで、世の中にはこんな善良な美しい心の方の多い事を知らされます」

昭和37年12月11日付、石井より、片山さよ子さん宛てに
「私を助けてやると言われる事は有難いのですが、その手段として西君や他の人を殊更悪く言って私の強盗の無実を晴らすというやり方は納得いきません。私が一本気の人間でなかったら、その方達の言葉に乗って何とか死刑からまぬがれたいと願ったことでしょう。私はしかし今日迄、嘘を言って迄助かりたくないという信念で参りましたことを、自分自身に好かったと思いますし、そういう気持を起さずに来られた事を西君のためにも喜んでおります。それは私と西君が決して共犯でないし、共同謀議等を7人の人間の間でしていなかった事実が、そうさせて来た信念であったと思います。私は死刑判決後、一年目に盲腸の為出所し、半年間家族と病院で暮らして、裁判には歩いて1人出廷しました。そして入所後又一ヶ月してヘルニヤで又出所を許され今夜は拘置所より1人で自分の家に帰り、半年間自宅におりました。友人達は死刑の私が出所して家に居り、街を歩いているので驚いていました。そして心配して色々と智恵をつけたり、外国に行く事迄心配してくれましたが、その時も私は『死刑になるような事はしていない、誤審されているのであるから、殺傷事件の真相が判れば刑も必らず軽くなる』とかえって私が友人を説得した位でありました。そして私はまだ出所ができていたのに、自分から刑務所へ帰ってきたのであります」

昭和37年3月20日付、石井より筆者宛てに
「歎異抄9章、13章のお話は私の心にひびくものがありました。人間は救われないことに気付きたくない動物の様でありますね。私は救われない人間だと思っても、それを気付くことが怖しいのですね。現実に直面している私事にしてもよけいそれが強いのですね。ここに一寸凡夫のこんがらがりがあるのですね。本願の深信つまり悪人正機の真意が判らないから救われ

ないおのれの悪を否定して、俺は悪い事はなるだけしない好い事をして又悪人にならず善人になって救われたいという気持になるのですね。摂取不捨の真意が凡夫には判りにくいのですね。そこにいつの間にか、イワシの頭も信心からというような人が多くなったり、親鸞聖人のおときになった念仏往生の真意は先生の言われ教えられるようにこの9章が有難いですね。歎異抄も何回も何回もお話聞いていて、その時その時感じが違って感じられますが、人生というものの複雑さをかんじさせられます。人間は嘘や自分のために利用するような人は今の私共には負担がかかり過ぎます。誠の心のお方の御愛だけで私は結構であります。私には判ります。その方達には心から感謝しております。手紙もドンドン出します。まあ先生が居られますので、私は安心しております。藤本さんも妹も、塩尻先生も津田先生とその他沢山心から祈って下さる人がありますから心配ないです」

彼は、「嘘をいってまで助かりたくない」と言っているが、彼の気性としては全くそうであろう。しかし、また、この事件は嘘が通って2人は助からないことになっているのであるから、言い換えたら、真実さえ判明すれば、当然たすかるのであるから、彼が「嘘をいってまで助かりたくない」というのも当然である。

(9) 母のいのちあるうちに
昭和37年6月5日付、石井より筆者宛てに
「大正12年の事件ガンクツ王とか言われていましおぢいさんの再審の特別抗告が近く最高裁で審理が始まるとか新聞に乗っておりましたが、あの人も40年も無実を叫んで戦っていられるのですね。私達も随分長くなるので腹をたてる事もありますが、あの人のことを思えばまだまだ頑張らねばとファイトが湧きます。先生が私共の味方になって下さったので、大変勇気が出ました。人間は余り苦しいと『エーイ面倒臭い。人間一匹一度はこの世でさらばするのだ。人を無理に罪に落としてすましている奴もおそかれ早かれ同じにあの世に行くのじゃないか、どうともなれ』と捨鉢な考えをおこして何も彼もほーり出した時も、5、6年前ありましたが、考えてみると余り馬鹿らしいし、自分は良心に恥じない自分の犯しただけの罪のつぐないをすれば良い筈だ、このような殺傷事件の人が7、8年から重くて14、5年私の如く相手も拳銃も持っているような人間と道端で間違いを起こしたような事件は5、6年も刑をうたれたら皆、出所しているのではないかと思う心が私に正しい正当な裁判を訴える心を起こさせるのであります。又よい弁護士を得ていたらと残念でたまりません。殺傷事件だけとなるのが当然でありますが、そうなれば恩赦も2回貰える筈ですし、もう15年もここにいますので、おつりが来ると思えば無実の強盗罪で思えばうらめしく、腹が立ちます。しかし宗教や誨(かい)を受けなかったら、私のような短気な一本気の人間は、もうここで又罪を重ねて人に迷惑をかけているかも知れませんです。その点だけは15年の間、良い教えを聞かせて頂く学校に入っていたと思えば、私の人生に大きな収穫があったといえますね。私はそのために両方の先生方のお話を全部聞かせて頂きました。キリスト教も仏教のお話も共に、私のためにあるようなもので有難いことで

あります。今はそのために自制心というものが、いつの間にかできている様です。昔の私はとても自制心などとてもクスリにしたくてもありませんでしたから、間違いと失敗ばかりありあっていたのですね。この事件だって私に自制心があったら起きていませんね。戦争をながくしていると人殺しにマヒしてしまって、何とも思わせたくなるのですね。ノモンハンの時など、トラック何十台も戦友が山と積まれて運ばれていく死体を私は見ながら第一線にでて危く自分も死体の仲間になるところでしたし、蒙古でも北支でも白兵戦でいり乱れて殺し合った者でないと、私の戦争当時復員して来て荒れていた時代の事件の出来事は判って下さらないと思います。一般人は『何でもないのに人を殺すのはおかしい』と私共に言われるのですが、今の私は『本当にどうしてあんな馬鹿げた事件を起したのか』と思いますが、当時はそれが起きているのですから、私が1万や2万、たとえ80万でも金でそんな事件を起すような人間ではありません。金なら事件の2日前に復興連盟の事務所で45万円の自転車タイヤを売って、その金を持って福岡に出てきますし、又川端町の日本機械商事の尾上社長より100万円預かっていましたし（尾上は押川の紹介）ですから金のためでないことははっきりしているわけであります。又西君も黒川も私は知らない人間であり、義理も恩もありませんから警察の言う『男と見込んで頼まれたので4人殺すのを引受けた』などというような馬鹿げた事が絶対にあるものではありません。まして関係者が7人も有るのに、皆そのような事が無いのにあったが如く書類だけがなっていて行動がそれに伴わないなんて全くあきれますし、誘導尋問にかかると催眠術にかかった如くに人に疑われるような事を口走り、あとで『私はそんなことは言ってない』とか『それは間違いだった』とか、甚だしい奴は『嘘を言いました』とか弁明するのである。そうすると裁判官は面倒なのでよく調べず、罪になりそうな供述を拾い集め、捏造までしてもっともらしく、先入観の強盗殺人罪に造り上げていく。そして矛盾をそのまま認定の証拠として、重大なる死刑というような刑を打つ、これでは裁判官が殺人犯になりかねないですね。私はこれを思う時、絶対に戦って正しい事実を明らかにする義務があると思うのであります」

昭和37年5月15年日付、石井より筆者宛てに

「お袈裟の事でありますが、先生のお葉書拝見しました。先生のお心私はよく判って要ります。がどうか私共の心もお汲み取り下さいまして、これはぜひお袈裟購入の一部に加えて下さいますよう。お願い申し上げます。2人の人の冥福をお祈りするためにもですが、私共の感謝の心が僅かでもつけて頂く事は私さまの身替りの先生のお体にかけて頂くのですから、之位有難いことはありません。妹が言ったからではなく、私共の心からそうして頂きたい願いから2人で一つのお袈裟をあながって先生のお体におかけしたかったのですから、どうかそうしてあって頂きとう存じます。先生や先生の御家族皆々様の事、そして妹の努力の事を思いましたら、私はどうして御礼申し上げてよいか解りません。唯全力で真実への道を邁進して行きたいと思うばかりであります。真の心の通じない事は絶対ないと信じ、真の心の持主の集るところに誠心が表れない筈はないと信じます。今日位私の心に明るい人間の心を感じたことはありません」

559

昭和37年5月13日付、筆者宛てに

「今日は母の日であります。ここでは一寸行事があり、母をたたえる歌を教誨堂で歌いました。村上教務所長様が本願寺総務になられましたのでお別れの挨拶があり、そのあと映画『かあちゃん』というのを観ました。先生のお母様もお元気でいらっしゃいます事と思います。私の母も80才にもなってとても元気でいてくれます事は有難い事であります。私も母が生きている間に解決したいものと思っております」

彼の母は、この16年間、生きた心地もしない程、彼のために悩み且つ奔走してきたのである。その母のためにも、早く再審請求して、正しい判決をと待ち望む彼の心情察するに、余りあるものがある。

(10) 信じられない司法関係記録

昭和36年2月18日付、竹内洞達師あて石井健治郎書翰

「光輪会の方々から入江恵子様を通じて私共一同に対してノート、便箋、封筒等の有難いお差入れまで頂きました。誠に何時も心にかけて下さいますこと感謝であります。光輪誌の点訳製本が今日出来上りましたので、前の分と合せて4冊になり、3年分を集約しましたので、一番あつい本になりました。少し馬力をかけてあと5冊は何とか打ちたいと思いおります。西君が確定裁判を起さねば総べてがうまく行かんと思われます。東京の津田先生も今は私だけの恩赦の請願をされている様ですから、私は西君の為を思い又この事件で不利な立場に立たされている西君が可哀想ですし、私の起した殺傷事件の責任を西君が取らされるということはありえないし、少しは責任があると思われても、それは本人の知らぬ事であるから兎に角事件の事実を正しい法律で裁いて貰う事こそ正しい事と思います。西君が費用がないから戦えないという事はないと信じます。費用なしで戦って免田君の事を思っても戦えます。西君には自分の考えがあるのでしょうけれども、私は正しい事は正しいと誰にでも訴える事を正しい道と思っています。兎に角中島氏の事がはっきりしませんと私も次の手段に入れず困ります。嘘つきが私は一番苦手です。私は馬鹿のつ方であんまり利巧ではありませんが、誠実という点では人に負けたくはありません。腹の中で考える事の出来ない人間でありますが、ありのままの姿であゆみたいし、またこれまで通りこれからも行きたいと思っています。実際に真実とは、ありのままの事ですから念仏もとなえようとしてとなえる念仏でなく思わず口からとび出す感謝の念仏、仏様にとなえさせられている念仏こそ真実のお念仏でなく思わず口からとび出す感謝の念仏、仏様にとなえさせられている念仏こそ真実のお念仏であるとは、先生方にいつもお教え頂いている通りですから、このことわりが判らせて頂いているところに、私自信が自分を有難い人間になりつつ、あると感謝させて頂くのですが、光輪を点訳しおわって私は一字一字をよませて頂いた事も前から棒読で読んだ時より全く違った有難い気持ちに成って一字一字を点訳して嬉しく思いました。先生が忙しい中から篇集された尊い御心が感じられてこれは良い事をさせて頂いた盲人の人達が之から多く之を見られることだろうが、良い道しるべとなる事と思い喜んで

おります。皆様方の御恩の万分の一の御恩報謝にでもなるならばこんなうれしい事はないと思っております」

昭和37年5月1日付、竹内洞達師あて石井健治郎書翰
「妹も、奈良の方から電報が来て帰るようにと申して来ていますが、妹はここ10日間は帰らぬと申しております。妹の心を思い有難いことと思いますが、妹の夫には申し訳ないと想いおります。今日は竹内先生始め古川先生、小倉のコスモス会の藤本様、熊本のコスモス会の奥燐然氏等からのお便り頂き、皆様の御高配厚情に唯々有難く思います。古川先生から2人に毎日の如く質問状が参ります。総てての不審な点が私共の説明により、他の被告達を調べて訊問して頂けば真実は判ると信じますので大変心強く思っております。記録を読んだだけで真実が判ったような事をいわれる方を与えられた事は有難い事であります。古川先生の様な熱心な、そして真実を知ろうと努力下さる方を与えられた事は有難い事であります。その点では筒牛さんには悪い方ではないが少し軽率なところのある方で、先生の言われる如く、何とかヘンケンの考えを解きたいと私も前から思っているのであります。何事も、時と人と、人の和がなければどうにもならないものでありますね。その点この処悦しいニュースばかりで私共も頑張って書類つくりや連絡に頑張っております」

彼は、「記録を読んだだけで真実が判ったような事をいわれる方があれば、それはあぶない話であります」といっているが、それは警察、検察の聴取書、公判調書等を仔細に検討した私には、うなづけることである。しかし、善良な一般市民には、どうしても信じられない事実であると思われる。それほどこのことは奇怪な事実である。

(11) 善意にささえられて
次に、石井健治郎に寄せられた外部からの書翰によって彼の周辺を展望し、彼の人となりをさぐってみよう。

昭和36年8月31日付、菊川益恵さんにより、石井健治郎宛てに
「沢山な点字書並びにお手紙、本当に嬉しくて涙が出ます。言葉にならない程、心で泣いています。本当に有難うございます。古川先生いよいよ3日に神戸に行かれますね。有難くて合掌しました。『百人の罪人を見逃しても、1人の無実者を罰してはならない』という有名な言葉があります。大丈夫と確信していましょうね、古川先生の捨身の御尽力、有難くて有難くて涙が出ます。竹内洞達先生に青谷正願寺でお目にかかりその時2人の事をとても心配して下さっていました。沢山の人々の善意に合掌するばかりです。私も法務大臣に手紙をかく決心をしています」

（年代不明）月26日付、植田文子さんより、石井健治郎宛てに
「貴方の長いながい御不自由な御生活を思い心から御同情いたしています。殊に裁判が正しく行われていないことを伺って誠に心がくらくなりました。人が人を裁くことのむつかしさ、本当に正しい裁きのできるのは神以外に無いと存じます」

同じく植田文子さんより石井健治郎あての3月15日付に
「十余年の御生活がいかにいかに苦悩の明け暮れであったが、ほんとに裁判はなぜもっと早く出来ないものなのでしょうか、一の罪を十に裁かれて、そのために再審の申立てをなさっていらっしゃる方々のためには、何とかその身になって一日も早く正しい判決がほしいものですね」

同じく、植田文子さんより石井健治郎あての3月24日付に
「貴女の冤罪のために、御立派な先生方がはるばる東京迄行って下さって御奔走下さいました由、ほんとに私共のように嬉しゅうございました。人が人を裁く事のむつかしさ、裁く人の人柄によって、下される判決にも多少の違いはあると思います。甲の裁判官は死刑を、乙の裁判官は無期をという具合に」

同じく、植田文子さんより石井あての4月24日付に
「貴方はながいながい拘禁生活を続けていられるのですから、決して楽な日常ではない筈なのに、その中から病める人に又幼い子供達に色々と贈り物をしていらっしゃると伺い本当に嬉しく頭の下る思いがしました。私はいつも思うのですが、今の世の中は貧しい人が貧しい人を助ける世の中ですね」

同じく植田文子さんより石井あての6月29日付に
「おやさしいお母様や妹さんの深い深い愛情に包まれていらっしゃる貴方なのだけど、過日少しばかりのお小遣いをお送り致しましたのに、わざわざ御礼を言われ、面映ゆい気持です。貴女のお手紙を拝見しているとしみじみ心楽しくなります。貴方は本当にお花も小鳥も好きだし、こんな最高刑を受けるような事をされる筈は無いとつくづく思います」

昭和37年4月14日付、菊川益恵さんより、石井健治郎宛てに
「嘆願書、見せて頂きました。いろいろの資料が調い次第私は動く態勢にしています。気を丈夫に持って下さい、どこ迄も自分1人で扶かろうというのではなく、西さんと2人で扶かるのだという友情を根底として力を合せて下さい。西さんは何としても殺害していない事は事実なんですから、同じ運命におかれたお2人が一つの心になって許し合って下さるのでなければ――。送って頂いた文鳥、家族の手から手に渡って可愛いこと、口うつしで食べ、歯をつついて遊びます。品のいい鳥かご、鳥を見る度に貴方を思い涙がにじむ思いです。古川先生はただ

今必死です。どうしても貴方2人を扶けるために凡てを投げ出して——」

昭和37年4月27日付、奥燐然氏より、石井健治郎宛てに
「古川先生から拙宅における3月のコスモス社月例会の折、御貴殿のことに就き、可成り詳しいお話を承り、御心中をお察し申し上げております。しかしながら純粋な気持ちに乏しく暮しております私に御貴殿の苦悩の万分の一をも実感し得るものではなく、私としては申し上げる言葉も御座居ません。ただ真実が真実として世に出る事を願い、古川先生の趣意書の執筆が一日も早く完成し、世の人々の良識と善意が結集され貴殿の正しさが明るみに出ることを願います。大変お苦しいでしょうがその日のある事を深く信じてお暮らし下さることを念じます」

昭和36年8月24日付、塩尻先生御母堂専意様より、石井健治郎に宛てて
「残りのお暑さたえがたい思いのうちに一日々々を頂いております。此度はご丁寧なお手紙を頂きまして、御礼申し上げます。古川さんから先年よりいろいろとお噂さを承りましていろいろの事でお育てをお受けになる御様子を勿体なく存じおりました。かねがね承っておりました菊川さんが大変皆様方の上を思い下さいまして古川さん方と共にお尽し下さいます御様子を過日古川さんからもお便り頂きまして仏意の御廻向を嬉しく存じてお待ち申して居ました折柄、この度のお便りを拝見しまして、いよいよと嬉しく存じおります。又、御縁によりまして何なりと私共に出来ますことならばどうぞと念じて居ます。私は本年83才の老人、殊に女の事とて何のお役にもたちませぬと存じますが、むすこは学校に勤めておりますので、先生先生と人様から呼ばれて居ますが、私はその先生とお書きになった文字を拝見しても、つらい心地が致しまして、いやなので御座います。ただただ頂くのみで御座います。どうぞお大事に今日一日をお頂き下さいませ。長くの御苦労を御礼申し上げます。では、蓮如上人様のお言葉、
　阿弥陀佛たすけたまへのほかはみな
　思うも言うも逆いなりけり」

昭和37年3月13日付、都留豊子さんより、石井健治郎に宛てて
「かねてお話は承り、ただ々お気の毒に存じ、かげながら祈るばかりで御座居ましたが、本当に何とお慰め申してよいやら、到底お察しする事も出来ません。先生も石井様や西様に御同情なさいまして、どうしてもじっとしていられない衝動にかられていらっしゃる御様子で一同感激いたしております。塩尻先生も御立派なお方でいられますし、その他善意の方々が沢山居て下さいます事故、1人でもそんなお方と協力しあって、きっとよきように開けて行く事と信じております。私共の想像も出来ない冷たい独房生活15年考えただけでも胸つまる思いでございます。ほんとにどんなにかお辛いお苦しいことでございましょう。でもきっと今しばらくの御辛抱ではございますまいか？　どうぞしっかり頑張って下さいませ。皆さまの御熱意のおかげで輝く春光を浴びせられる日も間近いことと存じます」

昭和34年4月30日付、野村浩氏より石井健治郎に宛てて
「貴方の話を聞いてまず驚いたのは、死刑を宣告されて12年も獄窓につながれているという事件の存在することでした。これは死にまさる残酷な状態ではないかという実感でした。次には『強盗』という覚えのない罪を着せられていること、そして偽りの調書を書いた警官がいること、そして彼もまた死んでしまったこと、私はここに明らかに法の権威にかくれた不正の影を見出したのです。第三には、人間の思考力をほとんど奪い去っていた終戦当時その直後の、荒涼たる世相と人間関係、そこに起きた事件への黒い霧のような追憶でした。私はどうしてもこの事件を世人に知らせなければならぬと決心しました。編集長の承認を得て何人かの作家を思い浮べ、読売の社会部記者出身である菊村到氏にお願いしました。不思議な御縁で結ばれました石井さんの助命運動に今後できる限りのお力添えをして、この御縁を悔いなきものにしたい気持で一杯です」

昭和35年3月10日付、ニューヨーク在松尾弘牧師より、石井健治郎に宛てて
「あなたは13年も冤罪で刑務所生活を送って来られた事がはっきりして来つつあるとのこと、本当によろこばしいことです。然し考えてみれば、この生活を通じてイエスキリストを信ずる信仰に導びかれたとすればこれにまさる恵みはありませんね。何事にも動かさるることなく、しっかりと主キリストを抱きしめて主の業を励まれよ、恵みにより恩赦を得て出獄の日が来たならば、その時こそ愈々キリストの証人として世に立たねばなりません。朝の折り会は守っていられますでしょうね。私達のために御加祷下さい」

(年代不明) 1月日付、岸田正樹氏より石井健治郎に宛てて
「あれから1年経ちましたね、その後私も台湾へ行ったりして忙しく過ごしましたが、その上いろいろ迷いつつ悩み多き年でした。やはり仏法で生きることが一番大切なことで、迷う必要はない。ただナムアミダブツだと、やっとわからせて頂きました。こちらの刑務所にも貴方がたのような生活をしいられる佐藤誠栄君は篤信の方でいつも教えられ導いて貰っています」

(年代不明) 月17日付、多田洋子さんより、石井健治郎に宛てて
「妹さんも大変なことですね、妹さんのためにも頑張って下さい。多額な金銭の為、あちこち奔走されている姿を思い頭を下げずにいられません。『15年間という長い年月、無実のために厚い壁にとざされた部屋で、よく本当に発狂しなかった私が不思議な位』と言われるおじ様の言葉が思い出されます。くやしいと思います。
　窓せまき部屋にもあたたかき陽の入りて
　ひざの小鳥らねむる愛しさ
　おじいさんのこのお歌、御生活が手にとるようにわかります。そして愛するということも」

「15年間という長い年月、無実のために厚い壁に閉ざされた部屋で、よく本当に発狂しなかった私が不思議な位」と、石井は、多田洋子さんに当てた書翰の中で述べているが、まことに、その通りである。

しかし、またその半面、自らに強盗殺人などというやましい気持が全然なかったことが、強い信念となって、よく獄中の苦難を乗り越えさせる原動力となったものと思われる。

多田さんに与えた、『窓せまき部屋にもあたたかき陽の入りてひざの小鳥らねむる愛しさ』のうたにみられるやさしさと平安さは、到底事実認定で不当の刑に処せられた死刑囚独房の作歌とも思えぬのである。しかし、こうした心境（でばかりいたのでもないが）が保持できたからこそ、獄中16年の生活にもよく耐えられたのであろう。

しかし、この平安さを支えているものは、何といっても自らのうちにいだく真実に自信が持てるところから生じていることは、疑えない事実だと思う。

（12）忘れられている冤罪問題

昭和37年5月5日付、植田文子さんより、石井健治郎に宛てて

「裁判の事大変ですね。でも貴方にはやさしい妹さんや又正義の念に燃えて『正しい裁判を』寝食忘れて尽して下さいます先生方がついていて下さるので、誠にこの上ないお幸せと存じます。おそらく今日までには裁判を叫びつづけながらも貴方達程親身になって下さる人々が無いために、無念の涙を流しながら処刑台の露と消えた方もきっとあると思います。どうぞ諸先生や妹さんの御努力が必らず実を結びますよう祈りましょう」

同じく5月13日付、植田文子さんより、石井健治郎に宛てて

「貴方のお妹さんのお兄さん思いほとほと関心いたしました。他家に嫁した身では中々そんなにできるものではございません。お妹さんの態度もさる事ながらその御家族の御理解も中々大したものですね。石井さんはほんとにほんとに幸せです。すべてを犠牲にしてそんなにまで戦って下さる諸先生方や妹さんのあることはほんとにほんとに稀な事ですね。貴方を始めそうした方々血を吐くような正義の叫びに、なぜ裁判官は耳をかたむけて下さらないのでしょう。ああ、しかし皆さんの涙ぐましい御努力は必ず必ず実を結ぶと存じます」

（年代不明）6月29日付、福井直一氏より、石井健治郎に宛てて

「長年月の間、獄舎に在って唯一分も屈伏せず確信に生き抜いて来た西君や貴君の立場は、かっては誤って法を破ったとしても今は善を善とし、悪を悪とし、正なるものと、不正なるものとの、法の的確に対して闘う事は、反って法の厳正を護るためになると小生は信じます。裁判が公正を欠き、無実と不当の罪に落ち入る者のいる事は、一個人の救助の為よりも凡べての人の人権のためにたださなければならぬと思います。又いやしくも法治国家として判決が誤っていたなら、その被告人がよしんば如何なる大悪非道を犯した者であっても、誤判によって刑罰を与える事は許されず、法の適用は厳重に再審是正してこそ、国家の尊厳と威信は立ち、国民又

安心して国法を護り遵うことができるのであるから、君等両者の叫び求めるものは、同時に我々すべての者が叫び求めるものと同一であると思います」

昭和31年4月17日付、小野清一郎氏より、石井健治郎に宛てて
「本日午前10時半、最高裁判所において『上告棄却』の判決がありました。去る昭和27年の春以来この事件のためには、特に苦心を重ね、手を尽してみましたが力及ばず何とも遺憾であり、又御期待に背き申訳けありません」

（年月不明）武内洞達師より、石井健治郎に宛てて
「中村さんに3回お逢いして、貴宅にも2回伺い、種々研究を遂げました。とに角じっとしては居れない段階が来ていますし、夫々手が打たれてあります。そういう具体的行動の半面に、人生の矛盾、間違いだらけの社会、そういう虚仮に結びつけられねばならない因縁の自分、という自他のつながり……という点から信仰の面、求道の肝要が功感されます。不利になっても本当の事を皆が言わねばいよいよ間違う。一時も貴君や西君のことが頭から離れない」

（年代不明）4月11日付、武内洞達師より、石井健治郎に宛てて
「しかし重大な決意は持って頂きたい（私達と誰も生死の問題は寸前かも知れぬのです）こういう時でなければ生死と対決する事は出来ません。その上で黒白をはっきりする為の努力はぐんぐん進めて行きましょう。西君の書類、うちの仏責で懸命に仕上げています。貴兄が依頼される分がありましたら送って下さい。御父上の御逝去、誰も行かねばならぬ道、私自身にも厳かな遺戒を感じます。どうぞ貴方も黒白判明に懸命の努力中でありますが、お念仏申さるる心をも御父上への御供養として養ってください。
　　　　　花は咲き咲き成仏す、花は散り散り成仏す」

昭和33年5月17日付、武内洞達師より、石井健治郎に宛てて
「命をかけて再審の道を拓こうとしていられる貴兄の切情を思えば身を切られるような思い。最適の人を物色してきたが、結局は打ち込んで迄やってくれる人のない事に無念のほぞをかむ。焦燥と不安の御心境は痛いほど感じつつ、私自身の限界を感ずるだけに、依頼した人の限界もうなずかれるようです。打ち込むんで動いて下さるといえば職業を持たない人でなければならぬでしょうし、とに角そちらからも人物探してください。私は余裕的にも地位の上からも表面的には動けませんが『疑わしきは罰してはならない』と判官の鉄則をそのまま受ける心からして『人の命は地球より重い』だからウノ毛の疑いがあれば──公平を切望すの念願は燃えています。大安堵の大信の中から真相の究明に着然に進まれたし」

2人の訴えをきき、関係記録をよんでみれば、本件が冤罪事件であるとの疑問は誰でも持つはずである。しかるに、この2人は、17年間という長い歳月、冤罪のなかに埋没したまま今日を

迎えているのである。それは、2人に同情を寄せ冤罪を雪ぐべく協力する人がいなかったからではない。それは武内師の書簡にもあるように、「最適の人を物色してきたが、結局は、打ち込んでまでやってくれる最適の人がいなかったことに起因するというべきであろう。しかし、その打ち込みという最適の人というのが、武内師のいう如く、「打ち込んで動いてくださるといえば職業を持たない人でなければならぬでしようし」ということになれば、まったく希望はないのである。

私は、こうした冤罪事件解決、助命運動の前途に横たわる困難を憶うにつけても、法の不備、機構の不備を痛感せずにはいられない。というより、根本的には、冤罪ということをもっときびしい現実の問題として本気で検討するという段階に達することが急務であると思われる。

昭和37年4月27日付、武内洞達師より
「昨日、玉名に古川先生を、中村氏も家庭をさしおいて古川御家族がみんな同じ気、皆菩薩のような人達ばかり、又御仏壇が立派で大切に給仕され、届いている。5年間関係してきただけで遅滞、遷延こそ稼げ促進もなかったが、この度は仲々スタッフが揃っていられる。先生御執筆『真相究明書』の以前に、塩、古、武、西、石、菊の嘆願分合同掲載の小パンフレット風のものを早急作製、世論喚起の為の運動云々という事になりました。総ては古川先生が全努力をしていられることが心強い。聖道門から浄土門に入れられた人の姿を拝まされる。奥様が又有難い。一夜貴兄等と全員懇談したらと語り合った。先生の生活費が ― 考えさせられる中に、ただ念仏のみ。筒牛さんの考え方を何とかして解きたい」

昭和36年8月18日付、筆者長女愛子より、石井健治郎に宛てて
「思うようなお話も出来ず失礼いたしました。お会いする前にはいろいろな事をお話しようと思いもっぱら、いざお会いすると胸がいっぱいになってしまいます。今日18日は父の誕生日です。『石井様西様をお助けするお仕事は父の一生の命をかけた仕事だから』と申しておりました。私も一生懸命やらねばと更に決心致しました。石井様には、私の家の心配までして頂き、本当に本当に申し訳ございません。旅館の家賃だけでも入りますとよろしいのですが、さっぱりなのです。けれど母と何とかして父に働いてもらわなくてはならないので、今案をねっています。私も家も貧乏にはなれていますから平気です。いざとなれば品物等を売って父に動いてもらわなくてはと話しています。ですからどうぞ家のことは心配下さいませんように、ただ、父に動いて頂く旅費等がちょっと困ります時もありますが、不思議とお恵み下さる方があるのです」

（年代不明）12月18日付、田中淡月師より、石井健治郎に宛てて
「西さんが自身をもっと主張さるべきだという仰せ、私も全くだと全感であります。たとえばですね、私など"女性仏教"誌へ四千字書いたといってもその効果が忽ち事実上の手続となって具体化するとは勿論うぬぼれてはいません。そんな簡単なものなら、十数年という時間を待たずとも御希望は達せられる筈ですもの、ただここにこのような方が、このようにしていられ

ますと事実のことを訴うる、そこに仏縁の方が現れて、どんどん仏慮の具顕を実行して下さることを心より私も希望していますが、現実は生やさしく御注文通りになりません。西さんはそれのみを待って供手（きょうしゅ）していられてはならないとは、あなた同様私も思います。帝日がいつどのように取り上げてくれるか分りません。今までの例のように少し深入りしてくるとすぐ又手をひくことのないよう、ネジを巻く心意気でいたいと思います。一切を放棄してこの問題にとっくんでくれる人の現れて下さることを切望してやみません。一方請願なり、訴訟なりは絶えず続けられねばならないと思います。『一切を仏意にまかせて』というのは『打つ手を打っておいて機の致るを待つ』というので、何もしないで待つのとは違います。何と言っても先だつものはお金ですから、西さんに揮毫料などのお金があったら、早くそのようなこともなさる方がよいかと思います。西さんが消沈されぬ様力をつけながら貴方の思われる御注意なさって下さい」

昭和37年3月7日付、藤本延恵さんより、石井健治郎に宛て
「お手紙くり返し拝読しながら胸が一ぱいになります。御両親の御心中お察ししてあまりあります。よく困難に堪えて健全な精神面の活動に従事されて来られたものだと全く頭が下がります。事件の真相は大休古川先生からお聞きいたしております。全くひどい話ですが、であればこそ早急に活動せねばならぬと存じます。先生もすっかり昂奮していると御自分で仰言る程一生懸命です。先生御帰郷後事件に関する書類等プリントの為、洋紙が必要で協力を申しこまれておりますので、少し何かのお役に立てばと思っております」

昭和37年3月27日付、藤本延恵さんより、石井健治郎に宛てて
「深い苦悩と絶望の中にありながら精神的にこれ程健康に生活され、深い仏縁を頂き、又仏になりて社会にこうけんされておられる皆さま、何という立派さであろうと泪がこぼれる思いです。寒風肌をさすこの数カ月十数年の歳月を堪えてこられた日々を想像申し上げるだけでも、もしこれが我が子だったら我が身だったらと深い悲しみが胸一ぱいにひろがって参ります。昨日玉名に参上してお話をうかがったのですが、先生のお心の中は皆様と共に苦悩して居られ、御家においても何等精神的な安息の場所としてくつろがれる感じにはお見受けできませんでした。親も及ばぬ深い仏心に触れ、深い感動に打たれました」

藤本さんの書翰に、「先生もすっかり昂奮していると御自分で仰言る程一生懸命です」とあるが、当時の私は、全くその通りであった。
　真相を知るといっては、余りに大袈裟過ぎる感をまぬがれないほどの僅かの書類を散見しただけであったが、それでも私は、はじめて2人の冤罪事件の真相の一端に触れ、驚きおののいた当時を忘れることはできないのである。
　そういう意味では田中淡月師の、「西さんが自身をもっと主張さるべきだという仰せ、私も全くだと全感であります」の言葉通りであって、若し10年前に2人が私に記録等関係をみせ、もっ

と積極的に冤罪の真相を打明けてくれていたら、既に10年前に私は奮起していたであろうと思う。勿論、これは私だけではない。

それにしても、なぜ2人はそのように強く、積極的に冤罪を訴えなかったのであろうか。おそらく、それは真実は必らず通るという自信に寄りかかっていたのではなかろうか。そういえば、確かに2人の態度を憶い起してみても、自身をもって獄中生活にところしていた面影が彷彿するのである。

(13) 相思相愛の人杉本さんの書翰

昭和36年3月26日付杉本和恵さんより、石井健治郎に宛てて

「主に在る石井様、始めてお便り差上げます失礼をどうぞお許し下さいませ、岡山の太田先生の"わが喜び"を何時も読ませて頂き、泪が流れました。それから毎日毎日今日迄、蔭ながら小さき者祈らせて頂いておりました。昨年8月天国に行かれました山口清人様とも3年程、主にありてお交りさせて頂きました」

4月1日付 「クリスチャンの実家に生れ、両親は早や天国に召されました。兄弟4人皆んなクリスチャンです。私は日曜学校の3、4年を受持っています。石井様は讃美歌は何番がお好きですか。貴方のお好きな讃美歌弾いてみたいと思います。私の家は東京の杉並で生れは大阪です。伯父も伯母も東京で牧師をし、教会を持っています。多くのクリスチャンのお友達の中で、世の中の事何んにも知らずに清く清く過ごして参りました。そのようなわけで男の方と文通したのは山口様が始めてでした。小鳥も花も大好きです。花は百合の花が一番好きです。

4月10日付 「お母様がいつも面会にいらっしゃるそうですね。私は母が10年前天国に召されまして、お母様のいらっしゃる方はいいなあと思います。お母様皆様の為、蔭ながらお祈申し上げます。特に19日の裁判の為、毎日毎日時間をかけてお祈り申し上げています」

5月22日付 「御母様、どんなに貴方様のことで御心づかいなさっていらっしゃるでしょうね。裁判の為、あっちに行ったり、こっちに行ったりお母様の御心づかいに胸が一杯になります」

5月25日付 「私達は、だれしも一度は私達の理性では到底解し得ないような、大きな苦しみや不幸に会うものです。しかしそのような時に苦悩や痛手は、天の庭師が技を愛するが故の刈り込みである潔めであることを悟っているならば假令外のみた目には不幸や逆境の中にあえいでいるように思えていても、心では青空をのぞむにも似た自由と喜びをうたう事ができるでしょう」

6月3日付 「可愛い小鳥達にかままませて日々忙しくなさっていられます石井様！ お側に行って助けて（手伝って）あげたいと思いました。今日も裁判がお有りでしょう。すべてを知り給う主が、時至らば必ず大いなる聖業をなし給います」

7月20日付 「今日は裁判はございますでしょうね。御兄弟の長い間のお助けと、今多くの方々の切なる祈りに、神様は答えて下さり必ず御栄光をあらわして下さると信じます」

7月22日付 「長い長い苦難の時を過ごされますね。クリスチャンは死の谷の陰を通る時（よ

りキリストに似てくる）愛的な真珠を形成するためには長い苦しみの時が必要であると、お説教でよく聞きますが、神様は無意味でそのような所を通し給いませんですね。神様の浄い浄いお愛の貴方ように注がれていることを思います」

　9月11日付　「今日は鯛御飯を致しました。貴方のお写真にも食べさせて上げました。こんな所人が見たらさぞかし笑うでしょうね。でも私は汗をかきながら一生懸命食べさせて上げました。貴方様のために沢山の方が動いて下さり、本当に感謝ですね。これも貴方様がイエス様によりすがって忠実にお従いなさって来られたからですね」

　10月10日付　「あなた様のことも大変凡てが善きようになってきたとの事、本当に感謝ですね。多くの先生方の御苦労によって最善の通が開かれつつある事を知りまして、それに妹様の御苦労、どんなに大変でしょうと思います」

　10月20日付　「貴方に送って頂きましたココアを今コーヒー茶碗に入れております。1日の尊いお仕事を終えられた貴方にコーヒーやココアを入れて差上げたいと思います。遊びに来た子供さん達が、貴方のお写真をみて、何故写真が飾ってあるのか皆が聞きますので『先生はねこの人の所へお嫁さんに行くのよ』と言いましたら、『皆が先生行ったらいけん、うちら皆淋しくなるもん』と手を握りしめました」

　昭和37年2月7日付　「妹様が貴方のために御心配下さりお家迄売りなさるとか、いろいろお心づかい下さっています事を知り又、熊本の先生が自転車事故の為、顔をけがなさいました由、皆んなが一生懸命心を注いで尽くして下さっていますね。神様は、これらの方々の切なる祈りに答えて下さり、必ず大いなる聖業をなして下さると信じます。私は何も出来なくて申しわけありませんが、お祈りして神様のお手を動かすお祈りをと思って、朝早く起きて祈っております」

　2月24日付　「時が来たら主の許し給う日、私も福岡へ行き少しでもお手伝させて頂きたいと思います。御母様と御一緒に暮してもよろしいですし、妹様とでも、どちらでもかまいません。貴方の半身として共に助け合っていきたいと思います」

　3月11日付　「見ず知らずの方々の御援助もあり、神様の大能の御力が加えられまして大いなる栄光のあらわれます事を信じます。妹様が疲れて倒れられましたそうですね。私達2人はこれからどうして妹様に御恩返しをしたらよいか　——　まず第一に、私は妹様がはっきりとイエス様をお信じなさって、この幸いなお救いにお入りになりますよう毎日お祈り致しています」

　4月11日付　「今貴方のために一生懸命物質的にも、又その他の事で働いて下さっている先生方は『仏教の方達ばかりです』とクリスチャンの先生方は1人もないと聞いて大変申しわけなく思います。祈りも大切ですが、やはり直接動いて下さる人達がほしいと仰言るあなたのお心が、よくよくわかります。信仰と行為が伴なわいといけませんね。クリスチャンは特に特にそうだと思います。他の宗教の方は確かによくできています。私もよく聞いたり見たりして知っています。貴方も御存知と思いますがクリスチャンは貧しい方が多いでしょう。それはお金持ちもあるでしょうね。牧師は特に貧しいのです。牧師さんは御奉仕ですね。うちの弟の牧

師給は２つの教会を持っていても１ヶ月１万です。私のが7,500円、家族４人で一ぱいですね。あとは信仰でやっています。でも確かにクリスチャンは祈りばかりでは駄目ですね。本当に申し訳ないと思います。プリント送って下さいましたら皆なに配って祈って頂いてクリスチャン同志の証しのためにも皆に立上って頂きたいとおもいます。貴方の御家族１人１人の方々への証しのためにもクリスチャンはよき御奉仕をしなければならないと思います。クリスチャンを世の人々は見ています。善きあかし人とならなければと思います。何も私達出来なくて本当に申しわけなく、それだけに時間をかけて一生懸命祈ります。クリスチャンも他の宗教の方々に負けないように一生懸命やります。貴方が、どんなにどんなに忍耐していらっしゃるかよくわかります。どうぞ十字架上のキリストイエスを見つづけて前進して下さいね。生命をかけてイエス様は貴方を愛しつづけて下さいます。貴方のために、私のためにイエス様は御自分の生命を捨てて下さいました。更に更に主の前にへり下って、２人心を注ぎ出して折り合いましょうね。妹様が来られるそうですね、私は何もお手伝出来なくて申しわけなく思います。クリスチャンの働きの弱い事を聞いて、大変胸が痛みます。お友達にも話して働いてもらいます」

　４月14日付　「古川先生の御便り、読ませて頂きました。先生の方へ早速お礼状出しますね。目には見えませんが、実在し給う誠の神様が活きて働いて下さっていることを思います。神様がお許し給うその日が来れば、福岡に私をゆかせて下さると信じます」

　４月30日付　「古川先生、菊川先生からもお便り頂きました。今月一ぱいで妹様も古川先生のお宅からお帰りになるようです。先生はね、事務的なこと、雑事等の助手を必要としますと仰言っています。教会もなかなか忙しいですが、私はそんなこと言ってはいられません。貴方の生命にかかわることですもの、私は福岡に行きます」

　５月７日付　「妹様もあちこち一生懸命御用をして下さっていますし古川先生も手伝ってほしいと仰っていますのにすぐ行けなくて申しわけありません。貴方から私の体の具合の悪いこと言って下さいませね。こうして書いても頭がフラフラして長く起きていられないのです。―どこにあっても私は献身者として御奉仕させて頂きたいと思います。古川先生宅での御奉仕は、私にとっては大変な戦いであるかもわかりませんね。日曜日だけは、朝だけでも教会に行って礼拝を守らせて頂きたいと思います。クリスチャンとして、それは当然ですね。北條教会でも貴方や西さんのためにいろいろと戦って下さると思います」

　５月18日付　「小倉の藤本さんという方、面会に来て下さったそうですね。神様は次々とよき方を与えて貴方を慰めて下さいますね」

　７月15日付　「塩尻先生もう来られましたか。古川先生とのよき話し合いがなされますように。御母様は御元気でいらっしゃいますか？　母の居ない私はお母さんと呼べる事を大変嬉しく思い早く一緒に暮せるようになればよいと思います」

　７月18日付　「貴方の仰言うこと、私には胸の痛くなる程よく解ります。私が給料の半分でもお送りしようかと思ったり、それとも教会を出て弟の商売を手伝って御援助させて頂こうかと考えたり、毎晩おそく迄涙を流して祈っています。私の生涯の、今は大切な別れ道です。貴方の半身として、ふさわしい者となるため、今の北條教会の生活を続けるべきか、東京へ帰

るか、それとも福岡に行くか大島先生にはお便りだけでは大変失礼と思いますので私はやはりお会いして、ゆっくりと貴方のことお話して力になって頂きたいと思い、この夏、そちらへ行かせて頂きたいと思っています」

　8月8日付　「私は26日よりずっと体の具合悪く寝ております。暑さの為と会社の事と、教会のことで、大変疲れました。頭も胸も痛く会社の方止める事にしました。一時は息苦しくて、天国に召されるのかと思いました。キリストの為、貴方の為、私はまだこの地上に使命があると思いました」

　8月17日付　「お2人の為、多くの方々が御苦労下さっているのに、クリスチャンの働きの弱いことを申しわけなく思います。北條教会は、今会堂の支払い100万円やっと支部へお返ししたところで、それ迄3度の食事を2度した事もあり、凡てキリスト様の為、信者さんも牧師も私共も我慢して今日迄戦ってきました。弟も貴方の御援助のことも考えております。私もいろいろ考えていますが、東京へ帰り商売を手伝って少しでも貴方の方へ又古川先生の方へお送り出来たら幸いと思います。真実に在し給うまことの神様に、ひたすらに祈りお答えに従いたいと思います。正式に婚約していませんのに、ただ2人の間だけで決めたことですし、余りそれはどうかと思っています。6年間の御奉仕の内で、今が一番戦いです。私の霊性の進歩の為最善と思います。神様は私の魂が実に聖別されて、いよいよ深められるように、御愛の故の御訓練かと思います」

　10月28日午前5時半付　「福岡に行かせて頂くのでしたら11月中ですね、自分の病気の為、又家の経済の為、この2ヶ月余りは出費が多く今、金ケツです。でも福岡にもし神様が行かせて下さるのでしたら凡ての費用は備えて下さると思います。イエスように忠実にお従いいたしましょう。古川先生も御苦労下さっていますね、先生御一家の上に神様の御祝福豊かにありますよう、祈っています。早く御目にかかってお顔を見て話し合いたいといっも願っています。神様が、その日その時を備えて下さるように毎日毎日祈りおります」

　10月28日午後2時半　「火の中、水の中を通されて人間は造られていくのですね、一年一年と、段々聖別されてイエスに似てくるのですね。70才、80才の牧師達は皆、聖別されて清い美しいお顔をしていられますね。私達はまだこれから、いろいろの所を通されて、ねられてきたえていくのですね、自らの霊性のために聖められて純金の、すきとおるような信仰を持つ事のできるように祈りつつあります」

(14) 妹中村園子さんより石井あての書翰　その1

昭和37年8月4日付、中村その子さんより石井健治郎に宛てて

　「最高の人格者である塩尻先生が兄上達の為、わざわざ神戸から暑い中をお出で下さいましたことは、仏様の身代わりです。古川先生の悲願あればこそ！！　今日古川先生からも奥様からもお便りが届きました。奥様の手紙に1日に朝5時半から伊万里にお出かけ下さり押川と思いますが、証人に逢われるそうですが、貴御身を長崎までお出かけ下さり、真相究明に第一歩を踏み出して下さったわけです。朝日の方も塩尻先生がうごかれれば自然に強力化していきます」

7月4日付　「7月10日頃、塩尻先生が御西下になりますそうですが、内閣の立直しもある現状ですから、重大事です。今貴方達を救い得る人は、塩尻先生を置いては外にありません。面会されたら、真実をこめて、ただひたすらにすがって下さい。そちらに塩尻先生に出福お願いしても大変な費用がかかるわけですから、他人の方に動いて頂くのは、実に物心両面の御負担をおかけすることです」

7月13日付　「竹内先生から心のカレンダーや光輪等お送り頂きました。田中淡月先生からもお言葉、皆さんからお蔭を頂き、一歩ずつ進むのですが、本当に苦しい道ですね。貴方や私に課せられた宿命なのですね」

3月7日付　「先日は杉本さんの写真、お送り下され有難う御ざいました。淋しい兄上に、このような心優しい方がいて下さることは私も嬉しく思いました。御出福の件は、なかなか一考を要しますね。杉本さん御自信が先生方にお願いされて御協力を申出て下さるのが順当のように思います。それには誠と実力が必要です。自分の身を立ててその上でないと、人の世話は出来ない筈ですから。石井家には杉本さんを受入れるだけの何ものもありませんので、務口はあるのですが、家の問題もいずれ先生方と御面接申しますからその時、必要とならば杉本さんの件もお話してみます。貴方から先生方に杉本さんの事を申出される事は御控えになった方がよろしいと思います。資金ができて、古川、竹内両先生が連絡係といった人を見つけられ、もしお許しがあれば杉本さんにお願い致した方がよいと思います。杉本さんに是非お手伝して頂く時が来ると思いますが、その時機を待って頂かねばなりません。キリスト教の方々の御支援が仰がれると幸せですが、自分で生活しつつ手伝うという事は大変だと思いますが如何でしょう。生活源を確保して余力を持って御援助下さらねば例へ資金ができても、それは杉本さんの生活迄は確保出来ないと思います」

○月○日付　「敬愛園の御寄付にしても竹内先生の御努力の賜と思います。中島先生も仰言いました「竹内先生の御至誠により立ちました。それに筒牛さんの絶大なる御努力に依り、事が運んで行くのです。竹内さん、筒牛さんあっての私です」と。いかに皆様の力の大なるかを感じさせられます」

○月○日付　「14日に神戸に行き、菊川先生、古川先生にお目にかかりました。塩尻先生のお宅で御母堂、奥様も御一緒に昼過ぎから8時迄お話し、塩尻先生のお尋ねのままに、私は今までのあらましを包みなく申合げ、社会的力のある方の御援助がいかに重大であるかを切実に訴えました。単に、親切、同情、義侠心というだけのお方でなく、書類なども深い学識によって不十分なところはきっと追求して下さるお方です。貴方も必至になって、参考書類を又は考えを、このチャンスに命がけで懇願して下さい。文章は、字はまずくても、命がけの叫びはきっと先生の心を揺り動かします。それにはまず、貴方自身、罪深さをしみじみ反省され、己のためにどれ丈の方々にお世話をかけるかを考えられまして、まずお詫びする心になって、先生のお心に飛び込んで下さい。自分の事は忠実に話さねばなりませんが、人の事の憶測は却って邪魔になります。西さんは西さんで事実を話されましょうから、貴方は貴方の事実だけでおいて下さい。己の罪深さを謝罪し共犯のおぼえなきを申し上げて下さい。毎日頭痛する程の、社会

的、職業的御苦労がお有りになり、その時間をおさきになってやって下さるのですから、毎日お礼状差上げる位の心でいて下さい。私は兄上がつまらない事件に巻き込まれ、実にお気毒な日暮しをされますので、何とかしてお助けしたいという心願のもとにこれ迄やって参りました。母の務、妻の務、又社会的な仕事、主人の親類の交際等々又、昨年は文子さん達親子3人の世話、そして今筒牛さんの御来訪をうけ、何とかお役に立ちたいと一生懸命です」。

5月21日付 「裁判がありました由、裁判長様が幸い所長様と旧知の間柄とも伺い、又、御自身戦犯の裁きを受けられた経験でもあられ、兄上の心中も解って下さる方らしく、きっと正しい裁判して下さると信じます。裁判長の御所指名を書いて送って下さい。私からもよろしくよろしく事情を書き送ります」

○月○日付 「黒川の死については恩赦の方には関係がないとの事です故、極力津田先生に御尽力賜わります様御願いしましょう。黒川さんの死により教えられること大です」

12月13日付 「とに角、四日の菊川さんとの会合は、私と菊川さんの手を握り合った形になり、好結果だったわけです。塩尻先生も、とても好意を示して下さるし、先生のお部屋で御家族の方と一緒に夕食迄頂いて、光栄の極でした。まあ生き仏様の御一家ですね。そして又竹内先生、古川先生、菊川先生共に生き仏様のお集りです。肉親でも面会にさえ行かないものもありますからね。しかし私は、肉親兄妹等は悪く申したくない、出来ないという因縁なのですから、兄妹も責められません。しかし、丸っ切り他人でございますと言うような顔はして下さってはなりません。逃げようとしても逃れられない因縁を受けて兄弟姉妹となっている事が皆解らないのです。御縁のある御方は、他人でも暇を割いて金銭を使って奉仕して下さいます。誠に因縁により他人でも己の身を削って奉仕して下さいます。私の慈悲心の解る片達だけです。暖ったかい心の交流を感じさせられます。他人が援助して下さるのに、肉親がじっとしていては罰があたります」

(15) 妹より石井あて書翰　その2

9月23日付 「兄上も思うようにならぬ事ばかりで、いらいらなさると思います。本日は八海事件の判決のテレビ放送を見ました。正木弁護士その他の方々の東京での座談テレビもうつり、御意見を聞く事が出来ました。この事件も旧刑法で行う場合は有罪であると正木弁護士は申されました。新刑法であるゆえ、無実の線が出来上がり得るのですね。兄上の場合も、新刑法と旧刑法との分れ目でありました故、旧刑法に依り裁かれているのですね。新刑法で是非お願いしなければなりません」

昭和33年7月16日付 「母上の元気な間に『母親に感謝する会』を作りたいと思います。母上と永遠の別れをした後で悔んでも悲しんでも何になるでしょう『今』ですよ、今しなければきっと悔を残します。兄上そうでしょう。兄上は通信で心の感謝を通わせましょう。何が母上を安心させ喜こばせるかと申しますと、兄上の思いが天に通じる日こそ、母上の最上の安らぎの日です。兄さんよい事を思いつきました。これから私と兄さんで愛のリレー通信を致しましょう。私が南無阿弥陀佛を書いて兄上に送りますから、兄が又、並べて書いて母上に送って

下さい。一週間に一辺ずつね」
「昨日は古川先生よりお便り頂き、塩尻先生のこと承りました。有難泪にくれました。徹夜して書類を読んで下さいました故、誰が肉親においてもこのような深い御慈悲を持ち得るものでしょうか。御仏の慈悲なのです。仏の慈悲なくして、親切同情位の心でできる筈がありません。生きた仏様を目の辺り見る心地が致します。兄さん、ただ救われると思われてはいけませんよ。御仏のお働きのおかげですよ、今、貴方が仏性に目をさまし、仏の慈悲を感じられなかったら、永久に救われませんよ。今法務大臣や関係者を動かし得るものは仏性をゆり動かす御仏のお力だけです。このお慈悲を高く深く心にお持ちになる塩尻先生、古川先生、竹内先生、菊川先生、その他教養高き方々にして、初めてその事ができるのです。ようやくその段階に来たわけです。それは兄上にウソがなかったから、天が味方し、神々が見通され仏があわれみ給うたのでございますよ。兄上も一切の我を今こそ捨て去り、素直なる心となり、己の今までを静かに反省される時ではないでしょうか。御仏に守られる己の姿をはっきりと今こそ見極められ、御立派な先生方に見守られ、それにつけても己の罪の深さを感じられ、反省と謝罪とに明けくれ、信仰の道に進まれることです。祖先より家に伝わった仏教……父も常に南無阿弥陀佛と叫び、仏に帰依する事に精進され、貴方の事を心配なさり、己は仏の慈悲に攝取せられて眠るが如く仏の世界へ行かれました。隆にも求道の精神を植えつける必要がありますね。石井家全体に、大反省の良き場を与えられました。兄上のお蔭にて、色々とお徳の高いお方に御縁のいただける有難い私の利益です。古川先生こそ、まぎれもなき御仏のお姿と観ました。よき師に会えました兄上の件なくば御縁戴けなかったかもしれません。法務局の恩赦局から、書類提出の催促があったらしいのです。それで先生はここしばらく兄上の書類作成に専心され、余地は放って懸命になりますと書いておられました。津田先生の御手紙は塩尻先生に同封して届きました。塩尻先生にも津田先生に御力を貸していただきたかったからです。法務局からの通告がありましたのも塩尻先生の御手紙が法務大臣の手にあったからだとおもいます。私は感涙にむせび涙のしたたるままに塩尻先生へ昨日お手紙書きました」
　5月1日付　「外の兄妹達も、隆の件で皆が弱っているので、兄上の件まで手が出せない状態ではないでしょうか。私も文子さんの件で11万円位いりましたので弱りました。私は兄上だけの事に専念したいのに、次々と外から事を持って来ますので、専念出来なくなり困ります。外の肉親に協力を求めるのは無理な様です。皆毎日の生活に追い廻され、人の事をかまっていられない現状なのです。自分達が生きてゆくのに必至なのだと思います。皆兄上の事を心配しているのですけど、一寸動いてもお金がいりますので、何とも仕方なしという事でつい知らない振りをしているわけですね。兄上と母上と私、しっかり手をつないでゆきましょう。次の裁判の用意を母上とも話合って下さい。母上が裁判長に面会されて、これ迄の事情を詳しく話されたがよいと思いますが、余程しっかりした信念と事件の真相を理解してない限りは、御迷惑をおかけすることになります。年をとっていられるので、無理かと思います。政子さんなら話も解るのですが、飯塚に転勤されました。博多にいては隆がいて生活をおびやかされるので皆博多を離れようとするのです。乱暴この上なしねアル中毒では皆困りますからね。母上も気の

毒ですよ」

　8月4日付　「待望の塩尻先生に逢えてよかったですね。最高の人格者でいらっしゃる先生が、兄上達のためにわざわざ神戸から暑い中をお出で下さいましたことは、仏様の身代りです。古川先生の悲願あればこそ！！　上べだけの親切でなしに、身をもって動いて下さる誠の御人にめぐり逢えました。ほんとうにほんとうに長い間探し求めたお方でした」

　昭和37年3月30日付　「古川先生から4月においで下さいとのお手紙受取りました。西さんからも。私も万難を排して急行しなければと思います。真剣に取組む者が必要です誠に命懸けの仕事です。子供達も賛成してくれました。子供は汚れのない心で判断してくれますし、主人に話してくれるでしょう。重大な生命の事ですから」

あとがき

　この拙い『真相究明書』をよくぞ読んで下さいました。法律のことは勿論、法曹界のことについてもズブの素人であり、加えて平素文章をかくこともない私には、この究明書の執筆は、終始自信のもてない不安に脅かされるという苦汁を嘗めさせられました。

　しかし、ともかくも曲りなりに脱稿し得ましたのは、一重に塩尻公明先生の、前後3回に亘る御西下による御指導と激励とによると共に、本件を冤罪だと信ずる私の、止むに止まれぬ心情とによるものであります。

　充分資料を募集し、また時間に余裕をもって執筆することが出来ましたら、たとえ素人の私といえども、いま少しは読者の皆さまに、冤罪の事実を把握していただけたかと思います。しかし何分第一審の死刑判決以来16年も経過した、何時処刑されるかわからない死刑囚の冤罪事件だけに、私もその処刑を恐れ、少なからず焦燥しつつ執筆しましたため、いたずらに脱稿を急ぐ結果となりました。そのため充分意を尽すことが出来なかった点のあることを甚だ遺憾に思っています。

　また、文中いささか独断に過ぎると思われる点や、司法当局にナマの感情をぶちつけたと思われる個所などあって、あとで反省する面も多々ありますが、いまは訂正する余裕をもち合せませんし、すべては筆者の未熟な人間性から出ているものとして、御宥恕をねがいたいと存じます。

　執筆に当っては、昭和37年10月以来、拙稿脱稿までの7ヶ月間を、数千通（或いは、万に達したかも知れない）にのぼる死刑囚、その他関係者の書翰の分類執筆や、拙稿の浄書等を分担して下さった山口熊毛町の片山さよ子さんをはじめ、いくたの有志の方々の奉仕浄業に支えられました。ここに誌上をかりて、慎んでその御助力を拝謝申し上げたいと存じます。なお烏滸がましいことでありますが、筆者の長女愛子の名助手ぶりのあったことも付記させて頂きます。

　昭和38年4月　熊本県玉名市立願寺コスモス社にて

古川泰龍

解説者あとがき

　古川泰龍氏により、また、多くの人々の支援を受け執筆された『真相究明書』の復刻は、ようやく日の目を見ることになった。振り返れば、多くの知人を失ったあの東日本大地震の発生直前から始めたこの出版作業の間にも、うれしいことがあった。たとえば、今年５月の布川事件再審無罪である。そして７月１日、袴田事件では、第９回三者協議で「５点の衣類」のＤＮＡ再鑑定実施が内定し、８月25日に正式な決定をみた。袴田ひで子さんに架電したら、ほころぶ顔が見えるような声であった。冤罪の汚名を雪ぐ方向に、事態はすこぶる好転した。しかし、ズボンが鑑定対象とならない理由は、私にはわからない。

　わが国には、過去から現在に至るまで、冤罪であるとの疑念を禁じ得ない多数の確定有罪・無期・死刑確定囚がいる。特に、存命中の死刑確定囚については、早急に再審で対応する必要がある。また、そもそも死刑制度の存置についても、議論を早急に集約しなければならない。折しも、今日（９月２日）、10月７日に予定される日弁連人権大会のプレシンポとして、シンポジウム「私たちは『犯罪』とどう向き合うべきか——ノルウェーの選択」が開催された。筆者は、犯罪学者のＮ・クリスティの提唱する人間と地域社会を大切にする刑事政策に心を向けながらも、罪を犯した人たちの社会復帰の施策もままならず、社会全体で死刑廃止について議論することもおぼつかないわが国の実情に、忸怩たる感を覚える。所属する第二東京弁護士会人権委員会「死刑部会」における学習や議論の一層の活性化に寄与したいと考える。本書が、人権・司法貧困国といわざるをえないわが国にその素材を提供する機会となるならば古川氏の本望であろうし、解説者の望外の幸である。

　多くの人々が懸念しておられることは、『真相究明書』における事件関係者の実名の取り扱いについてである。本書においては、事件関係者のうち、西武雄、石井健治郎ならびに古川家の皆様の氏名については、実名とした。その理由とするところは、ひとえに西武雄に対する想いからである。西は強盗殺人事件のみならず誤殺事件にも何ら関わりがないのであり、それゆえ、彼が恩赦を潔く受け入れようとしなかったように、無実の者を仮名にすることこそ、彼の名誉を汚すことになると考えるからである。西武雄は、無罪なのである。その他の関係者のご遺族の方々にもご理解を賜りたいと思う。

　『真相究明書』は浩瀚なガリ版の印刷物であるが、積年の理由で頁をめくるとぼろぼろになることを除くならば特別の問題はない。解説者は法廷における証言、例えば「左様です」との文章を、「そうです」のように置き換えるなどにとどめ、できるだけ加筆しないように努めた。ただし、難しい漢字などもあるので読者に読みやすくするためにふりがなをつけ、目次をつけることにした。出版事情で活字のポイントを小さくすることを余儀なくされた。ご了解を賜りたい。

先のシンポの終了後、日弁連の宇都宮会長と通りすがりにお会いして、本書が公刊の運びとなったことをお知らせし、次は飯塚事件をやりたいとお話ししたら、「前川事件もあるよ」といわれた。この事件もそうであるが、共犯者でもない訳のわからない他人の自白だけで無辜の民が有罪とされるシステム（有罪の証拠構造）を徹底的に改める必要があると痛感したところである。

　読者の皆様方には、古川泰龍夫妻とその遺志を継いだ子供たち全員で、命がけで取り組んできた福岡事件の再審運動を風化させないためにも、今一度、事件の内容を理解し、わが国の司法のあり方を再考していただきたい。国家によって作り出される冤罪、福岡事件の西武雄もそれにより絞首刑されたのである。西にとどまらず、その雪冤を果たすことなく、惨劇の犠牲者となった人々やご家族、関係者のためにも、読者におかれては、冤罪に関連する事件がいかに多いかを理解していただきたい。

　巻末年表に拾い出したわずかな事件の小さなコメントからも、わが国の警察と検察が取調べを可視化しないし、できない理由がわかるというものである。そして、司法がいかに形骸化しているかも知りうるのである。少年事件や軽微な事件も考え合わせると、わが国ではおびただしい冤罪がつくり出されていると想定できるし、事情聴取、取調べ、逮捕、勾留の過程で、人権がいかに不当に侵害されているかについても思い知らされるのである。『真相究明書』が福岡事件の不当性の告発書であるとすれば、この年表は、わが国の冤罪（書かれていない事件も含めて）全体の告発を意味する。

　本書は解説者にとって、『殺人罪に問われた医師』（現代人文社）、『冤罪はいつまで続くのか』『袴田巌は無実だ』（以上、花伝社）に続く、四冊目の冤罪関係書の公刊である。本書の刊行に至る過程について一言すると、専修大学総長でもあった今村力三郎弁護士を顕彰する今村法律研究室の主催や共催の下で、過去5年間に及ぶ冤罪に関するシンポジウムを開くことができた。特に、福岡事件関係では、作家の鎌田慧さんや狭山事件の石川一雄さんをお迎えして、2009年5月16日、6月20日に続けて開催した。そして、専修大学では、2011年6月19日に、再審運動50周年のキャンペーンの一環として開催した。本書は、この延長上にあり今年の秋のキャンペーンの向けての公刊である。

　この公刊については、花伝社の平田勝社長の温かいご理解をいただき、編集については佐藤恭介さんのご協力を得た。また本書の解説のうち、特に再審臨時特例法案に関する部分を準備する過程では、冤罪・浦和電車区事件を上告審で闘っているJR総連の湯谷邦彦広報部長から多くの資料を提供していただいた。皆様方に厚く感謝したいと思う。

福岡事件と冤罪事件関係年表（敬称略）

1947（昭和22）年		
	5月3日	日本国憲法制定
1947（昭和22）年		
	5月20日	**福岡事件発生**
	5月20日	旧刑事訴訟法及び応急措置法適用
1948（昭和23）年		
	1月26日	帝銀事件発生（平沢貞道：1955年死刑確定、第19次の再審申請、92歳で獄死）
	2月6日	清水局事件発生（被告人が犯人を発見、無罪）
	2月27日	**第一審判決（福岡地裁、西・石井死刑）**
	11月29日	幸浦事件発生（紅林刑事の拷問、事件発生から15年後、近藤：第二次上告審無罪）
	12月30日	免田事件発生（被告人：免田栄、警察による証拠隠滅、事件発生後34年後再審無罪）
1949（昭和24）年		
	7月5日	下山事件発生（下山総裁の轢死、他殺が濃厚、GHQの占領労働政策の関連は？）
	7月15日	三鷹事件発生（被告人竹内景介の無念、再審請求したが獄死、最高裁田中長官の1票）
	8月6日	弘前大教授夫人殺人事件発生（証拠は警察による捏造、仙台高裁再審1977年無罪）
	8月17日	松川事件発生（作家広津の渾身を込めた支援、1963年9月12日、全員無罪確定）
1950（昭和25）年		
	1月6日	二俣事件（1957年、須藤無罪確定、真実の人：山崎巡査、暗躍した警察が浮き彫りに）
	2月28日	財田川事件発生（被告人：谷口繁義、弁護士に転じた矢野の熱意、1984年再審無罪）
	4月13日	牟礼事件発生（被告人：佐藤誠、1958年死刑確定、第8次の再審申請、獄死）
	5月7日	木間ヶ瀬事件発生（一審で死刑判決、100日を超える勾留、高裁で無罪）
	5月10日	小島事件発生（被告人：永松敏夫、自白は警察の偽造、1956年東京高裁、無罪確定）
	10月10日	梅田事件発生（身に覚えのない殺人、最高裁無期確定、1986年釧路地裁、再審無罪）
1951（昭和26）年		
	11月27日	**第二審判決（福岡高裁・死刑）**
1952（昭和27）年		
	1月5日	免田事件（免田：警察のアリバイ証人への虚偽の誘導、検察による証拠隠滅、死刑確定）
	1月21日	白鳥事件（被告人：村上国夫、懲役20年確定、再審棄却「白鳥決定」）
	1月25日	八海事件発生（単独犯人は拷問され従犯であるとの虚偽の供述、後に、阿藤らは無罪）
	2月19日	青梅事件発生（自然流出事故を記載する原簿の秘蔵、1968年全員無罪）
	2月25日	米谷事件発生（1978年再審無罪）
		古川泰龍福岡拘置所教誨師に就任
	4月30日	辰野事件発生（党員らに対して証拠不十分の理由で、1972年、東京高裁全員無罪）
	6月2日	菅生事件発生（事件後教授に上りつめた警察官自らが起こした事件、1960年全員無罪）
	7月7日	藤本事件発生（被告人：藤本、ハンセン氏病による差別的手続、1957年死刑確定）
	7月29日	芦別事件発生（被疑者のうち1名は無罪）
	12月6日	花巻事件（被害者の供述を鵜呑みにした冤罪の可能で濃厚な放火事件）
1953（昭和28）年		
	2月6日	石和事件（拷問による虚偽の自白、東京高裁で無罪、真相は事故死）
	11月5日	徳島ラジオ商殺人事件発生（被告人：富士茂子、店員が検事に強要され偽証、再審）
1954（昭和29）年		
	3月10日	島田（赤堀）事件発生（拷問による取調、自白、1960年死刑確定、1989年再審無罪）
	8月13日	松尾事件（34年後の1989年に、第13次再審無罪、請求者は無罪判決前に死亡）
	10月26日	仁保事件発生（誤認逮捕の後、別件逮捕、最高裁差戻し、1972年広島高裁無罪判決）

1955（昭和 30）年	
5月11日	丸正事件発生（冤罪の疑い濃厚、服役後再審請求するも病死、正木・鈴木弁護士） 帝銀事件（平沢：死刑確定）
10月18日	松山事件発生（布団の血痕は警察の捏造、斉藤：1960年死刑確定、1984年再審無罪）
1956（昭和 31）年	
	1956 年～65 年 6 月 8 日　第 1 次～第 6 次再審請求
4月17日	**最高裁上告棄却（死刑確定）**
4月8日	京都五番町事件（真犯人が地検に自首、部落・在日の少年達への差別、冤罪事件）
7月27日	**第 1 次再審請求（石井）**
12月3日	**請求棄却**
1957（昭和 32）年	
1月22日	財田川事件（谷口：死刑確定）
3月10日	徳本事件（強盗については無実、真犯人の自白を得るための行為について、監禁・強要罪）
6月3日	**第 2 次再審請求（石井）**
8月23日	藤本（菊池）事件（藤本：最高裁で死刑確定）
10月30日	**請求棄却**
1958（昭和 33）年	
1959（昭和 34）年	
8月10日	**恩赦出願**
1960（昭和 35）年	
11月22日	松山事件（斉藤：最高裁で死刑確定）
1961（昭和 36）年	
3月28日	名張毒ブドウ酒事件発生（被告人：奥西勝、日弁連の支援を受け、再審活動）
春頃	**再審運動開始**
1962（昭和 37）年	
9月14日	藤本松夫（第 3 次再審請求棄却の翌日に突然死刑執行）
12月4日	江津事件（別件逮捕、犯行を全面否認、再審請求続けるも死亡）
1963（昭和 38）年	
4月頃	**『真相究明書』脱稿**
5月1日	狭山事件発生（被告人：石川一雄、1977年無期懲役確定、再審活動開始）
8月26日	波崎事件発生（富山被告人、1976年死刑確定、再審中に獄死）
12月4日	江津事件発生（1973年無期確定、再審請求するも棄却、病死）
1963～75（昭和 38～50）年	
	古川泰龍全国再審行脚
1964（昭和 39）年	
8月3日	**第 3 次再審請求（西・石井）**
11月28日	**請求棄却**
1965（昭和 40）年	
5月28日	**第 4 次再審請求（西）**
6月8日	**第 4 次再審請求（石井）**
7月5日	**請求棄却（西）**
7月5日	蛸島事件発生（冤罪事件の見本、見込み捜査、別件逮捕等、金沢地裁七尾支部無罪判決）
8月3日	六甲山・保母殺人事件（別件逮捕、公判で無罪証拠がぞろぞろ、差戻高裁で無罪）
1966（昭和 41）年	
1月12日	福岡 17 歳少女殺害事件発生（A 少年に執拗な自供の強要、別の少年自白、少年は無実）
1月25日	東十条事件発生（別件逮捕、違法な拘留、無罪）
4月7日	千葉大チフス菌事件（冤罪の可能性濃厚）
4月19日	**請求棄却（石井）**
6月30日	袴田事件発生（袴田 1980 年死刑確定、2011 年再審に向けて DNA 再鑑定決定）
12月5日	尾田事件発生（一部無罪を訴え、再審請求）

1967（昭和42）年

- 8月30日　布川事件発生（別件逮捕、自白強要、1978年無期懲役確定、2011年5月再審無罪）
- 10月27日　日産サニー事件発生（1971年無期懲役確定、仮釈放後再審決定出るも、仙台高裁取消）

1968（昭和43）年

- **4月**　**神近市子参議院議員「再審特例法案」提出　※解説で説明**
- 10月28日　八海事件（第三次最高裁、阿藤らに無罪判決）
- 9月11日　袴田事件（1通の自白調書を残し証拠から排除、熊本典道判事、静岡地裁：死刑判決）

1969（昭和44）年

- 1月15日　高隈事件発生（別件逮捕、長期間の拘束の後自白、福岡高裁差戻審で無罪）
- **7月8日**　**西郷法務大臣「特例法案」に代わり、該当事件に関して恩赦を積極的に活用する旨言明**
- **8月30日**　**恩赦出願（西・石井）**

1970（昭和45）年

- 5月15日　豊橋事件発生（無罪証明証拠を隠匿した検察官、1974年無罪）
- 10月18日　大森勧銀殺人事件発生（暴行・脅迫・誘導による自白、足跡鑑定、高裁無罪）

1971（昭和46）年

- 11月　星野事件発生（学生により警察・検察での供述のみ、星野無期確定、再審申請）
- 10月11日　松原パークレーン事件発生（1982年全員無罪）
- 11月10日　沖縄ゼネスト警官殺し事件発生（警察による無差別報復攻撃、1976年松永優：無罪）
- 12月21日　三崎事件発生（自白するも物的証拠皆無、1976年荒井：死刑確定、再審請求中）

1972（昭和47）年

- 5月6日　晴山事件発生（1990年死刑確定、再審請求、現場に複数の血液型、DNA鑑定、獄死）
- 6月15日　名張事件（最高裁：奥西死刑確定）
- 7月26日　山中事件発生（検察側の主張する自白の信用性に問題、18年後に霜上：無罪）
- 8月7日　土田警視総監公舎爆破未遂事件発生（2名無罪）

1973（昭和48年）

- 　　　　首都圏連続11女性殺人事件発生（松戸OL殺人事件）DNA鑑定と一事不再理が問題となり、無期懲役となった事件
- 10月26日　中野・富士高校放火事件発生（少年を別件逮捕、校長の差別的発言、1975年無罪判決）

1974（昭和49）年

- 3月17日　甲山事件発生（事件発生後25年後に無罪確定、異例ずくめの事件、弁護団239名）
- 10月3日　富山事件発生（東京地裁無罪なるも覆審、似ても似つかぬ目撃証言）

1975（昭和50）年

- 4月2日　四日市青果商強盗殺人事件（最高裁で、下級審の判断を否定して無罪）
- 5月20日　最高裁、白鳥決定
- **6月17日**　**石井健治郎恩赦で無期に減刑**
- **同日**　**西武雄死刑執行（西の処刑と石井の減刑は同日）**
- 12月20日　遠藤事件発生（タイヤのシミは人血でないとの鑑定結果を無視有罪、最高裁で無罪）

1976（昭和51）年

- 6月14日　秋好事件発生（1997年死刑確定）

1977（昭和529）年

- 1月6日　水本事件発生（変死体、司法解剖もせず、警察による死体のすり替え、証拠の廃棄）
- 8月　狭山事件（最高裁：石川無期確定）

1978（昭和53）年

- 10月16日　日立女子中学生誘拐殺人事件発生（1988年綿引：死刑確定、再審請求）

1979（昭和54）年		
	1月21日	貝塚事件発生（精液の血液型が不一致、少年全員逆転無罪）
	9月	再審決定（免田事件）
	9月11日	野田事件発生（障害者への偏見から捏造された事件、唯一の物証の捏造、冤罪の疑い）
	10月15日	大崎事件発生（原口アヤ子は、最高裁で懲役10年確定、仮出獄を拒否、2002年鹿児島地裁は再審を認めるが、上告審は決定を破棄）
1980（昭和55）年		
	3月12日	再審決定（徳島事件：富士茂子）
	3月21日	宮代事件発生（被害者の父も犯行を自白、兄死刑確定、弟無期懲役、冤罪）
	11月29日	袴田事件（最高裁：死刑確定、翌年より再審活動）
1981（昭和56）年		
	2月22日	大阪南港事件発生（拷問と脅迫による自白、自白の任意性を否定、殺人につき無罪）
	6月14日	みどりちゃん事件発生（保護処分が取り消された少年事件の再審否定）
	6月27日	みどり荘事件発生（強引な尋問に基づく自白、DNA鑑定書に多くの矛盾、逆転無罪）
	7月16日	石見幼児殺人事件（自白するも、地元住民による支援運動、地裁無罪）
	8月31日	ロス疑惑事件発生（発生から22年後最高裁で無罪）
	11月26日	川嶋事件発生（犯行時にアリバイあるも長時間の取調で自白、冤罪の疑い濃厚）
1982（昭和57）年		
	8月17日	旭川日通所長殺人事件発生（任意の取調の限度を超える長期間の取調の違法性、無罪）
1983（昭和58）年		
	1月21日	再審決定（松山事件：斉藤）
	7月15日	再審無罪（免田栄：1979年第6次再審請求、アリバイの証明、34年ぶりに無罪解放）
1984（昭和59）年		
	1月10日	城丸君事件発生（DNA鑑定で逮捕、二審で無罪、札幌地裁佐藤学総括判事依願退職）
	3月12日	再審無罪（財田川事件：谷口繁義）
	3月23日	山下事件発生（隣で寝ていた妻の死、自白の強要、第4鑑定は病死、無罪判決）
	7月11日	再審無罪（松山事件：斉藤幸夫）
	9月19日	藤井事件発生（放火事件の役割を特定できず、立証不能、東京地裁無罪）
	12月28日	日野町事件発生（自白と客観的証拠が不一致、地裁検察官に訴因の変更を指示、冤罪）
1985（昭和60）年		
	5月	高松事件発生（冤罪の疑い濃厚、署名運動などの再審活動するも病死）
	5月28日	お茶の水女子寮事件（別件逮捕、強引な取調、自白の任意性を否定、東京地裁無罪）
	7月9日	徳島事件（富士茂子：再審無罪、第5再審請求中、昭和54年11月15日に病死）
	7月19日	草加事件発生（血液が混合してAB型。少年法には再審がない、民事事件で「無実」）
1986（昭和61）年		
	3月19日	福井（前川）事件発生（目撃供述は信用できず、毛髪からの個人識別不能として、地裁は無罪、逆転有罪確定、法医学鑑定などに基づき再審請求中）
	5月6日	大手町事件発生（物証皆無、捜査官の血痕捏造、裁判官の妄想で無期懲役）
1987（昭和62）年		
	3月31日	再審決定（島田事件：赤堀）
	5月10日	帝銀事件（平沢獄死）
1988（昭和63）年		
	6月20日	鶴見事件発生（強引な取調、女房と留置場に入れるぞ、自白後犯行を否認するも、死刑判決確定）
	11月	綾瀬・母子殺人事件（アリバイのある少年らを暴行・脅迫、無罪・不起訴）
	12月8日	星野事件発生（二審は無罪、差戻審で有罪）

1989（昭和64、平成元）年
- 1月27日　北方事件発生（発生から16年後、証拠がないとして無罪）
- 1月31日　島田事件（赤堀政夫：再審無罪）
- 10月27日　牟礼事件（佐藤誠：獄死）
- 12月3日　川口事件発生（物証なし、無実の立証、共謀したとされる者の法廷証言だけで有罪）
- **12月8日　石井仮釈放（獄中42年7か月）**

1990（平成2）年
- 5月13日　足利事件発生（2000年最高裁、科警研のDNA鑑定は信用できる？弁護団の独自のDNA鑑定を最高裁無視、2010年菅谷再審無罪、西巻糸子代表の支える会）

1991（平成3）年
- 8月23日　浜松幼児殺害事件発生（犯人？出所後実名記者会見、死亡推定時刻を根拠に再審請求）

1992（平成4）年
- 2月20日　飯塚事件発生（久間終始否認、公判に提出されていない信用性のないDNA鑑定、最高裁は犯人と認定できるとした。死刑執行、冤罪）

1993（平成5）年
- 2月28日　調布事件発生（少年ら冤罪を主張、検察の本質を垣間見る送致決定、最高裁控訴棄却

1994（平成6）年
- 1月4日　広島港フェリー甲板長事件発生（見込み捜査、でっち上げ事件）
- 6月27日　松本サリン事件発生（第1通報者の被害者河野に嫌疑、家宅捜査、犯人報道）

1995（平成7）年
- 7月　東住吉放火殺人事件発生（捜査段階の自白、客観的証拠に基づかない判決、無期懲役）

1997（平成9）年
- 3月19日　東電OL殺人事件発生（東京地裁無罪判決、無罪判決の者を再勾留、無期懲役、再審請求、冤罪、決め手はDNA鑑定）
- **死刑執行後初の再審準備を始める。**
- 5月27日　神戸連続児童殺傷（酒鬼薔薇聖斗）事件発生（糸ノコで首の切断？　物証が皆無、犯行現場の隠蔽、少年の重罰化に向けて、冤罪濃厚）
- 10月1日　長崎事件発生（痴漢冤罪、科捜研の虚偽の鑑定書、有罪、審理もせずに上告棄却）
- 11月10日　ロザール事件発生（逮捕状もなく10日間拘束、違法な取調、責められて自白、有罪）

1998（平成10）年
- 6月　山崎引き逃げ事件発生（事故の痕跡が不存在、誤認逮捕、最高裁盲目的な上告棄却）
- 6月　笠井事件発生（突然任意同行、地裁被害者の証言が信用できないとしながら有罪）
- 10月　宇和島事件発生（逮捕・基礎、翌年真犯人が判明、検察官が無罪論告、無罪判決）
- 12月　安田弁護士事件（長期間に及ぶ拘留、2003年無罪判決、死刑廃止運動のリーダー弾圧）

1999（平成11）年
- 7月17日　下地フジ子冤罪事件発生（2004年不起訴処分）
- 7月27日　青山事件発生（指紋検出の不自然性、アリバイあるも起訴、2002年無罪）
- 　　　　　長生園事件発生（科捜研の筆跡鑑定不提出、警察、検察の調書を信用した不当な判決）

2000（平成12）年
- 3月17日　恵庭・OL殺害事件発生（無罪を主張続けたが、最高裁で有罪確定）
- 3月2日　下高井戸放火事件発生（犯人扱いの取調、「女房も逮捕」で自白の強要、高野無罪）
- **8月25日　古川泰龍入滅（享年80）**
- 　　　　　長野・更埴少年冤罪事件発生（アリバイのある少年に有罪判決、審理せずに上告棄却）

2001（平成13）年		
	1月6日	筋弛緩剤混入事件発生（無罪主張、再鑑定が不可能となる溶液の全部を消費）
	1月17日	広島死の放火殺人事件発生（違法収集証拠、死刑求刑の被告人に無罪）
	3月	佐賀農協背任事件（無罪、「ぶっ殺すぞ」と吠えた検事）
	8月9日	北九州痴漢冤罪事件発生（転倒した自転車の学生に声、警察と検察の酷い取調べ）
	9月16日	御殿場事件発生（謎だらけの少年強姦未遂事件、犯行日を替えた被害者）
	11月28日	信金冤罪事件発生（パートの人権蹂躙、信金の資料を鵜呑みにする警察、2007年無罪）
2002（平成14）年		
	4月15日	氷見婦女暴行冤罪事件発生（警察と司法による捏造事件、再審で裁判所の対応に批判）
	5月	**再審運動キャンペーン開始**
	7月28日	村瀬翔ちゃん殺害事件発生（捜査段階における自白の信用性）
	11月1日	JR浦和電車区事件発生（組合への不当な弾圧、長期拘束、ILOからの勧告、上告中）
2003（平成15）年		
		再審弁護団結成
	4月13日	志布志事件発生（警察と検察の完全な冤罪作り、検事正も黙認、全員無罪）
	6月	福岡「殺人教師」事件発生（児童両親による「でっち上げ」冤罪、踊るマスコミ）
	10月22日	痴漢冤罪事件発生（駅事務所に同行して不当逮捕、高裁で逆転無罪）
2004（平成16）年		
	2月17日	四日市尾平店冤罪事件（誤認逮捕、拘束により死亡．民事賠償認容）
	3月24日	引野口事件発生（物証が不足、被疑者と同房にして情報収集）
2005（平成17）年		
	4月	名古屋高裁再審開始決定（名張事件第7次再審請求、12月26日名古屋高裁再審決定取り消し）
	5月23日	**第6次再審請求（西処刑後初の再審請求を福岡高裁に提出。請求人は石井本人、西遺族、F）※Fは殺人ほう助罪で有罪判決を受けた**
	11月17日	大阪姉妹放火事件発生（死刑確定）
2006（平成18）年		
	6月19日	仁和寺修行僧宿舎放火事件発生（犯人と断定できない、無罪）
	夏〜	**学生ボランティアによる裁判記録のデジタル化作業**
	10月5日	声かけ脅迫事件（声をかけたら脅迫、被害者の供述に沿う自白を促した冤罪）
2007（平成19）年		
		福岡事件再審運動を支援する学生の会結成
2008（平成20）年		
	11月7日	**石井死去（91歳）**
	11月28日	飯塚事件（久間三千年：死刑執行）
2009（平成21）年		
	3月31日	**再審6次請求棄却（Fについて）**
	4月3日	**特別抗告申立（Fについて）**
	11月24日	**最高裁特別抗告棄却**
2010（平成22）年		
	3月26日	足利事件（再審無罪）
	11月7日	**古川美智子逝去（享年92歳）**
2011（平成23）年		
	5月24日	布川事件（再審無罪）
		福岡事件再審運動50周年キャンペーン「私はわらじが脱がれない」
	8月25日	袴田事件（DNA再鑑定決定）

【著者略歴】
古川泰龍（ふるかわ・たいりゅう）
1920年佐賀県に生まれる。1944年高野山専修学院卒業。1952年死刑囚教誨師となる。1961年福岡事件2死刑囚再審運動に乗り出す。1973年宗教法人シュバイツァー寺開山。1981年産業医科大学で仏教的観点から「死学」の講義を始める。1987年東西宗教交流センター・カトリック別院を創設し、活動をはじめる。2000年死去。
　著書『白と黒とのあいだ』(河出書房新社)、『地湧きの思想』共著(柏樹社)、『医療のための人間学』共著（地湧社)、『「死」は救えるか──医療と宗教の原点』(地湧社)、『歎異抄──最後の一人を救うもの』(地湧社)

【解説者略歴】
矢澤昇治（やざわ・しょうじ）
1948年新潟県生まれ。1971年金沢大学法文学部法律学科卒業。1978年フランス国ストラスブール第三大学第三博士課程退学、1979年東北大学大学院法学研究科私法学専攻博士後期課程退学。熊本大学法学部専任講師を経て、現在、専修大学法科大学院教授（「国際私法」、「国際民事紛争解決」、「環境と法」担当）。1992年弁護士登録（第二東京弁護士会）。
　主な著書『カリフォルニア州家族法』翻訳（国際書院）、『ハワイ州家族法』翻訳（国際書院）、『フランス国際民事訴訟法の研究』（創文社）、『環境法の諸相──有害産業廃棄物問題を手がかりに（専修大学社会科学研究所社会科学研究叢書）』編著（専修大学出版局）、『殺人罪に問われた医師』(現代人文社)、『冤罪はいつまで続くのか』編著（花伝社）、『袴田巌は無実だ』（花伝社）。

連絡先：〒102-0073　東京都千代田区九段北1-9-5 朝日九段マンション516
　　　　おおとり総合法律事務所
メールアドレス：E-mail:shojiyzw@cb.mbn.or.jp

真相究明書──九千万人のなかの孤独

2011年11月5日　初版第1刷発行

著者 ── 古川泰龍
発行者 ── 平田　勝
発行 ── 花伝社
発売 ── 共栄書房
〒101-0065　東京都千代田区西神田2-5-11 出版輸送ビル2F
電話　　　03-3263-3813
FAX　　　03-3239-8272
E-mail　　kadensha@muf.biglobe.ne.jp
URL　　　http://kadensha.net
振替 ── 00140-6-59661
装幀 ── 佐々木正見
印刷・製本─シナノ印刷株式会社
©2011　古川泰龍
ISBN978-4-7634-0616-3 C0036

冤罪はいつまで続くのか

矢澤曻治　編著　定価（本体1700円＋税）

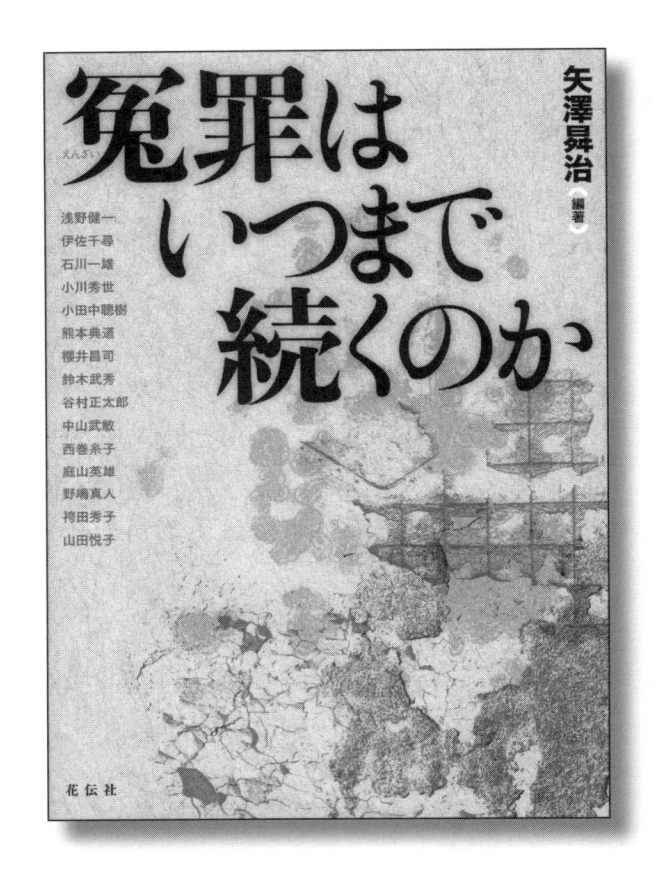

●冤罪が作り出される構造を、多角的視点から徹底検証
他人事ではすまされない！　冤罪に翻弄された人生の叫び。
繰り返される悲劇を、どう断ち切るか。「足利事件」で白日のものとなった冤罪の構造を、裁判員制度を機に改めて考える。

袴田巌は無実だ

矢澤昇治 著　定価（本体 1500 円＋税）

●もう時間がない！　再審の扉を今すぐに開けよ!!
無実の死刑囚、元プロボクサー袴田巌を救え!!　死刑判決を書いた裁判官自身が無実を訴え、逮捕の決め手となった証拠が突然変更される……。
警察と検察は、袴田に罪を着せるために何をしたのか？
前代未聞の冤罪、「袴田事件」を徹底検証。弁護士・宇都宮健児 推薦